高校土木工程专业规划教材

土木工程事故分析与处理

岳建伟　编著

中国建筑工业出版社

图书在版编目（CIP）数据

土木工程事故分析与处理/岳建伟编著. —北京：中国建筑工业出版社，2016.6（2021.11重印）
高校土木工程专业规划教材
ISBN 978-7-112-19341-7

Ⅰ.①土… Ⅱ.①岳… Ⅲ.①土木工程-工程质量事故-事故处理-高等学校-教材 Ⅳ.①TU712

中国版本图书馆CIP数据核字（2016）第075637号

本书以土木工程事故的理论、原因、工程实例、加固方法和加固研究的思路进行编排，材料性能和裂缝理论内容为工程实例学习奠定了基础，工程实例中主要介绍混凝土结构、砌体结构、钢结构、地基与基础常见工程事故和缺陷，对事故原因进行分析，并通过加固方法和加固研究拓展了工程事故处理的思维方法。

书中共有七章，内容包括绪论、结构材料的性能、结构裂缝的理论、混凝土结构工程事故分析与处理、砌体结构工程事故分析与处理、钢结构工程事故分析与处理、地基与基础工程事故分析与处理。书中介绍了诸多工程实例，每章附有思考题。

本书可作为高等院校土木工程专业的教学用书，亦可作为技能培训和提高在职技术人员业务素质的教材与参考书。

本书向授课教师赠送课件，有需要者可发邮件至 niusong 2008@163.com 或 yjwchn@126.com。

* * *

责任编辑：牛　松　冯江晓　吉万旺
责任校对：陈晶晶　党　蕾

高校土木工程专业规划教材
土木工程事故分析与处理
岳建伟　编著
*
中国建筑工业出版社出版、发行（北京西郊百万庄）
各地新华书店、建筑书店经销
北京红光制版公司制版
北京建筑工业印刷厂印刷
*
开本：787×1092毫米　1/16　印张：21¼　字数：513千字
2016年7月第一版　2021年11月第四次印刷
定价：**40.00**元（赠送课件）
ISBN 978-7-112-19341-7
（28426）

前　言

土木工程事故分析与处理是土木工程专业的一门重要课程，是培养学生逆向思考工程安全性的重要环节。目前社会上有一些关于土木工程事故处理的技术类书籍，但将该课程理论与工程实例相结合的教材甚少。本书按照“理论够用，重在实践”的原则进行编写，同时为培养学生解决问题的能力，满足培养应用型人才的目标，搜集了多个工程实例，并参照课程教学大纲及相关规范编写。

本书以土木工程本科生的相关课程为基础，按照土木工程事故的理论、原因、工程实例、加固方法和加固研究顺序进行编排。首先介绍了结构材料性能和裂缝理论知识，其次分别介绍常见混凝土结构工程、砌体结构工程、钢结构工程、地基与基础工程的事故原因和工程实例，提出了相关处理措施，并给出了各类工程的常用加固方法及原则。

本书内容包括：绪论、结构材料的性能、结构裂缝的理论、混凝土结构工程事故分析与处理、砌体结构工程事故分析与处理、钢结构工程事故分析与处理、地基与基础工程事故分析与处理。书中介绍了多个工程实例，每章附有思考题。

本书力求体现如下特色：

1. 系统性：教材内容涵盖结构的材料性能、裂缝的理论、工程实例分析及加固方法，避免了该课程仅讲工程案例，无理论支持的现象。

2. 实用性：教材内容深入浅出，并有相应的工程应用实例，图文并茂，以加深学生对事故过程的认识及理解，也有助于老师的讲解。

本书可作为高等院校土木工程专业的教学用书，亦可作为提高在职技术人员业务素质和技能培训的教材和参考书。

本书由河南大学岳建伟教授主编，郑州航空工业管理学院陈艳祥副教授任副主编。各章编写人员为：岳建伟（第一章），陈艳祥（第二章），孔庆梅，万海涛（第三章），赫中营（第四章），孔庆梅，万海涛（第五章），岳建伟、岳婷婷（第六章），王浩（第七章）。

本书在编写过程中查阅了较多的著作、论文、资料及图片，在此对相关作者表示由衷感谢。

由于编者水平有限，书中不妥之处在所难免，希望读者批评指正。

目　　录

第一章 绪　论

1.1 概　述

据英国土木工程师学会、美国土木工程学会等权威学术团体提供的材料和我国仅有的一点工程史资料记载，学术界对工程事故的关注，虽然早在19世纪就已开始，至20世纪初已有零星记载，但这一时期的事故记录，仅存在于工程地质范畴——比如水坝基础和建筑物基础方面出现的问题。这类问题在很大程度上被视为人力难以抗拒的“自然灾害”。同时受“报喜不报忧”、“家丑不外扬”的传统意识制约，对上部结构，尤其是人为过失方面造成的事故报道和记录极少，工程事故分析这个课题，仍只有极少数的地质工程师和土木工程师偶尔问津，并未形成独立学科。将工程事故分析真正单独作为一个专门学科来研究，不论国内国外起步都较晚。从大学土木工程专业开设“工程事故分析”课程的记录看，该领域研究也是姗姗来迟。

进入21世纪后，我国城市发展进入一个崭新的阶段，城市的数量、规模和人口数量都有了飞速的发展。伴随着城市建设的加速，各种工程质量事故时有发生。从事故起因看，既有自然原因导致的，如唐山地震、汶川地震、玉树地震、洪水灾害、台风灾害、大雪灾害，也有人为原因造成的重大事故，像辽宁盘锦市燃气爆炸事故、石家庄特大爆炸案、广东九江大桥被撞垮塌；从破坏分类看，既有结构性破坏事故，如宁波招宝山大桥施工时的主梁断裂、上海闵行区莲花河畔景苑楼盘在建楼倒塌；又有土木建筑工程的耐久性事故，如建筑物梁柱的钢筋锈蚀、桥梁冻融破坏、栏杆严重破坏、高速公路严重损坏、机场跑道严重剥蚀事故等。

2009年我国相继出现了“楼歪歪”、“楼脆脆”等建筑质量问题，如2009年6月27日凌晨5时35分，上海闵行区莲花南路西侧、淀浦河南岸在建的“莲花河畔景苑”商品房小区工地内，发生一幢13层楼房向南整体倾倒事故（如图1-1所示）。

图1-1　上海闵行区莲花河畔景苑整体倾倒事故

上述灾难和事故的发生，究其根本原因是设计标准偏低。我国的相关房屋结构设计标准借鉴了二战后苏联的相关规范，这类设计标准在当时适应苏联战后迅速重建的需要，也符合新中国成立后的政治经济情况，在结构设计的安全性方面采用了最低标准。可是，这个最低标准一直执行了50多年，也没有发生根本变化，直到《建筑结构荷载规范》GB 50009—2012才对活荷载进行了一定调整。

随着我国城市化的快速发展，作为土木工程建设者，既肩负着重大而光荣的任务，也要面临着严重的挑战。大规模的工程建设，可为我国经济的迅速发展做出重大贡献；但面对可能发生的各种工程质量事故，要予以足够的重视，并采取相应的措施，减少财产损失，保障生命安全。

1.2 土木工程事故的定义

任何土木工程项目，几乎都要经历策划、规划、勘察、设计、施工和竣工验收等环节，最终提供给人们使用。而在实施的各个阶段，都可能造成质量事故，即使在建成后，使用不当或灾害也会造成工程事故。

简单地说，工程质量事故是指不符合规定的质量标准或设计要求，包括设计错误、材料不合格、施工方法错误、指挥不当造成的各种质量事故。

工程质量事故，按其后果可分为未遂事故（即通过班组自检、互检、隐蔽工程验收、预检和日常检查发现问题，经班组自行解决处理，未造成经济损失或工期延误者）和已遂事故（即已造成经济损失及不良后果者）；按其原因可分为指导责任事故和操作责任事故；按其情节及性质可分为一般事故和重大事故。

建筑物在建造和使用过程中，不可避免地会遇到质量低下的现象。轻则看到种种缺陷，重则发生各种破坏，甚至出现局部或整体倒塌的重大事件。建筑工程中的缺陷，是由人为的（勘察、设计、施工、使用）或自然的（地质、气候）原因使建筑物出现影响正常使用、承载力、耐久性、整体稳定性的种种不足的统称。它按照严重程度不同，又可分为三类：①轻微缺陷；②使用缺陷；③危及承载力缺陷。三类缺陷一旦有所发展，后果可能很严重，缺陷的发展是工程破坏。

建筑结构的破坏，是结构构件或构件截面在荷载、变形作用下承载和使用性能失效的人为协议标志。因此，结构构件或构件截面的受力和变形必须处于设计规范允许值和协议破坏标志的范围内。工程破坏本身是一种过程，是指结构构件从临近破坏到破坏，再由破坏到即将倒塌，进而倒塌的过程。

建筑结构的倒塌，是建筑结构在多种荷载和变形共同作用下稳定性和整体性完全丧失的表现。其中，若只有部分结构丧失稳定性和整体性的，称为局部倒塌；整个结构物丧失稳定性和整体性的，称为整体倒塌。倒塌具有突发性，是不可修复的，它的发生，一般都伴随着人员的伤亡和经济上的巨大损失。

建筑结构的缺陷和事故是两个不同概念，缺陷表现为具有影响正常使用、承载力、耐久性、完整性的种种隐藏的和显露的不足；事故表现为建筑结构局部或整体的临近破坏、破坏和倒塌；建筑结构的临近破坏、破坏和倒塌，统称质量事故，简称事故。但是，缺陷和事故又是同一类事物的两种程度不同的表现，缺陷往往是产生事故的直接或间接原因；而事故往往是缺陷的质变或经久不加处理的发展。

相对于土木工程正常的设计而言，把土木工程事故定义归纳为工程的“三个不正常、两个不满足”时的情况。

所谓“三个不正常”，按《建筑结构可靠度设计统一标准》GB 50068—2001 的规定，凡出现不正常设计、不正常施工、不正常使用的情况，可以定义为工程事故。因为正常工程，指的是必须在规范约定范围内，在规范强制性条文指导下，进行正常设计、正常施工、正常使用的工程。逾越了这一范畴，就必然形成工程事故。

所谓“两个不满足”，是指按建筑结构可靠度设计统一标准，工程结构必须满足以下两个条件：一是承载能力极限状态条件；二是正常使用极限状态条件。工程不能满足以上两个极限状态条件时，也必然形成事故。以上两个条件的不满足，也可以称为工程安全性与适用性两个条件的不满足。

1.3 土木工程事故的分类

当建筑结构不能满足适用性、安全可靠性和耐久性等要求时，称之为质量事故。小的质量事故，影响建筑物的使用性能和耐久性，造成浪费；严重的质量事故会使构件破坏，甚至引起房屋倒塌，导致人员伤亡和重大的财产损失。因此，建筑工程质量的好坏关系重大，必须十分重视。为了保证建筑工程质量，我国有关部门颁布了一系列规范、规程等法规性文件，对建筑工程勘察、设计、施工、验收和维修等各个建设阶段都有明确的质量保证要求。只要严格遵守这些规定，一般不会发生质量事故。新中国成立以来，特别是改革开放后，我国建筑业取得了迅速发展，建筑工程的质量基本上是好的。但是，建筑工程质量事故时有发生，严重的建筑物倒塌事故每年也有几十起，这不能不引起重视。

质量事故的分类方法很多。一般有以下一些分类方法：

(1) 按事故的严重程度分类。有重大事故或倒塌事故（如引起人员伤亡)、严重危及安全的事故（如墙体严重开裂、构件断裂等)、影响使用的事故（如房屋漏雨、变形过大、隔热隔声不好等）以及仅影响建筑外观的事故等。

(2) 按事故发生的阶段分类。有施工过程中发生的事故、使用过程中发生的事故和改建时或改建后引起的事故。

(3) 按事故发生的部位来分类。有地基基础事故、主体结构事故、装修工程事故等。

(4) 按结构类型分类。有砌体结构事故、混凝土结构事故、钢结构事故、木结构和组合结构事故等。

(5) 根据工程质量事故造成的人员伤亡或者直接经济损失，工程质量事故分为四个等级：

特别重大事故，是指造成 30 人以上死亡，或者 100 人以上重伤，或者 1 亿元以上直接经济损失的事故；

重大事故，是指造成 10 人以上 30 人以下死亡，或者 50 人以上 100 人以下重伤，或者 5000 万元以上 1 亿元以下直接经济损失的事故；

较大事故，是指造成 3 人以上 10 人以下死亡，或者 10 人以上 50 人以下重伤，或者 1000 万元以上 5000 万元以下直接经济损失的事故；

一般事故，是指造成 3 人以下死亡，或者 10 人以下重伤，或者 1000 万元以下直接经济损失的事故。

1.4 工程事故处理的原则

工程事故处理包括以下几个方面：

1.4.1 事故情况清楚

一般包括事故发生时间、事故情况描述、附有必要的图纸与说明、事故观测记录和发展变化规律等。

1.4.2 事故性质明确

主要应明确区分以下3个问题：

(1) 是结构性的还是一般性的问题。如建筑物裂缝是由承载力不足引起，还是地基不均匀沉降或温度、湿度变化所致；又如构件产生过大的变形，是结构刚度不足还是施工缺陷造成等。

(2) 是表面性的还是实质性的问题。如混凝土表面出现蜂窝麻面，就需要查清内部有无孔洞；对钢筋混凝土结构，还要查明钢筋锈蚀情况等。

(3) 区分事故处理的迫切程度。如事故不及时处理，建筑物会不会突然倒塌？是否需要采取防护措施，以免事故扩大恶化等。

1.4.3 事故原因分析准确和全面

如地基承载能力不足造成的事故，应查清原因（如地基土质不良、地下水位改变、出现侵蚀性环境、原地质勘察报告不准、发现新的地质构造施工工艺或组织管理不善等）；又如结构或构件承载力不足，应查明是设计截面太小，还是施工质量低劣，或是超载所致。

1.4.4 事故评价基本一致

对发生事故部分的建筑结构质量进行评估，主要包括建筑功能、结构安全、使用要求以及对施工的影响等评价。有关结构受力性能的评价，常用检测技术的各种方法，取得实测数据，结合工程实际构造等情况进行结构验算，有的还需要做荷载试验，确定结构实际性能。在进行上述工作时，要求各有关单位的评价基本上达到一致的认识。

1.4.5 处理目的、要求明确

常见处理目的要求有：达到设计要求，保证建筑物的安全；恢复外观；防渗堵漏；封闭保护；复位纠偏；减少荷载；结构补强；限制使用；拆除重建等。事故处理前，有关单位对处理的要求应基本统一，避免事后无法做出一致的结论。

1.4.6 事故处理所需资料齐全

包括有关施工图纸、施工原始资料（材料质量证明、各种施工记录、试块的试验报告、检查验收记录等）、事故调查报告、有关单位对事故处理的意见和要求等。

1.5 土木建筑工程事故处理的流程

建筑工程在设计、施工和使用过程中，不可避免地会出现各种问题，而工程质量事故是其中最为严重又较为常见的问题，它不仅涉及建筑物的安全与正常使用，而且关系到社会的稳定。事故发生后，尤其是重大事故、倒塌事故发生后，必须要进行调查、处理。对于事故处理，由于涉及的专业和部门较多，正确处理显得尤为重要。事故的正确处理应遵循一定的程序和原则，以做到科学准确、经济合理，为各方接受。由建筑工人成长为国家领导人的李瑞环同志曾经指出："凡属大事，都要慎重。第一要分析，方方面面地分析，把材料掰开了，揉碎了，分分类，排排队；第二要比较，逐类逐项比较，不同角度比较，多种方法比较；第三要综合，在分析比较基础上综合，从总体和发展上权衡，得出结论，产生方案；第四要反复，任何方案只要时间允许都要反复几次，反复听取意见，反复修改完善。但这一切的前提是要把情况搞全弄准。"土木工程事故处理，应突出把握好全面和辩证的分析。

事故处理一般按下列步骤进行：首先，进行事故调查，初步分析事故最可能发生的原因，并决定进一步调查及必要的检测项目；其次，根据调查及检测结果进行计算分析、邀请专家会商，同时听取事故相关单位的陈述或申辩；最后，撰写事故调查报告，送主管部门及报告有关单位。

1.5.1 事故调查

事故调查包括事故情况与性质，它涉及工程勘察、设计、施工各部门，并与使用条件和周边环境等各个方面有关。一般可分为初步调查、详细调查和补充调查。

初步调查主要是对工程事故情况、设计文件、施工企业资料、使用情况等方面进行调查分析，根据初步调查结果，判别事故的危害程度，确定是否需采取临时支护措施，以确保人民生命财产安全，并对事故提出初步处理意见。

详细调查是在初步调查的基础上，在必要时刻，进一步对设计文件进行计算复核与审查，检测施工行为是否符合设计文件要求，以及对建筑物进行专项观测与测量。

补充调查是在已有调查资料还不能满足工程事故分析处理时，需增加的项目。一般需做某些结构试验与补充测试，如工程地质补充勘察、结构、材料的性能补充检测、载荷试验等。

具体调查项目如下：

(1) 工程情况，即建筑物所在场地特征、建筑结构主要特征、事故发生时工程形象进度或使用情况。

(2) 事故情况调查，即发现事故的时间和经过、事故现况和实测数据、从发现到调查时的事故发展和变化情况、人员伤亡和经济损失、事故的严重性、是否危及结构安全、对事故采取临时处置等。

(3) 图纸资料检查。

(4) 其他资料检查，即建筑材料、成品和半成品的出厂合格证和试验报告；施工中的各项原始记录和检查验收记录（如施工日志、桩与基础工程、混凝土施工、预应力张拉、隐蔽工程验收记录等）；使用情况调查（对已交工的工程、调查用途、使用荷载条件的改变、环境条件等）。

(5) 设计情况调查，即设计单位资质情况、图纸是否齐全、构造是否合理、结构计算简图和计算方法以及结果是否正确。

(6) 地基基础情况调查，即地基实际情况、桩与基础构造尺寸和勘察报告、设计要求是否一致，必要时应开挖检查。

(7) 结构实际情况调查，即结构构件布置、结构构造、连接方式方法、构件状况和支撑系统等。

（8）施工情况调查，即施工方法和施工规范的执行情况、施工进度和速度、施工中有无停歇、施工荷载值的统计分析等。

（9）建筑变形观测，即沉降观测记录、结构或构件变形观测记录等。

（10）裂缝观测，即裂缝形状与分布特征及裂缝宽度、长度、深度以及裂缝的发展规律等。

必要时还要进行补充调查，补充调查往往需要补做某些试验、检验和测试工作。

1.5.2 原因分析

原因分析在完成事故调查的基础上，对事故的性质、类别、危害程度以及发生的原因进行分析，为事故处理提供必要的依据。原因分析时，往往会存在原因的多样性和综合性，要正确区别同类事故的各种不同原因，通过详细的计算与分析、鉴别出事故发生的主要原因。在综合原因分析中，除确定事故的主要原因外，应正确评估相关原因对工程质量事故的影响，以便采取切实有效的综合加固修复方法。

1.5.3 复核分析

复核分析是在一般调查及实际检测的基础上，选择有代表性的或初步判断有问题的构件进行复核计算。应注意按工程实际情况选取合理的计算简图，按构件材料的实际强度等级、断面的实际尺寸和结构实际所受荷载或外加变形作用，按有关标准、规程进行复核计算。这是评判事故的重要依据，必须认真进行。

1.5.4 专家会商

在调查、测试和分析的基础上，为避免偏差，可召开专家会商会议，对事故发生原因进行认真分析、讨论，然后做出结论。会商过程中专家应听取事故相关单位人员的申述与答辩，综合各方面意见后做出最后的结论。

1.5.5 调查报告

事故调查必须真实地反映事故的全部情况，要以事实为根据，以规范、规程为准绳，以科学分析为基础，以实事求是和公正无私的态度写好调查报告。报告一定要准确可靠、重点突出、抓住要害，让各方面专家信服。调查报告的内容一般应包括：

（1）工程概况，即重点介绍与事故有关的工程情况，事故发生的时间、地点，事故现场的情况及采取的应急措施；与事故有关人员、单位情况、事故调查记录。

（2）现场检测报告（如有模拟实验，还应有实验报告）。

（3）复核分析，事故原因推断，明确事故责任。

（4）对工程事故的处理建议。

（5）必要的附录，如事故现场照片、录像、实测记录、专家会（协）商的记录、复核计算书、测试记录、试验原始数据及记录等。

1.5.6 调查后的处理

根据调查、分析后形成的报告，应提出对工程质量事故进行修复处理、加固处理或不做处理的建议。

经相关部门签字同意、确认工程质量事故不影响结构安全和正常使用的，可对事故不做处理。例如，经设计计算复核，原有承载能力有一定余量可满足安全使用要求，混凝土强度虽未达到设计值，但相差不多，预估混凝土后期强度能满足安全使用要求等。

工程质量事故不影响结构安全，但影响正常使用或结构耐久性的（如构件表层的蜂窝麻面、非结构性裂缝、墙面渗漏等），应进行修复处理。修复处理应委托专业施工单位进行。

工程质量事故影响结构安全时，必须进行结构加固补强，此时应委托有资质的单位进行结构检测鉴定和加固方案设计，并由有专业资质的单位进行施工。

按照规定的工程施工程序，对于建筑结构的加固设计与施工，宜进行施工图审查与施工过程监督和监理，以防止加固施工过程中再次出现质量事故带来负面影响。

思 考 题

(1) 何为土木工程事故?

(2) 土木工程事故是如何分类的?

(3) 简述土木工程事故处理的原则。

(4) 简述土木工程事故处理的流程。

第二章　结构材料的性能

2.1　混凝土材料的相关性能

2.1.1　混凝土组成

混凝土由粗细骨料、水泥、水及添加剂等组成，其中，水泥浆体占混凝土质量的20％～30％，砂石骨料约占70％。水泥浆在硬化前起润滑作用，使混凝土拌合物具有可塑性，在混凝土拌合物中，水泥浆填充砂孔隙，包裹砂粒，形成砂浆，砂浆又填充石子孔隙，包裹石子颗粒，形成混凝土浆体；在混凝土硬化后，水泥浆则起到胶结和填充作用。水泥浆多，混凝土拌合物流动性大，反之干（稠）；混凝土中水泥浆过多则混凝土水化温度升高，收缩大，抗侵蚀性不好，容易引起耐久性不良。粗细骨料主要起骨架作用，传递应力，给混凝土带来很大的技术优点，它比水泥浆具有更高的体积稳定性和更好的耐久性，可以有效减少收缩裂缝的产生和发展，降低水化热。在结硬过程中处于固相、液相和气相三相并存状态。

固相由粗骨料（碎石、砾石或轻骨料）、细骨料（砂）以及水泥水化后的水泥石组成。其中，水泥石有两种状态，一种是完全硬化的硬质晶格，另一种是尚未完全硬化的软质胶凝体，随着混凝土龄期的增长，软质胶凝体不断向硬质晶格转化，这种转化的过程，也就是混凝土结硬的过程。

液相为拌合用水以及各种液态添加剂，拌合用水大部分用于结硬过程中水泥的水化，多余的水分将逐渐蒸发。

气相在粗骨料、细骨料、水泥石的间隙以及多余的水分蒸发之后形成的孔隙中，其主要成分是正常环境空气中的氧和二氧化碳。

现代混凝土中除了以上组分外，还多加入化学外加剂与矿物掺合料。化学外加剂的品种很多，可以改善、调节混凝土的各种性能，而矿物掺合料则可以有效提高新拌混凝土的工作性和混凝土的耐久性，同时降低成本。

由上述组成可知，混凝土是一种非均质、多孔的与时间因素有关的建筑材料，这种组成特性决定了与裂缝有关的基本物理力学性能，如收缩、徐变、抗拉强度、抗压强度等。

2.1.2　混凝土的收缩

混凝土的收缩是混凝土在空气中非受力结硬时体积缩小的现象。引起混凝土体积收缩的原因很多。大体有两种：一种是由于湿度的变化，即干燥失水引起的，如水泥水化凝固结硬，颗粒沉降泌水和干燥蒸发等；另一种是混凝土碳化［水泥胶体中的 $Ca(OH)_2$ 遇 CO_2 向 $CaCO_3$ 转化］引起的。因此，混凝土收缩实质上是混凝土凝固硬化过程中物理化学作用的结果。

1. 收缩的机理

混凝土中的水分按其与周围介质结合的性状分为化学结合水、物理化学结合水和物理力学结合水三种。

化学结合水是指以严格定量参与水泥水化的水，它使水泥浆变成软质胶凝体，进而转化为硬质晶格，最终形成完全硬化的水泥石，属于高强结合水。这种水不参加混凝土与外界湿度的交换作用。化学结合水与水泥一起在早期硬化过程中产生少量收缩，称为“硬化收缩”或自生收缩。

物理化学结合水以吸附薄膜的形式存在于混凝土中，起扩散及溶解水泥颗粒的作用。这种水在吸附结合过程中，形成分子间相互作用的内力场。因而具有溶解能力比普通水低、不导电、密度高等特性。吸附水的结合属中强结合，它较易引起水分蒸发，参加混凝土与外界环境湿度的交换作用。

物理力学结合水是混凝土水泥石各晶格间及粗、细毛细孔中的自由水（游离水），其含量不稳定，属低强结合，极易蒸发，它是一种积极参与外界环境湿度交换的水。当混凝土处于干燥环境时，首先是大孔隙及粗毛细孔中的自由水分，因物理力学结合遭到破坏而蒸发，这种失水并不引起收缩。但是，环境的干燥作用使毛细孔及微毛细孔中的水产生毛细压力，这种压力使水泥石产生压缩变形而收缩，即“毛细收缩”，是混凝土收缩变形的一部分。毛细水蒸发完后，进一步蒸发物理化学结合中的吸附水，首先蒸发晶格间的水分，然后蒸发分子层中的吸附水，这些水分的蒸发引起显著的水泥石压缩，产生“吸附收缩”，是收缩变形的主要部分。

在工程上，最常遇的是与湿度变化有关的毛细收缩和吸附收缩。混凝土的这种收缩源于水泥石的收缩。因此，水泥用量愈大，含水量愈高，水胶比愈大，收缩变形也就越大。混凝土水分蒸发引起收缩，增加水分又可以引起膨胀，即所谓“干缩湿胀”。

2. 收缩的影响因素

试验研究结果表明，混凝土的收缩除与水泥品种、水质及其用量和水胶比有关外，还与下列因素有关：如骨料的最大粒径及物理性质；浇捣和使用时所在环境的温、湿度及风速；构件截面周长与截面面积之比；添加剂的品种和性质。它们具体的影响如下。

（1）水泥品种

在各种水泥中，与普通硅酸盐水泥相比，以矿渣水泥的收缩最大，快硬水泥次之，矾土水泥的收缩最小。但矿渣水泥的混凝土自生收缩是负值，即为膨胀变形，掺用粉煤灰的自生收缩也为负值，尽管其值不大（$-0.4\times10^{-4}\sim-1.0\times10^{-4}$），但对混凝土的抗裂性是有益的。由于矿渣水泥混凝土及掺粉煤灰混凝土的自生膨胀变形是稳定的。特别对混凝土的早期防裂有利，值得推广应用。

（2）水泥细度

混凝土收缩随水泥细度的增加而加大，每克水泥的表面面积（cm^2/g）为水泥的细度，若以 $3000cm^2/g$ 为标准细度，水泥细度为 $8000cm^2/g$ 时，收缩变形约增加 140%，水泥细度为 $1500cm^2/g$ 时，收缩变形约减少 10%。

（3）水胶比

混凝土收缩随水胶比的增加而加大，若以 0.4 为标准水胶比，当水胶比为 0.3 时，混凝土收缩可减少 15%；当水胶比为 0.6 时，混凝土收缩约增加 42%。

（4）水泥浆量

混凝土收缩随水泥浆量（水泥用量）的增加而加大，以水泥浆质量在混凝土总质量中占20%为标准，当水泥浆量为15%时，收缩值可减少10%；当水泥浆量为30%时，混凝土收缩约增加45%。

（5）骨料类型

在砂岩、石灰岩、花岗岩中，当用砂岩作骨料时混凝土收缩最大，石英岩混凝土收缩最小，若以石灰岩混凝土的收缩值为标准，砂岩混凝土的收缩增加约90%，石英岩混凝土的收缩减小约20%。

（6）养护期

初期养护的时间愈短，混凝土的收缩愈大，以自然养护7d为标准，自然养护3d混凝土收缩约增加9%，自然养护14d混凝土收缩约减少7%，蒸汽养护7d约减少混凝土收缩10%，蒸汽养护14d约减少混凝土收缩16%。当初始养护期超过14d，混凝土收缩不再随养护期减小。

（7）环境潮湿状态

环境愈干燥混凝土收缩愈大，若以环境的相对湿度$w=50\%$为标准，当相对湿度为25%，混凝土收缩约增加25%；当相对湿度为80%，混凝土收缩约减少30%。

（8）构件截面周长与其所围面积之比

混凝土收缩与构件在大气中的暴露程度有关，暴露度r为构件截面的周长u（与大气接触的周边边长）与其所围截面面积A之比，即：

$$r=\frac{u}{A} \tag{2-1}$$

例如：截面尺寸为250mm×800mm的大梁，其暴露度按式（2-1）算得$r=(2\times250+2\times800)/(250\times800)=0.0105\text{mm}^{-1}$；截面尺寸为40mm×5000mm的板块，按式(2-1)算得$r=(2\times40+2\times5000)/(40\times5000)=0.0504\text{mm}^{-1}$。可见板块的暴露度比同样截面面积大梁的暴露度大5倍。因此，板块的体积收缩将远大于大梁的体积收缩。由此可知，大型屋面板的板面收缩远大于其肋部的收缩，因而将在板面产生拉应力。当构件与土接触时，计算暴露度r时，周长u不包括构件与土壤接触的边长。

（9）配筋率及模量比

在混凝土中配置钢筋对混凝土有两方面的影响：一方面增加自约束应力，对混凝土抗裂不利；另一方面也可提高混凝土的极限拉伸应变值（相当于减小混凝土的收缩变形），对混凝土抗裂有利。工程实践经验表明，在受力需要的配筋率较低的情况下，如各种地下现浇钢筋混凝土结构及设备基础抵抗温度收缩的构造配筋率一般为0.15%～0.3%，此时自约束应力很小，可忽略不计，且钢筋配置在面层内，有利于防止表面裂缝，对薄壁结构效果更为显著。然而当配筋率较高时，例如配筋率高达5%～10%的轴心受拉构件，约束应力较大，有时可导致构件开裂。

在低配筋率的条件下，构件的抗裂性随钢筋与混凝土抗拉刚度比（E_sA_s/E_cA_c）的提高而提高，相当于减小混凝土收缩值。与无筋混凝土相比，当$E_sA_s/E_cA_c=0.1$，约减少24%；当$E_sA_s/E_cA_c=0.25$，约减少45%。

（10）施工方法

混凝土施工方法的不同，对混凝土的收缩也有影响。如机械浇捣比手工振捣密实性好，相应混凝土收缩可减少10%左右；蒸汽养护和经高压釜处理的混凝土比自然养护混凝土收缩大为减少，前者可减少约15%，后者可减少约46%。

3. 混凝土收缩变形分类

混凝土的收缩变形分如下几种：

（1）沉陷收缩

由骨料下沉，多余的水分上升（泌水）引起。这种收缩发生在构件表面。

（2）塑性收缩

由混凝土表面水分蒸发的速度大于泌水速度引起，它发生在混凝土浇筑后4～15h左右。此时，水泥水化反应很激烈，加之水分急剧蒸发引起收缩。同时，骨料与胶凝体之间，也产生不均匀沉缩变形，它们都发生在混凝土终凝前的塑性阶段，故称为塑性收缩。

塑性收缩值较大，可达1%左右，但也仅发生在构件的表面。这种收缩与环境的湿度、风速、气温及施工等因素有关。

（3）碳化收缩

暴露在大气中的混凝土结构构件，混凝土中的游离 $Ca(OH)_2$ 与空气中的 CO_2 化合产生 $CaCO_3$，混凝土因硬化而收缩。这种碳化收缩与混凝土的密实度、空气中的 CO_2 含量以及环境相对湿度有关。在50%左右的湿度条件下碳化引起的收缩最大，当湿度为25%以下和100%时，碳化停止。碳化速度随 CO_2 浓度的增加而加快，随构件密实度增加而降低。

（4）失水收缩（干缩）

混凝土的干缩是由于骨料和水泥石中，以及骨料和水泥石、钢筋与水泥石之间毛细孔和胶孔内水分蒸发的结果，它是一个非常复杂的物理化学过程。影响混凝土干缩的因素也很多。由于水分蒸发总是由表及里，故干缩变形总是存在一定的梯度：表面干缩变形大，内部干缩变形小，这与环境的温度、湿度、风速等气象条件有关。

因碳化、失水等因素引起的极限收缩值为 $(200\sim400)\times10^{-6}$m，当水泥用量很多，或骨料不好时，最高可达 1000×10^{-6}m，在混凝土标准状态下，采用的极限收缩值为 324×10^{-6}m，即每1m收缩0.324mm。

4. 混凝土收缩值的估算

混凝土标准状态是指：P·O42.5级普通水泥；标准磨细度（比表面积为2500～3500cm^2/g）；骨料为花岗岩（碎石）；水胶比为0.4；水泥浆含量为20%；混凝土振捣密实；自然硬化；试件截面尺寸为200mm×200mm（暴露度：$r=0.02mm^{-1}$）；测定收缩前湿养7d；环境空气相对湿度为50%。

混凝土收缩的规律很难作出较为准确的定量分析。这里介绍一种标准状态极限收缩值（时间趋于无穷大的最终收缩值）$\varepsilon^{k}_{sh(\infty)}$，对于其他非标准状态采用 $\zeta_1,\zeta_2,\cdots\zeta_{10}$ 等系数进行修正的估算法。根据试验结果，混凝土收缩随时间变化的规律，建议用下面公式估算，即任意时刻的混凝土收缩值：

$$\zeta_{sh(\tau)}=\zeta_1,\zeta_2,\cdots\zeta_{10}\left[1-e^{-(0.2+\beta\tau)}\right]\varepsilon^{k}_{sh(\infty)} \quad (2\text{-}2)$$

式中 $\varepsilon^{k}_{sh(\infty)}$——标准状态下的混凝土的极限收缩值，可取为 324×10^{-6}m；

$\zeta_1,\zeta_2,\cdots\zeta_{10}$——非标准状态下的混凝土收缩修正系数，见表2-1～表2-5；

τ——混凝土龄期，d。

β——经验系数，一般取 $\beta=0.005$，养护较差时 $\beta=0.015$。

混凝土组成材料的修正系数 **表 2-1**

水泥品种	ξ_1	η_1	水泥细度	ξ_2	水泥强度等级	η_2
矿渣水泥	1.25	1.20	1500	0.90	17.5	1.5
快硬水泥	1.12	0.70	2000	0.93	27.5	1.11
低热水泥	1.10	1.16	3000	1.00	32.5	1.02
石灰矿渣水泥	1.00	—	4000	1.13	42.5	1.00
普通水泥	1.00	1.00	5000	1.35	52.5	0.99
火山灰水泥	1.00	0.90	6000	1.68	62.5	0.97
抗硫酸盐水泥	0.78	0.88	70000	2.05	72.5	0.96
矾土水泥	0.52	0.76	8000	2.42	82.5	0.94

骨料	ξ_3	η_3	水胶比	ξ_3	η_3	水泥浆量（%）	ξ_3	η_3
砂岩	1.90	2.20	0.2	0.65	0.48	15	0.90	0.85
砾石	1.00	1.10	0.3	0.85	0.70	20	1.00	1.00
无粗骨料	1.00	—	0.4	1.00	1.00	25	1.20	1.25
玄武岩	1.00	1.00	0.5	1.21	1.50	30	1.45	1.50
花岗岩	1.00	1.00	0.6	1.42	2.10	35	1.75	1.70
石灰岩	1.00	0.89	0.7	1.62	2.80	40	2.10	1.95
白云岩	0.95	—	0.8	1.80	3.60	45	2.55	2.15
石英岩	0.80	0.91	—	—	—	50	3.03	2.35

初期养护时间与加荷龄期修正系数 **表 2-2**

养护时间 τ_w（d）	1	2	3	4	5	7	10
ξ_6	$\frac{1.11}{1.00}$	$\frac{1.11}{1.00}$	$\frac{1.09}{0.98}$	$\frac{1.07}{0.96}$	$\frac{1.04}{0.94}$	$\frac{1.00}{0.90}$	$\frac{0.96}{0.89}$
养护时间 τ_w（d）	**14**	**20**	**28**	**40**	**60**	**90**	**≥180**
ξ_6	$\frac{0.93}{0.84}$	$\frac{0.93}{0.84}$	$\frac{0.93}{0.84}$	$\frac{0.93}{0.84}$	$\frac{0.93}{0.84}$	$\frac{0.93}{0.84}$	$\frac{0.93}{0.84}$
加载龄期 τ_p（d）	**1**	**2**	**3**	**5**	**7**	**10**	**14**
η_6	$\frac{2.75}{—}$	$\frac{1.85}{—}$	$\frac{1.65}{—}$	$\frac{1.45}{1.20}$	$\frac{1.35}{1.15}$	$\frac{1.25}{1.10}$	$\frac{1.15}{1.05}$
加载龄期 τ_p（d）	**20**	**28**	**40**	**60**	**90**	**180**	**≥360**
η_6	$\frac{1.10}{1.02}$	$\frac{1.00}{1.00}$	$\frac{0.86}{0.85}$	$\frac{0.75}{0.75}$	$\frac{0.65}{0.65}$	$\frac{0.60}{0.50}$	$\frac{0.40}{0.40}$

注：表中分子为自然养护；分母为蒸汽养护。

使用环境湿度与构件尺寸修正系数 **表 2-3**

环境湿度 w（%）	25	30	40	50	60	70	80	90	100
ξ_7	1.25	1.18	1.10	1.00	0.88	0.77	0.70	0.54	—
η_7	1.14	1.13	1.07	1.00	0.92	0.82	0.70	0.53	—

续表

暴露度 r (cm^{-1})	0	0.1	0.2	0.3	0.4	0.5	0.6	0.7	0.8
ξ_8	$\frac{0.54}{0.21}$	$\frac{0.76}{0.78}$	$\frac{1.0}{1.0}$	$\frac{1.03}{1.03}$	$\frac{1.20}{1.05}$	$\frac{1.31}{—}$	$\frac{1.4}{—}$	$\frac{1.43}{—}$	$\frac{1.44}{—}$
η_8	$\frac{0.68}{0.82}$	$\frac{0.82}{0.93}$	$\frac{1.0}{1.0}$	$\frac{1.12}{1.02}$	$\frac{1.14}{1.03}$	$\frac{1.34}{1.03}$	$\frac{1.41}{1.03}$	$\frac{1.42}{1.03}$	$\frac{1.42}{1.03}$

注：表中分子为自然养护；分母为蒸汽养护。

截面抗拉刚度比及应力比修正系数　　表 2-4

抗拉刚度 (E_sA_s/E_cA_c)	0.00	0.05	0.10	0.15	0.20	0.25
ξ_9	1.00	0.86	0.76	0.68	0.61	0.55
应力比 σ_c/f_c	0.1	0.2	0.3	0.4	0.5	—
η_9	0.86	0.86	0.92	0.99	1.00	—

混凝土浇捣及养护方法修正系数　　表 2-5

浇捣方法	机械捣固	手工捣固	蒸汽养护	高压釜处理
ξ_{10}	1.00	1.10	0.85	0.54
η_{10}	1.00	1.30	0.85	—

若标准状态下任意时刻的收缩值与标准状态下极限收缩值之比用 ζ 表示，则：

$$\zeta = \frac{\varepsilon_{sh(\tau)}^{k}}{\varepsilon_{sh(\infty)}^{k}} = 1 - e^{-(0.2+\beta\tau)} \tag{2-3}$$

按式 (2-3)，可算得 7d、14d、20d、3 个月、半年、1 年、2 年等龄期混凝土完成的收缩占标准极限收缩的百分数，如表 2-6 所示。

标准条件下混凝土任意时间收缩值与标准极限收缩值之比 ζ　　表 2-6

龄期 τ (d)	7	14	28	90	180	365	730
ζ	0.209	0.236	0.288	0.478	0.667	0.868	0.979

由表 2-6 可绘制标准状态下任意时间混凝土收缩值 $\varepsilon_{sh(\tau)}^{k}$ 和标准极限收缩值 $\varepsilon_{sh(\infty)}^{k}$ 比值 ζ 与龄期 τ 的关系曲线，如图 2-1 所示。从表 2-6 和图 2-1 可知，收缩值初期较大，在正常养护条件下两周内完成极限收缩的 23.6%，3 个月完成 47.8%，一年内完成 86.8%。随着混凝土龄期的增长逐渐减慢，在正常养护条件下可持续若干年，说明式 (2-3) 描述的混凝土收缩随龄期变化的规律，在正常养护条件下与前述试验结果分析的结论大致符合。但是由于影响混凝土收缩因素众多，在工程实践中应灵活掌握。如风的影响，风速加快混凝土的失水收缩，气温高也会加快混凝土中水分的蒸发引起干缩。如：对于露天构筑物，特别是高耸构筑物，上部风速风压很大，容易引起裂缝。如烟囱上部 1/3 高度内经常出现呈竖向的表面收缩裂缝，开裂深度可穿过混凝土保护层。又如山区预制厂处于迎风面的预制构件裂缝较多。在干燥地区，风速更加促使干缩裂缝的出现和开展。由于风速对收缩的影响难以定量估计，应在施工中加以注意采取必要的防范措施。

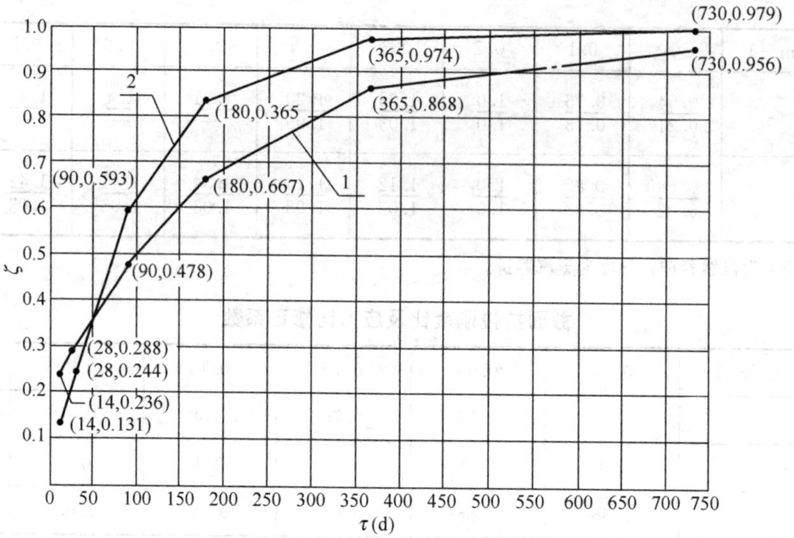

图 2-1 正常养护条件下比值关系 ζ-τ 曲线

1—按式（2-3）绘制；2—按 $\zeta=1-e^{-0.01\tau}$ 绘制

总之，虽然对收缩难以作准确的计算，但上述对各种因素的定量分析，有利于在设计和施工中，针对收缩的影响因素，采取可靠的措施来减小收缩对结构的不利作用。例如控制水胶比和水泥用量，加强振捣、养护，配置适量的构造钢筋和设置变形缝等，对细长构件应和薄壁构件应特别注意，往往稍有疏忽，就会在拆模时出现收缩裂缝。

2.1.3 混凝土的徐变

1. 混凝土徐变的作用

徐变对结构具有双重作用：一方面徐变有利于超静定结构的内力重分布和提高混凝土极限伸长应变能力（在约束状态下使收缩变形得到满足）；另一方面徐变又有不利于结构的变形（降低结构刚度，增加梁的挠度或柱的侧移等）以及增加预应力的损失，在高应力作用下甚至会导致受压构件出现由徐变引起的破坏。因此，混凝土徐变性能在实际工程中具有重要意义。

混凝土徐变的同时，总是伴随着混凝土的收缩，前者为不变应力持续作用的结果，后者为混凝土受力构件与周围环境湿度交换的结果。因此，一般将未密封受力试件测得的（随时间而增加的）应变值，减去非受力试件测得的相应收缩应变值，才能获得徐变应变。

2. 混凝土徐变的影响因素

徐变大小不仅随应力值而不同，而且与加载史有关，早期加载比晚期加载大一些。因此，同一混凝土在不同龄期加载具有不同的徐变特征值。

试验资料分析表明，混凝土徐变除应力值和龄期外，还与下列因素有关：

（1）水泥品种。与普通硅酸盐水泥混凝土相比，矾土水泥混凝土和早强混凝土徐变要小 24%～30%，矿渣水泥混凝土徐变要增大约 20%；

（2）水泥强度等级。与 32.5 级水泥混凝土相比，42.5 级水泥混凝土的徐变减小约 10%，52.5 级水泥混凝土减小约 15%；

（3）水胶比。水胶比愈大徐变亦愈大，与水胶比为 0.4 的混凝土相比，水胶比为

0.5、0.6 的混凝土徐变分别增加 50%和 110%，而水胶比为 0.3 的混凝土徐变可减小约 30%。

（4）水泥用量。在水胶比不变的条件下，水泥用量愈多，徐变愈大，与水泥浆量为 20%的混凝土相比，水泥浆量为 40%的混凝土徐变增大约 95%；水泥浆量为 15%的混凝土徐变减小约 15%。

（5）骨料品种性质。骨料越坚硬或弹性模量越大的混凝土，徐变愈小，与花岗石骨料的混凝土相比，砂岩骨料混凝土徐变增大约 120%。

（6）加载龄期。加载龄期愈短，相应的徐变愈大，与 28d 龄期加载的混凝土相比，7d 龄期加载的混凝土自然养护时徐变增加 35%；蒸汽养护时增大 15%；60d 龄期加载自然养护的混凝土徐变减小约 25%。

（7）环境湿度。混凝土徐变随环境湿度的增加而减小，与环境湿度为 50%相比，当环境湿度为 25%时，混凝土徐变增加约 14%；当环境湿度为 90%时，混凝土徐变减小 47%左右。

（8）构件尺寸及暴露度。混凝土徐变随暴露度的增加而加大，与暴露度 $0.02mm^{-1}$ 的相比，暴露度为 $0.01mm^{-1}$ 自然状态硬化的构件混凝土徐变减小约 18%。

（9）应力比。混凝土徐变随应力比（σ_c/f_c）的降低而减小，如以应力比为 0.5 时为 1，应力比为 0.2 时下降约 14%。

（10）施工方法。与机械振捣成型的施工方法相比，手工捣固构件混凝土徐变增加约 10%，而蒸汽养护构件混凝土徐变减小约 15%。

2.1.4 混凝土的热性能

混凝土体积的变化，除与前述固结硬化过程中混凝土的自生收缩或膨胀、碳化收缩以及失水干缩等因素有关外，还与混凝土的热性能有关，环境温度的变化，也会使混凝土体积发生变化。为了全面控制引起混凝土体积发生变化的因素，应对混凝土的热性能有所了解。

“热”胀“冷”缩是混凝土热性能中的一种，相应的线膨胀特性值，与混凝土组成材料的特性有关，根据试验资料，当温度为 0～150℃，正常配筋率的钢筋混凝土的热膨胀系数 a_c 为 $0.7\times10^{-5}\sim1.3\times10^{-5}$/℃。《混凝土结构设计规范》GB 50010—2010 规定，当温度在 0～100℃范围内，混凝土线膨胀系数可采用 1.0×10^{-5}/℃，即温度升高 1℃每 1m 膨胀 0.01mm。

混凝土“冷”缩“热”胀性能，“冷”、“热”的起点是混凝土浇捣时的成型温度（或入模温度），在使用中当周围环境温度低于成型温度为降温，混凝土体积发生“冷”缩；反之为升温，混凝土体积发生“热”胀。

混凝土结构构件在拆模之后或装修过程中出现的开裂，不少是由混凝土失水干缩与降温冷缩的共同作用引起的。混凝土的碳化收缩、失水收缩、降温冷缩的组合形成混凝土的最不利收缩值，当它们受到约束不能自由完成时，将使混凝土表面开裂（最不利收缩变形沿截面非均匀分布，约束应力部分受拉，部分受压），或出现贯穿裂缝（最不利收缩沿截面均匀分布，或虽非均匀分布但约束应力使全截面受拉）。

混凝土的热性能特征值除线膨胀系数 a_c 外，还有导热系数 K，比热系数 C 和散热系数 a_d 等。

混凝土导热系数是在单位温差下，单位时间内通过单位面积单位厚度混凝土的热量。影响混凝土导热系数的主要因素是骨料种类、混凝土含水状态，而龄期、水胶比影响较小。

夹带空气时如泡沫混凝土可以降低导热系数值。混凝土的温度对导热系数影响不大，温度增加时，普通骨料混凝土的导热系数略有降低。由于空气的导热系数非常小，仅为0.026W/(m·K)，为水导热系数的1/25。因此，干燥状态混凝土导热系数比潮湿状态混凝土小，约为后者的60%～70%。所以在日照下，干燥状态混凝土结构的温差比潮湿状态下要大一些。

混凝土比热系数C是每单位混凝土质量提高单位温度时需要的热量。骨料种类对混凝土比热的影响也较为明显，普通混凝土比热系数约为轻质骨料混凝土的1.6倍左右。

混凝土散热系数a_d是混凝土遭受温度变化时，表示热交换的指标，其值一般为$0.0037m^2/h$，约在$0.00185 \sim 0.00558m^2/h$范围内变化。

2.1.5 混凝土的抗拉强度和拉应变

在建筑工程中以混凝土为主制成的结构有素混凝土结构、钢筋混凝土结构和预应力混凝土结构。此外，在水工结构中还有介乎前两者之间的少筋混凝土结构。

混凝土的抗拉强度和极限拉伸应变——在钢筋混凝土结构中，由于设计不考虑混凝土的抗拉作用，受拉区混凝土可出现规范允许的裂缝，因此，对其深入研究甚少。在素混凝土结构和少筋混凝土结构中，由于混凝土的抗拉强度和极限拉伸应变在承载力计算和裂缝控制中作用增加，美国学者曾对影响极限拉伸的各种因素进行研究，其中主要是“荷载速度”的影响，试验研究表明，混凝土极限拉伸应变一般为1×10^{-4}，加快加载时，该值降至0.8×10^{-4}，放慢加载时，可提高到1.6×10^{-4}。

在房屋建筑工程结构中，为控制变形裂缝，我国学者王铁梦对混凝土极限拉伸应变和抗拉强度的影响因素、混凝土抗拉力学性能的试验方法，特别是混凝土抗拉力学性能随龄期变化的规律进行了较为系统的理论和试验研究。

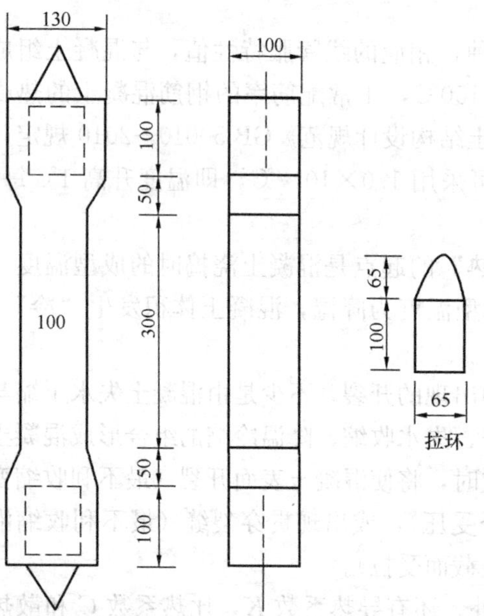

图 2-2 混凝土轴向拉伸试件形式及尺寸（mm）

1. 混凝土抗拉强度的试验方法

混凝土抗拉强度和极限拉伸应变值，其试验方法有两种：一种是轴向拉伸试验法，另一种是劈裂试验法。

（1）轴向拉伸试验方法：

该法可反映混凝土真实的抗拉强度，属于抗拉强度直接测定法，但试验技术上的缘故，至今尚未制定试验标准。

试件标准养护，按龄期3d、4d、7d、14d、21d、28d分6组，每组四根，为保持试件湿度不变，试件从标准养护室拿出后，立即在其表面涂上速凝漆。（混凝土轴向拉伸试件尺寸如图2-2所示）

正式试验前，先预拉3次，预拉荷载为

破坏荷载的 15%左右。预拉时根据试件两侧引伸计的读数，校正试件的偏心。

通过轴向拉伸试验，在一个试件上可以同时得到轴向抗拉强度、抗拉弹性模量以及极限拉伸值。取 4 个试件的平均值作为试验结果，当试件断裂位置与变截面转折点的距离在 200mm 以内时，该测值作废。

(2) 劈裂试验方法：

劈裂法是一种非直接测定混凝土抗拉强度的方法。在混凝土结构工程施工管理中，为评定混凝土的抗拉性能，大多数采用劈裂试验法。

劈裂试件为 150mm×150mm×150mm 的立方体。按龄期从标养室取出随即在 30t 压力试验机上试压。试验时，按照国际标准采用 ϕ150mm 圆弧形垫条，在热条和混凝土试件之间设以柔性垫层，使其均匀传力。

用劈裂法测得的混凝土抗拉强度高于轴拉强度。但是，对于劈裂试验中的圆柱体试件，其劈裂面 AB 的中部可以认为是平面应力状态，由弹性理论可求得沿 AB 截面上水平应力 σ_x 和垂直应力 σ_y 的分布（见图 2-3）。从图中可知，在劈裂截面上混凝土微元体处于双向受力状态：σ_x 在中间 $7d/10$ 范围内为均匀分布，其值为 $2P/\pi dl$，P 为劈裂力，d 为圆柱体直径，l 为垫条长度，在两端各 $1.5d/10$ 范围内按抛物线分布，从受拉过渡到受压；σ_y 沿劈裂面按抛物线分布，在中心处其最小值为 $3\times 2P/\pi dl$，向两端增大。

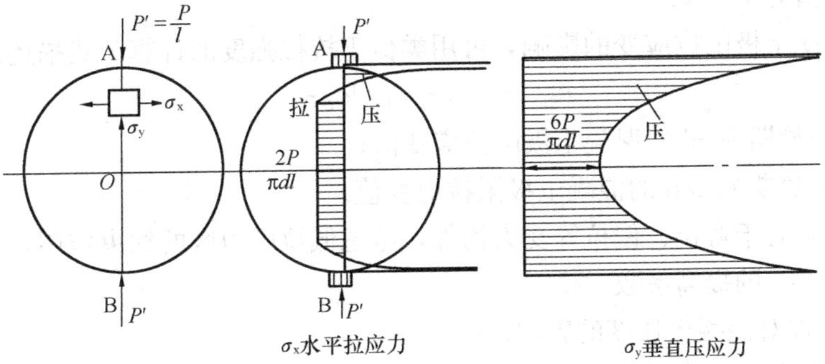

图 2-3　圆柱体劈裂面上的应力状态

2. 混凝土轴向抗拉强度及弹性模量与抗压强度的关系

试验研究表明，在 3～28d 龄期内，混凝土轴向抗拉强度与抗压强度类似随龄期而增长，开始快，之后缓慢，但并非正比关系。

根据我国国家标准《混凝土结构设计规范》GB 50010—2010 规定的混凝土 28d 龄期抗拉强度设计值和抗压强度设计值，可获得拉压强度比 f_t/f_c（如表 2-7 所示）。

由表 2-7 可知，混凝土拉压强度比随混凝土抗压强度的提高而降低，但并非呈线性关系，如混凝土强度等级为 C30 时，$f_t/f_c=0.1$；而为 C60 时，$f_t/f_c=0.074$，抗压强度增高一倍，拉压强度比仅下降 26%。因此，提高混凝土抗压强度，也是提高混凝土抗拉强度的一种途径。

抗压强度比值及混凝土弹性模量与混凝土强度设计等级的关系　　**表 2-7**

混凝土强度	C15	C20	C25	C30	C35	C40	C45
f_t/f_c	0.126	0.115	0.107	0.100	0.094	0.090	0.085
E_c（$\times10^4$N/mm^2）	2.20	2.55	2.8	3.0	3.15	3.25	3.35

续表

混凝土强度	C50	C55	C60	C65	C70	C75	C80
f_t/f_c	0.082	0.077	0.074	0.072	0.067	0.064	0.062
E_c（$\times10^4$N/mm^2）	3.45	3.55	3.60	3.65	3.70	3.75	3.80

龄期对混凝土抗拉强度的影响，根据苏联水工科学院的试验结果，可用下式描述：

$$f_{t(\tau)} = 0.8 f_{t(28)} (\log\tau)^{2/3} \tag{2-4}$$

式中 $f_{t(\tau)}$ ——龄期为 τd 的混凝土抗拉强度；

$f_{t(28)}$ ——龄期为 28d 的混凝土抗拉强度。

由表 2-7 看出，混凝土的弹性模量也随抗压强度提高而增加，提高强度等级，虽提高混凝土抗拉强度，但将增加约束应力。

3. 混凝土极限拉应变值

为控制变形变化引起的裂缝，仅仅按抗拉强度控制是不全面的，更重要的是要掌握材料抵抗变形的能力，即所谓“极限拉应变”值。正常加载试验（不出现徐变变形）表明，混凝土极限拉应变随龄期增长而增长，早期增长很快，如 3d 为 75×10^{-6}，28d 为 105×10^{-6}，3d 已达 28d 的 70%，但往后增长速率缓慢。在混凝土结构教材中通常建议取混凝土极限拉应变值为 150×10^{-6}。

龄期对混凝土极限拉应变的影响，可用类似于抗拉强度的计算公式描述：即：

$$\varepsilon_{t(\tau)} = 0.8\varepsilon_{t(28)} (\log\tau)^{2/3} \tag{2-5}$$

式中 $\varepsilon_{t(\tau)}$——龄期为 τd 的混凝土极限拉应变值；

$\varepsilon_{t(28)}$——龄期为 28d 的混凝土极限拉应变值。

在计算中，对于弯拉、偏拉等受力构件，考虑低拉应力区的约束作用，其极限拉应变可乘以 1.5～1.75 的提高系数。

4. 养护条件对混凝土强度的影响

混凝土养护条件是指混凝土所处环境的湿度和温度。

（1）湿度影响：

试验表明，在成型温度（入模温度）相同的情况下，干燥状态比保湿养护强度显著降低，3d 降低 21%，28 天降低 27%。在环境温度相同的情况下，连续保湿（如盖草袋晒水）养护，混凝土强度在各龄期均为最高；保湿养护 14d 后在室外自然养护 28d 抗压强度比连续保湿养护的降低 14%；脱模后随即室外自然养护，28d 抗压强度降低 27%。潮湿状态对混凝土抗拉强度影响更为敏感，自然养护 28d 抗拉强度比标准养护的降低 80%甚至更多。混凝土在结硬过程中，供湿之所以重要，是因为一旦缺乏供湿，除水化作用受到抑制外，干缩引起的内应力和微裂缝也是使混凝土强度，特别是抗拉强度降低的重要原因。在施工过程中，也有这样的情况发生，即由于准备工作不够，未能及时保湿养护，先干燥后再进行养护，其结果是，湿养耽误的时间愈长，强度恢复得愈少。如果中断 24h，再开始湿养，混凝土强度几乎完全得不到恢复。

（2）温度影响：

养护温度适当升高可加速水化反应，对混凝土早期强度是有利的，对后期强度亦无不良影响。但是，若在浇筑和凝结期间的温度过高，虽然会使早期强度得以提高，但大约

7d之后对混凝土强度有不利的影响，其原因在于早期的快速水化会形成物理结构不良的水化产物（多孔且未被填允属于混凝土局部薄弱导致其强度降低的现象），这种水化产物在浆体内分布不均匀，对混凝土强度产生不利影响，属于局部薄弱导致的混凝土强度降低。现场试验证实，温度每升高1℃，强度下降0.38MPa。试验表明温度在4～23℃养护28d的试件，其强度全部高于32～49℃下养护的试件强度。因此，在拌和物相同的条件下，一般高温期浇筑的混凝土比冬期浇筑的混凝土强度要低。

在混凝土工程中，特别是大体积混凝土施工中，混凝土养护十分重要，混凝土浇筑后在升温阶段要适时进行湿养，并注意适当散热，既可降低升温峰值，又可避免影响后期强度。在降温阶段，除继续保湿外，同时注意保温，以降低混凝土内外温差，避免低温的混凝土外部出现温差裂缝。

5. 粉煤灰对混凝土性能的影响

混凝土中掺入适量的粉煤灰对改善混凝土和易性、降低温升、减少收缩、提高抗侵蚀性等具良好的效果，随之还带来简化温控（大体积混凝土工程）、提高质量、节约水泥、降低造价等技术经济效益。

试验表明，掺粉煤灰使混凝土抗压强度增长7%～20%，尤其是混凝土早期强度增长更快，如3d增长20%，28d增长7%。但掺粉煤灰对混凝土抗拉强度无明显影响。

掺粉煤灰对混凝土变形性能也有两方面影响。一方面掺灰组试件7d之前的弹性模量略有提高，7d之后模量随龄期增长而降低，14d降低21%，28d降低15%，模量的降低对抗裂性能有利；另一方面，掺粉煤灰使混凝土的极限拉应变降低，对早期抗裂不利。但由于掺粉煤灰还具有降低温度、减小内外温差的优点。因此，掺加适量粉煤灰，不仅降低水泥用量，而且能确保高温期的正常施工。目前，在高层建筑施工中所采用的泵送商品混凝土，也广泛采用掺粉煤灰的配合比方案，如商品混凝土C50、C40、C35每$1m^3$的材料用量如表2-8所示。

商品混凝土每$1m^3$的材料用量（kg） **表2-8**

混凝土强度等级	42.5级水泥	中砂	卵石	水	FDN-5L减水剂	Ⅱ级粉煤灰	HE-O泵送剂
C50	455	599	1113	156	21.9	60	33
C40	387	702	1090	161	15.8	65	—
C35	350	756	1087	161	11.7	58	—

注：①表中砂石均以干燥状态下计算，工程中应按实测含水率进行换算。
②从表2-8可知，粉煤灰的含量为水泥掺量的13.2%～16.8%。

2.1.6 混凝土的抗压强度

混凝土抗压强度是混凝土的一个十分重要的力学指标，在《混凝土结构设计规范》GB 50010—2010中，边长150mm立方体抗压强度标准值（混凝土强度总体分布的平均值减去1.645倍标准差，保证率95%）是混凝土各种力学指标的基本代表值。影响混凝土收缩、徐变、抗拉强度的诸因素，也影响混凝土的抗压强度。

混凝土水泥水化过程是时间的函数。因此，混凝土的抗压强度，与混凝土抗拉强度类似，也随龄期而变化，一般环境条件下龄期愈长，强度愈高，但龄期愈长，强度增长的幅度愈小，强度与龄期的关系有以下几种。

1. 欧布雷姆对数公式

$$f_{c(\tau)} = A\log\tau + B \tag{2-6}$$

式中 τ——受荷时混凝土的龄期，以 d 计；

$f_{c(\tau)}$——龄期为 τd 的混凝土抗压强度；

A、B——系数，与水泥品种、养护条件等因素有关，由试验确定。

2. 以 28d 龄期为标准的后期强度公式

$$f_{c(\tau)} = \frac{\tau}{a + b\tau} f_{c(28)} \tag{2-7}$$

式中 τ——混凝土的龄期，以 d 计；

$f_{c(\tau)}$——龄期为 28d 的混凝土抗压强度；

a、b——系数，由水泥品种及养护条件而定，分别在 $a=0.7\sim4.0$，$b=0.67\sim1$ 范围内变化。

3. 第六届国际预应力混凝土会议建议值

根据第六届国际预应力混凝土会议建议，在湿养温度 15～20℃的条件下，普通硅酸盐水泥和早强快硬硅酸盐水泥的混凝土，τd 龄期的抗压强度和 28d 龄期的抗压强度比应如表 2-9 所示。

混凝土龄期 τ d 和 28d 抗压强度比值 **表 2-9**

混凝土龄期（d）	3	7	28	90	360
普通硅酸盐水泥	0.4	0.65	1.00	1.20	1.35
早强快硬硅酸盐水泥	0.55	0.75	1.00	1.15	1.20

根据表 2-9 的 τd 和 28d 混凝土抗压强度比值的关系，对普通硅酸盐水泥按照公式（2-6）的对数关系，且以 28d 龄期强度为标准，可分段描述为：

当 $28\leqslant\tau\leqslant90$（d）时：

$$f_{c(\tau)} = (0.49\lg\tau + 0.29) f_{c(28)} \tag{2-8}$$

当 $90<\tau\leqslant360$（d）时：

$$f_{c(\tau)} = (0.25\lg\tau + 0.71) f_{c(28)} \tag{2-9}$$

同样，对早强快硬硅酸盐水泥混凝土，可获得如下对数关系：

当 $28\leqslant\tau\leqslant90$（d）时：

$$f_{c(\tau)} = (0.3\lg\tau + 0.57) f_{c(28)} \tag{2-10}$$

当 $90<\tau\leqslant360$（d）时：

$$f_{c(\tau)} = (0.08\lg\tau + 0.99) f_{c(28)} \tag{2-11}$$

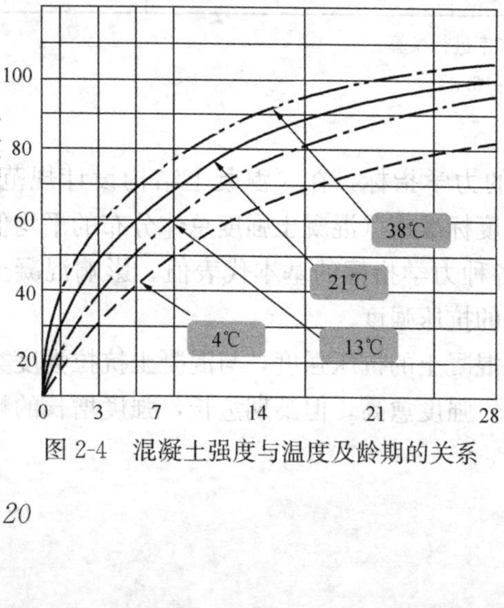

图 2-4 混凝土强度与温度及龄期的关系

混凝土的抗压强度随龄期及环境温度而变化，一般环境条件下龄期愈长，环境温度越高，早期强度越高（见图 2-4）。

2.1.7 混凝土裂缝的自愈性能

混凝土的抗拉强度和极限拉应变值均很小，在混凝土结构工程中（如高层建筑地下室混凝土墙壁和楼（屋）面混凝土梁板结构）

往往在干缩和冷缩变形的共同作用下，约束应力较大的部位在施工过程中出现贯穿梁、板、墙的裂缝，有的裂缝滴水、渗水，也有的裂缝被白色析出物覆盖，并停止渗漏。这种裂缝现象常常困扰建设方和施工方的技术人员。为正确认识和处理这些裂缝现象，有必要了解混凝土裂缝的自愈性能。

在墙、梁和板上，原先渗漏的贯穿裂缝，经过一段时间，沿裂缝析出白色的覆盖物，将裂缝封闭，不再渗水，这就是混凝土裂缝的自愈现象。为什么混凝土裂缝具有自愈性能呢，原来混凝土的组成材料水泥中含有石灰石（氧化钙 CaO），当室外水分通过墙体裂缝向室内渗流，或通过楼板裂缝向下渗流时，水与混凝土裂缝处的氧化钙（CaO）化合形成氢氧化钙（$Ca(OH_2)$），游离的氢氧化钙（$Ca(OH)_2$）又是易溶于水的化合物，其溶液必然沿裂缝向地下室内或楼板底渗出，室内空气中存在二氧化碳（CO_2），与溶于水中的氢氧化钙（$Ca(OH)_2$）化合生成碳酸钙（$CaCO_3$），堆积在裂缝里面并向其表面析出，形成白色的覆盖层，将裂缝封闭，使渗漏停止。混凝土借助水和空气中的二氧化碳（CO_2）使裂缝完全自愈。

混凝土自愈性能的发挥主要取决于裂缝宽度和水头压力，工程实践证明，裂缝宽度在0.1～0.2mm，水头压力不大（<15～20mm）的情况下，混凝土的自愈性能可得到较好的发挥。当裂缝宽度超过0.2mm，即使是在较低的压力水作用下，溶于水的氢氧化钙（$Ca(OH)_2$）和碳酸钙（$CaCO_3$）也将被水冲走，而无法堆积在裂缝侧壁，更不能将裂缝覆盖，裂缝漏水量与时俱增。这种裂缝必须待切断水源，进行干燥处理后，根据裂缝的不同情况，采用注浆或其他方法进行修补。

全面了解混凝土的自愈性能，对混凝土结构工程的施工、管理和裂缝控制具有重要的技术经济意义。一旦在墙面和楼（屋）面板出现贯穿裂缝，不必惊慌失措，在对裂缝进行观测和分析的基础上，注意墙面、楼（屋）面的供湿和保湿，人为地提供混凝土裂缝完成自愈所必须的条件，使其自愈。

2.2 砌体材料的相关性能

砌体由块体和砂浆砌筑而成，可分为砖砌体、砌块砌体和石砌体三类。

砖砌体，包括烧结普通砖、烧结多孔砖、蒸压灰砂砖、蒸压粉煤灰砖，无筋和配筋砌体。

砌块砌体，包括混凝土、轻骨料混凝土砌块，空心砌块无筋和配筋砌体。

石砌体，包括各种料石和毛石砌体。

与砌体结构裂缝有关的砌体物理力学性能主要有砌体强度（抗拉强度、抗剪强度、抗压强度）和砌体变形（弹性模量、线膨胀系数和收缩率）等。

2.2.1 砌体强度

1. 砌体轴心抗拉强度

砌体在轴心拉力（包括荷载和约束变形引起的）作用下，一般沿齿缝截面（见图2-5中的Ⅰ-Ⅰ截面）破坏。这时，砌体的抗拉强度主要取决于块体与水平灰缝界面的粘结强度，并与其界面的总面积有关。

砌体与水平灰缝界面的粘结强度主要取决于砂浆的强度等级。当块体的强度较高时，在

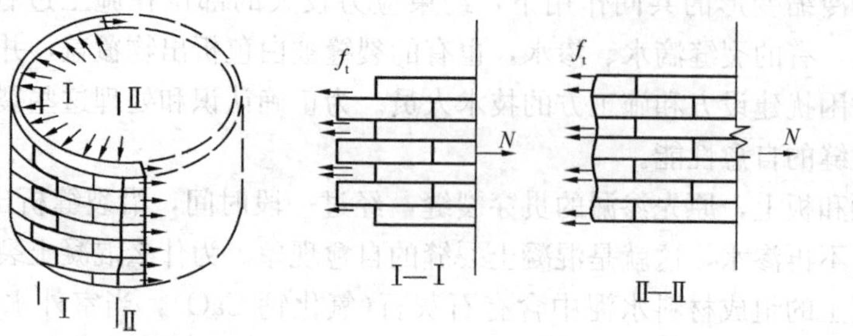

(a) 沿齿缝截面破坏　　(b) 沿块体截面破坏

图 2-5　砌体轴心受拉的两种破坏

轴心拉力作用下，砌体发生沿齿缝截面破坏，由试验研究确定的各种砌体沿齿缝破坏的轴心抗拉强度设计值如表 2-10 所示。由表可知，各种砌体沿齿缝破坏的轴心抗拉强度，仅仅取决于砂浆强度等级，随砂浆抗压强度等级提高而提高，但拉压强度比值随砂浆抗压强度等级的降低而提高。如对烧结普通砖和烧结多孔砖砌体，当砂浆强度等级为≥M10、M7.5、M5、M2.5 时，拉压强度比分别为 0.019、0.021、0.026、0.036；对混凝土砌块砌体，砂浆强度等级为≥M10、M7.5、M5 时，拉压强度比分别为 0.009、0.010、0.014；可见砖砌体特别是混凝土砌块砌体，其拉压强度比非常小，这就是后者在轴心拉力作用下更易开裂的缘故。当块体的强度较低，而砂浆强度较高时，砌体则可能沿竖缝与块体截面（见图 2-5 中的Ⅱ-Ⅱ垂直截面）破坏，由于竖缝砂浆饱满度和密实度均较差，而且垂直于灰缝面的粘结强度很小，可忽略其影响。因此，这种破坏与抗拉强度值有关，主要取决于砌块的强度，当砌块的强度等级为 MU30、MU20、MU15 和 MU7.5 时，块体的轴心抗拉强度分别为 0.29、0.26、0.23 和 0.18MPa。由表 2-10 可知，一般情况下不会发生这种破坏，只有当砌块强度低于 MU7.5、砂浆强度高于 M10 时，才有可能发生这种破坏。

由于灰缝与砌体之间法向的粘结强度甚微，因此，砌体结构基础发生沉降时，墙体常常沿灰缝与砌块界面出现贯穿墙厚的水平裂缝。

2. 砌体抗剪强度

砌体受剪时的破坏形态和抗剪强度不仅与材料强度、砌筑质量和试验方法等因素有关，而且受垂直压应力的影响。后者可通过主拉应力破坏理论和库仑破坏理论进行分析。最后，通过试验研究，结合实践经验确定砌体的抗剪强度。

砌体抗剪强度是指砌体所能承受的最大剪应力。其值也主要取决于砂浆与砌体之间粘结强度。试验结果表明，砂浆与块体的切向粘结强度较高，而法向粘结强度不仅很低，且不易得到保证，如实际工程中竖向灰缝内的砂浆往往不饱满。因此，砌体受剪时，沿通缝截面和沿齿缝截面的抗剪强度相差甚微，可采用同一强度指标，其平均值由下式计算：

$$f_{v0,m} = k_5 \sqrt{f_2} \tag{2-12}$$

式中 f_2 ——砂浆抗压强度；

k_5 ——系数，页岩砖和空心砖砌体，k_5 =0.125；混凝土小型空心砌块砌体，k_5 =0.069；粉煤灰中型实心砌块砌体，k_5 =0.034；毛石砌体，k_5 =0.188。

随砂浆强度等级变化的各种砌体抗剪强度设计值如表 2-10 所示。

沿砌体灰缝截面破坏时砌体的轴心抗拉强度设计值、弯曲抗拉强度设计值和抗剪强度设计值（MPa）　　表 2-10

强度类别	破坏特征及砌体种类		砂浆强度等级 ≥M10	M7.5	M5	M2.5
轴心抗拉	 沿齿缝	烧结普通砖、烧结多孔砖	0.19	0.16	0.13	0.09
		混凝土普通转、混凝土多孔砖	0.19	0.16	0.13	—
		蒸压灰砂砖、蒸压粉煤灰砖	0.12	0.10	0.08	—
		混凝土砌块	0.09	0.08	0.07	—
		毛石	—	0.07	0.06	0.04
弯曲抗拉	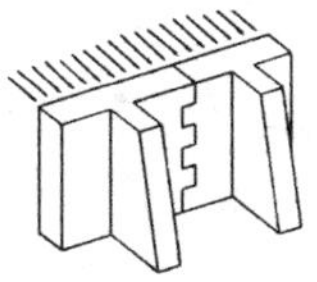 沿齿缝	烧结普通砖、烧结多孔砖、	0.33	0.29	0.23	0.17
		混凝土普通转、混凝土多孔砖	0.33	0.29	0.23	—
		蒸压灰砂砖、蒸压粉煤灰砖	0.24	0.20	0.16	—
		混凝土砌块	0.11	0.09	0.08	—
		毛石	—	0.11	0.09	0.07
弯曲抗拉	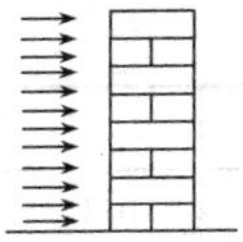 沿通缝	烧结普通砖、烧结多孔砖	0.17	0.14	0.11	0.08
		混凝土普通转、混凝土多孔砖	0.17	0.14	0.11	—
		蒸压灰砂砖、蒸压粉煤灰砖	0.12	0.10	0.08	—
		混凝土砌块	0.08	0.06	0.05	—
抗剪	烧结普通砖、烧结多孔砖		0.17	0.14	0.11	0.08
	混凝土普通转、混凝土多孔砖		0.17	0.14	0.11	—
	蒸压灰砂砖、蒸压粉煤灰砖		0.12	0.10	0.08	—
	混凝土和轻骨料混凝土砌块		0.09	0.08	0.06	—
	毛石		—	0.19	0.16	0.11

注：①对于用形状规则的块体砌筑的砌体，当搭接长度与块体高度的比值小于1时，其轴心抗拉强度设计值 f_t 和弯曲抗拉强度设计值 f_{tm} 应按表中数值乘以搭接长度与块体高度比值后采用；

②表中数值是依据普通砂浆砌筑的砌体确定，采用经研究性试验且通过技术鉴定的专用砂浆砌筑的蒸压灰砂普通砖、蒸压粉煤灰普通砖砌体，其剪切强度设计值按相应普通砂浆强度等级砌筑的烧结普通砖砌体采用；

③对混凝土普通砖、混凝土多孔砖、混凝土和轻集料混凝土砌块砌体，表中的砂浆强度等级分别为：≥Mb10、Mb7.5 及 Mb5。

实际上砌体截面同时承受剪力和垂直压力的作用，其抗剪压强度可根据主拉应力破坏理论或库仑（剪摩）破坏理论进行计算。

按主拉应力破坏理论：

$$f_{vc} = f_v\sqrt{1+\frac{\sigma_0}{f_{v0}}} \tag{2-13}$$

按剪摩破坏理论为：

$$f_{vc} = f_v + \mu\sigma_y \tag{2-14}$$

式中　σ_y——作用于截面上的垂直压应力；

　　　μ——摩擦系数。

《砌体结构设计规范》GB 50003—2011 采用剪摩（剪压）破坏理论：

$$f_{vc}=f_v+\alpha\mu\sigma_0 \tag{2-15}$$

当 $\gamma_G=1.2$ 时，
$$\mu=0.26-0.082\frac{\sigma_0}{f} \tag{2-16}$$

当 $\gamma_G=1.35$ 时，
$$\mu=0.23-0.065\frac{\sigma_0}{f} \tag{2-17}$$

式中 f_{vc}——砌体抗剪压强度设计值；

f_v——砌体抗剪强度设计值，对灌孔的混凝土砌块砌体用 f_{vg} 表示；

μ——剪压复合受力影响系数；

a——修正系数，当 $\gamma_G=1.2$ 时，砖砌体取 0.60，混凝土砌块取 0.64；当 $\gamma_G=1.35$ 时，砖砌体取 0.64，混凝土砌块取 0.66；

σ_0——永久荷载设计值产生的水平截面平均压应力；

f——砌体抗压强度设计值；

σ_0/f——轴压比，其值不大于 0.8；

$\alpha\mu$ 乘积可查表 2-11。

当 $\gamma_G=1.2$ 及 $\gamma_G=1.35$ 时的 $\alpha\mu$ 值 **表 2-11**

γ_G	σ_0/f	0.1	0.2	0.3	0.4	0.5	0.6	0.7	0.8
1.2	砖砌体	0.15	0.15	0.14	0.14	0.13	0.13	0.12	0.12
	砌块砌体	0.16	0.16	0.15	0.15	0.14	0.13	0.13	0.12
1.35	砖砌体	0.14	0.14	0.13	0.13	0.13	0.12	0.12.	0.11
	砌块砌体	0.15	0.14	0.14	0.13	0.13	0.13	0.12	0.12

对单排孔混凝土砌块对孔砌筑时，其灌孔砌体的抗剪强度设计值：

$$f_{vg}=0.2f_g^{0.55} \tag{2-18}$$

式中 f_g——灌孔砌体的抗压强度设计值，MPa。

3. 砌体抗压强度

(1) 砌体中块体与砂浆受力状态分析

砌体由砌块与砂浆粘结而成，在压力作用下，砌体的抗压强度取决于砌体中砌块与砂浆的受力状况，砌体承受上部结构传来的压应力，单个块体则不然，由于单个块体的外形不完全规则平整，砌体水平灰缝厚度、饱满度和砂浆的组成等都不会十分均匀。因此，单个砌块犹如搁置在弹性地基上的梁。再者，由于砌块和砂浆的弹性模量、横向变形各不相同，一般块体的横向变形较中等强度等级以下的砂浆为小，故砂浆的横向变形必然受块体的约束，使砂浆的横向变形减小，并由此受到水平方向的压应力。相反，块体的横向变形，因要与砂浆的变形一致而增大，而在单个块体中产生拉应力。由此可见，在砌体中单个砌块处于拉压（包括局压）、弯、剪复合应力状态；而砂浆一般则处于三向受压的应力状态。

(2) 轴心受压砌体破坏特征

试验表明，砌体从加载到破坏，大体上经历三个阶段，如图 2-6 所示。图中砖砌体的标准试件尺寸为 240mm×370mm×720mm($\beta=3$)，砌体破坏时的极限荷载为 N_u。

当压力 $N=(0.5\sim0.7)N_u$ 时，在砌体内某些单个块体（砖）出现第一条（批）竖向裂缝，砌体进入第一阶段（见图 2-6a)，这种裂缝是单个砖在拉、压、弯、剪复合应力作用下引起的。

继续加载则砌体内单个砖上的裂缝开展并逐渐形成上下贯通若干皮砖的竖向裂缝，同时出现一些新的裂缝，砌体进入第二阶段（见图 2-6（b））。当压力 $N=(0.8\sim0.9)N_u$时，如荷载持续作用，砌体的裂缝及横向变形随着时间增长继续发展，直到砌体破坏。在实际工程中，砌体受压构件如出现这种裂缝状况，实际上已进入危险阶段。

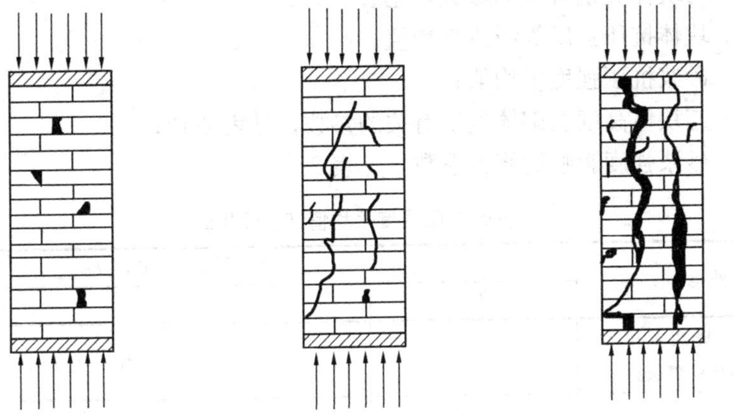

(a) 单砖先裂　　(b) 裂缝贯穿若干破砖　　(c) 形成独立小柱破坏

图 2-6　轴心受压砌体的破坏特征

此时如继续加载，砌体上的竖向裂缝上下完全贯通，将砌体分割成若干独立小柱，使其压碎或失稳破坏，进入第三阶段（见图 2-6c），此时的荷载为破坏荷载 N_u。

（3）影响砌体抗压强度的因素

从以上受力分析和试验结果可知，影响砌体抗压强度的主要因素是砌块和砂浆的强度、变形模量、砌块的外形尺寸、灰缝厚度以及砌体的砌筑质量等。

1）砌块的强度、外形及厚度

砌块的抗压强度显然直接影响到砌体的抗压强度，然而强度相同的砌块，其砌体强度则不尽相同。因为砌块的外形和厚度还有影响，如砌块的外形规则平整，则可减小砌块受弯、受剪的作用；如果砌块增厚，则可提高单个砌块抗弯抗剪能力。这样，可推迟“单砖先裂”，从而提高砌体抗压强度。

2）砂浆强度、可塑性及弹性模量

砂浆强度同样直接影响到砌体的抗压强度，而砂浆的可塑性（即和易性）、弹性模量对砌体抗压强度亦有较大影响。砂浆的和易性好，砌筑时易于铺平，保证水平灰缝的均匀性，减少单个砌块在砌体中受弯受剪。但砂浆塑性过大，或弹性模量过小、都要增大砂浆受压时的横向变形，将加大单个块体水平方向的拉应力。因此，砂浆抗压强度高、可塑性适当、弹性模量大，则砌体抗压强度较高。

3）砌体砌筑质量

主要体现在砌体水平灰缝的饱满度、密实性、均匀性和合适的厚度上。饱满度要求达到 75%～80%，灰缝厚度要均匀，以 10～12mm 为宜。同时，在保证砌筑质量的前提下，快速砌筑能使砌体在砂浆硬化前即受压，提高水平灰缝的密实性。这些都有利于提高砌体的抗压强度。

(4) 砌体抗压强度取值

1) 砌体轴心抗压强度平均值

对各类砌体轴心抗压强度平均值按如下统一公式计算：

$$f_m = k_1 f_1^a (1 + 0.07 f_2) k_2 \tag{2-19}$$

式中 k_1 ——与块体类别有关的参数，见表 2-12；

f_1 ——块体抗压强度等级或平均值；

f_2 ——砂浆抗压强度平均值；

a ——与块体高度及砌体类别有关的参数，见表 2-12；

k_2 ——砂浆强度影响的修正系数，见表 2-12。

轴心抗压强度平均值 f_m (MPa) **表 2-12**

砌体种类	$f_m = k_1 f_1^a (1 + 0.07 f_2) k_2$		
	k_1	a	k_2
烧结普通砖、烧结多孔砖、蒸压灰砂砖、蒸压粉煤灰砖	0.78	0.5	当 $f_2 < 1$ 时，$k_2 = 0.6 + 0.4 f_2$
混凝土砌块	0.46	0.9	当 $f_2 < 1$ 时，$k_2 = 0.8$
毛料石	0.79	0.5	当 $f_2 < 1$ 时，$k_2 = 0.6 + 0.4 f_2$
毛石	0.22	0.5	当 $f_2 < 2.5$ 时，$k_2 = 0.4 + 0.24 f_2$

注：① k_2在表列条件以外时均等于 1。

② 式中 f_1 为块体（砖、石、砌块）的抗压强度等级值或平均值；f_2 为砂浆抗压强度平均值。单位均以 MPa 计。

③ 混凝土砌块砌体的轴心抗压强度平均值，当 $f_2 > 10$MPa 时，应乘以系数 $1.1 - 0.01 f_2$，MU20 的块体应乘以系数 0.95，且满足 $f_1 \geqslant f_2$，$f_1 \leqslant 20$MPa 。

2) 砌体轴心抗压强度标准值各类砌体抗压强度标准值是其抗压强度的基本代表值，由概率分布的 0.05 分位数（保证率为 95%）确定，即：

$$f_k = f_m (1 - 1.64 \delta_f) \tag{2-20}$$

式中 δ_f ——砌体抗压强度变异系数，对各种砖、砌块及毛料石取 0.17，对毛石取 0.24。

3) 砌体轴心抗压强度设计值为使砌体抗压强度具有足够的可靠概率，进行承载力计算时，采用比标准值小的设计值，即：

$$f = f_k / \gamma_f \tag{2-21}$$

式中 γ_f ——砌体结构材料性能分项系数，对无筋砌体，取 $\gamma_f = 1.60$。

各类砌体抗压强度设计值见表 2-13～表 2-18。

烧结普通砖和烧结多孔砖砌体的抗压强度设计值 (MPa) **表 2-13**

砖强度等级	砂浆强度等级					砂浆等级
	M15	M10	M7.5	M5	M2.5	0
MU30	3.94	3.27	2.93	2.99	2.26	1.15
MU25	3.60	2.98	2.68	2.37	2.06	1.05
MU20	3.22	2.67	2.39	2.12	1.84	0.94
MU15	2.79	2.31	2.07	1.83	1.60	0.82
MU10	—	1.89	1.69	1.50	1.30	0.67

蒸压灰砂砖和蒸压粉煤灰砖砌体的抗压强度设计值（MPa） **表 2-14**

砖强度等级	砂浆强度等级				砂浆等级
	M15	M10	M7.5	M5	0
MU25	3.60	2.98	2.68	2.37	1.05
MU20	3.22	2.67	2.39	2.12	0.94
MU15	2.79	2.31	2.07	1.83	0.82
MU10	—	1.89	1.69	1.50	0.67

单排孔混凝土和轻骨料混凝土砌块砌体的抗压强度设计值（MPa） **表 2-15**

砌块强度等级	砂浆强度等级				砂浆等级
	Mb15	Mb10	Mb7.5	Mb5	0
MU20	5.68	4.95	4.44	3.94	2.33
MU15	4.61	4.02	3.61	3.20	1.89
MU10	—	2.79	2.50	2.22	1.31
MU7.5	—	—	1.93	1.71	1.01
MU5	—	—	—	1.19	0.70

注：①对错孔砌筑的砌体，应按表中数值乘以 0.8；

②对独立柱或厚度为双排组砌的砌块砌体，应按表中数值乘以 0.7；

③对 T 形截面砌体．应按表中数值乘以 0.85；

④表中轻骨料混凝土砌块为煤矸石和水泥煤渣混凝土砌块。

轻骨料混凝土砌块砌体的抗压强度设计值（MPa） **表 2-16**

砌块强度等级	砂浆强度等级			砂浆等级
	Mb10	Mb7.5	Mb5	0
MU10	3.08	2.76	2.45	1.44
MU7.5	—	2.13	1.88	1.12
MU5	—	—	1.31	0.78

注：①表中的砌块为火山渣、浮石和陶粒轻骨料混凝土砌块；

②对厚度方向为双排组砌的轻骨料混凝土砌块砌体的抗压强度设计值，应按表中数值乘以 0.80。

毛料石砌体的抗压强度设计值（MPa） **表 2-17**

毛料石强度等级	砂浆强度等级			砂浆等级
	M7.5	M5	M2.5	0
MU100	5.42	4.80	4.18	2.13
MU80	4.85	4.29	3.73	1.91
MU60	4.20	3.71	3.23	1.65
MU50	3.83	3.39	2.95	1.51
MU40	3.43	3.04	2.64	1.35
MU30	2.97	2.63	2.29	1.17
MU20	2.42	2.15	1.87	0.95

注：对下列各类料石砌体，应按表中数值分别乘以系数：细料石砌体为 1.5；半细料石砌体为 1.3；粗料石砌体为 1.2；干砌勾缝石砌体为 0.8。

毛石砌体的抗压强度设计值（MPa） **表 2-18**

毛石强度等级	砂浆强度等级			砂浆等级
	M7.5	M5	M2.5	0
MU100	1.27	1.12	0.98	0.34
MU80	1.13	1.00	0.87	0.30
MU60	0.98	0.87	0.76	0.26
MU50	0.90	0.80	0.69	0.23
MU40	0.80	0.71	0.62	0.21
MU30	0.69	0.61	0.53	0.18
MU20	0.56	0.51	0.44	0.15

注：对于下列情况的各类砌体，其砌体强度设计值应乘以调整系数 γ_u：

①对无筋砌体构体，其截面面积小于 0.3m^2 时，γ_a 为其截面面积加 0.7。对配筋砌体构件，当其截面面积小于 0.2m^2 时，γ_a 为其截面面积加 0.8，构件截面面积以 m^2 计；

②当砌体用强度等级小于 M5.0 的水泥砂浆砌筑时，砌体抗压强度设计值的 γ_a 为 0.9，轴心抗拉、弯曲抗拉和抗剪强度设计值的 γ_a 为 0.8；

③当验算施工中房屋的构件时，γ_a 为 1.1。

对于无筋砌体，当需要采用抗压强度标准值时，可按 $f_k = 1.6f$ 求得。

2.2.2 砌体的弹性模量、线膨胀系数和收缩性能

1. 砌体的弹性模量

砌体的弹性模量主要用于计算砌体构件在荷载作用下的温度应力（或约束应力），其值可通过实测的应力应变关系获得。为简化计算，规范取砌体应力 $\sigma = 0.43f$ 时的变形模量（割线模量）作为砌体的弹性模量，即：

$$E = \tan\alpha = \sigma/\varepsilon = 0.43f/(-1/\xi \ln 0.57) \approx 0.8\xi f \tag{2-22}$$

式中 ξ——砌体变形弹性特征值，主要与砂浆强度等级有关。

砌体的弹性模量见表 2-19。

砌体的弹性模量（MPa） **表 2-19**

砌体种类	砂浆强度			
	≥M10	M7.5	M5	M2.5
烧结普通砖、烧结多孔砖	$1600f$	$1600f$	$1600f$	$1390f$
蒸压灰砂砖、蒸压粉煤灰砖	$1060f$	$1060f$	$1060f$	$960f$
混凝土砌块砌体	$1700f$	$1600f$	$1500f$	—
粗料石、毛料石、毛石砌体	7300	$5650f$	4000	2250
细料石、半细料石砌体	22000	17000	12000	6750

注：轻骨料混凝土砌块砌体的弹性模量，可按表中混凝土砌块砌体的弹性模量采用；

砌体的剪变模量可按砌体弹性模量的 0.4 倍采用。

单排孔且对孔砌筑的混凝土砌块灌孔砌体的弹性模量按下式计算：

$$E = 2000f_g \tag{2-23}$$

式中 f_g——灌孔砌体的抗压强度设计值。

2. 砌体的线膨胀系数

砌体的线膨胀系数是砌体的一种热性能，它表示温度升高（或降低）1℃，砌体沿单位长度的伸长（或缩短）量，各种砌体的线膨胀系数见表 2-20。从表中可知，该系数以烧结页岩砖砌体最小，蒸压灰砂砖、蒸压粉煤灰砖砌体以及料石和毛石砌体居中，而混凝土（包括轻骨料混凝土）砌块砌体最大。后者为砖砌体的 2 倍，亦即砌体温度升高 1℃，每 1m 长的混凝土砌块砌体伸长 0.01mm，而烧结页岩砖砌体伸长 0.005mm。因此，在相同的弹性模量和约束条件下，混凝土砌块砌体内的约束内应力将比烧结页岩砖砌体的大一倍。

砌体的线膨胀系数和收缩率 **表 2-20**

砌体种类	线膨胀系数 10^{-6}/℃	收缩率 mm/m
烧结页岩砖砌体	5	−0.1
蒸压灰砂砖、蒸压粉煤灰砖砌体	8	−0.2
混凝土砌块砌体	10	−0.2
轻骨料混凝土砌块砌体	10	−0.3
料石和毛石砌体	8	—

注：表中的收缩率系由达到收缩允许标准的块体砌筑 28d 的砌体收缩率，当有可靠的砌体收缩试验数据时，亦可采用当地的试验数据。

3. 砌体的收缩率

砌体由块体和砂浆组成。因此，砌体的收缩率也与块体和砂浆的体积收缩率有关。经过烧结的普通砖收缩率最小（普通砖的收缩率为 0.1mm/m）而用 28d 龄期砌筑的轻骨料混凝土砌块砌体的收缩率最大，单位长度（1m）的收缩变形达 0.3mm，为烧结普通砖砌体的收缩率的 3 倍，如表 2-20 所示。如果混凝土砌块未达到 28d 的龄期就上墙，其收缩率将更大，特别是上墙龄期短的轻骨料混凝土砌块砌体房屋，容易出现温度收缩裂缝的原因。

2.2.3 砌体的摩擦系数

砌体沿砌体或其他材料滑动以及其他材料沿砌体滑动的摩擦系数，主要与滑动面（或摩擦面）的粗糙程度及干湿状况有关。在一般情况下，根据摩擦面干燥与潮湿状况，砌体的摩擦系数可按表 2-21 采用。

砌体的摩擦系数 **表 2-21**

材料种类	摩擦面情况	
	干燥的	潮湿的
砌体沿砌体或混凝土滑动	0.70	0.60
木材沿砌体滑动	0.60	0.50
钢沿砌块滑动	0.45	0.35
砌体沿砂或卵石滑动	0.60	0.50
砌体沿粉土滑动	0.55	0.40
砌体沿黏土滑动	0.50	0.30

摩擦系数的大小与结构的承载力和裂缝密切相关，如摩擦系数大，挡土墙结构的抗滑移承载力也大，摩擦系数小则有利于减小约束应力和减轻由约束应力引起的砌体结构裂缝的现象。

由表 2-21 可知，潮湿的摩擦面比干燥的摩擦面更容易滑动，属对抗滑移的最不利情况，摩擦面在潮湿状况下，砌体沿黏性土的摩擦系数最小（仅为 0.30），这就是当挡土墙墙脚位于黏性土之上，且基础隔水效果不好造成基底与黏性土的界面饱水（十分潮湿），极易发生挡土墙滑移破坏的原因。在干燥状况下，以砌体沿砌体或混凝土滑动摩擦系数最大，达 0.70，为减小摩擦系数，宜在它们之间人为设置滑动层，可减小约束应力引起的裂缝。

2.3 钢材的性能

2.3.1 钢材的力学性能

1. 抗拉性能

抗拉性能是钢材的主要技术性质，通过低碳钢轴向拉伸的应力（σ）-应变（ε）曲线，如图 2-7 所示，可以了解钢材抗拉性能的特征指标和变化规律。低碳钢拉伸过程分为四个阶段：

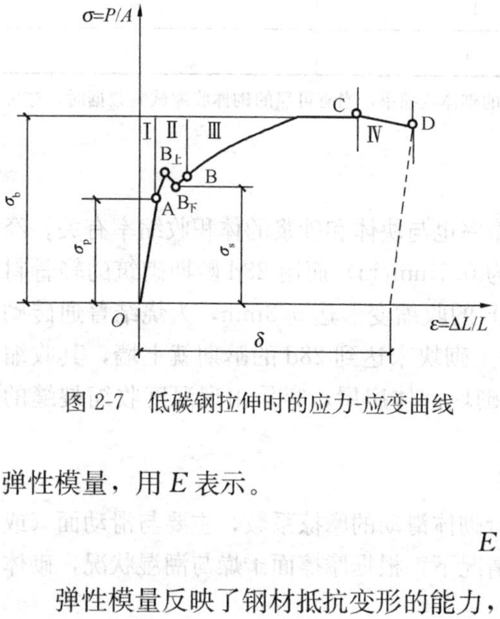

图 2-7　低碳钢拉伸时的应力-应变曲线

（1）弹性阶段（OA 段）

在 OA 范围内，试样受力时发生变形，应力和应变成比例增加，OA 是一条直线段，卸除拉力后变形完全恢复，此性质称为弹性。应力（σ）与应变（ε）保持直线关系时的最大应力称为弹性极限，即 A 点所对应的应力，用 σ_p 表示。在弹性范围内，钢材的应力与应变成正比，其比值为常数，该常数称为弹性模量，用 E 表示。

$$E=\frac{\sigma}{\varepsilon} \tag{2-24}$$

弹性模量反映了钢材抵抗变形的能力，它是计算钢材在受力条件下结构变形能力的重要指标，其值越大，在相同应力下产生的弹性变形越小。土木工程中常用低碳钢的弹性模量为 $2.0\times10^5\sim2.1\times10^5$ MPa，弹性极限为 180～200MPa。

（2）屈服阶段（AB 段）

当荷载增大，试件应力超过弹性极限时，应变增加很快，而应力基本不变，这种现象称为屈服。此时的应力与应变不再成比例变化，试件开始出现塑性变形，应力-应变曲线呈现摆动，摆动的最大应力与最小应力分别称为屈服上限和屈服下限。由于屈服下限数值较为稳定，容易测试，所以规范规定以屈服下限的应力值为钢材的屈服强度，用 σ_s 表示。屈服强度是钢材开始丧失变形抵抗能力的标志。当受力大于屈服强度后，钢材将出现不可恢复的永久变形，虽未破坏但已不能满足使用要求，因此，屈服强度是钢材设计强度取值的依据和工程结构计算中的重要技术参数。

(3) 强化阶段（BC 段）

当载荷超过屈服强度以后，试件内部组织结构发生变化，抵抗塑性变形的能力重新得到提升，此阶段称为强化。对应于曲线最高点（C 点）的应力是钢材受拉时所能承受的最大应力，称为抗拉强度，用 σ_b 表示，抗拉强度不能直接作为工程设计时的计算依据。

钢材的屈服强度与抗拉强度之比（σ_s/σ_b）称为屈强比，它能反映钢材的利用率和结构的安全可靠度。屈强比越小，延缓结构破坏过程的潜力越大，结构的安全可靠度越高。如果屈强比过小，则钢材强度的利用率偏低，造成钢材浪费。碳素钢合理的屈强比一般为 0.58～0.63；合金钢合理的屈强比一般为 0.65～0.75。

(4) 颈缩阶段（CD 段）

当钢材强化达到最高点后，试件局部截面将急剧缩小，呈杯状变细，此现象称为颈缩。由于试件断面急剧缩小，塑性变形迅速增大，直至试件断裂。常用断后伸长率、最大力总伸长率和断面收缩率来表征钢材的塑性变形能力。

断后伸长率是指试件拉断后，试件标距内的伸长量占原始标距的百分率，它是衡量钢材塑性的重要技术指标，用 δ_n 表示。钢材拉伸试件（见图 2-8）。

$$\delta_n = \frac{L_1 - L_0}{L_0} \times 100\% \tag{2-25}$$

式中 δ_n ——伸长率，%，n 为长（短）试件的标识，$n=10$ 或 $n=5$；

L_0 ——试件原始标距长度，mm；

L_1 ——试件拉断后标距部分的长度，mm。

钢材在拉伸时产生的塑性变形主要集中在试件的颈缩处，试件原始标距 L_0 与试件直径 d_0 之比愈大，颈缩处的伸长量在总伸长值中所占的比例愈小，计算所得的伸长率也愈小。通常采用标距与直径尺寸关系为 $L_0 = 5d_0$ 和 $L_0 = 10d_0$ 的两种标准比例试件，所得到的断后伸长率分别用 δ_5 和 δ_{10} 表示。对同一种材料试件，$\delta_5 > \delta_{10}$。工程中把断后伸长率 $\delta_n \geqslant 5\%$ 的材料称为塑性材料，伸长率 $\delta_n < 5\%$ 的材料称为脆性材料。

对硬钢（高碳钢、中碳钢）来讲，其拉伸曲线与低碳钢不同，屈服现象不明显，屈服点难以测定，为便于应用，将产生残余变形为原标距长度的 0.2%时所对应的应力值规定为硬钢的屈服强度，也称为条件屈服点，用 $\delta_{0.2}$ 表示（见图 2-9）。

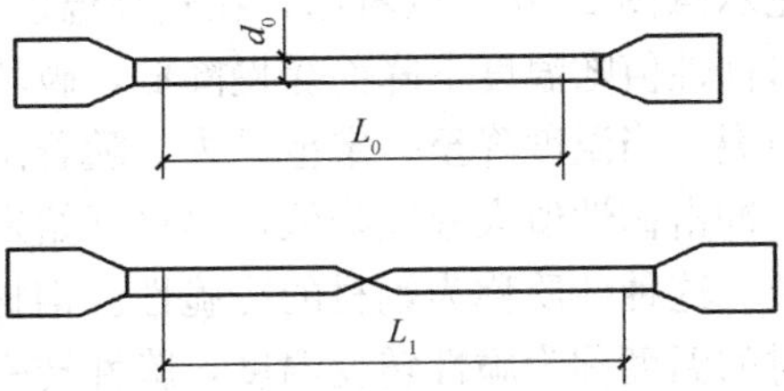

图 2-8 钢材拉伸试件

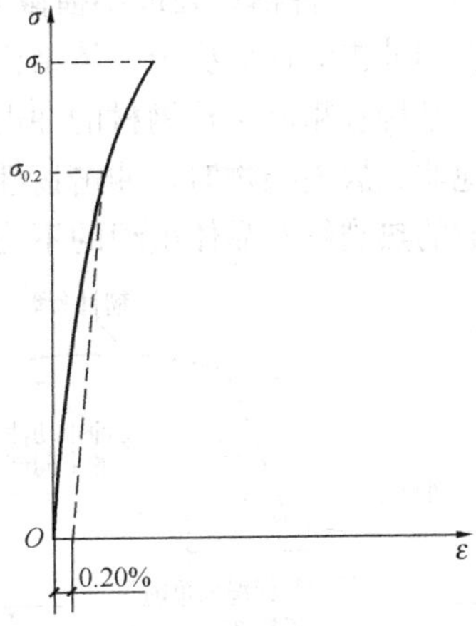

图 2-9 硬钢的应力-应变曲线

断后伸长率实际上只反映了试件颈缩断口区域的残余变形，对试件颈缩出现之前整体的平均变形及弹性变形情况则不能予以表征，这与试件在拉断时应变状态下的变形相差较大且不同钢材的颈缩特征存在差异，端口拼接也有误差，较难真实地反映试件的拉伸变形特性有关。因此，可用试件在最大力时的总伸长率来表示钢材的拉伸变形指标，按式（2-26）计算：

$$\delta_{gt}=\left(\frac{L-L_0}{L_0}+\frac{\sigma_b}{E}\right)\times 100\% \tag{2-26}$$

式中 δ_{gt}——最大力总伸长率，%；

L——试件拉断后测量区标记间的距离，mm；

L_0——试验前测量区标记间的距离，mm；

σ_b——试件的抗拉强度，MPa；

E——钢材的弹性模量。

断面收缩率是指试件拉断后，缩颈处横截面积的最大缩减量与原始横截面积的百分率，用 ψ 表示。

$$\psi=\frac{A_0-A_1}{A_0}\times 100\% \tag{2-27}$$

式中 ψ——断面收缩率，%；

A_0——试件原始横截面积，mm^2；

A_1——缩颈处最小横截面积，mm^2。

2. 冲击韧性

冲击韧性是指钢材抵抗冲击载荷作用下的塑性变形和断裂的能力。通过标准试件的冲击韧性实验，以试件冲断时单位面积上所吸收的能量来表示钢材的冲击韧性指标，按式（2-28）计算。冲击韧性值 α_k 越大，钢材的冲击韧性越好。

$$\alpha_k=\frac{W}{A} \tag{2-28}$$

式中 α_k——冲击韧性值，J/cm^2；

W——试件冲断时所吸收的冲击能，J；

A——试件槽口处最小横截面面积，cm^2。

钢材的冲击韧性取决于晶体结构、化学成分、轧制与焊接质量、温度及时间等多种因素。细晶结构较粗晶结构钢材的冲击韧性值高；硫（S）、磷（P）杂质含量较高和存在偏析及其他非金属夹杂物时，冲击韧性值降低；沿轧制方向取样的钢材冲击韧性值高；焊接件中形成的热裂纹及晶体组织的不均匀分布，使冲击韧性值降低。从钢材冲击韧性随温度变化示意图 2-10 可以看出，在较高温度环境下，冲击韧性值随温度下降而缓慢降低，破坏时呈韧性断裂。当温度降至一定范围内，随着温度的下降，冲击韧性值大幅度降低，钢材开始发生脆性断裂，这种性质称为钢材的冷脆性。钢材发生冷脆时的温度称为脆性转变温度，脆性转变温度越低，表明钢材低温冲击性能越好。在严寒地区使用的钢材，设计时必须考虑其冷脆性。由于脆性

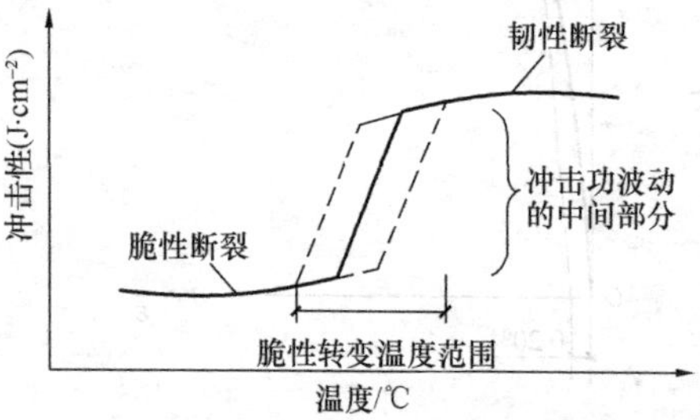

图 2-10 钢材冲击韧性随温度变化曲线

临界温度的测定较复杂，通常根据气温条件在-20℃或-40℃时测定的冲击韧性值，来推断其脆性临界温度范围。

随着时间的延长，钢材的强度与硬度升高、塑性与韧性降低的现象称为时效。时效也是降低钢材冲击韧性的因素之一。表2-22为普通低合金结构钢在低温及时效后的冲击韧性变化值。

普通低合金结构钢冲击韧性值 **表2-22**

钢材所处条件	常温下	低温时（-40℃）	时效后
冲击韧性值（J/cm^2）	58.8～69.6	29.4～34.3	29.4～34.3

3. 耐疲劳性

钢材在交变荷载反复作用下，在远低于抗拉强度时发生的突然破坏称为疲劳破坏。疲劳破坏过程一般要经历疲劳裂纹萌生、缓慢发展和迅速断裂三个阶段。钢材的疲劳破坏，先在应力集中的地方出现疲劳微裂纹，钢材内部的各种缺陷（晶错、气孔、非金属夹杂物）和构件集中受力处等，都是容易产生微裂纹的地方，由于反复作用，裂纹尖端产生应力集中使微裂纹逐渐扩展成肉眼可见的宏观裂缝，直到最后导致钢材突然断裂。

疲劳强度是试件在交变应力作用下，不发生疲劳破坏的最大应力值，一般把钢材承受10^6～10^7次荷载时不发生破坏的最大应力作为疲劳强度。

4. 硬度

硬度是指钢材抵抗硬物压入表面的能力，它是衡量钢材软硬程度的一个指标。测定钢材硬度的方法很多，主要有布氏法、洛氏法和维氏法等。

布氏法是利用一定直径D（mm）的硬质钢球，施以一定的荷载P（N），将其压入试件表面，经过规定的持荷时间后卸去荷载，试件表面将残留一定直径d（mm）的压痕。然后计算单位压痕面积所承受的荷载，即为布氏硬度值，无量纲，代号为HB。布氏法测定时所得压痕的直径d应在$0.25D$～$0.60D$范围内，否则测定结果不准确。因此，测量前应根据试件的厚度和估计的硬度范围，按试验方法的规定选择钢球直径、所加荷载及持荷时间。当被测钢材的硬度较大（$HB>450$）时，钢球本身可能会发生变形甚至破坏，所以布氏法仅适用于$HB<450$钢材的硬度测定。布氏法测定结果比较准确，但压痕较大，不宜于成品检验。

对于$HB>450$的钢材，应采用洛氏法测定其硬度。洛氏法是根据压头压入试件深度的大小来表示材料的硬度值。按照不同的荷载和压头类型，洛氏硬度值又可分为HRA、HRB和HRC。洛氏法操作简便，压痕较小，可用于成品检验，但若材料中有偏析及组织不均匀等缺陷时，所测硬度值重复性差。

根据硬度值的大小，可以判定钢材的软硬程度，据此还可以估计钢材的抗拉强度。实验证明，当碳素钢的硬度$HB\leqslant175$时，其抗拉强度$\sigma_b\approx0.36HB$；当$HB>175$时，$\sigma_b\approx0.35HB$。

2.3.2 钢材的工艺性能

要求钢材具有良好的工艺性能，以便于加工制作各种工程构件和满足施工要求。

1. 冷弯性能

冷弯性能是指钢材在常温下承受弯曲变形的能力。钢材的冷弯性能指标以试件在常温下所承受的弯曲程度来表示，用弯曲角度 α 、弯心直径 d 与试件直径（或厚度）a 的比值来表征，如图 2-11 所示。α 角越大、d/a 越小，表明试件冷弯性能越好。

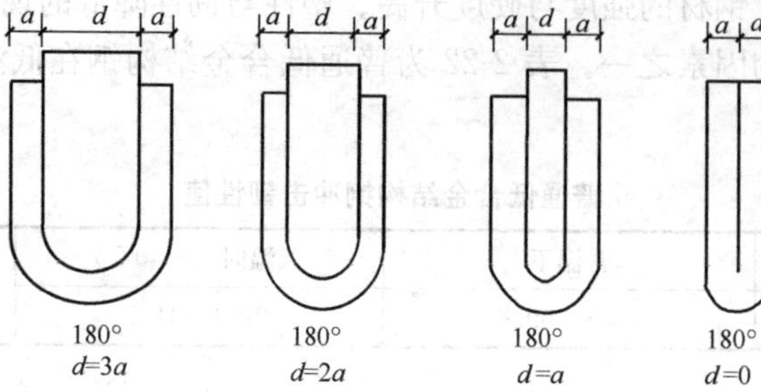

图 2-11　钢材冷弯规定弯心直径

图 2-12 为钢材冷弯试验示意图，当按规定的弯曲角度 α 和 d/a 值对试件进行冷弯时，试件受弯处不发生裂缝、断裂或起层现象，即认为钢材冷弯性能合格。

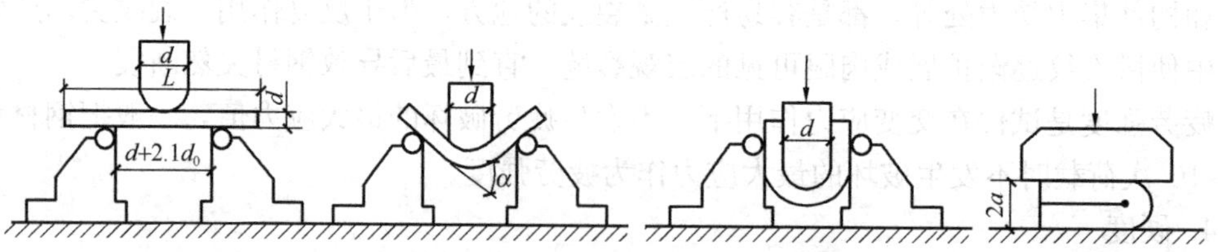

图 2-12　为钢材冷弯试验

钢材的冷弯性能和伸长率均可反映钢材的塑性变形能力。其中，伸长率反映了钢材在均匀变形条件下的塑性变形能力；冷弯性能反映了钢材内部组织是否均匀、是否存在内应力、夹杂物和微裂纹等缺陷，工程中还常用冷弯试验来检验钢材的焊接质量。

2. 焊接性能

工程中经常需要对钢材进行连接，焊接是各种型钢、钢筋、钢板等钢材的主要连接方式。因此，钢材应具有良好的可焊性。

焊接是通过电弧焊或接触对焊的方法，将被连接的钢材进行局部加热，使其接缝部分迅速熔融，冷却后将其牢固连接起来。在焊接过程中，由于高温作用和焊接后的急剧冷却作用，焊缝及周围的过热区（热影响区）将发生晶体组织及结构变化，产生局部变形及内应力，使焊缝周围的钢材发生硬脆倾向。因此，焊接性能良好的钢材，焊接后应尽可能地保持原有钢材（母材）的力学性能。

钢材的焊接性能与钢材的化学成分及含量有关。钢材中硫（S）、硅（Si）、锰（Mn）、钒（V）等杂质均会降低钢材的可焊性，尤其是硫（S）能使焊缝处产生热脆并裂纹。含碳量小于 0.25％的碳素钢具有良好的可焊性，含碳量大于 0.30％的碳素钢，其可焊性变差。对于高碳钢和合金钢，为改善焊接后的硬脆性，焊接时一般要采用焊前预热和焊后热处理等措施。此外，正确的焊接工艺也是提高焊接质量的重要措施。

3. 冷加工性能及时效处理

（1）冷加工强化处理

将钢材在常温下进行冷拉、冷拔或冷轧等冷加工，使之产生一定的塑性变形，使钢材的强度和硬度明显提高，塑性和韧性有所降低，这个过程称为钢材的冷加工强化处理。土木工程施工现场或预制构件厂常用的冷加工强化处理方法是冷拉和冷拔。

冷拉后的热轧钢筋，其屈服强度可提高20%～30%，同时，钢筋的长度增加4%～10%，冷拉也是节约钢材的一项措施。但钢筋冷拉后，其伸长率减小、材质变硬。冷拔是将光圆钢筋通过硬质合金拔丝模孔强行拉拔。在拉拔过程中，使钢筋受拉的同时，还受到挤压作用，经过一次或多次冷拔之后，可使钢筋的屈服强度提高40%～60%，但冷拔后的钢筋塑性大大降低，具有硬钢的性质。

（2）时效处理

经过冷加工后的钢筋，在常温下存放15～20d或加热至100～200℃保持2h左右，其屈服强度、抗拉强度及硬度进一步提高，而塑性及韧性相应降低，这种过程称为时效处理。前者称为自然时效，后者称为人工时效。通常对强度较低的钢筋采用自然时效；对强度较高的钢筋采用人工时效。

2.3.3 钢材的防锈与防火

1. 钢材锈蚀原因

钢材的锈蚀是指钢材表面与周围介质发生化学或电化学作用而引起的破坏现象。钢材的锈蚀会使钢材的有效截面积减小，局部产生锈坑，并引起应力集中，从而降低钢材的强度。对于钢筋混凝土，钢筋锈蚀膨胀易使混凝土胀裂，削弱混凝土对钢筋的握裹力。在冲击和交变荷载作用下，则产生锈蚀疲劳现象，使结构出现脆性断裂。

根据钢材与环境介质的作用原理，钢材的锈蚀分为化学腐蚀和电化学腐蚀。钢材在大气中的腐蚀，实际上是化学腐蚀和电化学腐蚀共同作用所致，以电化学腐蚀为主。

化学腐蚀指钢材与周围介质（如氧气（O_2）、二氧化碳（CO_2）、二氧化硫（SO_2）和水（H_2O）等）直接发生化学作用，生成疏松的氧化物而引起的腐蚀现象。化学腐蚀在干燥环境中速度缓慢，但在干湿交替的情况下腐蚀速度大大加快。

电化学腐蚀是指钢材与电解质溶液接触形成微电池而产生的腐蚀现象。钢材在潮湿的环境中，其表面会被一层电解质水膜覆盖，由于钢材中的铁、碳及杂质成分的电极电位不同，当有电解质溶液（如水）存在时，就在钢材表面形成许多局部微电池。在阳极区，铁被氧化成Fe^{2+}离子进入水膜。在阴极区，溶于水膜中的氧被还原为OH^-离子。随后二者结合生成不溶于水的$Fe(OH)_2$，并进一步氧化成为疏松的红色铁锈$Fe(OH)_3$。

2. 钢材的防护

钢材的腐蚀原因既有其成分与材质等方面的内在因素，又有环境介质的作用与影响。在钢中加入少量的铜、铬、镍等合金元素，可制成耐腐蚀性较强的耐候钢（不锈钢）。对于钢结构用型钢和混凝土用钢筋，防止钢材锈蚀应从隔离环境中的侵蚀性介质和改变钢材表面的电化学过程方面，选择有效措施予以防护。

对于钢结构用型钢的防锈，主要采用在钢材表面涂覆耐腐蚀性好的金属（镀锌、镀锡、镀铜和镀铬等）和刷漆的方法，来提高钢材的耐腐蚀能力。表面刷漆分为底漆、中间漆和面漆等工序。底漆要求有比较好的附着力，中间漆为防锈漆，面漆要求有较好的牢固度和耐候性。使用时，应注意钢构件表面的除锈以及底漆、中间漆和面漆的匹配。

对于混凝土用钢筋的防锈，主要是提高混凝土的密实度，保证钢筋外侧混凝土保护层的厚度，限制氯盐外加剂的掺加量。此外，采用环氧树脂涂层钢筋或镀锌钢筋也是有效的防锈措施。

3. 钢材的防火

钢材虽不是易燃材料，但并不表明钢材能够抵抗火灾，因为钢材在火灾发生及高温条件下将失去原有的性能和承载能力。钢筋或型钢保护层对构件耐火极限的影响见表 2-23。

耐火试验和大量的火灾案例表明，以失去支持能力为标准，无保护层时钢柱和钢屋架的耐火极限只有 0.25h，而裸露钢梁的耐火极限仅为 0.15h。温度在 200℃以内时，钢材的性能基本不变；当温度超过 300℃以后，钢材的弹性模量、屈服强度和极限强度均开始显著下降，应变急剧增大；当温度达到 600℃时，钢材则失去承载能力。

钢材防火保护层对构件耐火极限的影响 **表 2-23**

构件名称	规格（mm）	保护层厚度（mm）	耐火极限（h）
钢筋混凝土圆孔空心板	3300×600×180	10	0.9
	3300×600×200	30	1.5
预应力钢筋混凝土圆孔板	3300×600×90	10	0.4
	3300×600×110	30	0.85
无保护层钢柱		0	0.25
砂浆保护层钢柱		50	1.35
防火涂料保护层钢柱		25	2
无保护层钢梁		0	0.25
防火涂料保护层的钢梁		15	1.50

钢材的防火是采用包覆的办法，用防火涂料或不燃性板材将钢构件包裹起来，阻隔火焰和热量传导，以推迟钢结构的升温速率。

防火涂料按受热时的变化分为膨胀型（薄型）和非膨胀型（厚型）两种。膨胀型防火涂料的涂层厚度为 2～7mm，附着力较强，并有一定的装饰效果。由于其内含膨胀组分，遇火后会膨胀增厚 5～10 倍，形成多孔结构，从而起到隔热防火作用。非膨胀型防火涂料的涂层厚度一般为 8～50mm，密度小、强度低，喷涂后需再用装饰面层隔护，耐火极限可达 0.5～3.0h。常用的不燃性板材主要有石膏板、硅酸钙板、蛭石板、珍珠岩板、矿棉板、岩棉板等，可通过粘结剂或钢钉、钢箍等方式进行固定。

思考题

(1) 混凝土的收缩的机理是什么？

(2) 影响混凝土收缩的主要因素有哪些？

(3) 混凝土收缩变形是如何分类的？

(4) 混凝土徐变的作用及其影响因素？

(5) 什么是混凝土的热性能？

(6) 理解养护条件对混凝土强度的影响？

(7) 理解混凝土裂缝的自愈性能？

(8) 分析受压砌体中块体与砂浆受力状态？

(9) 影响砌体抗压强度的因素有哪些？

(10) 简述低碳钢拉伸过程的四个阶段？

第三章 结构裂缝的理论

3.1 混凝土结构微裂缝理论

3.1.1 微裂缝的成因

结构混凝土内部的微裂缝是混凝土在未受荷载之前出现的裂缝。这种裂缝形成的机理可从混凝土本身的材料组成及其约束作用两个方面解释。

混凝土的组成材料为石、砂粗细骨料、水泥和水。经搅拌，砂、石表面均包裹有水泥胶凝体。经振捣，粗骨料（石）之间的孔隙为细骨料（砂）所填充。经养护，水泥水化软质的胶凝体随混凝土龄期增长逐渐向硬质晶格转化，多余部分的水分蒸发，在混凝土中出现气孔。如混凝土振捣不密实，在粗骨料之间还会有些细小的孔隙未被细骨料填充。如施工管理不善，砂、石中或砂、石表面还可能存在泥土等杂质。因此，混凝土成型后就是一种固相、液相、气相三相并存的非匀质、非连续、多孔的与时间因素（混凝土龄期）有关的弹塑性材料，这种材料为其内部出现微裂缝提供了必要的和充分的条件。

在水泥水化过程中，水泥石随龄期增长由软质的胶凝体逐渐向硬质的晶格转化，由于骨料的收缩变形极小，而软质的胶凝体收缩变形较大，为满足变形一致的需要，两者必然相互约束。其结果是骨料承受压应力而胶凝体（水泥石）承受约束拉应力。一旦约束拉应力超过水泥石的抗拉强度，即会引起骨料之间的水泥石开裂，这就是混凝土内部在结硬后，混凝土未受荷之前出现微裂缝的机理，它还可以用微元层构模型（见图 3-1）和微元壳核模型（见图 3-2）进行解释。

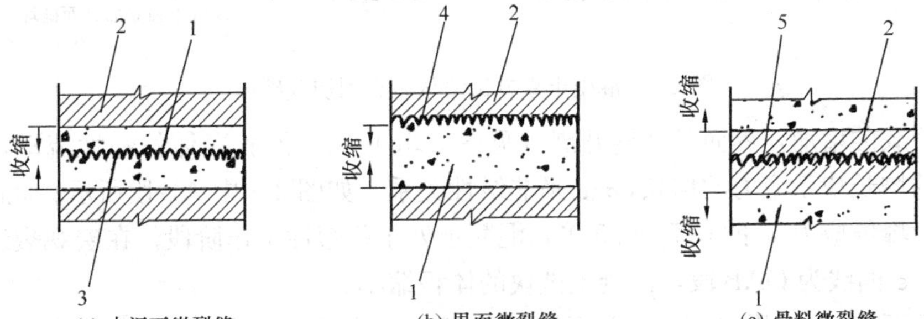

图 3-1 微裂缝类型及层构模型

3.1.2 微裂缝的类型

根据微裂缝出现的部位，可分为如下三种类型：

（1）骨料之间水泥石裂缝

如微裂缝机理分析中所述，当骨料约束水泥石收缩引起的拉应力大于水泥石的抗拉强度时出现这种水泥石裂缝。这种裂缝通常在水泥石抗拉强度较低时出现（见图 3-1a）。

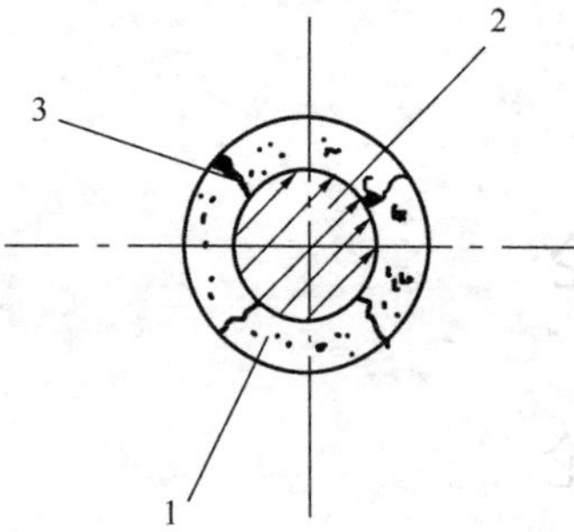

图 3-2　核壳模型及水泥石裂缝
1—水泥石；2—骨料；3—水泥石微裂缝

（2）骨料与水泥石的界面微裂缝

当骨料表面状况不佳，如含泥量过高，以至水泥石与骨料界面粘结强度较低，当水泥石在结硬过程中收缩时，水泥石与骨料之间的约束拉应力大于界面上的粘结强度时，出现这种界面微裂缝（见图 3-1b）。

（3）骨料微裂缝

当水泥石与骨料界面的粘结强度较高，而骨料抗拉强度较低时，包裹骨料的水泥石收缩时，将产生这种骨料微裂缝（见图 3-1c）。

以上三种微裂缝中，一般情况下以界面微裂缝居多。

3.1.3　微裂缝对混凝土受荷性能的影响

微裂缝对混凝土受荷性能的影响，可从混凝土立方试块受荷过程中裂缝的出现和开展以及应力-应变曲线进行说明。

加荷载前，由于前述机理，在混凝土试块中已出现界面微裂缝如图 3-3a 所示。加载后，微裂缝尚未发展之前，应力-应变呈线性关系，如图 3-4 所示 σ-ε 曲线的 OA 段，此时 A 点的应力约为混凝土峰值应力 σ_0 的 0.3～0.5 倍，混凝土工作处于弹性阶段。

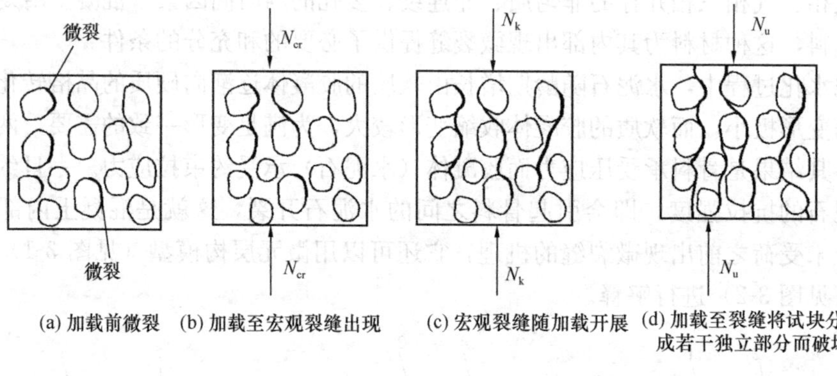

图 3-3　混凝土立方试块从微裂到加载破坏

随着荷载的增加，界面微裂缝开展（见图 3-3b）和水泥胶凝体的黏性流动，混凝土试块应变的增长快于应力的增长，σ-ε 呈非线性关系，如图 3-4 中 AB 段所示。此时，B 点的应力约为峰值应力 σ_0 的 0.7～0.9 倍，混凝土处于弹塑性工作阶段。在宏观裂缝尚未出现以前，σ-ε 曲线为 OAB 段，混凝土试块的体积缩小。

加荷载至 N_{cr}（见图 3-3b），界面微裂缝开展，出现一些新的界面微裂缝（见图 2-37b），并开展成为宏观可见裂缝。此时，在 σ-ε 曲线上应变速度进一步加快，表明软质的胶凝体进一步发生黏性流动，出现非线性（塑性）变形。

加荷载至 N_k（见图 3-3c），混凝土内部界面微裂缝不断发展，并在水泥石中出现新的微裂缝，宏观裂缝随之不断开展。荷载加到 N_u（见图 3-3d），应力上升到图 3-4 中 σ-ε 曲线的顶点 C，达到峰值应力 σ_0。在 BC 段混凝土试块体积有所增加。

在试验机具有足够刚度的条件下，随着应变的急剧增加，应力随之下降到 D 点，应变达到极限压应变值 ε_u，宏观裂缝上下贯通（见图 3-3d），试块完全破坏。

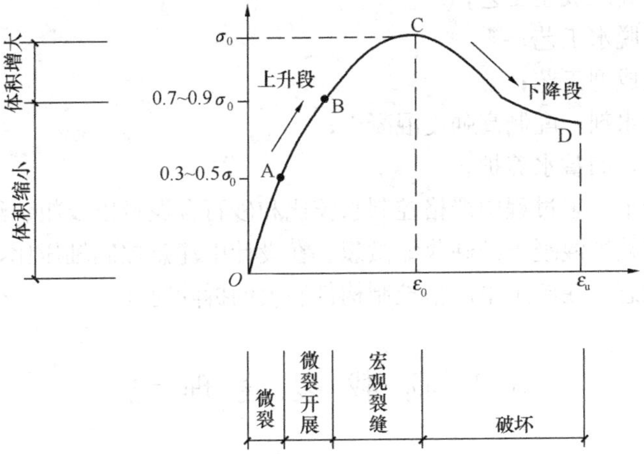

图 3-4　σ-ε 曲线与微裂的关系

在刚度不够的普通试验机上，一旦到达峰值应力 σ_0，试验机积累的应变会将试件立即压碎，σ-ε 曲线中不会出现 CD 下降段。

3.1.4　微裂缝对混凝土变形性能的影响

微裂缝对混凝土变形性能的影响，主要体现在对混凝土徐变性能的影响。所谓混凝土徐变是指在不变应力持续作用下，随时间增长产生的变形。试验研究表明，混凝土徐变性能与持续作用应力 σ_c 大小有关，当 $\sigma_c \leqslant 0.5f_c$ 时，微裂缝不会随时间开展，混凝土的徐变主要是水泥胶凝体黏性流动的结果，与应力的大小呈线性关系，称之为线呈徐变。当 $\sigma_c > 0.5f_c$ 时，水泥胶凝体不仅随时间发生黏性流动，而且在混凝土中受荷前产生的微裂缝中也会随时间扩展，应变与应力的大小呈非线性关系，称之为非线性徐变。当 $\sigma_c > 0.8f_c$ 时，荷载持续作用一段时间之后，微裂缝随时间增长迅速扩展，这种徐变使混凝土的变形超过其极限变形能力而突然破坏。因此，构件混凝土经常处于不变的高压应力状态下是很不安全的。在高层建筑结构中的混凝土框架柱和剪力墙暗柱，即使为非抗震结构，适当控制轴压比也是较为稳妥的。

3.1.5　微裂缝对混凝土结构的不利影响及其控制方法

1. 不利影响

微裂缝的出现对混凝土结构的不利影响归纳起来有如下几点：

（1）微裂缝的出现使混凝土内部形成薄弱环节，降低混凝土的抗裂性能，促使宏观裂缝呈现；

（2）微裂缝的开展，使混凝土徐变增加，刚度减小，降低混凝土抵抗变形的能力；

（3）在高应力持续作用下，微裂导致的非线性徐变会降低混凝土的持久强度，亦使混凝土提前丧失承载力；

（4）对预应力混凝土结构，增加由于徐变引起的预应力损失。

2. 控制微裂缝的方法和措施

控制微裂缝的关键，一个是尽可能减少混凝土中多余的水分，减少水分蒸发后遗留的气泡；另一个是尽可能使混凝土密实，减少混凝土中的孔隙。据此，在混凝土的施工过程中，可采取如下控制微裂缝的措施：

(1) 研制高温高压成型工艺；

(2) 采用真空脱水工艺；

(3) 采用挤压成型工艺；

(4) 掺高效减水剂，配制高强度混凝土；

(5) 长期湿养，如蓄水养护。

此外，在混凝土施工过程中严格控制水胶比和砂石含泥量以及粗、细骨料级配优良与振捣密实等，尽量减少混凝土结硬收缩微裂。在设计中注意控制轴压比，使混凝土避免长期处于高压应力状态。在施工中严格控制构件底模的拆除时间。

3.2 荷载裂缝理论

3.2.1 简介

荷载裂缝亦称受力裂缝，其宽度随荷载（内力）加大而增宽，成为结构构件破坏前的征兆。现行国家标准对荷载裂缝控制的方法有两种：一种是通过构件截面承载力的计算和构造间接控制，如混凝土结构中各种受力构件的斜裂缝和砌体结构中的各种裂缝采用间接控制法；另一种是通过构件正截面裂缝宽度的计算直接控制。本节在简要说明混凝土结构中各种受力构件垂直裂缝宽度计算理论的基础上，着重介绍控制这种裂缝宽度的实用计算方法。

3.2.2 荷载裂缝出现的机理

在钢筋混凝土结构构件中，荷载裂缝出现的机理与构件截面的受力状态有关，即当截面上的主拉应力达到混凝土的抗拉强度时，出现与主拉应力方向垂直的裂缝。如轴心受拉构件，由于全截面受拉，因而出现横向的贯穿全截面的裂缝（见图 3-5a）。偏心受拉构件，当偏心距较小时，与轴心受拉构件一样，出现横向的贯穿全截面的裂缝；当偏心较大时，将仅在靠近轴向力一侧的受拉区出现横向裂缝（见图 3-5b）。偏心受压构件，当偏心距较大时，在远离轴向力一侧的受拉区出现横向裂缝（见图 3-5c）。简支受弯构件一般在跨中截面受拉区出现垂直裂缝，而在支座截面附近出现斜裂缝（见图 3-5d），其裂缝出现的机理或原因以无腹筋梁为例说明如下。

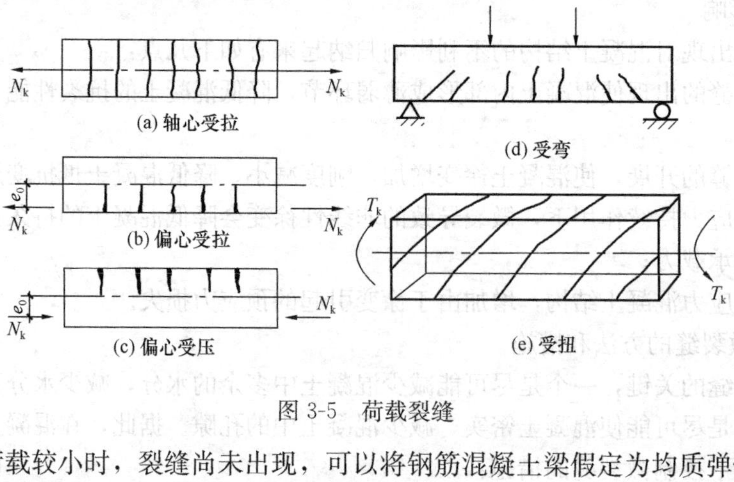

图 3-5 荷载裂缝

当梁上荷载较小时，裂缝尚未出现，可以将钢筋混凝土梁假定为均质弹性体，用一般材料力学的公式分析其应力，截面上任意一点的应力 σ 和剪应力 τ 可分别按下列公式计算：

$$\sigma = \frac{M}{I_0} y_0 \tag{3-1}$$

$$\tau = \frac{VS_0}{I_0 b} \tag{3-2}$$

式中 I_0 ——换算截面惯性矩；

y_0 ——计算正应力的纤维到换算截面形心的距离；

S_0 ——计算剪应力的纤维以上（或以下）部分换算截面面积对换算截面形心的静面矩；

b——计算纤维处的截面宽度。

剪弯区段中各点的主拉应力 σ_{tp} 和主压应力 σ_{cp} 分别为：

$$\sigma_{tp} = \frac{\sigma}{2} + \sqrt{\left(\frac{\sigma}{2}\right)^2 + \tau^2} \tag{3-3}$$

$$\sigma_{cp} = \frac{\sigma}{2} - \sqrt{\left(\frac{\sigma}{2}\right)^2 + \tau^2} \tag{3-4}$$

主应力的作用方向与梁纵向轴线夹角为：

$$\mathrm{tg}2\alpha = -\frac{2\tau}{\sigma} \tag{3-5}$$

当梁上荷载较大，其主拉应力 $\sigma_{tp} \geqslant f_{tk}$ 时，出现与主拉应力方向垂直的裂缝：对于简支梁的支座截面 $M=0, \sigma=0$，故 $\mathrm{tg}2\alpha=-\infty$，出现与梁纵向轴线成 45°的斜裂缝；跨中截面 $V=0, \tau=0$，故 $\mathrm{tg}2\alpha=0$，出现与梁纵向轴线成 90°的垂直裂缝，同理，受扭构件将在其表面出现连续的斜裂缝，形成空间的螺旋状裂缝（见图 3-5e）。

试验表明，钢筋混凝土构件（如轴心受拉和受弯构件）在第一批裂缝出现之后，随着荷载的增加，在两条裂缝之间不断地出现新裂缝，当加载到一定阶段，受拉区不再出现新裂缝，裂缝间距基本稳定，构件进入裂缝基本出齐的工作阶段。钢筋混凝土构件为什么到一定的受力阶段就不会再出现新的裂缝？原来，裂缝出现后，裂缝截面受拉区混凝土退出工作，该处混凝土与钢筋也不再存在粘结力，全部拉力由受拉钢筋承受。在离开裂缝截面的受拉区混凝土中，由于混凝土与钢筋的粘结作用，将钢筋中的一部分拉力通过粘结力传给混凝土。如果混凝土的拉应力达到混凝土实际抗拉强度，又有可能出现新的裂缝。但是，当裂缝间距小到一定程度时，通过粘结力传给混凝土的拉应力，达不到混凝土实际抗拉强度时，则在两条裂缝之间不可能再出现新的裂缝。因此，存在一个裂缝基本出齐的阶段。该阶段的存在，为平均裂缝宽度的计算提供了依据，即可在稳定的平均裂缝间距的基础上，建立平均裂缝宽度的计算公式。

以上为各种受力构件裂缝出现的机理。其中，受力构件存在一个裂缝基本出齐的阶段，是裂缝宽度计算的一个重要概念和客观事实。

3.2.3 荷载垂直裂缝开展宽度的计算

众所周知，混凝土是一种非匀质材料，其抗拉强度离散性较大，因而构件裂缝的出现和开展宽度也带有随机性，这就使裂缝宽度计算的问题变得比较复杂。对此，国内外从 20 世纪 30 年代开始进行研究，并提出了各种不同的计算方法。这些方法大致可归纳为两种：一种是试验统计法，即通过大量的试验获得实测数据，然后通过回归分析得出各种参数对裂缝宽度的影响，再由数理统计建立包含主要参数的计算公式；另一种是半理论半经验法，即根据裂缝出现和开展的机理，在若干假定的基础上建立理论公式，然后，根据试验资料确定公式中的参数，从而得到裂缝宽度的计算公式。混凝土规范采用的是后一种方法。

1. 裂缝出现和开展过程

现以图 3-6a 所示的轴心受拉构件为例说明裂缝出现和开展的过程。设 N_k 为按荷载标准组合计算的轴向力，N_{cr} 为构件沿正截面的开裂轴向力，N 为任意荷载产生的轴向力。

当 $N<N_{cr}$ 时，正截面上混凝土法向拉应力 σ_{ct} 小于混凝土抗拉强度标准值 f_{tk}，截面应力状态处于第Ⅰ阶段。

当加载到 $N=N_{cr}$ 时，理论上各截面的混凝土法向拉应力均达 f_{tk}，各截面均进入 I_a 阶段（出现裂缝的极限状态），裂缝即将出现。但实际上并非如此。由于混凝土的非匀质性，仅在混凝土最薄弱处，首先出现第一批（或第一条）裂缝（见图 3-6a）。各截面原均匀分布的应力状态立即发生变化：裂缝截面混凝土退出抗拉工作（见图 3-6b），受拉钢筋应力突然由 σ_{s1} 增加到 σ_{sk}（见图 3-6c）；离开裂缝的截面由于混凝土与钢筋共同工作，通过它们之间的粘结应力 τ（见图 3-6d），突增的钢筋应力又逐渐传给混凝土，使混凝土的应力逐渐恢复到 f_{tk}，而钢筋应力则逐渐降低到 σ_{s1}。

当继续少许加载时（$N=N_c+\Delta N$），在离开裂缝截面一定距离的部位，由于轴向力引起的拉应力超过该处的混凝土抗拉强度标准值 f_{tk}，因而可能出现第二批（或条）裂缝（见图 3-7a）。如上所述，此时，构件各截面应力又发生变化（见图 3-7b、图 3-7c、图 3-7d、图 3-7e）。当裂缝间距小到一定程度之后，离开裂缝的各截面混凝土的拉应力，已经不能通过粘结力再增大到该处的混凝土抗拉强度，即使轴向力增加，混凝土也再不会出现新的裂缝。当然，实际上构件难免还会出现一些新的微小裂缝，不过一般不会形成主要裂缝。因此，可以认为裂缝已基本稳定。这一过程可视为裂缝出现的过程。

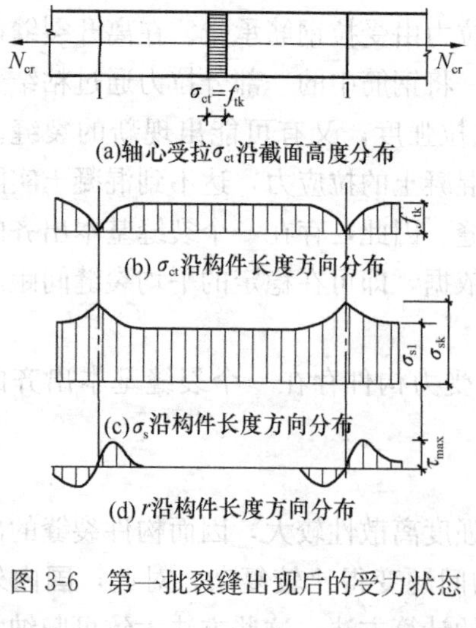

图 3-6　第一批裂缝出现后的受力状态

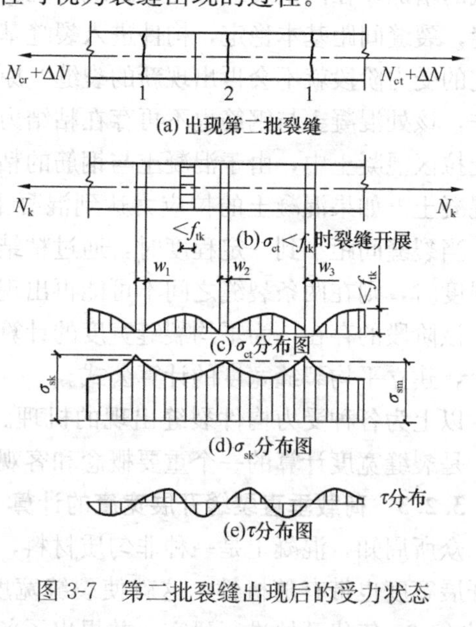

图 3-7　第二批裂缝出现后的受力状态

当继续加载到 N_k，此时裂缝截面的钢筋应力与裂缝间截面钢筋应力差减小，裂缝间混凝土与钢筋的粘结应力降低，钢筋水平处混凝土的法向拉应力也随之减小，混凝土回缩，裂缝开展，各条裂缝在钢筋水平位置处达到各自的宽度（见图 3-7b 中的 $w_1, w_2, w_3 \cdots\cdots$），裂缝截面处钢筋应力增大到 σ_{sk}，如图 3-7d 所示，这一过程可视为裂缝宽度开展的过程。

为了说明裂缝出现和开展的过程，对上述混凝土及钢筋的应力状态采用了理想化的图形，实际上，由于材料的非匀质性，这些曲线必然是不光滑的。

2. 裂缝宽度的计算公式

(1) 平均裂缝宽度 w_m

在裂缝出现的过程中，存在一个裂缝基本稳定的阶段，因此，对于一根特定的构件，其平均裂缝间距 l_{cr} 可以用统计方法根据试验资料求得，相应地也存在一个平均裂缝宽度 w_m。

现仍以轴心受拉构件为例来建立平均裂缝宽度 w_m 的计算公式。

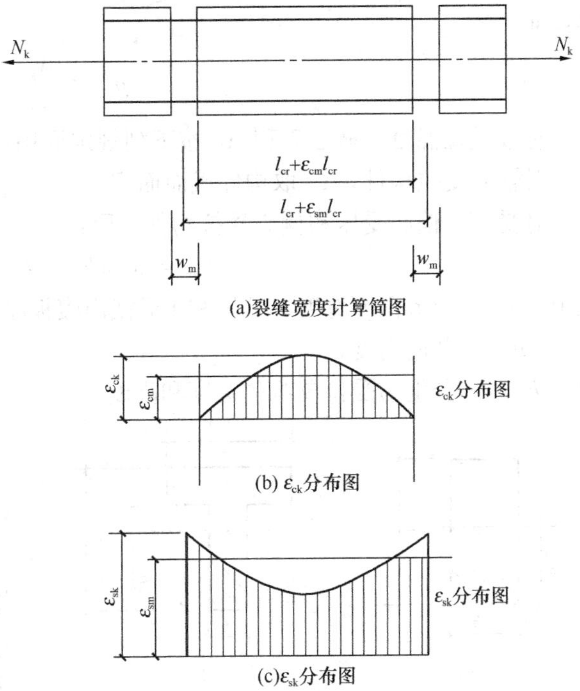

图 3-8　裂缝之间混凝土和钢筋的应力分布图

如图 3-8a 所示，在轴向力 N_k 作用下，平均裂缝间距 l_{cr} 之间的各截面，由于混凝土承受的应力（应变）不同，相应的钢筋应力（应变）也发生变化，在裂缝截面处混凝土退出工作，钢筋应变最大（见图 3-8c）；中间截面由于粘结应力使混凝土应变恢复到最大位（见图 3-8b），从而钢筋应变最小。根据裂缝开展的粘结一滑移理论，认为裂缝宽度是由于钢筋与混凝土之间的粘结破坏，出现相对滑移，引起裂缝处混凝土回缩而产生的。因此，平均裂缝宽度 w_m，应等于平均裂缝间距 l_{cr} 之间沿钢筋水平位置处钢筋和混凝土总伸长之差，即：

$$w_m = \int_0^{l_{cr}} (\varepsilon_s - \varepsilon_c) \mathrm{d}l$$

为计算方便，现将曲线应变分布简化为竖标为平均应变 ε_{sm} 和 ε_{cm} 的直线分布，如图 3-8b、图 3-8c 所示，于是：

$$w_m = (\varepsilon_{sm} - \varepsilon_{cm}) l_{cr} = \left(1 - \frac{\varepsilon_{cm}}{\varepsilon_{sm}}\right) \varepsilon_{sm} l_{cr} = a_c \frac{\sigma_{sm}}{E_s} l_{cr} \tag{3-6}$$

由试验得知 $\varepsilon_{cm}/\varepsilon_{sm} \approx 0.15$，故 $a_c = 1 - \varepsilon_{cm}/\varepsilon_{sm} = 1 - 0.15 = 0.85$。令 $\sigma_{sm} = \psi \sigma_{sk}$，则式（3-6）为：

$$w_m = 0.85 \psi \frac{\sigma_{sk}}{E_s} l_{cr} \tag{3-7}$$

上式不仅适用于轴心受拉构件，也同样适用于受弯、偏心受拉和偏心受压构件。式中

E_s 为钢筋弹性模量。按式（3-6）计算的 w_m 是指构件表面的裂缝宽度，在钢筋位置处，由于钢筋对混凝土的约束，使得截面上各点的裂缝宽度并非如图 3-8a 所示处处相等。现再将 l_{cr}、σ_{sk}、ψ 的计算分述如下：

1）平均裂缝间距 l_{cr} 的计算：

理论分析表明，裂缝间距主要取决于有效配筋率 ρ_{te}、钢筋直径 d 及其表面形状。此外，还与混凝土保护层厚度 c 有关。

有效配筋率 ρ_{te} 是指按有效受拉混凝土截面面积 A_{te} 计算的纵向受拉钢筋的配筋率，即：

$$\rho_{te} = \frac{A_s}{A_{te}} \tag{3-8}$$

有效受拉混凝土截面面积 A_{te} 按下列规定取用：

对轴心受拉构件，A_{te} 取构件截面面积；

对受弯、偏心受压和偏心受拉构件，取：

$$A_{te} = 0.5bh + (b_f - b)h_f \tag{3-9}$$

式中 b——矩形截面宽度，T 形和 I 形截面腹板厚度；

h——截面高度；

b_f、h_f——分别为受拉翼缘的宽度和高度。

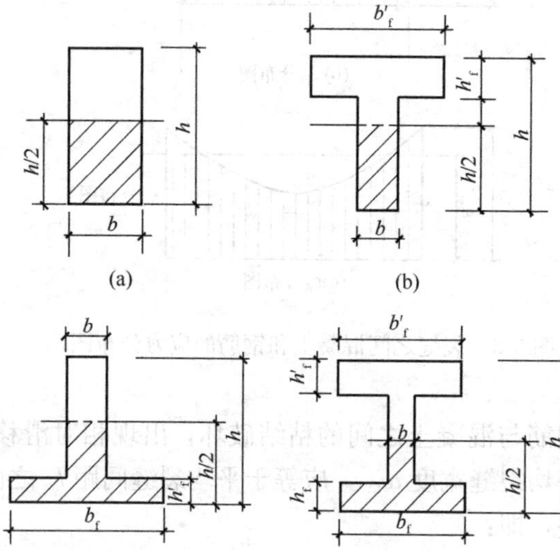

图 3-9　有效受拉混凝土截面面积（图中阴影部分面积）

对于矩形、T 形、倒 T 形及 I 形截面，A_{te} 的取用如图 3-9a、图 3-9b、图 3-9c 图 3-9d 所示的阴影面积。

试验表明，有效配筋率 ρ_{te} 愈高，钢筋直径 d 愈小，则裂缝愈密，其宽度愈小，随着混凝土保护层 c 的增大，外表混凝土比靠近钢筋的内部混凝土所受约束要小。因此，当构件出现第一批（条）裂缝后，保护层大的与保护层小的相比，只有在离开裂缝截面较远的地方，外表混凝土的拉应力才能增大到其抗拉强度，才可能出现第二批（条）裂缝，其间距 l_{cr} 将相应增大。

平均裂缝间距 l_{cr} 是确定平均裂缝宽度 w_m 中一个重要的参数，如果 l_{cr} 与 $\frac{d}{\rho_{te}}$（d 为钢筋直径，ρ_{te} 为有效受拉区配筋率）的关系为通过坐标原点的直线，此即为粘结滑移理论。如果 l_{cr} 与混凝土保护层 c 的关系为通过坐标原点的直线，钢筋与混凝土之间不产生相对滑移，此即为无滑移理论。混凝土规范在确定裂缝间距时，仍采用了以粘结滑移为主的假定，但也考虑了无滑移假定——即在确定平均裂缝间距时，选用了反映这两种理论的参数（$\frac{d_{eq}}{\rho_{te}}$ 和 c），并通过试验对其进行校正，原《混凝土结构设计规范》GBJ 10—89 中表达式为：

$$l_{cr}=\beta\left(2.7c+0.1\frac{d}{\rho_{te}}\right)\nu \tag{3-10}$$

式中，系数β对受弯、偏心受力构件为1.0，对轴心受拉构件为1.1；ν为钢筋表面现状系数，对光面钢筋为1.0，对变形钢筋为0.7。现行《混凝土结构设计规范》GB 50010—2010修订为：

$$l_{cr}=\beta\left(1.9c+0.08\frac{d_{eq}}{\rho_{te}}\right) \tag{3-11}$$

$$d_{eq}=\frac{\sum n_i d_i^2}{\sum n_i \nu_i d_i} \tag{3-12}$$

式中　ν_i——受拉区第i种纵向钢筋的相对粘结特性系数，非预应力光面钢筋为0.7，带肋钢筋为1.0；

c——最外层纵向受拉钢筋外边缘至受拉区底边的距离，mm；（当$c<20$时，取$c=20$；当$c>65$时，取$c=65$）；

d_i——受拉区第i种纵向钢筋的公称直径，mm；

n_i——受拉区第i种纵向钢筋的根数；

d_{eq}——受拉区纵向钢筋的等效直径，mm。

2）裂缝截面钢筋应力σ_{sk}的计算：

在荷载效应标准组合作用下，构件裂缝截面处纵向受拉钢筋的应力，根据使用阶段（Ⅱ阶段）的应力状态（见图3-10），可按下列公式计算：

① 轴心受拉（见图3-10a）：

$$\sigma_{sk}=\frac{N_k}{A_s} \tag{3-13}$$

② 偏心受拉（见图3-10b）：

$$\sigma_{sk}=\frac{N_k e'}{A_s(h_0-a'_s)} \tag{3-14}$$

③ 受弯（见图3-10c）：

$$\sigma'_{sk}=\frac{M_k}{0.87h_0A_s} \tag{3-15}$$

④ 偏心受压（见图3-10d）：

$$\sigma_{sk}=\frac{N_k(e-z)}{A_s z} \tag{3-16}$$

$$z=\left[0.87-0.12(1-\gamma'_f)\left(\frac{h_0}{e}\right)^2\right]h_0 \tag{3-17}$$

$$e=\eta_s e_0+y_s \tag{3-18}$$

$$\gamma'_f=\frac{(b'_f-b)h'_f}{bh_0} \tag{3-19}$$

$$\eta_s=1+\frac{1}{4000e_0h_0}\left(\frac{l_0}{h}\right)^2 \tag{3-20}$$

当$\frac{l_0}{h}\leqslant14$时，可取$\eta_s=1.0$。

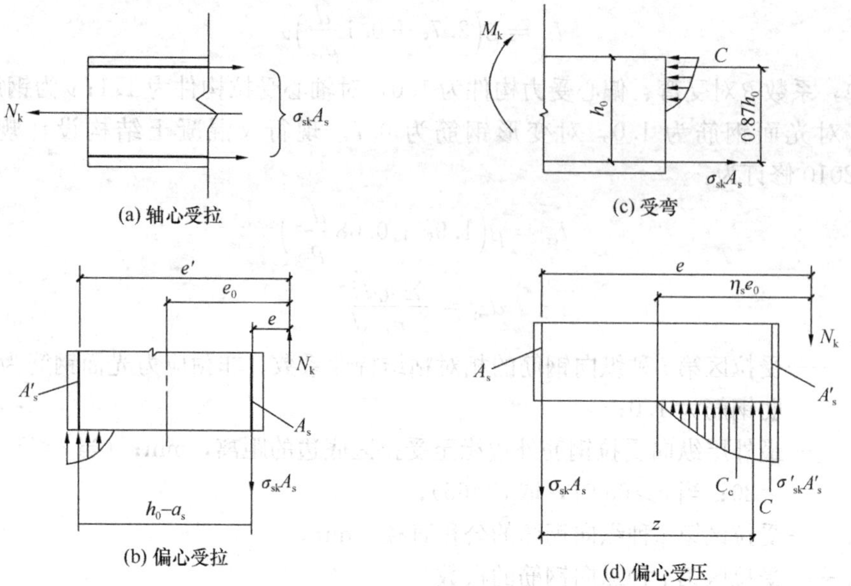

图 3-10　构件使用阶段的截面应力

式中　A_s——受拉区纵向钢筋截面面积：对轴心受拉构件 A_s 取全部纵向钢筋截面面积；对偏心受拉构件，A_s 取受拉较大边的纵向钢筋截面面积；对受弯构件和偏心受压构件，A_s 取受拉区纵向钢筋截面面积；

e'——轴向拉力作用点至受压区或受拉较小边纵向钢筋合力点的距离；

e——轴向应力作用点至纵向受拉区合力点的距离；

z——纵向受拉钢筋合力点至受压区合力点之间的距离，且 $z \leqslant 0.87h_0$；

η_s——使用阶段的偏心距增大系数；

y_s——截面重心至纵向受拉钢筋合力点的即离，对矩形截面 $y_s = h/2 - a_s$：

γ'_f——受压翼缘面积与腹板有效面积之比值：按式（3-19）计算，其中，b'_f、h'_f 为受压翼缘的宽度、高度，当 $h'_f > 0.2h_0$ 时，取 $h'_f = 0.2h_0$。

3）钢筋应变不均匀系数 ψ 的计算：

裂缝间钢筋平均应变 ε_{sm}（见图 3-10）与裂缝截面钢筋应变 ε_s 之比称为钢筋应变不均匀系数 ψ，即：

$$\psi = \frac{\varepsilon_{sm}}{\varepsilon_s} \tag{3-21}$$

当 $\psi = 1.0$ 时，即 $\varepsilon_{sm} = \varepsilon_s$ 钢筋应变是均匀分布的，裂缝截面之间的钢筋如同处于自由状态中，混凝土与钢筋之间无粘结作用，混凝土不能协助钢筋抗拉承受多次重复荷载作用的结构以及进入破坏阶段的结构，混凝土与钢筋之间的粘结遭到破坏，将处于 $\psi = 1.0$ 的状态。

在构件的使用阶段，通常 $\psi < 1.0$，即 $\varepsilon_{sm} < \varepsilon_s$，裂缝截面钢筋中的部分拉应力将通过钢筋与混凝土的粘结力传给裂缝间的混凝土，ψ 愈小，传给混凝土的拉应力愈大。因此，ψ 的物理意义是反映裂缝间混凝土协助钢筋抗拉作用的程度。系数 ψ 愈小，这种作用愈

大。对于混凝土各种受力构件，系数 ψ 可按下列统一的公式计算：

$$\psi = 1.1 - \frac{0.65 f_{tk}}{\sigma_{sk}\rho_{te}} \tag{3-22}$$

式中 ρ_{te} ——按有效受拉混凝土截面面积 A_{te} 计算的纵向受拉钢筋配筋率（简称有效受拉区配筋率）；

σ_{sk} ——按荷载效应标准组合计算的裂缝截面受拉钢筋的应力。

现以受弯构件为例说明式（3-22）的由来。试验表明，钢筋应变不均匀系数. 可按下列经验公式计算：

$$\psi = 1.1\left(1 - \frac{M_{cr}}{M_k}\right) \tag{3-23}$$

考虑混凝土收缩的不利影响，矩形和工字形截面受弯构件的抗裂弯矩可按下式计算：

$$M_{cr} = 0.8 f_{tk} A_{te} \eta_{cr} h \tag{3-24}$$

当在荷载效应标准组合作用下裂缝截面的钢筋应力为 σ_{sk} 时，相应的弯矩值 M_k 为：

$$M_k = \sigma_{sk} A_s \eta h_0 \tag{3-25}$$

将式（3-24）和式（3-25）代入式（3-23），并近似取内力臂系数比值 $\eta_{cr}/\eta = 0.67$，$h/h_0 = 1.1$ 即可得到计算钢筋应变不均匀系数 ψ 的公式（3-22）。该式对各种受力构件的区别主要体现在参数 ρ_{te} 和 σ_{sk} 上。

为避免过高估计混凝土协助钢筋抗拉的作用，当按式（3-22）算得的 $\psi < 0.2$ 时，取 $\psi = 0.2$。当 $\psi > 1.0$ 时，取 $\psi = 1.0$。对直接承受重复荷载的构件 $\psi = 1.0$。

（2）最大裂缝宽度 w_m

按荷载效应标准组合并考虑长期作用影响的最大裂缝宽度是在平均裂缝宽度的基础上乘以短期裂缝宽度扩大系数 τ_s、长期作用增大系数 τ_l 求得的，即：

$$\begin{aligned} w_{max} &= \tau_s \tau_l w_{sm} = \tau_s \tau_l \left(1 - \frac{\varepsilon_{cm}}{\varepsilon_{sm}}\right) \varepsilon_{sm} l_{cr} \\ &= \tau_s \tau_l \left(1 - \frac{\varepsilon_{cm}}{\varepsilon_{sm}}\right) \beta \psi \frac{\sigma_{sk}}{E_s} (1.9c + 0.08 d_{eq}/\rho_{te}) \\ &= a_{cr} \psi \frac{\sigma_{sk}}{E_s} (1.9c + 0.08 d_{eq}/\rho_{te}) \end{aligned} \tag{3-26}$$

式中 a_{cr} 为构件受力特征系数，其值可按下列公式计算：

$$a_{cr} = \tau_s \tau_l \left(1 - \frac{\varepsilon_{cm}}{\varepsilon_{sm}}\right) \beta \tag{3-27}$$

《混凝土结构设计规范》GB 50010—2010 对式中各参数的取值及按式（3-27）算得的各种受力构件的 a_{cr} 值如表 3-1 所示。

钢筋混凝土构件受力特征系数 a_{cr} **表 3-1**

系数 \ 构件种类	轴心受拉	偏心受拉	受弯	偏心受压
τ_s	1.90	1.90	1.50	1.50
τ_l	1.5	1.5	1.5	1.5
β	1.1	1.0	1.0	1.0
$1-\frac{\varepsilon_{cm}}{\varepsilon_{sm}}$	0.85	0.85	0.85	0.85
a_{cr}	2.7	2.4	1.9	1.9

注：①表中 τ_s 是根据短期裂缝宽度分布正态中 0.95 分位数的裂缝宽度特征值确定的。

②表中 τ_l 是参照梁的长期试验资料确定的。

按式（3-26）算得的最大裂缝宽度，w_{max} 不应超过《混凝土结构设计规范》GB 50010—2010 规定的最大裂缝宽度限值 w_{lim}（见表 3-2），即：

结构构件的裂缝控制等级及最大裂缝宽度限值 **表 3-2**

环境类别	钢筋混凝土结构		预应力混凝土结构	
	裂缝控制等级	w_{lim}(mm)	裂缝控制等级	w_{lim}(mm)
一	三级	0.30（0.40）	三级	0.2
二 a		0.20		0.1
二 b			二级	—
三			一级	—

建筑环境类别应按表 3-3 确定，裂缝控制等级按下列规定划分：

一级——严格要求不出现裂缝的构件，按荷载效应标准组合计算时，构件受拉边缘混凝土不应产生拉应力；

二级——一般要求不出现裂缝的构件，按荷载效应标准组合计算时，构件受拉边缘混凝土拉应力不应大于混凝土轴心抗拉强度标准值；按荷载效应准永久组合值计算时，构件受拉边缘混凝土不宜产生拉应力，当有可靠经验时可适当放松；

三级——允许出现裂缝的构件，按荷载效应标准组合并考虑长期作用影响计算时，构件的最大裂缝宽度不应超过表 3-2 规定的最大裂缝宽度限值。

混凝土结构的环境类别 **表 3-3**

环境类别	条　件
一	室内干燥环境；无侵蚀性静水浸没环境
二 a	室内潮湿环境；非严寒和非寒冷地区的露天环境；非严寒和非寒冷地区与无侵蚀性的水或土壤直接接触的环境；严寒和寒冷地区的冰冻线以下与无侵蚀性的水或土壤直接接触的环境
二 b	干湿交替环境；水位频繁变动环境；严寒和寒冷地区的露天环境；严寒和寒冷地区的冰冻线以上与无侵蚀性的水或土壤直接接触的环境
三 a	严寒和寒冷地区冬季水位变动区环境；受除冰盐影响环境；海风环境
三 b	盐渍土环境；受除冰盐作用环境；海岸环境
四	海水环境
五	受人为或自然的侵蚀性物质影响的环境

在验算裂缝宽度时，构件的材料、截面尺寸及配筋，按荷载效应标准组合计算的钢筋应力，即式（3-26）中的 ψ、E_s、σ_{sk}、ρ_{te} 均为已知，而 c 值按构造一般变化很小，故 w_{max} 主要取决于 d、ν 这两个参数。因此，当计算得出 $w_{max} > w_{lim}$ 时，宜选择较细直径的带肋钢筋，以增大钢筋与混凝土接触的表面积，提高钢筋与混凝土的粘结强度。但钢筋直径的选择也要考虑施工方便。

如采用上述措施不能满足要求时，也可增加钢筋截面面积 A_s，加大有效配筋率 ρ_{te}，从而减小钢筋应力 σ_{sk} 和裂缝间距 l_{cr}，以满足要求。改变截面形式和尺寸，提高混凝土强度等级，效果甚差，一般不宜采用。

式（3-26）用于计算在纵向受拉钢筋水平处的最大裂缝宽度，而在结构试验或质量检验时，通常只能观察构件外表面的裂缝宽度，后者比前者约大 K_b 倍。该倍数可按下列经验公式估算：

$$K_b = 1 + 1.5a_s/h_0 \tag{3-28}$$

式中　a_s——从受拉钢筋截面重心到构件近边缘的距离。

3.2.4　满足正截面裂缝宽度要求的纵向受拉钢筋的直接计算方法

长期以来，对于钢筋混凝土受力构件，为满足极限承载力和裂缝宽度要求，各国采用的设计方法，多以极限承载力为基础，然后根据需要复核使用状态。这种设计方法，对使用上要求严格控制裂缝宽度的构件，当按承载力确定配筋，不能满足裂缝宽度要求时，通常凭经验增加配筋再行复核，往往要经多次试算才能获得满意的结果。这种方法用于实际工程，如设计多层厂房结构，每层楼面有好多根梁，每根梁又有好几个控制截面，其工作量之大是可想而知的。

在设计中有必要掌握钢筋混凝土各种受力构件满足裂缝宽度要求配筋的直接计算方法。现扼要介绍有效受拉区配筋率 ρ_{te} 的计算方法如下：

将式（3-23）代入式（3-26）经整理和无量纲化可求得如下满足裂缝宽度要求的有效受拉区配筋率：

$$\rho_{te} = \frac{\alpha}{2} + \sqrt{\left(\frac{\alpha}{2}\right)^2 + \beta} \tag{3-29}$$

式中　α、β 为配筋系数，根据相对名义拉应力 ζ_t 的大小，按下列公式计算：

当 $\zeta_t \leqslant 0.722$（相当于 $\psi \leqslant 0.2$）时，

$$\alpha = 0.38a_{cr}f_{tk}c\zeta_t/(w_{lim}E_s) \tag{3-30}$$

$$\beta = 0.02a_{cr}f_{tk}d\zeta_t/(w_{lim}E_s) \tag{3-31}$$

当 $0.722 < \zeta_t < 6.5$（相当于 $0.2 < \psi < 1.0$）时，

$$\alpha = (2.09 - 1.235/\zeta_t)a_{cr}f_{tk}c\zeta_t/(w_{lim}E_s) \tag{3-32}$$

$$\beta = (0.088 - 0.052/\zeta_t)a_{cr}f_{tk}d\zeta_t/(w_{lim}E_s) \tag{3-33}$$

当 $\zeta_t \geqslant 6.5$（相当于 $\psi \geqslant 1.0$）时，

$$\alpha = 1.9a_{cr}f_{tk}c\zeta_t/(w_{lim}E_s) \tag{3-34}$$

$$\beta = 0.08a_{cr}f_{tk}d\zeta_t/(w_{lim}E_s) \tag{3-35}$$

当 $\zeta_t \leqslant 0.722$。且按式（3-29）算得的有效受拉区配筋率 $\rho_{te} \leqslant 0.01$ 时，应按下式重新计算 ρ_{te}：

$$\rho_{te} = \frac{1.1\zeta_t}{\dfrac{w_{lim}E_s}{a_{cr}f_{tk}(1.9c + 8d_{eq})} + 65} \tag{3-36}$$

在式（3-30）～式（3-36）中，相对名义拉应力按下列公式计算：

轴心受拉构件：

$$\zeta_t = \frac{N_k}{A_{te}f_{tk}} \tag{3-37}$$

偏心受拉构件：

$$\zeta_t = \frac{N_k e'}{A_{te}(h_0 - a'_s)f_{tk}} \tag{3-38}$$

受弯构件：

$$\zeta_t = \frac{M_k}{0.87 A_{te} h_0 f_{tk}} \tag{3-39}$$

偏心受压构件：

$$\zeta_t = \frac{N_k(e-z)}{A_{te} z f_{tk}} \tag{3-40}$$

有效受拉区配筋率求得后，各种受力构件满足裂缝宽度要求的纵向受拉钢筋截面面积按下式确定：

$$A_{s,cr} = \rho_{te} A_{te} \tag{3-41}$$

与正截面承载力要求的纵向受拉钢筋截面面积 $A_{s,u}$ 及最小配筋率要求的 $A_{s,min}$ 比较，取大者配筋，即可同时满足正截面承载力和裂缝宽度的要求。

利用上述公示和电算程序，可编制相对名义拉应力 ζ_t 和受拉区纵向钢筋等效直径 d_{eq} 为变量的有效受拉区配筋率 ρ_{te} 的实用计算表（如表 3-4～表 3-9 所示），可供设计时查用。

轴心受拉构件满足正截面最大裂缝宽度要求的有效受拉区配筋率 ρ_{te}（%）　　表 3-4

最大裂缝宽度值 w_{lim} $\frac{0.2mm}{0.3mm}$			混凝土强度等级 C20		钢筋级别 HRB335、400 级		混凝土保护层 c=25mm($d \leqslant$25mm) c=30mm($d \geqslant$28mm)		名义拉应力系数 $\xi_t = \frac{N_k}{A_{te} f_{tk}}$	
ξ_t / d (mm)	0.5	0.75	1.0	2.0	3.0	4.0	5.0	6.0	6.5	7.0
10	0.35/0.28	0.43/0.34	0.73/0.58	1.58/1.22	2.28/1.72	2.92/2.19	3.54/2.62	4.13/3.04	4.43/3.25	4.70/3.43
12	0.38/0.31	0.46/0.37	0.79/0.63	1.68/1.30	2.41/1.83	3.07/2.31	3.70/2.76	4.31/3.20	4.62/3.41	4.89/3.60
14	0.41/0.33	0.50/0.40	0.84/0.67	1.78/1.38	2.53/1.94	3.21/2.43	3.86/2.90	4.48/3.34	4.79/3.56	5.07/3.75
16	0.44/0.35	0.53/0.42	0.89/0.71	1.87/1.46	2.64/2.03	3.34/2.54	4.01/3.02	4.64/3.48	4.96/3.70	5.24/3.90
18	0.46/0.37	0.56/0.45	0.94/0.75	1.95/1.53	2.75/2.12	3.47/2.65	4.15/3.14	4.80/3.61	5.11/3.83	5.40/4.04
20	0.49/0.39	0.58/0.47	0.98/0.78	2.03/1.59	2.85/2.21	3.59/2.75	4.28/3.25	4.94/3.73	5.26/3.96	5.55/4.17
22	0.51/0.41	0.65/0.52	1.03/0.82	2.11/1.65	2.95/2.29	3.70/2.84	4.41/3.36	5.08/3.85	5.41/4.08	5.70/4.29
25	0.54/0.43	0.61/0.49	1.09/0.87	2.22/1.74	3.09/2.40	3.87/2.98	4.59/3.51	5.28/4.01	5.62/4.26	5.92/4.47
28	0.57/0.46	0.69/0.57	1.16/0.93	2.41/1.89	3.39/2.62	4.27/3.27	5.09/3.86	5.88/4.43	6.27/4.71	6.61/4.96
30	0.59/0.48	0.72/0.57	1.20/0.96	2.48/1.94	3.47/2.69	4.37/3.35	5.20/3.95	6.00/4.53	6.39/4.81	6.74/5.06

注：① 混凝土保护层厚度每增加 1mm，有效受拉区配筋率 ρ_{te} 增加 1%；

② 当 w_{lim} = 0.2mm，查表中分子；当 w_{lim} = 0.3mm，查表中分母；

③ 当选用同一种钢筋直径时，对 HRB335、HRB400 级钢筋 d_{te} 即为 d。

偏心受拉构件满足正截面最大裂缝宽度要求的有效受拉区配筋率 ρ_{te}（%）　　表 3-5

最大裂缝宽度值 w_{lim} $\frac{0.2mm}{0.3mm}$		混凝土强度等级 C20		钢筋级别 HRB335、400 级		混凝土保护层 $c=25mm(d\leqslant25mm)$ $c=30mm(d\geqslant28mm)$		名义拉应力系数 $\zeta_t=\frac{N_k e'}{A_{te}(h_0-a'_s)f_{tk}}$	
ξ_t / d(mm)	0.50	0.75	1.0	2.0	3.0	4.0	5.0	6.0	6.5	7.0
10	0.33/0.26	0.40/0.32	0.68/0.55	1.46/1.13	2.10/1.59	2.68/2.02	3.24/2.41	3.78/2.79	4.04/2.98	4.28/3.15
12	0.36/0.29	0.43/0.35	0.74/0.59	1.56/1.21	2.22/1.70	2.82/2.14	3.40/2.55	3.95/2.94	4.22/3.13	4.46/3.30
14	0.38/0.31	0.47/0.38	0.79/0.64	1.65/1.29	2.34/1.79	2.96/2.25	3.55/2.67	4.11/3.08	4.39/3.27	4.64/3.45
16	0.41/0.33	0.50/0.40	0.84/0.67	1.74/1.36	2.45/1.88	3.08/2.35	3.69/2.79	4.26/3.21	4.55/3.41	4.78/3.59
18	0.43/0.35	0.52/0.42	0.88/0.71	1.82/1.42	2.55/1.97	3.20/2.45	3.82/2.90	4.41/3.33	4.70/3.53	4.95/3.72
20	0.45/0.37	0.55/0.44	0.92/0.74	1.89/1.48	2.64/2.05	3.32/2.55	3.95/3.01	4.55/3.44	4.84/3.66	5.10/3.84
22	0.47/0.38	0.57/0.46	0.96/0.78	1.96/1.54	2.74/2.13	3.43/2.64	4.07/3.11	4.68/3.56	4.98/3.77	5.24/3.96
25	0.50/0.41	0.61/0.49	1.02/0.82	2.07/1.63	2.87/2.24	3.58/2.77	4.24/3.26	4.87/3.72	5.18/3.94	5.45/4.13
28	0.54/0.43	0.65/0.52	1.09/0.87	2.37/1.76	3.05/2.43	3.94/3.03	4.69/3.56	5.41/4.10	5.76/4.35	6.07/4.57
30	0.55/0.45	0.67/0.54	1.12/0.90	2.43/1.81	3.12/2.50	4.04/3.10	4.80/3.66	5.52/4.19	5.88/4.44	6.19/4.67

注：① 混凝土保护层厚度每增加 1mm，有效受拉区配筋率 ρ_{te} 增加 1%；

② 当 $w_{lim}=0.2mm$，查表中分子；当 $w_{lim}=0.3mm$，查表中分母；

③ 当选用同一种钢筋直径时，对 HRB335、HRB400 级钢筋 d_{te} 即为 d。

受弯和偏心受压构件满足正截面最大裂缝宽度要求的有效受拉区配筋率 ρ_{te}（%）　　表 3-6

最大裂缝宽度值 w_{lim} $\frac{0.2mm}{0.3mm}$		混凝土强度等级 C20		钢筋级别 HRB335、400 级		混凝土保护层 $c=25mm(d\leqslant25mm)$ $c=30mm(d\geqslant28mm)$		名义拉应力系数 受弯 $\zeta_t=M_k/(0.87A_{te}h_0f_{tk})$ 偏压 $\zeta_t=N_k(e-z)/(A_{te}zf_{tk})$	
ξ_t / d(mm)	0.50	0.75	1.0	2.0	3.0	4.0	5.0	6.0	6.5	7.0
10	0.30/0.25	0.37/0.30	0.63/0.50	1.34/1.04	1.91/1.46	2.44/1.84	2.93/2.20	3.41/2.54	3.65/2.70	3.86/2.85
12	0.33/0.27	0.40/0.32	0.68/0.54	1.43/1.12	2.03/1.56	2.57/1.95	3.08/2.32	3.58/2.68	3.82/2.85	4.04/3.00
14	0.36/0.29	0.43/0.35	0.73/0.58	1.52/1.19	2.14/1.65	2.70/2.06	3.23/2.44	3.73/2.81	3.98/2.98	4.20/3.14
16	0.38/0.31	0.46/0.37	0.77/0.62	1.60/1.25	2.24/1.73	2.82/2.16	3.36/2.55	3.88/2.93	4.13/3.11	4.35/3.27
18	0.40/0.33	0.49/0.39	0.81/0.65	1.67/1.31	2.34/1.81	2.93/2.25	3.48/2.66	4.01/3.04	4.27/3.23	4.50/3.39

续表

最大裂缝宽度值 w_{lim} $\frac{0.2mm}{0.3mm}$			混凝土强度等级 C20		钢筋级别 HRB335、400 级		混凝土保护层 c=25mm($d \leqslant$25mm) c=30mm($d \geqslant$28mm)		名义拉应力系数 受弯 $\zeta_t = M_k/(0.87A_{te}h_0f_{tk})$ 偏压 $\zeta_t = N_k(e-z)/(A_{te}zf_{tk})$	
d(mm) \ ξ_t	0.50	0.75	1.0	2.0	3.0	4.0	5.0	6.0	6.5	7.0
20	0.42/0.34	0.51/0.41	0.85/0.68	1.75/1.37	2.43/1.89	3.04/2.34	3.60/2.76	4.14/3.15	4.41/3.34	4.64/3.51
22	0.44/0.36	0.53/0.43	0.89/0.71	1.81/1.43	2.52/1.96	3.14/2.43	3.72/2.85	4.27/3.26	4.54/3.45	4.77/3.62
25	0.47/0.38	0.57/0.46	0.94/0.76	1.91/1.51	2.64/2.06	3.29/2.55	3.88/2.99	4.45/3.41	4.72/3.61	4.97/3.79
28	0.50/0.40	0.61/0.49	1.01/0.81	2.07/1.63	2.88/2.24	3.61/2.78	4.29/3.28	4.93/3.75	5.24/3.97	5.52/4.18
30	0.52/0.47	0.63/0.51	1.04/0.84	2.13/1.67	2.96/2.45	3.70/2.85	4.38/3.36	5.04/3.84	5.35/4.07	5.64/4.63

注：① 混凝土保护层厚度每增加 1mm，有效受拉区配筋率 ρ_{te}增加 1%；

② 当 w_{lim}=0.2mm，查表中分子；当 w_{lim}=0.3mm，查表中分母；

③ 当选用同一种钢筋直径时，对 HRB335、HRB400 级钢筋 d_{te}即为 d。

轴心受拉构件满足正截面最大裂缝宽度要求的有效受拉区配筋率 ρ_{te}（%）　　表 3-7

最大裂缝宽度值 w_{lim} $\frac{0.2mm}{0.3mm}$			混凝土强度等级 C30		钢筋级别 HRB335、400 级		混凝土保护层 c=25mm($d \leqslant$25mm) c=30mm($d \geqslant$28mm)		名义拉应力系数 $\zeta_t = \frac{N_k}{A_{te}f_{tk}}$	
d(mm) \ ξ_t	0.50	0.75	1.0	2.0	3.0	4.0	5.0	6.0	6.5	7.0
10	0.44/0.35	0.50/0.40	0.86/0.68	1.84/1.41	2.75/2.07	3.56/2.64	4.34/3.18	5.11/3.72	5.47/3.97	5.81/4.20
12	0.47/0.38	0.54/0.43	0.93/0.73	1.95/1.51	2.90/2.19	3.73/2.78	4.52/3.34	5.30/3.89	5.67/4.14	6.02/4.38
14	0.51/0.40	0.58/0.46	0.99/0.78	2.06/1.60	3.03/2.30	3.88/2.91	4.69/3.49	5.49/4.05	5.86/4.31	6.21/4.56
16	0.54/0.43	0.61/0.49	1.04/0.83	2.16/1.68	3.16/2.41	4.03/3.04	4.86/3.63	5.66/4.20	6.05/4.47	6.40/4.72
18	0.56/0.45	0.64/0.52	1.10/0.87	2.26/1.76	3.28/2.51	4.17/3.16	5.01/3.76	5.38/4.34	6.22/4.61	6.58/4.87
20	0.59/0.47	0.68/0.54	1.15/0.91	2.35/1.83	3.40/2.61	4.31/3.27	5.16/3.89	5.99/4.48	6.39/4.76	6.75/5.02
22	0.61/0.49	0.71/0.57	1.19/0.95	2.44/1.91	3.51/2.70	4.43/3.38	5.30/4.01	6.15/4.61	6.55/4.89	6.92/5.16
25	0.65/0.52	0.75/0.60	1.26/1.01	2.56/2.00	3.67/2.83	4.62/3.53	5.51/4.18	6.37/4.80	6.78/5.09	7.16/5.36
28	0.70/0.56	0.80/0.64	1.36/1.08	2.79/2.18	4.04/3.10	5.12/3.89	6.14/4.63	7.14/5.33	7.61/5.67	8.04/5.97
30	0.72/0.58	0.92/0.74	1.40/1.11	2.86/2.24	4.14/3.25	5.23/3.98	6.27/4.73	7.27/5.44	7.75/5.78	8.18/6.09

注：① 混凝土保护层厚度每增加 1mm，有效受拉区配筋率 ρ_{te}增加 1%；

② 当 w_{lim}=0.2mm，查表中分子；当 w_{lim}=0.3mm，查表中分母；

③ 当选用同一种钢筋直径时，对 HRB335、HRB400 级钢筋 d_{te}即为 d。

偏心受拉构件满足正截面最大裂缝宽度要求的有效受拉区配筋率 ρ_{te}（%）　　表 3-8

最大裂缝宽度值 w_{lim} $\frac{0.2mm}{0.3mm}$			混凝土强度等级 C30		钢筋级别 HRB335、400 级		混凝土保护层 c=25mm($d\leqslant$25mm) c=30mm($d\geqslant$28mm)		名义拉应力系数 $\zeta_t=\frac{N_k e'}{A_{te}(h_0-a'_s)f_{tk}}$	
ξ_t / d(mm)	0.50	0.75	1.0	2.0	3.0	4.0	5.0	6.0	6.5	7.0
10	$\frac{0.41}{0.32}$	$\frac{0.46}{0.37}$	$\frac{0.80}{0.63}$	$\frac{1.70}{1.31}$	$\frac{2.53}{1.91}$	$\frac{3.26}{2.43}$	$\frac{3.96}{2.92}$	$\frac{4.65}{3.40}$	$\frac{4.98}{3.63}$	$\frac{5.28}{3.83}$
12	$\frac{0.44}{0.33}$	$\frac{0.50}{0.40}$	$\frac{0.86}{0.68}$	$\frac{1.81}{1.40}$	$\frac{2.67}{2.02}$	$\frac{3.42}{2.56}$	$\frac{4.13}{3.07}$	$\frac{4.84}{3.57}$	$\frac{5.17}{3.80}$	$\frac{5.48}{4.01}$
14	$\frac{0.47}{0.38}$	$\frac{0.54}{0.43}$	$\frac{0.92}{0.73}$	$\frac{1.91}{1.48}$	$\frac{2.80}{2.13}$	$\frac{3.57}{2.69}$	$\frac{4.30}{3.21}$	$\frac{5.02}{3.72}$	$\frac{5.36}{3.69}$	$\frac{5.67}{4.17}$
16	$\frac{0.50}{0.40}$	$\frac{0.57}{0.46}$	$\frac{0.97}{0.77}$	$\frac{1.97}{1.56}$	$\frac{2.92}{2.23}$	$\frac{3.71}{2.81}$	$\frac{4.46}{3.34}$	$\frac{5.19}{3.86}$	$\frac{5.53}{4.11}$	$\frac{5.85}{4.33}$
18	$\frac{0.53}{0.42}$	$\frac{0.60}{0.49}$	$\frac{1.02}{0.81}$	$\frac{2.10}{1.64}$	$\frac{3.03}{2.33}$	$\frac{3.84}{2.92}$	$\frac{4.60}{3.47}$	$\frac{5.35}{4.00}$	$\frac{5.70}{4.25}$	$\frac{6.02}{4.47}$
20	$\frac{0.55}{0.44}$	$\frac{0.63}{0.51}$	$\frac{1.07}{0.85}$	$\frac{2.18}{1.71}$	$\frac{3.14}{2.42}$	$\frac{3.97}{3.03}$	$\frac{4.75}{3.59}$	$\frac{5.51}{4.13}$	$\frac{5.86}{4.39}$	$\frac{6.18}{4.61}$
22	$\frac{0.58}{0.46}$	$\frac{0.66}{0.53}$	$\frac{1.11}{0.89}$	$\frac{2.27}{1.78}$	$\frac{3.25}{2.51}$	$\frac{4.09}{3.13}$	$\frac{4.88}{3.70}$	$\frac{5.65}{4.26}$	$\frac{6.01}{4.52}$	$\frac{6.34}{4.75}$
25	$\frac{0.61}{0.49}$	$\frac{0.70}{0.57}$	$\frac{1.18}{0.94}$	$\frac{2.38}{1.87}$	$\frac{3.40}{2.63}$	$\frac{4.27}{3.27}$	$\frac{5.08}{3.74}$	$\frac{5.87}{4.44}$	$\frac{6.23}{4.70}$	$\frac{6.57}{4.94}$
28	$\frac{0.65}{0.52}$	$\frac{0.75}{0.60}$	$\frac{1.27}{1.01}$	$\frac{2.59}{2.03}$	$\frac{3.74}{2.87}$	$\frac{4.72}{3.60}$	$\frac{5.64}{4.27}$	$\frac{6.56}{4.92}$	$\frac{6.98}{5.22}$	$\frac{7.37}{5.49}$
30	$\frac{0.67}{0.54}$	$\frac{0.78}{0.62}$	$\frac{1.31}{1.04}$	$\frac{2.66}{2.09}$	$\frac{3.82}{2.95}$	$\frac{4.83}{3.68}$	$\frac{5.76}{4.37}$	$\frac{6.68}{5.02}$	$\frac{7.11}{5.33}$	$\frac{7.50}{5.61}$

注：① 混凝土保护层厚度每增加 1mm，有效受拉区配筋率 ρ_{te}增加 1%；

② 当 w_{lim}=0.2mm，查表中分子；当 w_{lim}=0.3mm，查表中分母；

③ 当选用同一种钢筋直径时，对 HRB335、HRB400 级钢筋 d_{te}即为 d。

受弯和偏心受压构件满足正截面最大裂缝宽度要求的有效受拉区配筋率 ρ_{te}（%）　　表 3-9

最大裂缝宽度值 w_{lim} $\frac{0.2mm}{0.3mm}$			混凝土强度等级 C30		钢筋级别 HRB335、400 级		混凝土保护层 c=25mm($d\leqslant$25mm) c=30mm($d\geqslant$28mm)		名义拉应力系数 受弯 $\zeta_t=\frac{M_k}{0.87A_{te}h_0 f_{tk}}$ 偏压 $\zeta_t=\frac{N_k(e-z)}{A_{te}z f_{tk}}$	
ξ_t / d(mm)	0.50	0.75	1.0	2.0	3.0	4.0	5.0	6.0	6.5	7.0
10	$\frac{0.35}{0.28}$	$\frac{0.43}{0.35}$	$\frac{0.74}{0.58}$	$\frac{1.60}{1.23}$	$\frac{2.30}{1.74}$	$\frac{2.95}{2.21}$	$\frac{3.57}{2.65}$	$\frac{4.20}{3.08}$	$\frac{4.48}{3.29}$	$\frac{4.75}{3.47}$
12	$\frac{0.38}{0.31}$	$\frac{0.47}{0.37}$	$\frac{0.80}{0.63}$	$\frac{1.70}{1.31}$	$\frac{2.43}{1.85}$	$\frac{3.10}{2.34}$	$\frac{3.74}{2.79}$	$\frac{4.37}{3.23}$	$\frac{4.67}{3.45}$	$\frac{4.94}{3.64}$
14	$\frac{0.41}{0.33}$	$\frac{0.50}{0.40}$	$\frac{0.85}{0.67}$	$\frac{1.80}{1.39}$	$\frac{2.55}{1.95}$	$\frac{3.24}{2.46}$	$\frac{3.90}{2.93}$	$\frac{4.54}{3.38}$	$\frac{4.85}{3.60}$	$\frac{5.12}{3.79}$

续表

最大裂缝宽度值 $w_{\lim}$ $\frac{0.2mm}{0.3mm}$			混凝土强度等级 C30		钢筋级别 HRB335、400 级		混凝土保护层 $c=25mm(d\leqslant25mm)$ $c=30mm(d\geqslant28mm)$		名义拉应力系数 受弯 $\zeta_t=\frac{M_k}{0.87A_{te}h_0f_{tk}}$ 偏压 $\zeta_t=\frac{N_k(e-z)}{A_{te}zf_{tk}}$	
d(mm) \ ξ_t	0.50	0.75	1.0	2.0	3.0	4.0	5.0	6.0	6.5	7.0
16	$\frac{0.44}{0.35}$	$\frac{0.53}{0.43}$	$\frac{0.90}{0.72}$	$\frac{1.89}{1.47}$	$\frac{2.67}{2.05}$	$\frac{3.38}{2.57}$	$\frac{4.05}{3.05}$	$\frac{4.70}{3.52}$	$\frac{5.01}{3.74}$	$\frac{5.30}{3.94}$
18	$\frac{0.46}{0.37}$	$\frac{0.56}{0.45}$	$\frac{0.95}{0.75}$	$\frac{1.97}{1.54}$	$\frac{2.78}{2.14}$	$\frac{3.50}{2.67}$	$\frac{4.19}{3.17}$	$\frac{4.85}{3.65}$	$\frac{5.17}{3.87}$	$\frac{5.46}{4.08}$
20	$\frac{0.49}{0.39}$	$\frac{0.59}{0.47}$	$\frac{0.99}{0.79}$	$\frac{2.02}{1.60}$	$\frac{2.88}{2.22}$	$\frac{3.63}{2.77}$	$\frac{4.32}{3.28}$	$\frac{5.00}{3.77}$	$\frac{5.32}{4.00}$	$\frac{5.61}{4.21}$
22	$\frac{0.51}{0.41}$	$\frac{0.62}{0.50}$	$\frac{1.03}{0.82}$	$\frac{2.13}{1.67}$	$\frac{2.98}{2.31}$	$\frac{3.74}{2.87}$	$\frac{4.45}{3.39}$	$\frac{5.14}{3.89}$	$\frac{5.47}{4.12}$	$\frac{5.76}{4.34}$
25	$\frac{0.54}{0.44}$	$\frac{0.65}{0.53}$	$\frac{1.09}{0.87}$	$\frac{2.24}{1.90}$	$\frac{3.12}{2.42}$	$\frac{3.91}{3.01}$	$\frac{4.64}{3.54}$	$\frac{5.34}{4.06}$	$\frac{5.68}{4.30}$	$\frac{5.98}{4.52}$
28	$\frac{0.57}{0.46}$	$\frac{0.70}{0.56}$	$\frac{1.18}{0.94}$	$\frac{2.44}{1.96}$	$\frac{3.42}{2.64}$	$\frac{4.31}{3.30}$	$\frac{5.14}{3.90}$	$\frac{5.95}{4.48}$	$\frac{6.34}{4.75}$	$\frac{6.69}{5.00}$
30	$\frac{0.59}{0.48}$	$\frac{0.72}{0.58}$	$\frac{1.21}{0.97}$	$\frac{2.50}{2.01}$	$\frac{3.51}{2.71}$	$\frac{4.41}{3.38}$	$\frac{5.25}{3.99}$	$\frac{6.07}{4.58}$	$\frac{6.46}{4.86}$	$\frac{6.81}{5.11}$

注：① 混凝土保护层厚度每增加 1mm，有效受拉区配筋率 ρ_{te} 增加 1%；

② 当 $w_{\lim}=0.2mm$，查表中分子；当 $w_{\lim}=0.3mm$，查表中分母；

③ 当选用同一种钢筋直径时，对 HRB335、HRB400 级钢筋 d_{te} 即为 d。

3.2.5 钢筋混凝土梁斜截面裂缝宽度的计算

钢筋混凝土梁在剪应力 τ 和弯应力 σ 共同作用下，将沿与主拉应力垂直方向出现斜裂缝。随着荷载的增加，斜裂缝开展，梁沿斜截面出现剪切破坏。可见，斜裂缝的出现和开展，也是一种破坏前的征兆，令用户不安。因此，估算斜裂缝宽度以保证梁在正常使用阶段满足最大裂缝宽度要求也是工程设计中所迫切需要解决的问题。到目前为止，有关钢筋混凝土梁斜裂缝宽度问题的参考文献甚少。我国现行的《混凝土结构设计规范》GB 50010—2010 亦尚无斜裂缝宽度的计算公式。规范限制最大斜裂缝宽度以满足正常使用极限状态的要求是通过抗剪承载力计算来间接加以保证的。

最大斜裂缝宽度的计算：

斜拉破坏（$\lambda>3$）斜裂缝出现时的荷载与破坏荷载比较接近，故总能满足使用要求无须验算 w_{md}。值得研究的范围是 $1\leqslant\lambda\leqslant3$。

试验表明，在斜裂缝出现之前，箍筋变形几乎可忽略不计，因此可以认为梁斜向开裂时的剪力 V_{cr}（对于试验梁，$V_{cr}=P_{cr}/2$）与箍筋形式及间距无关。试验结果表明影响 V_{cr} 的主要因素为混凝土抗拉强度 f_t、纵向钢筋含筋率 ρ 和剪跨比 λ。经回归分析 V_{cr} 的计算公式为：

$$V_{cr}=\frac{0.4f_t}{\lambda-0.3}(1+45\rho)bh_0 \tag{3-42}$$

式中　f_t ——混凝土的抗拉强度；

b 和 h_0 ——截面宽度和有效高度。

箍筋的变形如图 3-11 所示，显然，在斜裂缝出现之后，穿过斜裂缝及裂缝附近区段的箍筋变形才开始迅速增大，表明斜裂前，作用于截面上剪力绝大部分由混凝土承担，而斜裂后，截面上的部分剪力已由箍筋分担。因此，斜裂前假定截面上的剪力仅由混凝土承担是比较合理的，但斜裂后截面上混凝土承担多大比例的剪力尚无法精确估算，因为骨料啮合力及纵筋销栓力都将随荷载增加而减小，压区混凝土承担的剪力也在随荷载增加而变化，故精确估算斜裂后混凝土承担的部分剪力相当困难。为简化起见，可以假设在斜裂前后混凝土的抗剪能力保持不变，且等于 V_{cr}，因此有：

$$V_{sv}+V_{cr}=V \tag{3-43}$$

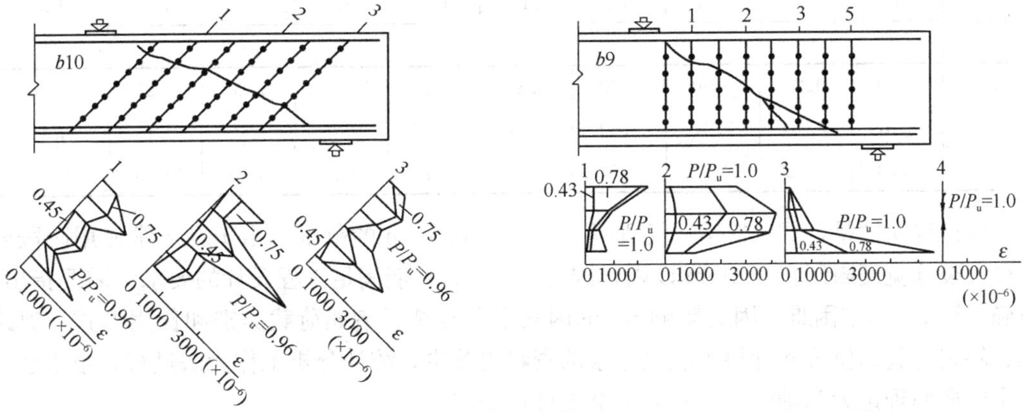

图 3-11　箍筋的应变分布

式中　V_{cr}箍筋承担的剪力。根据图 3-12 并由平衡条件可以得到：

$$\frac{c}{s}A_{sv}\sigma_{sv}\sin\alpha+V_{cr}=V \tag{3-44}$$

式中 A_{sv} 和 σ_{sv} 分别为箍筋截面面积和箍筋应力，其余符号如图 3-12 所示。

将 $\sigma_{sv}=E_{sv}\varepsilon_{sv}$ 代入式（3-44）便有：

$$\varepsilon_{sv}=\frac{V-V_{cr}}{A_{sv}E_{sv}\sin\alpha}\cdot\frac{s}{c} \tag{3-45}$$

由图 3-12 可知，$c=a/\mathrm{tg}\beta$，$a=h_0-x$，$x=2(h_0-z)$ 假定 $z=0.87h_0$，则 $c=0.74h_0/\mathrm{tg}\beta$。垂直于斜裂缝方向的变形 Δ 为：

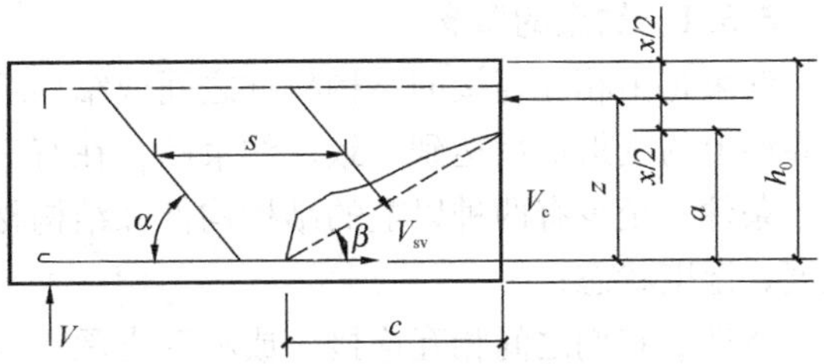

图 3-12　剪力传递模型

$$\Delta=\frac{z}{\cos\beta}\varepsilon_{sv}\cos[90^\circ-(180^\circ-\alpha-\beta)] \tag{3-46}$$

可以认为 w_{md} 与 Δ 成正比例，由此得到：

$$w_{md}=K_{sv}\frac{V-V_{cr}}{A_{sv}E_{sv}}\times1.18s\mathrm{tg}\beta\times(1+\mathrm{ctg}\alpha\mathrm{tg}\beta) \tag{3-47}$$

式中 K_{sv} 是由试验结果确定的系数，它与箍筋形式和间距有关。若取 $\beta=45^\circ$，则式

3-47 简化为：

$$w_{md}=K_{sv}\frac{V-V_{cr}}{A_{sv}E_{sv}}\times 1.18s\times(1+ctg\alpha) \tag{3-48}$$

实测的 K_{sv} 值如表 3-10 所示，显然，K_{sv} 并非常数，试验结果分析表明 K_{kv} 与 s 和 α 之间的关系，可用一直线方程来描述：

$$w_{md}=1.7\frac{V-V_{cr}}{A_{sv}E_{sv}}(0.2s+60)\sin\alpha-0.1\sin(\alpha-45°) \tag{3-49}$$

式中　w_{md} 和 s 的单位均为 mm。

K_{sv} 的试验值　　表 3-10

w_{md} (mm)	试件									
	b9	b10	b11	b12	b13	b14	b15	b16	b17	b18
	K_{sv}									
0.2	0.70	0.20	0.50	0.70	0.88	0.25	0.84	1.20	0.21	0.20
0.3	0.81	0.20	0.47	0.52	0.87	0.15	0.75	1.10	0.16	0.19
0.4	0.89	0.22	0.50	0.57	0.92	0.19	0.87	0.99	0.19	0.22

值得说明的是，式（3-48）仅适用于 $w_{md}\leqslant 0.5$mm 的范围，由于在正常使用阶段要求最大裂缝宽度限制在 0.4mm 以内，因此式（3-48）能满足工程设计的要求。需要指出，精确估算 w_d 非常困难，因为影响 w_d 的因素十分复杂，诸如荷载类别和作用形式、剪跨比、斜裂缝起始位置和骨料等随机记录的资料也甚少，统计分析工作无法进行，很难建立一个以概率理论为基础的最大斜裂缝宽度计算公式。

3.3　约束变形裂缝理论

变形裂缝是由各种变形因素在结构构件上引起的裂缝。这种裂缝出现和开展的机理，可用结构构件之间及其材料内部有关约束的概念进行解释。因此，约束、约束应力及应变的概念是变形裂缝理论的核心。

3.3.1　约束的概念

约束是由相互连接的结构构件之间或结构组成材料之间在变形过程中的相互牵制，使其界面上的变形最后达到一致。约束的存在有三个条件：

条件一至少有两种以上的结构构件和结构材料，或同一结构构件和结构材料有不同的温度、湿度状态；

条件二它们之间相互连接，或相互支承；

条件三结构构件或结构材料发生变形。

前两个为必要条件，第三个为充分条件。没有变形就不能体现约束。

结构构件的约束可分为两大类，一类是结构构件的外部约束；另一类是结构构件材料内部的约束。

1. 外部约束

结构构件之间的外部约束，有上部结构与下部结构（地基基础）之间的约束；构件与其支承结构之间的约束，如主梁受柱的约束，次梁受主梁的约束，板受次梁的约束等。结构外部约束按其程度分三种情况：

(1) 约束很小

在各种变形因素作用下，支承结构对被支承结构的约束力可忽略不计，接近于自由体，这种情况最有利于解决温度、收缩等变形作用，让其能自由变形。这种约束情况的工程实例有高温水池，为使水池在高温作用下能自由变形，沿水池长度方向设有滚动钢轴，如图 3-13 所示。

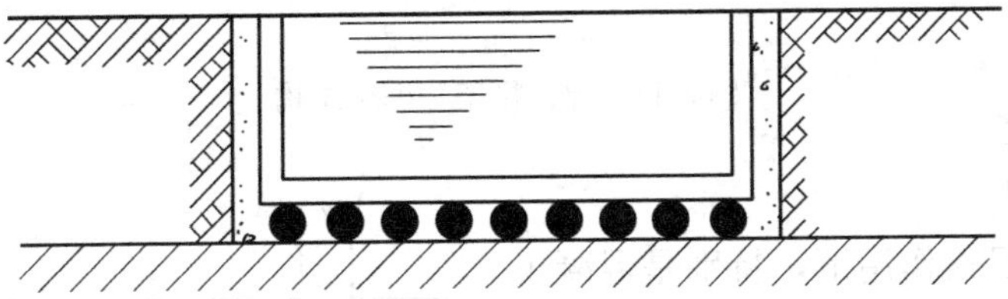

图 3-13 设钢滚轴的高温混凝土水池

此外，冶炼厂高温炉顶板，为减小高温对顶板结构的影响，用铰接吊杆将高温炉盖悬挂在高位的支承结构上，如图 3-14 所示。还有在预应力整体滑动细石混凝土刚性屋面和预制构件台面设置油毡或薄膜经过特别处理后的滑动层，也能大大减少基层对面层混凝土的约束，极为有利于降低混凝土温度收缩应力的作用。

(2) 约束较大

在各种变形因素作用下，结构构件的变形部分得到满足，部分受到约束，其约束力仍较大，不可忽略不计。如未经特别处理的刚性防水屋面板块、预制构件台面板块以及地基上的长墙或长梁（见图 3-15）；采用片筏基础的整体滑动建筑（见图 3-16）；弹性排架和框架结构（见图 3-17）。前两者为连续式的约束，即地基对板、墙、梁的约束，约束力的大小与构件的长度、正压力以及滑动摩擦系数有关；后者为集中式的约束，即柱对横梁或纵梁的约束，约束力的大小主要与纵、横向排架长度及柱的刚度（主要是柱的长细比）有关，愈短愈粗的柱对梁的约束力愈大。

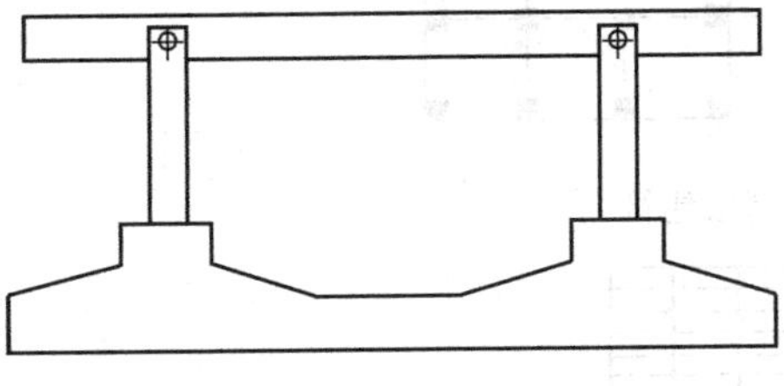

图 3-14 铰接吊杆悬挂高温炉盖

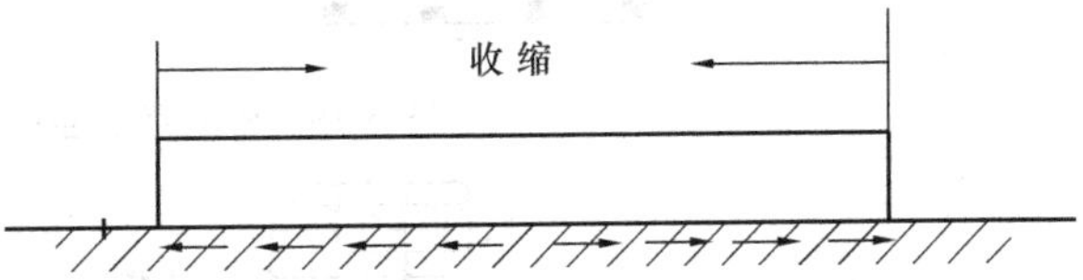

图 3-15 平置于地基上的长墙或长梁

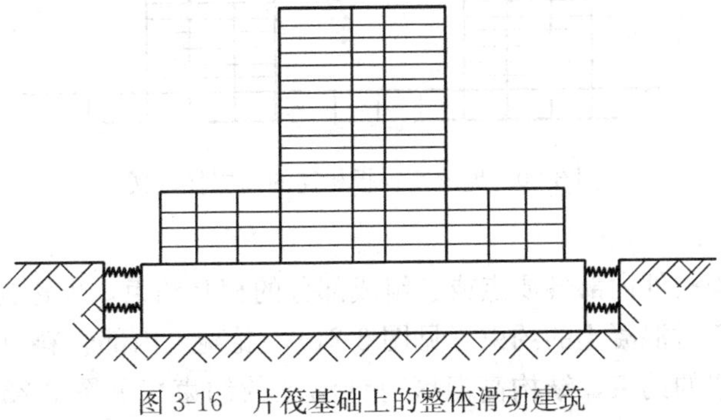

图 3-16 片筏基础上的整体滑动建筑

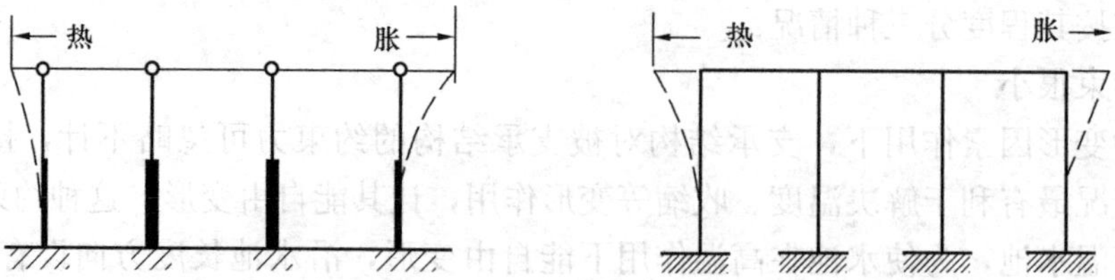

(a) 弹性排架　　(b) 框架结构

图 3-17　弹性排架和框架结构

(3) 约束很大

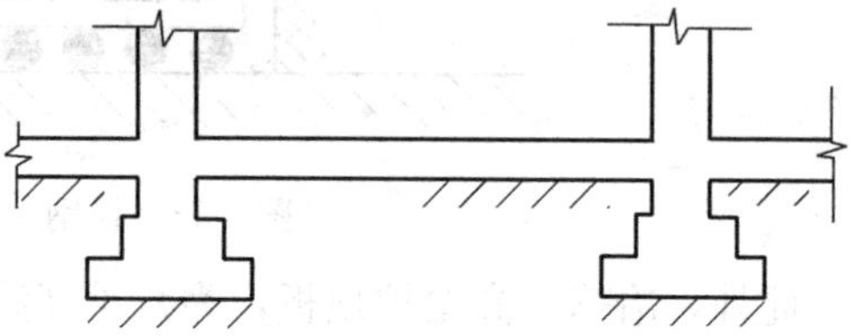

图 3-18　与柱一道现浇的连续地基梁

在各种变形因素作用下，特别是混凝土结构在降温冷缩与结硬干缩作用下，结构构件的收缩不能自由完成，变形得不到满足，可视为嵌固或完成约束状态。这种情况在实际工程的例子并不少见。如与柱子整体现浇的连续地基梁（见图 3-18）；两栋高层建筑中间连系走道（见图 3-19）；两栋高层楼盘中间地段的地下室顶板（见图 3-20）等。由于混凝土的收缩是一种体积收缩，现浇混凝土结构的各个组成部分，将向各自的中心收缩，如图 3-19、图 3-20 所示的结构，由于两头的混凝土体积量很大，它的体积收缩量将远大于中间部分的体积收缩量，致使中间部分混凝土收缩变形不仅不能得到满足，还要承受两头体量较大的混凝土向各自中心的收缩变形。因此这种结构体系约束，中间部分可以视其两端为完全约束或完全嵌固的结构构件。此时，约束力的大小直接与温、湿度有关。

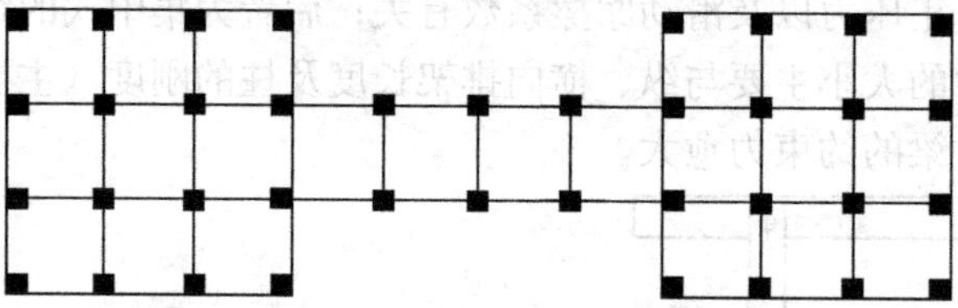

图 3-19　中间走道连系的高层建筑

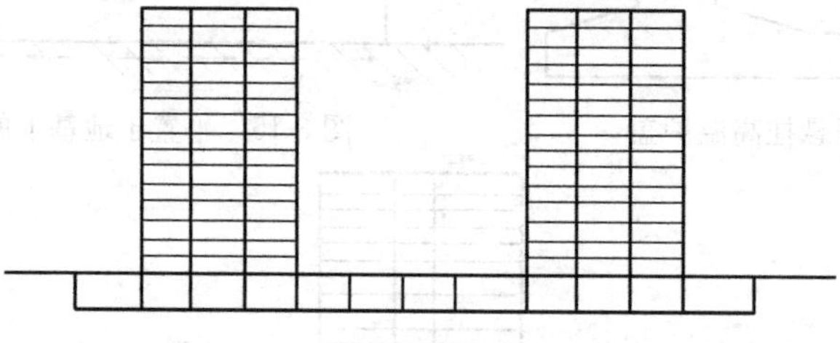

图 3-20　地下室顶板相连的高层住宅楼

2. 内部约束

内部约束指结构构件内部各质点或各组成部分的相互约束，也称为自约束。如钢筋混凝土结构构件中钢筋对混凝土的约束（见图 3-21），混凝土内部骨料对水泥石的约束，砌体结构中块体对砂浆的约束，结构高温区对低温区的约束（见图 3-22），构件高温（湿）

面对低温（湿）面的约束（见图 3-23）等。

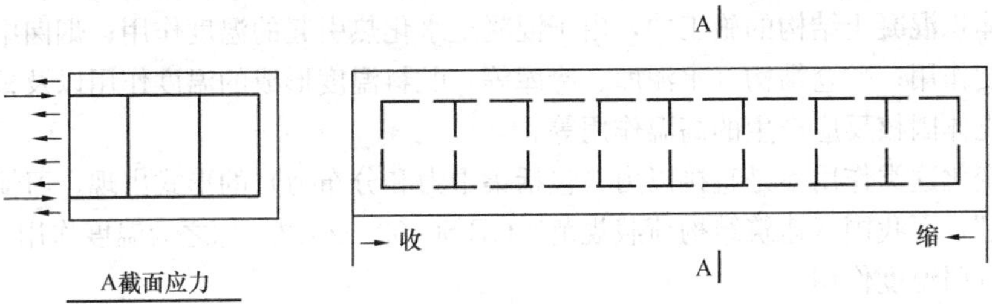

图 3-21 构件中钢筋对混凝土收缩变形时的约束

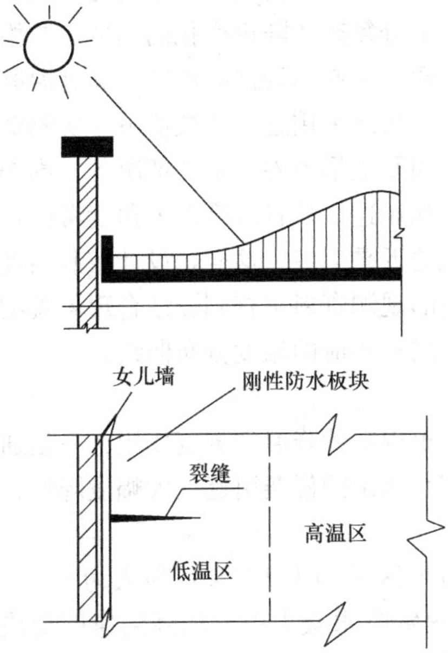

图 3-22 高温区对低温区的约束

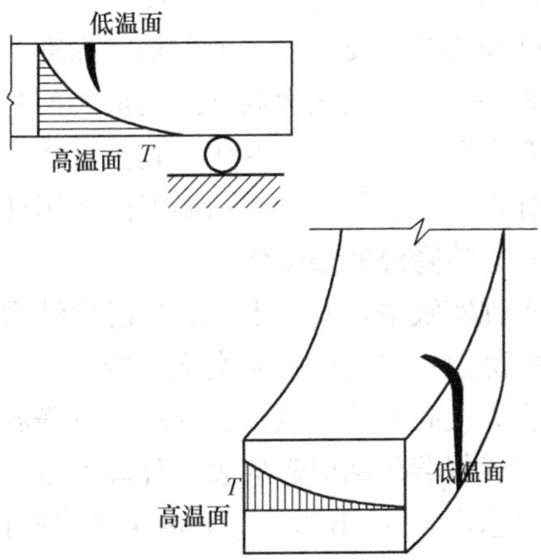

图 3-23 高温面对低温面的约束

一般结构构件之间的外约束及其约束力，可以通过“放”与“抗”或“抗、放结合”的办法从设计和施工上对结构裂缝进行控制。而结构构件内部的约束，特别是混凝土结构的内约束对结构裂缝的影响，主要从混凝土材料、配合比和施工工艺等方面进行控制。

3.3.2 温度及其分布规律

在结构工程中，多数变形裂缝与温度的作用有关。

1. 温度作用分类

混凝土和砌体结构，特别是露天的结构，要经受各种自然环境条件变化的影响，其表面与内部各点的温度随时都在发生变化。它与结构所在地的地理位置（南方、北方）、地形地貌（平原、山川）、结构物的方位、朝向（朝东、朝西）、所处季节（春、夏、秋、冬）、气候变化（太阳辐射强度、云、雾、雨、雪）等有关。在结构物的内外表面还不断地以辐射、对流和传导等方式与周围空气介质进行热交换，其过程十分复杂，由此形成的温度作用及其分布也很复杂。

对混凝土与砌体结构工程而言，由于环境条件变化引起的温度作用，可分为三种类型：一是日照温度作用；二是骤然降温温度作用；三是年温温度作用。它们都是自然环境条件变化引起的，是客观存在的，难以消除。此外，也有非环境条件造成的温度作用：如在浇捣大体积混凝土结构的施工中，由于混凝土水化热引起的温度作用；烟囱中高温烟气产生的温度作用；贮仓结构（水泥库、冷库等）贮料温度形成的温度作用以及核反应堆混凝土防护壳体因核反应产生的高温作用等。

温度变化这类作用不是直接以力（包括集中力和分布力）的形式出现，习惯上也称为“温度荷载”，而我国《建筑结构荷载规范》GB 50009—2012，称之为温度作用。

（1）日照温度作用

结构物日照温度变化复杂，受众多因素影响，主要有太阳直射、天空辐射、地面反射、气温变化、风速以及结构所在地的地理纬度、方位、朝向及其场地的地形地貌等。因此，由日照引起结构表面和内部温度变化是一个十分复杂的随机变化的函数。结构表面温度变化随朝向不同具有明显差别，其中既有太阳辐射引起的局部高温区，又有混凝土热传导特性导致的非均匀分布，函数解难以直接求得，只能采用近似的数值解。实测资料分析表明，在结构物所处地的地理纬度、方位角、时间及地形条件一定的情况下，影响结构物日照温度变化的主要因素是太阳辐射强度、气温和风速。从日最高温度角度考虑，风速因素也可忽略，因为当表面温度达到最大值时，风速近乎为零。这样，设计控制温度的影响因素只有太阳辐射与气温变化，它们可从气象站的观测资料中查到。结合现场观测数据进行统计分析，可获得结构表面温度的实用计算公式和相应的温度分布曲线。

（2）骤然降温的温度作用

在工程实践中，有以下几种情况使结构表面出现骤然降温的温度作用：一是通常日落时引起的降温；二是暴晒时突来的冷空气，特别是暴雨的侵袭引起的大幅度降温；三是结构物遭受火灾时，喷水救火引起的陡然降温。

冷空气侵袭作用引起的表面降温速度，南方地区平均为1℃/h，最大为4.0℃/h，比日照升温速度10℃/h慢。暴晒时突然暴雨以及火灾喷水救火引起的降温速度最快，后者可高达100℃/h以上。此时形成很大的内高外低的温度作用，使结构表面出现极为严重的裂缝状况。

（3）年温温度作用

由于年温温度变化均匀缓慢，对结构的温度作用也较为缓慢均匀。因此，年温温度变化对结构物的影响，均按结构物的平均温度考虑。一般以最高月平均温度与最低月平均温度的差值作为年均温差，即年温变化幅度。年温变化虽然缓慢，但其幅度较大，混凝土结构与砌体结构竣工后半年至一年之内（工期较短者）或竣工前（工期较长者）即发现结构裂缝，这种裂缝往往是由年温温度作用引起的。

2. 温度分布的影响因素

混凝土结构浇捣后，由于内部水化热、外界太阳辐射热以及气温变化的影响，混凝土结构各处处于不同的温度状态，随时在变化。某一特定时刻结构表面与内部各点的温度状态，是指混凝土结构各点温度的大小及分布规律，其影响因素主要有两个方面：

（1）外界条件方面

处于天然环境中的结构物，受外界大气温度变化的作用，如太阳辐射、夜间降温、风、雨、雪、寒流等。这些气象因素一年四季每时每刻都在变化，通常一年中，7～8月12～15时气温最高，且极值出现在无云、无风、干燥高气压的时刻，而1～2月份的夜间气温最低。混凝土结构实测资料表明，夏季的最高表面温度可比冬季的最高表面温度高出一倍以上，结构最大年温差不一定在夏季，根据结构方位及其地理纬度等情况，也可能在秋、冬季节。

混凝土结构物各部分的温差分布与其方位、朝向密切相关。如结构的水平表面最高温度发生在太阳辐射最强的时刻，约在 14 时左右，而温差以朝阳面与背阳面之间的最大。结构垂直表面随其朝向不同，最高温度出现的时刻是：朝东表面在 10 时左右；朝西表面则在 17 时左右，同时在结构厚度方向出现最大温差，对于梁板结构终日不受日照的底部表面，日温度几乎保持不变。

一般情况下，海洋性气候地区因日照较小，比大陆性气候地区结构年温差也要小些。此外，由于城市空气浑浊，结构物的年温差比山区要小些。但处于深山峡谷中的结构物，由于不受日照的影响，表面和内部温度随季节缓慢变化或随寒流降温而变化。

（2）内部条件方面

1）混凝土的热性能

由混凝土热性能可知，其导热系数很小［1.86～3.49W/（m·K）］约为黑色金属的 4%。因此，当结构外表面温度急变时，混凝土内部各层的温度变化缓慢，具有明显的滞后现象。在同一时间内，通过单位厚度的热量也小得多，导致每层混凝土得到（或扩散）的热量有较大差异，在结构中沿厚度方向形成不均匀的温度状态。根据实测资料分析，当厚度方向温差较大时，其分布为一指数曲线。

2）结构物形状

结构物形状对温度分布也有明显影响。如在水平箱梁结构中，顶板表面的温度分布比较均匀，腹板表面的温度分布则随时变化。当箱梁的悬臂板较长而梁高较小时，腹板的温度变化就小得多，反之则变化较大。又如竖向筒体结构，其垂直表面温度随朝向变化，就圆筒结构而言，随太阳方位角的改变而变，但变化是连续的。

桥梁结构的铺装层和屋面结构的保温隔热层对温度也有很大影响。有铺装层和保温隔热层与无铺装层和保温隔热层相比，前者温度较为稳定，而后者温度极不稳定，且为结构温度变化最大的部位。

3）结构物表面的颜色

结构物表面颜色的深浅，对吸收日辐射热的影响较大，深者吸热量大，反之则小。因此，改变结构物表面的颜色，可以降低结构物表面的温度。如采用浅色的屋面代替暴露在外的黑色沥青油毡屋面。又如采用种植屋面或蓄水屋面，则屋面结构的温度及其作用效应可大为减轻。

4）水泥水化热

水泥水化热对混凝土结构的温度分布也有影响，尤其是大体积混凝土在浇捣后的一段时间影响较大。这种影响还与施工季节、工艺以及采用的水泥品种、所掺外加剂、养护方法、保温措施、脱模时间等有关。水化热延续的时间较长，如某大跨度预应力混凝土梁从混凝土浇捣开始，约需 15d，才能达到与外界环境温度平衡的状态。

3. 温度分布规律

（1）温度分布（温度场）的分析方法

通过实测，可以得到如箱形桥墩、双 T 形梁以及圆筒形结构的温度场，如图 3-24 所示，这些分布曲线都是在某一特定时刻实测的。为解决工程结构温度作用的问题，有必要确定控制设计的最不利的温度场，或接近最不利的温度场。在露天结构中，温度应力有超过荷载应力的情况出现。因此，工程界已日益重视温度作用对结构的影响。

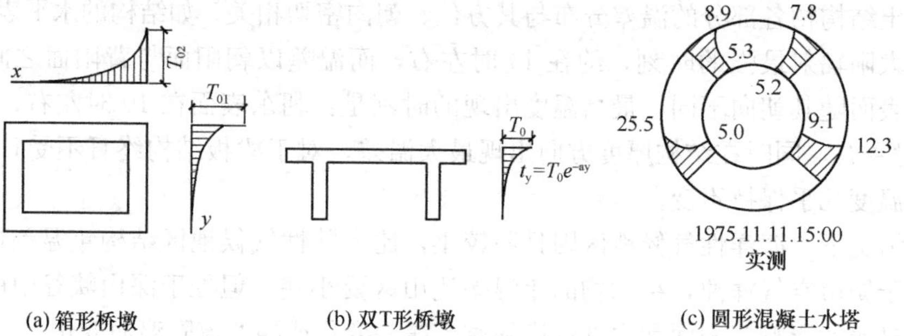

图 3-24　各种结构的温度分布

分析结构物温度分布规律的计算方法有三种：一是按 Fourier 热传导求解；二是近似数值解；三是建立半理论半经验公式。前两种分析方法对结构复杂的温度场是一种有效的方法，但在工程设计应用中，不能给出控制时刻温度场的函数式，也就难以导出温差分布与温度应力的关系式。下面以现场实测资料为依据，用数理统计理论分析温度分布规律，进而建立实用的经验公式。

（2）温度分布的实用计算公式

对国内外现有实测资料的分析表明，沿梁高、梁宽的温差分布，一般可按下式计算：

$$T_y = T_{01} e^{-ay} \quad (3\text{-}50)$$

$$T_x = T_{02} e^{-ax} \quad (3\text{-}51)$$

式中　T_{01}、T_{02}——分别为沿梁高、梁宽方向的温差，按实测数据采用；

x、y——均为计算点距受热表面距离，以 m 计；

a——与结构形式、部位方向、计算时刻等有关的参数。

根据大量实测资料统计分析表明，箱梁沿高度方向的温差达到最大值时（14 时前后）$a=5$；沿梁宽方向温差达最大值时（10 时前后）$a=7$。

3.3.3　常遇结构构件温度应力（约束应力）计算

在气温变化中的降温冷缩与混凝土材料结硬过程中的失水干缩常常是引起结构构件裂缝的主要原因，为考虑两者共同作用，可将收缩率 β，根据材料线膨胀系数 α 转换成相当的温差（即当量温差），计算公式如下：

$$T = \beta/\alpha \quad (3\text{-}52)$$

式中　β——材料的收缩率；

α——材料的线膨胀系数。

因此，温度应力按考虑当量温差 T 之后的综合温差进行计算，即包含了材料收缩率这一变形因素的影响。温度应力是在约束状态下引起的，故也称之为约束应力。下面介绍工程中几种常遇结构构件温度应力的实用计算方法。

1. 完全约束梁或板的温度应力

（1）均匀温差

两端完全约束的梁或板（见图 3-25），在沿截面均匀综合温差 T 作用下，其约束应变：

$$\varepsilon_r = -\varepsilon_t = -\alpha T \tag{3-53}$$

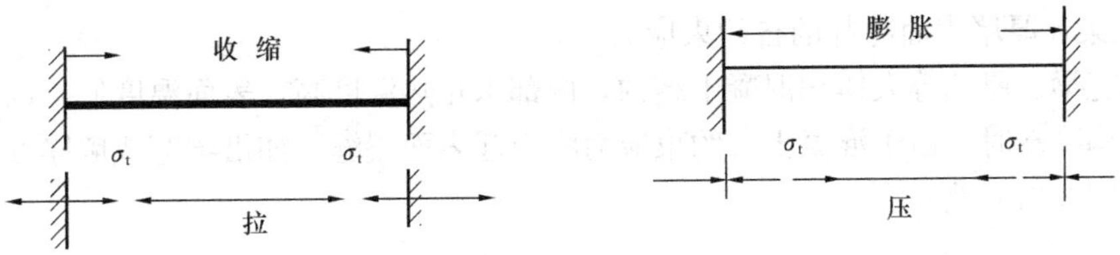

(a) 均匀降温收缩时　　(b) 均匀升温膨胀时

图 3-25　两端嵌固梁、板均匀温差作用

相应的约束应力（温度应力）：

$$\sigma_t = \varepsilon_r E = -\alpha T E \tag{3-54}$$

式中　σ_t——温度应力，以受拉为正，受压为负（N/mm^2）；

T——综合温差，升温为正，降温（或收缩）为负（℃）；

α——材料线膨胀系数（1/℃），对混凝土当温度在 0～100℃范围内时，$\alpha_c = 1\times 10^{-5}$/℃；

E——材料弹性模量（N/mm^2），对 C30 混凝土，$E_c = 3.0\times 10^4 N/mm^2$。

由上述符号规定可知，两端完全嵌固的梁板构件，降温（或收缩）时构件受拉（见图 3-25a）；升温（或膨胀）时构件受压（见图 3-25b）。

（2）上下表面温差

两端完全约束的梁或板，若在下表面温度 T_1，上表面温度 T_2（见图 3-25）间按线性分布，上下表面的温差：$T = T_1 - T_2$，下表面（高温面）相对于中和轴的温差为 $\frac{T}{2}$，上表面（低温面）相对于中和轴的温差为 $-\frac{T}{2}$。则约束应变为：

$$\varepsilon_r = \pm \frac{1}{2}\alpha T \tag{3-55}$$

相应的温度应力：

$$\sigma_t = \pm 0.5\alpha T E \tag{3-56}$$

低温面为约束拉应力，取正号；高温面为约束压应力，取负号。

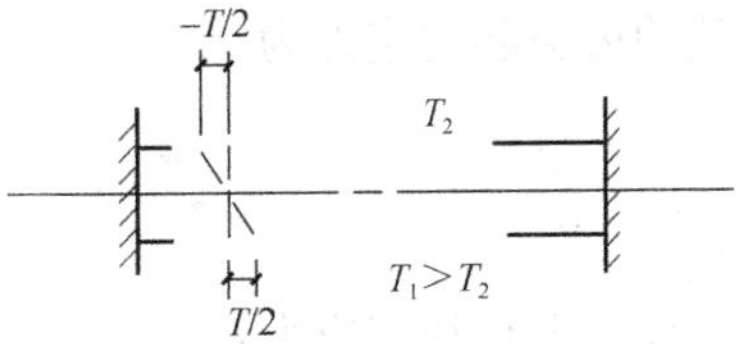

图 3-26　固定端梁上下表面温差作用

2. 弹性约束梁的温度应力

一端嵌固，另一端为弹性约束，当梁的温度从 0℃均匀上升至 T，由于为弹性约束，发生了 δ_0 的伸长，相应的应变为 ε_0，梁的自由伸长为 $\alpha T l$，l 为梁的长度，故其约束的伸长 δ_r 为 $-(\alpha T l - \delta_0)$，相应的约束应变 ε_r 为 $-(\alpha T - \varepsilon_0)$。因此，弹性约束梁在均匀温差作用下的温度应力为：

$$\sigma_t = \varepsilon_r E = -(\alpha T - \varepsilon_0)E \tag{3-57}$$

式中　ε_0——实际已发生的应变，与梁的约束程度及弹簧刚度有关，以伸长为正，缩短为负。

由式（3-57）可知，当 $\varepsilon_0=0$ 时，$\sigma_r=\sigma_t=-\alpha TE$，属于完全约束梁；当 $\varepsilon_0=\alpha T$ 时。$\sigma_r=\sigma_t=0$，属于完全能自由变形的梁，即为一端嵌固支座，另一端为理想的滑动支座。

3. 宽梁、厚堵表面冷却的自约束应力

对于宽梁、厚墙等大体积混凝土结构，内部水化热温度高，表面温度低，以及受火灾或高温结构冷却时，由于混凝土自约束应力将引起表面裂缝。如沿梁宽或墙厚方向的温度分布（见图 3-27）为：

$$T_{(y)}=\left(1-\frac{y^2}{h^2}\right)T_0 \tag{3-58}$$

式中 $T_{(y)}$——沿梁宽或墙厚度（$2h$），图中 y 方向的温度分布函数；

h——梁宽或墙厚的一半；

y——计算点沿梁宽或墙厚方向至中和轴的距离；

T_0——截面中心 O 的峰值温度。

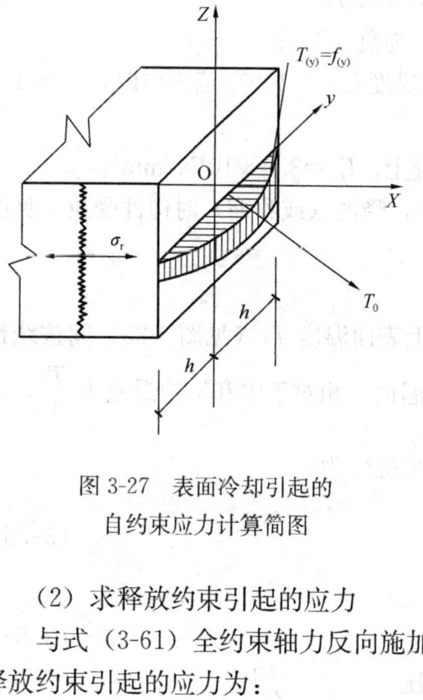

图 3-27 表面冷却引起的自约束应力计算简图

按平面问题采用等效荷载法求自约束应力的方法和步骤如下。

（1）求全约束应力

全约束应变和全约束应力按下列公式计算：

$$\varepsilon_r=-\frac{\alpha T_{(y)}}{1-v} \tag{3-59}$$

$$\sigma'_{r(y)}=\varepsilon_r E=-\frac{\alpha\left(1-\frac{y^2}{h^2}\right)T_0E}{1-v} \tag{3-60}$$

假定构件两侧对称冷却，故只有全约束轴力，其值为：

$$N_r=\int_{-h}^{h}d\sigma'_{r(y)}=\int_{-h}^{h}\left[-\frac{\alpha\left(1-\frac{y^2}{h^2}\right)T_0E}{1-v}\right]\mathrm{d}y=\frac{-4h\alpha T_0E}{3(1-v)} \tag{3-61}$$

（2）求释放约束引起的应力

与式（3-61）全约束轴力反向施加一个大小相等的轴力，相当于将约束完全释放，故释放约束引起的应力为：

$$\sigma''_{r(y)}=\frac{-N_r}{A}=\frac{\dfrac{4h\alpha T_0E}{3(1-v)}}{2h\times 1}=\frac{2\alpha T_0E}{3(1-v)} \tag{3-62}$$

（3）求自约束应力：

将按式（3-61）计算的全约束应力与按式（3-62）计算的释放约束应力叠加，即可求得自约束应力：

$$\sigma_{r(y)}=\sigma'_{r(y)}+\sigma''_{r(y)}=\frac{\alpha T_0E}{1-v}\left(\frac{y^2}{h^2}-\frac{1}{3}\right) \tag{3-63}$$

当 $y=h$ 和 $y=-h$ 时，

$$\sigma_r = \frac{2\alpha T_0 E}{3(1-v)} \tag{3-64}$$

式中　ν——泊松比（混凝土可采用 0.2）。

由式（3-64）和图 3-27 可知，构件冷却时的表面自约束拉应力最大，其值主要取决于截面中心的峰值温度 T_0（截面中心点与构件表面最大的正温差）。此外，与材料的线膨胀系数 a、弹性模量 E 及泊松比 ν 有关。

考虑混凝土冷却速度（徐变）的影响，式（3-64）应改写为：

$$\sigma_{r(y)} = \psi_{(t,\tau)} \frac{2\alpha T_0 E}{3(1-v)} \tag{3-65}$$

式中 $\psi_{(t,\tau)}$ —混凝土龄期为 t（d），受温度作用时间为 τ（d）时的混凝土徐变系数，$\psi_{(t,\tau)} \leqslant 1$ 视温差变化快慢程度可取 $\psi_{(t,\tau)} = 0.3 \sim 0.5$。对于大火中的构件，喷水灭火为骤然降温，混凝土徐变系数 $\psi_{(t,\tau)} = 1.0$。

4. 圆筒形构筑物的温度应力及边缘效应

（1）温度应力

钢筋混凝土圆筒形构筑物，如水池、水塔、烟囱、贮仓等特种结构，在筒壁上常常出现纵向裂缝，这些裂缝是由温度应力引起的，通常可应用长圆柱壳热弹性理论，考虑应力松弛效应（徐变影响）进行分析。

当长圆柱壳两端自由、无外约束、内部无热源，在均匀热胀冷缩及收缩作用下，变形能自由完成，不引起温度收缩应力。

当圆筒内部有热源或内外环境温度差，必然引起筒壁内外表面出现温差或湿差。由于壁厚相对较薄，可以假定温差（或湿差）沿壁厚呈线性分布，因而会产生温度（或湿度）应力。

上述圆筒形构筑物，地面以下嵌固在地基基础上，地面以上顶部为自由端，在远离自由端（顶部）的垂直截面和水平截面不能自由变形，在其正交两个方向引起相同的约束弯矩，如图 3-28 所示，其值为：

$$M_{r,1} = M_{r,\theta} = \frac{1}{r_r} D \tag{3-66}$$

$$\frac{1}{r_r} = \frac{-\alpha T}{h} \tag{3-67}$$

$$D = \frac{Eh^3}{12(1-v)} \tag{3-68}$$

将式（3-67）、式（3-68）代入式（3-66）得：

$$M_{r,1} = M_{r,\theta} = \frac{-E\alpha T h^2}{12(1-v)} \tag{3-69}$$

相应筒壁内外表面的环向和径向温度应力：

$$\sigma_{r,\theta} = \sigma_{r,1} = \pm \frac{E\alpha T}{2(1-v)} \tag{3-70}$$

考虑松弛影响，环向和纵向筒壁内外表面的温度应力：

$$\sigma_{r,\theta} = \sigma_{r,1} = \pm \psi_{(t,\tau)} \frac{E\alpha T}{2(1-v)} \tag{3-71}$$

式中　T——筒壁内外表面温差，$T = T_1 - T_2$，T_1 为筒壁内表面温度，T_2 为筒壁外表面温度，通常工作状态下 $T_1 > T_2$ ；

$\sigma_{r,\theta}$ 、$\sigma_{r,1}$ ——分别为筒壁环向和径向温度应力，当 $T_1 > T_2$ 时，壁内表为约束压应力，壁外表为约束拉应力。

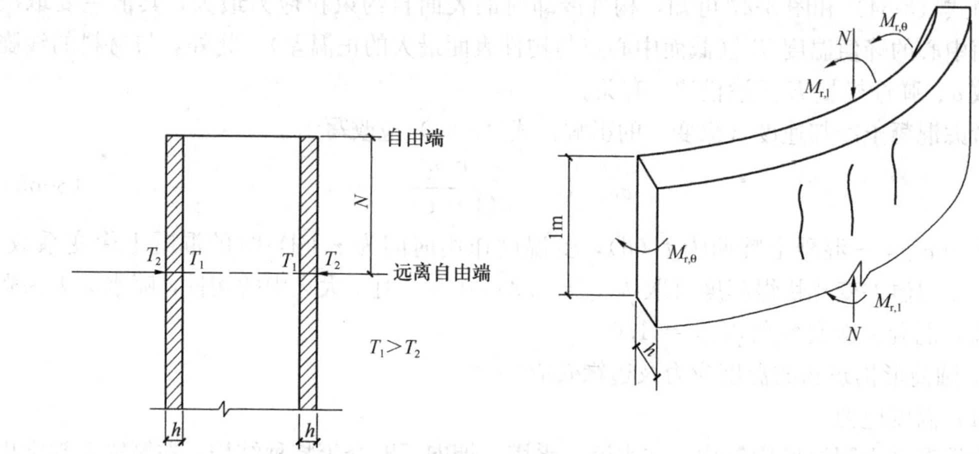

图 3-28 圆筒形构筑物的温度应力

理论上筒壁环向和径向温度应力相同，实际上筒壁通常出现的裂缝，是由环向温度应力 $\sigma_{r,\theta}$ 引起的竖向裂缝，而很少出现由径向温度应力引起的水平裂缝，究其原因，除筒壁竖向自重压力的影响外，还与竖向钢筋配筋量较大有关。

（2）边缘效应

如前所述，在远离自由端的部位，沿筒壁竖向作用竖向约束弯矩 $M_{r,1}$ ，沿筒壁环向作用环向约束弯矩 $M_{r,\theta}$ ，到自由端处，其边界条件为 $\sigma_1 = 0$ ，即 $M_1 = 0$ 。为满足该边界条件，应沿筒壁圆周施加与 $M_{r,1}$ 大小相等、方向相反的弯矩 M_θ ，即：

$$M_{r,1} + M_\theta = 0 \tag{3-72}$$

从而使 $\sigma_1 = 0$ ，边界条件得到满足。但环向受力状态有所变化：其一是由于 $\sigma_1 = 0$ ，$\sigma'_{r,\theta}$ 由二维问题转变为一维问题，在全约束状态下，$\sigma'_{r,\theta} = E\alpha T/2$ ，与二维问题的约束应力 $E\alpha T/[2(1-\nu)]$ 相比，有所减小；其二是为释放边界上的约束弯矩，施加与 $M_{r,1}$ 反向的弯矩 M_0 ，必然在筒壁顶部发生对称的弯曲变形，在边界引起径向位移 α_r（见图 3-29），使其周长有所伸长，产生附加的环向拉力 N_θ ，使边界区的环向拉应力增加。

该附加的环向拉力 N_θ ，可根据径向位移 α_r 求得，而 α_r 与 $M_0 = M_{r,1}$ 的大小有关，由圆柱壳基本理论可知：

$$N_\theta = -\frac{Eh\alpha_r}{r} \tag{3-73}$$

$$\alpha_r = -\frac{M_{r,1}}{2\beta^2 D} \tag{3-74}$$

$$\beta^2 = \sqrt{\frac{3(1-v^2)}{r^2 h^2}} \tag{3-75}$$

$$D = \frac{Eh^3}{12(1-v^2)} \tag{3-76}$$

将式（3-74）、式（3-75）及式（3-76）代入式（3-73）中，得：

$$N_{\theta} = \frac{Eh\alpha T}{2\sqrt{3}(1-v)}\sqrt{1-v^2} \tag{3-77}$$

相应的附加的环向应力：

$$\sigma''_{r,\theta} = \frac{N_{\theta}}{h} = \frac{E\alpha T\sqrt{1-v^2}}{2\sqrt{3}(1-v)} \tag{3-78}$$

将上式 $\sigma''_{r,\theta}$ 与全约束状态下的 $\sigma'_{r,\theta}$ 叠加得实际状态下的环向拉应力：

$$\sigma_{r,\theta} = \sigma'_{r,\theta} + \sigma''_{r,\theta} = \frac{E\alpha T}{2}\left[1+\frac{\sqrt{1-v^2}}{\sqrt{3}(1-v)}\right] \tag{3-79}$$

对于混凝土筒形结构，$\nu = 0.2$，可算得：

$$\sigma_{r,\theta} = 1.707\sigma'_{r,\theta} \tag{3-80}$$

由上式可知，圆筒形构筑物，在筒壁内外温差的作用下，自由端边界（顶部）的环向拉应力比远离自由端外全约束状态下的环向拉应力要大得多，对混凝土结构而言，环向拉应力约增大 70%左右。全约束状态下的环向拉应力是由约束弯矩 $M_{r,\theta}$ 引起的，当 $T_1 > T_2$（内高外低）时，外边缘受拉，内边缘受压，在该应力图形上叠加由附加环拉应力 N_{θ} 引起的均匀环拉应力，使外表面的环拉应力最大。这种现象，称为“边缘效应”，其影响随着远离自由端迅速衰减，N_{θ} 的衰减方程为：

$$N_{\theta(z)} = -2\sqrt{2}M_0 r\beta^2 e^{-\beta z}\sin\left(\beta z - \frac{\pi}{4}\right) \tag{3-81}$$

式中　Z——为计算截面至自由端的距离。

$N_{\theta(z)}$ 衰减图形如图 3-29c 所示：

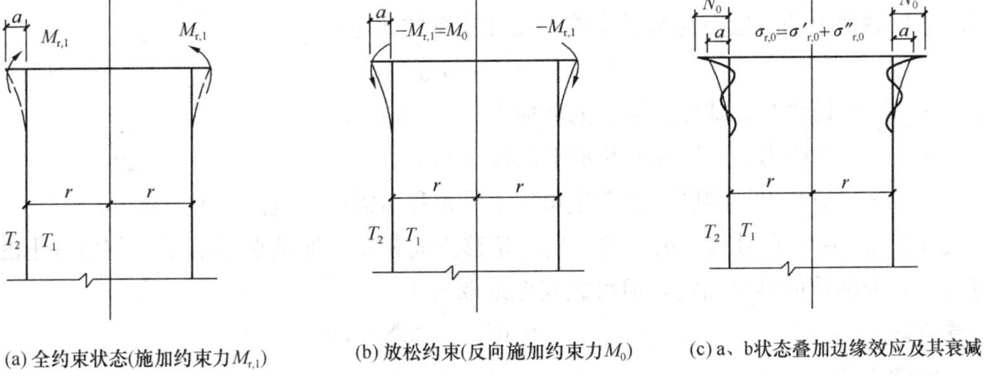

图 3-29　圆筒形构筑物温度应力边缘效应及衰减曲线

在矩形水池、贮仓等结构的顶部（自由端）也类似“边缘效应”。因此，在烟囱、水池、贮仓等结构物的上部区域，常常出现上宽下窄，外宽内窄的竖向裂缝，这是一个主要原因。为此，设计上对顶部（自由端）应增加配筋、设暗梁或加肋、加梁等构造措施予以加强。

3.3.4　平置结构构件温度应力

建筑过程中平置的混凝土结构构件，大部分埋置于地下或半地下，如高层建筑的筏形基础、箱形基础以及工业厂房大型设备基础。也有在地面以上的，如混凝土预制构件厂的长线台面板块、承重地面、刚性屋面细石混凝土防水板块以及机场跑道等，这些结构构件不仅受水泥水化热和外界气温的影响，而且还受混凝土收缩的影响。因此，在施工阶段应采取措施控制温差、温度（收缩）应力，防止混凝土早期开裂。建筑工程中大体积混凝土结构出现裂缝的部位，多数在基础底板上，常见的裂缝如图 3-30 所示的几种。较薄的平置板块则多为贯穿性裂缝。

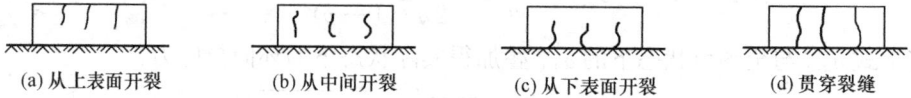

(a) 从上表面开裂　(b) 从中间开裂　(c) 从下表面开裂　(d) 贯穿裂缝

图 3-30　基础底板常见的裂缝形式

为解决平置于地基上的板块、长墙的裂缝问题，从 20 世纪 30 年代起，国内外学者，如美国垦务局、苏联的马斯洛夫、日本的森忠次、我国的王铁梦等先后进行了大量的工程实践和研究工作。下面着重介绍我国著名学者王铁梦经多年潜心研究，并通过工程实践验证的实用计算方法。

1. 温度应力

建筑工程的结构尺寸一般不像水工结构（如大坝）那样厚大，它承受的温差与收缩作用，主要是均匀温差及均匀收缩的作用，且由外约束引起的温度应力占主要部分。从施工阶段裂缝控制来看，结构表面裂缝危害性较小，主要应防止贯穿性裂缝。在高层建筑的筏形和箱形基础中，底板厚度远小于长度和宽度，且宽度一般又小于长度，可近似沿长度 l 方向取一长条按长墙或长梁（一维约束）进行分析。

如果在板块与地基之间未设置滑动层，则地基对板块温度、收缩变形的约束与地基刚度（土质）有关，地基的抵抗水平变位的刚度越大，则对板块提供的水平约束力也越大，根据地基接触面上的剪应力与水平变位呈线性关系的假定：

$$\tau_{(x)} = -c_x u_{(x)} \tag{3-82}$$

式中　$\tau_{(x)}$——板块与地基接触面上的剪应力（N/mm²）；

$u_{(x)}$——剪应力 $\tau_{(x)}$ 处的地基水平位移（mm）；

c_x——地基水平刚度，即产生单位水平位移所需的剪应力（N/mm³）。

式（3-82）中，负号表示剪应力方向与位移方向相反。地基水平刚度 c_x 与地基土的土质有关，其准确数值难以确定，但可偏安全地取为 1：

软质黏土	0.01～0.03N/mm³
一般砂质黏土	0.03～0.06N/mm³
特别坚硬黏土	0.06～0.10N/mm³
风化岩、低强素混凝土	0.6～1.00N/mm³

板块或长墙温度应力计算简图如图 3-31 所示。长度方向为 x 轴，板块厚度方向或长墙高度方向为 y 轴，坐标原点位于板块底面长度方向的中点，在距原点二处从板块中取出长为 $\mathrm{d}x$ 的微段，其高度为 h，宽度为 t；沿高度方向截面左右受法向应力 $\sigma_x + \mathrm{d}\sigma_x$ 和 σ_x 的作用，底面受剪应力 $\tau_{(x)}$ 的作用。根据微段水平力的平衡条件得：

$$\frac{\mathrm{d}\sigma_x}{\mathrm{d}x} + \frac{\tau_{(x)}}{h} = 0 \tag{3-83}$$

式中 σ_x 为温度应力或约束应力，可由约束应变求得，即：

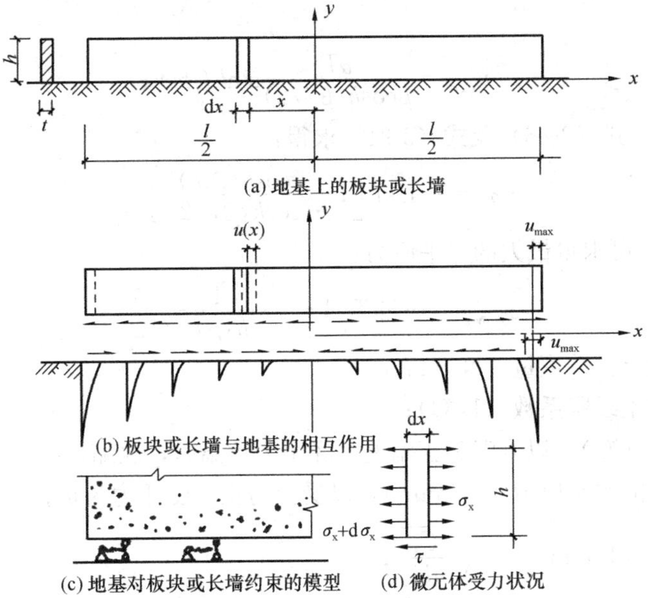

图 3-31　板块或长墙受地基约束的计算简图

$$\sigma_x = E\varepsilon_r = E\frac{du_{r(x)}}{dx} \tag{3-84}$$

对 σ_x 做一次微分：

$$\frac{d\sigma_x}{dx} = E\frac{d^2u_{r(x)}}{dx^2} \tag{3-85}$$

任意点的位移 $u_{(x)}$ 由约束位移 u_r 和自由位移组成：

$$u_{(x)} = u_r + \alpha Tx \tag{3-86}$$

对 $u_{(x)}$ 进行二次微分：

$$\frac{d^2u_{(x)}}{dx^2} = \frac{d^2u_r}{dx^2} \tag{3-87}$$

将式（3-85）、式（3-87）、式（3-82）代入式（3-83）得：

$$E\frac{d^2u_{(x)}}{dx^2} - \frac{c_x u_{(x)}}{h} = 0 \tag{3-88}$$

设 $\beta = \sqrt{\frac{c_x}{hE}}$，上式可简化为：

$$\frac{d^2u_{(x)}}{dx^2} - \beta^2 u_{(x)} = 0 \tag{3-89}$$

方程（3-89）的通解为：

$$u_{(x)} = A\cosh(\beta x) + B\sinh(\beta x) \tag{3-90}$$

式中　$u_{(x)}$——任意一点的水平位移；

　A、B——均为积分常数，可由边界条件确定。

当 $x=0$（中点），即不动点处 $u=0$，由式（3-90）可求得 $A=0$；当 $x = l/2$（自由端），$\sigma_x = 0$，由式（3-90）和式（3-84）以及式（3-86）可求得 $B = \frac{\alpha T}{\beta\cosh(\beta l/2)}$ 并代入

式（3-90）得：

$$u_{(x)} = \frac{\alpha T}{\beta \cosh(\beta l/2)} \sinh(\beta x) \tag{3-91}$$

由式（3-84）、式（3-86）及式（3-91）求得：

$$\sigma_x = -E\alpha T\left[1 - \frac{\cosh(\beta x)}{\cosh(\beta l/2)}\right] \tag{3-92}$$

当 $x = 0$ 时，可求得最大的水平应力：

$$\sigma_{x,\max} = -E\alpha T\left[1 - \frac{1}{\cosh(\beta l/2)}\right] \tag{3-93}$$

式中 E——混凝土弹性模量（N/mm^2）；

α——混凝土线胀系数（1/℃）；

T——温差（℃），以升温为正温差，降温为负温差，收缩可换算成当量负温差；

$\sigma_{x,\max}$——最大的水平应力（N/mm^2），以受拉为正，受压力为负；

β——系数（1/mm），$\beta = \sqrt{\frac{C_x}{hE_x}}$；

h——板块厚度（或梁高）（mm）；

C_x——地基水平刚度（N/mm^3）。

由式（3-92）可知；相对于初始温度均匀升温时，在板块中产生水平压应力；相对于初始温度均匀降温时，在板块中产生水平拉应力。工程实践证明，往往当环境气温下降时，在板块中点附近产生垂直裂缝，并具有一再从板块中部开裂的规律（见图 3-32）。

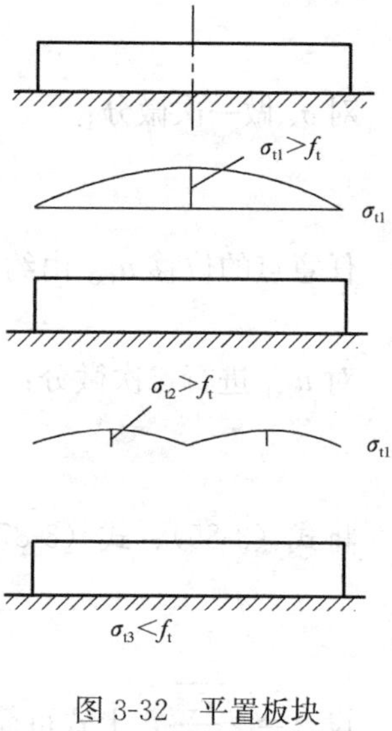

图 3-32　平置板块开裂规律

当基础底板板块两个方向的平面尺寸比较接近时，可近似按下列公式计算考虑二维约束时的温度应力：

$$\sigma = -\frac{E_{(\tau)}\alpha T}{1 - v}\psi_{c(\tau)} k_r \tag{3-94}$$

式中 σ——混凝土温度（收缩）应力（N/mm^2）；

$E_{(\tau)}$——混凝土龄期 τ 时的弹性模量（N/mm^2）；

α——混凝土线胀系数（1/℃）；

T——混凝土温差；

$\psi_{c(\tau)}$——混凝土龄期 τ 时考虑徐变影响的松弛系数，可按表 3-11 取用；

k_r——混凝土外约束系数，岩石地基 $k_r = 1.0$；一般地基 $k_r = 0.25 \sim 0.5$；

ν——混凝土泊松比，取 $\nu = 0.2$。

混凝土的松弛系数 $\psi_{c(\tau)}$　　**表 3-11**

$\tau_{(d)}$	0	0.5	1	2	3	7	10
$\psi_{c(\tau)}$	1.0	0.625	0.617	0.590	0.570	0.502	0.462
$\tau_{(d)}$	15	20	28	40	60	90	∞
$\psi_{c(\tau)}$	0.411	0.374	0.336	0.306	0.288	0.284	0.280

2. 伸缩缝间距

由式（3-84）可知，当最大水平应力达到抗拉强度时，混凝土达到极限拉伸变形，即当 $\sigma_{x,\max} \approx f_t$ 时，$\varepsilon_x \approx \varepsilon_{tu}$ 由式（3-93）可求得最大伸缩缝间距：

$$l_{\max} = 2\sqrt{\frac{hE}{c_x}}\operatorname{arccosh}\frac{|\alpha T|}{|\alpha T| - |\varepsilon_{tu}|} \tag{3-95}$$

ε_{tu}——混凝土极限拉伸变形值。

混凝土极限拉伸变形值可按下列经验公式计算：

$$\varepsilon_{tu} = 0.5f_t\left(1+\frac{10\rho_s}{d}\right)\times 10^{-4} \tag{3-96}$$

式中　f_t——混凝土抗拉强度设计值（N/mm^2）；

ρ_s——配筋率，不带百分数，如 0.2%，取 0.2；

d——钢筋直径（mm）。

式（3-96）是以 $\sigma_{x,\max} \leqslant f_t$ 为前提的，如果 $\sigma_{x,\max}$ 稍大于 f_t，则混凝土板块中部开裂，长度减小一半，$\sigma_{x,\max}$ 将远小于 f_t。此时，裂缝之间的间距可称为最小伸缩缝间距，其值为：

$$l_{\min} = \frac{1}{2}l_{\max} = \sqrt{\frac{hE}{c_x}}\operatorname{arccosh}\frac{|\alpha T|}{|\alpha T| - |\varepsilon_{tu}|} \tag{3-97}$$

设计中采用平均伸缩缝间距：

$$l_m = \frac{1}{2}(l_{\max} + l_{\min}) = 1.5\sqrt{\frac{hE}{c_x}}\operatorname{arccosh}\frac{|\alpha T|}{|\alpha T| - |\varepsilon_{tu}|} \tag{3-98}$$

3.4 地基变形理论

地基压缩变形、沉降不均、剪切破坏、失效失稳等现象引起的结构裂损和工程事故，危险性都很大，而且出现频率也很高，应该引起特别关注。

地基土是气相、液相、固相三相组成的复合体，构造复杂。由矿物颗粒构成的固态成分，空隙中被水分充填的液态成分，与其余被气体充填的非饱和成分三者之间的比例关系随时在变化。这一基本情况构成了地基土特殊的、复杂的物理力学特性，与其他建筑材料都甚不相同。

3.4.1 地基的压缩性能

1. 地基土的压缩量

根据地基土体的三相特性，土体的压缩量包括以下几个部分。

（1）固态矿物颗粒的压缩量

固态颗粒根据岩性的不同，其可压缩量也是不同的，硬度大的矿物颗粒的压缩量小，软弱颗粒的压缩量大。但是根据工程实践经验，一般工程上常用的压力在 100～600kPa 作用范围内，固态颗粒被压缩的量是极小的，可以忽略不计。

（2）孔隙内水体的被压缩量

据研究，水体本身在受约束的条件下，被压缩的量也微不足道，可以忽略。

（3）气体和水体被挤出压缩量

对于干燥非饱和的非黏性土，充满孔隙的气体和水体完全有可能在压力作用下被挤出，构成压缩量的主要分量，而且压缩完成的时间过程也比较快。但是对于饱和黏性土，充满孔隙的气体和水体却很难从土体中被挤出，需要一个漫长的时间过程。

(4) 土的压缩系数

α_{1-2} 为地质报告上标志着土体压缩性能的指标也称为土的“压缩系数”，单位为 MPa^{-1}，表征着土体在承受 100～200kPa 这个压力段的压力情况下，其被压缩的程度，共分以下三级。

低压缩性土：$\alpha_{1-2} < 0.1MPa^{-1}$

中压缩性土：$0.1 \leqslant \alpha_{1-2} < 0.5MPa^{-1}$

高压缩性土：$\alpha_{1-2} \geqslant 0.5MPa^{-1}$

2. 地基土被压缩的过程

地基土在压力作用下被压缩而固结下沉，有一个漫长的过程，可以分为以下三个阶段：

(1) 瞬时沉降

瞬时沉降现象发生在地基受荷的初期阶段。在工程实践中发现，建筑物主体结构施工正在进行中，荷载量还远没有达到设计额度的情况下，就可从沉降观测记录中看到可观的沉降量，这往往会让设计与施工人员感到紧张。实际上这种瞬时沉降现象往往是基础底板与地基土的接触面不够密贴，自行进行调整的行为。在进行荷载试验时，也经常能遇到这种瞬时沉降量过大的情况。这类瞬时沉降量完全可以不计入总沉降量中去。

(2) 固结沉降

饱和土体在荷载作用下产生压缩的过程包括以下几点：

1) 土体孔隙中自由水逐渐渗流排出；

2) 土体孔隙体积逐渐减小；

3) 孔隙水压力逐渐转移由土骨架来承受，成为有效应力。

上述三个方面为饱和土体的固结作用：排水、压缩和压力转移三者同时进行的一个过程。

地基在压力作用下，其孔隙内的气体和水体被挤出，孔隙压缩的过程是其正常的固结过程。对于渗水性良好的砂类土来说，这个过程完成很快。根据工程实践，砂石类地基的沉降观测在主体结构封顶以后很短时间即最多 2～3 个月之内就会稳定。也就是说固结过程终止，不会延续到工程装修阶段。而饱和黏性土，尤其是淤泥质土的压缩固结却需要一个漫长的时间过程，往往在主体结构封顶阶段，观测不到明显的下沉量，而在主体结构封顶以后，正进入装修阶段时，沉降量却明显加大，往往导致装修质量受损，让施工人员尴尬。个别工程，沉降现象甚至会延续几年甚至几十年，长期使工程遭受损害。

(3) 次固结沉降

次固结沉降是土体完成正常固结沉降以后，固态矿物颗粒之间在压力作用下发生蠕变现象的结果。

次固结沉降现象一般只出现在淤泥质软土地基中，其值也不会太大，不会带来严重后果。由于沉降具有时间过程，因此在工程施工的全过程必须进行沉降观测跟踪，对黏性土地基上的工程，在使用后也必须进行长期的沉降观测。在进行沉降观测和整理沉降观测记录时，必须密切关注沉降的发展过程，不能只关注总沉降量。

3.4.2 地基的抗压强度与抗剪能力

1. 抗压强度

在规范与设计中，人们习惯于把地基的承载能力或抗压强度称为地基承载力。用地基承载力指标来控制设计，并在设计地基承载力与极限地基承载力之间保持着 2.0 以上的安全系数。实际上，真正的极限地基承载力拥有很高的潜在力量，安全系数远比 2.0 要大得多。就以地基承载力很低的上海软土和天津软土来说，现场荷载试验证实，单位承压板下的压力强度达到 350kPa 以上时，地基也并未曾出现过破坏迹象。只是其沉降（压缩固结）量早已超出了允许范围。因此认为地基的抗压强度实际上并不是起决定性作用的控制指标。

2. 抗剪能力

根据大量的土样剪切试验，发现砂类土体的抗剪强度与剪切面上的正应力（压应力）强度 σ 有关，也与土的内摩擦角 φ 有关：

$$\tau_f = \sigma\tan\varphi + c$$

式中：剪应力 τ_f、压应力 σ 与内聚力 c 的单位均为 kPa，内摩擦角 φ 的单位为度。从公式得知，土的抗剪切强度比抗压强度要小许多。这就是地基破坏基本都是剪切破坏的原因。

3.4.3 地基的稳定条件

1. 自然灾害的形成

工程地质学告诉人们，地壳上存在很多特殊构造和薄弱环节，成为不稳定因素，容易引起地震、地动、山崩、滑坡、泥石流、地陷落等种种险情。带给地基基础和上部结构的将是毁灭性的大灾难。虽然可以归咎于天灾，但有些情况本可以防范与规避却在工程实践中不加防范与规避，则造成的后果应视为人为过失。

2. 内在约束力的丧失及地基土液化与流变失效

导致地基失稳的另一内在原因是土体内部分子结构之间失去了相互约束的自约束能力。根据朗肯理论，土体的侧压力或称主动土压力 P_a。

对于砂类土：
$$P_a = \gamma z\tan^2\left(45° - \frac{\varphi}{2}\right) \tag{3-99}$$

对于黏性土：
$$P_a = \gamma z\tan^2\left(45° - \frac{\varphi}{2}\right) - 2c\tan\left(45° - \frac{\varphi}{2}\right) \tag{3-100}$$

式中 γ——土体的有效自重；

z——土体所在深度；

φ——土的内摩擦角；

c——土的内聚力。

当饱和土体被振动波扰动后，土中超静孔隙水压力大增，使土体分子受到了极大的额外上浮力，因而失去其部分自重压力，甚至成为完全失重的悬浮体，此时 γ 接近于零。由公式得知，此时土体内部分子之间互相挤紧，互相约束的主动土压力会全部或部分丧失，导致地基失稳、桩基失稳事故、地基液化失效事故、地基流变失效事故，这些都是最严重、最可怕的破坏事故。

3.4.4 上部建筑与地基基础共同工作

除了地基整体失稳、地基液化失效、地基流变失效等特大的地基灾害外，对于一般软弱地基，都是可以通过调整上部结构与基础和地基的刚度差别，争取上部结构与地基基础互相协调，来控制地基的沉降变形，减少结构裂缝。

1. 刚度差别

除了基岩外，对于一般地基，其刚度是有限的，尤其是软弱地基，其刚度最弱。可是对于基础和上部结构的整体来说，不论是砖基础混合结构，还是筏板基础以及箱形基础的钢筋混凝土框架结构、剪力墙结构、框筒结构，其整体空间刚度是巨大的，属于绝对刚体，这样一来，基础加上部结构的整体与地基之间，就存在了极大的刚度差别，会给结构力学平衡、变形协调带来很多复杂问题。

2. 变形协调

在荷载作用下，上部结构和基础的整体与地基之间争取变形协调是一种客观趋势。而彼此之间，如果有比较接近的刚度，其变形协调条件就较好，建筑物出现裂缝、倾斜、甚至坍塌的可能性就不大。相反，如果彼此的刚度相差悬殊，事故率就会很高。比如在软弱地基上，如果上部结构和基础的刚度特大，就会导致建筑物整体倾斜甚至坍塌，而裂缝现象倒不会严重。如果上部结构和基础与地基之间的刚度基本上相适应，则上部结构与地基基础相互协调的结果，会发挥其极大的空间刚度优势，形成强大的抵抗力，使结构不易受损。如果上部结构和基础与地基之间的刚度都偏低，则其经过彼此变形协调以后，会形成各种不同的变形和沉降曲线，在结构上的相关部位产生与之相呼应的沉降裂缝。如果是地基的刚度只是稍偏低，而上部结构刚度只是稍偏大，则彼此协调以后，只会在基础上产生裂缝和变形，却不会向上层结构发展。总之，上部结构和基础与地基之间的刚度平衡、变形协调问题是一个极其复杂的问题，在工程设计、施工与事故分析工作中都必须进行深入研究，准确把握。

3. 整体倾斜与冲剪下陷事故的控制

在上部结构和基础的整体刚度接近无限大而地基相对软弱的情况下，基底与地基接触界面必然保持平面状态，地基的压缩变形量也必然是均匀的。这样，基础底面下基于马鞍形压力强度分布规律，必然在底板周边出现压力集中现象。

如果地基只是刚度偏低但土质均匀，则在周边压力强度集中的条件下，可能出现的是地基整体冲剪破坏，如图 3-33 所示，假如地基除了刚度不够，还同时存在土质不匀的问题，则某一面或某一角点应力集中现象严重，那么必然在那里率先形成塑性体，出现局部剪切基础破坏问题，导致建筑物整体倾斜，如图 3-34 所示。

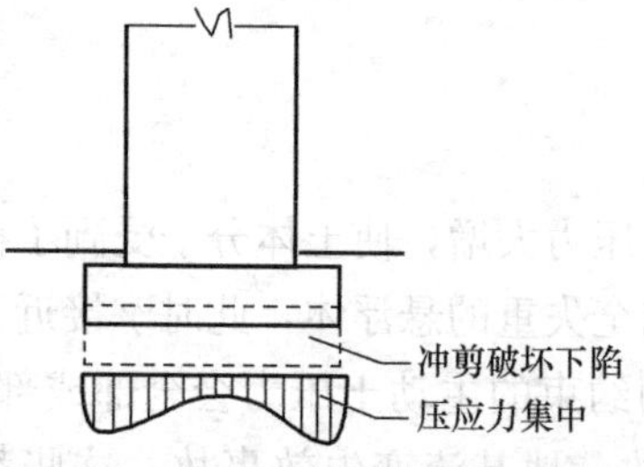

图 3-33 基底边沿的压力集中现象与地基冲剪破坏事故

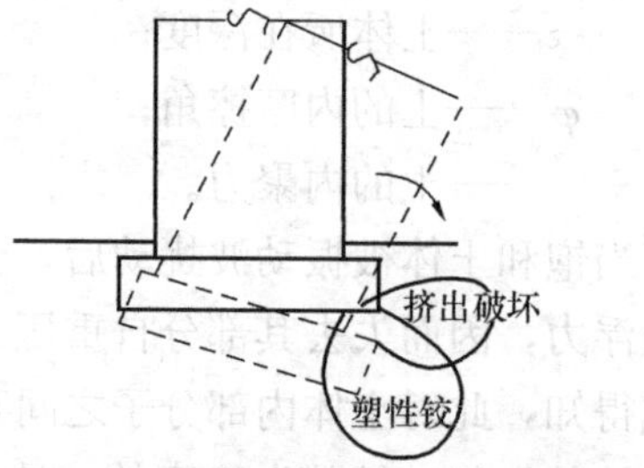

图 3-34 局部剪切挤出破坏与整体倾斜事故

若要避免出现冲剪破坏事故，只能是放大基底面积，减小附加压力 P_0 值，或者是改变基底的平面形态，扩散基底压力，避免基础边沿的压应力集中，以免引起冲剪破坏。

若要避免由剪切挤出破坏引起整体倾斜事故，可以沿基础周边打一圈约束桩，或利用现成的基坑护坡桩，对地基土进行约束，以提高其抗剪能力，这样就可以避免挤出破坏和整体倾斜事故的出现。

3.4.5 沉降曲线上的结构裂缝

1. 下凹沉降曲线也称锅底状沉降曲线

当软土地基的软土层厚度是中间段偏厚，两端部位偏薄时，中间部分的压缩沉降量偏大，端部沉降量偏小，使沉降曲线形成下凹的锅底状曲线。基础和上部结构在争取与地基变形曲线协调的情况下，也形成了下凹式的弹性地基上深梁的工作状态。深梁的内力与变形完全可以用弹塑性理论求解，裂缝走向则与应力图形走向正交，因此成为相对内倾式的八字形向斜裂缝，且是成组出现、均匀分布的裂缝。最先出现在基础或底层的勒脚上、窗台下，从中部向两端逐渐发展，从底层向上层逐步发展、但决不致发展到中性轴以上，更不致发展到顶层（如图 3-35 所示）。

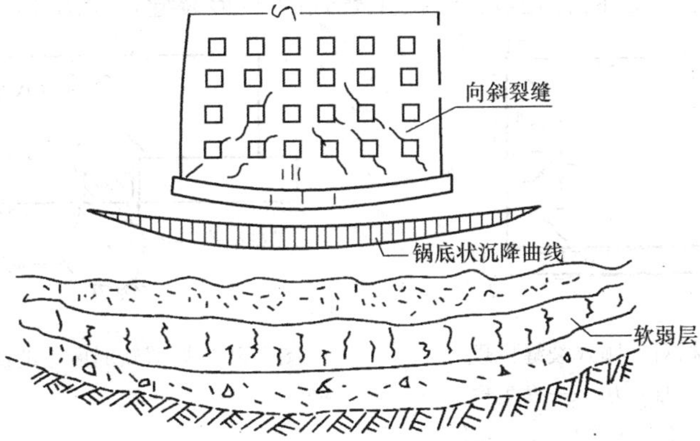

图 3-35 锅底状下凹沉降曲线上的向斜裂缝

2. 相向倾斜的墙面裂缝走向

相向倾斜的墙面裂缝的走向可以用简单的材料力学方法来进行定性分析予以证明。在深梁（纵墙墙体）受到下凹式弯曲变形的条件下，底层墙体内产生一个水平方向、从两边向中部相挤压的内应力，水平挤压力与墙身内垂直方向的荷重压力与自重压力相组合，成为倾斜方向的主拉应力。裂缝方向与主拉应力正交，就是相向内倾的八字形裂缝形成的原因与机理（如图 3-36 所示）。

3. 上凸沉降曲线也称两端下垂的扁担形沉降曲线

当软土层的中间段厚度较薄，两端段厚度较大时，地基压缩量和沉降曲线是中间小，两端大，形成上凸曲线。在上部结构和基础与地基沉降曲线保持协调的过程中，纵向墙体内从顶层往下逐渐产生水平张拉应力。墙顶中部先出现垂直裂缝，反向背斜的倒八字形裂缝则逐渐从上往下，或从下往上发展，发展顺序要随上部结构的整体刚度和墙体的抗拉能

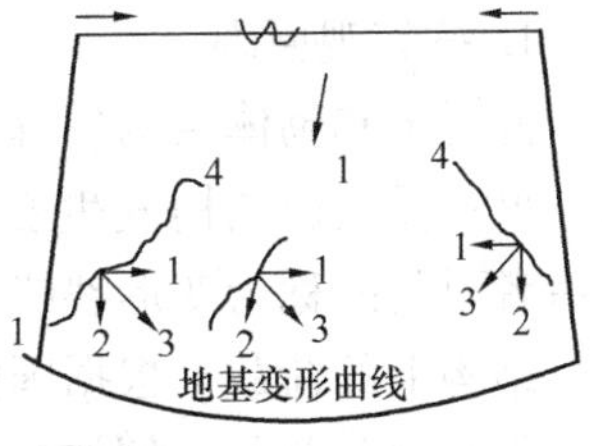

图 3-36 相对内倾式墙面裂缝机理

1—水平挤压力；2—垂直压应力；3—主拉应力；4—墙面裂缝

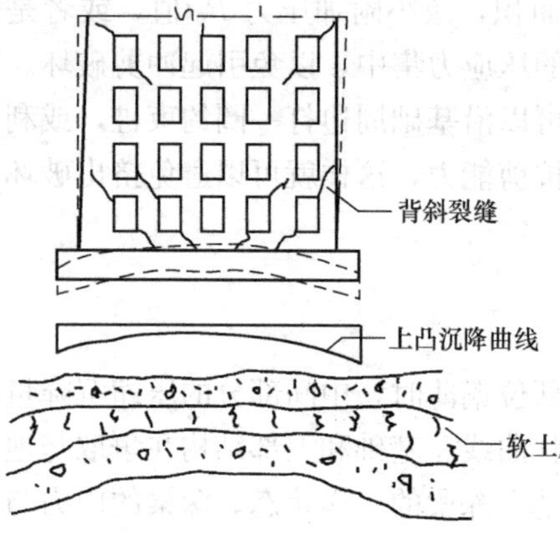

图 3-37　上凸沉降曲线墙体上背斜裂缝

力而定（如图 3-37 所示）。

4. 背斜裂缝的走向

与向斜裂缝形成的机理相似，背斜裂缝向两端倾斜的走向是一个产生在墙体内的水平张拉（推）力和墙体上的垂直压力与自重压力组合以后形成向外倾斜的主拉应力，裂缝方向与主拉应力正交，所以裂缝一律倾向两端呈背离式倾斜，如图 3-38 所示。

5. 局部地基陷落与基础破坏和墙面裂缝

建筑物基础以下局部出现暗洪、溶洞、古井、地道等薄弱区是常有的事，在承重的墙、柱基础压力作用下，必然会出现地基和基础局部陷落破坏的情况。对于砖石砌筑的带形基础，墙基出现的是压剪破坏；对于钢筋混凝土带形基础，则基础出现的必是拉剪破坏。不论是拉剪破坏还是压剪破坏，该段基础已完全失去承载力，向上面反映的将是墙面上的重叠式倒 V 形裂缝，如图 3-39 所示。

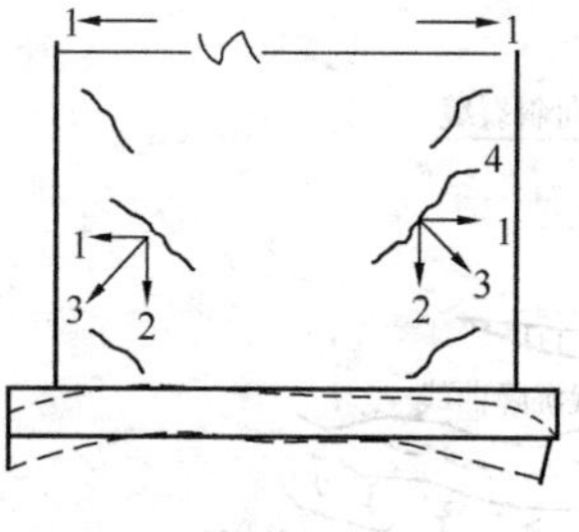

图 3-38　相对外倾式裂缝机理

1—水平张（推）力；2—垂直压（重）力；3—合成主应力；4—裂缝

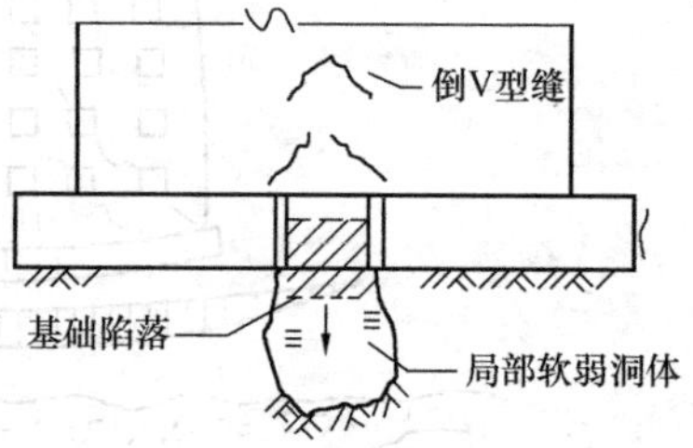

图 3-39　局部软弱区上的倒 V 形缝

3.5　结构裂缝的分类

3.5.1　按裂缝原因分类

按裂缝的原因可分为客观原因和主观原因两类。

1. 按客观原因分类

混凝土和砌体结构裂缝原因从客观上又分为两类：一类是由结构上的荷载作用引起的；另一类是由结构发生变形作用引起的。由前者引起的称为荷载裂缝（或受力裂缝），由后者引起的称为变形裂缝（或非受力裂缝），这是两种性质截然不同的裂缝。

结构上的荷载，根据国家标准《建筑结构荷载规范》GB 50009—2012，可分为三类：第一类是永久荷载，例如结构自重、土压力、预应力等；第二类是可变荷载，例如楼面活荷载、屋面活荷载和积灰荷载、吊车荷载、风荷载、雪荷载等；第三类是偶然荷载，例如爆炸力、撞击力等。此外，属于荷载范畴的还有如地震、泥石流、洪水、风暴等。本书涉及的荷载裂缝是指在常遇的第一、二类荷载作用下的受力裂缝。受力裂缝根据受力的性质的不同，有受压裂缝、受拉裂缝、受弯裂缝、受剪裂缝和受扭裂缝等。

使结构发生变形的因素也可分三类：

第一类是结构材料在硬化过程中发生的体积变形，这种变形因素对现浇混凝土结构以及用龄期短的混凝土砌块砌筑的结构影响较为明显。

第二类是结构所处环境气候（温度、湿度）的变化，这种变化使结构发生均匀或不均匀的体积变形（热胀冷缩、湿胀干缩），这种变形因素特别是后者对地处气候经常突变或暴晒暴雨频繁地区的结构以及火灾中的结构影响较为明显。

第三类是建筑地基的沉降、湿陷和膨胀变形，这种变形对基础设计欠妥、软弱地基、湿陷性和膨胀土地基以及场地地基不均匀的结构影响较为明显。此外，钢筋在混凝土中生锈，锈蚀物的膨胀变形，虽然不会导致结构发生变形，但会使钢筋的混凝土保护层胀裂甚至脱落。

变形裂缝根据变形性质的不同，有温度（热胀、冷缩、冻胀）裂缝、收缩（干缩）裂缝、沉降（沉陷）裂缝、钢筋锈蚀裂缝等。由于温度（冷缩）与收缩（干缩）几乎都是同时存在的，故习惯统称为温度收缩裂缝。此外，根据变形约束的性质不同，变形裂缝又可分为结构体系约束裂缝和结构局部约束裂缝。

由上述客观原因引起的裂缝，绝大多数通过人们精心设计、精心施工是可以避免和控制的，但有些则是难以安全避免的，如钢筋混凝土结构中微小的受力裂缝，结构粉刷层表面细小的温度收缩裂缝等。

2. 按主观原因分类

按裂缝原因从主观上可分为两类：一类是设计使用方面的；另一类是施工材料方面的。

由设计使用不妥引起的原因有：荷载裂缝——往往是由未经计算或荷载漏项、少算、误算荷载或改变使用用途，荷载增大等；变形裂缝——往往是在混凝土构件配筋时未考虑温度收缩的不利影响，在砌体结构选用砂浆强度等级时，未考虑屋面热胀对顶层墙体的不利影响、未按规范要求设置伸缩缝、沉降缝等。

由于施工不当引起的原因有：施工时所用材质差、人工挖孔桩基施工抽排水过度、混凝土结构或砌体结构工程未按设计和施工规范的要求施工等。

由于材料使用不当的情况有：使用过期水泥、不同品种水泥混用、缓凝剂掺量按减水剂掺量使用等。当追究裂缝事故的责任时，需要分清是设计、使用失误引起的裂缝，还是施工、材料使用不当引起的裂缝。

3.5.2 按裂缝状态分类

按裂缝随时间发展变化的状态分有稳定裂缝和不稳定裂缝两大类。

1. 稳定裂缝

稳定裂缝是指裂缝随时间的延续不会无限制地开展，将稳定在某一状态。例如，由周期性气温变化引起的变形裂缝，其稳定的裂缝状态是随时间的延续裂缝宽度发生周期性的扩张与缩小：对于冷缩裂缝 w-t 关系曲线如图 3-40 曲线 1 所示，冬季扩张，夏季缩小；对于热胀裂缝 w-t 关系曲线如图 3-40 曲线 2 所示，夏季扩张，冬季缩小。由地基沉降变形引起的稳定的裂缝状态是随时间延续，裂缝宽度逐渐趋于稳定，如图 3-41 所示。由荷载引起的受力裂缝，其稳定状态是：荷载增加-裂缝开展（运动）-荷载稳定-裂缝稳定。稳定受力裂缝宽度（w）与荷载 p（或 σ_s）的关系如图 3-42 曲线 AB 段所示。

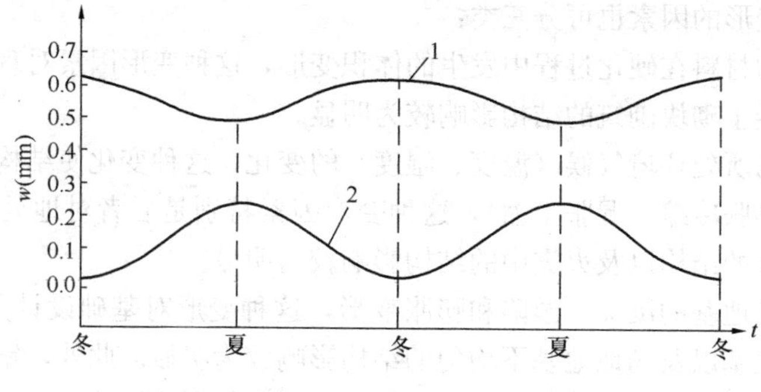

图 3-40 周期性气温变化引起的稳定的变形裂缝 w-t 关系曲线

1—冷缩裂缝 w-t 关系曲线；2—热胀裂缝 w-t 关系曲线

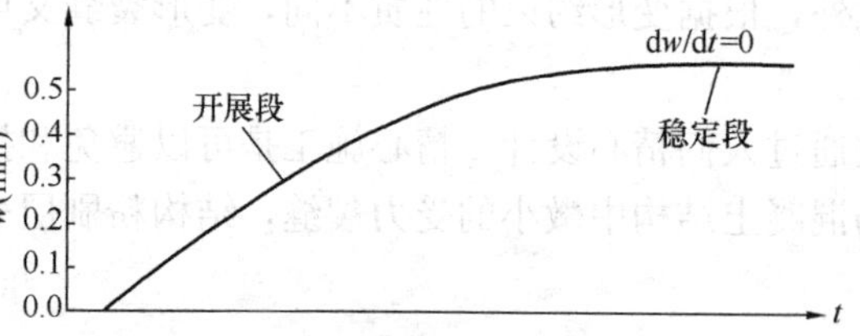

图 3-41 地基沉降变形引起的稳定的变形裂缝 w-t 关系曲线

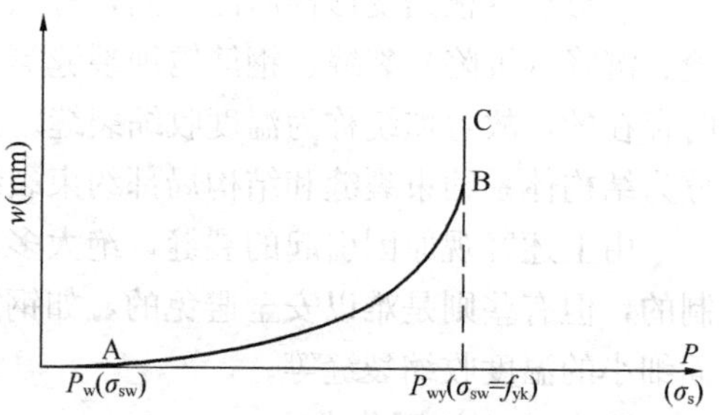

图 3-42 最大裂缝宽度 ω 与荷载 p（或钢筋应力 σ_s）关系曲线

当荷载加至 A 点时，出现裂缝，相应的荷载为 P_w，钢筋应力为 σ_{sw}。随着荷载增加，钢筋应力增加，裂缝宽度也相应开展。当荷载增加，钢筋应力小于钢筋屈服强度（$\sigma_s < f_{yk}$）之前，裂缝宽度短时间内仍可处于稳定状态。荷载增加裂缝宽度大致按比例增加，荷载减少裂缝宽度还会有所闭合。

2. 不稳定裂缝

不稳定裂缝是指裂缝随时间延续不断开展，不会稳定在某一状态。例如，由不稳定的沉降引起的变形裂缝，将随时间的延续而开展。参照国家标准《民用建筑可靠性鉴定标准》GB 50292—2015 的规定，当连续两个月内的沉降观测，月平均沉降量大于 2mm 时，可认为属于不稳定沉降，在这种沉降变形作用下，相应的裂缝（包括宽度和长度）也会不断地发展。由荷载引起裂缝，当钢筋应力 $\sigma_s \geqslant f_{yk}$ 时，荷载（钢筋应力）虽不增加，但裂缝迅速开展，如图 3-42 中曲线 BC 段所示。

3.5.3 按裂缝危害性分类

按裂缝对结构的安全性、适用性和耐久性的危害程度可分为无害裂缝与有害裂缝两大类。

1. 无害裂缝

稳定的变形裂缝和受力裂缝，且最大裂缝宽度在国家或行业标准、规程、规范允许范围之内，不会危及结构安全、影响结构的适用性和耐久性，可视为无害裂缝。

2. 有害裂缝

不稳定裂缝，或最大裂缝宽度大于国家或行业标准、规程、规范允许值的稳定裂缝，将危及结构安全，或影响结构的适用性和耐久性，可视为有害裂缝。

3.5.4 按裂缝形式分类

按裂缝在结构不同组成构件上出现的具体形式，可分为垂直裂缝、水平裂缝、斜裂缝以及由斜裂缝形成的螺旋状裂缝等。例如对于框架梁或楼面梁有与其轴线方向正交的垂直裂缝、平行的水平裂缝、非正交的斜裂缝以及由梁四周斜裂缝组成的螺旋状裂缝；对于框架或独立柱有与其轴线方向正交的水平裂缝、平行的垂直裂缝、非正交的斜裂缝以及由柱四周斜裂缝组成的螺旋状裂缝；对于楼板有在板顶支座边或板底跨中与支承梁或墙平行的直裂缝、板底与对角线方向平行的斜裂缝、板顶与对角线方向垂直的斜裂缝等；对于墙有与地面正交的垂直裂缝、平行的水平裂缝、非正交的斜裂缝以及柱两侧或墙两端由斜裂缝组成的正八字或倒八字裂缝等。

此外，裂缝按进入构件的深度，可分为表面裂缝（深度未超过混凝土保护层厚度）、深层裂缝（深度超过混凝土保护层厚度）以及贯穿裂缝（深度等于构件截面的宽度或厚度）。

思　考　题

(1) 混凝土结构微裂缝的类型及对混凝土受荷性能的影响?

(2) 控制微裂缝的方法和措施是什么?

(3) 简述荷载裂缝出现的机理及发展过程?

(4) 理解荷载裂缝宽度的计算方法?

(5) 理解约束变形裂缝理论?

(6) 理解地基变形对上部结构产生的影响?

(7) 结构裂缝的分类有哪些?

第四章　混凝土结构工程事故分析与处理

4.1　混凝土工程质量控制要点

4.1.1　混凝土结构材料的质量控制

1. 混凝土材料的质量控制

《混凝土结构设计规范》GB 50010—2010 规定混凝土强度等级应按立方体抗压强度标准值（指按照标准方法制作养护边长为 150mm 的立方体试件，在 28d 龄期用标准试验方法测得的具有 95%保证率的抗压强度）确定。钢筋混凝土结构的混凝土强度等级不应低于 C20；当采用 HRB400 和 RRB400 级钢筋，混凝土强度等级不应低于 C25；承受重复荷载的钢筋混凝土构件，混凝土强度等级不应低于 C30；预应力混凝土结构的混凝土强度等级不应低于 C40。

（1）各种组成混凝土材料的质量控制

1）水泥

作为组成混凝土材料的重要粘结材料—水泥，可采用硅酸盐水泥、普通水泥、矿渣水泥、火山灰水泥、粉煤灰水泥等 5 种常用种类；其相对密度、强度、细度、凝结时间、安定性等品质必须符合现行国家标准《通用硅酸盐水泥》GB 175—2007/XGZ—2015。而安定性与水泥中的游离氧化钙 CaO、氧化镁 MgO、二氧化硫 SO_2 和含碱量氧化钠 Na_2O、氧化钾 K_2O 等有关。水泥进入施工现场时应对出厂合格证和出厂日期进行（离出厂日期不超过 3 个月）检查验收；进场的水泥应按不同生产厂家、不同品种、强度等级、批号分别存运，严禁混杂；施工中不应将品种不同的水泥随意换用或混合使用，水泥在储藏中必须注意防潮和防止空气的流动。采用特种水泥时必须详细了解其使用范围和技术性能。

2）骨料

石子和砂起骨架作用，称为“集料”或“骨料”。石子为“粗骨料”，砂为“细骨料”。配制混凝土所用骨料应符合颗粒级配（指大小不同的颗粒相混合时，其混合的比率）、强度、坚固性（指在气候环境变化或其他物理因素作用下抵抗碎裂的能力）、针片状颗粒含量、含泥量、有害物质含量（云母、轻物质、硫化物和硫酸盐、有机质等），要符合《普通混凝土用砂石质量及检验方法标准》JGJ 52—2006 的要求；有时还要进行碱活性检验。不得采用风化砂、特细砂、铁路道砟石以及用不同来源的砂、石掺杂混合作为骨料材料。

3）拌合用水

混凝土拌合用水按水源可分为饮用水、地表水、地下水、海水以及经适当处理或处置后的工业废水五大类。拌制各种混凝土所用的水应符合《混凝土用水标准》JGJ 63—2006 的有关规定。地表水和地下水情况很复杂，若总含盐量及有害离子的含量大大超过规定值时，必须在适用性检验合格后方能使用。

考虑到海岸地区的特点，允许用海水拌制素混凝土，但不得用于拌制钢筋混凝土和预应力混凝土，有饰面要求的混凝土不能用海水拌制，因海水有引起表面潮湿和盐霜的趋向。海水也不应用在高铝水泥拌制的混凝土中。

4）外加剂

外加剂有改变混凝土流变性能的减水剂、调节凝结硬化性能的早强剂、改善耐久性能的阻锈剂、改善混凝土特殊性能的膨胀剂等，使用时必须根据混凝土的性能要求、施工及气候条件，结合混凝土原材料及配合比等因素经试验确定其品种及掺量，要符合《混凝土外加剂》GB 8076—2008 和《混凝土外加剂应用技术规范》GB 50119—2013 的要求。

（2）混凝土配合比的质量控制

1）混凝土配合比设计必须达到以下四项基本要求：

① 满足结构设计的强度等级要求；

② 满足混凝土施工所要求的和易性；

③ 满足工程所处环境对混凝土耐久性的要求；

④ 符合经济原则，即节约水泥以降低混凝土成本。

2）混凝土配合比设计，实质上就是确定四项材料用量之间的三个对比关系，即水与水泥（胶凝材料）之间的对比关系、砂与石子之间的对比关系及水泥浆与骨料之间的对比关系。这三个对比关系一经确定，混凝土的配合比就确定了。根据工程经验已建立的基本关系和试验室内试验，可作为选择最优配合比的指导。但最后采用的混凝土配合比，应结合现场实际试验调整确定，调整的原则如下：

① 水胶比控制的原则

在原材料的品种、质量和其他条件不变的情况下，水胶比的大小，直接决定混凝土的强度和耐久性。水胶比较小时，混凝土的强度、耐久性较高，但耗用水泥较多，而且硬化过程中散发热量也较大。因此，确定水胶比的原则是在满足强度及耐久性要求的前提下尽可能选用较大的水胶比，以节约水泥并满足大体积混凝土的低热性要求。但须指出，对于强度及耐久性要求均较低的混凝土（如大体积内部混凝土），在确定水胶比时，还须考虑和易性的要求，不宜采用过大的水胶比。因水胶比过大（大于 0.70～0.75）时，将使混凝土拌合物的黏聚性及保水性明显变差。

② 单位用水量的确定原则

混凝土用水量的多少，是控制混凝土拌合物流动性大小的主要因素。因此，确定单位用水量时，应以混凝土拌合物达到要求的流动性为准。影响混凝土用水量的因素很多，如石子最大粒径、砂石品质及级配、水泥需水性等，所以很难用公式精确计算出应采用的用水量。根据实际总结的资料，不同坍落度混凝土的单位用水量大致如表 4-1 所示。

混凝土单位用水量参考（kg） **表 4-1**

粗骨料最大粒径（mm）	坍落度（cm）				
	1～3	3～5	5～7	7～9	9～11
20	179	175	180	185	190
40	150	155	160	165	170

续表

粗骨料最大粒径（mm）	坍落度（cm）				
	1～3	3～5	5～7	7～9	9～11
80	130	135	140	145	150
150	115	120	125	130	135

注：① 本表适用于卵石、中砂所拌制的混凝土；
② 使用细砂时，用水量需酌情增加 5～10kg；
③ 使用碎石时，用水量需酌情增加 10～15kg；
④ 使用火山灰质硅酸盐水泥时，用水量需酌情增加 10～20kg；
⑤ 使用人工砂时，用水量需酌情增加 6～9kg；
⑥ 掺用引气剂或减水剂时，用水量可酌情减少 10～20kg。

③ 砂率的控制原则

砂率是表示砂与石子之间的比例关系。砂率的变化会使骨料的总表面积发生明显的变化，将对混凝土拌合物的流动性特别是黏聚性有很大的影响。合理的砂率值主要应根据混凝土拌合物的坍落度、黏聚性及保水性等特征来确定。一般应通过试验找出合理砂率，如无使用经验，则可按骨料种类、规格及混凝土的水胶比，参照表 4-2 加以确定。

砂率（%）参考　　表 4-2

粗骨料最大粒径（mm）	水胶比						
	0.45	0.50	0.55	0.60	0.65	0.70	0.75
20	35	36	37	38	39	40	41
40	29	30	31	32	33	34	35
80	24	25	26	27	28	29	30
150	21	22	23	24	25	26	27

注：① 本表适用于使用卵石、细度模数为 2.7 的中砂所拌制的混凝土；
② 砂的细度模数每增减 0.1，砂率相应增减 0.5%～1.0%；
③ 使用碎石时，砂率需增加 3%～5%；
④ 使用人工砂时，砂率需增加 2%～3%；
⑤ 掺用引气剂时，砂率可减小 2%～3%；掺加减水剂时，砂率可减少 0.55%～1.0%。

④ 配合比的控制

混凝土的最大水胶比和最小水泥用量应满足表 4-3 的规定，并符合下列要求：

混凝土水泥用量不宜大于 500～550kg/m^3，不宜小于 250～300kg/m^3；

最大水胶比不小于 0.4；

混凝土浇筑时的坍落度为 30～50mm（一般构件）、50～70mm（配筋密列构件）；

砂率为 30%～40%，视砂石类别、石子最大粒径、水胶比等条件而异。碎石时比卵石时稍大，粗砂时比中砂时稍大，石子最大粒径较大时稍小，水胶比较大时稍大；

泵送混凝土的最小水泥用量为 300kg/m^3；坍落度为 80～180mm，砂率为 35%～45%（且通过 0.315mm 筛孔的砂不小于 15%），石子最大粒径与输送管内径比宜小于 1：2.5（卵石）或 1：3（碎石），混凝土内宜掺适量外加剂；并宜掺矿物掺合料。

材料实用质量与配合比设计质量相比的允许偏差：水泥、混合料为±2%；砂、石为

±3%；水、外加剂溶液为±2%。

混凝土的最大水胶比和最小水泥用量　　表 4-3

项次	混凝土所处的环境条件	最大水胶比	最小水泥用量（kg/m^3）			
			普通混凝土		轻骨料混凝土	
			配筋	无筋	配筋	无筋
1	不受雨雪影响的混凝土	不作规定	250	200	250	225
2	受雨雪影响的露天混凝土 位于水中或水位升降范围内的混凝土 在潮湿环境中的混凝土	0.7	250	225	275	250
3	寒冷地区水位升降范围内的混凝土 受水压作用的混凝土	0.65	275	250	300	275
4	严寒区水位升降范围内的混凝土	0.6	300	275	325	300

2. 钢筋材料的质量控制

《混凝土结构设计规范》GB 50010—2010 规定钢筋混凝土结构及预应力混凝土结构的钢筋，应按下列规定选用：

（1）纵向受力普通钢筋宜选用 HRB400、HRB500、HRBF400、HRBF500 钢筋，也可采用 HPB300、HRB335、HRBF335、RRB400 钢筋。

（2）预应力钢筋宜采用预应力钢绞线、钢丝和预应力螺纹钢筋。此外，钢筋强度标准值应具有不小于 95%的保证率。

在抗震结构中，结构构件中的纵向受力钢筋宜选用 HRB335、HRB400、HRB500 级钢筋；箍筋宜选用 HPB300、HRB335、HRB400 级钢筋。在施工中，不宜以强度等级较高的钢筋代替原设计中的纵向受力钢筋。如必须代换时，应按钢筋受拉承载力设计值相等的原则进行代换。

按一、二、三级抗震等级设计时，框架结构中纵向受力钢筋检测所得的强度实测值应符合下列要求：

（1）钢筋的抗拉强度实测值与屈服强度实测值的比值不应小于 1.25。

（2）钢筋的屈服强度实测值与钢筋强度标准值的比值不应大于 1.3。

4.1.2 混凝土结构施工过程的质量控制

1. 混凝土的拌制、运输、浇筑、振捣和养护

（1）搅拌

混凝土的搅拌要注意投料顺序和搅拌时间。混凝土拌合物可采用人工拌合或机械搅拌。用人工拌合时的加料顺序是先将水泥加入砂中干拌两遍，再加入石子干拌一遍，然后加水湿拌至颜色均匀即可。用机械搅拌时的投料顺序是：先倒砂，再倒水泥，然后倒入石子，将水泥夹于砂石之间。这样，生料无论在料斗内或进入筒体，首先接触搅拌机体内表面或搅拌叶片的是砂或石，不会引起粘结现象，而且水泥不易飞扬。最后加水搅拌，就不会使水泥吸水成团，产生“夹生”现象。

从混凝土原材料全部投入搅拌筒起，到开始卸出，所经历的时间称搅拌时间，它是获得混合均匀、强度和工作性能都符合要求的混凝土所需最短搅拌时间。此时间随搅拌机类

型容量、骨料品种粒径以及混凝土性能要求而异。

（2）运输

混凝土自搅拌机中卸出后，应及时送到浇筑地点。其运输方案的选择，应根据建筑结构特点、混凝土工程量、运输距离、地形、道路和气候条件以及现有设备等进行综合考虑。混凝土的运输应满足三个基本要求：①保证混凝土的浇筑量；②应使混凝土在初凝之前浇筑完毕；③在运输过程中应保持混凝土的均匀性，避免产生分层离析、水泥浆流失、坍落度变化以及产生初凝等现象。

（3）浇筑

混凝土的浇筑应满足以下要求：

1）混凝土应在初凝前浇筑，如已有初凝现象，则应再进行一次强力搅拌，才能入模；如混凝土在浇筑前有离析现象，必须重新拌和后才能浇筑。

2）浇筑时，混凝土的自由倾落高度对于素混凝土或少筋混凝土，由料斗、漏斗进行浇筑时，不应超过 2m；对竖向结构（如柱、墙）浇筑混凝土的高度不超过 3m；对于配筋较密或不便捣实的结构，不宜超过 60cm。否则，应采用串筒、溜槽和振动串筒下料，以防产生离析。

3）浇筑竖向结构混凝土前，底部应先浇入 50～100mm 厚与混凝土成分相同的水泥砂浆，以避免产生蜂窝麻面现象。

4）混凝土浇筑时的坍落度应符合表 4-4 的规定。

5）为了使混凝土振捣密实，混凝土必须分层浇筑。

6）为保证混凝土的整体性，浇筑工作应连续进行。当由于技术上或施工组织上的原因必须间歇时，其间歇时间应尽可能缩短，并应在前层混凝土凝结之前，将次层混凝土浇筑完毕。

混凝土浇筑时的坍落度（mm）　　**表 4-4**

结构种类	坍落度
基础或地面等的垫层、无配筋的大体积结构（挡土墙、基础等）或配筋稀疏的结构	10～30
板、梁和大型及中型截面的柱子等	30～50
配筋密列的结构（薄壁、斗仓、筒仓、细柱等）	50～70
配筋特密的结构	70～90

注：① 本表系采用机械振捣混凝土时的坍落度，当采用了人工捣实混凝土时，其值可适当增大。

② 当需要配制大坍落度混凝土时，应掺用外加剂。

（4）振捣

混凝土浇筑后应立即振捣。按结构特征选用插入式、附着式、平板式或振动台振捣。一般说，振捣时间越长，力量越大，混凝土越密实，质量越好；但流动性大的混凝土要防止因振捣时间过长产生泌水离析现象。振捣时间以水泥浆上浮使混凝土表面平整为止。混凝土初凝后不允许再振捣。

（5）养护

混凝土的凝结硬化是水泥水化作用的结果，而水泥水化作用必须在适当的温度、湿度条件下才能进行。混凝土的养护，就是控制混凝土具有一定的温度和湿度，而逐渐硬化。混凝土养护分自然养护和人工养护。自然养护就是在常温（平均气温不低于5℃）下，用浇水或保水方法使混凝土在规定的期间内有适宜的温湿条件进行硬化。人工养护就是人工控制混凝土的温度和湿度，控制混凝土强度增长，如蒸汽养护、热水养护、太阳能养护等。现浇结构多采用自然养护。

一般在混凝土浇筑后12h内即应覆盖和浇水使其保持湿润状态。浇水养护日期视水泥品种而定。硅酸盐水泥、普通硅酸盐水泥和矿渣硅酸盐拌制的混凝土不得少于7d；掺用缓凝型外加剂或有抗渗性要求的混凝土，不得少于14d。浇水次数应能保持混凝土具有足够的湿润状态。

2. 混凝土结构施工缝的设置

（1）施工缝的位置

在施工中，混凝土的浇筑因施工技术等原因不能连续进行而需要设置竖向或水平的施工缝。一般情况下，施工缝应留在混凝土受力较小的部位，特别是受拉力、剪力较小的部位。同一混凝土灌注区的整体结构一般不留施工缝。

1）混凝土柱和梁的施工缝，应垂直于构件的纵向轴线，柱子留置在基础的顶面、梁或吊车梁设在牛腿的下面、无梁楼板设在柱帽的下面，如梁的负弯矩钢筋向下弯入柱内，施工缝也可以放在这些钢筋的下端，以便于绑扎梁的钢筋。

2）单向板、平板楼板施工缝可留置在平行于板的短边的任何位置。

3）高度超过1m或与板连成整体的大断面梁，可设置在楼板底面以下20～30mm处。

4）有主次梁的楼板，最好顺着次梁的方向浇筑，施工缝留置在次梁跨度中间1/3范围内。

5）凡结构复杂的工程，如薄壳、斗仓、多层刚架、厚大结构以及双向受力楼板等的施工缝留置位置，均应按设计要求处理。

6）梁、板的施工缝最好做成企口式或边塔式接缝，或采用垂直立缝的做法，不宜留斜坡缝。为此，施工前要准备隔板，隔板中间要留切口以通过钢筋。

（2）施工缝的处理

1）在已硬化的混凝土表面（混凝土强度达到120kPa以上）继续浇筑混凝土前，应清除施工缝表面的垃圾、水泥薄膜及表面松动的砂石和软弱的混凝土层，同时还要将表面凿毛，用水冲洗干净并充分浇水润湿，一般润湿时间不少于24h。残留在混凝土表面的积水应清除。

2）施工缝附近的钢筋回弯时，要注意不要使混凝土受到松动和损坏。钢筋上的油污、水泥浆及浮锈等杂物也应清除。

3）继续浇筑混凝土前，水平施工缝宜先铺一层10～15mm厚的水泥砂浆，配合比要与混凝土内的砂浆相同，不至于形成新旧混凝土裂纹。

4）应对施工缝内新浇筑的混凝土加强振捣，但不要扰动已终凝的混凝土。

3. 钢筋调直、成型、冷加工、焊接及绑扎的质量控制

（1）钢筋调直

采用卷扬机拉直钢筋时，其调直冷拉率：HPB300光圆钢筋的冷拉率不宜大于4%，HRB335，HRB400，HRB500，HRBF335，HRBF400，HRBF500及RRB400带肋钢筋

的冷拉率，不宜大于1%。钢筋调直过程中不应损伤带肋钢筋的横肋。调直后的钢筋应平直，不应有局部弯折。

(2) 成型

钢筋的弯折、成型尺寸及允许偏差要求如下（见图4-1）：

1) HPB300级钢筋末端要做180°弯钩，$D \geqslant 2.5d$，$a \geqslant 3d$。

2) 强度等级HRB335、HRBF335、HRB400、HRBF400、RRB400的钢筋末端需作做90°或135°弯折时，$D \geqslant 4d$（HRB335、HRBF335级），$D \geqslant 5d$（HRB400、HRBF400、RRB400级），并按设计要求确定。

3) 弯起筋弯折处$D \geqslant 5d$，t按设计要求确定。

4) 一般箍筋可按图4-1e、图4-1f弯折，弯折处$D \geqslant 2.5d_1$，$a \geqslant 5d_1$。有抗震要求或抗扭构件的箍筋按图4-1g弯折，对D的要求同上，$a \geqslant 10d_1$。

5) 钢筋弯折后在平面上无翘曲不平现象，成型尺寸（均指钢筋外至外尺寸）允许偏差：受力筋径向全长±10mm；弯起筋弯折位置±20mm；弯起筋高度f（见图4-1d）±5mm；箍筋边长±5mm。

6) 钢筋切断口不得有起弯、劈裂、缩头现象；钢筋弯折处不得有裂缝。

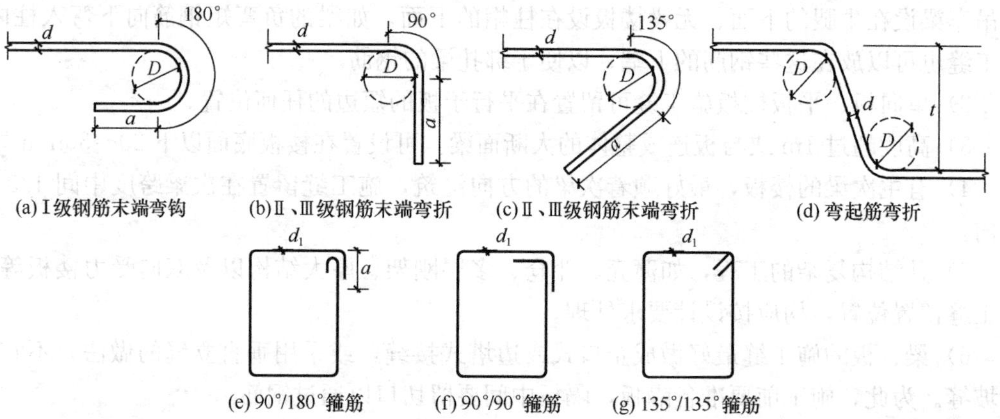

图4-1 常用钢筋的成型图示

(3) 冷加工

冷加工包括冷拉和冷拔。冷拉是在常温下以超过屈服点的拉应力拉伸钢筋，目的是提高其强度以节约钢材。冷拔是以强力拉拔的方法使$\phi6 \sim \phi8$的钢筋通过拔丝模孔拔成比原来直径细的钢丝，目的也是提高钢筋强度。冷拉时，为使钢筋变形充分发展，冷拉速度不宜过快，一般以0.5～1m/min为宜，当拉到规定的控制应力（或冷拉长度）后，需稍停（1～2min），待钢筋变形充分发展后，再放松钢筋，冷拉结束。钢筋在负温下进行冷拉时，其温度不宜低于−20℃，采用控制应力方法时，冷拉控制应力应较常温提高30MPa；采用控制冷拉率方法时，冷拉率与常温相同。

影响钢筋冷拔质量的主要因素为原材料质量和冷拔总压缩率。为了稳定冷拔低碳钢丝的质量，要求原材料按钢厂、钢号、直径分别堆放和使用。甲级冷拔低碳钢丝应采用符合HPB300热轧钢筋标准的圆盘条拔制。

冷拔总压缩率是指由盘条拔至成品钢丝的横截面缩减率。若原材料钢筋直径为d_0，

成品钢丝直径为 d，则总压缩率 $\beta=(d_0^2-d^2)/d_0^2$。总压缩率越大，则抗拉强度提高越多，塑性降低越多。为了保证冷拔低碳钢丝强度和塑性相对稳定，必须控制总压缩率。通常 ϕ^b5 由 $\phi8$ 盘条经数次反复冷拔而成，ϕ^b3 和 ϕ^b4 由 $\phi^b6.5$ 盘条拔制。冷拔次数过少，每次压缩过大，易产生断丝和安全事故；冷拔次数过多，易使钢丝变脆，且降低冷拔机的生产率，因此冷拔次数应适宜。根据实践经验，前道钢丝和后道钢丝直径之比约 1∶1.15 为宜。

（4）焊接

焊接钢筋的焊接有点焊、对焊、电弧焊、电渣压力焊等，其质量控制主要有力学性能检验和外观检查两个方面。外观检验应符合如下要求：

1）接头处钢筋表面应无横向裂纹。

2）与电极接触处的钢筋表面，应无明显烧伤（HRB400 级以下钢筋），HRB400 级以上钢筋严禁烧伤。

3）接头处应有适当而均匀的镦粗变形，且密封完好。

4）接头处的轴线偏移不得大于 $0.1d$（d 为钢筋直径），且不得大于 2mm。

5）接头处如有弯折，其角度不得大于 4°。

（5）绑扎

钢筋的现场绑扎与安装是钢筋工程的最后一道工序，现场堆放钢筋切忌零乱，应按牌号、粗细、长度等堆码整齐，便于清查，做到现场文明施工。

钢筋绑扎时，应根据设计图纸校核钢筋的钢号、直径、根数，按建筑物或构件的轴线校核钢筋的位置是否正确、搭接长度和绑扎点位置是否符合规范要求、绑扎是否牢固；在同一截面内（指 $30d$ 或 500mm 范围内），绑扎接头的钢筋面积占受力钢筋总面积的百分比，在受压区是否超过了 50%，在受拉区或拉压不明的区中，是否超过了 25%。此外，还要看混凝土保护层的厚度是否符合要求。绑扎位置的允许偏差，不得大于表 4-5 的规定。

钢筋绑扎位置的允许偏差 **表 4-5**

项　次	项　目		允许偏差 mm
1	受力钢筋的排距		±5
2	钢筋弯起点位移		20
3	箍筋、横向钢筋间距	绑扎骨架	±20
		焊接骨架	±10
4	焊接预埋件	中心线位移	5
		水平高差	±3
5	受力钢筋保护层	基柱板	±10
		墙基梁	±5

4. 模板工程的质量控制

模板系统由模板和支撑两部分组成。模板是使混凝土结构或构件成型的工具。搅拌机搅拌出的混凝土是具有一定流动性的混凝土，经过凝结硬化才能成为所需要的、具有规定形状和尺寸的结构构件，所以需要将混凝土浇灌在与结构构件形状和尺寸相同的模板内。模板作为混凝土构件成型的工具，它本身除了应具有与结构构件相同的形状和尺寸外，还要具有足够的强度和刚度以承受新浇混凝土的荷载及施工荷载。

支撑是保证模板形状、尺寸及其空间位置的支撑体系。支撑体系既要保证模板形状、尺寸和空间位置正确，又要承受模板传来的全部荷载。

（1）模板及支撑系统必须满足下列基本要求：

1）保证土木工程结构和构件各部分形状尺寸及相互位置正确。

2）具有足够的强度、刚度和稳定性，能可靠地承受新浇混凝土的重量和侧压力，以及施工过程中所产生的荷载。

3）构造简单，装拆方便，并便于钢筋的绑扎与安装、混凝土的浇筑及养护等工艺要求。

4）模板接缝不应漏浆。

（2）模板工程的基本质量控制要点如下：

1）必须有足够的强度、刚度和稳定性；其支架的支撑部分应有足够的支撑面积；基土必须坚实并有排水措施；对湿陷性黄土必须有防水措施。

2）必须保证结构和构件各部分形状、尺寸和相互位置准确。

3）现浇钢筋混凝土梁跨度≥4m 时，模板应起拱，起拱高度宜为全跨长度的 1/1000～3/1000。

4）现浇多层房屋和构筑物应采用分段分层支模的方法，上下层支柱要在同一竖向中心线上。当层间高度大于 5m 时，宜选用多层支架支模的方法，这时支架的模垫板应平整、支柱应垂直、上下层支柱在同一竖向中心线上。

5）拼装后模板间接缝宽度不大于 2.5mm；固定在模板上的预埋件和预留孔洞不得遗漏，位置要准确，安装要牢固。

6）为便于拆模、防止粘浆，应对拼装后的模板涂以隔离剂（隔离剂必须不污染构件表面并对混凝土和钢筋无损害）。拆模时模板上粘浆和漏涂隔离剂的累计面积：对每件墙、板、基础不应大于 2000cm^2；对每件梁、柱不大于 800cm^2。拆模前必须检查混凝土是否达到应有强度，当混凝土达到拆模强度后，应先拆侧模并检查有无混凝土结构性能的缺陷，在确认无此类缺陷后，方可拆模。

4.2 混凝土材料不合格造成的工程事故

钢筋混凝土结构因材料不合格造成的质量事故很多，材料不合格所涉及的方面也非常广，直接影响工程的外观质量和结构安全性能。下面针对工程中一些常见的情况进行叙述。

4.2.1 材料不合格的因素

1. 水泥过期或受潮

水泥在存放时，容易吸收空气中的水分和碳酸气体（CO_2），使水泥颗粒表面缓慢水化、硬化，从而降低了自身胶凝性和强度。如果在潮湿环境中存放，则更容易结成硬块。因而，水泥的储存运输需十分谨慎，在储存运输的过程中不得受潮，更不能雨淋。水泥出厂时的实际强度一般应高于规定的强度等级，存放要求用袋装或专设散装的水泥仓库，这样密封保管的水泥的强度损失会小得多。即使如此，在储存期间也会有强度损失。所以，水泥的允许储存期为出厂后 3 个月。水泥在储存 3 个月后按过期水泥通过复验后使用。3 个月后，水泥的强度将降低 10%～20%；6 个月后，降低 15%～30%；一年以后，约降低 25%～40%。如果水泥在储存期间不慎受潮，其处理和使用必须符合表 4-6 的要求。

受潮水泥的处理和使用 **表 4-6**

受潮情况	处理方法	使用场合
有粉块，可用手捏成粉末，但尚无硬块	压碎粉块	通过试验，按实际强度使用
部分水泥结成硬块	筛去硬块，压碎粉块	通过试验，按实际强度使用。可用于不重要的、受力小的部位，也可用于砌筑砂浆
大部分水泥结成硬块	粉碎，磨细	不能作为水泥使用，但仍可作混合材料渗入新鲜水泥中（掺量不超过 25%）

2. 水泥中含有害物质

水泥除氧化钙 CaO、二氧化硅 SiO_2、三氧化二铝 Al_2O_3、三氧化二铁 Fe_2O_3 四种氧化物的总数大约在 95%以上外，还有 5%以下的其他氧化物，如氧化镁 MgO、三氧化硫 SO_3、氧化钾 K_2O、氧化钠 Na_2O 等。所有上述氧化物大多来自原料，少数来自燃料。它们在煅烧过程中相互结合，生成多种矿物。但是，总还有极少量的氧化物因没有足够的反应时间而残余下来，以游离状态存在于水泥浆体之中。

游离的氧化钙 CaO 和氧化镁 MgO 水化作用很慢。它们往往在水泥凝结硬化后还继续进行水化反应，使得已发生均匀体积变化而凝结（水泥在水化过程中一般都会产生均匀体积变化，这时对凝结后的混凝土质量并无影响）的水泥浆体继续产生剧烈的不均匀体积变化。这种再生的体积变化，严重时会发生混凝土开裂甚至崩溃的质量事故。

游离的三氧化硫 SO_3 能在水泥凝结硬化后继续与水化铝酸钙作用，形成大量体积膨胀的水化硫铝酸钙（钙矾石）晶体，在凝结后的水泥浆体内产生膨胀应力，破坏水泥浆体结构。

游离的氧化钾 K_2O、氧化钠 Na_2O 若过量时遇到混凝土中的活性骨料（活性二氧化硅 SiO_2），也会产生使骨料体积膨胀的效果，严重时会使混凝土开裂。

国家标准《通用硅酸盐水泥》GB 175—2007/XGZ—2015 规定：

（1）活性指标低于 GB/T 203—2008、GB/T 18406—2008、GB/T 1596—2005、GB/T 2847—2005 标准要求的粒化高炉矿渣、粉煤灰、火山灰质混合材料以及石灰石和砂岩，石灰石中的三氧化二铝 Al_2O_3 含量不得超过 2.5%。

（2）Ⅰ型硅酸盐水泥中不溶物不得超过 0.75%，Ⅱ型硅酸盐水泥中不溶物不得超过 1.50%。

（3）Ⅰ型硅酸盐水泥中烧失量不得大于 3.0%，Ⅱ型硅酸盐水泥中烧失量不得大于 3.5%，普通水泥中烧失量不得大于 5.0%。

（4）硅酸盐水泥熟料中氧化镁 MgO 的含量不得超过 5.0%。如水泥经压蒸安定性试验合格，则允许放宽到 6.0%。

（5）水泥中的三氧化硫 SO_3 的含量不得超过 3.5%。

3. 碱-集料反应

碱-集料反应是指水泥中的碱［如氢氧化钙 $Ca(OH)_2$ 和易生成氢氧化钠 NaOH 的氧化钠 Na_2O］，与集料中的活性二氧化硅 SiO_2 发生反应，生成硅酸盐凝胶体，吸水膨胀，引起混凝土开裂的现象。它能使混凝土的耐久性下降，严重时还会使混凝土失去使用价值。由于这种破坏既难以阻止其发展，也难以修补，俗称为混凝土的“癌症”。

因碱-集料反应发生的质量事故遍及全世界。美国是发现碱-集料反应最早的国家，日本于 1980 年在阪神高速公路上发现大量因碱-集料反应的破坏事故。近年来，随着我国经济进入快速发展期，大坝、高速公路、机场、桥涵及高层建筑等大、中型项目因大量使用混凝土，碱-集料反应造成破坏和损失的情况时有发生。

碱-集料反应来自两个方面：一是集料中的活性二氧化硅 SiO_2，如玉髓、玛瑙、鳞石英、方石英、微晶石英等；二是水泥原料中碱含量（以等当量氧化钠 Na_2O 计）过高。

我国历年来生产的水泥的碱含量也偏高。早在 20 世纪 60 年代初，华北、西北、东北地区水泥厂所生产水泥的碱含量以等当量氧化钠 Na_2O 计，就已经波动于 0.39％～1.08％（不少厂接近 1％）。有关部门曾对含有燧石的细集料（证实为碱活性集料）做成的水泥砂浆试件进行过测试，试验表明：

（1）当水泥碱含量为 1％时，试件的体积膨胀率随时间而增长。

（2）当水泥碱含量为 1.2％时，膨胀率约为 1％时的 1.5 倍。

在水泥碱含量为 1％，也即当半年的体积膨胀率＞0.1％时（或 3 个月的体积膨胀率＞0.05％时），会产生潜在破坏性的膨胀。因为若水泥中的碱为 1％，单位水泥用量为 $400kg/m^3$，则混凝土中的碱含量为 $4.0kg/m^3$（＞$3.0kg/m^3$），超过了极限安全碱含量。

以往我国虽水泥含碱量较多，但由于一般工程的混凝土强度等级不高（C15～C25），而且水泥中多掺加混合材料（如普通硅酸盐水泥允许掺入 15％混合材料，矿渣硅酸盐水泥混合料掺量多达 40％），这可以基本避免混凝土中的碱-集料反应造成的危害。

可是，近年来我国混凝土工程有着三个发展趋向：

（1）水泥含碱量普遍有所提高（有的地区水泥厂竟达 1.8％～2.0％，等当量氧化钠 Na_2O 达 1.31％～1.86％）。

（2）混凝土强度等级普遍提高（即每立方米混凝土的水泥用量增多）。

（3）有的施工单位广泛使用早强型减水剂，其中有的碱含量很高。

这个趋势，对碱-集料反应来说，应十分引起重视。

4. 骨料中含杂质过多

骨料（砂、石子）占混凝土总体的 70％以上，混凝土质量除与水泥品质有关外，还与骨料中杂质含量有密切关系。衡量骨料中杂质是否有害有三条标准：

（1）对水泥水化硬化是否产生不利影响；

（2）对水泥石与骨料的粘结是否有害；

（3）杂质自身的物理化学变化对已形成的混凝土结构是否产生不利影响。

有害杂质大体有以下几种：

（1）含泥量。含泥量是指砂、石料中粒径小于 0.08mm 的尘屑、淤泥和黏土的总含量。若含量过多将影响混凝土的强度和耐久性，同时还影响骨料与水泥石界面的粘结作用。

(2) 有机质含量。有机质含量是指附属在骨料上的、以有机土形式出现的植物腐殖产物。它主要影响水泥水化作用，降低混凝土强度。检测有机质含量的方法，一般采用酸碱度比色法。

(3) 硫化物和硫酸盐含量。骨料中的硫铁矿（FeS_2）、生石膏矿（$CaSO_4 \cdot 2H_2O$）等硫化物或硫酸盐折算三氧化硫 SO_3（按质量计）的含量过高，可能对混凝土产生硫酸盐腐蚀，其与水泥中的氢氧化钙 $Ca(OH)_2$ 作用后生成的晶体体积膨胀，致使水泥石严重开裂而解体破坏。

(4) 其他杂质，如砂、石在堆放、运输等过程中混入生石灰块、煤粒等，遇水熟化、体积膨胀、白灰松解，从而影响水泥石粘结强度和混凝土的强度和耐久性等。

5. 钢筋技术性能缺陷

经冷弯成型埋置于混凝土中规定部位的钢筋，既要满足强度和延性要求，又要满足冷弯、焊接等工艺性能要求。强度通常指钢筋的抗拉屈服点强度 σ_b 和抗拉极限强度 σ_s 以及它们的比值——屈强比 σ_s/σ_b，一般碳素钢屈强比为 0.6～0.65，低合金结构钢屈强比为 0.65～0.75，合金结构钢屈强比为 0.84～0.86。混凝土结构中钢筋屈强比宜控制在 0.60～0.75，此值过高表示钢筋混凝土构件的延性低。

延性是钢筋的变形能力，与抗震耗能及构件的破坏形态（脆性、韧性）有关，是不亚于强度的重要性能，通常以拉伸试验的伸长率及屈强比描述。以 δ_5、δ_{10} 或 δ_{100}（分别是指标距长度为 $5d$、$10d$ 或 $100d$ 时，钢筋试件拉断时的伸长率）表示。此值过低表示成型的钢筋混凝土构件塑性差、延性低。

冷弯性能指钢筋在常温下能承受弯曲的程度，以弯心直径和被弯钢筋直径之比表示。要求弯曲角度为 90°～180°时，在弯曲处外侧无裂纹、起层或断裂现象，否则为不合格。

焊接性能主要指焊接后，焊接连接焊缝牢固，仍能保持与原有钢筋相近的性质。钢筋的可焊性受其化学成分含量的影响，某些元素含量的变化会影响可焊性。

钢筋中的某些合金元素（包括冶炼后存在于钢筋中的和有意加入的）如碳 C、锰 Mn、硅 Si、钦 Ti、矾 V 等都是有利的。但含量应在一定范围内，含量过大会对某些技术性能产不利影响。例如，含碳 C、钛 Ti、钒 V 过多会影响钢筋的塑性，含锰 Mn 过多会影响可焊性，含硅 Si 过多会影响可焊性和冷加工性。

另外，钢筋中还存在一些有害杂质，如磷 P、硫 S 都是从炼铁原料中带入的杂质。当磷 P 含量较大时，有一部分能与铁化合成 FeP，使钢筋的塑性显著下降。硫 S 在钢中常以 FeS_2 形式存在，它可大大降低钢筋的热加工性和可焊性与耐腐蚀性。另外，钢筋中氧 O 的含量不得超过 0.05%，氮 N 的含量不得超过 0.03%，氢 H 的含量不得超过 0.0003%～0.0009%。

4.2.2 材料不合格的工程实例

【实例 4-1】

1. 事故概况

如图 4-2 所示，广西某车间为单层砖房，建筑面积 221m^2，屋盖采用预制空心板和 12m 跨现浇钢筋混凝土大梁。屋面荷载经梁传给由 MU10 砖、M5 砂浆砌筑的 490mm×870mm 砖柱和 490mm×620mm 壁柱上。此车间于 1983 年 10 月开工，当年 12 月 9 日浇筑完大梁混凝土，12 月 29 日安装完屋盖预制板，1984 年 1 月 3 日拆完大梁底模板和支撑。1月4日下午厂房全部倒塌。

2. 事故分析

（1）钢筋混凝土大梁原设计为200号混凝土（相当于C19.2强度等级）。施工时，使用的是进场已3个多月并存放在潮湿地方已有部分硬块的400号水泥（相当于32.5级）。这种受潮水泥应通过试验按实际强度用于不重要的构件或砌筑砂浆，但施工单位却仍用于浇筑大梁，并且采用人工搅拌和振捣，配合比也不严格。用回弹仪测定大梁混凝土的平均抗压强度只有5MPa左右，有些地方竟测不到回弹值。

（2）在倒塌的大梁中，发现有断砖块和拳头大小的石块。

（3）配筋情况，纵筋原设计为10Φ22，实配7Φ20，3Φ22；箍筋原设计为ϕ8@250，实配ϕ6@300，分别仅为设计需要量的88%和47%。

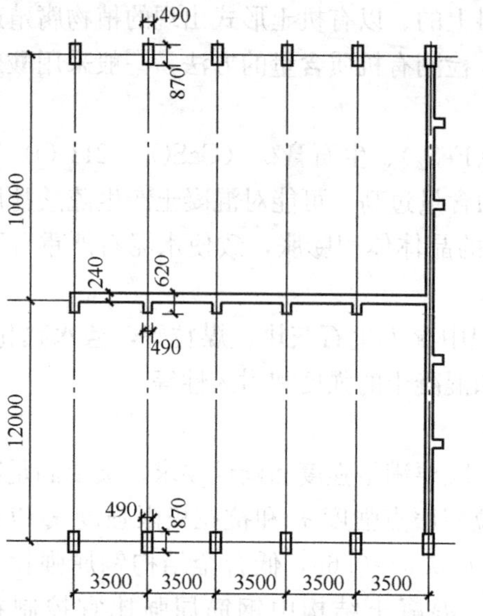

图4-2　车间平面示意

3. 事故结论及教训

（1）经实际荷载复核，该倒塌事故是因施工中大梁混凝土强度过低，拆除大梁底模后，受压区混凝土被压碎所引发，进而造成整个房屋倒塌。使用过期受潮水泥是主要原因，混凝土配合比不严、捣固不实、配筋不足也是重要原因。

（2）施工现场入库水泥应按品种、强度等级、出厂日期分别堆放，并建立标志，防止混掺使用。

（3）为防止水泥受潮，现场仓库应尽量密闭。包装水泥存放时应垫起离地300mm以上，离墙的距离也要大于300mm，堆放高度不超过10包。临时露天暂存水泥应用防雨篷布盖严，底板要垫高，并采取油毡、油纸或油布铺垫等防潮措施。

（4）过期（3个月）水泥使用时，应进行试验，按试验结果使用。

（5）受潮水泥应按规定使用。

【实例4-2】

1. 事故概况

如图4-3所示，某中学教学楼为3层砖混结构，全长42.4m，开间3.2m，进深6.4m，层高3.45m，单面走廊，每3开间配置两根混凝土为C20的进深梁，上铺预制空心板。该楼于1982年8月开工，11月主体结构完工，在进行屋面施工时，屋面进深梁突然断裂，造成屋面局部倒塌。

2. 事故分析

屋面局部倒塌后曾对设计进行审查，未发现任何问题。在对施工方面进行审查中发现以下问题：

（1）进深梁设计时为200号混凝土（强度等级相当于C19.2），施工时未留试块，事后鉴定其强度等级只有C7.5左右。在梁的断口处可清楚地看出砂石未洗净，骨料中混有黏土块、石灰颗粒和树叶等杂质。

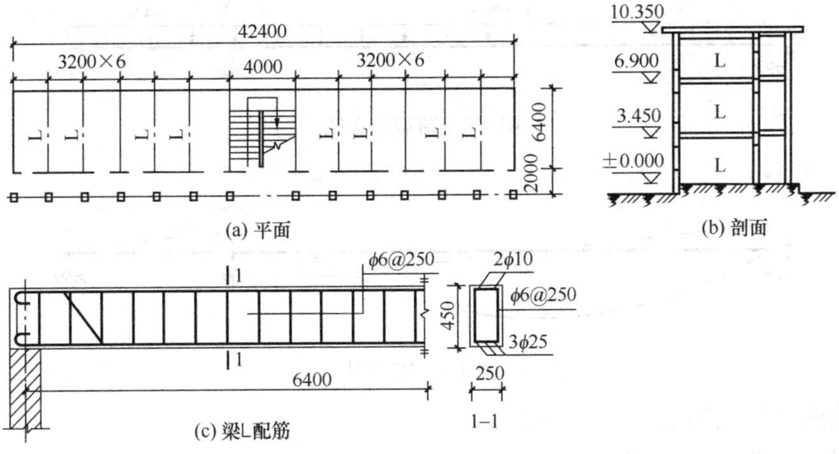

图 4-3　某中学教学楼示意

（2）混凝土采用的水泥是当地生产的 400 号（相当于 32.5 级）普通硅酸盐水泥，后经检验只达到 350 号（相当于 27.5 级），施工时当作 400 号（相当于 32.5 级）水泥配制混凝土，导致混凝土实际强度达不到设计强度。

（3）在进深梁断口上发现主筋偏在一侧，梁的受拉区 1/3 宽度内几乎没有钢筋，这种主筋布置使梁在屋盖荷载作用下处于弯、剪、扭受力状态，使梁的支承处作用有扭力矩。

（4）对墙体进行检查，未发现有质量问题。

3. 计算分析

按原先设计进行梁内力和配筋计算如下：

（1）几何数据及计算参数：

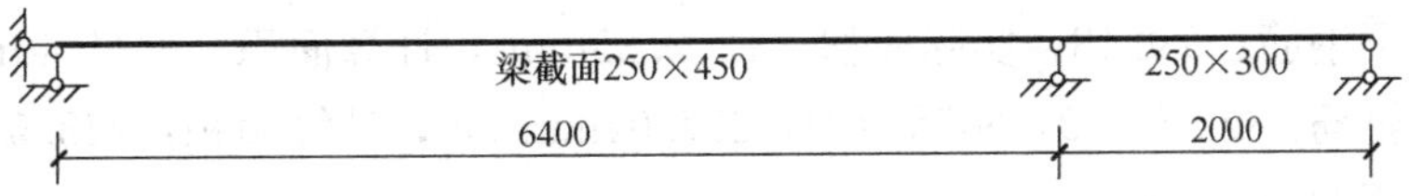

图 4-4　梁计算简图

混凝土：C20　主筋：HPB235（Q235，当时强度等级）　箍筋：HPB235（Q235，当时强度等级）

保护层厚度 c（mm）：35.00　指定主筋强度：无

跨中弯矩调整系数：1.00　支座弯矩调整系数：1.00

（说明：弯矩调整系数只影响配筋）

自动计算梁自重：是

恒载系数：1.20　活载系数：1.40

（2）荷载数据

1）荷载工况一（恒载）

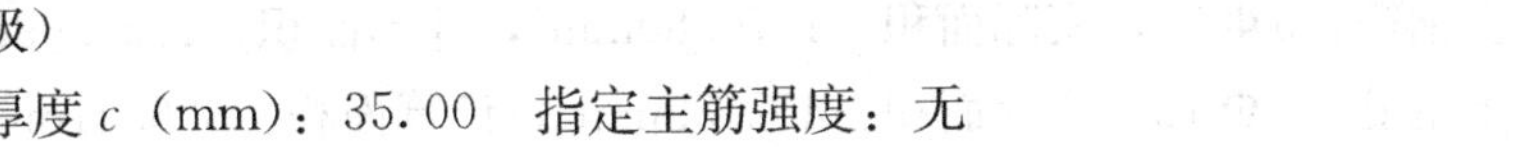

2）荷载工况二（活载）

（3）内力及配筋

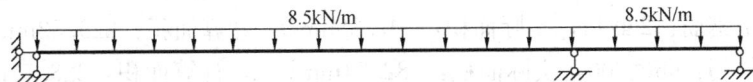

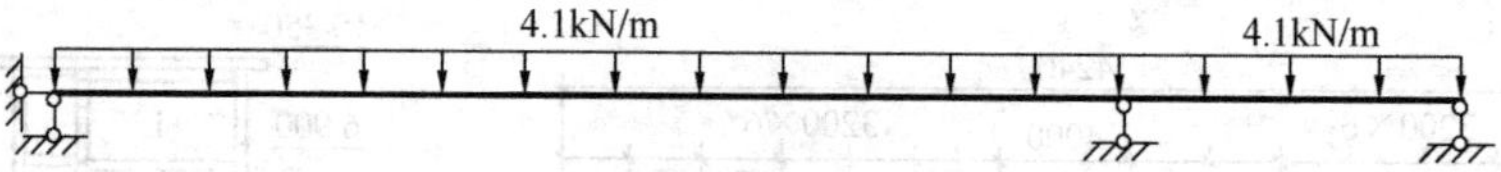

图 4-5　荷载分布图

1）内力图：

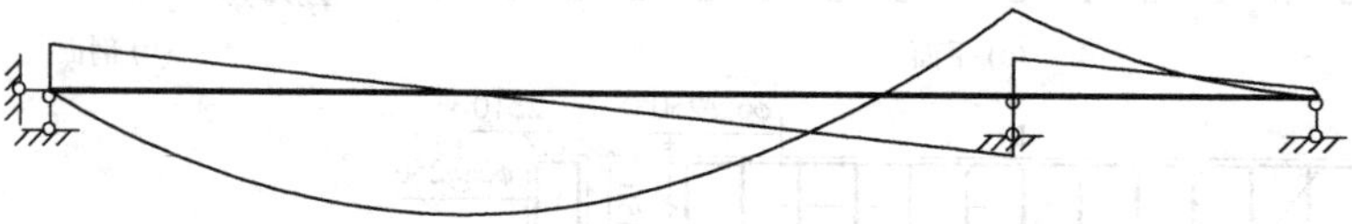

图 4-6　内力图

2）截面内力及配筋：

0 支座：正弯矩　0.00kN·m；

负弯矩　−0.00kN·m；

剪力 58.27kN；

上钢筋：2Φ16，实际面积：402.12mm²，计算面积：344.73mm²；

下钢筋：2Φ16，实际面积：402.12mm²，计算面积：344.73mm²。

1 跨中：正弯矩　80.78kN·m，位置：2.77m；

负弯矩　0.00kN·m，位置：2.13m；

剪力　76.23kN，位置：6.40m；

挠度　7.09mm（↓），位置：跨中；

裂缝　0.11mm；

上钢筋：2Φ16，实际面积：402.12mm²，计算面积：344.73mm²；

下钢筋：5Φ18，实际面积：1272.35mm²，计算面积：1041.19mm²；

箍筋：Φ6@220，实际面积：257.04mm²/m，计算面积：228.57mm²/m。

1 支座：正弯矩　0.00kN·m；

负弯矩　−57.47kN·m；

剪力　48.63kN；

上钢筋：5Φ20，实际面积：1570.80mm²，计算面积：1320.69mm²；

下钢筋：4Φ12，实际面积：452.39mm²，计算面积：396.21mm²。

2 跨中：正弯矩 0.00kN·m，位置：0.67m；

负弯矩　−29.50kN·m，位置：0.67m；

剪力　48.63kN，位置：0.00m；

挠度　0.69mm（↑），位置：跨中；

裂缝　0.00mm；

上钢筋：4Φ14，实际面积：615.75mm²，计算面积：586.93mm²；

下钢筋：2Φ14，实际面积：307.88mm²，计算面积：229.82mm²；

箍筋：ϕ6@200，实际面积：282.74mm²/m，计算面积：228.57mm²/m。

2 支座：正弯矩　0.00kN·m；

负弯矩　0.00kN·m，

剪力　8.85kN；

上钢筋：2Φ14，实际面积：307.88mm²，计算面积：229.82mm²；

下钢筋：2Φ14，实际面积：307.88mm²，计算面积：229.82mm²。

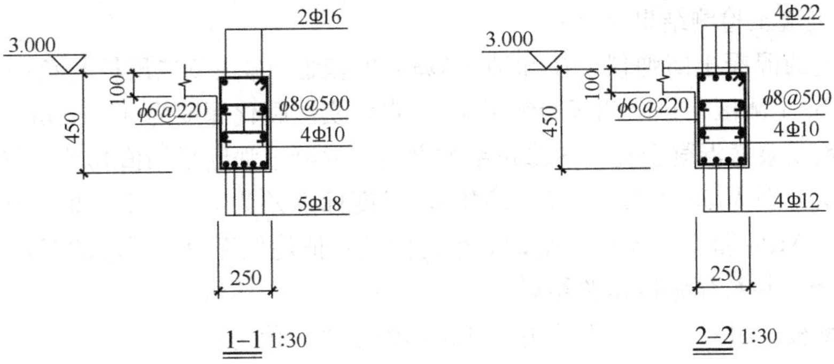

图 4-7　梁截面配筋图

4. 事故结论及教训

综合以上分析，可以得出进深梁断裂的主要原因是该梁受扭矩和剪力产生的较大剪应力，而梁的混凝土强度又过低，导致梁发生剪切破坏，其中混凝土骨料含过量的土块等有害杂质，又是混凝土强度过低的主要原因。

【实例 4-3】

1. 事故概况

某省一处建筑为地上 26～28 层（裙楼 5～6 层）、地下两层的框架-剪力墙结构，采用泵送商品混凝土施工。该工程地下二层柱与地下一层楼面梁接头混凝土于 2003 年 1 月 6 日试配，1 月 28 日浇捣，在浇捣⑪轴×Ⓓ轴和⑪轴×Ⓔ轴负二层柱与负一层梁接头（柱截面配筋如图 4-8 所示），混凝土（设计要求为 C50）时，误用了 C40 泵送商品混凝土。因而需对接头进行强度检测、分析与鉴定，以便正确处理该项混凝土施工质量事故。

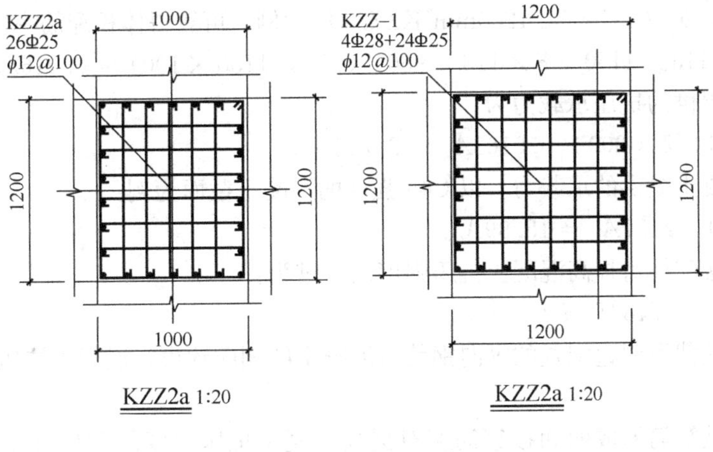

图 4-8　柱截面配筋

2. 混凝土配合比设计及试配结果

2003 年 1 月 6 日某省新生水泥厂混凝土生产供应站提供了混凝土配合比试配的结果，设计为 C40，采用质量比：水泥（P. O42.5）384kg、细骨料（中砂）676kg、粗骨料（卵石）1118kg、拌合水 160kg，外加 FDN-5L 高效减水剂 16kg，Ⅱ级粉煤灰 45kg，机械搅拌合捣固，坍落度 16～18cm，抗压强度实测值 3d 强度为 24.1N/mm²，7d 强度为 38.8N/mm²，28d 强度为 49.1N/mm²。以上配合比中的粗、细骨料均按干燥状态计量。

3. 现场混凝土检测结果

用经标定的混凝土回弹仪，在⑪轴×Ⓓ轴和⑪轴×Ⓔ轴负二层柱与负一层梁接头部位，回弹了 10 个测区，每个测区回弹了 16 个点，实测碳化深度为 0～1mm。考虑混凝土碳化降低系数及泵送混凝土提高的修正系数之后，混凝土强度平均值⑪轴×Ⓓ轴和⑪轴×Ⓔ轴梁柱接头分别为 55.9MPa 和 52.0MPa，强度标准差为 3.86MPa 和 3.98MPa；强度推定值为 49.6MPa 和 45.5MPa。龄期 5 个月的认定值均低于设计要求的 C50 强度等级。

4. 混凝土试块抗压强度试验结果

负一层梁板 5 组 C40 混凝土试块 28d 抗压强度平均值为：

$$f_{cm} = (41.0 + 42.4 + 42.4 + 41.8 + 43.4)/5 = 42.2\text{MPa}$$

5. 混凝土柱截面尺寸及配筋情况

⑪轴×Ⓓ轴和⑪轴×Ⓔ轴柱的截面尺寸 $b \times h$ 为（1000×1200）mm²（KZZ2a）和（1200×1200）mm²（KZZ-1）；配筋角筋为 4Φ25 和 4Φ28；b 边一侧中部筋为 5Φ25 和 6Φ25；h 边一侧中部筋均为 6Φ25；箍筋为 ϕ12 分别为 7×8 肢和 8×8 肢，中距 100mm。

6. 梁柱接头处混凝土强度分析

从上述立方体试块 28d 混凝土抗压强度和在现场对柱头用回弹法实测的混凝土抗压强度均未满足混凝土设计强度 C50 的要求，但还可从以下两个方面进行分析，以便作出鉴定意见。

（1）间接配筋对混凝土抗压强度的提高

从上述柱的截面尺寸和配筋情况可知，在梁柱接头处，由于箍筋为双向 7～8 肢 ϕ12 @100mm，在柱的竖向形成垂直间距为 100mm 的水平钢筋网。此外，柱截面 b 方向和 h 方向每边沿周边配有 7～8 根纵向钢筋，与水平箍筋形成空间的钢筋笼子。

以截面尺寸 $b \times h = 1000 \times 1200\text{mm}^2$ KZZ2a 柱为例，可算得体积配筋率：

$\rho_v = (7 \times 113 \times 1150 + 8 \times 113 \times 950)/(950 \times 1150 \times 100) = 0.0162$。

间接配筋提供的抗压承载力为：

$N_{U1} = 0.9 \times 2 \times 300 \times 0.0162 A_c = 8.748 A_c$。

由截面混凝土提供的承载力，以 C45 强度的混凝土截面为例：

$N_{U2} = 0.9 \times 21.1 A_c = 18.99 A_c$。

因此，间接配筋对提高混凝土抗压强度的贡献为：

$N_{U1}/N_{U2} = 8.748/18.99 = 46.1\%$。

若考虑沿柱截面周边配置的纵向钢筋对混凝土的侧向约束，混凝土抗压承载力还会有所提高。

由双向多肢箍筋形成的间接钢筋网对提高混凝土抗压强度的贡献可偏安全地考虑为 15%，按实测混凝土抗压强度较小值 45.5MPa 计算，混凝土的抗压强度可提高为 45.5×1.15=52.3MPa>50MPa。因而能满足混凝土强度等级为 C50 的设计要求。

（2）随龄期增长混凝土强度的提高

混凝土水泥水化过程是时间的函数，因此，混凝土的强度随龄期而变化，一般环境条件下龄期愈长，强度亦愈高，但龄期愈长，强度增长的幅度愈小。强度与龄期的关系，有以下几种经验描述：

1）欧布雷姆的对数公式：

$$f_{c(t)} = A\log\tau + B \tag{4-1}$$

式中 τ——试验时混凝土的龄期，以 d 计；

$f_{c(t)}$——龄期为 τ(d) 天的混凝土抗压强度；

A、B——系数，与水泥品种、养护条件等因素有关，由试验确定。

2）以 28d 龄期为标准的混凝土后期强度公式：

$$f_{c(t)} = tf_{c(28)}/(a + b\tau) \tag{4-2}$$

式中 τ——混凝土龄期；

$f_{c(28)}$——混凝土龄期为 28d 的抗压强度；

a、b——系数，随水泥品种及养护条件而定。

如取 $a=1$、$b=0.8$、$\tau=120$d、$f_{c(28)}=42.2$MPa，可算得：

$$f_{c(28)} = 120 \times 42.2/(1 + 0.8 \times 120) = 52.2\text{MPa} > 50\text{MPa(可)}$$

3）第六届国际预应力混凝土会议建议值，对于湿养温度 15～20℃条件下普通硅酸盐水泥配制的混凝土，其 τ(d) 龄期的抗压强度和 28d 龄期的抗压强度之比如表 4-7 所示：

τ（d）和 28d 抗压强度比值 表 4-7

混凝土龄期（d）	3	7	28	90	360
普通硅酸盐水泥	0.4	0.65	1.00	1.20	1.35
早强快硬硅酸盐水泥	0.55	0.75	1.00	1.15	1.20

根据第六届国际预应力混凝土会议建议的 τ(d) 天和 28d 抗压强度比值的关系（见表 4-7）对普通硅酸盐水泥按照公式（4-1）可偏保守地描述为：

$$f_{c(t)} = (0.1\log\tau + 1)f_{c(28)} \tag{4-3}$$

上式适用于：$\tau > 90$d 龄期混凝土抗压强度的估算。

如当 $\tau = 90$d：

$$f_{c(90)} = (0.1\log 90 + 1)f_{c(28)} = 1.195f_{c(28)}$$

如当 $\tau = 365$d：

$$f_{c(365)} = (0.1\log 365 + 1)f_{c(28)} = 1.26f_{c(28)}$$

如当 $\tau = 3650$d：

$$f_{c(3650)} = (0.1\log 3650 + 1)f_{c(28)} = 1.36f_{c(28)}$$

当龄期小于 90d，而大于 28d 时，可按下式计算：

$$f_{c(t)} = (0.49\log\tau + 0.29)f_{c(28)} \tag{4-4}$$

KZZ-1 和 KZZ2a 到回弹检测的日期止，其龄期为 150d，即 $\tau = 150$d，$f_{c(28)} = 42.2$MPa。按（4-3）式计算的结果为：

$$f_{c(150)} = (0.1\log 150 + 1) \times 42.2 = 51.38\text{MPa} > 50\text{MPa}$$

7. 结论

根据 28d 混凝土试块试压结果、150d 龄期回弹实测数据，仅考虑双向多肢箍筋作为间接钢筋的约束作用对混凝土抗压强度提高的贡献，或仅考虑混凝土强度随龄期增长的特性，KZZ1 和 KZZ2a 梁柱接头处的混凝土实际抗压强度可满足 C50 的设计要求。

4.3 结构设计原因造成的工程事故

4.3.1 原因分析

钢筋混凝土结构中因设计失误造成的质量事故虽然不是很多，可一旦发生就比较严重。其主要原因有以下几个方面：

1. 方案欠妥

例如：房屋长度过长而未按规定设置伸缩缝；把基础置于持力层的承载力相差很大的两种或多种土层上而未妥善处理；房屋形体不对称，荷载分布不均匀；主、次梁支承受力不明确，工业厂房或大空间采用轻屋架而没有设置必要的支撑；受动力作用的结构与振源振动频率相近而未采取措施；结构整体稳定性不够等。

2. 计算错误

例如：计算和绘图错误而又未认真校对；荷载漏算或少算；抄了一个图或采用标准图后未结合实际情况复核，有的甚至认为原有设计有安全储备而任意减小断面，少配钢筋或降低材料强度等级；所遇问题比较复杂，简化不当；盲目相信电算，输入有误或与编制程序的假定不符；设计时所取可靠度不足等。

3. 构造处置不当

例如：梁下未设置梁垫；预埋件设置不当；钢筋锚固长度不够，节点设计不合理等。

4. 突发事故缺少二次防御能力

例如：英国某公寓住宅因 17 层一家住户燃气爆炸而引起整个楼层连续倒塌；而我国某招待所因食堂煤气爆炸致使整个建筑倒塌；再如某商店因一底层柱被汽车撞坏导致整个房屋破坏等。

4.3.2 工程事故实例分析

【实例 4-4】

1. 事故概况

某学校综合教学楼共两层，底层及二层均为阶梯教室，顶层设计为上人屋顶，可作为文化活动场所。主体结构采用三跨，共计 14.4m 宽的复合框架结构，如图 4-9 所示。屋面为 120mm 现浇钢筋混凝土梁板结构，双层防水。楼面为现浇钢筋混凝土大梁，铺设 80mm 的钢筋混凝土平板，水磨石地面，下为轻钢龙骨、吸音石膏板吊顶。在施工过程中拆除框架模板时发现复合框架有多处裂缝，并且发展很快，对结构安全造成危害，被迫停工检测。

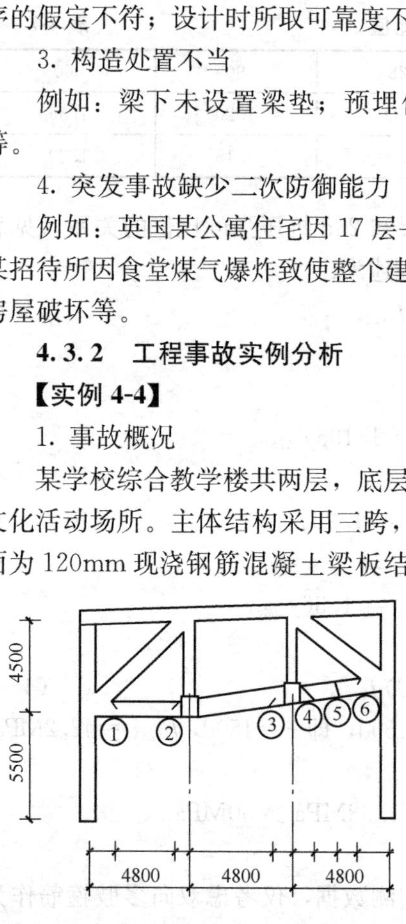

图 4-9 复合框架裂缝示意图

2. 事故分析

经分析，造成这次事故的主要原因是选型不当，框架受力不明确。按框架计算，构件横梁杆件主要受弯曲作用，但本楼框架两侧加了两个斜向杆，属画蛇添足之举。斜杆将对横梁产生不利的拉伸作用。在具体计算时，因无类似的结构计算程序可供选用，简单地将中间竖杆作为横向杆的支座，横梁按三跨连续梁计算，实际上由于节点处理不当和竖杆刚性不够而出现较大的弹性变形，斜杆向外的扩展作用明显。按刚性支承的连续梁计算来选择截面本来就偏小，弯矩分布也与实际结构受力不符。加上不利的两端拉伸作用，下弦横梁就出现严重的裂缝。

3. 事故处理

本楼为大开间教室，使用人数集中，安全度要求高一些，而结构未使用便严重开裂，显然不宜使用，决定加固。加固方案不考虑原结构承载力，而是采用与原结构平行的钢桁架代替上部结构，基础及柱子也作相应加固，虽然加固及时未造成人员伤亡，但加固费用很大，造成很大的经济损失。

【实例 4-5】

1. 事故概况

某大学教学楼阶梯教室为 3 层半圆形框架结构，层高 7.6m。最大的框架梁跨度为 20.5m，高度为 2.0m，宽度为 0.3m，框架柱有两种类型，一种为直径 600mm 的圆形，一种为 600mm×600mm 的方形。该框架结构因梁的线刚度比柱的线刚度大 16 倍以上，梁按简支梁，柱按中心受压构件绘制计算简图。混凝土等级为 C20，因考虑混凝土后期强度，设计人员允许梁按 C15 混凝土进行施工，柱按 C20 混凝土进行施工。此工程主体结构完工后，装饰工程因故暂停。三年后复工时发现 20.5m 梁跨上有很多裂缝，多数裂缝宽度在 0.5～0.7mm 之间，最宽达 1.0mm，裂缝大体可分四类：第一类，几乎贯通梁全高，中间宽两头细，间距大体相近；第二类，位于梁端部的斜裂缝，大体呈 45°；第三类，沿梁主筋位置的竖缝较短，间距大体相近；第四类，柱顶部和底部的水平裂缝。

2. 事故分析

事故发生后，对梁、柱进行了测试，实测梁的混凝土只达 C10～C15，柱的混凝土可达 C20。对于第一类裂缝，估计为混凝土收缩引起的裂缝。该梁在露天状态下经历了三年的风吹日晒是形成这类裂缝的主因。由于该梁顶、底部纵筋很多，而中部腰筋又少又细，难以约束混凝土的收缩变形，故这种裂缝中间宽两头细且等间距。另外，这种裂缝发展多还与混凝土强度等级低有关。混凝土强度越低，梁正截面和斜截面的抗裂度也就越低，由此而产生的裂缝会和因混凝土收缩而产生的裂缝结合起来。

而第二类裂缝位于梁端，是由于梁的主拉应力超过混凝土抗拉强度所致。该梁复核时算得的梁端主拉应力大于 C10 混凝土的抗拉强度。但斜裂缝发生后，斜截面上有箍筋和弯起钢筋参加工作，本来可以阻止斜裂缝扩展。但是，由于混凝土的收缩，箍筋采用 $\phi6$，这对于 $h=2$m 的梁，直径太细；弯筋采用 2 Φ 32，直径过粗，它会导致裂缝过宽。因此就造成了严重的斜裂缝。

第三类裂缝是截面弯矩超过该截面抗裂度所致。

第四类裂缝的形状是顶部裂缝在柱外侧、底部裂缝在柱内侧，开裂位置与框架柱的弯矩图受拉边缘一致。经复核，开裂的柱截面在弯矩和轴力共同作用下的承载力是不足的。因此可以判断该裂缝主要由于柱截面抗压弯承载力不足所致，还和混凝土强度等级偏低以及混凝土的施工缝位置有关。

3. 事故结论及教训

此工程临近破坏的第一因素是框架柱的承载力不足，这是由于计算简图选用不当造成的。第二因素是设计构造不当和施工不当所造成的。实际的混凝土强度等级过低；箍筋直径过小；腰筋配置过稀；纵向主筋、弯起钢筋直径较大。从梁的挠度和裂缝估计，按装修前实际荷载计算已接近或超过规范允许值，如果按使用荷载估计，将超过更多。虽然该工程在施工期间尚不至于破坏，但在日后使用荷载作用下，很可能发生破坏，因此必须进行加固处理。

通过本实例分析，要吸取的教训是：该工程结构的跨度大、构件的截面高。遇到这类结构时，要谨慎处理内力分析、设计构造和施工中的细节问题。

(1) 应按框架结构而不应按简支构件进行内力分析。在一般情况下，如梁与柱的线刚度比大于 8 时，梁近似按简支梁，柱按中心受压构件分析是可以的。但在大跨框架中，柱端弯矩的绝对值较大，忽略这个弯矩是不安全的。

(2) 应做裂缝和变形验算，本例这两方面均不满足《混凝土结构设计规范》GB 50010—2010 规定的限值。

(3) 应谨慎对待设计构造问题，本例中 2m 高的大梁箍筋直径偏细，腰筋布置过稀且直径偏细，梁端腹板未加厚，混凝土强度等级过低，是产生事故的重要原因。尤其在设计时不应挖掘混凝土后期强度这个潜力。

(4) 对于大跨、大截面构件的混凝土施工，做好浇筑过程中振捣和留施工缝，以及浇筑后的养护十分重要。本例的施工未能保证设计要求的混凝土强度，未做好混凝土的养护，无疑加重了质量事故的危害程度。

【实例 4-6】

1. 事故概况

如图 4-10 所示，某市一百货商店，主体为 3 层，局部为 4 层，主体结构采用钢筋混凝土框架结构。框架柱开间 6.6m，层高 4.5m，框架柱采用现浇钢筋混凝土，强度等级为

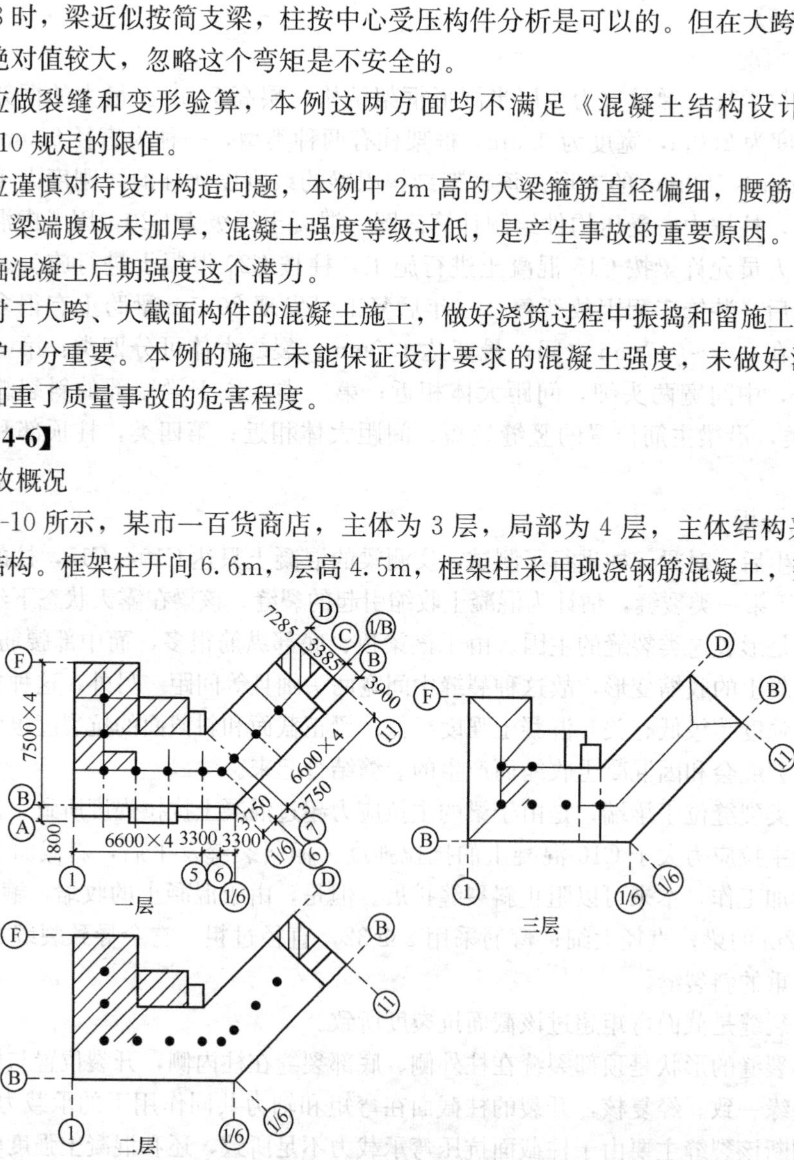

图 4-10　某百货大楼倒塌情况示意图（影线部分表示倒塌部位）

300号（相当于C28），楼板为预应力圆孔板。工程于1982年开工，当主体结构已全部完工，四层外墙已装饰完毕，在层面铺找平防水层时，发生大面积倒塌。经检查，其中有5根柱子被压酥，8根横梁被折断。

2. 事故分析

经复核，原设计计算有严重失误，主要有以下几方面：

(1) 漏算荷载。其中有些饰面荷载未计算，屋面炉渣找坡平均厚度为100mm，而设计中仅按檐口处的厚度45mm计算，偏小很多。

(2) 框架内力计算有误。主要是未考虑内力不利组合，致使有10处横梁计算配筋面积过小。有一层大梁的支座配筋量仅为正确计算所需的44%～46%。

(3) 计算简化不当。实际结构是预制板支于次梁上，次梁支于框架梁上。次梁为现浇连续梁，计算时按简支梁计算反力，将此反力作为框架梁上的荷载。实际上其第二支座处的反力比按简支梁计算要大，简支梁为0.5ql，连续梁为0.625ql，由次梁传给框架梁的荷载少计了20%。

3. 结论

由于计算错误，导致实际钢筋配置量比需要量少很多，施工质量也较差，设计和施工都有问题。问题叠加，最终引发事故。

【实例4-7】

1. 事故概况

如图4-11所示，北京某旅馆的某区为6层两跨连续梁的现浇钢筋混凝土内框架结构。上铺预应力空心楼板，房屋四周的底层和二层为490mm厚承重砖墙，二层以上为370mm厚承重砖墙。全楼底层5.0m高，用作餐厅，底层以上层高3.6m，用作客房。底层中间柱截面为圆形，直径550mm，配置9Φ22纵向受力钢筋，ϕ6@200箍筋。柱基础的底面积为3.50m×3.50m的单柱钢筋混凝土阶梯形基础；四周承重墙为砖砌大放脚条形基础，底部宽度1.60m，持力土层为黏性土，二者均是以地基承载力f_k=180kPa，并考虑基础宽度、深度修正后的地基承载力特征值设计的。该房屋的一层钢筋混凝土工程在冬期进行

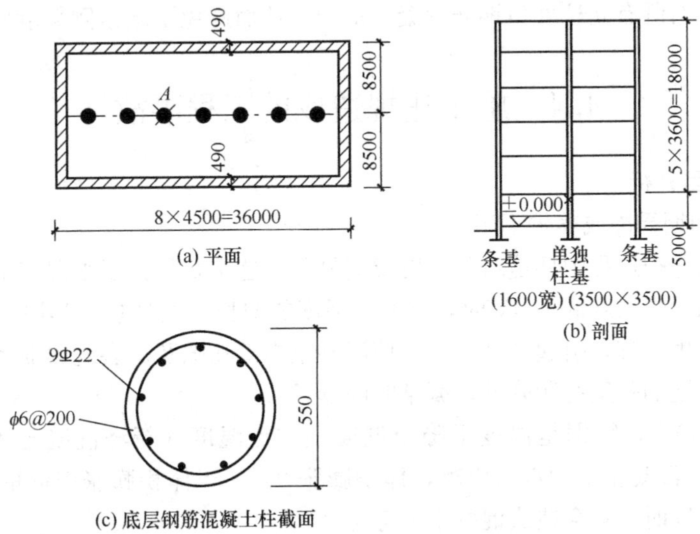

图4-11 某区示意图

施工，为混凝土防冻考虑而在浇筑混凝土时掺入了水泥用量3%的氯盐。该工程建成使用两年后，某天突然在底层餐厅A柱柱顶附近，掉下一块约40mm直径的混凝土碎块。餐厅和旅馆立即停业，查找原因。

2. 事故分析

经检查发现，在该建筑物的结构设计中，对两跨连续梁施加于柱的荷载，均是按每跨50%的全部恒荷载、活荷载传递给柱估算的，另50%由承重墙承受，与理论上准确的两跨连续梁传递给柱的荷载相比，少算25%的荷载。柱基础和承重墙基础虽均按 $f_k=180kPa$ 时设计，但经复核，两侧承重墙下条形基础的计算沉降量估计在45mm左右，钢筋混凝土柱下基础的计算沉降量估计在34mm左右，它们间的沉降差为11mm，是允许的。但是，由于支承连续梁的承重墙相对“软”（沉降量相对大），而支承连续梁的柱相对“硬”（沉降量相对小），致使楼盖荷载向柱的方向调整，使得中间柱实际承受的荷载比设计值大，而两侧承重墙实际承受的荷载比设计值要小。

综上分析，柱实际承受的荷载将比设计值要大很多。柱虽然按直径550mm圆形截面钢筋混凝土受压构件设计，配置9Φ22纵向钢筋，从截面承载力看是足够的，但箍筋配置不合理，表现为箍筋截面过细、间距过大、未设置附加箍筋，也未按螺旋箍筋考虑，致使箍筋难以约束纵向受压钢筋承受压力后的侧向压屈。底层混凝土工程是在冬期施工的，混凝土在浇筑时掺加了氯盐防冻剂，对混凝土有盐污染影响，对混凝土中的钢筋腐蚀起催化作用。从底层柱破坏处的钢筋实况分析，纵向钢筋和箍筋均已生锈，箍筋直径原为 ϕ6mm，锈后实为 ϕ5.2mm。因此，箍筋难以承受柱端截面上纵筋侧向压屈所产生的横拉力，其结果必然使箍筋在其最薄弱处断裂，断裂之后混凝土保护层剥落，混凝土碎块下掉。

3. 事故结论及教训

该事故主要是由静力分析、沉降估算和箍筋配置等方面设计不当，以及施工时加氯盐防冻又对钢筋未加任何阻锈措施的多重原因造成的。由于问题暴露及时，又引起了使用者的高度重视，采措立即停业，卸去使用活荷载，临时加固的措施，同时进行检查分析，并根据事故成因，对既有立柱外包钢筋混凝土加固，从而避免了旅馆倒塌事故。

4.4 施工违规造成的工程事故

4.4.1 原因分析

1. 混凝土初期受冻或养护不当

混凝土初期养护过程中环境对其强度影响显著，这主要是由于水泥在水化硬化过程中对温度十分敏感。当温度低于5℃时，混凝土强度的增长明显延缓。其原因主要是混凝土中过冷的水会发生迁移，引起各种压力，使混凝土内部孔隙及微裂缝逐渐增大、扩展、互相连通，使混凝土的强度有所降低，凝结时间延长。

当温度低于0℃，特别是温度下降至混凝土冰点温度（新浇混凝土冰点为−0.3～0.5℃）以下时，混凝土中的水结成冰，体积膨胀9%。当体积膨胀引起的压力超过混凝土所能承受的强度时，就会造成混凝土的冻害。

当温度低、风速大时，新浇筑混凝土结构外露部分的冷却速度相应加快，对大体积混凝土还可能造成内外温度差增加，形成混凝土表面裂缝。

已建成的混凝土工程，在经常遭受反复交替的正负温度情况下，也有可能发生冻融破坏。其主要原因是混凝土微孔隙中的水，在正负温度交替作用下形成冰胀压力和渗透压力联合作用的疲劳应力，使混凝土产生由表及里的剥蚀破坏，从而降低混凝土的强度，影响建筑物的安全使用。

普通硅酸盐水泥混凝土 28d 以内在水中养护时的强度增长情况如图 4-12 所示：

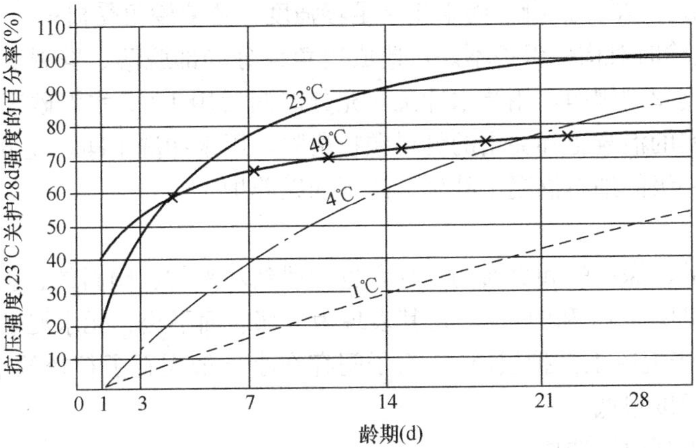

图 4-12 养护温度对普通硅酸盐水泥混凝土强度的影响

早期受冻的钢筋混凝土构件往往存在以下缺陷：

(1) 混凝土浇筑后立即受冻，其抗压强度损失可达 50%以上，其抗拉强度损失可达 40%。即使后期正温 3 个月，也不会恢复其原有设计强度水平。这对混凝土构件使用后的各种指标（强度、抗裂、抗渗等）影响很大。

(2) 混凝土冻结时水泥石和集料间的粘结力遭到损伤，使混凝土的弹性模量大大降低。

(3) 冻结后的混凝土内部组织松散，严重地影响其耐久性。

(4) 一旦钢筋混凝土构件遭冻害，影响最严重的部位在构件外露部分，而以混凝土保护层最为严重。因此遭冻害的构件拆模后混凝土保护层有可能沿钢筋脱落。

(5) 若混凝土集料中夹杂有冻结的淤泥或黏土覆裹物，还会出现混凝土冻胀开裂的现象。

2. 混凝土麻面、掉角、蜂窝、露筋和空洞

在混凝土施工过程中，由于搅拌、运输的时间过长或振捣不良等原因会造成混凝土出现麻面、掉角、蜂窝、露筋和空洞等现象。

(1) 麻面

麻面是混凝土表面缺浆、起砂、掉皮的缺陷，表现为构件外表呈现质地疏松的凹点，其面积不大（$\leqslant 0.5m^2$）、深度不深（$\leqslant$5mm），且无钢筋裸露现象。这种缺陷一般是由于模板润湿不够、支架不严、捣固时发生漏浆或振捣不足、气泡未排出以及捣固后没有很好养护而产生。麻面虽对构件承载力无大影响，但由于表面不平，在凹凸处容易发生各种物理化学作用，从而破坏构件表皮，影响结构的外观和耐久性。麻面的处理可用钢丝刷将表面疏松处刷净，用清水冲洗，充分湿润后用水泥浆或 1：2 水泥砂浆抹平。修补后按一般

结构面层做法进行装饰。

(2) 掉角

掉角指梁、柱、墙、板和孔洞处直角边上的混凝土局部残损掉落。产生掉角的原因有：

1) 混凝土浇筑前模板未充分湿润，造成棱角处混凝土失水或水化不充分，强度降低，拆模时棱角受损；

2) 拆模或抽芯过早，混凝土尚未建立足够强度，致使棱角受损；

3) 起吊、运输时对构件保护不好，造成边角部分局部脱落、劈裂受损等。掉角较小时，可将该处用钢丝刷刷净，用清水冲洗，充分湿润后用 1：2 水泥砂浆抹补整齐。掉角较大时，可将不实的混凝土和突出的骨料颗粒凿除，用水冲洗干净，充分湿润后支模，用比原强度等级高一级的细石混凝土补好，认真加以养护。

(3) 蜂窝

蜂窝有表面的、深进的和贯通的三种，也常遇到水平的、倾斜的、斜交的单独蜂窝和相连的蜂窝群（见图 4-13 和图 4-14)。其表现为局部表面酥松、无水泥浆、粗骨料外露深度大于 5mm（小于混凝土保护层厚)，石子间存在小于最大石子粒径的空隙，呈蜂窝状。有蜂窝的混凝土强度很低。

蜂窝一般由下列原因造成：

1) 混凝土在浇筑时振捣不严，尤其是没有逐层振捣；

2) 混凝土在倾倒入模时，因倾落高度太大而分层；

3) 采用干硬性混凝土或施工时混凝土材料配合比控制不严，尤其是水胶比太低；

4) 模板不严密，浇筑混凝土后出现跑浆现象，水泥浆流失；

5) 混凝土在运输过程中已有离析现象。

图 4-13 钢筋混凝土框架上的麻面

图 4-14 钢筋混凝土柱的蜂窝

蜂窝往往出现在钢筋最密集处或混凝土难以捣实的部位，如构件节点部位。构件（板、梁、柱、墙、基础）不同部位不同形状的蜂窝，其危害性是不同的。若板、梁、柱的受压区存在蜂窝，会影响构件的承载力，而在其受拉区存在蜂窝，则会影响构件的抗裂度，并使钢筋锈蚀，从而影响构件的承载力和耐久性；在柱、墙一侧存在蜂窝，往往会改变构件的受力状态（产生偏压状态）。若在其内部存在深进和贯通的蜂窝，则常常是结构丧失稳定甚至倒塌的直接原因；在防水混凝土中存在蜂窝，是造成渗水、漏水的隐患。

（4）露筋

露筋是指拆模后钢筋暴露在混凝土外的现象，如图4-15所示。其产生原因主要是浇筑时垫块扰动，使钢筋紧贴模板，以致保护层厚度不足所致；有时也因保护层的混凝土振捣不密实或模板湿润不够、吸水过多造成掉角而露筋。露筋影响钢筋与混凝土的黏着力，使钢筋易于生锈，损害构件的抗裂度和耐久性。梁柱拆模后主筋露筋长度大于100mm，累计长度大于200mm；板、墙、基础拆模后主筋露筋长度大于200mm，累计长度大于400mm，均为不合格的混凝土工程。在任何情况下，梁端主筋锚固区内有露筋（或1/4跨度内有大于5%跨长的主筋露筋）都是不允许的。

图4-15　混凝土露筋

（5）空洞

混凝土灌注时一些部位堵塞不通，构件中就会产生空洞。空洞不同于蜂窝，蜂窝的特征是存在着未捣实的混凝土或缺水泥浆，而空洞却是局部或全部没有混凝土。空洞的尺度通常较大，以至于钢筋全部裸露，造成构件内贯通的断缺，致使结构发生整体性破坏。

空洞往往在结构构件的下列部位出现：

1）有较密的双向配筋的钢筋混凝土板或薄壁构件中；

2）梁下部有较密的纵向受拉钢筋处或梁的支承处；

3）正交梁的连接处或梁与柱的连接处；

4）钢筋混凝土墙与钢筋混凝土底板的连接处；

5）钢筋混凝土构件中预埋件附近。

3. 模板质量和施工存在的缺陷

（1）模板要求坚固、严密、平整、内面光滑，常见模板的缺陷有：

1）强度不足或整体稳定性差而引起塌模；

2）刚度不足，变形过大，造成混凝土构件歪扭；

3）木模板未刨平、钢模板未校正、拼缝不严，引起漏浆，造成混凝土麻面、蜂窝孔洞等毛病；

4）模板内部不平整、不光滑或未涂隔离剂，拆模时与混凝土粘结，硬撬拆模，造成脱皮、缺棱掉角；

5）混凝土未达到需要的强度，过早拆模，引起混凝土构件破坏。

（2）模板工程常见质量通病可归纳为以下几点：

1）刚度、强度和稳定性得不到保证

① 重要的、较高、较复杂的现浇混凝土无模板设计或论证方案，未按验评标准及地方规定对模板工程作同步验评；

② 承重模板垂直支撑体系刚度不足，缺斜撑或十字拉杆，拉杆太稀，垂直立撑压曲等导致系统变形甚至失稳。

2）轴线位移和标高偏差甚至错误

① 轴线定位错误；

② 墙、柱模板根部和顶部无固定措施，发生偏差后不做认真校正造成累积误差；

③ 不拉水平、竖向通线，无竖向总垂直度控制措施，或浇混凝土时不作复查难以发现模板变形跑位；

④ 每层楼无标高控制点，竖向模板根底未做找平（如用砂浆找平不得深入墙、柱体），且易造成漏浆、烂根；

⑤ 模扳顶部无标高标记（特别是墙体大模板顶标高、圈梁顶标高、设备基础顶标高）或不按标记检查施工，墙体模顶未按浮浆厚度支高一些，以保证浮浆剔除后墙面顶混凝土正好超过楼板底 3～5mm；

⑥ 楼梯踏步支模未考虑不同装饰层厚度差。

3）接缝不严，接头不规则

① 模板制作安装周期过长，造成干缩缝过大，浇混凝土前不提前浇水湿润胀开，木模制作粗糙，拼缝不严；

② 钢模变形不修整；

③ 堵缝措施不当（如用油毡条、塑料布、泡沫等堵模板缝，拆模时难以拆净，影响结构与装饰）；

④ 梁柱交接部位，楼梯间、大模板接头尺寸不准，错台，不交圈（整体性、密闭性、精确度、接槎平整度差将造成事后混凝土大量剔凿）。

4）隔离剂涂刷及模内清理不符合要求

① 拆模后不清除模板残灰即涂刷隔离剂，或不严格清理工序，或不为工人创造清理条件；

② 隔离剂涂刷不匀或漏涂，或立模上刷油过多，主筋不设（或少设）垫块，隔离剂污染钢筋或流淌下来污染混凝土接槎；

③ 油性隔离剂使用不当，油污钢筋、混凝土；

④ 水性隔离剂雨天无遮盖措施，被冲洗；

⑤ 隔离剂选用不当，影响混凝土表面装饰工程质量；

⑥ 墙、柱根部的拐角或堵头、梁柱接头最低点不留清扫口，或所留位置无法有效清扫；

⑦ 封模之前未做第一道清扫；

⑧ 钢筋已绑，模内未用压缩空气或压力水清扫；

⑨ 大体积混凝土底板垫层、后浇带（缝）底部未设施工用清扫集水坑。

5）斜模板存在问题以及拆模时混凝土受损

① 较大斜坡混凝土不支面层斜模，混凝土无法振实；

② 面层斜模与基底面不拉结、不固定，混凝土将模板浮起；

③ 拆侧模过早过猛，破坏混凝土棱角或低温时墙体粘连（常温混凝土同条件试块强度大于或等于 1.2MPa）；

④ 承重底模未按规范规定强度拆模；

⑤ 未留同条件养护试块，或试块留置不当、不足，又不测温计算混凝土强度，无法指导拆模。

6）封闭或竖向的模板无排气口、浇捣口

① 对墙体内大型预留洞口模底、杯形基础杯斗模底等未设排气口，对称灌注混凝土时易产生气囊，使混凝土不实；

② 高墙、高柱侧面无浇捣口，又无有效措施，造成混凝土灌注自由落距太大，易离析，无法保证浇捣质量。

7）其他支模错误

① 不按规定起拱（如现浇梁跨度大于等于 4m 时应起拱 1‰～3‰）；

② 预埋件、预留孔支模时遗漏；

③ 合模前未与钢筋、水、电等协调配合；

④ 支模顶撑在受力筋上电弧点焊，损伤受力筋；

⑤ 抗渗混凝土支模没有止水措施；

⑥ 施工缝未支模或在立缝处施工仅用钢丝网不插模板，混凝土无法振捣。

4. 施工缝设置不当

钢筋混凝土结构在灌注混凝土时宜连续浇灌，不留缝隙。但是有些工程的混凝土量很大，而实际施工条件如人力、时间、设备能力、模板及钢筋就位等受到限制，不得不中断浇灌，等到再进行灌注时，新旧混凝土间形成一条连接缝，称为施工缝。施工缝如果处理不好，往往会形成结构中的缺陷和弱点，对结构的受力、整体性和防水都不利。处理不当的混凝土施工缝往往表现为在构件中留有可见的缝隙和夹层。它们具有水平的、竖向的、倾斜的、曲折的形状（见图 4-16），缝隙说明新旧混凝土连接不好，且把结构分隔成几个不相连接的部分。夹层内混凝土不密实，甚至无水泥石，这往往是旧混凝土太干燥，吸走了新浇灌混凝土中的水分，或者由于新浇灌混凝土粗集料下沉、水泥浆上溢，或者由于新浇灌混凝土夹杂外来杂物所致。

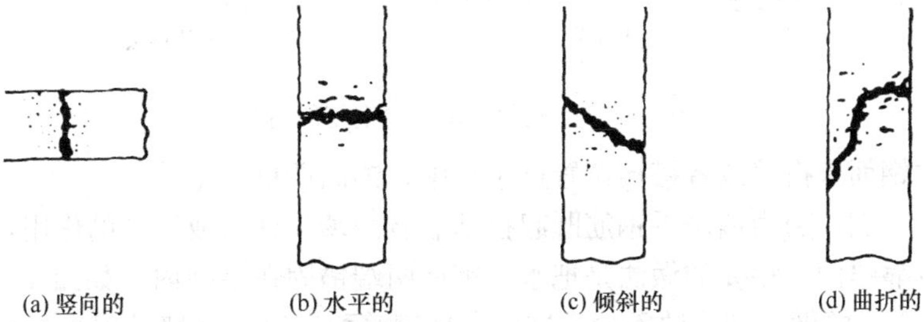

图 4-16 混凝土构件中带缺陷的施工缝

5. 钢筋配置存在缺陷

在钢筋混凝土构件施工中，钢筋配置是否正确，直接关系结构的承载能力和刚度特征。在实际工程中，除因设计或施工原因使构件配筋不足引起混凝土工程缺陷和事故外，还有以下几个问题值得注意。

（1）受力钢筋位置发生重大失误

如：某百货大楼一层橱窗上设置有挑出 1200mm 的通长现浇钢筋混凝土雨篷，如图 4-17 所示，由于受力钢筋位置发生错位，拆模时发生从雨篷根部折断的事故。

（2）钢筋搭接位置错误，变截面柱钢筋内收

1）受弯构件正弯矩钢筋一般不允许在跨中搭接，受拉构件不允许采用搭接接头。受弯构件正弯矩钢筋不允许在跨中 1/3 跨度内有焊接接头，框架柱和剪力墙的纵筋搭接位置应按规范要求错开，这在施工中必须严格遵守。

2）高层建筑经常采用的变截面柱和变截面剪力墙，应按图 4-18a 所示方法内收。而不能采用图 4-18b 所示的 90°或接近 90°的方法内收。

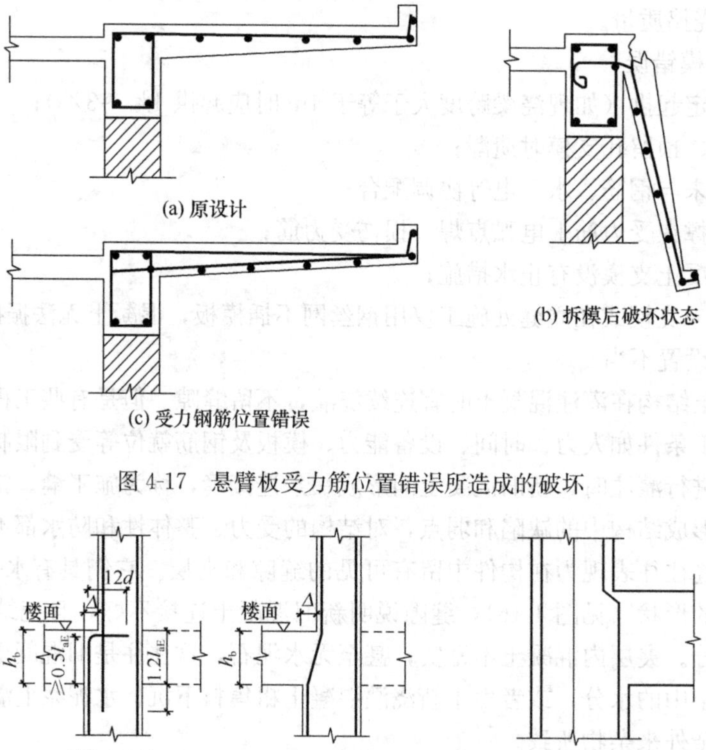

图 4-17　悬臂板受力筋位置错误所造成的破坏

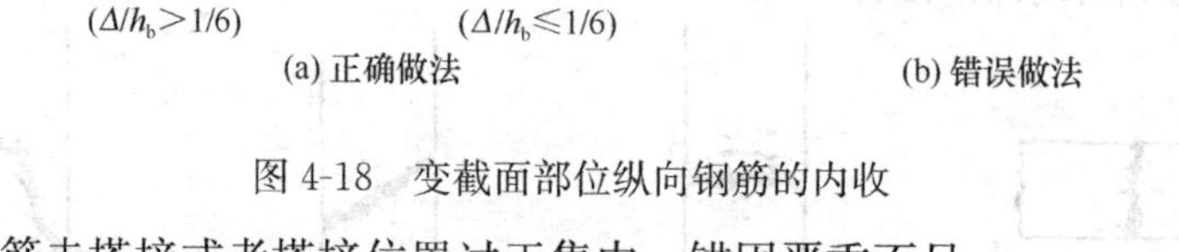

图 4-18　变截面部位纵向钢筋的内收

（3）受力钢筋未搭接或者搭接位置过于集中，锚固严重不足

以剪力墙为例，剪力墙水平钢筋既起拉结墙肢两端暗柱（或柱）的作用，又抵抗水平剪力，应当可靠锚固。稳妥的做法是把水平钢筋两端锚固在暗柱内，如图 4-19b 所示，但施工中按图 4-19a 的做法却为数不少，这样水平钢筋两端锚固在墙的保护层里，若因某种原因保护层脱落后，水平钢筋在两端即失去锚固，墙肢两端的暗柱（或柱）失去拉结而变

成两个独立柱，这样就完全改变了剪力墙的受力状态，对结构抵抗水平地震力极为不利。

（4）受力钢筋保护层厚度不足或严重偏差

《混凝土结构设计规范》GB 50010—2010 规定，纵向受力的普通钢筋及预应力钢筋，保护层厚度（钢筋外边缘至混凝土表面的距离）不应小于钢筋的公称直径且应符合表 4-8 的规定。

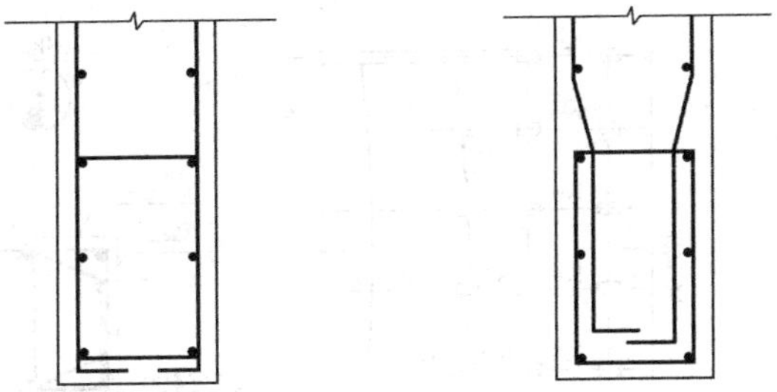

图 4-19　剪力墙钢筋锚固

纵向受力钢筋的混凝土保护层最小厚度（mm）　　表 4-8

环境类别及耐久性作用等级	板、墙、壳		梁、柱		
	≤C25	≥C30	≤C25	C30～C45	≥C50
一	20	15	20	20	15
二 b	—	20	—	25	20
三 b	—	20	—	30	25
四 b	—	25	—	35	30
二 c	—	30	—	35	30
三 c	—	30	—	40	35
四 c	—	35	—	45	40
三 d	—	40	—	50	45
四 d	—	45	—	55	50

注：设计使用年限为 100 年的混凝土结构，保护层最小厚度取为表中数值的 1.4 倍。

如某住宅楼为 4 层砖混结构，采用双向板现浇钢筋混凝土楼盖，开间和进深分别为 3.5m 和 5.2m，板厚 80mm，主体结构完成后，发现各层楼板中部下凹，呈锅底形，板在支承边附近普遍发生贯通连续裂缝，裂缝宽度在 1～2mm，如图 4-20 所示，经检查发现板的支座处钢筋在施工过程中被踩下，ϕ8 负弯矩钢筋离板下表面仅 8～12mm，原设计中板的有效高度 h_0 为 65mm，结果仅有 21～25mm，且板厚也不均匀，实测板厚仅为 60～70mm，故严重降低了板的承载能力，刚度也不能满足使用要求。

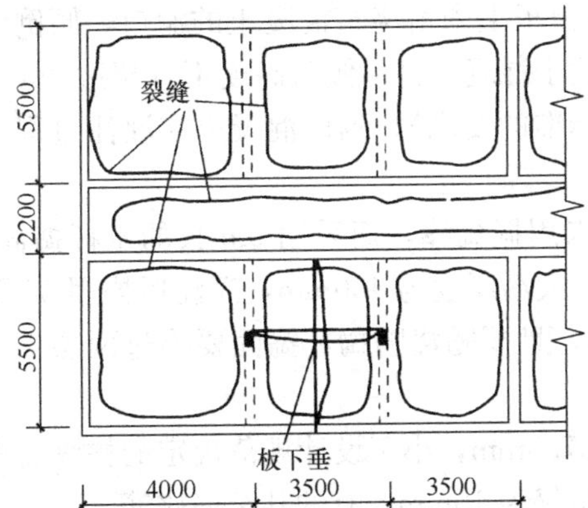

图 4-20　板的负弯矩钢筋被踩后裂缝表现

4.4.2　工程事故实例分析

【实例 4-8】

1. 事故概况

如图 4-21 所示，某剧院观众厅看台为框架结构，底层柱从基础到一层大梁，7.2m 高，截面为 740mm×740mm，在 14 根钢筋混凝土柱子中有 13 根有严重的蜂窝现象。具体情况

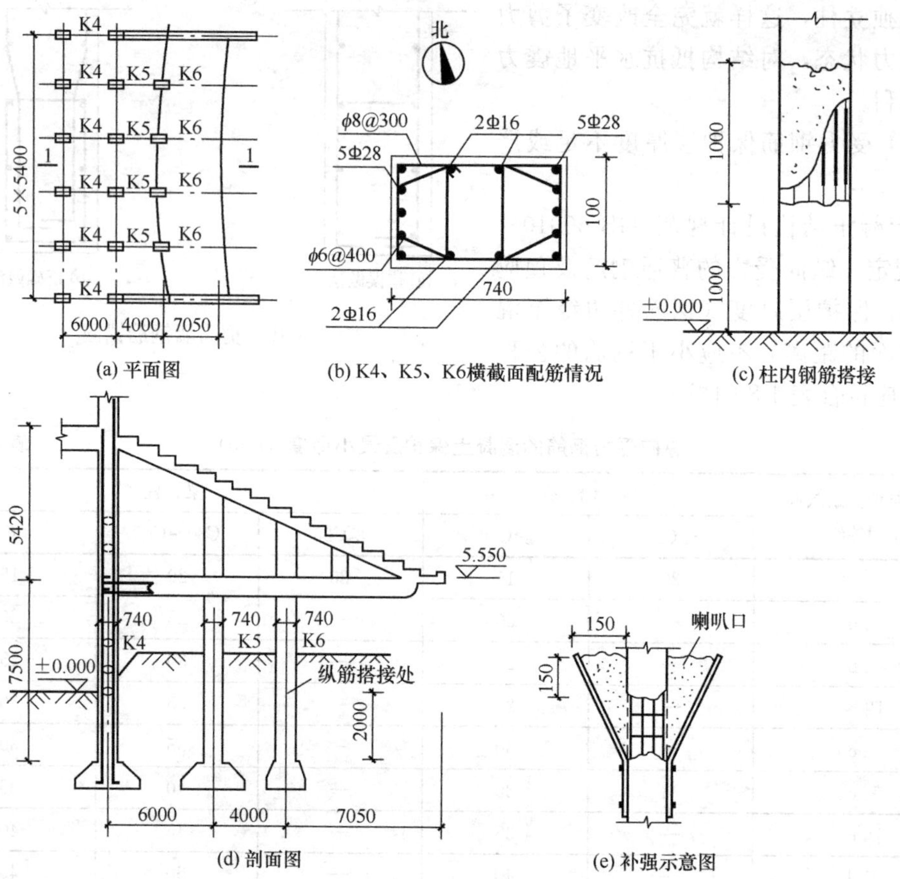

图 4-21　某剧场看台和施工缺陷示意图

是：柱全部侧面积 $142m^2$，蜂窝面积有 $7.41m^2$，占 5.2%；其中最严重的是 K4 柱，仅蜂窝中的露筋面积就有 $0.56m^2$。露筋位置在地面以上 1m 处更为集中和严重。这正是钢筋的搭接部位。

2. 事故分析

造成此事故的原因为以下几方面：

(1) 混凝土灌注高度太高。7m 多高的柱子在模板上未留浇筑混凝土的洞口，倾倒混凝土时未用串筒、溜管等设施，违反施工规范中关于混凝土自由倾落高度不宜超过 2m 及柱子分段浇筑高度不应大于 3.5m 的规定（当时标准的要求），致使混凝土在灌注过程中出现离析现象。

(2) 浇筑厚度太厚，捣固要求不严。施工时未用振捣棒，而采用 6m 长的木杆捣固，并且错误地规定每次灌注厚度以一车混凝土为准，大约厚度为 400mm，灌注后捣固 30 下即可。这种情况，每次浇筑厚度不应超过 200mm，且要随浇随捣，捣固要捣过两层交界处，才能保证捣固密实。

(3) 柱子钢筋搭接处的净距太小，只有 31～37.5mm，小于设计规范规定的柱纵筋净距不应小于 50mm 的要求。实际上有的露筋处净距仅为 10mm，有的甚至筋碰筋。

3. 事故处理

该工程的加固补强措施为以下几方面：

（1）剔除全部蜂窝四周的松散混凝土。

（2）用湿麻袋覆盖在剔凿面上，经 24h 使混凝土润透厚度至少为 40～50mm。

（3）按照蜂窝尺寸支以有喇叭口的模板。

（4）将混凝土强度提高一级，灌注加有早强剂的 C30 豆石混凝土。

（5）养护 14d，拆模后将多余的混凝土凿除。加固补强后，还应对柱体进行超声波探伤，查明是否还有隐患。

【实例 4-9】

1. 事故概况

福建某公司职工宿舍，为 4 层三跨框架结构，如图 4-22 所示，长 60m、宽 27.2m、高 16.2m，底层高 4.5m，其余各层高 4.0m，建筑面积 6600m^2。1993 年 10 月开工，一层被当作食堂建造，使用 8 个月后又于 1995 年 6～11 月在原一层食堂上加建 3 层宿舍。两次建设均严重违反建设程序，无报建、无勘察、无证设计、无证施工、无质监。此楼投

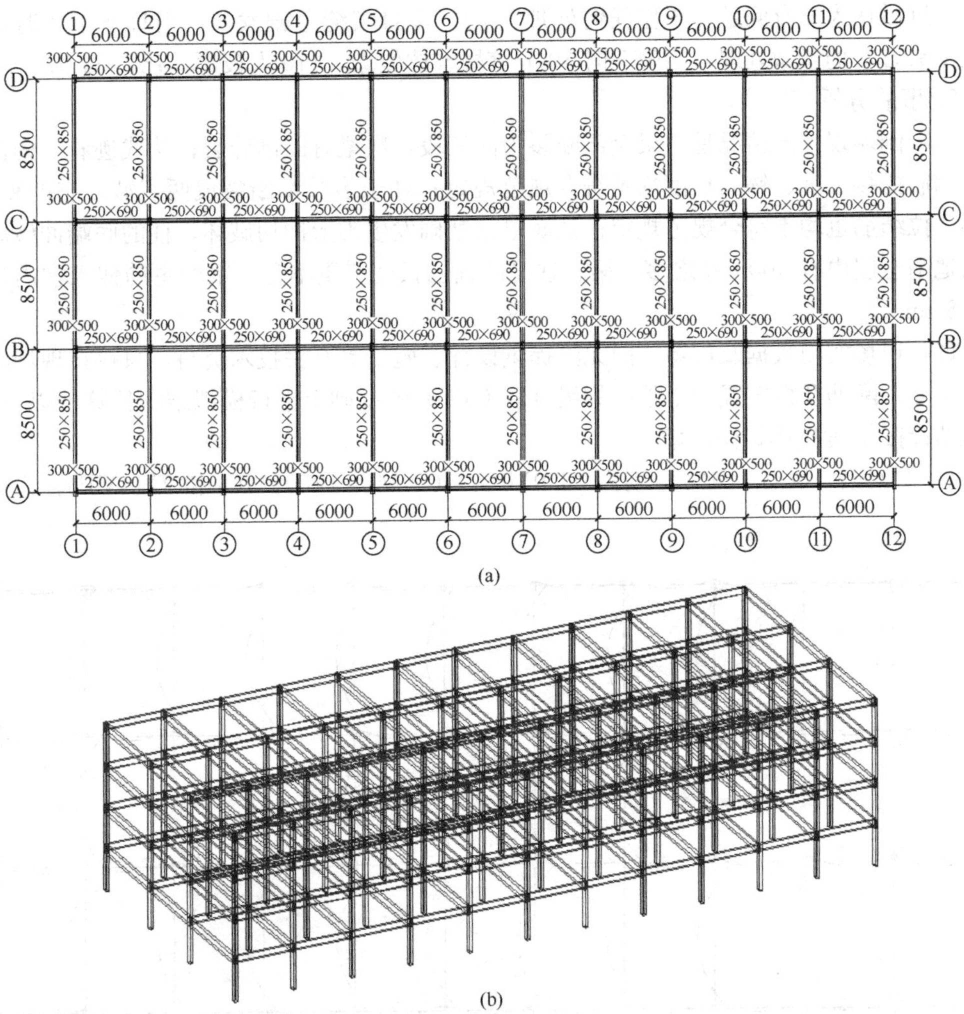

图 4-22　宿舍楼柱网平面（一）

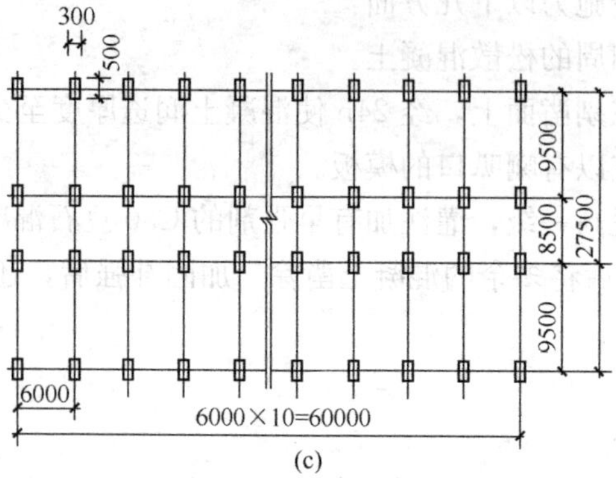

(c)

图 4-22　宿舍楼柱网平面（二）

入使用后即出现事故预兆，1996 年雨期后，西排柱下沉 130mm、西北墙也下沉、墙体开裂、窗户变形；1997 年 3 月 8 日，底层地面出现裂缝，且多在柱子周围。建设单位请包工头看过后认为没有问题，未作任何处理。3 月 25 日裂缝急剧发展，当日下午 4 时再次请包工头看，仍未做处理，当晚 7 时 30 分该楼整体倒塌，110 人被砸，死亡 31 人。

2. 事故分析

（1）倒塌现场的情况是主梁全部断裂为两三段，次梁有的已碎裂；从残迹看，构件尺寸、钢筋搭接长度、锚固长度均不符合规范规定；柱子多数都断裂成两三截，有的粉碎。箍筋、拉结筋也均不符合规范规定；柱底单独基础发生锥形冲切破坏，柱的底端冲破底板伸入地基土层内有 400mm 之多；梁、柱筋的锚固长度严重不足，梁的主筋伸入柱内只有 70～80mm 。

（2）现场实测数据及估算。因无法提供设计、施工等有关技术资料，只得在现场实测构件尺寸、配筋及推定混凝土强度等级（取 C15 ）的基础上进行模拟结构估算加以分析。模拟估计按 7 度抗震设防考虑。

1）框架梁。取芯 4 处，分别为 16. 0MPa、16. 6MPa、18. 2MPa 和 21. 4MPa，详见表 4-9 。

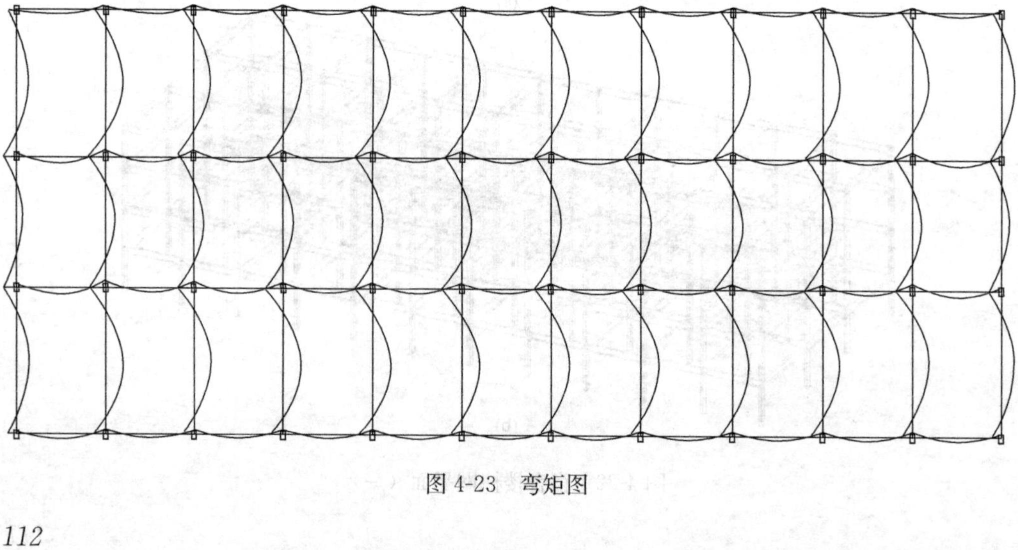

图 4-23　弯矩图

框架梁配筋估算器要与实际情况比较 **表 4-9**

部位＼项目	实际配筋（cm^2）	估算需要配筋（cm^2）				实际与需要比（%）			
		一层	二层	三层	四层	一层	二层	三层	四层
边跨跨中	（6Φ18）15.3	21	20	19	31	72.9	76.5	80.5	49.4
边跨支座	（2Φ16）4.02	12	13	14	9	33.5	31	20.8	44.7
中跨支座	（3Φ25）14.75	27	26	24	25	54.5	55.6	58.9	58.9
中跨跨中	（6Φ18）15.3	18	19	20	9	85	80.5	76.5	满足

2）框架柱。取芯 5 处，分别为 16.6MPa（一层）、16.0MPa、19.7MPa、20.1MPa、20.1MPa，详见表 4-10。

框架柱配筋估算需要与实际情况比较 **表 4-10**

部位＼项目＼计算依据		按设计荷载 1.5kN，考虑风压 0.6kN/m^2，按 7 度抗震					
		估算需要配筋（cm^2）		实际配筋（cm^2）		实际与需要之比（%）	
		A_y（纵向）	A_y（横向）	A_y（纵向）	A_y（横向）	A_y（纵向）	A_y（横向）
南北向边柱	底层	22	25	7.1	5.09	32.3	20.4
	二层	18	10	7.1	5.09	39.4	50.9
	三层	10	4	7.1	5.09	71	满足
	四层	18	5	7.1	5.09	39.4	满足
中柱	底层	43	48	9.42	6.28	21.9	13.1
	二层	28	32	9.42	6.28	33.6	19.6
	三层	14	16	9.42	6.28	67.3	39.3
	四层	3	3	9.42	6.28	满足	满足

模拟估算边柱最大竖向轴力 N 标准值为 1342kN，设计值为 1677.50kN，最大柱轴压比为 1.53>0.9（规范允许值）；中柱最大竖向轴向力 N 标准值为 2535kN，设计值为 3168.75kN，最大柱轴压比为 2.82>0.9。

3）柱下单独基础底板实测及估算

边柱基础底板尺寸 1.8m×2.5m（有的 1.93m×2.23m）。底板厚 150mm，柱部位局部加厚至 450mm。中柱基础底板尺寸 2.1m×2.56m（有的 1.9m×2.6m），底板厚 150mm，柱部位局部加厚至 450mm。

基础底板冲切验算。取 C15，$f_t=0.9$MPa，$h_0=450-40=410$mm，$u_m=3240$mm，即距局部荷载作用面积周边处 $h_0/2$ 处的周长，以柱截面 300mm×500mm 计。

$$
\begin{aligned}
F_1 &= 0.6 f_t u_m h_0 \\
&= 0.6 \times 0.9 \times 3240 \times 410 = 717.34 \times 10^3 \text{N} \\
&= 717.34\text{kN} < 1677.50\text{kN}(\text{边柱}) < 3168.75\text{kN}(\text{中柱})
\end{aligned}
$$

4）地基土性能

依据局部轻型触探提供的地质资料，基础下各土层为：

粉质黏土填土层，厚 1.9m，压缩模量 $E_s=4.0$MPa；

黏土层，厚 2.5m，压缩模量 $E_s=5.0$MPa；

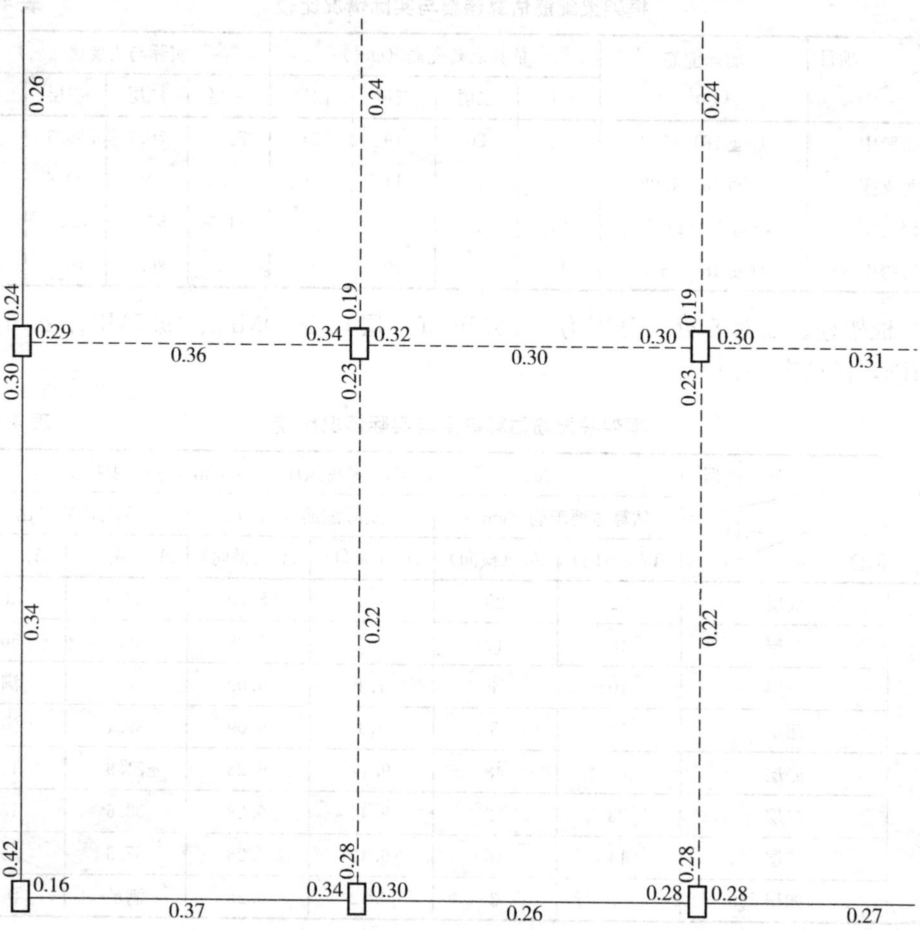

图 4-24　裂缝图

老黏土层，很厚，压缩模量 E_s=6.0～7.0MPa。

地基承载力设计值可取 $f=(150\sim200)\times1.1\text{kN/m}^2$，

估算得到的基础底板处土压力为：

边柱 $P_0=(1677.5/1.8\times2.5)+11.8=384.7\text{kN/m}^2>150\times1.1\text{kN/m}^2$，

中柱 $P_0=(3168.75/2.1\times2.56)+11.8=601.8\text{kN/m}^2>150\times1.1\text{kN/m}^2$。

按不同地基持力层，根据当时《建筑地基基础设计规范》GBJ 7—89 估算得出的边柱沉降量为 215.6mm，中柱沉降量为 366.6mm［相邻柱基沉降差（366.6－215.6）/9500＝0.0053>0.002 的规范对框架结构的允许值］，中柱间沉降差为 118mm，情况更为严重。

5）钢筋

现场截 ϕ6、ϕ10、ϕ12、Φ14、Φ16、Φ18、Φ20、Φ22 共 8 种规格的钢筋进行力学试验，除直径 10 规格符合要求外，其余均不符合《钢筋混凝土用热轧带肋钢筋》GB 1499—1998（当时标准）中的要求。

3. 事故结论及教训

造成该建筑整体倒塌的原因为以下几方面：

（1）实际基础底面压力为天然地基承载力设计值的 2.3～3.6 倍。造成土体剪切破坏。

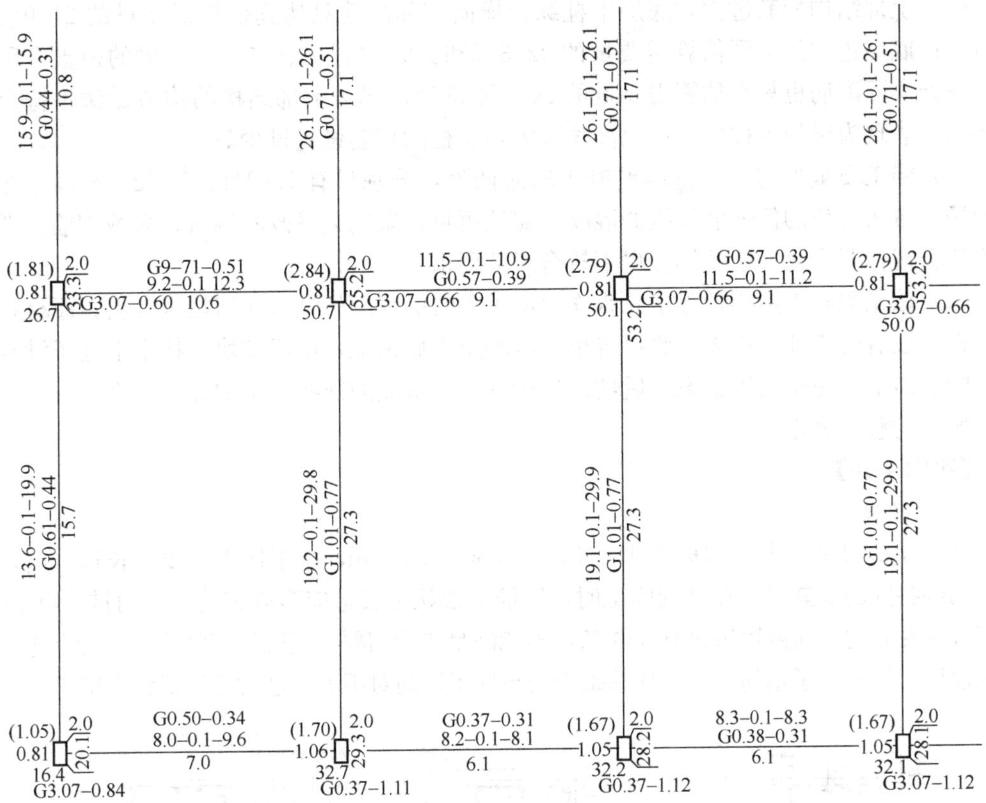

图 4-25　配筋图

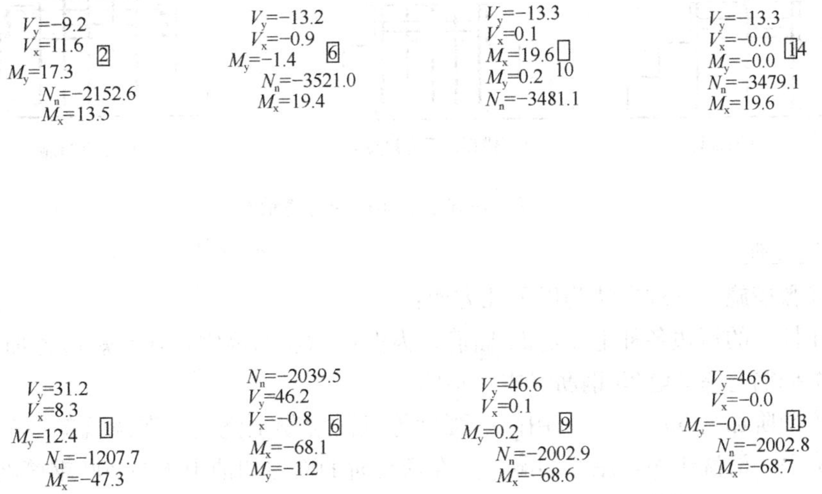

图 4-26　结构底层柱组合内力图

柱基沉降差大大超过地基变形差的允许值。因而在倒塌前已使建筑物严重倾斜，柱间沉降量过大、沉降速率过快、墙体和构件开裂、地面柱子周围出现裂缝等现象。在此情况下单独柱基受力状态变得十分复杂，一部分柱基受力必然加大，而基础板厚度又过小，造成柱下基础板锥形冲切破坏，柱子沉入地基土 400mm 之多。

（2）上部结构配筋过少，底层中柱纵、横向实际配筋只达到估算需要量的 21.9%和 13.1%；底层边柱只达到估算需要量的 32.3%和 20.4%；一、二、三层梁的边支座和中间支座处实际配筋也只有估算需要量的 20.8%和 58.9%。上部结构的构造做法不符合规范要求，表现为梁伸入柱的主筋锚固长度太短、柱的箍筋设置过少等。

（3）施工质量低劣，柱基础混凝土取芯两处，分别只有 7.4MPa 和 12.2MPa；在倒塌现场，带灰黄色的低强度等级的混凝土遍地可见；采用大量改制钢材，多数钢筋力学性能不符合规范要求；钢筋的绑扎也不符合规范要求。

（4）该工程施工两年，除了几张作单层工程时的草图外没有任何技术资料；原材料水泥、钢筋没有合格证，也无试验报告单；混凝土不做试配，没留试块。技术上处于没有管理、随心所欲的完全失控状态。后期出现种种质量事故的征兆，不加处理，则更进一步加速建筑物的整体倒塌。

【实例 4-10】

1. 事故概况

如图 4-27 所示，某工程框架柱，断面 300mm×500mm，弯矩作用主要沿长边方向，在短边两侧各配筋 5Φ25。在基础施工时，钢筋工误认为长边应多放钢筋，将两排 5Φ25 的钢筋放置在长边，而两短边只有 3Φ25，不能满足受力需要。基础浇筑完毕，混凝土达到一定强度后，绑扎柱子钢筋时，发现基础钢筋与柱子钢筋对不上，这时才意识到弄错了。

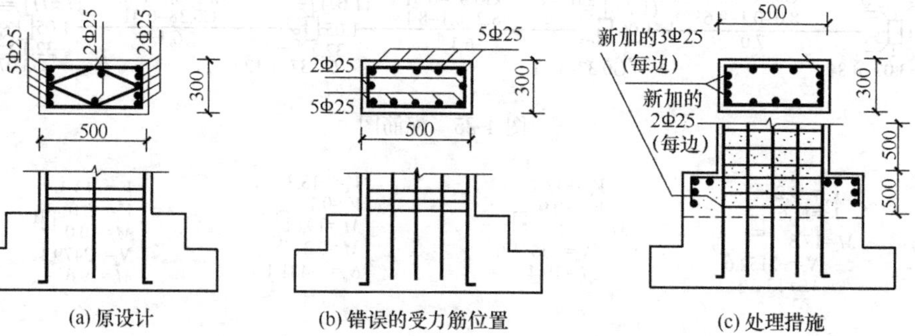

(a) 原设计　(b) 错误的受力筋位置　(c) 处理措施

图 4-27　基础中框架柱受力筋示意

2. 事故处理

采取补救措施。处理方法为以下几方面：

（1）在柱子的短边各补上 2Φ25 插筋，为保证插筋的锚固，在两短边各加 3Φ25 横向钢筋，将插筋与原 3Φ25 钢筋焊成一整体。

（2）将台阶加高 500mm，采用高一强度等级的混凝土浇筑。在浇筑新混凝土时，将原基础面凿毛，清洗干净，用水润湿，并在新台阶的面层加铺中 ϕ6@200 钢筋网一层。

（3）原设计柱底箍筋加密区为 300mm，现增加至 500mm。

4.5　使用及改建不当造成的工程事故

4.5.1　事故原因分析

结构由于使用不当或任意改建而引起的事故也经常发生，主要的原因有以下几种：

(1) 使用中任意加大荷载。例如，民用住宅改为办公用房，安装了原设计未考虑的大型设备，荷载过大引起楼板断裂；原设计为静力车间，后安装动力机械，设备振动过大引起房屋过大变形；民用住宅阳台堆放过重过多杂物（如煤饼）引起阳台开裂甚至倒翻等。

(2) 工业厂房屋面积灰过厚。对水泥、冶金等粉尘较大的厂房、仓库，即使在设计中考虑了屋面的积灰荷载，在正常使用时还应及时清除，但有些地方管理不善，未及时扫灰，致使屋面积灰过厚而造成屋架损坏甚至倒塌。有些厂房屋面漏水管堵塞，造成积水过深，从而引起檐沟板破坏。

(3) 加层不当。有一段时期，因经济发展，旧房加层很普遍，甚至专门成立了房屋增层加固委员会且业务兴旺。但有些单位在自行加固过程中，未对原有房屋认真验算就盲目加层，由此造成的事故在全国许多省市都有发生。

(4) 维修改造不当。有的使用单位任意在结构上开洞，为了扩大使用面积和得到大空间而任意拆除柱、墙，结果使承重体系破坏，引发事故；有些房屋本为轻型屋面，但使用者为了保温、隔热，新增保温、防水层，结果使屋架变形过大，严重的造成屋塌房毁。

4.5.2 工程实例分析

【实例 4-11】

1. 事故概况

如图 4-28 所示，某市卷烟厂的生产厂房为一座两层现浇钢筋混凝土框架结构。因香烟供不应求，经济效益很好，厂方决定在原有厂房上增加 1 层。加层设计由该地区烟草专卖局的基建处设计，由市建筑某公司施工。原建筑长 117m、宽 58m，柱网 7.4m×5.4m，有两条伸缩缝，加层设计时对基础进行了验算，认为再加一层没有问题，柱子采用一、二层柱子同样的配筋，混凝土强度为 200 号（相当于 C19.2），与原有的一样，加层采用框架。加层屋面按不上人屋面设计。梁、柱现浇，屋盖采用预制预应力空心板。

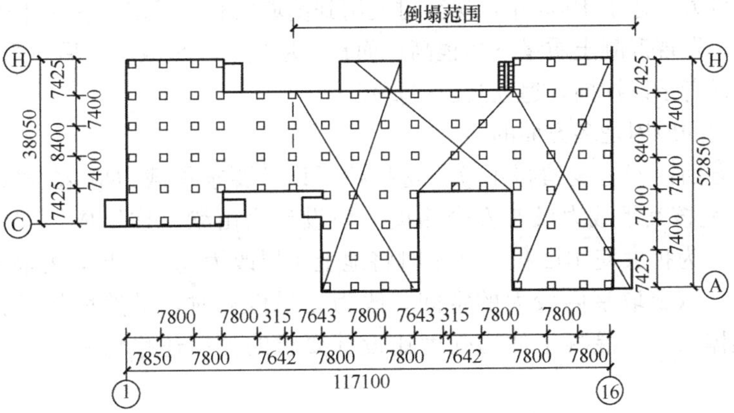

图 4-28 建筑平面示意

工程于 1976 年 12 月开始，一、二层工人生产照常进行。在加层吊装屋顶面板接近完工时，加层部分及二层突然倒塌。因一、二层工人还在加班，有近百人被砸在里面，导致 31 人死亡，54 人受伤的重大事故。

2. 事故分析

现场查看，发现有两个区段的加层和二层全部倒塌，形状由四周向中间倾倒，呈锅底形，加层柱子的上、下接头处钢筋有断裂，有的从混凝土中拔出，梁均被折断。原二层柱子柱顶被压酥裂，一些柱子在中部折断，原二层大梁全部断裂，梁与柱的接头处严重破坏。虽然加层设计时对基础及加层的梁柱进行了计算，但对原框架结构未进行验算。

事故发生后对原结构进行复核，发现原结构的安全度就不足，原规范要求的安全系数为1.55，复核计算得出原结构柱子的安全系数为1.06，框架梁的安全系数仅为0.75。可见原结构安全度不足，使用多年未出问题已属侥幸，加层前应先对原结构的梁柱进行加固，否则不能进行加层。设计不当是造成事故的主要原因。

在施工中，梁、柱现浇，梁底模板立柱支于原结构二层的框架梁上，加层柱的钢筋用插筋焊于原框架梁的负钢筋上，接头很不牢固。在吊装加层顶板时，因大梁浇筑时间不长，强度不足，故未拆除加层大梁下的木模支撑。这样加层楼板及施工荷载通过木模支撑直接传到原结构顶层的大梁上，大大超过了原设计荷载，造成变形过大，使连带框架弯曲变形。原二层梁柱安全度本来不足，在此不利受力条件下，二层柱子既超载又为偏心受压，从而首先破坏，接着梁的两端破坏而塌落倒塌，砸到二层，导致全楼塌毁。

【实例 4-12】

1. 事故概况

某市百货商场，由两幢对称的大楼并排组成，地下4层，地上5层，中间在三层处有一条走廊将两栋楼连接起来，总建筑面积为7.4万m^2，结构为钢筋混凝土柱、无梁楼盖。某日傍晚，百货商场正值营业高峰时间，大楼突然坍塌，地下室煤气管道破裂，引起大火。事故发生后50名消防战士参加救助，动用了21架直升机，救助工作持续20余天。最后统计，造成450人死亡，近千人受伤的特大事故。

2. 事故分析

经调查，该大楼建于1989年，从交付使用到倒塌已有4年多。在4年中曾多次改建。查看倒塌现场，发现混凝土质量不是很高，而且一塌到底。事故发生后，组成了专门委员会，对事故责任者予以拘捕，追究其法律责任。

造成该事故的原因是多方面的：

(1) 设计方面，安全度留得不够。每根柱子设计要求承载力应达48000kg（相当于450kN)，实际复核其承载力没有安全裕度。原设计为由梁、柱组成框架结构与现浇钢筋混凝土楼板。为扩大使用面积，施工时将地上4层改为地上5层，并将有梁楼盖体系改为无梁楼盖，以获取室内较大的空间。改为无梁楼盖时，虽然增加了板厚，但整体刚性不如有梁体系，且混凝土冲切强度比设计要求的强度还略低一些。这是引发事故的根源。

(2) 施工方面，倒塌现场检测结果，混凝土中水泥用量偏小，实际强度达不到设计要求，当时建筑材料紧俏，施工单位偷工减料，把本来设计安全度就不足的结构更加推向了危险的边缘。

(3) 使用方面，原设计楼面荷载为200kg/m^2（相当于2.0kN/m^2)，实际上由于货物堆积，柜台布置过密，加之增加了很多附属设备，以及购物人群拥挤，致使实际使用荷载已达400kg/m^2（相当于4kN/m^2）。为了满足整层建筑的供水及空调要求，在楼顶又增加了两个冷却水塔，每个重6.7t，致使结构荷载一超再超。在最后一次改建装修中在柱头焊接附件，使柱子承载力进一步削弱，最终导致罕见的特大事故。

尽管此楼设计不足，施工质量差，使用改建又极不妥当，但发生事故前仍有一些先兆，说明结构还有一定的延性。如能及时组织人员疏散，还有可能避免大量伤亡。事故发生在当天上午 9 时 30 分，一层某餐馆的一块天花板掉了下来，并有 $2m^2$ 的一块地板塌了下去。中午，另外两家餐馆有大量流水从天花板上哗哗流下，当即报告了大楼负责人。负责人为不影响营业，断然认为没有大问题。直到下午 6 时左右，事故发生前，仍持续有地板下陷，这本来是事故发生的最后警告，如及时发布警报，疏散人员，则大楼虽然会倒塌，几百人的生命尚可保全。可是业主利令智昏，明知危险，仍未采取措施，终酿成惨剧。

4.6 环境因素影响引起的工程事故

4.6.1 主要环境影响因素

普遍意义上所讲的混凝土工程缺陷主要是指环境对钢筋混凝土结构中混凝土材料和钢筋材料的腐蚀。

1. 混凝土的腐蚀

当混凝土材料长期处于有腐蚀介质（液体或气体）环境中时，水泥石中的水化物逐渐与腐蚀介质作用，产生复杂的物理化学变化，使混凝土强度降低，甚至破坏。混凝土受腐蚀介质影响的作用机理大体可分为溶出性腐蚀和离子交换腐蚀两大类。

溶出性腐蚀指水中暂时硬度(HCO_3^-)很小的软水(如蒸馏水、雨水及含重碳酸盐甚少的河水、湖水等)，使水泥水化物[$Ca(OH)_2$]溶解，并促使水泥石中其他水化物分解的现象，故又称为软水腐蚀。如水中暂时硬度较大，HCO_3^- 与氢氧化钙产生下述反应为：

$$Ca(OH)_2 + HCO_3^- = CaCO_3 + H_2O + OH^-$$

该反应形成碳化保护层，阻止 $Ca(OH)_2$ 进一步溶解。但如水中暂时硬度很小，已形成的碳化保护层($CaCO_3$)也会被软水溶解。当混凝土长期处于流动的软水中时，其内部的氢氧化钙和其他水化物不断被溶出、分解，使水泥石中的孔隙不断增加，水化物不断被分解成没有胶结能力的低碱水化物，如 $SiO_2 \cdot nH_2O$ 等，这就是混凝土受腐蚀后的结果。

离子交换腐蚀是指盐类或一般酸类和混凝土水泥石中的氢氧化钙作用，并产生置换反应，生成易溶于水或无胶结力、强度很低的化合物的现象。例如，盐酸(HCl)、硫酸(H_2SO_4)与氢氧化钙的反应为：

$$Ca(OH)_2 + 2HCl = CaCl_2 + 2H_2O$$

$$Ca(OH)_2 + H_2SO_4 = CaSO_4 \cdot 2H_2O(\text{石膏})$$

所生成的氯化钙（$CaCl_2$）易溶于水；所生成的石膏会在水泥石的孔隙内形成结晶，导致体积发生膨胀，导致混凝土遭到破坏。此外，乙酸、乳酸等有机酸与氢氧化钙作用也能生成可溶性钙盐，对混凝土有腐蚀作用。至于盐类，如钠盐($NaCl$)、镁盐($MgCl_2$、$MgSO_4$)等，它们也能与氢氧化钙作用，使水泥混凝土受到腐蚀。例如，海水中大量的 $MgCl_2$ 与水泥石中的 $Ca(OH)_2$ 反应：

$$Ca(OH)_2 + MgCl_2 \xlongequal{} Mg(OH)_2 + CaCl_2$$

所生成的氯化钙（$CaCl_2$）易溶解于水，而氢氧化镁则为疏松无胶凝性的化合物，使混凝土体积不稳定。

由以上混凝土受腐蚀的因素可以看出，其外界条件是腐蚀性介质的存在，其内部因素则是混凝土结构内部不够密实，致使腐蚀介质易于侵入。因此，防止混凝土受腐蚀的措施有以下三个方面：

（1）提高混凝土或混凝土表面的密实性，使侵蚀性介质不能渗入混凝土内部，可以减轻或延缓腐蚀作用。这只是在侵蚀介质的侵蚀性不太强时才可使用。改进办法是改善配合比将混凝土设计成密实混凝土，或者对混凝土表面进行碳化处理，使水泥石中 $Ca(OH)_2$ 与二氧化碳(CO_2)作用生成质地紧密的碳酸钙($CaCO_3$)外壳保护层。

（2）在混凝土构件表面涂以防水砂浆、沥青、合成树脂等保护层，使混凝土与腐蚀介质隔离。

（3）选用恰当的水泥，如抗硫酸盐水泥或者在水泥中掺加活性混合材料，如粉煤灰、火山灰、水淬矿渣等。

2. 钢筋的锈蚀

（1）钢筋锈蚀对钢筋混凝土结构的影响有四种表现：①混凝土保护层发生沿钢筋长度方向的顺筋开裂，裂缝宽度可达 1～2mm 以上；②混凝土保护层局部脱落，锈蚀钢筋外露；③钢筋在混凝土内有效截面减小，最严重的损失率可达 40％以上，这时混凝土构件表面虽无明显开裂现象，但钢筋与混凝土已经开始脱离；④由于钢筋受腐蚀，截面变小，致使构件截面承载力不足，发生变形过大或局部破坏。

（2）钢筋锈蚀机理

通常情况下，混凝土孔隙中充满着水泥水解时产生的 $Ca(OH)_2$ 过饱和溶液，混凝土具有很强的碱性，pH 值一般在 12 以上。钢筋在这种高碱度的环境中，表面沉积一层致密的碱性钝化薄膜而处于惰性状态。但是，当外界酸性物质侵入并与氢氧化钙 $Ca(OH)_2$ 作用时，混凝土碱度就会降低(pH 值可降至 9 以下)。当混凝土 pH 值降至 11.5 以下时，混凝土钝化膜受到破坏，从而失去对钢筋的保护作用，若有空气和水分侵入，钢筋便开始锈蚀。在 Cl^- 存在且钢筋-混凝土界面存在几何不均匀性(如裂缝、蜂窝等)的情况下，钢筋锈蚀更为剧烈。因为 Cl^- 是一种钢筋活化剂，即使在保护层不被中性化的情况下也会破坏钢筋钝化膜而对钢筋锈蚀起加速作用；同时，由于 Cl^- 到达钢筋表面的不均匀性，特别是 Cl^- 作用于钢筋局部区域时，便形成大阴极小阳极的电化学腐蚀，导致钢筋发生坑蚀。由于坑蚀的深度可达平均锈蚀深度的 10 倍左右，因此危害更大；Cl^- 的存在又增强了混凝土的导电性，使钢筋锈蚀更容易发生；最后，钢筋活化后阳极区 Cl^- 浓度增加以平衡 Fe^{2+}，从而进一步增加了锈蚀面积和锈蚀速度。另外，混凝土由于膨胀性腐蚀和钢筋锈蚀而产生裂缝，这些裂缝又成为侵蚀介质的通道，从而进一步加剧了钢筋的锈蚀。

混凝土中钢筋锈蚀的根本原因是电化学腐蚀。电化学腐蚀的发生必须满足两个基本条件：①存在两个具有不同电位值的电极；②金属表面存在有电解质液相薄膜。一般说来，由于钢筋成分不均匀或存在内部应力，第一个条件总是能够满足的；第二个条件则要求混凝土中锈蚀的相对湿度大于 60％。

（3）预防钢筋锈蚀的措施

从防止钢筋混凝土构件表面过快碳化考虑，主要措施有：①混凝土必须密实，不得有孔洞、麻面和蜂窝，已有的必须妥善修补。②混凝土水胶比宜小，水泥用量应足够，养护时间与水胶比有关。如水胶比为0.4时，湿养护不宜少于3d；水胶比为0.5时，湿护时间不宜小于14d；水胶比为0.6时，湿护时间不宜小于6个月。③对硅酸盐水泥中混合料的掺入量应适当控制。④钢筋混凝土构件外形宜简单，凹凸变化越少越好。凹处易应力集中，也易积水、受潮，凸处易被侵蚀物质渗入，也易应力集中遭受损伤。

（4）从电化学的角度考虑，还可采用以下三种方法（图4-29钢筋处于锈蚀区的A点）：①降低电势至免疫区——阴极保护；②提高电势至钝化区，使阳极极化——阳极保护；③提高介质pH至钝化区——原理同钢筋的保护层。

从提高钝化膜抗氯离子渗透性角度出发考虑，可使用预防盐污染混凝土引起钢筋腐蚀的阻锈剂，如亚硝酸钠 $NaNO_2$、亚硝酸钙 $Ca(NO_2)_2$ 等。我国冶金建筑科学研究院研制生产的复合型多功能Rl-1系列钢筋阻锈剂，对沿海建筑和修复已建被腐蚀工业建筑等都有良好的效果。

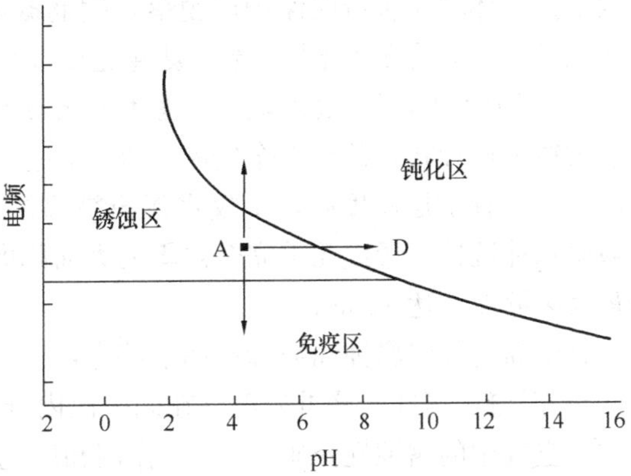

图4-29 电化学保护钢筋锈蚀示意图

4.6.2 工程实例分析

【实例4-13】

1. 工程概况

该烟囱地面以上全高设计为143m，实测为133m。筒身0.5m标高处的外径原设计为11.13m，实测为10.64m，内径（内衬）原设计为10.23m，实测为8.99m，钢筋混凝土筒身0～15.5m标高区段壁厚原设计为450mm，实测为435mm。筒首混凝土壁厚实测为180mm与原设计一致。±0.000标高至筒首壁厚分6次变化。第一次壁厚缩小70mm，后5次每次均缩小40mm。从下至上筒壁竖向钢筋为Φ25@125～Φ12@167，环向钢筋为Φ16@125～Φ10@167。钢筋保护层设计为50mm，混凝土设计强度为200号（相当于C19.2）。

内衬为100号（MU10.0）耐酸混凝土预制砌块，用25号（M2.5）耐酸砂浆砌筑。从下至上厚度为240～120mm，每10m一段支承于筒壁牛腿上。隔热层为100mm厚粉末状矿渣。

基础原设计埋深5.00m，实际为4.78m，地基承载力原设计要求为 $30t/m^2$（300kPa），地基实际承载力大于 $30t/m^2$（300kPa），基础采用带悬挑的圆形板式基础，圆板外径原设计为22m，实际采用为18m，悬挑部分原设计为4.4m，实际采用为2.4m。

该烟囱于1958年动工兴建，施工过程中曾因筒身混凝土实测抗压强度达不到设计值，对烟囱口薄弱处进行过返工和加固处理，该烟囱投产至今已30余年，仅1980年对内衬进行过一次检查，未见内衬损坏记录。烟囱在使用过程中，由于锌系统和铅系统的生产工艺和产量较稳定。未发生任何异常现象，烟囱的烟气来自锌系统挥发窑尾废气及铅系统的烧结尾气。烟气进气最高温度不超过100℃，正常工作温度50℃左右。排气量为45万 m^3/

h，烟气中二氧化硫含量为5615mg/m^3。烟气含粉尘为68.2mg/m^3，水蒸气含量约为10.1%，烟囱未发生过二次燃烧冒火，每年停产一次，每次停3～5d。调查发现该烟囱自投产以来，仅作过一次清灰。

2. 腐蚀及裂缝观测

沿烟囱高度对筒身外壁及内衬的腐蚀、裂缝情况进行观测，其概况如下。

(1) 筒身外壁

筒身按照腐蚀及裂缝的严重程度可分为三个区段，第一区段为0～40m标高范围，该区段腐蚀及裂缝情况较轻，沿纵向钢筋走向有少量裂缝，混凝土保护层因钢筋锈蚀物体积膨胀而起壳，并稍有外鼓现象，表层混凝土呈褐色锈迹，裂缝最大宽度3mm，一般为0.4～0.6mm；第二区段在40～90m标高范围内，该区段腐蚀及裂缝情况严重，部分纵筋处因锈蚀物体积膨胀造成保护层脱落，钢筋截面锈蚀率最严重处已超过36%，表层水泥石腐蚀后流失，卵石外露，最大裂缝宽度10mm，一般为6～7mm；第三段区在90～125m标高范围内，该区段腐蚀及裂缝情况最为严重，大面积混凝土保护层剥落或外鼓，钢筋被锈蚀成针状，甚至完全锈断（即局部钢筋截面锈蚀率已达到100%），在混凝土设计的50mm保护层厚度内，不仅水泥石被腐蚀冲洗掉，而且骨料之间的水泥石也被腐蚀并被雨水冲洗掉，形成几乎完全裸露的大面积卵石麻面，原设计配置的钢筋已失效。该区段最大裂缝宽已达12mm。

整个筒身外壁腐蚀和裂缝有如下特点：

1）混凝土腐蚀的严重程度，在同一段内分布比较均匀，其主要原因是在同一高度范围内，空气中的腐蚀性介质（SO_2）作用和风化作用大致相同；

2）沿钢筋走向的竖向裂缝在第一、二区段中裂缝主要出现于混凝土保护区厚度严重不足（仅8～10.5mm）处及钢筋接头构造不当（纵筋接头沿径向叠置）处；

3）混凝土保护层大面积成片脱壳向外起鼓的破损，集中出现在第三区段沿筒身四周的上部区域，其主要原因是该区域空气中含腐蚀性介质量很大，且风化作用较强，即使保护层厚度有50mm的部位，由于腐蚀性介质的作用，混凝土碳化后的pH值已降低至3～4，加速钢筋锈蚀，出现粗钢筋锈成针状，甚至完全锈断的严重损伤。因此，应加强该区域的加固和防腐措施。

烟囱筒身外壁腐蚀和裂缝情况详见图4-30。

(2) 内衬

对内衬的观察、化验结果表明，烟气中SO_2已渗入内衬。从脱落的内衬块体上可以观察到，内衬靠筒壁一侧也已有黄色的硫化物，但该侧的耐酸混凝土砌块尚有一定的强度，而内衬的内侧约有20～30mm厚度范围内的混凝土，由于直接受烟气的作用，其强度已严重损失，呈酥松状态。内衬的内表面有成片的颗粒状硬块，实际上是附着在其上的烟灰的凝结物。

从整体上看，与筒壁平行的内衬还较为完整，但在悬臂牛腿位置，与牛腿斜面平行的内衬，有两处脱落，一处在标高55m的位置，该处脱落面的最大高度为1.25m（即牛腿斜面的垂直投影高度），最小高度为0.2m左右，其展开图为一向下凸的曲线（见图4-30a）；另一处在105m标高位置，该处脱落面积的最大高度为0.6m，展开长度为1m左右（见图4-30b）。

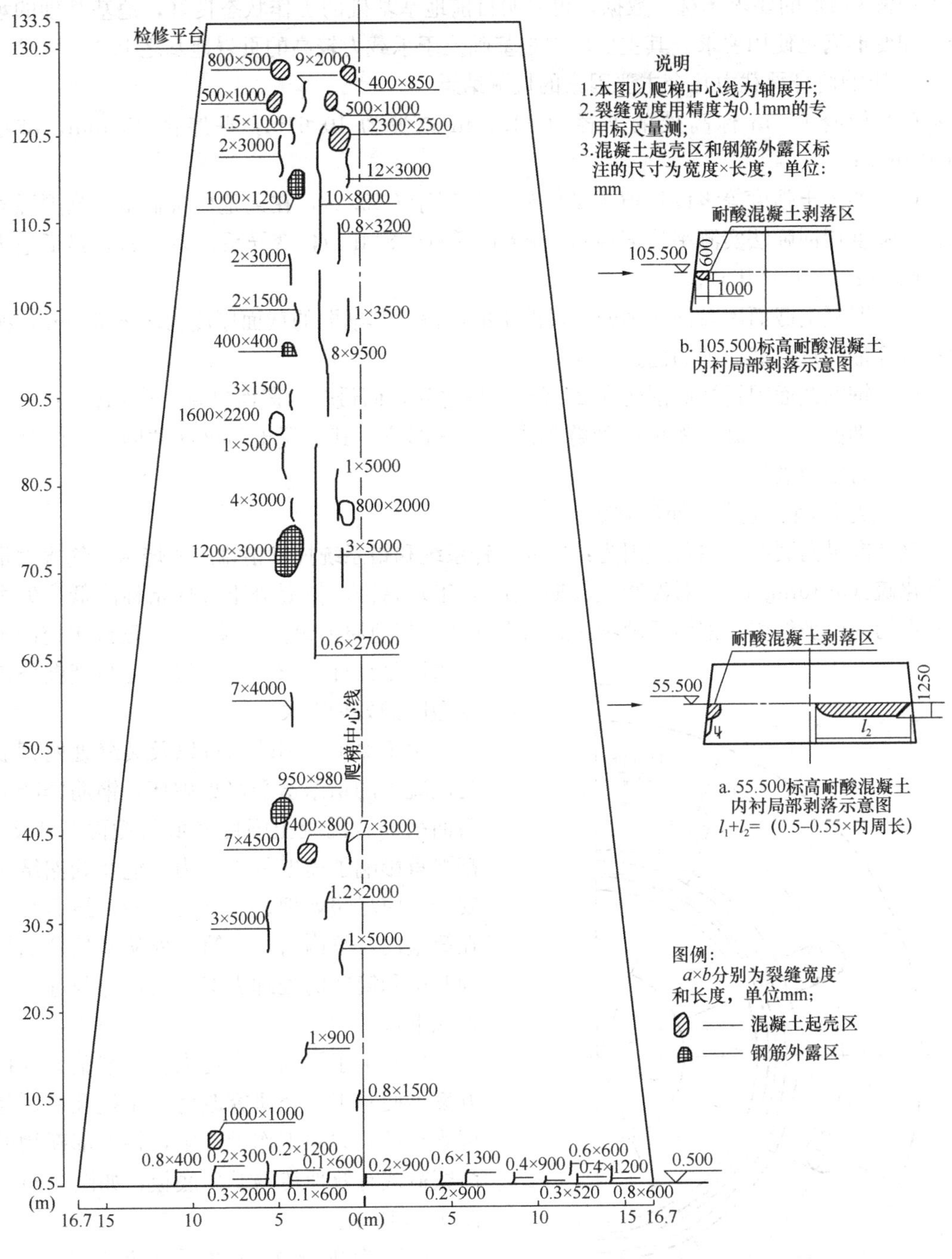

图 4-30　烟囱筒壁裂缝和局部损坏示意图（沿爬梯顺时斜方向 0～6m）

内衬脱落的原因是内衬混凝土与牛腿处混凝土之间的粘结力遭到破坏，在自重作用下自行脱落。内衬脱落处，筒身牛腿处的普通混凝土失去内衬耐酸混凝土砌块的保护，将加速筒身混凝土从内外两个方面的腐蚀。

3. 烟囱垂直度观测

采用烟囱筒内垂直度测量法，测得的烟囱顶部的偏中位移值为 38mm，满足设计条件下允许偏差4‰的要求。这一数据，也表明目前地基基础的工作状态良好，地基基础的承载力和变形满足使用要求。其主要原因是基础位于承载力较高的页岩地基之上。

4. 影响筒身承载力几个主要因素的检测结果

(1) 筒身0.5m标高处的外径由11.13m减少为10.64m，壁厚由450mm，减小为435mm；

(2) 混凝土强度等级设计值为200号（相当于C19.2），在离地面标高3m范围混凝土抗压强度用回弹法实测平均值为0.98kg/mm^2（9.8MPa），变异系数为0.27，最低值为0.54kg/mm^2（5.4MPa）；

(3) 混凝土截面因腐蚀而削弱，最严重的区段，其削弱的截面厚度为30～60mm，按面积折算最严重处截面削弱已达30%；

(4) 钢筋截面因锈蚀而削弱在25%～35%之间，而最轻的截面也有8%～10%；

(5) 烟囱筒壁混凝土的纵向裂缝和成片剥落部位，其混凝土与钢筋共同工作的基础——粘结力已遭破坏。

5. 裂缝原因、危害及处理方案

该烟囱纵向裂缝的主要成因为：冶炼厂锌系统和铅系统挥发窑排出的烧结尾气含大量二氧化硫（5615mg/m^3）对混凝土长期（30多年）腐蚀，使混凝土碱性指标降低，失去了对钢筋的保护作用，钢筋锈蚀物膨胀引发开裂。其他原因包括：保护层厚度施工控制不严未满足设计要求；这种裂缝也与烟囱外表未做防护处理有关。

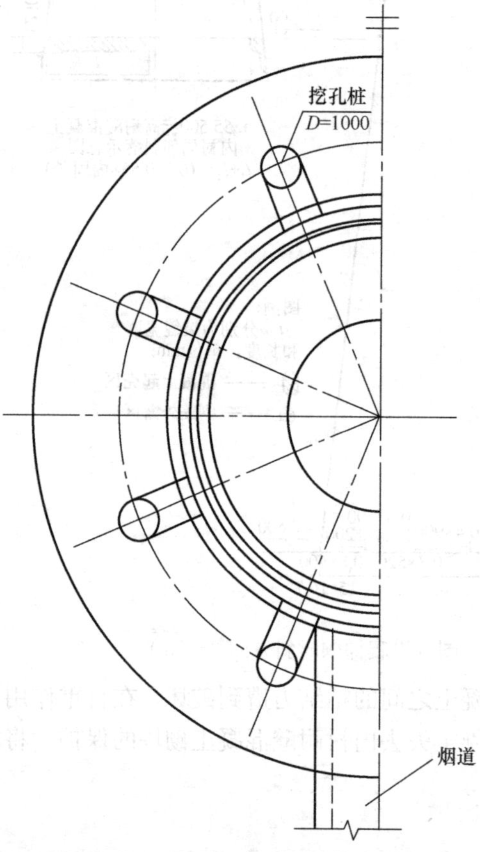

图4-31　加固烟囱桩基平面布置

由于保护层剥落部位以及裂缝处的钢筋与混凝土的粘结遭受严重破坏，钢筋锈断或截面削弱、混凝土强度降低与截面减小等，都严重影响了筒壁的承载力，危及烟囱结构安全，应尽快处理。经分析比较，最后采用在筒壁内修复内衬，在筒壁外从基顶开始加固基础和筒壁的处理方案，其设计与施工要点如下：

(1) 由于周围障碍物太多，基础大开挖方案不便施工，经研究改为人工挖孔桩、悬臂梁与环梁共同工作的方案，将上部新增的筒壁荷载有效地传给基础底板，如图4-31～图4-36所示。

(2) 为确保抱箍离开烟囱表面30～50mm，采取抱箍内焊外径ϕ10长60mm中距1m的圆钢管（见图4-37）。

(3) 为增强新老混凝土的结合，除表面凿毛外，采用ϕ12膨胀螺栓，其纵横间距1m与水平抱箍和增配的纵向钢筋焊接（见图4-38）。

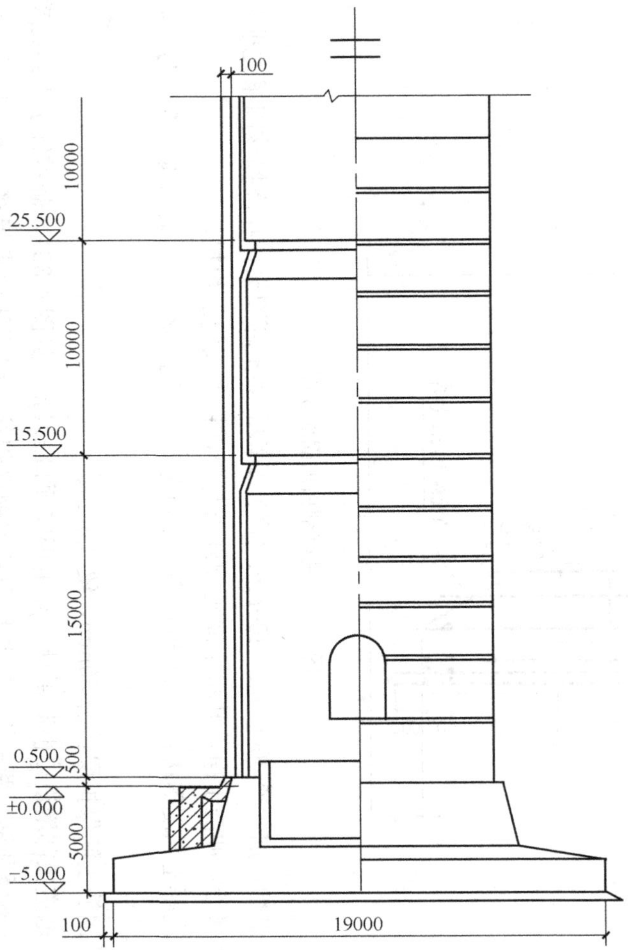

图 4-32　烟囱加固立、剖面图（－5.000～25.500m）

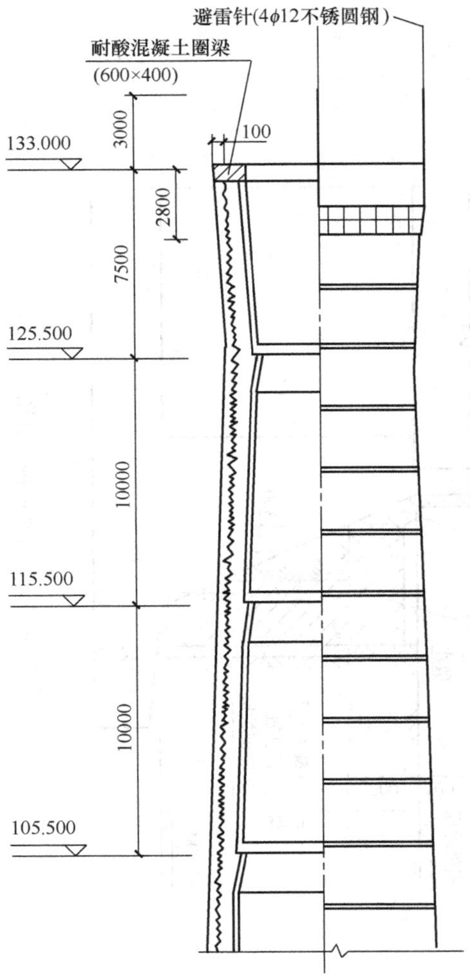

图 4-33　烟囱加固立、剖面图（105.500～133.000m）

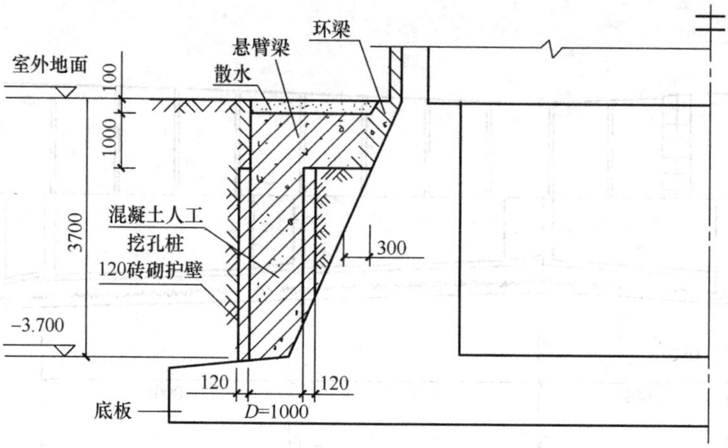

图 4-34　基础加固剖面详图

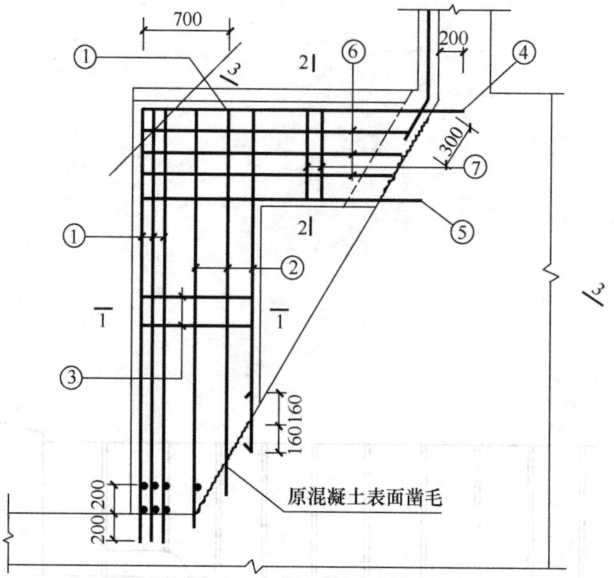

图 4-35　基础剖面加固配筋图

（4）出烟口加一道 6000mm×400mm（高）耐酸混凝土环圈梁，在浇捣该圈梁之前先清除腐蚀部分，冲洗干净，并将主筋延伸外露与避雷针上固定点焊接。

（5）混凝土强度等级：±0.000 以下为 250 号（相当于 C24.3），筒身部分 300 号（相当于 C29.6）。

（6）钢筋主筋保护层：桩 50mm，梁 35mm。

（7）烟道顶部增设 4 根避雷针，高出烟囱顶口 3.0m（见图 4-33），避雷针引下线拟采用 ϕ12mm 不锈圆钢，两根引下线与烟囱基础钢筋焊接，引下线要求焊接一体，焊接长度≥50mm。

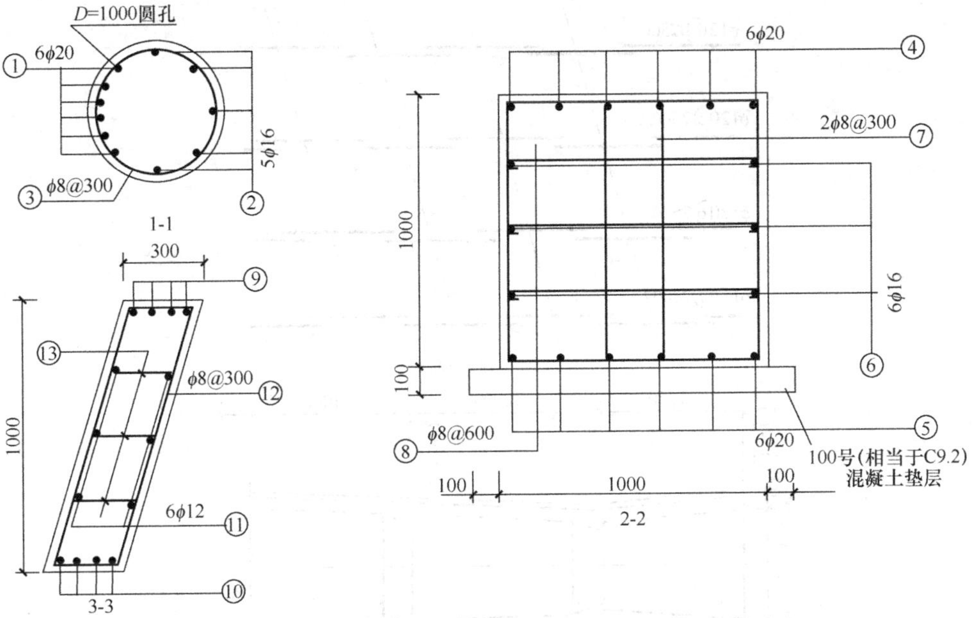

图 4-36 基础平剖面加固配筋图

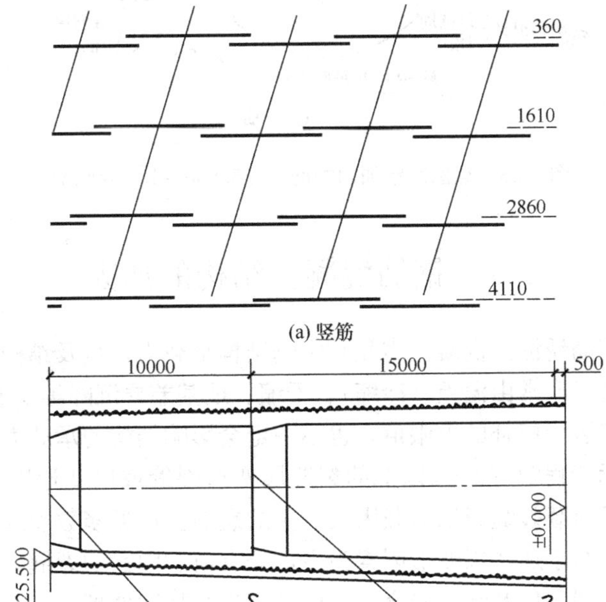

图 4-37 烟囱筒壁加固配筋（0.000～25.500m）

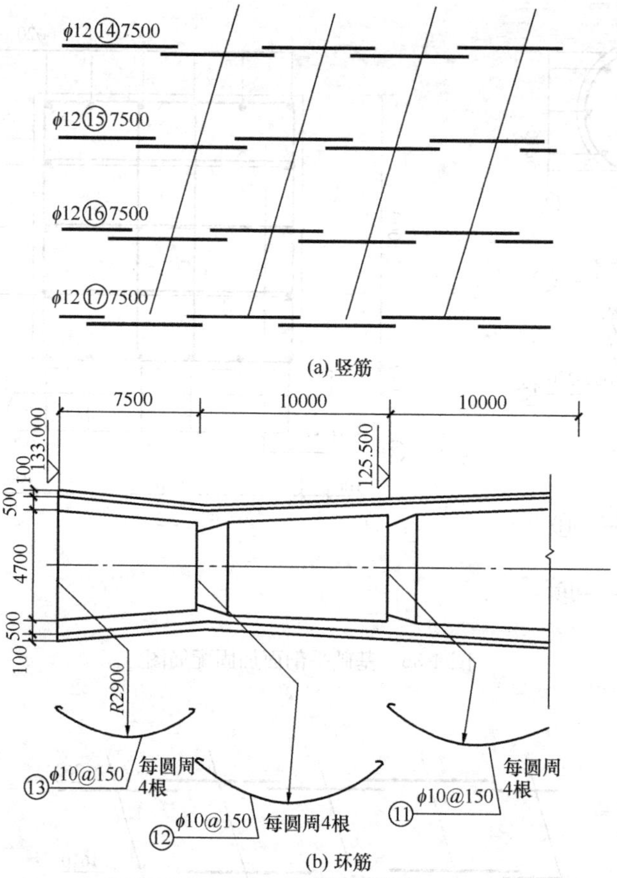

图 4-38　烟囱筒壁加固配筋（125.500～130.000m）

4.7　钢筋混凝土结构的加固

当裂缝（包括钢筋锈蚀、混凝土劣化）影响结构承载力，危及结构安全时，应考虑采取措施进行加固处理。通常由温差（冷缩）、干缩、地基差异沉降等变形因素引起的裂缝，其宽度即使超过规定裂缝修补的上限值，也不一定会影响结构的承载力。

统计表明，实际工程中有80%以上的裂缝属变形裂缝或以变形因素为主的裂缝，仅20%以内的裂缝属于荷载裂缝或以荷载因素为主的裂缝。可见多数裂缝的结构构件不必采取加固措施。当然，对于那些以变形因素为主，兼有荷载因素的裂缝，则要慎重对待。如果变形裂缝进一步发展，危及结构安全时，应考虑进行加固处理。

4.7.1　钢筋混凝土楼板加固方法

实际工程中，钢筋混凝土楼板往往由于下列原因需要进行加固处理：①设计上板厚偏小；②施工时混凝土板厚度不足、混凝土强度等级降低、负钢筋位置下移；③房间改变用途，楼板的使用荷载增加。特别值得注意的是，高级住宅面积较大的客厅，楼板下面要进行吊顶，上面要铺木地板或地面砖，对楼板的刚度有较高的要求，如设计、施工不当造成楼板刚度不够，不仅楼上使用时会对楼下发生干扰，严重的还会出现吊顶开裂，地面砖与混凝土楼板脱离。

为满足楼板的使用要求，提高楼板的承载力、刚度和抗裂性，可采用如下方法进行加固处理。

1. 板下加固法

在建筑物中，当楼面吊顶装饰尚未进行时，可采用在板下进行加固的方案。

（1）在板下沿四周设置型钢

采用在板下四角设置型钢的加固方案（见图 4-39a），可变四边支承为八边支承，能较大地提高板的承载力，所用型钢短，跨度小，型钢截面尺寸及每个支点的受力也较小，对墙体局部受压有利。这种加固方案适用于二级吊顶高度较小，且板接近于方形的情况。

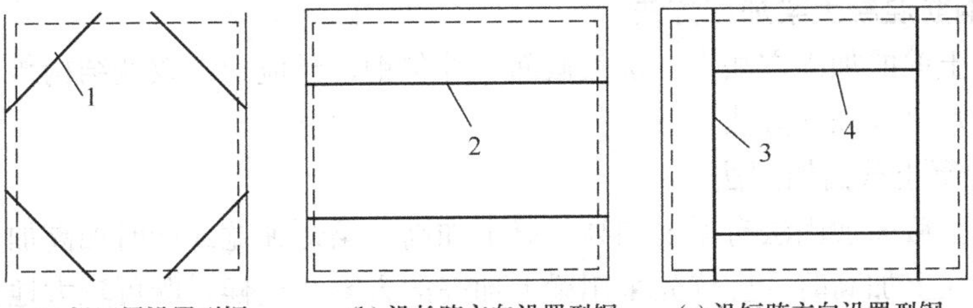

(a) 沿四周设置型钢　(b) 沿长跨方向设置型钢　(c) 沿短跨方向设置型钢

图 4-39　板下设置型钢的加固方案

1—四角型钢；2—长跨主型钢；3—短跨主型钢；4—长跨次型钢

（2）在板下沿长跨方向设置型钢

在板下四角设置型钢，支点落在门洞上的可能性较大，对支点将增加验算和加固的麻烦。此时，可采用仅沿长跨方向设置型钢的加固方案（见图 4-39b），使主要受力方向的板跨减小，也能较大地提高板承受荷载的能力，但所用型钢长，跨度大，型钢截面尺寸及每个支点的受力也较大，对墙体局部受压不利。这种加固方案适用于二级吊顶高度较大，且板为长方形的情况。

（3）在板下沿短跨方向设置型钢

沿长跨方向设置型钢时，如果支点落在门洞上，可改为沿短跨方向设置承重型钢。此时为减小板主要受力方向的跨度，沿长边方向仍可设置次型钢，并让它支承在短跨方向的主型钢上（见图 4-39c）。

以上加固方案中，当墙为砌体结构时，可将型钢直接支承在墙上，并按计算或构造设置垫块；当墙为混凝土结构时，可通过化学锚固螺栓和钢板将型钢支承在墙上；当墙体为轻质隔断时，则应通过化学锚固螺栓和钢板将型钢支承在框架梁上。型钢可以用工字钢或背靠背的双槽钢。不论采用哪种加固方案，应采用设临时支撑顶紧的方法，使型钢与楼板紧密接触。临时支撑应待拧紧支座螺帽或加焊并待垫块混凝土强度达到设计要求后方可拆除。

2. 板上加固法

对已建建筑物或在建建筑物，当楼面吊顶等装饰已完成时，宜在板上进行加固。此时，如地面已装修，需将木地板或地面砖拆除，采用在板面上现浇混凝土叠合层的方案进行加固。这种方案特别适用于楼面板刚度不够的情况。叠合层宜采用 40mm 厚的细石混凝土，骨料最大粒径不宜大于 20mm，强度等级应比原楼板混凝土强度高一个等级。支座负钢筋按叠合板计算或构造要求确定，其中的一半在整个现浇层内配置，且不小于 $\phi6$@250 的钢筋网；另一半可在离墙边 1/4 短跨处截断。为使细石混凝土现浇层与原混凝土楼板共同工作。在浇混凝土之前，除要求原混凝土板面凿毛外，宜沿板的四周边缘板带范围内，设置不小于 $\phi6$ 双向间距为 500mm 的膨胀螺丝或植筋，并与钢筋网焊牢。混凝土应连续浇捣密实，不留施工缝。初凝后，及时覆盖草袋，浇水养护，保持湿润。待混凝土强度达到设计要求时，方可投入使用。

3. 板上或板下粘钢或贴碳纤维片材加固法

楼板配筋不足、负筋移位等情况造成的裂缝，可采用在板上或板下粘钢或贴碳纤维片材的加固方法。

4.7.2 钢筋混凝土梁加固方法

钢筋混凝土梁的加固方法有：加大截面、外包钢、预应力、改变结构传力途径、外粘钢或贴碳纤维片材等加固方法。

1. 加大混凝土截面加固法

加大混凝土截面加固法有梁上加高、梁下加高、梁侧加宽或同时加高加宽等方案。当使用上允许梁往上加高时，应优先采用梁上加高的方案。这样，既可较大地提高梁的承载力，施工又较方便。当使用上不允许往上加高时，可采用往下加高的方案。此时，为便于浇捣加固用混凝土，梁两侧下部局部加宽，并可加配受拉钢筋。

当采用梁上加高法时，梁的承载力、抗裂度、钢筋应力、裂缝宽度及变形计算和验算可按《混凝土结构设计规范》GB 50010—2010 中关于叠合构件的规定进行。当采用梁下加高法（加高截面并加配受拉钢筋）时，新增纵向受拉钢筋的抗拉强度设计值应乘以强度折减系数 0.90。

加大混凝土截面尺寸加固法的关键是要处理好新老混凝土的结合，使其叠合面能可靠地传递剪力。在叠合梁中，传递剪力的措施是，除叠合面凿毛或打成沟槽，槽深不宜小于 6mm，间距除不宜大于箍筋间距或 200mm 外，还应将箍筋凿出并用短钢筋焊接接长到需要的位置，与按计算或构造要求确定的新增纵向受力钢筋形成骨架。浇筑混凝土前，原有混凝土表面应冲洗干净，并应以水泥浆等界面剂进行处理。

2. 外包钢加固法

当需要大幅度提高抗弯、抗剪承载力时，可采用外包钢加固法。当采用化学灌浆外包加固时，型钢表面温度不应高于 60℃；当环境具有腐蚀性介质时，应采用可靠的防护措施。外包钢加固法要点如下：

(1) 钢筋混凝土梁采用湿式外包钢加固时，其正截面受弯承载力和斜截面受剪承载力可按照《混凝土结构设计规范》GB 50010—2010 的规定进行，除抗震设计外，在受弯承载力的计算中，其外包角钢的抗拉强度设计值应乘以强度降低系数 0.9；在受剪承载力的计算中，其外包扁钢箍或钢筋箍的抗拉强度设计值应乘以强度降低系数 0.7。

(2) 用于提高受弯承载力的外包角钢的厚度不应小于 3mm，角钢边长不宜小于 50mm。沿梁轴线应用扁钢箍或钢筋箍与角钢焊接。扁钢箍截面不应小于 25mm×3mm，其间距不宜大于 $20i$（i 为单根角钢截面的最小回转半径），也不宜大于 500mm。钢筋箍直径不应小于 10mm，间距不宜大于 300mm。在节点区，其间距应适当减小。

(3) 梁角钢应与柱角钢相互焊接，当柱不加固时，可用扁钢绕柱外包焊接（见图 4-40）。

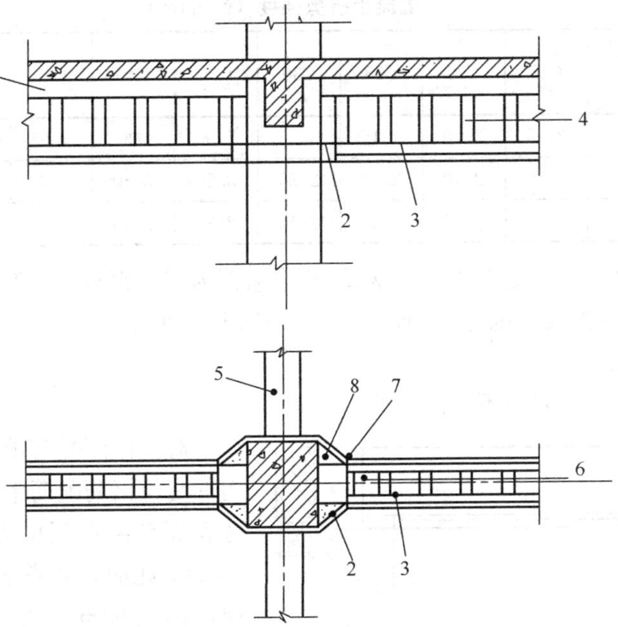

图 4-40　外包钢框架梁连接构造

1—钢板；2—扁钢带；3—角钢；4—扁钢箍；5—次梁；
6—主梁；7—剖口焊接；8—环氧砂浆填实

3. 外部粘钢加固法

外部粘钢加固法是在构件的外部粘贴钢板，以提高梁承载力和满足正常使用要求的一种加固方法。适用于承受静力作用的一般受弯构件、受拉构件，且温度不大于 60℃，相对湿度不大于 70%，以及无化学腐蚀影响的环境条件，否则应采取防护措施。当构件混凝土强度等级低于 C15 时，不宜采用本法进行加固。外部粘钢加固法应注意以下五个方面的要求：

（1）材料要求

1）加固所用的粘结剂，必须是粘结强度高、耐久性好且具有一定弹性的材料。目前所用的 JGN 型建筑结构胶，其各项强度指标可按表 4-11 采用。对于其他胶种，当有充分试验依据且性能满足使用要求时亦可采用。

建筑结构胶的粘结强度　　表 4-11

被粘基层材料种类	破坏特征	抗剪强度（MPa）			轴心抗拉强度（MPa）		
		试验值（f_v^0）	标准值（f_{vk}）	设计值（f_v）	试验值（f_t^0）	标准值（f_{tk}）	设计值（f_t）
钢-钢	胶层破坏	≥18	9	3.6	≥33	16.5	6.6
钢-混凝土	混凝土破坏	$\geqslant f_v^0$	f_{cvk}	f_{cv}	$\geqslant f_{ct}^0$	f_{ctk}	f_{ct}
混凝土-混凝土	混凝土破坏	$\geqslant f_v^0$	f_{cvk}	f_{cv}	$\geqslant f_{ct}^0$	f_{ctk}	f_{ct}

2）混凝土抗剪强度试验值 f_{cv}^0、标准值 f_{cvk} 及设计值 f_{cv} 按表 4-12 采用；混凝土轴心抗拉强度标准值 f_{ctk} 及设计值 f_{ct}，按《混凝土结构设计规范》GB 50010—2010 规定采用。

混凝土抗剪强度（N/mm²） **表 4-12**

强度名称 \ 混凝土强度等级	C15	C20	C25	C30	C35	C40	C45	C50	C55	C60
试验值（f_{cv}^0）	2.25	2.70	3.15	3.55	3.90	4.30	4.65	5.00	5.30	5.60
标准值（f_{cvk}）	1.70	2.10	2.50	2.85	3.20	3.50	3.80	3.90	4.00	4.10
设计值（f_{cv}）	1.25	1.75	1.80	2.10	2.35	2.60	2.80	2.90	2.95	3.10

3）加固用钢板，一般以用 3 号钢或 16 号锰钢为宜。钢板、连接螺栓及焊缝的强度设计值，应按《钢结构设计规范》GB 50017—2003 规定采用。

（2）计算要求

1）正截面抗弯承载力不足的情况：

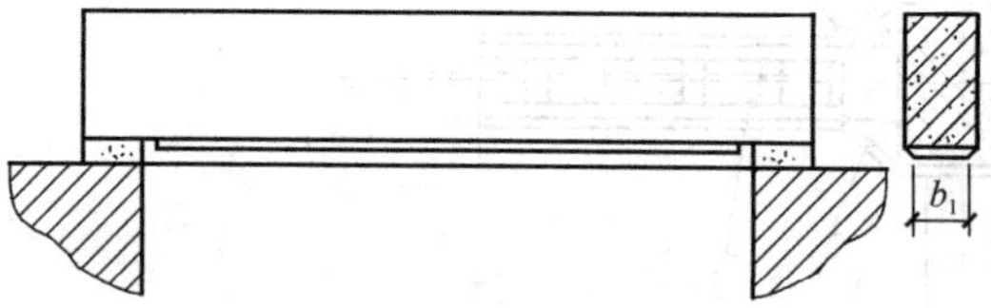

图 4-41 梁受拉区粘钢加固示意图

对正截面受弯承载力不足的梁，如原构件受拉钢筋配筋率较低，可采取在受拉区表面粘结钢板的方法进行加固（见图 4-41）。此时，正截面受弯承载力，可按现行国家标准《混凝土结构设计规范》GB 50010—2010 进行计算，其加固钢板截面面积 A_a 可按下式确定：

$$A_a = (\alpha_1 f_{c0} b_0 x + f'_{y0} A'_{s0} - f_{y0} A_{s0}) / f_{ay} \tag{4-5}$$

式中 f_{c0} ——原构件混凝土轴心抗压强度设计值；

α_1 ——受压区混凝土矩形应力图的应力值与混凝土轴心抗压强度设计值的比值；

b_0——原构件截面宽度；

x——混凝土受压区高度；

f'_{y0} ——原构件纵向受压钢筋抗压强度设计值；

A'_{s0} ——原构件纵向受压钢筋截面面积；

A_{s0}——原构件纵向受拉钢筋截面面积；

f_{y0} ——原构件纵向受拉钢筋抗拉强度设计值；

f_{ay} ——加固钢板抗拉强度设计值。

混凝土受压区高度可近似按下式计算：

$$x = \left(1 - \sqrt{1 - \frac{2M}{\alpha_1 f_{c0} b_0 h_0^2}}\right) h_0 \tag{4-6}$$

式中 h_0——原构件截面有效高度；

M——加固构件控制截面需承受的弯矩设计值。

如原构件受拉钢筋配筋较高，需对构件正截面受压区进行加固，可在受压区梁两侧粘结钢板（如图 4-42 所示）。此时，加固钢板截面面积可按下式确定：

$$A'_a = (f_{y0} A_{s0} - f'_{y0} A'_{s0} - \alpha_1 f_{c0} b_0 x) / f'_{ay} \tag{4-7}$$

式中 A'_a ——在受压区的加固钢板截面积；

f'_{ay} ——加固钢板抗压强度设计值。

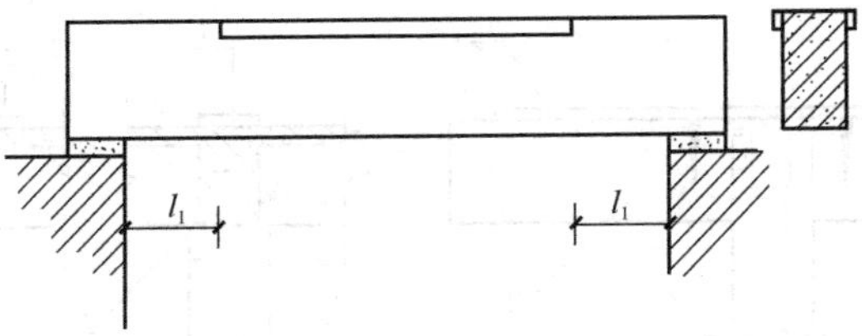

图 4-42　梁受压区粘钢加固示意图

混凝土受压区高度 x 可按下式计算：

$$x=\left\{1-\sqrt{1-\frac{2[M-f'_{y0}A'_{s0}(h_0-a'_s)-f'_{ay}A'_a(h_0-a'_a)]}{\alpha_1 f_{c0}b_0h_0^2}}\right\}h_0 \qquad (4\text{-}8)$$

式中　a'_s——原构件纵向受压钢筋合力作用点到受压边缘的距离；

a'_a——在受压区的加固钢板合力作用点到受压边缘的距离。

2）斜截面抗剪承载力不足的情况

对斜截面抗剪承载力不足的梁，可采用粘结并联 U 形箍板的方法进行加固（见图4-43）。

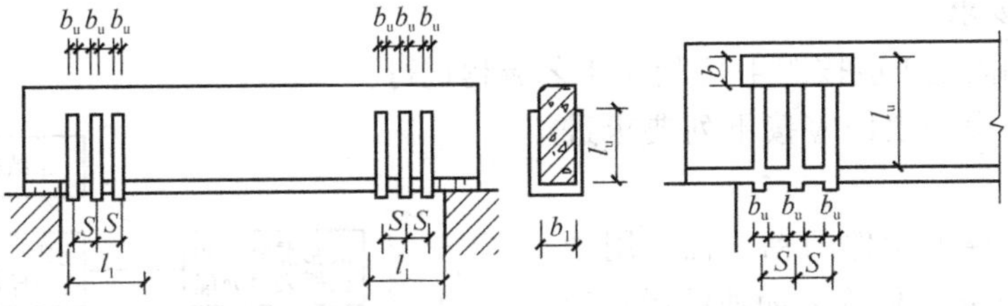

(a) U形箍板布置　　(b) U形箍板并联锚固

图 4-43　梁支座附近受剪箍板加固示意图

此时，斜截面受剪承载力按下式计算：

$$V\leqslant V_{uo}+2f_{ay}A_{avl}l_u/s \qquad (4\text{-}9)$$

同时应满足下列条件：

$$l_u/s\geqslant 1.5 \qquad (4\text{-}10)$$

式中　V——斜截面剪力设计值；

V_{uo}——原构件斜截面受剪承载力设计值；

A_{avl}——单肢箍板截面面积；

s——箍板轴线间距；

l_u——箍板高度。

对于连续梁支座处负弯矩受拉区的加固，应根据该区有无障碍物，分别采用不同的粘钢方法，如图 4-44 所示：

（3）构造要求

1）粘结加固基层的混凝土强度等级不应低于 C15。

2）粘结钢板的厚度以 2～6mm 为宜。

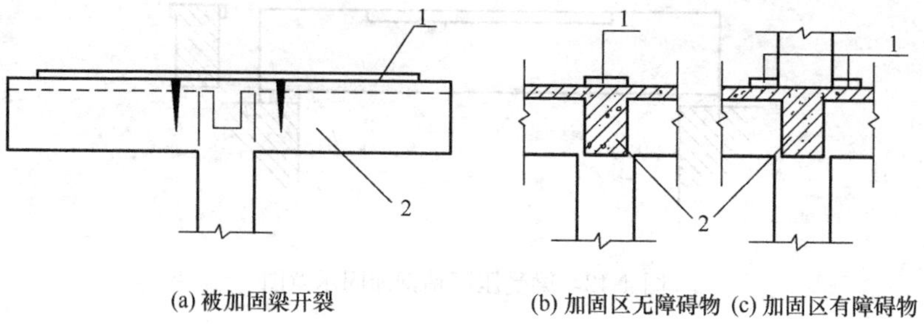

图 4-44　连续梁支座区上表面粘钢加固示意图

1—钢板；2—钢筋混凝土梁

3）对于受压区粘钢加固，当采用梁侧粘钢时，钢板宽度不宜大于梁高的 1/3。

4）粘贴钢板在加固点外的锚固长度：对受拉区不得小于 $200t$（t 为钢板厚度），并不得小于 600mm；对于受压区，不得小于 $160t$，亦不得小于 480mm；对于大跨结构或可能经受反复荷载的结构，锚固区尚宜增设 U 形箍板或螺栓附加锚固措施。

5）钢板表面须用 M15 水泥砂浆抹面，其厚度：对梁不应小于 20mm；对板不应小于 15mm。

（4）施工要求

1）粘钢加固施工应按图 4-45 所示工艺流程进行：

2）混凝土构件表面应按下列要求进行处理：

① 对旧混凝土构件的粘合面，用硬毛刷蘸高效洗涤剂，刷除表面油垢污物后用水冲洗，再对粘合面进行打磨，除去 2～3mm 厚表层，直至完全露出新面，并用无油压缩空气吹除粉粒。如混凝土表面不是很旧很脏，则可直接对粘合面进行打磨，去掉 1～2mm 厚表层，用压缩空气除去粉尘或用清水冲洗干净，待完全干后即可用脱脂棉蘸丙酮擦拭表面即可。

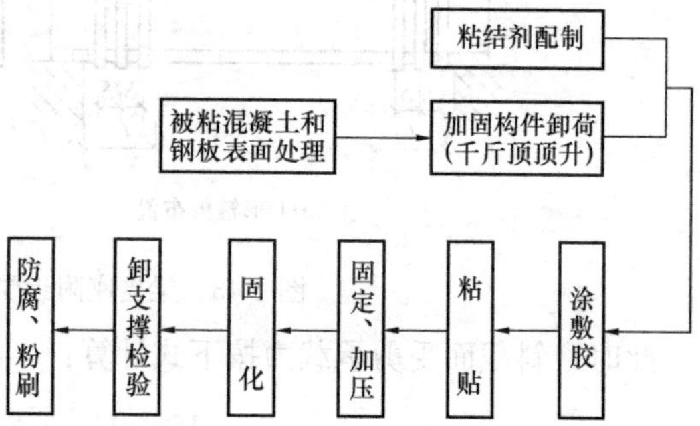

图 4-45　粘钢加固工艺流程图

② 对新混凝土结合面，先用钢丝刷将表面松散浮渣刷去，再用硬毛刷沾洗涤剂洗刷表面，或用有压冷水冲洗，待完全干后即可涂胶粘剂。

③ 对于龄期在 3 个月以内以及湿度较大的混凝土构件，尚须进行人工干燥处理。

3）钢板粘结面也须进行除锈和粗糙处理。如钢板未生锈或轻微锈蚀，先可用喷砂、砂布或平砂轮打磨，直至出现金属光泽。打磨粗糙度越大越好，打磨纹路应与钢板受力方向垂直。其后，用脱脂棉蘸丙酮擦拭干净。如钢板锈蚀严重，须先用适度盐酸浸泡 20min，使锈层脱落，再用石灰水冲洗，中和酸离子，最后用平砂轮打磨出纹路。

4）粘贴钢板前，应对被加固梁进行卸载。如采用千斤顶方式卸载，对于承受均布荷载的梁，应采用多点（至少两点）均匀顶升，对于有集中力（次梁）作用的主梁，每根次梁下要设一台千斤顶。顶升力的大小以顶面不出现裂缝为准。

5）JCN 型建筑结构胶为甲、乙两个组分，使用前应进行现场质量检验，合格后方能使用，并应按产品使用说明书规定配制。搅拌时，应注意避免雨水进入容器，按同一方向进行搅拌，容器内不得有油污。

6）粘结剂配制好后，用抹刀同时涂抹在已处理好的混凝土表面和钢板面上，厚度1～3mm，中间厚边缘薄，然后将钢板贴于预定位置。如果是立面粘贴，为防止流淌，可加铺一层脱蜡玻璃丝布。粘好钢板后，用手锤沿粘贴面轻轻敲击钢板，如无空洞声，表示已贴密实，否则应剥下钢板，补胶，重新粘贴。

7）钢板粘贴好后，应立即用夹具夹紧，或用支撑固定，并适当加压，以使胶液刚从钢板边缝挤出为度。

8）JGN 型建筑结构胶在常温下固化，保持在 20℃以上，24h 即可拆除夹具或支撑，3d 可受力使用。若低于 15℃，应采用人工加温，一般用红外线灯加热。

9）加固后，钢板表面应粉刷水泥砂浆保护。如钢板表面积较大，为利于砂浆粘结，可用环氧树脂胶粘一层钢丝网或点粘一层豆石。

10）粘结剂施工应遵守下列安全规定：

① 配制粘结剂用的原料应密封贮存，远离火源，避免阳光直接照射；

② 配制和使用场所，必须保持通风良好；

③ 操作人员应穿工作服，戴防护口罩和手套；

④ 工作场所应配备各种必要的灭火器，以备救护。

（5）工程质量验收

1）撤除临时固定装置后，应用小锤轻轻敲击粘结钢板，从声音判断粘结效果。如有空洞声响，应用超声波法探测粘结密实度。若锚固区粘结面积少于 90%，非锚固区粘结面积少于 70%，则应剥下重新粘贴。

2）对于重大工程，为慎重起见，尚需抽样进行荷载试验。一般仅作标准荷载试验，即将卸去的荷载重新全部加上，直至达到设计要求的荷载标准值，其结构的变形和裂缝开展应满足设计规范要求。

4. 外贴碳纤维片材加固法

（1）碳纤维加固技术发展概况

碳纤维材料用于混凝土结构补强加固的研究工作开始于 20 世纪末的美、日等发达国家。自 20 世纪 80 年代末至今，日本、美国、新加坡以及欧洲的部分国家和地区都相继进行了大量碳纤维材料用于混凝土结构补强加固的研究开发，并在此基础上形成了自己国家的行业标准与规范。该项技术在日本、韩国、美国、欧洲等国家和地区得到迅速的发展和广泛应用。而将碳纤维制成织物（布状片材），粘贴到混凝土表面用于结构的补强与加固，在实际工程中应用日益增多。

碳纤维片材的主要性能：

1）具有碳材料高强度的特性，又兼备纺织纤维的柔软可加工性；

2）各向异性，设计自由度大，可进行多种加固方案设计，以满足不同的要求；

3）可与其他纤维（如玻璃纤维）混合增强，提高性能；

4）密度小、质量轻是一般钢材质量的 1%，强度超过 10 倍以上；

5）自润滑、耐磨损，抗疲劳、寿命长；

6）吸能减震，具有优异的震动衰减功能；

7）热导性好，不蓄热，在惰性气体中耐热；

8）耐腐蚀，不生锈，耐久。

（2）混凝土加固修补用碳纤维材料分类

普通碳纤维是以聚丙烯腈（PAN）或中间沥青（MPP）纤维为原料碳化制成。目前，用于混凝土结构补强加固的碳纤维材料种类可按以下分类：

1）按形式分类

① 片材（包括布状和板状）

片材通过环氧树脂类粘结剂贴于混凝土受拉区表面，是用于结构加固修复最多的一种材料形式。其中布状材料的使用量最大，而板状材料的强度利用效率较高。

② 棒材

通常作为代替传统钢筋的材料，既可用于已建结构的补强加固，也可用于新建结构中。

2）按力学性能分类

① 高模量型拉伸模量很高。可达到 3.9×10^5MPa，但其伸长率低。

② 高强度型拉伸强度在 3500MPa 以上，加工工艺好的其拉伸强度可超过 4000MPa，最高可达 5000MPa。

③ 中等模量型

拉伸模量一般在 $2.7\times10^5\sim3.15\times10^5$MPa 之间，伸长率在 1.5%～2.0%之间。

（3）碳纤维加固混凝土结构的优点

同粘钢加固法相比，碳纤维加固具有明显的技术优势，主要体现在：

1）高强高效

由于碳纤维材料优良的物理力学性能，在加固过程中可充分利用其高强度、高模量的特点来提高结构及构件的承载力，改善其受力性能，达到高效加固的目的。

2）耐腐蚀性

碳纤维材料化学性质稳定，不与酸、碱、盐等发生化学反应，因而用碳纤维材料加固后的钢筋混凝土构件具有良好的防水性、耐腐蚀性及耐久性。

3）不增加构件的自重及体积

碳纤维材料质量轻（碳纤维材料 200～600g/m^2）且厚度薄（小于 2mm），经加固修补后的构件，增加原结构的自重及尺寸很小，不会明显减少使用空间。

4）适用面广

由于碳纤维材料是一种柔性材料，可任意剪裁，所以可广泛用于各种结构类型、形状和结构的各种部位。诸如高层建筑转换层大梁、大型桥拱的桥墩、桥梁和桥板，以及隧道、大型筒体及壳体等结构工程。

5）便于施工

在碳纤维材料加固施工过程中不需要大型的施工机械，占用施工场地小，没有湿作业，功效高、周期短，对加固环境影响小。但是，碳纤维加固与粘钢加固同样存在耐火性能低，具有较高的防火要求，需进行表面防护处理。此外，一般碳纤维单向抗拉强度高，另一向（横向）的抗拉强度低，且碳纤维强度高而伸长率低。

（4）碳纤维材料性能指标要求

1）根据国内行业标准《碳纤维片材加固混凝土结构技术规程》CECS 146—2003 规定碳纤维片材的主要力学性能指标要求如表 4-13 所示。

碳纤维片材的主要力学性能指标要求 **表 4-13**

项目 \ 类别	单向织物(布)		条形板	
	高强度Ⅰ级	高强度Ⅱ级	高强度Ⅰ级	高强度Ⅱ级
抗拉强度标准值 f_{cfk}(MPa)	≥3400	≥3000	≥2400	≥2000
受拉弹性模量 E_{cf}(MPa)	$\geqslant 2.4\times10^5$	$\geqslant 2.1\times10^5$	$\geqslant 1.6\times10^5$	$\geqslant 1.4\times10^5$
伸长率(%)	≥1.7	≥1.5	≥1.7	≥1.5
弯曲强度 f_{cfb}(MPa)	≥700	≥600	—	—
层间剪切强度(MPa)	≥45	≥35	≥50	≥40
仰贴条件下纤维复合材与混凝土正拉粘结强度(MPa)	≥2.5，且为混凝土内聚破坏			
纤维体积含量(%)	—	—	≥65	≥55
单位面积质量(g/m^2)	≤300	≤300	—	—

2）碳纤维片材的主要力学性能指标应参照《定向纤维增强聚合物基复合材料拉伸性能试验方法》GB/T 3354—2014 测定。

3）单层碳纤维布单位面积碳纤维质量不宜低于 $150g/m^2$；不宜高于 $300g/m^2$。

4）碳纤维板的厚度不宜大于 2.0mm，宽度不宜大于 200mm，纤维体积含量，对Ⅰ级板，不应小于 65%；对Ⅱ级板，不宜小于 60%且不应小于 55%。

（5）碳纤维加固混凝土梁的构造措施

1）当碳纤维布沿其纤维方向绕构件转角处粘结时，转角处构件外表面的曲率半径应不小于 20mm（见图 4-46）。

2）碳纤维布沿纤维受力方向的搭接长度应不小于 100mm。当采用多条或多层碳纤维布加固时，各条或各层碳纤维布之间的搭接位置宜相互错开。

3）为保证碳纤维片材可靠地与混凝土共同工作，必要时应采取附加锚固措施。

4）端部锚固措施如图 4-47 所示。

5）负弯矩区加固梁侧有效粘贴范围如图 4-48 所示，碳纤维片材截断位置距支座边缘的延伸长度应根据负弯矩分布情况按《碳纤维片材加固混凝土结构技术规程》CECS 146—2003 确定。

6）碳纤维抗剪加固的粘贴方式有封闭缠绕、U 形、双 L 形、双侧侧面等四种粘贴方式，如图 4-49a 所示。其中 U 形和侧面粘贴方式，需在侧面上、下加纵向压条，如图 4-49b 所示。

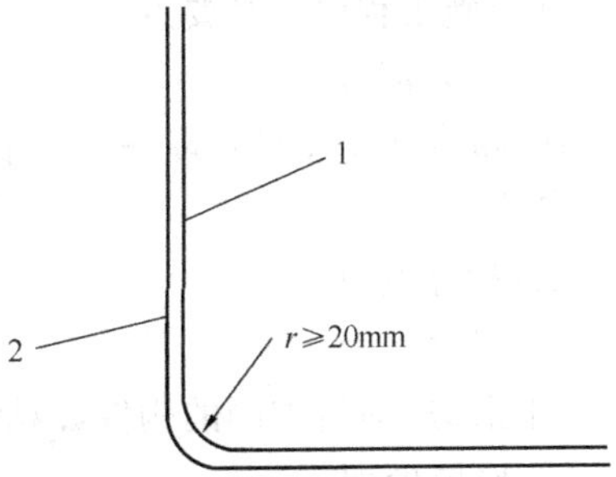

图 4-46 构件转角处粘贴示意图

1—构件外表面；2—碳纤维布

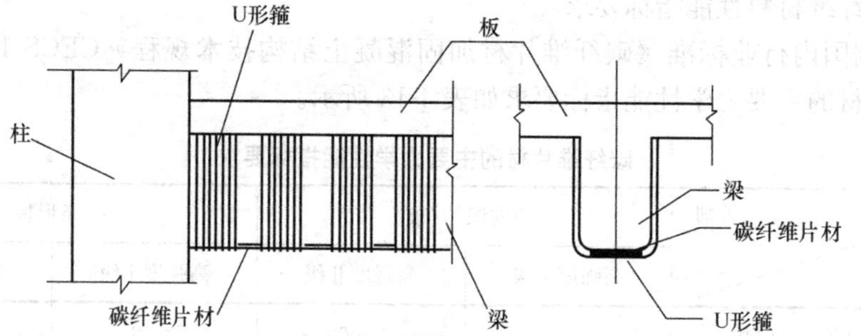

(a) U形箍

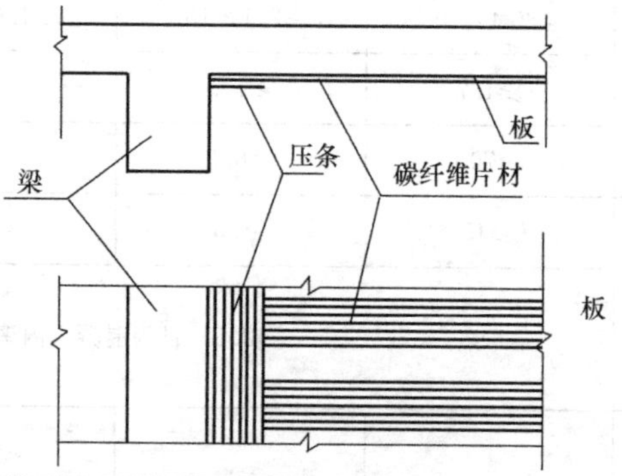

(b) 碳纤维片材压条

图 4-47　受弯加固时碳纤维片材端部附加锚固措施

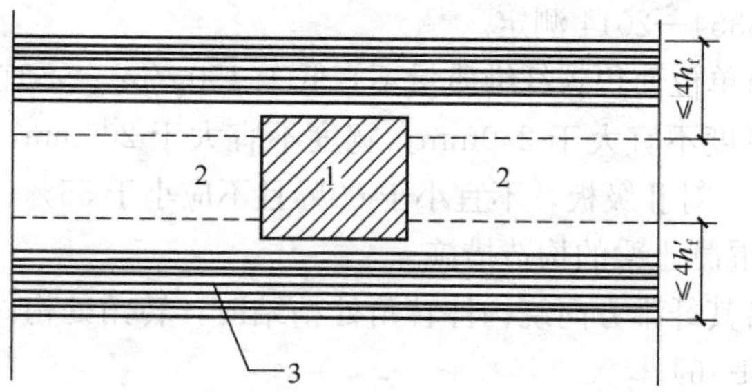

图 4-48　负弯矩区加固时梁侧有效粘贴范围平面图

1—柱；2—梁；3—板顶面碳纤维片材；h_f' —板厚

(6) 施工程序及其要点

1) 工艺流程

① 卸荷→②底层处理→③涂底层树脂→④找平施工面→⑤粘贴碳纤维片→⑥表面保护、装饰

2) 程序要点

① 卸荷

加固前应对所加固的构件如粘钢加固法所述进行卸荷。

② 底层处理

用混凝土角磨机、砂纸等机具除去混凝土表面的浮浆、油污等杂质；混凝土表层出现剥落、空鼓、腐蚀等现象的部位应予凿除；将构件表面打磨平整，转角处要打磨成圆弧状

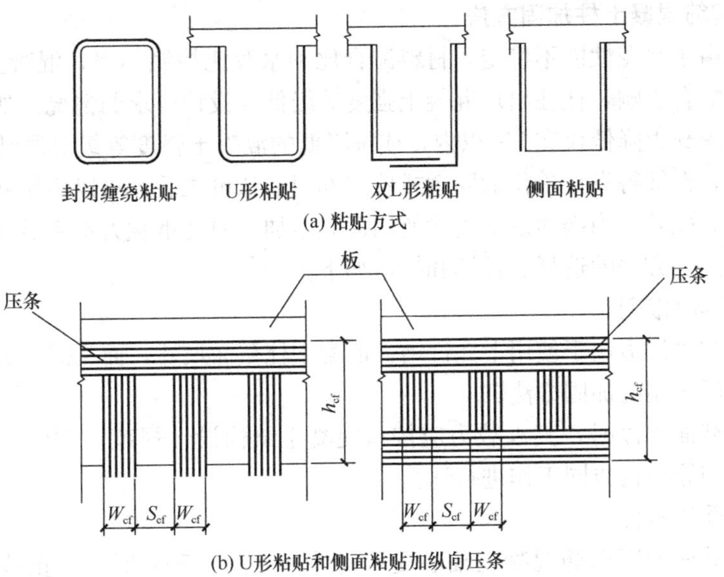

图 4-49　碳纤维片材的抗剪加固方式

（R 半径不应小于20mm）；将混凝土表面清理干净，并保持干燥。

③ 涂底层树脂

先计量调配底层树脂、搅拌均匀，根据实际气温决定用量并控制使用时间；再将底层树脂均匀刷于混凝土表面，待胶固化后（固化时间视现场气温而定，以指触干燥为准）进行下一工序。

④ 找平施工面

构件表面凹陷部位应用修补胶填补平整，出现高度差的部位应用平胶填补，尽量减小高度差；

转角处也应用平胶修补成圆弧状，对碳纤维曲率半径：梁不小于 20mm、柱不小于 25mm。

⑤ 粘贴碳纤维布

按设计要求的尺寸及层数裁剪碳纤维布，除特殊要求外，碳纤维布长度一般应在 3m 之内；

将浸润树脂调配后，均匀涂抹于待粘贴的部位，在搭接、拐角等部位要适当多涂；

粘贴碳纤维布并用滚筒反复滚压，去除气泡，并使浸润胶充分浸透碳纤维布，多层粘贴应重复上述步骤，待碳纤维布表面指触干燥方可进行下一层的粘贴；

在最后一层碳纤维布表面均匀涂抹浸润胶；

碳纤维布沿纤维方向的搭接长度不得小于 100mm，碳纤维布端部固定用横向碳纤维或用粘钢固定。

⑥ 表面保护、装饰

加固后的碳纤维布表面应采取抹灰或喷防火涂料进行保护，也可按设计要求进行装饰。此外，实际工程中当使用功能允许时，可在梁跨中增设支点（柱）的方法对梁进行加固。

4.7.3 钢筋混凝土柱加固方法

在施工中由于水泥性能不稳定，材料配合比和水胶比控制不严，混凝土浇灌不密实，养护不良等的综合影响，往往出现混凝土强度等级低于设计要求的情况。如混凝土强度降低，使构件的承载力降低仅在5%以内，或按降低的混凝土强度等级对原结构进行验算仍满足设计要求，在征得设计单位的同意或鉴定部门的认可之后，可以不作处理。否则，应进行加固处理。此外，当楼面改变用途使用荷载增加，原柱承载力不满足要求时，也应进行加固。常用加固方法的选择、计算和构造如下。

1. 加大截面加固法

加大截面加固法适用于使用上允许增大混凝土柱截面尺寸，而又需要大幅度地提高承载力的一种广泛采用的加固方法。

采用加大截面加固时，其承载力应按《混凝土结构设计规范》GB 50010—2010，考虑新浇混凝土与原结构协同工作进行计算。

（1）轴心受压构件

当用加大截面加固钢筋混凝土轴心受压构件（见图4-50）时，其正截面承载力应按下列公式计算：

$$N \leqslant \varphi[f_{c0}A_{c0} + f'_{y0}A'_{y0} + \alpha(f_cA_c + f'_yA'_s)] \tag{4-11}$$

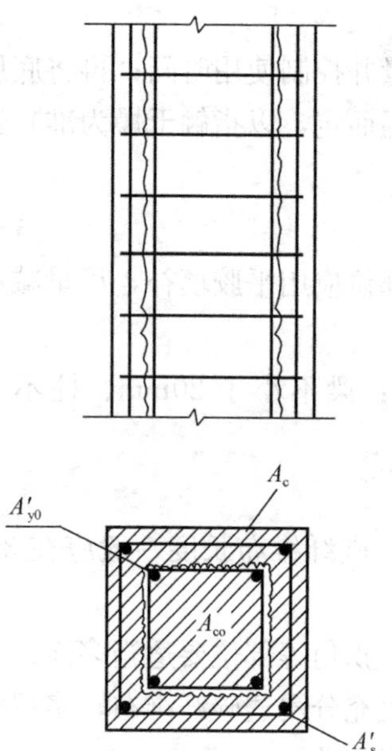

图4-50 加大截面加固钢筋混凝土轴心受压构件示意图

式中 N——构件加固后的轴向力设计值；

φ——构件的稳定系数，以加固后截面为准，按《混凝土结构设计规范》GB 50010—2010 的规定采用；

f_{c0}——原构件混凝土的轴心抗压强度设计值；

A_{c0}——原构件混凝土截面面积；

f'_{y0}——原构件纵向钢筋抗压强度设计值；

A'_{y0}——原构件纵向钢筋截面面积；

A_c——构件新加混凝土的截面面积；

f_c——构件新加混凝土的轴心抗压强度设计值；

f'_y——构件新加纵向钢筋抗压强度设计值；

A'_s——构件新加纵向钢筋截面面积；

α——新加混凝土与原构件协同工作时，新加混凝土和纵向钢筋的强度利用系数，近似取$\alpha=0.8$。当有充分试验根据时，可适当调整。

应当说明，原构件的混凝土强度等级应按《混凝土强度检验评定标准》GB/T 50107—2010 确定，以便按《混凝土结构设计规范》GB 50010—2010 确定原结构混凝土轴心抗压强度设计值。

（2）偏心受压构件

当用加大截面加固钢筋混凝土偏心受压构件（柱）时，如果截面受压区高度小于新加混凝土的厚度，采用新加混凝土的强度等级计算［按整体截面以《混凝土结构设计规范》

GB 50010—2010 中有关公式进行正截面承载力计算]；如果截面受压区高度大于新加混凝土的厚度，且为大偏心受压时，仍可按前述原则进行计算；如果截面受压区高度大于新加混凝土的厚度，且为小偏心受压时，原则上应考虑原构件的混凝土和新加的混凝土强度等级不同的影响，按组合截面计算。为简化计算，也可按整体截面计算，但混凝土强度等级按原构件截面面积与新加混凝土截面面积的加权平均值采用，即：

$$\bar{f}_c = \frac{A_{c0}}{\sum A} f_{c0} + \frac{A_c}{\sum A} f_c \tag{4-12}$$

式中　$\bar{f}_c$——按面积考虑的加权平均值。

$$\sum A = A_{c0} + A_c$$

用加大截面加固柱时，新加混凝土的最小厚度不应小于 60mm，用喷射混凝土施工时不应小于 50mm。加固用的纵向受力钢筋宜用带肋钢筋，最小直径不宜小于 14mm，最大直径不宜大于 25mm。箍筋应采用封闭式或 U 形的，并应按《混凝土结构设计规范》GB 50010—2010 的构造要求进行设置。封闭式箍筋直径不宜小于 8mm，U 形箍筋直径宜与原有箍筋直径相同。当用混凝土套箍进行加固时，应设置焊接封闭箍筋（见图 4-51a、图 4-51b）焊缝长度要求单面不小于 $10d$，双面不小于 $5d$（d 为箍筋直径）；当用单侧或双侧加固时，应设置 U 形箍筋（见图 4-51c、图 4-51d）。U 形箍筋宜与原有箍筋焊接，单面焊缝长度不小于 $10d$，双面不小于 $5d$（d 为 U 形箍筋直径）。U 形箍筋也可焊在新增设的锚钉上或直接伸入锚孔内锚固。锚钉直径应不小于 10mm，距构件边缘不小于 $3d$（d 为锚钉直径），且不小于 40mm，锚钉或 U 形箍筋的锚固深度不小于 $10d$，并应用环氧树脂浆或环氧树脂砂浆将锚钉锚固于钻孔内，钻孔直径应比锚钉直径大 4mm。

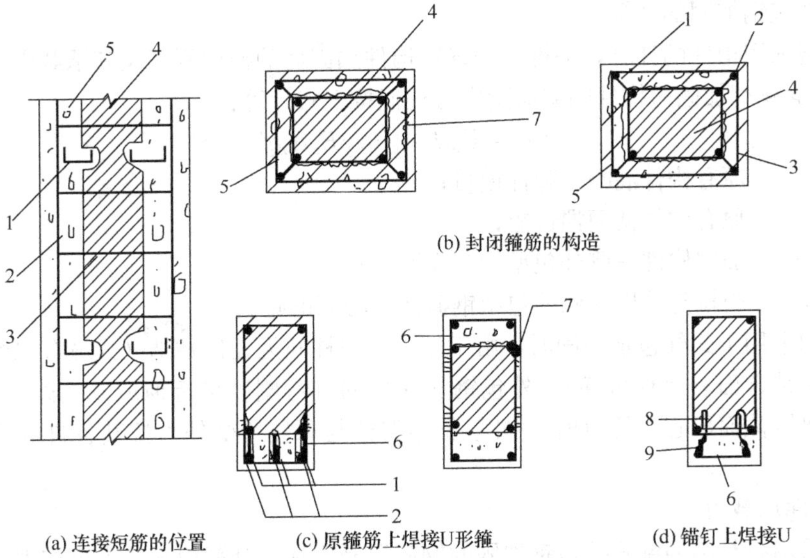

图 4-51　加固纵向受力筋与原构件的连接

1—连接短筋；2—加固纵筋；3—加固箍筋；4—老混凝土；5—新浇混凝土；6—U 形箍筋；7—焊缝长度≥$10d$（单面），≥$5d$（双面）；8—锚钉；9—焊接

加固的纵向受力钢筋与原构件的纵向受力钢筋间的净距不应小于 20mm，并应采用短筋焊接连接，短筋的直径不应小于 20mm，长度不小于 $5d$（d 为新增纵筋和原有纵筋直径的较小值），短筋的中距不大于 500～1000mm（见图 4-51a）用以固定纵筋。纵向加固用的受力钢筋的两端应有可靠的锚固，其下端应伸入基础并满足锚固长度要求，上端应穿过楼板与上柱脚连接或在屋面板处封顶锚固。

2. 外包钢加固法

外包钢加固法，是在柱四周或两对边外包型钢的加固法。按照型钢与构件之间有无粘结，分为有粘结（湿式）和无粘结（干式）（如图 4-52 所示）两种。这种加固法适用于使用中允许柱增大截面尺寸，而又需要大幅度地提高承载力的结构。采用化学灌浆的湿式外包钢加固的结构，使用时型钢表面温度不应高于 60℃；当环境具有腐蚀性介质时，应采取可靠的防护措施。

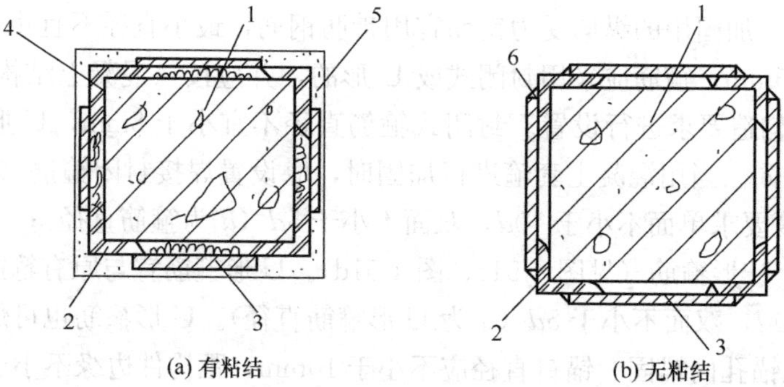

图 4-52　外包钢加固柱

1—原构件；2—角钢；3—连接钢板；4—乳胶水泥；5—水泥砂浆；6—电焊

（1）外包钢加固的计算

外包钢加固构件的计算，关键在于确定构件加固后的截面刚度及其承载力。

1）截面刚度加固后构件的截面刚度可近似按下式计算：

$$EI = E_{c0} I_{c0} + 0.5 E_a A_a a^2 \tag{4-13}$$

式中　E_{c0}——原有构件混凝土弹性模量；

I_{c0}——原有构件截面惯性矩；

A_a——加固构件一侧外包型钢截面面积；

a——受拉与受压两侧外包型钢截面形心间的距离。

考虑到采用干式外包钢加固时，由于型钢与原柱间无任何粘结（或虽有水泥砂浆填塞但仍能确保结合面有效地传递），外包钢加固柱的抗弯刚度可近似取 $0.5E_aA_aa^2$（a 为计算方向两垫钢截面形心间的距离）。外包钢构架柱与原柱所受外力按其各自的刚度比进行分配。

2）构件承载力：

对于采用有粘结的湿式外包钢加固的钢筋混凝土柱，其截面承载力可按现行国家标准《混凝土结构设计规范》GB 50010—2010 的规定进行计算。但对外包钢应乘以强度降低系数；当进行正截面承载力算时，其外包钢应乘以 0.9 的强度降低系数；当进行斜截面承载力计算时，其外包扁钢箍或钢筋箍应乘以 0.7 的强度降低系数。

对于采用无粘结的干式外包钢加固法时，其总承载力为钢构架柱与原混凝土柱承载力之和，它们可分别按《钢结构设计规范》GB 50017—2003 和《混凝土结构设计规范》GB 50010—2010 的规定进行计算。

(2) 外包钢加固柱的构造

1) 外包角钢厚度不应小于 5mm，也不宜大于 8mm；角钢边长不宜小于 25mm。沿柱轴线应扁钢箍或钢筋箍与角钢焊接。扁钢箍截面不应小于 40mm（宽）×4mm（厚），其间距不宜大于 20r（r 为单根角钢截面的最小回转半径），也不宜大于 500mm。钢筋箍直径不应小于 10mm，间距不宜大于 300mm。在节点区，其间距应适当减小。

2) 外包角钢两端应有可靠的连接和锚固。角钢下端应视柱根部弯矩的大小伸到基础顶面（见图 4-53a）或锚固于基础，中间穿过各层楼板（见图 4-53b），上端伸至加固层的顶层上端板底面或屋面板底面（见图 4-53c），水平方向框架柱外包角钢应与框架梁（或连系梁）的外包角钢焊接。

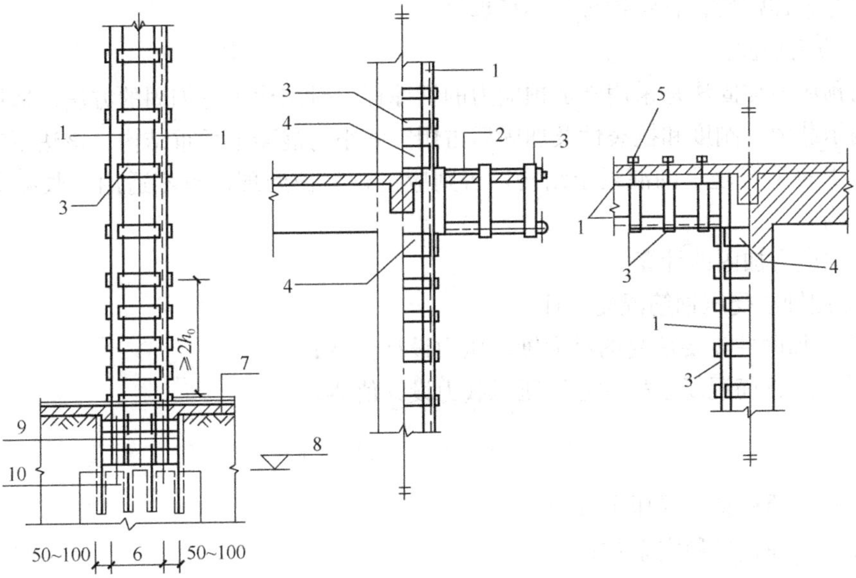

(a) 柱基连接　(b) 柱梁连接（各楼层）　(c) 柱梁连接（顶层）

图 4-53　外包钢框架柱加固构造

1—角钢；2—扁钢；3—扁钢箍；4—加强型钢箍；5—螺栓；6—原柱宽；

7—混凝土刚性地面；8—基础顶面标高；h_0 —原柱截面高度；

9—钢筋直径≥ϕ14；10—锚固钢筋直径≥ϕ10

3) 在有粘结湿式外包钢加固法中，当采用环氧树脂化学灌浆粘结时，扁钢箍应紧贴表面，并与角钢平焊连接。当采用乳胶水泥浆粘贴时，扁钢箍可焊于角钢外面。乳胶的含量不应少于 5%，水泥一般采用 42.5 级硅酸盐水泥。

4) 采用外包钢加固混凝土构件时，外包钢表面宜抹厚 25mm 的 1∶3 水泥砂浆保护层，亦可采用其他饰面防腐材料加以保护。

(3) 外包钢加固的施工

1) 当采用环氧树脂化学灌浆湿式外包钢加固时，应先将混凝土表面磨平，四角磨出小圆角，并用钢丝刷刷毛，用压缩空气吹净后，刷环氧树脂浆薄层，然后将已除锈并用二甲苯擦挣的型钢骨架贴附于构件表面，用卡具卡紧、焊牢，用环氧胶泥将型钢周围封闭，留出排气孔，并在有利的灌浆处（一般在较低处）粘贴灌浆嘴，间距为2～3m。待灌浆嘴粘牢后，通气试压，即以0.2～0.4MPa的压力将环氧树脂浆从灌浆嘴压入，当排气孔出现浆液后，停止加压；以环氧胶泥堵孔，再以较低压力维护10min以上方可停止灌浆。灌浆后不应再对型钢进行锤击、移动、焊接；

2）当采用乳胶水泥粘贴湿式外包钢加固时，应先在处理好的柱角抹上乳胶水泥，厚约5mm，随即将角钢粘贴上，并且用夹具在两个方向将柱四角角钢夹紧，夹具间距不宜大于500mm，然后将扁钢箍或钢筋箍与角钢焊接，焊接必须分段交错进行，且应在胶浆初凝前全完成；

3）当采用干式型钢外包钢加固时，构件表面也必须打磨平整，无杂物和尘土，角钢与构件之间的空隙宜用1：2水泥砂浆填实。施焊钢缀板时，应用夹具将角钢夹紧。当用螺栓套箍拧紧螺帽后，宜将螺母与垫板焊接。

3. 预应力加固法

柱的预应力加固法是采用外加预应力的钢撑杆，对结构进行加固的方法。适用于要求提高结构承载力、刚度和抗裂性及加固后占用空间小的混凝土承重结构。该法不宜用于处在温度高于60℃环境下的混凝土结构，否则应进行防护处理；也不适用于收缩徐变大的混凝土结构。

（1）预应力加固的计算

1）加固轴心受压钢筋混凝土柱

① 确定加固柱需要承受的最大轴心压力设计值N；

② 计算原钢筋混凝土柱轴心受压承载力设计值N_0。

$$N_0 = \varphi(A_{c0} f_{c0} + A'_{s0} f'_{y0}) \tag{4-14}$$

式中 N_0——原柱轴心受压承载力；

φ——原柱的稳定系数；

A_{c0}——原柱的截面面积；

f_{c0}——原柱混凝土抗压强度设计值；

A'_{s0}——原柱的受压纵筋总截面面积；

f'_{y0}——原柱的纵筋抗压强度设计值。

③ 计算预应力撑杆承受的轴心压力设计值

$$N_1 = N - N_0 \tag{4-15}$$

④ 计算预应力撑杆的总截面面积

$$A'_{p} = \frac{N_1}{\beta\varphi f'_{py}} \tag{4-16}$$

式中 β——预应力撑杆与原柱的协同工作系数，可取$\beta=0.9$；

f'_{py}——预应力撑杆钢材的抗压强度设计值。

预应力撑杆由设于原柱两侧的压肢组成，每一压肢由两根角钢或一根槽钢构成。

⑤ 验算加固后柱的承载力，即要求：

$$N \leqslant \varphi(f_{c0}A_{c0} + f'_{y0}A'_{s0} + \beta f'_{py}A'_{p}) \tag{4-17}$$

上式若不满足，可加大撑杆截面面积，再重新验算。

⑥ 缀板计算

缀板的设置，应保证撑杆压肢或单根角钢在施工和使用时的稳定性，不致出现失稳破坏，其计算可按《钢结构设计规范》GB 50017—2003 进行。

⑦ 确定施工时的预加压应力值 σ'_p，其值可按下式近似计算

$$\sigma'_p = \varphi'\beta' f'_{py} \tag{4-18}$$

式中　φ'——施工时压肢的稳定系数，当用横向张拉法施工时，其计算长度取压肢全长之半；当用顶升法施工时，取撑杆全长按格构压杆计算；

β'——经验系数，可取 0.75。

⑧ 计算施工中的控制参数 ΔH，当用横向张拉法安装撑杆时（见图 4-68）张拉量 ΔH 按下式近似计算

$$\Delta H = \sqrt{2\sigma'_p/(\beta' E_{sa})}\,l/2 + a \tag{4-19}$$

式中　E_{sa}——撑杆钢材的弹性模量；

l——撑杆的全长；

β'——经验系数，可取 0.9；

a——撑杆端顶板与混凝土间的压缩量，可取 2～4mm。

撑杆中点处的实际横向弯折量，根据撑杆总长度可取为 ΔH+3～5mm，施工时只收紧 ΔH，以确保撑杆处于预压状态。当用千斤顶、楔块等进行竖向顶升安装撑杆时，顶升量 Δl 可按下式计算：

$$\Delta l = \frac{\sigma'_p}{\beta' E_{sa}} l + a \tag{4-20}$$

式中符号同前。

2）用单侧预应力撑杆加固弯矩不变号的偏心受压钢筋混凝土柱

① 确定加固柱需要承受的最不利弯矩 M 和轴向力 N 的设计值。

② 在受压或受压较大一侧先用两根较小的角钢或一根槽钢作撑杆，并计算其有效受压承载力（$0.9f'_{py}A'_p$）。

③ 计算加固后原柱应承受的轴向力 N_0 和弯矩 M_0 的设计值

$$N_0 = N - 0.9f'_{py}A'_p \tag{4-21}$$

$$M_0 = M - 0.9f'_{py}A'_p a/2 \tag{4-22}$$

式中　a——弯矩作用方向上的截面高度；

A'_p——加固型钢截面面积；

f'_{py}——加固型钢抗压强度设计值。

④ 对加固后的原柱进行偏心受压承载力验算，当截面为矩形时，应满足《混凝土结构设计规范》GB 50010—2010 的要求：

$$N_0 \leqslant \alpha_1 f_{c0} b_0 x_0 + f'_{y0}A'_{s0} - \sigma_{s0}A_s \tag{4-23}$$

$$N_0 e \leqslant \alpha_1 f_c b_0 x_0 \left(h_0 - \frac{x_0}{2}\right) + f'_{y0}A'_{s0}(h_0 - a'_s) \tag{4-24}$$

$$e = e_0 + h/2 - a_s \tag{4-25}$$

$$e_0 = M_0 / N_0 \tag{4-26}$$

式中 f_{c0}——原柱的混凝土抗压强度设计值；

h_0——原柱的截面有效高度；

b_0——原柱的截面宽度；

x_0——原柱的混凝土受压区高度；

A'_{s0}、A_s——原柱受压和受拉纵筋的截面面积；

σ_{s0}——原柱受拉或受压较小纵筋的应力；

a_s——轴向力作用点至原柱受拉纵筋合力点之间的距离；

a'_s——原柱受压纵筋合力点至受压区边缘之间的距离；

当原柱偏心受压承载力不满足上述要求时，可加大撑杆截面面积，再重新验算。

⑤ 按《钢结构设计规范》GB 50017—2003 的有关规定进行缀板计算。撑杆或单肢角钢在施工防止失稳。当柱子较高时，可采用不等边角钢作撑杆，以保证单肢角钢的稳定性。

⑥ 确定施工时的预加压应力值 σ'_p，宜取 $\sigma'_p = 50 \sim 80\text{N/mm}^2$，以保证撑杆与被加固柱能较好地共同工作。

⑦ 计算横向张拉量 ΔH，可参照前述方法进行。

3）用双侧预应力撑杆加固弯矩变号的偏心受压钢筋混凝土柱

由于撑杆主要是承受压力，故可按受压或受压较大一侧用单侧撑杆加固的步骤进行。撑杆角钢截面面积应满足柱加固后需承受的最不利的内力组，柱的另一侧用同规格的角钢组成压杆肢，使撑杆的两侧截面对称。其缀板的计算、预加压应力值的确定、横向张拉量或竖向顶升量的估计参照前述方法进行。

（2）预应力加固的构造

采用预应力撑杆进行加固时，应遵守下列构造要求：

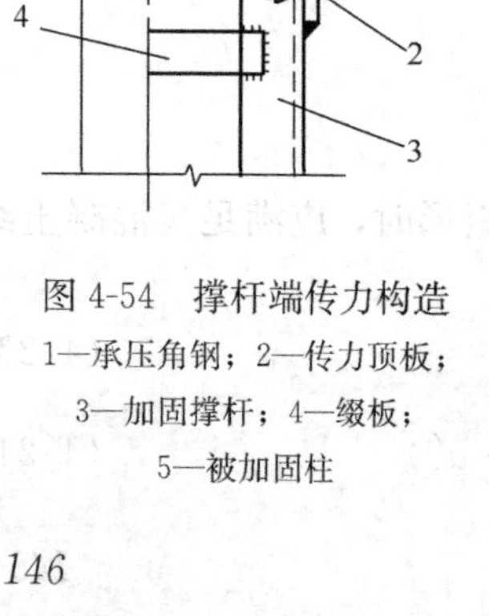

图 4-54 撑杆端传力构造

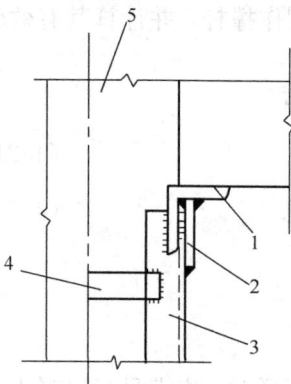

1—承压角钢；2—传力顶板；3—加固撑杆；4—缀板；5—被加固柱

1）预应力撑杆用角钢应采用不小于∟50mm×50mm×5mm，两根角钢之间用缀板连接。缀板的厚度不得小于6mm，其宽度不得小于80mm，其长度要考虑角钢与被加固柱之间空隙大小而定。相邻缀板之间的距离应保证单个角钢的长细比不大于40。当要求撑杆的截面较大时，也可用单根槽钢代替两个角钢，两侧的槽钢用上述构造要求的缀板相连。当柱子较高，采用等边角钢作撑杆时，在较窄的翼缘上焊接缀板，较宽的翼缘则位于柱的两个侧面上，撑杆安装后，再在较宽的翼缘上施焊连接钢板。

2）撑杆末端的传力构造如图 4-54 所示。组成撑杆的两根角钢（或槽钢）与顶板之间通过焊缝传力；顶板与承压角钢之间通过抵承传力；承压角钢宜嵌入被加固柱混凝土内25mm 左右。传力顶板宜用厚度不小于 16mm 的钢板，它与角钢肢焊接的板面及其与承压角钢抵承的顶面均应刨平。承压角钢应采用不小于∟100mm×75mm×12mm。为使撑杆压力能较均匀地传递，可在承压角钢上塞钢垫板或压力灌浆。这样构造使撑杆端部传力可靠。

3）当预应力撑杆采用螺栓横向拉紧的施工方法时，双侧加固的撑杆（角钢或槽钢）中部向外折弯，在弯折处用拉紧螺栓头的方法建立预应力（见图 4-55）。单侧加固的撑杆仍在中点处折弯和用拉紧螺栓头的方法建立预应力（见图 4-56）。

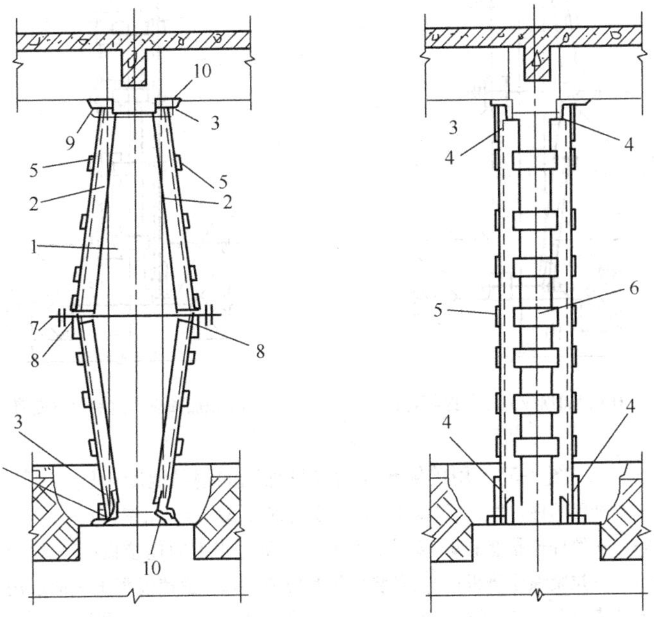

(a) 施加预应力之前　　(b) 施加预应力之后

图 4-55　双侧用预应力撑杆加固的钢筋混凝土柱

1—被加固的柱；2—加固撑杆角钢（或槽钢）；3—传力角钢；4—传力顶板；5—撑杆连接板；6—安装撑杆后焊在两撑杆间的连接板；7—拉紧螺栓；8—拉紧螺栓垫板；9—安装用拉紧螺栓；10—凿掉混凝土表层用水泥砂浆找平

4）弯折角钢或槽钢之前，需在其中部侧立肢上切出三角形缺口，使其截面削弱易于弯折。但在缺口处应用焊钢板的方法加强，如图 4-56 所示。

5）拉紧螺栓的直径不应小于 16mm，其螺帽高度不应小于螺杆直径的 1.5 倍。

（3）预应力加固的施工要求

预应力撑杆加固柱时，最宜用横向张拉法，施工中应遵守下列规定和要求：

1）撑杆宜现场制作，先用缀板焊连两个角钢，并在其中点处将角钢的侧立肢切出三角形缺口，弯折成所设计的形状，然后再将补强钢板弯好，焊在弯折角钢正平肢上。

2）做好加固施工记录及检查工作，施工记录包括：撑杆末端处角钢及垫板嵌入柱中混凝土的深度、传力焊缝的数据、焊工及检查人员、质量检查结果等。检查合格后，将撑杆两端用螺栓临时固定，然后进行填灌。传力处细石混凝土或砂浆的填灌的日期、负责施工及负责检查人员、有关配合比及试块试压数据、施加预应力时混凝土的龄期等也均要有检查记录。上述施工质量经检查合格后，方可进行横向张拉。

3）横向张拉分一点张拉和两点张拉。当柱子不长时，用一点张拉，当柱子较长时，

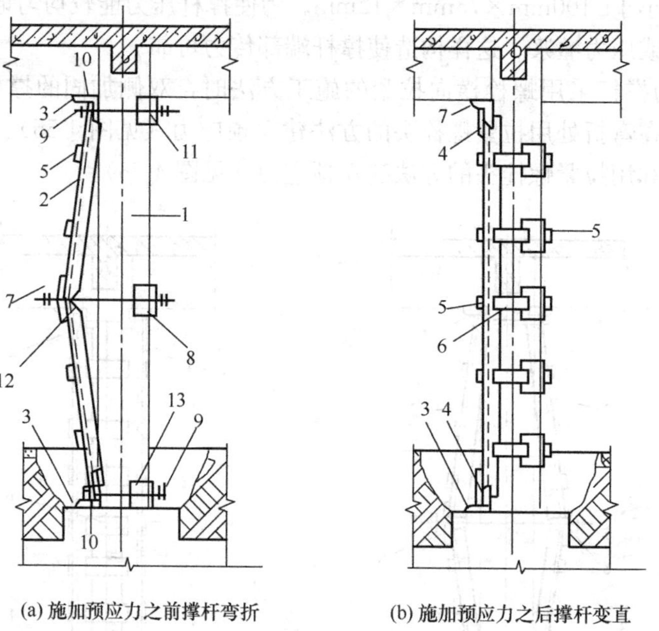

图 4-56　用单侧预应力撑杆加固的钢筋混凝土柱

1—被加固的柱；2—加固撑杆角钢（或槽钢）；3—传力角钢；4——传力钢板；5—撑杆连接板；6—安装撑杆后，由侧边焊上的连接板；7—拉紧螺栓；8—拉紧螺栓垫板；9—安装用拉紧螺栓；10—凿掉混凝土表面层用水泥砂浆找平；11—固定箍的角钢；12—角钢缺口处；13—安装螺栓的垫板

用两点张拉。两点张拉应用两个拉紧螺栓同步旋紧，在两点之间增设安装用拉紧螺栓，左右对称布置。张拉时，应用同样的扳手同步旋紧螺栓，且两只扳手的转数应相等。

4）横向张拉时，应认真控制预应力撑杆的横向张拉量，可先适当拉紧螺栓，再逐渐放松，至拉杆仍基本平直而并未松弛弯曲时停止放松，记录此时的有关读数，作为控制横向张拉量 ΔH 的起点。横向张拉量要求在操作时控制为 $\Delta H+3\sim5$mm，而旋紧螺栓的量为 ΔH，即撑杆变直后留有约 3～5mm 的弯曲量，使撑杆处于预压状态，不致产生反向弯折。

5）当横向张拉量达到要求后，应用连接板焊连两侧加固的撑杆角钢或槽钢。当为单侧加固时，应将一侧的撑杆角钢或槽钢用连接板焊连在被加固柱另一侧的短角钢上，以固定撑杆的位置。焊接连接板时，应防止预压应力因施焊造成损失。为此，可采用对上下连接板轮流施焊或同一连接板分段施焊等措施来防止预应力损失。焊好连接板后，撑杆与被加固柱之间的缝隙，应用砂浆或细石混凝土填塞密实。拉紧螺栓及安装用拉紧螺栓即可拆除。

6）根据使用要求，对撑杆角钢（或槽钢）、连接板、缀板等涂刷防锈漆或做防火保护层。防火保护层的一般做法是：用直径 1.5～2mm 的软钢丝缠绕加固后的柱，或用钢丝网包裹，然后抹水泥砂浆保护层，其厚度不宜小于 30mm。若柱所处环境有较强腐蚀作用，可在水泥砂浆保护层外再涂防侵蚀的特种油漆或涂料。

4.8 钢筋混凝土加固方法研究

4.8.1 钢筋混凝土双向板加固技术的研究

混凝土双向板常用的加固方法主要有以下几种：

（1）在原双向板板底增设钢筋混凝土或钢传力梁；

（2）在原双向板板面新浇筑一层（钢筋）混凝土形成叠合板；

（3）外贴钢板或纤维片材加固。

虽然外贴纤维加固技术由于自身的优点，近年来较多的 RC 双向板在加固补强时采用了外贴纤维条带加固技术，但由于外贴纤维加固 RC 双向板的抗弯刚度增加不大，正常工作状态下的挠度不易控制，因此目前在粘钢加固 RC 双向板方面的研究仍然是加固技术研究的热点之一。研究过程如下：

1）试件设计与制作

为研究外贴单向钢板条加固 RC 双向板的受力性能，共浇筑了八块 RC 正方形板。各板具有相同的外形尺寸 1700mm×1700mm×1700mm，混凝土的设计强度等级为 C25，在两个方向上的配筋均为 ϕ8@150；外贴钢板条的长度和宽度分别均为 1520mm 和 150mm，厚度为 2mm 或 3mm。加固试件的变化参数有三个，即钢板条的厚度、间距（数量）和粘贴位置。按加固形式的不同以 JGN-n-m-mm 表示，其中 N 代表板号，n 代表钢板条的数目，m 代表钢板条的厚度，mm 代表钢板条的中心距。

材料力学性能试验结果表 **表 4-14**

材料类型	型号或规格	弹性模量（MPa）	抗压强度（MPa）	屈服强度（MPa）	极限强度（MPa）
混凝土	C25	—	30.0	—	—
钢筋	HPB300	1.68×10^5	—	300	420
钢板	低碳钢	2.0×10^5	—	236	367
粘结胶	建筑结构胶	3262.4	81.40	—	47.45

2）试验结果与数据分析：

开裂荷载、屈服荷载与极限荷载的试验结果如表 4-15 所示。各块加固板的初始裂缝都首先出现于接近局部加载区域边缘的混凝土板底面的未贴钢板区，同时初始裂缝都近似平行于钢板条方向而非原型板（PB）的在相同区域的近 45°方向，这就明显地表明外贴单向钢板条的加固作用在加载前期即得以良好体现（不同于一般用 CFRP 布外贴加固的混凝土双向板对加载初期裂缝的出现与开展方向的影响并不是很明显），单向粘贴钢板条加固 RC 双向板改变了初始开裂时的裂缝形态；随着荷载的增加，沿对角线附近板底的未贴钢板区域逐渐出现斜向裂缝；当混凝土板内所配置的钢筋屈服后，随着加载的继续，试验板的挠度迅速增加，混凝土的裂缝宽度更是不断开展，钢板条两侧的裂缝也明显开始贯通，在此阶段，加固板表现出了良好的延性特征；当加固试验板最终达到失效时，各加固板的粘贴钢板条的两端先后出现“嘣”的声响而相继脱离混凝土面，此后塑性绞线迅速形成，随即加固板也达到了极限破坏状态。

加固试验板特征荷载一览表 **表 4-15**

板号	PB	JG1	JG2	JG3	JG4	JG5	JG6	JG7
开裂荷载（kN）	17.4	45	21	23	23	26	34	24
屈服荷载（kN）	28.2	90.2	68.2	76.4	65.6	75.3	82.8	81.2
破坏荷载（kN）	48	105	82	96	82	87	100	86

加固板与原型板试验结果相比，各加固板的开裂荷载、屈服荷载以及极限破坏荷载都有了明显提高。RC 双向板受拉底面粘贴钢板条带后，由于外贴钢板条带和板内受拉钢筋的共同作用，在同样的外荷载作用下，板底混凝土和钢筋的受拉变形的增长速度明显延缓，直观表现为在相同的外荷载作用下加固板的挠度变形要较原型板小得多。

原型对比板 PB 和各加固试验板在破坏后板底的裂缝形态如图 4-57 所示。

(a) PB板底面

(b) JG1–3–3–25

(c) JG2–2–3–30

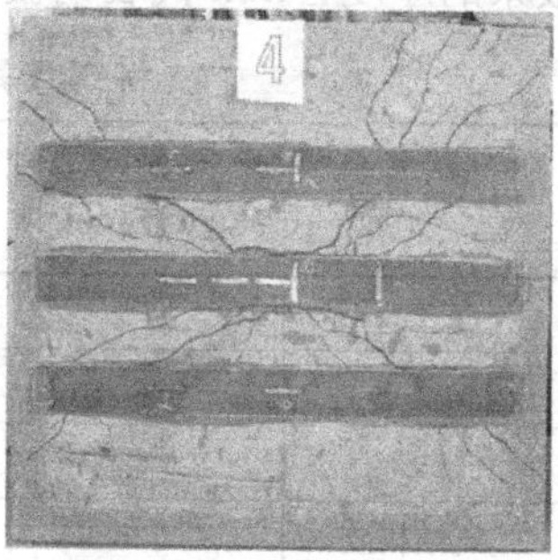

(d) JG3–3–3–35

图 4-57 加载板裂缝图

各试验板的荷载-挠度曲线如图 4-58 和图 4-59 所示：

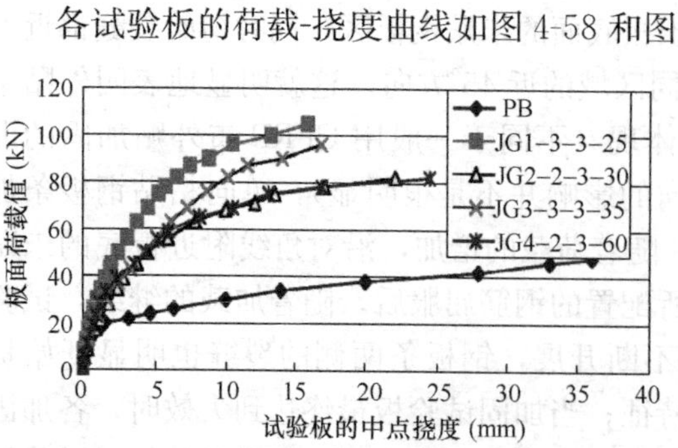

图 4-58 3mm 钢板条加固与 PB 板的荷载-挠度曲线

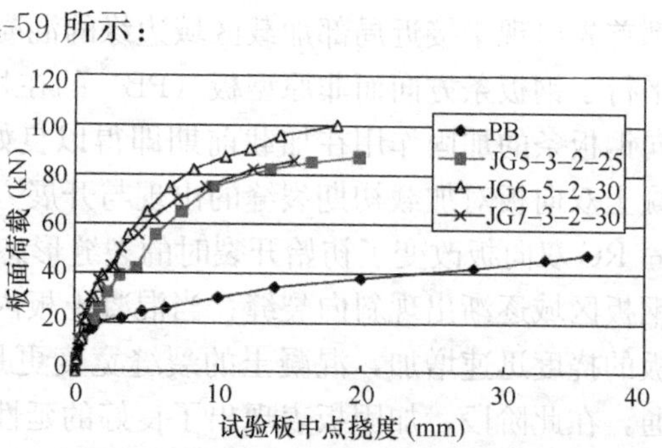

图 4-59 2mm 钢板条加固与 PB 板的荷载-挠度曲线

为了从微观角度理解试件加载与构件变形的影响，图 4-60 给出了试件板面加载与中心点处钢筋应变发展曲线。

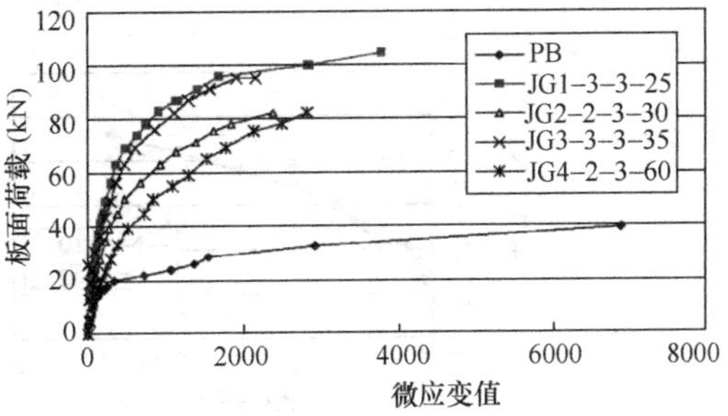

图 4-60 试件面板加载与中心点处钢筋应变发展曲线

通过对 8 块四边简支的方形 RC 双向板的加固及加载破坏试验，分析研究了外贴钢板条的体量及其布置形式对双向板承载能力、变形和内力的影响，可以得出以下结论：

① 单向粘贴钢板条加固 RC 双向板改变了双向板内力的分布及发展规律，可以显著减小板的变形和混凝土的开裂程度，相应可提高板的开裂荷载、屈服荷载和极限破坏荷载；

② 对于粘贴单向钢板条加固的 RC 双向板，它们在极限破坏状态下的塑性绞线形态与未加固的原型对比板是基本相同的，同时从本文局部加载破坏试验的结果也完全可以推定：在均布荷载作用下，粘贴单向钢板条加固 RC 双向板的最终屈服绞线形态一定和普通板的屈服绞线形态是相似的；

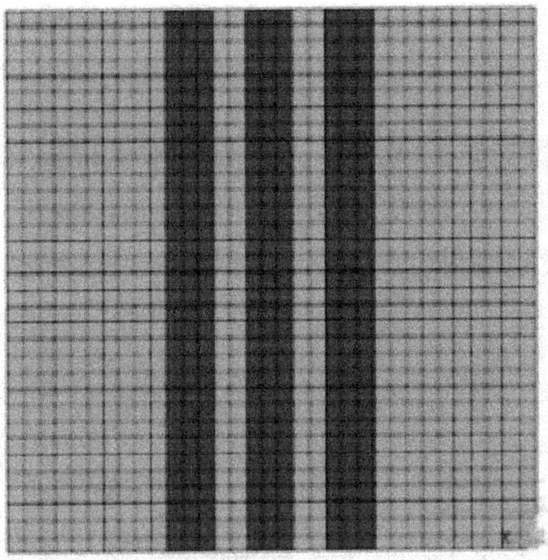

图 4-61 粘贴钢板的试验试件的有限元模型

③ 加大粘贴钢板条的截面面积、选择合理的钢板条布置方式均能有效地提高 RC 双向板的变形刚度和加固效果，其中合理的钢板条布置方式对加固效果的影响是较大的，相同的加固材料用量，当钢板条采取“中间密布”方式时加固板的承载力最高，钢板条的作用也最充分。从试验数据也可发现，采取“中密边稀”或“均匀布置”的布设方式，即钢板条除布设在双向板的中间板带以达到高效、经济的加固效果外，同时在板的侧边板带也布设有一定数量的钢板条可以提高双向板可能受到“超载”时的强度储备和工作性能。

3）粘钢加固板的非线性有限元分析及对比：

通过对粘贴单向钢板条加固试验板的建模分析与计算，粘贴钢板的试验试件的有限元模型如图 4-61、图 4-62 所示，给出了 5 块试验板的荷载—挠度关系曲线。可以看出构件的加载全过程非线性有限元分析较好地模拟了各试验板实际挠度的变化规律。可见通过选择合理的有限元模型参数（如单元类型、材料本构关系及破坏准则等），较好地模拟单向加固 RC 双向板的受力性能，有效弥补试验和弹性理论研究方法的不足。

4.8.2 增大截面法加固钢筋混凝土框支架的数值模拟研究

为着重考虑混凝土强度等级、纵筋直径（配筋率）、箍筋间距（配箍率）和箍筋强度等级及加固尺寸等几个参数对钢筋混凝土框支架加固性能的影响，共设计了 4 个系列 16 个试件，对各试件均进行了单调荷载和循环荷载作用下的有限元模拟，并对模拟结果进行分析。

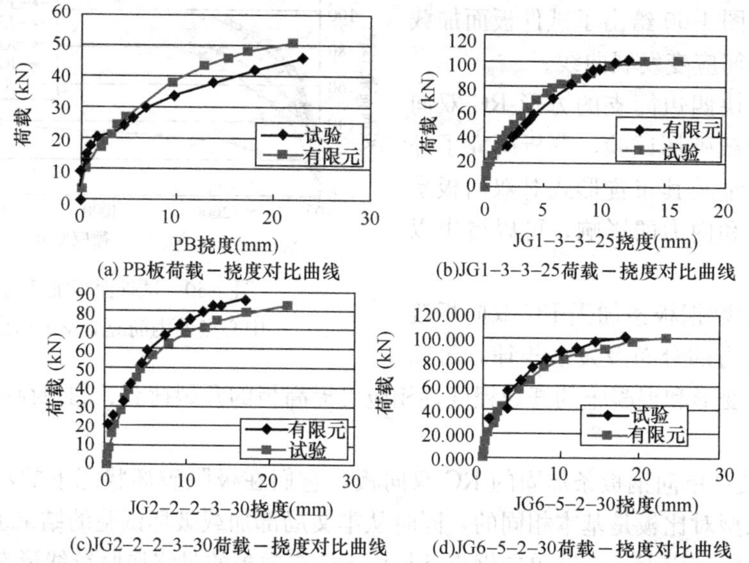

图 4-62 试件荷载-挠度对比曲线

1. 试件的设计

(1) 基本（BASE）试件

为了真实地模拟荷载作用下加固后钢筋混凝土框支架的实际受力行为，本文根据《混凝土结构加固设计规范》GB 50367—2013 和《混凝土结构设计规范》GB 50010—2010，选定基本（BASE）试件，并以此为原型设计系列试验试件。

BASE 试件加固前后的几何尺寸及配筋见图 4-63。

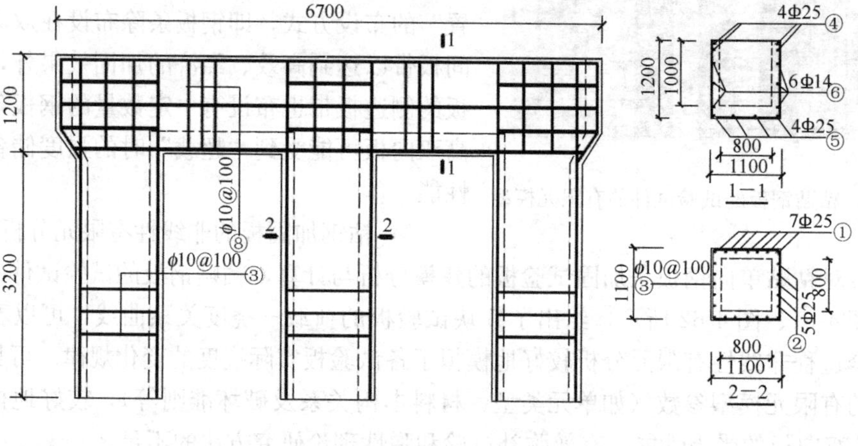

图 4-63 BASE 试件配筋图

(2) 试件相关参数

1) CON 系列试件

该系列试件是改变试件的混凝土强度等级，以考察混凝土强度等级对加固钢筋混凝土框支架受力性能的影响，CON 系列试件与 BASE 试件的混凝土强度等级见表 4-16。

CON 系列试件参数变化表 **表 4-16**

试件	CON1	CON2	BASE	CON3	CON4
核心混凝土强度等级（N/mm^2）	C30	C30	C30	C30	C30
加固混凝土强度等级（N/mm^2）	C25	C30	C35	C40	C45

2）LR 系列试件

该系列试件是改变加固纵筋直径（配筋率），以考察纵筋直径（配筋率）对加固钢筋混凝土框支架受力性能的影响，LR 系列试件与 BASE 试件的纵筋直径见表 4-17。

相对于 BASE 试件，LR1：柱筋加强，梁筋不变；LR2：柱筋不变，梁筋加强；LR3 梁柱筋同时加强。

LR 系列试件参数变化表 **表 4-17**

试件	BASE	LR1	LR2	LR3
加固柱配筋	24 Φ 25	24 Φ 28	24 Φ 25	24 Φ 28
加固梁配筋	8 Φ 25+6 Φ 14	8 Φ 25+Φ 14	8 Φ 28+6 Φ 16	8 Φ 28+6 Φ 16

3）STI 系列试件

该系列试件是改变加固箍筋间距（配箍率）及箍筋强度等级，以考察箍筋间距（配箍率）及箍筋强度等级对加固钢筋混凝土框支架受力性能的影响，STI 系列试件与 BASE 试件的箍筋间距见表 4-18。

STI 系列试件参数变化表 **表 4-18**

试件	BASE	STI1	STI2	STI3	STI4
箍筋间距（mm）	100	50	200	—	—
箍筋强度（N/mm^2）	210	—	—	—300	360

4）SIZE 系列试件

该系列试件是改变加固截面尺寸，以考察加固截面尺寸对加固钢筋混凝土框支架受力性能的影响，SIZE 系列试件与 BASE 试件的截面尺寸见表 4-19。

相对于 BASE 试件，SIZE1——柱截面增大，梁截面不变；SIZE2——柱不变，梁截面增大；SIZE3、SIZE4——梁柱截面同时增大。

SIZE 系列试件参数变化表 **表 4-19**

试　件	BASE	SIZE1	SIZE2	SIZE3	SIZE4
柱加固后尺寸 $b \times h$（mm）	1100×1100	1200×1200	1100×1100	1200×1200	1300×1300
梁加固后尺寸 $b \times h$（mm）	1100×1200	1100×1200	1100×1300	1200×1300	1300×1400

2. 有限元模型的建立

（1）材料性能指标的选取

BASE 试件所用材料的性质如下：

核心混凝土强度等级采用 C30，弹性模量 $E=3.0\times10^4$ MPa，泊松比 $\mu=0.2$。加固混凝土强度等级采用 C35，弹性模量 $E=3.15\times10^4$ MPa，泊松比 $\mu=0.2$。混凝土采用多线性随动强化本构关系模型。

纵筋采用 HRB335 级，弹性模量取 $E=2.0\times10^5$ MPa，泊松比 $u=0.30$ 箍筋采用 HRB300 级，弹性模量取 $E=2.1\times10^5$ MPa，泊松比 $u=0.3$。钢筋采用经典双线性随动强

化本构关系模型。

（2）网格划分

由于钢筋的存在，对于梁柱截面采用自由划分网格的方法，对于 Beam 单元采用固定网格大小的方法划分网格。基本（BASE）试件的有限元模型网格划分如图 4-64 所示。

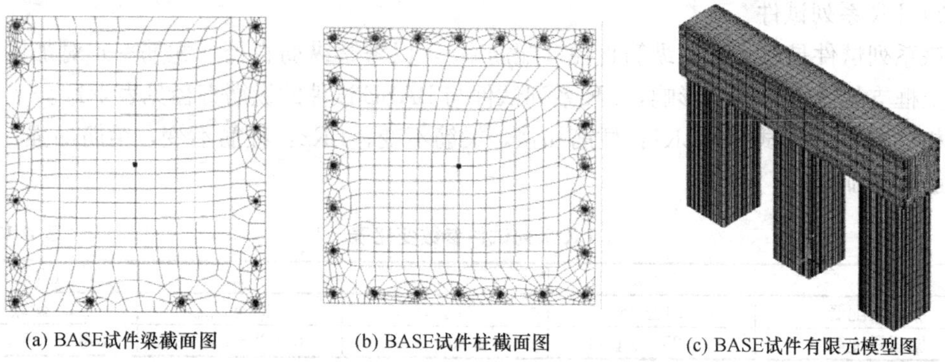

图 4-64　BASE 试件有限元模型网格划分

3. 有限元计算结果与分析

（1）单调加载荷载-位移曲线及滞回曲线

BASE 试件在单调荷载作用下的荷载-位移曲线及循环加载的滞回曲线如图 4-65 所示。

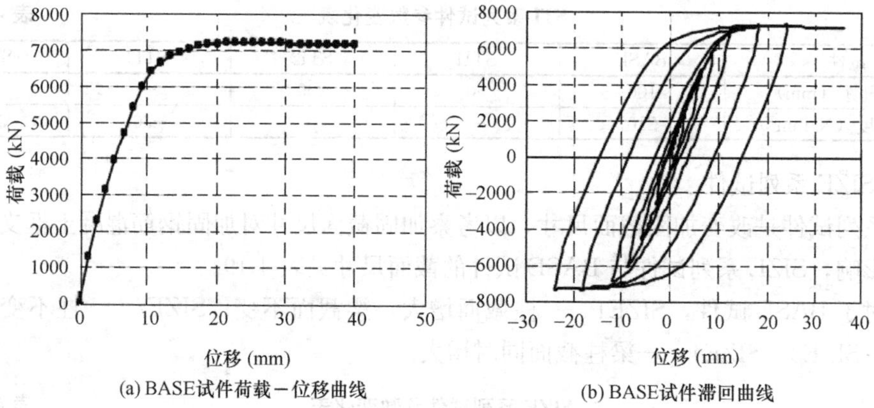

图 4-65　BASE 试件荷载-位移曲线和滞回曲线

从图 4-65a 中可以看出，在单调荷载作用下，BASE 试件在水平位移达到 12.62mm 之前结构一直处于弹性阶段，达到 12.62mm 之后试件开始进入弹塑性阶段。当 BASE 试件位移到达 24mm 时，结构达到其水平极限承载力 7242kN。随后，整个加固框支架进入了塑性阶段，此后荷载位移增加的同时加固框支架的承载力开始下降。由此得出：屈服荷载 P_y＝6842kN，屈服位移 Δ_y＝12.62mm。

从图 4-65b 中可以看出，在小幅值周期荷载作用下，结构表现出良好的弹性性能，处于弹性工作阶段。随后进入弹塑性阶段，滞回环面积极小，随着荷载幅值的加大，结构的弹性性能越来越不明显，卸载后基本上不能回到原来的位置，塑性变形加大。荷载进一步加大后，发生了明显的塑性变形。随着荷载进一步加大，滞回曲线所包围的面积逐渐增大，试件刚度开始退化，表明结构进入非线性工作阶段。由于初始刚度较大，初始加载时滞回环所包围的面积较小。

（2）轴向应力云

图 4-66 所示为 BASE 试件在循环荷载作用下的轴向应力云图（变形放大 20 倍显示）。

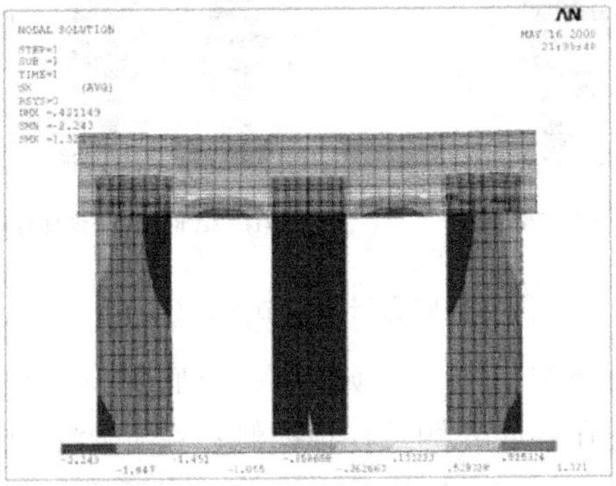

(a) 竖向荷载作用下BASE试件轴向应力云图

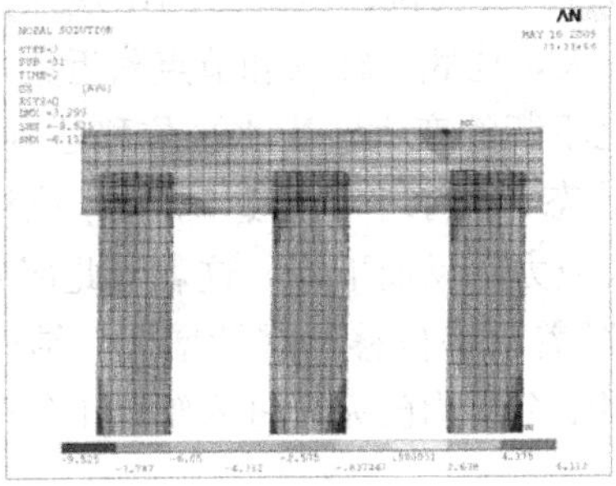

(b)1/4 Δ_y时BASE试件轴向应力云图

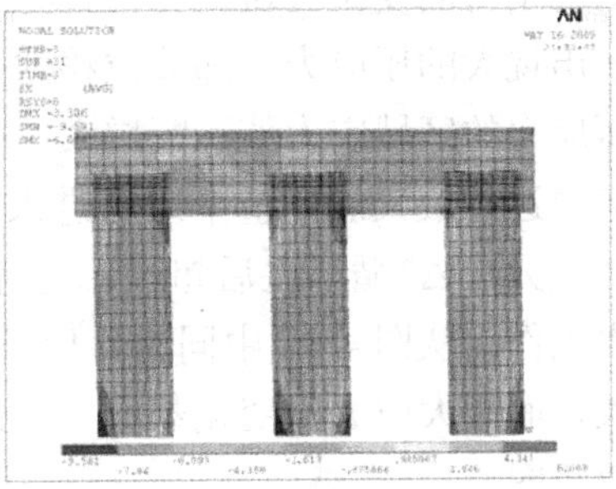

(c)−1/4 Δ_y时BASE试件轴向应力云图

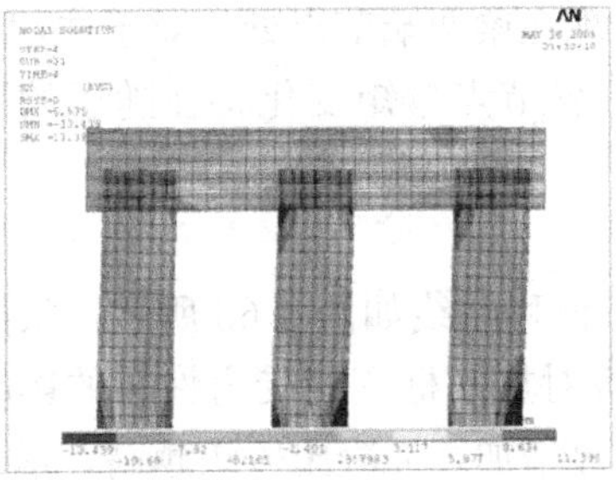

(d)1/2 Δ_y时BASE试件轴向应力云图

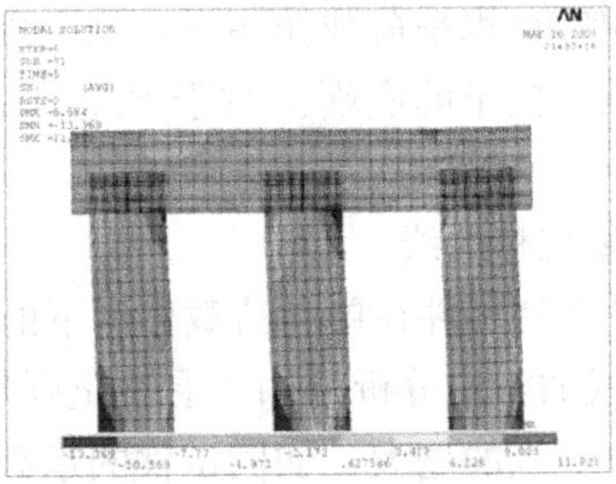

(e)−1/2 Δ_y时BASE试件轴向应力云图

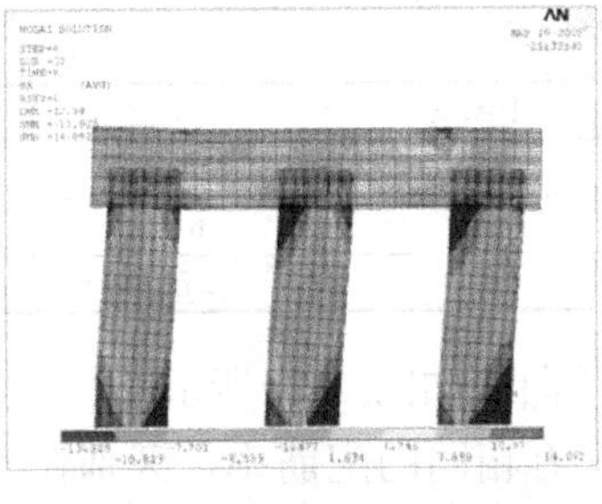

(f)Δ_y时BASE试件轴向应力云图

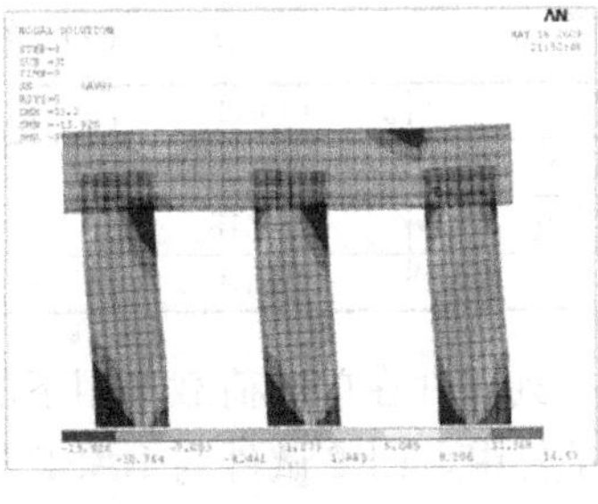

(g)− Δ_y时BASE试件轴向应力云图

图 4-66　试件的应力云图（节选）（一）

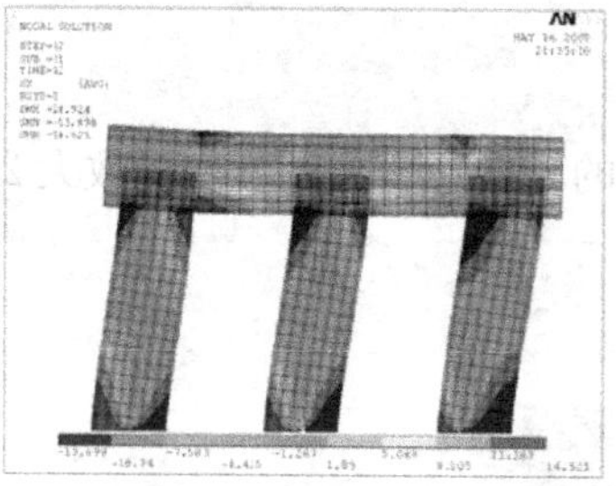

(h)$2\Delta_y$时BASE试件轴向应力云图

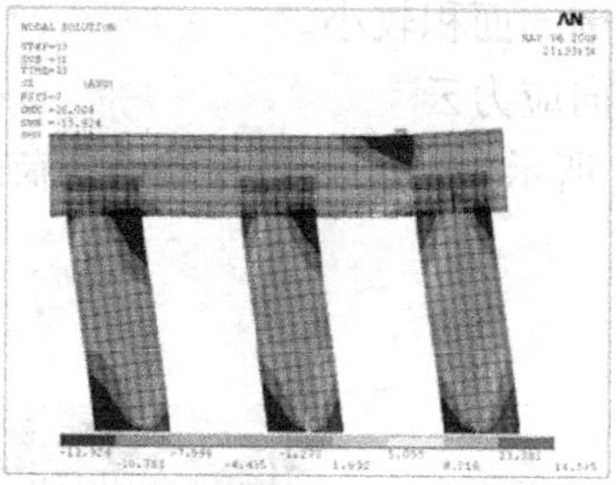

(i)$-2\Delta_y$时BASE试件轴向应力云图

图 4-66　试件的应力云图（节选）（二）

由图中可以看出，首先在竖向荷载作用下，梁顶受压、梁底受拉，对于柱子，中柱所受压力最大，边柱应力最大区域出现在柱底外侧及柱顶内侧；在 $1/4\Delta_y$ 位移时，结构同时承受竖向荷载及向右的水平荷载，最大拉应力出现在右端节点附近梁上，最大压应力出现在右柱柱底右侧。节点附近梁上及柱底左侧拉应力均达到混凝土的抗拉强度，故裂缝首先应出现在这几个初始弯曲受拉区域；在 $-1/4\Delta_y$ 位移时，最大拉、压应力均出现在柱底，同时中柱柱顶也出现大的压应力；随着位移的不断加大，柱底、柱顶和节点附近梁端最先出现最大拉、压应力的区域应力值不断增大，范围也不断的变大；当水平位移达到与位移时，柱底区域应力达到最大值，整个结构进入屈服状态；当水平位移达到 $-\Delta_y$ 位移时，柱底外围混凝土应力在 Δ_y 循环之后超过 Δ_y 位移最大应力后反而下降，这表明此部分混凝土开始陆续退出工作；从图 4-66 中同时可以看出，随着水平位移的继续增大，结构的塑性区域不断变大，而最大应力值变化却不大，这说明整个结构已完全进入塑性工作阶段。

（3）弯矩图

图 4-67 所示为 BASE 试件在循环荷载作用下的弯矩图。从图中可以看出，对于框支架结构梁来说，在水平荷载作用下，最大弯矩出现在梁两端节点处。对于柱，最大拉、压的弯矩均出现在柱子的底端。对于 BASE 试件，各节点弯矩变化将在随后的系列试件对比分析中给出。

（4）荷载-位移曲线

1）CON 系列试件在单向荷载作用下的荷载-位移曲线如图 4-68 所示：从图中各试件荷载-位移曲线的对比分析可知，混凝土强度等级对加固框支架受力性能的影响很大。随着混凝土强度等级的增大，加固试件的承载力明显增加，混凝土等级越高，承载力提高幅度越大，如表 4-20 所示。可以看出，CON4 试件比 BASE 试件的承载力高出达 21.83%。

CON 系列承载力对比表　　　　**表 4-20**

试　件	CON1	CON2	BASE	CON3	CON4
荷载值（kN）	6013	6721	7231	7841	9250
与 BASE 试件差值（kN）	−1218	−510	0	610	2019
差值比率	−16.84%	−7.05%	0	7.78%	21.83%

2）LR 系列试件在单向荷载作用下的荷载-位移曲线如图 4-69 所示：

本系列试件中，LR2 试件与 BASE 试件的柱配有相同的配筋率，区别在于 LR2 试件的梁比 BASE 试件的配筋率高；LR3 试件与 LR1 试件的柱配有相同的配筋率，区别在于 LR3 试件的梁比 LR1 试件的配筋率高；从图中可以看出，该系列试件在单调荷载和循环

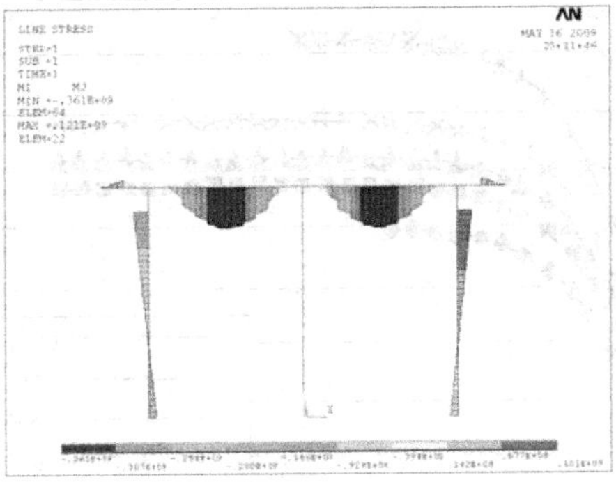

(a) 竖向荷载作用下BASE试件弯矩图

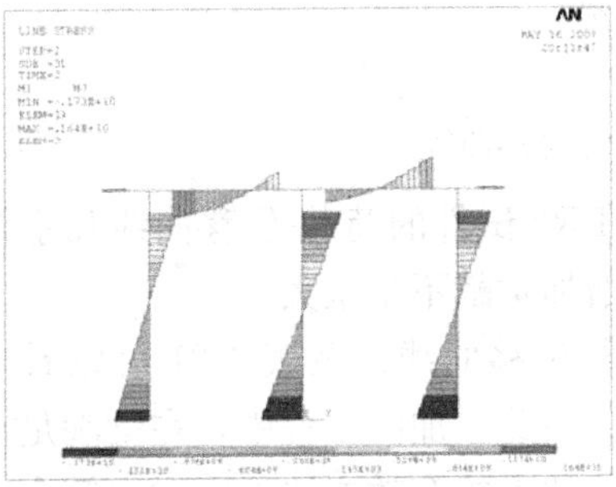

(b)1/4 Δ_y时BASE试件弯矩图

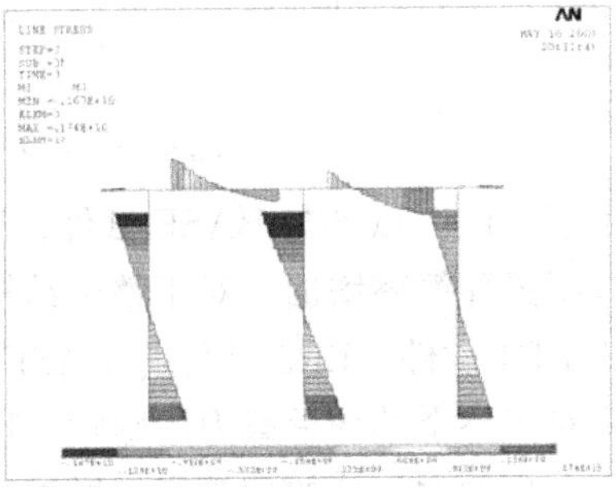

(c)–1/4 Δ_y时BASE试件弯矩图

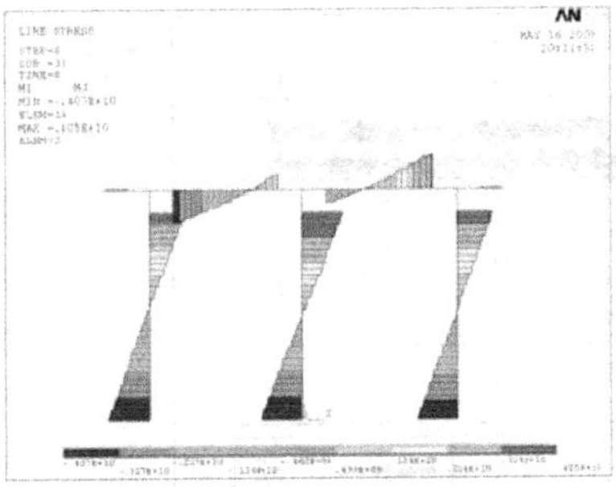

(d) Δ_y时BASE试件弯矩图

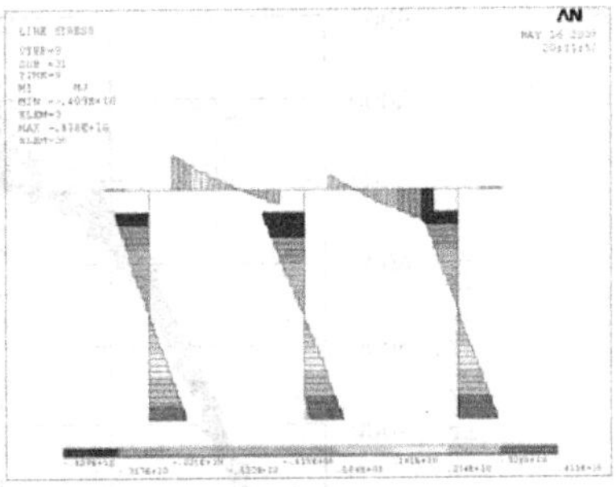

(e)– Δ_y时BASE试件弯矩图

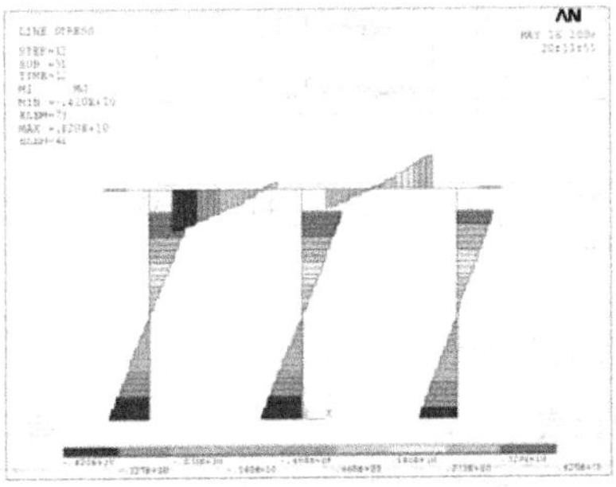

(f) 2Δ_y时BASE试件弯矩图

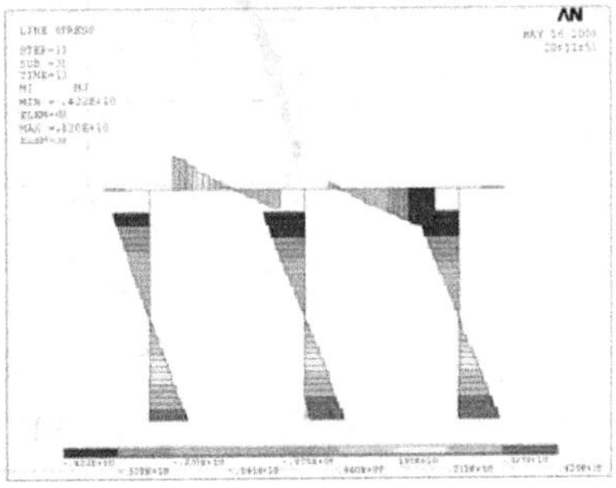

(g) – 2Δ_y时BASE试件弯矩图

图 4-67　试件的弯矩图

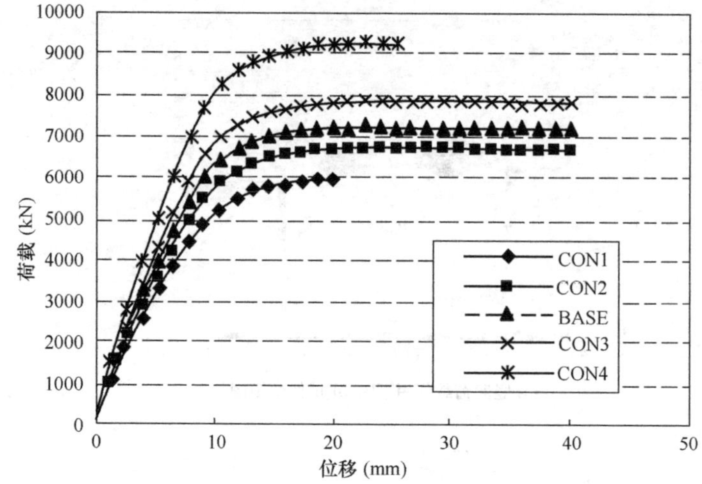

图 4-68 CON 系列试件荷载-位移曲线

荷载作用下，LR2 试件与 BASE 试件、LRl 试件与 LR3 试件的荷载-位移曲线几乎是重合的，这说明梁配筋率增加，对于整个结构承载力的增加贡献不是很大。

对比 LR1 试件、LR3 试件与 BASE 试件的荷载-位移曲线以及表 4-21 可以看出，柱的配筋率对于整个结构承载力的影响是比较明显的。因此，加固工程中，在梁满足承载力要求下，合理的增加柱的配筋率是增加整个框支架承载力的有效方法，同时也符合“强柱弱梁”的抗震要求。

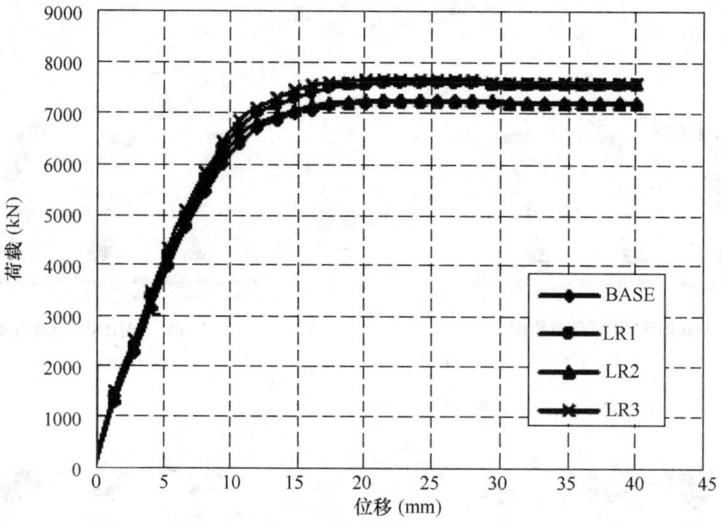

图 4-69 LR 试件的荷载-位移曲线

LR 系列承载力对比表 **表 4-21**

试 件	BASE	LR1	LR2	LR3
荷载值（kN）	7231	7626	7246	7666
与 BASE 试件差值（kN）	0	395	15	435
差值比率	0	5.46%	0.21%	6.01%

3）STI 系列试件在单向荷载作用下的荷载-位移曲线如图 4-70 所示：

从以上各试件荷载-位移曲线的对比分析可知，加固箍筋间距（即配箍率）的大小对加固框支架受力性能的影响很大。随着加固所配箍筋间距的减小（配箍率增大），加固试件的承载力明显增加。配箍筋间距的增大（配箍率减小），加固试件的承载力明显降低。如表 4-23 所示，STI1 试件箍筋间距比 BASE 试件降低一半，承载力提高了 27.20%。STI 2 试件箍筋间距比 BASE 试件增大一倍，承载力降低了 13.34%。由此可以看出，箍筋间距（即配箍率）的大小是影响加固框支架整体承载力的重要因素之一。

同时可以看出，随着所配加固箍筋的强度等级的增加，加固框支架整体承载力略有提高。但是，单纯改变所配加固箍筋的强度等级对加固框支架整体承载力的影响不是很大（如图 4-70 及表 4-22 中所示），STI 3 试件和 STI 4 试件强度等级比 BASE 试件分别高一个、两个等级，承载力提高分别为 1.54%和 2.99%。

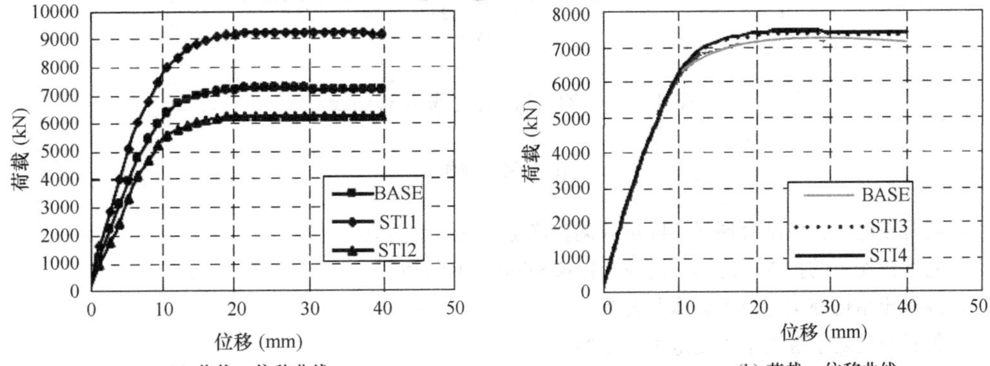

(a) 荷载－位移曲线　　(b) 荷载－位移曲线

图 4-70　STI 试件的荷载-位移曲线

STI 系列承载力对比表　　**表 4-22**

试　件	BASE	STI1	STI2	STI3	STI4
荷载值（kN）	7231	9198	6266	7343	7448
与 BASE 试件差值（kN）	0	1967	−965	111.57	216.40
差值比率	0	27.20%	−13.34%	1.54%	2.99%

SIZE 系列试件在单向荷载作用下的荷载-位移曲线如图 4-71 所示。

SIZE 系列承载力对比表　　**表 4-23**

试　件	BASE	SIZE1	SIZE2	SIZE3	SIZE4
荷载值（kN）	7231	9245	7237	9518	12135
与 BASE 试件差值（kN）	0	2014	6	2287	4904
差值比率	0	27.85%	0.08%	31.63%	67.82%

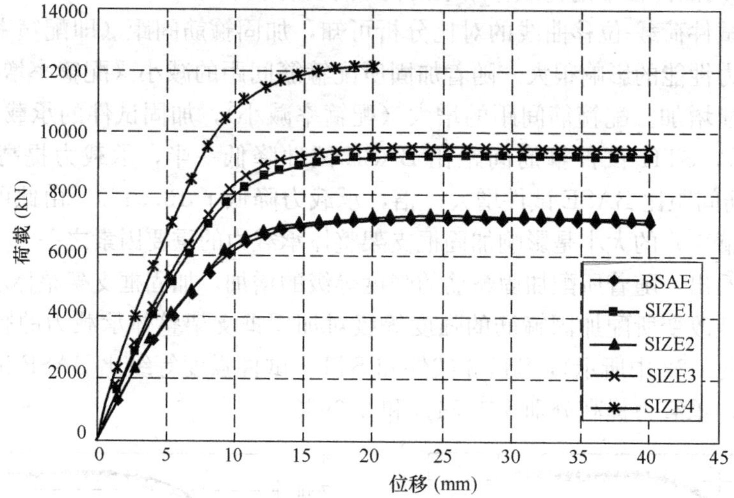

图 4-71　SIZE 试件的荷载-位移曲线

思　考　题

（1）混凝土配合比应结合现场实际试验调整确定，其调整的原则有哪些？

（2）简述混凝土的拌制、运输、浇筑、振捣和养护的要求？

（3）混凝土结构施工缝设置有哪些要求？

（4）集料杂质对于混凝土强度危害有哪些？

（5）哪些设计失误会造成钢筋混凝土结构的质量事故？

（6）钢筋腐蚀对混凝土结构有哪些影响？

（7）混凝土结构的加固方法有哪些？具体做法如何？

第五章　砌体结构工程事故分析与处理

5.1　砌体结构质量控制要点

5.1.1　块材的质量控制

1. 页岩砖

页岩砖的各项技术性能应符合国家标准《烧结普通砖》GB 5101—2003 的规定，即：

（1）强度。随机抽样（在成品堆垛中按机械抽样法）取有代表性的 10 块砖，做抗压试验，其平均强度和标准值 f_k 要满足规范中相应表格的要求。

（2）外观检查。随机抽样 20 块砖，做外观检查，其结果应满足规范中相应表格的要求。

（3）泛霜试验。随机抽样 10 块砖，做泛霜试验，其结果应满足规范中相应表格的要求。

（4）抗冻试验。随机抽样 10 块砖，其中 5 块做吸水率和饱和试验，另 5 块做冻融试验，其结果应满足规范中相应表格的要求。

2. 混凝土小型空心砌块

混凝土小型空心砌块的各项技术性能应符合《普通混凝土小型砌块》GB/T 8239—2014 的规定，即：

（1）强度。随机抽样 5 个砌块，用荷载除以砌块受压面的毛面积可以得到抗压强度；此抗压强度应满足规范中相应表格的要求。

（2）规格尺寸。应满足规范中相应表格的要求。

（3）干缩率。承重墙和外墙砌块要求干缩率小于 0.5mm/m，非承重墙和内墙砌块要求干缩率小于 0.6mm/m。

（4）抗冻性。经 15 次冻融循环后的强度损失≤15%，且外观无明显酥松、剥落和裂缝。

（5）自然碳化系数（1.15×人工碳化系数）≥0.85。

5.1.2　砂浆的质量控制

1. 材料选用控制（采用质量比）

（1）水泥宜使用普通或矿渣硅酸盐水泥，出厂日期不超过 3 个月；配料精确度±2%。

（2）砂以中砂为宜（勾缝可用细砂），砂中含泥量不应超过 5%（砂浆强度等级≥M5）、10%（砂浆强度等级<M5）；配料精确度±5%。

（3）掺和料可用石灰膏、磨细生石灰粉、电石膏、粉煤灰等，石灰膏熟化时间不少于 7d；配料精确度±5%。

（4）砂浆用水符合《混凝土用水标准》JGJ 63—2006 的要求。

（5）材料配合比应经实验室确定，不得套用。

2. 拌制

砂浆应采用机械拌制，搅拌自投料结束算起不得少于 1.5min；若人工拌制，要拌和充分、均匀；若拌和过程中出现泌水现象，应在砌筑前再次搅拌；要求随拌随用，不得使用隔夜或已凝结砂浆；已拌制砂浆必须在 3～4h（夏季 2～3h）内用完。

3. 强度要求

（1）砂浆（分 M15、M10、M7.5、M5、M2.5 五个等级）用标准养护试块的抗压强度确定。

（2）每一层楼或每 250m^3 砌体中的各种强度的砂浆，每台搅拌机至少制作一组（每组 6 个试块，每个分项工程不少于两组）。

（3）同品种、同强度砂浆各组试块平均强度不小于该强度等级所示抗压强度值 $f_{m,k}$，任一组试块不小于 0.75$f_{m,k}$。仅有一组试块时，不应低于 $f_{m,k}$。

（4）一个验收批内有若干分项工程时，每分项工程试块平均强度应达到 $f_{m,k}$，其中任一最小值不小于 0.75$f_{m,k}$。

4. 和易性要求

沉入度应符合表 5-1 要求。砂浆分层度不应大于 20mm（混合砂浆）、30mm（水泥砂浆）。过大分层度的砂浆易离析，分层度约为 0 时，砂浆易干缩。

砂浆流动性选择（沉入度：mm） **表 5-1**

块材种类	干燥气候或多孔砌块	寒冷气候或密实砌块
砖砌体	80～100	60～80
普通毛石砌体	60～70	40～50
炉渣混凝土砌块	70～90	50～70

5.1.3 建筑时的质量控制

1. 砖墙墙体尺寸控制

（1）砌筑前应弹好墙的轴线、边线、门窗洞口位置线，校正标高，以便进行施工控制并应在墙身转角和某些交接处立好皮数杆（每 10～15m 立一根）。

（2）墙体轴线位置、顶面标高、垂直度、表面平整度、灰缝平直度的允许偏差见表 5-2。

砌体的允许偏差和外观质量标准 **表 5-2**

序号	项目			砖砌体允许偏差/mm	砌块砌体允许偏差/mm
1	轴线位置偏移			10	10
2	基础和墙砌体顶面标高			±15	±15
3	垂直度	每层		5	5
		全高	≤10m	10	10
			>10m	20	20
4	表面平整度	清水墙、柱		5	5
		混水墙、柱		8	8
		中型混凝土砌块		—	10（中）

续表

序号	项目		砖砌体允许偏差/mm	砌块砌体允许偏差/mm
5	水平灰缝平直度	清水墙	7	7
		混水墙	10	10
6	水平灰缝厚度	砖墙、柱（10 皮累计）	±8	—
		小型混凝土砌块（5 皮累计）	—	±10
		中型混凝土砌块	—	+10，−5（中）
7	竖向灰缝厚度	小型混凝土砌块（5 皮累计）	—	±15
		中型混凝土砌块	—	+10，−5（中）
8	清水墙面游丁走缝		20	20
9	预留构造柱截面	清水墙、柱	±10	—
		混水墙、柱	±10	—

注：有（中）者只适用于中型混凝土砌块墙、柱体。

2. 砖墙砌筑方法控制

（1）实心砖墙体宜采用一顺一丁、梅花丁或三顺一丁砌法。砖块排列遵守上下错缝、内外搭砌原则，错缝或搭砌长度不小于 60mm；长度小于 25mm 的错缝为通缝，连续 4 皮通缝为不合格。砖柱、砖墙均不得采用先砌四周后填心的包心砌法。

（2）宜采用一铲灰、一块砖、一揉挤的“三一砌筑法”；水平灰缝的砂浆饱满度不低于 80%；竖缝宜采用挤浆或加浆法，使其砂浆饱满。若采用“铺浆法”砌筑，铺装长度不宜超过 500mm。水平灰缝厚度和竖向灰缝宽度宜为 10mm，但不应小于 8mm，也不应大于 12mm。

3. 砖墙墙体砌筑时的构造控制

（1）墙体转角处严禁留直槎；墙体转角和交接处应同时砌筑，不能同时砌筑的应砌成斜槎，斜槎水平投影长度不应小于高度的 2/3，见图 5-1（a）；如交接（非转角）处留斜槎有困难也可留直槎，但必须砌成阳槎，并加设拉筋，见图 5-1（b），也可做成老虎槎，见图5-1（c）。

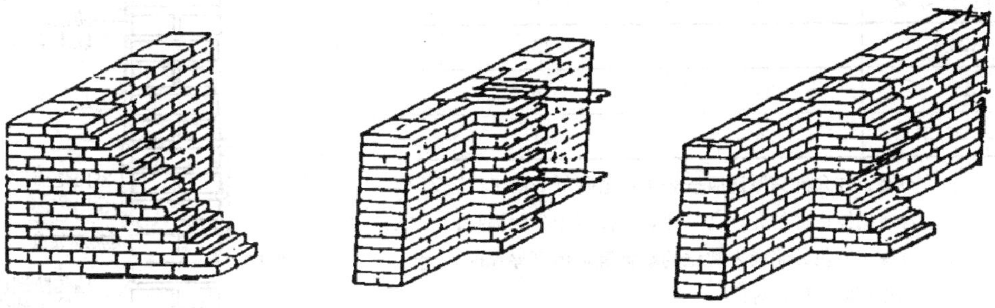

(a) 斜槎　　(b) 阳槎　　(c) 老虎槎

图 5-1　墙体交接处留槎示意图

（2）承重墙与隔断墙的连接，可在承重墙中引出阳槎，并在灰缝中预埋拉结钢筋，每层拉结钢筋不少于 2ϕ6；承重墙与钢筋混凝土构造柱的连接应沿墙高每 500mm 设置 2ϕ6 拉结筋，每道伸入墙内不少于 1m，墙体砌成大马牙槎，槎高 4 皮砖或 5 皮砖，先退后进，上下顺直，底部及槎侧残留砂浆清理干净，先砌墙后浇混凝土。

(3) 相邻施工段高差不得超过一层楼或4m，每天砌筑高度不宜超过1.5m，雨天施工不宜超过1.2m。

(4) 施工段的分段位置宜设于变形缝处及门窗洞口处。

(5) 为保证施工阶段砌体的稳定性，对尚未安装楼（屋）面板的墙柱，允许自由高度不得超过《砌体结构工程施工质量验收规范》GB 50203—2011 的有关规定。

4. 混凝土小型砌块墙质量控制

(1) 砌块宜采用“铺浆法”砌筑，铺灰长度2～3m，砂浆沉入度50～70mm。水平和竖向灰缝厚度8～12mm。应尽量采用主规格砌块砌筑，对孔错缝搭砌（搭接长度不小于90mm）。纵横墙交接处也应交错搭接。砌体临时间断处应留踏步槎，槎高不得超过一层楼高，斜槎水平投影长度不应小于槎高的2/3。每天砌体的砌筑高度不宜大于1.8m。

(2) 有钢筋混凝土或混凝土柱芯时，柱芯钢筋应与基础或基础梁预埋筋搭接。上下楼层柱芯钢筋需搭接时的搭接长度不应小于35d。柱芯混凝土随砌、随灌、随捣实。

(3) 墙面应垂直平整，组砌方法正确，砌块表面方正完善，无损坏开裂现象。砌块墙体尺寸允许偏差见表5-2。

5.1.4 砌体结构的一般构造要求

1. 墙、柱的允许高厚比

墙、柱的高厚比按下式验算：

$$\beta = H_0/h \leqslant \mu_1\mu_2[\beta] \tag{5-1}$$

式中 H_0——墙、柱的计算高度；

h——墙厚或矩形柱与 H_0 相对应的边长；

μ_1——非承重墙允许高厚比的修正系数；

μ_2——有门窗洞口墙允许高厚比的修正系数；

$[\beta]$——墙、柱的允许高厚比，见表5-3。

墙、柱的允许高厚比 [β] 值　　表 5-3

砂浆强度等级	墙	柱
M2.5	22	15
M5.0	24	16
≥M7.5	26	17

注：① 毛石墙、柱允许高厚比应按表中数值降低20%；
② 组合砖砌体构件的允许高厚比，可按表中数值提高；
③ 验算施工阶段砂浆尚未硬化的新砌筑砌体高厚比时，允许高厚比对墙取14，对柱取11。

2. 墙体的防潮

依据《砌体结构设计规范》GB 50003—2011在室内地面以下，室外散水坡顶面以上的砌体内，应铺设防潮层，如图5-2所示。

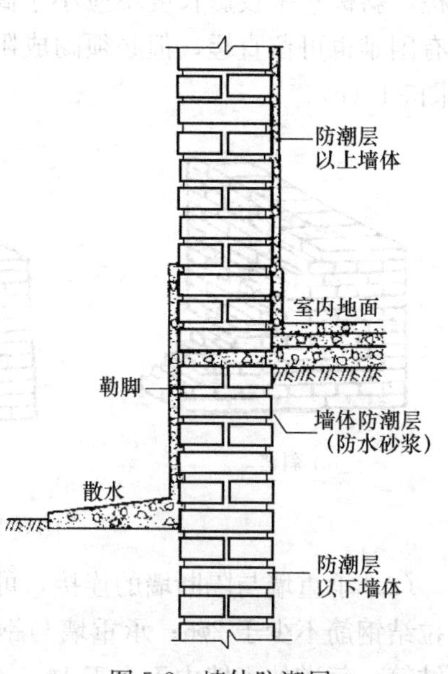

图5-2　墙体防潮层

防潮层材料一般情况下宜采用防水砂浆，勒脚部位应采用水泥砂浆粉刷。地面以下或防潮层以下的砌体，所用材料的最低强度等级如表5-4所示。

地面以下或防潮层以下的砌体所用材料的最低强度等级　　表5-4

潮湿程度	烧结普通砖蒸压普通砖	混凝土普通砖	混凝土砌块	石材	水泥砂浆
稍潮湿的	MU15	MU15	MU7.5	MU30	MU5
很潮湿的	MU20	MU15	MU10	MU30	MU7.5
含水饱和的	MU20	MU20	MU15	MU40	MU10

注：① 在冻胀地区，地面以下或防潮层以下的砌体，不宜采用多孔砖，如采用时，其孔洞应用不低于M10的水泥砂浆灌实。当采用混凝土砌块砌体时，其孔洞应采用强度等级不低于Cb20的混凝土灌实；
② 对于安全等级为一级或设计使用年限大于50年的房屋，表中材料强度等级应至少提高一级。

3. 墙、柱的最小截面

（1）承重的独立砖柱，截面尺寸不应小于240mm×370mm。

（2）毛石墙的厚度不宜小于350mm。

（3）毛料石柱截面的较小边长不宜小于400mm。

4. 特殊部位墙、柱的材料强度

特殊部位墙、柱的材料最低强度等级对于6层及以上房屋的外墙、潮湿房间的墙，以及受振动或层高大于6m的墙、柱所用材料的最低强度等级为：砖≥MU10；石材≥MU20；砌块≥MU5；砂浆≥M2.5。

5. 空斗墙中需实砌的部分

空斗墙的下列部位，宜采用斗砖或眠砖实砌。

（1）纵横墙交接处，其实砌宽度距墙中心线每边不小于370mm。

（2）室内地面以下及地面以上高度为180mm的砌体。

（3）搁栅、檩条和钢筋混凝土楼板等构件的支承面下，高度为120～180mm的通长砌体，所用砂浆强度等级不应低于M2.5。

（4）屋架、大梁等构件的垫块底面以下，高度为240～360mm，长度不小于740mm的砌体，其所用砂浆强度等级不应低于M2.5。

6. 需设置梁垫或壁柱梁的最小跨度

跨度大于6m的屋架以及跨度大于下列数值的梁，其支承面下的砌体应设置混凝土或钢筋混凝土垫块，当墙中设有圈梁时，垫块宜与圈梁浇成整体。

当砖砌体时，梁跨≤4.8m；当砌块和料石砌体时，梁跨≤4.2m；当毛石砌体时，梁跨≤3.9m。

对于厚度小于或等于240mm的墙，当大梁跨度大于或等于下列数值时，其支撑处宜加设壁柱：砖砌体时梁跨≤6m；砌块和料石砌体时梁跨≤4.8m。

7. 砌块砌体的搭砌

砌块砌体应分皮错缝搭砌。中型砌块上下皮搭砌长度不得小于砌块高度的1/3，且不应小于150mm；小型空心砌块上下皮搭砌长度不得小于90mm。当砌块长度不满足上述要求时，应在水平灰缝内设置不小于2ϕ4焊接钢筋网片，横向钢筋的间距不应大于200mm，网片每端应伸出该垂直缝不小于300mm（见图5-3）。

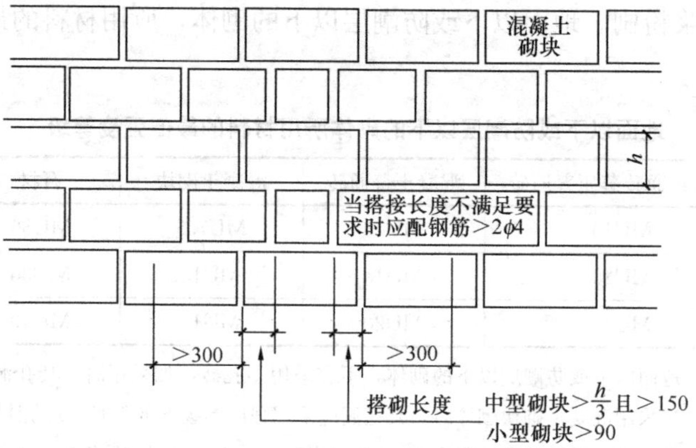

图 5-3　砌块砌体的搭砌要求

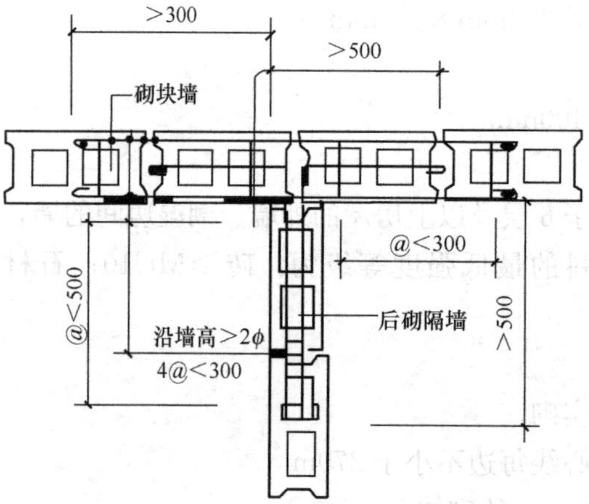

图 5-4　砌块墙与后砌隔墙的连接

砌块墙与后砌隔墙交接处，应沿墙高每 400mm 在水平灰缝内设置不小于 2ϕ4 的钢筋网片，如图 5-4 所示。

8. 砌体房屋温度伸缩缝的最大间距

为了防止房屋在正常使用条件下，由温差和砌体干缩引起的墙体竖向裂缝，应在墙体中设置伸缩缝。伸缩缝应设在因温度和收缩变形可能引起应力集中、砌体产生裂缝可能性最大的地方。温度伸缩缝的最大间距可按表 5-5 采用。

9. 防止墙体开裂的主要措施

对于钢筋混凝土屋盖的温度变化和砌体干缩变形引起墙体的裂缝（如顶层墙体的八字缝、水平缝等），可根据具体情况采取下列预防措施：

砌体房屋温度伸缩缝的最大间距（m）　　**表 5-5**

砌体类别	屋盖或楼盖类别		间　距
各种砌体	整体式或装配式钢筋混凝土结构	有保温层或隔热层的屋盖、楼盖	50
		无保温层或隔热层的屋盖	40
	装配式无檩条系钢筋混凝土结构	有保温层或隔热层的屋盖、楼盖	60
		无保温层或隔热层的屋盖	50
	装配式有檩条系钢筋混凝土结构	有保温层或隔热层的屋盖、楼盖	75
		无保温层或隔热层的屋盖	60
黏土砖、空心砖砌体	黏土瓦或石棉水泥屋盖		100
石砌体	木屋盖或楼盖		80
硅酸盐块体和混凝土砌块砌体	砖石屋盖或楼盖		75

注：① 当有实践经验时，可不遵守本表规定；
② 按本表设置的墙体伸缩缝，一般不能同时防止由钢筋混凝土屋盖的温度变形和砌体干缩变形引起的墙体裂缝；
③ 层高大于 5m 的砌体结构单层房屋，其伸缩缝间距可按表中数值乘以 1.3，但当墙体采用硅酸盐块体和混凝土砌块砌筑时，间距不得大于 75m；
④ 温差较大且变化频繁地区和严寒地区不采暖的房屋及构筑物墙体的伸缩缝的最大间距，应按表中数值予以适当减少；
⑤ 墙体的伸缩缝应与其他结构的变形缝相重合，缝内应嵌以软质材料，在进行立面处理时，必须使缝隙能起伸缩作用。

（1）屋盖上宜设置保温层或隔热层；

（2）采用装配式有檩条系的钢筋混凝土屋盖和瓦材屋盖；

（3）对于非烧结硅酸盐砖和砌块屋盖，应严格控制块体出厂到砌筑的时间，并应避免现场堆放砌块遭受雨淋。

5.2 砌体材料不合格造成的工程事故

5.2.1 砌体材料不合格工程缺陷及原因

以砖砌体为例，由于材料选配不当引起砌体结构工程缺陷主要如下：

（1）砖。常见缺陷有外观质量差、强度不足和耐久性不满足要求等，因而必须对现场砖抽取试样进行严格的外观检查、强度检测和各项耐久性试验。同一工程宜使用同一厂家生产的砖。不得在砌体结构受力部位使用欠火砖、过火砖、严重变形砖以及不满足各项检验指标的等产品。

（2）砂浆。常见缺陷有强度不足、和易性差等现象。

强度不足的原因有：①计量不准；②塑化材料如石灰膏、电石膏、粉煤灰等过量或材质不高（如含灰渣、硬块等）；③搅拌不匀等。

防止措施有结合现场实况进行配试，采用质量比而不是体积比，严格控制塑化材料计量（误差±5%），搅拌时分两次投料（先投入部分砂子、水和全部塑化材料，搅拌均匀后再投入其余砂子和全部水泥）等。

和易性差的原因有：①水泥用量不足；②塑化材料质量差；③砂子过细；④搅拌时间短，拌和不匀；⑤搅拌后砂浆存放过久等。应尽量采用混合砂浆，防止塑化材料含杂物、结硬、干燥，水泥强度等级不宜过高、砂不宜过细，不得采用存放时间过久的砂浆。

5.2.2 工程实例

【实例 5-1】

1. 事故概况

如图 5-5 所示，山东某车间跨度 12m，为扩大车间，由东端向北接出一段新厂房，建成后车间成 L 形，厂房原车间及扩建部分均为单跨单层，有轻型吊车（起重量为 10kN）。

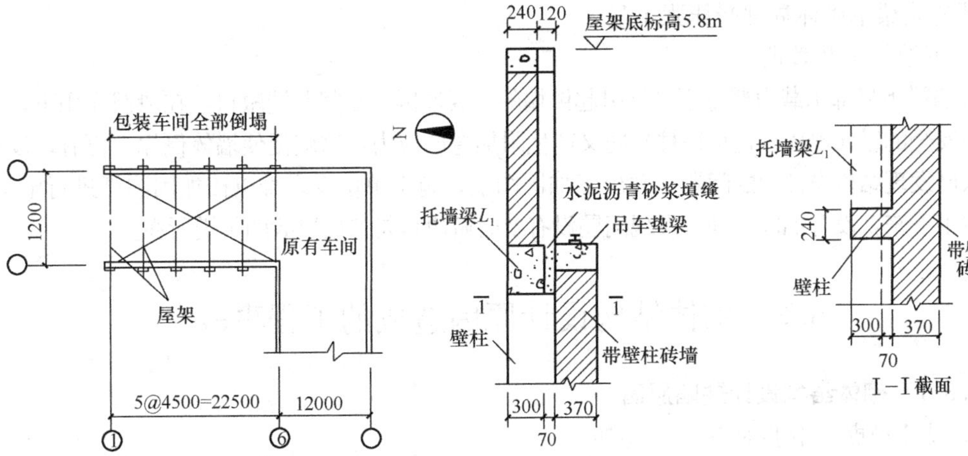

图 5-5 包装车间平面、局部剖面图

扩建部分跨度为12m，采用钢筋混凝土双铰拱屋架（标准构件），屋架间距4.5m，承重墙为370mm，带240mm×300mm砖垛。屋面采用4.5m×1.5m槽型板，屋面为普通做法，即有平均厚100mm水泥焦砟保温层，20mm水泥砂浆找平层，二毡三油防水层，上撒小豆石，吊车梁支于带砖垛的墙体上，吊车梁顶标高为4.25m，屋架下弦标高5.5m，屋架支于托墙上，托墙梁为240mm×450mm，支于墙垛上。托墙梁与吊车垫梁之间留有70mm间隙，用水泥沥青砂浆填缝，扩建部分由县设计室设计，县施工队施工。施工质量一般，要求材料为MU7.5砖、M5砂浆，且均合格。该车间在施工过程中，设计负责人已发现结构设计中的问题，并出了加固图纸，但未向建设单位提出停工加固，也未向施工单位交代保证加固工作的安全措施和施工方法。施工单位发现难以按加固图纸进行施工，就搁置了下来。约20d后，正值雨天，并伴有6～7级的东北风，当时正在做屋面炉渣保温层，室内正进行回填土，车间新建部分突然倒塌，酿成4名施工人员死亡的重大事故。

2. 事故分析

砖吊车墙厂房设计，一般做法是将托墙梁与吊车垫梁连在一起，以增加托墙梁下砖砌体的局部受压面积和局部受压强度。但本工程的设计人却将二者分开。中间填以水泥沥青砂浆，又未对托墙梁下砌体局部承压强度进行复核，设计方面出现了错误。经对现有设计进行复核的主要数据如下：

托墙梁下砌体局部受压面积为：

$$A_c = 30 \times 24 = 720\text{cm}^2$$

影响局部抗压强度的计算面积为：

$$A_0 = \left(30 + \frac{24}{2}\right) \times 24 = 1008\text{cm}^2$$

局部抗压强度提高系数为：

$$\gamma = 1 + 0.35 \times \sqrt{1008/720 - 1} = 1.22$$

砌体局部承载力为：

$$\gamma f A_l = 1.22 \times 1.5 \times 720 \times 100 = 131\text{kN}\text{（采用MU7.5、M5）}$$

托墙梁底面承受的纵向力N：分别为182.3kN（使用阶段设计荷载）和156.5kN（施工阶段实际荷载）。按托墙梁底面均匀受压估算，则131kN<156.5kN。

即托墙梁下砌体局部受压强不足。

3. 事故结论及教训

托墙梁下局部承载力严重不足是引起倒塌的主要原因。车间北端敞口，在风载作用下，使本已不安全的纵向墙体（包括壁柱）内又产生附加弯曲应力，这就促使墙体倒塌。再有，设计负责人已发现结构设计中的问题，并出了加固图纸，施工单位发现难以按加固图纸进行施工，就搁置了下来，没有加固处理。发现问题没有及时解决也是造成事故的关键所在。

5.3 砌体结构设计原因造成的工程事故

5.3.1 砌体结构设计缺陷原因

1. 设计马虎，不够细心

有许多是套用图纸，应用时未经校核。有时参考了别的图纸，但荷载增加了，或截面减少了而未做计算。有的虽然做了计算，但因少算或漏算荷载，使实际设计的砌体承载力不足，如再遇上施工质量不佳，常常引起房倒屋塌。我国大量的农村房屋，许多未经正规设计、施工质量管理缺乏，在唐山大地震和汶川大地震中，这类房屋大部分倒塌。

2. 整体方案欠佳，尤其是未注意空旷房屋承载力的降低因素

一些机关会议室、礼堂、食堂或农村企业车间，层高大，横墙少，大梁下局部压力大，若采用砌体结构应慎重设计、精心施工。目前，随着农村经济的发展，农用礼堂、车间采用的空旷房屋结构迅速增加，但对有关空旷房屋的设计未予高度重视，造成很多事故。

3. 设计时仅注意了墙体总的承载力的计算，却忽视了墙体高厚比和局部承压的计算

高厚比不足也会引起事故，这是因为高厚比大的墙体过于单薄，容易引起失稳破坏。支撑大梁的墙体，总体上承载力可满足要求，但大梁下的砖柱、窗间墙的局部承压强度不足，如不设计梁垫，或设置梁垫尺寸过小，则会引起局部砌体被压碎，进而造成整个墙体的倒塌。

4. 未注意构造要求

重计算、轻构造是没有经验的工程师的一些不良倾向。在构造措施中，圈梁的布置、构造柱的设置可提高砌体结构的整体安全性，在意外事故发生时可避免或减轻人员伤亡及财产损失。在大地震中砌体结构房屋的破坏，多数由缺少相应构造措施所致，千万要注意。

5.3.2 工程实例

【实例 5-2】

1. 事故概况

如图 5-6 所示，北京某大学教学楼为砖墙承重的混合结构，楼盖为现浇钢筋混凝土结构，全楼分为甲、乙、丙、丁、戊 5 段，各段间用沉降缝分开。乙段与丁段在结构上是对称的，这两区均有部分地下室，首层有展览室等大空间房间。当主体结构全部完工，施工

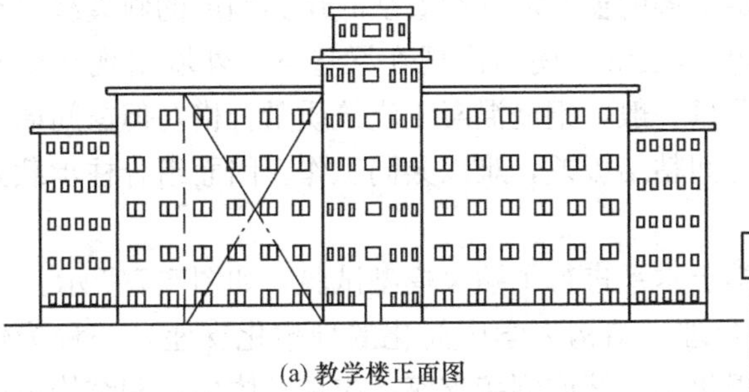

(a) 教学楼正面图

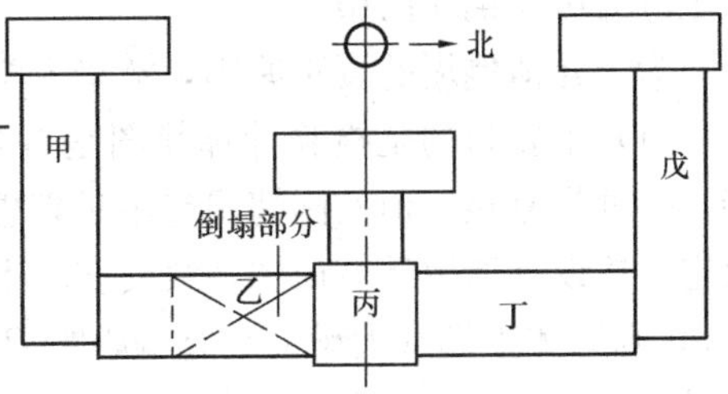

(b) 教学楼分段平面图

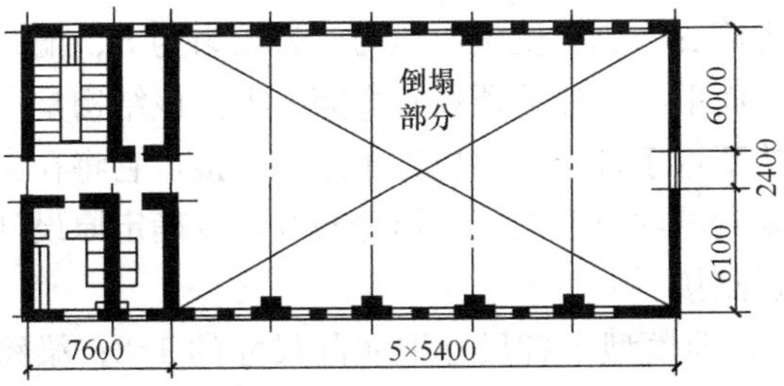

(c) 教学楼乙段平面图

图 5-6 某大学教学大楼

进入装修阶段时，大楼乙段部分突然倒塌，倒塌时正值清晨，只有11名工人上了房，其中6名被砸死，其余重伤，损失惨重。该工程由正规大设计院设计，施工单位是市属的大建筑公司。大楼乙段和丁段为地上5层，跨度14.2m，现浇混凝土主梁，截面尺寸300mm×1200mm，间距5.4m；次梁跨度5.4m，截面尺寸180mm×450mm，间距2.4～3.0m，现浇混凝土板厚80mm，大梁支承于490mm×2000mm的窗间墙上。首层砌体设计采用砖的强度等级为MU10，砂浆为M10。施工中对砖的质量进行检验，发现不足MU10，因而与设计洽商，将丁段与乙段的砖柱改为加芯混凝土组合柱，加芯混凝土断面为260mm×1000mm，配有少量钢筋，纵筋6ϕ10，箍筋ϕ6间距300mm，每隔10皮砖左右，设ϕ4拉筋一道。支承大梁的梁垫为整体浇筑混凝土，与窗间墙等宽，与大梁同高，并与大梁同时浇筑。经初步检查，设计按规范要求，并无错误；混凝土浇筑符合质量要求，砌体部分砌筑质量稍差，尤其是加芯混凝土部分，不够致密，其他方面基本符合要求。

2. 事故分析

事故发生后，建设部主管部门邀请多方专家，包括从设计院、科研所、高校、施工单位等来的专家进行分析、会商。当时提出发生事故的可能原因有：

（1）砌体砌筑质量差，强度不足。

（2）由房间跨度大、隔墙少，墙体失稳引起。

（3）由地基不均匀沉降所致。

（4）由于大跨度主梁支承在墙上，计算上按简支，而实际上有约束弯矩，进而引起墙体倒塌。

专家各抒已见，一时很难下结论。大家都认同的看法有以下几点：从现场调查可知，无论从沉降资料看，还是从倒塌后挖开墙基检查，可以排除因地基破坏引起房屋倒塌的可能性。可以判断大梁下组合砖柱首先破坏而引起房屋倒塌的可能性较大。丁段与乙段完全对称，虽未倒塌，但已看到④轴靠近七层主楼的窗间墙存在着从底层到四层的斜裂缝。在大多数大梁的梁垫下出现垂直的微细的劈裂裂缝，内墙出现在梁垫下，外墙出现在梁头上。此外，从倒塌废墟上看，砌体砌筑质量一般，钢筋混凝土浇筑质量合格，但窗间墙包芯柱混凝土严重脱水，质地疏松，与砖之间粘结极差，难以共同工作。因而组合柱承载力不足应为房屋倒塌的根源。

为了弄清倒塌的真正原因，清华大学土木系进行了缩尺模型试验，如图5-7所示。

（1）主要目的是检验计算简图是否合理。结构力学中简化的理想化支座，一种为铰接，一种为刚接，但实际情况绝不是理想化的铰接或刚接支座，应视具体构造和结构情况取定。按设计所取计算简图，梁支在墙上为简支，砌体受偏心压力，若压力为P、偏心距为e，则墙体上端（大梁下）有偏心距Pe，而下端（楼盖顶处）弯矩为零。该结构是大梁与梁垫整体浇筑，梁端很难自由转动，显然不近于铰接，而更近于刚性连接，它将在大梁两端产生较大的约束弯矩。本试验目的是要测试约束弯矩、变形分布等，以确定原设计房屋中大梁支承构造是更接近铰接还是更接近刚接。

（2）制作模型，取两层1：2缩尺模型，即模型中各尺寸取实际尺寸的1/2；梁跨度7.25m，层高2.5m，墙宽1m，大梁截面150mm×600mm，翼缘厚40mm，次梁三根均按比例缩小制作，如图5-7所示。模型墙厚370mm，以便于砌筑，大梁配筋率与实际结构

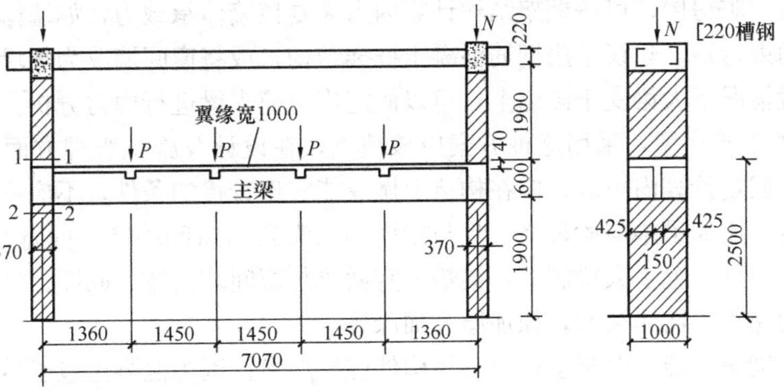

图 5-7　模型试验

相等，梁端支承部分构造也与实际结构相同。因实际结构为 5 层，为模拟上层传来的荷载，在墙顶加轴力 N，同时顶层两个砖墙用两根 22 号槽钢相连，大梁上按次梁传力位置设计 4 个加荷载点，用千斤顶逐步施加荷载。

（3）测量仪表布置，沿墙体布置位移计，测量墙体变形。沿大梁也用位移计测其位移，支承处用倾角仪测其转角。为测量大梁的反弯点，在梁跨 1/3 左右处布置两组电阻应变片。在墙体支承大梁处还测量其纵向变形，以测算墙体可能承受的弯矩。

（4）模型试验数据。试验数据见表 5-6。

模型试验数据　　　　**表 5-6**

试验项目	墙体 1-1 截面弯矩 (kg·m)	墙体 2-2 截面弯矩 (kg·m)	梁的跨中截面弯矩 (kg·m)	梁的跨中挠度 (mm)	梁支座截面转角 (″)	梁的反弯点位置 (cm)	计算简图
试验值	1000	1160	2400	1.3	72	100	
按组合框架计算（与试验值相差%）	950（+5%）	1350（−16%）	2800（−16%）	1.5（−15%）	94（−29%）	96（+4%）	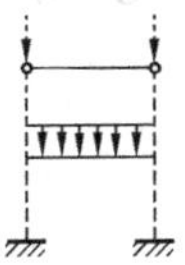
按简支梁计算（与试验值相差%）	0	144（+89%）	5100（−113%）	3.4（−240%）	320（−340%）	0	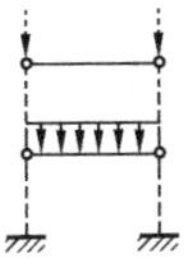

3. 事故结论及教训

（1）根据试验结果及表中的数据进行比较，这样构造的节点非常接近于刚接；而与铰接的假定相差甚远。原设计是按简支梁计算的，其内力与按框架进行分析的内力相差很大。从试验结果判断，在下层窗间墙上端截面处，其弯矩值很大，而轴力则大致相当。可见，按简支梁计算所得内力来验算窗间墙的承载力是严重不安全的。房屋的实际结构受力体系与设计计算时采用的结构受力体系完全不同是倒塌的主要原因。还有施工时改变窗间墙做法，用包心砌法的砖、混凝土组合砌体，并且施工质量低劣也加快了楼房的倒塌。

(2) 遇到空旷房屋，可按框架结构计算内力来复核墙体承载力，如墙体不足以承担由此而引起的约束弯矩，建议采用钢筋混凝土框架结构，或将窗间墙改为加垛的T形截面。

(3) 一般情况下大梁支于砖墙上，可以假定作为简支梁进行内力分析。但是，对于跨度超过10m的空旷房屋，采用这种方案应该慎重，在设计及施工管理方面均应从严。此外，根据这一假定计算内力时，应在构造上做成能实现铰接的条件，不应将梁端做成更近于刚接的构造（比如梁垫与梁现浇，且与梁同高、大致与窗间墙同厚同宽）。比较好的做法是将梁垫预制好，置于大梁底下，梁垫不宜做成与窗间墙同宽、同厚，应小一些。如局部承压不足则应扩大墙体截面，如加厚、加垛等。

(4) 包心砌法的砖、混凝土组合砌体构件应予严禁。因为混凝土包于砖砌体内，一般是先砌砖、后浇混凝土芯，砖砌体往往较薄、工人怕砌体变形歪斜，很难充分振捣，因而很难保证混凝土浇筑密实，砌体与混凝土会形成“两张皮”，不能共同受力。如砖浇水不足，则新注入混凝土脱水很快，易形成疏松结构，无法使混凝土起到骨架作用。对于偏心受力墙体，混凝土在中间，也不能充分发挥作用。砌体四面外包，一旦混凝土出现质量问题，也难以检查出来。

【实例5-3】

1. 事故概况

如图5-8所示，北京市某工程为三层砖混结构，现浇钢筋混凝土楼屋盖板，楼板为双向板，四角大房间中各有一根钢筋混凝土大梁。该工程竣工后，设计人发现大梁计算中将跨中弯矩6.7t·m写成0.67t·m（当时荷载单位），错了一位小数点。因而大梁主筋截面面积只为所需面积的30%，以至于无法承受楼盖自重。于是，设计单位通知使用单位暂停使用。但是，令人惊奇的是此房间已有50～60人在内举行过多次会议，也曾堆积重物，而楼板毫无破坏迹象。经详细检查，仅发现二楼大梁上有宽度小于0.2mm的微细裂缝，其余梁上的裂缝更小。调查人员近10人曾在梁上奋身跳跃，也未发现任何颤动。那么该梁能否继续使用？

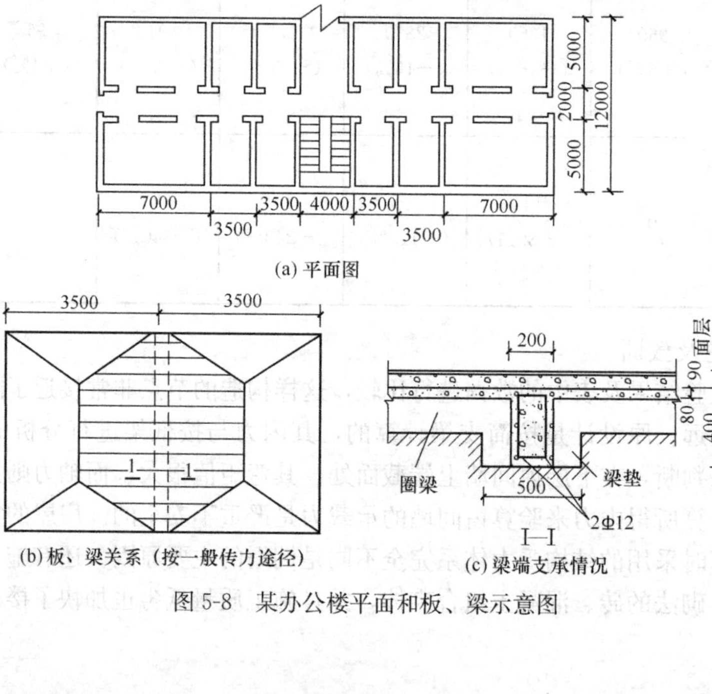

图5-8 某办公楼平面和板、梁示意图

2. 原因分析

（1）墙体对大梁支座的约束作用。梁端插入砖墙，在计算简图中视作铰支座，但与实际情况出入较大。因为梁端支承处有墙体压住，梁垫与大梁整浇在一起，因而梁端的角变形受到部分约束。这样，当大梁受载后，梁端会产生一定的负弯矩，跨中弯矩相对减小。这个分析已被楼盖的试验研究证实。对本工程二、三层各一个大房间作加载试验，结果如下：二层大梁在 30kg/m、60kg/m、90kg/m、120kg/m、150kg/m、200kg/m（当时荷载单位）分级加载的楼面荷载作用下，梁端约束弯矩的平均值约为按简支梁计算跨中最大弯矩的 70%，在 200kg/m（当时荷载单位）荷载作用下的跨中最大挠度只有 0.508mm，相当于 $f/L=1/9850$；三层大梁在 50kg/m、100kg/m、150kg/m、250kg/m（当时荷载单位）分级加载的楼面荷载作用下，梁端约束弯矩的平均值约为按简支梁计算跨中最大弯矩的 50%，在 250kg/m（当时荷载单位）荷载作用下的跨中最大挠度只有 0.741mm，相当于 $f/L=1/6750$；二、三层大梁卸载后的残余变形分别只有最大挠度的 6.3% 和 6.2%。此试验表明，当梁端墙体对梁端角变形约束时，梁的跨中弯矩会有所减小。当梁端上面所受的压力较大时，例如二层，梁跨中弯矩可减少 50% 左右；当这种压力较小时，例如三层，梁跨中弯矩可减少 30% 左右。由此，当梁端压力为零时，梁的跨中弯矩减少值也为零。

（2）材料实际强度超过计算强度。该工程用回弹仪和混凝土强度测定锤测得的梁身混凝土强度均大于 300kg/cm^2（当时荷载单位），超过当时的设计强度等级 150 号很多。根据现场剩余钢筋试验得到的屈服应力均大于 2960kg/cm^2（当时荷载单位），也超过钢筋设计时的计算强度 2400kg/cm^2（当时荷载单位）。因此可估算大梁的承载力可增大约 23%。

（3）楼盖面层参与受力。该工程楼板上有焦渣混凝土层和水泥砂浆抹面层，两者共厚 90mm，而且质地密实，和楼板粘结良好。这样，大梁的截面有效高度增加了，梁的承载能力可提高约 10%。

（4）楼盖板和梁的共同作用。该设计在计算梁上荷载时没有考虑梁的变形，梁所承受的荷载就是板传给梁的支座反力。但实际上梁在荷载作用下会发生挠曲变形，因而板上的荷载要发生重分布。原来传给梁的荷载有一部分直接通过板传递给四周的墙，实际上传给梁的荷载减少了。

3. 结论

（1）根据以上分析得出，钢筋混凝土梁的支座约束使墙体承受了约束弯矩，而梁的约束弯矩较小。但由于该墙体的截面积较大，所以才没有对墙体造成损伤。该工程中的大梁不需要进行加固处理就可继续使用。

（2）在砖混砌体结构中，实际存在着砖墙砌体对钢筋混凝土梁端的约束变形作用。正确地处理好梁端支承与墙体的构造做法，十分重要。在设计梁端支承时，必须要验算砌体的局部受压承载力，一般要设置梁垫。当设计梁垫时，从梁端墙体局部受压考虑，将梁端截面放大得越宽越好，将梁端插入墙体越深越好。但梁端加大后，会引起墙体与梁端共同变形，使墙体产生较大的约束弯矩，这对墙体很不利。

（3）在砌体结构设计时，要弄清支承处节点在计算简图中的受力特征。如果为了计算简化而在设计计算时作出一些假设，则要进一步弄清这种假设是否偏于安全。要使支承处的实际构造做法与设计计算的要求基本一致。要对支承面以及支承构件的实际受力情况进行全面认真地计算。

【实例 5-4】

1. 事故概况

如图 5-9 所示，广东连山县某小学校的教学楼，工程已接近完工，正在进行室内抹灰粉刷，于 1987 年 5 月下旬突然发生倒塌，造成多人伤亡。教学楼为两层砖混结构，建筑面积 294m^2。基础为水泥砂浆砌筑的毛石基础，墙体厚 180mm。屋面为混凝土预制屋面板。上铺焦渣 3%找坡，平均厚 100mm，水泥砂浆找平，二毡三油防水，上撒小豆石，楼面为预制空心板，水泥地面。二楼大教室中间进深梁为现浇钢筋混凝土梁，墙体外墙面用水刷石，内墙面为普通抹灰。工程于 1987 年 1 月开工，三个月后主体结构完成，于 5 月 10 日拆除大梁底部支撑及模板，开始内部装修。第二天发现墙体有较大变形，工人用锤子将凸出墙体打了回去，继续施工。第三天发现大教室的窗间墙在室内窗台下约 100mm 处有一条很宽的水平裂缝，宽度约 20mm，有些工人感到不妙，大喊危险并往外跑。其余工人尚未反应过来，整个房屋就全部倒塌，两层楼板叠压在一起，未及时撤离的工人全部死亡。事故分析：该工程没有正式设计图纸，由业主方直接委托某施工单位建造。施工单位根据现场情况，参照了一般砖混结构的布置，简单地画了几张平面、立面、剖面草图就进行施工。施工队伍由乡村瓦（木）匠组成，没有技术管理体制，由队长说了算。队长根本不懂砖及砂浆的强度等级，砖是由附近农村土窑生产的，砂浆则按农村盖房经验比例配制。事故发生后测定，砖的等级为 MU0.5，砂浆强度只有 M0.4。在拆模第二天发现险情后，仍未采取应急措施，终于导致重大事故发生。

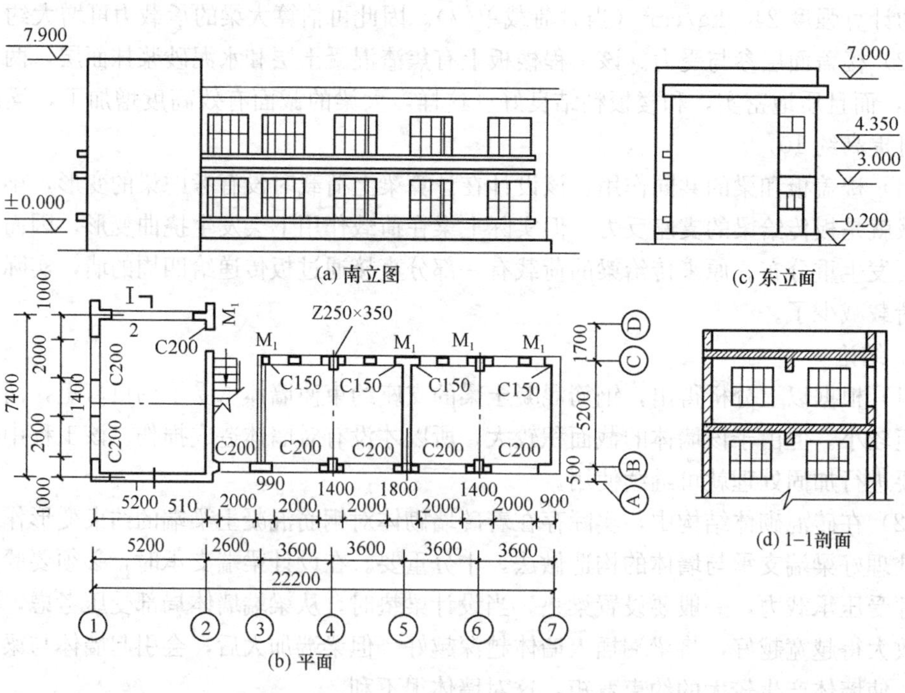

图 5-9 某小学校的教学楼示意图

2. 验算分析

设计验算结果如下：取大教室大梁下的砖柱计算，这是整个结构的薄弱环节。

(1) 高厚比验算：

底层墙高 $H=3+0.5=3.5\text{m}$（基础顶面到地面为 0.5m）

横墙间距 $S=7.4\text{m}<32\text{m}$ 属刚性方案

又因 $S=7.4\text{m}\geqslant 2H=7\text{m}$

计算高度取 $H_0=H=3.5\text{m}$

允许高厚比 (M0.4) $[\beta]=16$

承重墙 $\mu_1=1$

门窗洞口修正 $\mu_2=1-0.4\dfrac{b_s}{S}=1-0.4\times\dfrac{4}{7.4}=0.78$

实际高厚比 $\dfrac{H_0}{d}=\dfrac{3.5}{0.24}=14.6>\mu_1\mu_2[\beta]=1\times 0.78\times 16=12.84$

可见高厚比超过规范值，墙体极不稳定。

(2) 窗间墙强度验算：

查看平面、剖面图，结构最薄弱的部位在大教室的窗间墙处。取大梁下的窗间墙的窗口下边断面验算。对窗间墙底部截面，可按中心受压构件计算。

经荷载计算，荷载设计值为 $N=184.1\text{kN}$，经现场测定，砖的平均强度 $f_1=4.2\text{N/mm}^2$，砂浆强度为 $f_2=0.38\text{N/mm}^2$（变异系数平均可取 $\delta=0.2$），因强度指标在规范表中查不到，现按公式计算其砌体的强度指标。

平均强度
$$\begin{aligned}f_m&=0.46f_1^{0.9}(1+0.07f_2)(1.1-0.01f_2)\\&=0.46\times 4.2^{0.9}(1+0.07\times 0.38)(1.1-0.01\times 0.38)\\&=1.88\text{N/mm}^2\end{aligned}$$

标准强度 $f_k=f_m(1-1.645\delta)=1.88\times(1-1.645\times 0.2)=1.26\text{N/mm}^2$

设计强度 $f=f_k/\gamma_k=1.1/1.6=0.79\text{N/mm}^2$

由 $\beta=14.6$ 按 M0.4 砂浆查表得 $\varphi=0.514$

墙体承载力 $N_u=\varphi Af=0.514\times 0.79\times 1400\times 240/10^3=136.5\text{kN}$

比值：

$$\gamma_0=\frac{N_u}{N}=\frac{136.5}{184.1}=0.74<0.87\text{(可见显著小于设计值)}$$

根据《危险房屋鉴定标准》JGJ 125—99，属于 D 级，即严重不满足要求，随时都会发生事故。

3. 事故结论及教训

经过调查分析，教学楼实际上是在没有设计、没有正规图纸的情况下施工的，经复核，此结构安全度严重不足。加之施工质量很差，使用的材料既无合格证，现场也不做试验就使用。砂浆不留试块，凭经验任意配制，水泥用量过少，从倒塌的现场看，砂浆粘结力及强度均很差。施工中发现问题后不采取措施，用锤子将变形的墙体敲直，如此野蛮施工，最终酿成大祸。

【实例 5-5】

1. 事故概况

如图 5-10 所示，北京某厂仓库。木屋架，密铺望板，纵墙和山墙为 240mm 厚砖墙，

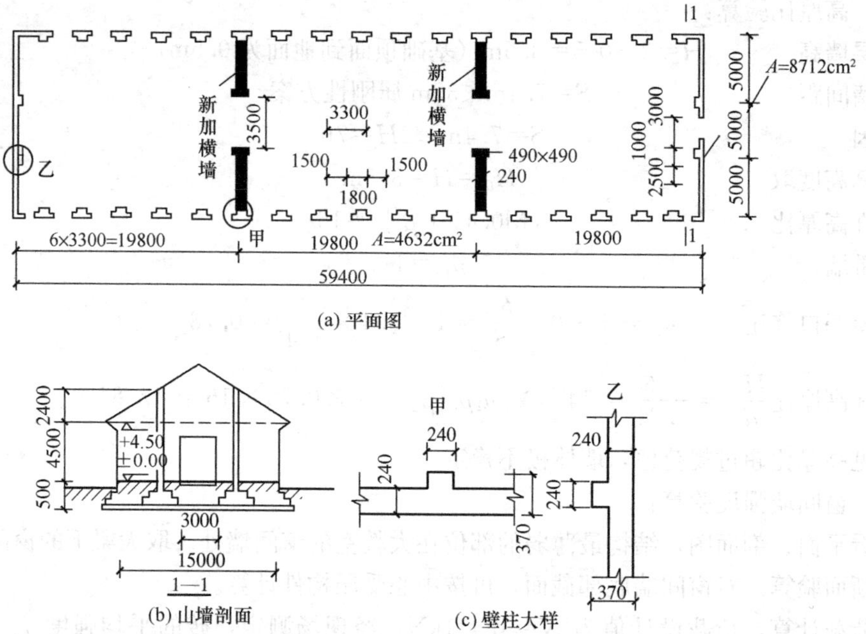

图 5-10　仓库平面及加固情况示意图

及 130mm×240mm 砖垛。墙体用 MU10、M2.5 砂浆砌筑。室内空旷无横墙，室内地坪至屋架下弦高度为 4.50m。该仓库建成后出现两端山墙中部外鼓，外鼓尺寸超过了墙面垂直度偏差限值。不进行加固处理很有可能引发倒塌事故。

2. 事故分析

经核算，山墙及纵墙承载力均无问题，但高厚比均大于限值。

（1）山墙。可按刚性方案作静力计算。

折算墙厚　　　　　　　$d'=27.0\text{cm}$

计算高度　　　　　　　$H_0=740\text{cm}$

墙体高厚比　　　　$\beta=H_0/d'=740/27.0=27.4>[\beta]=22$

（2）纵墙。由于山墙间距 59.4m>48m，故应按弹性方案作静力计算。

折算墙厚　　　　　　　$d'=28.4\text{cm}$

计算高度　　　$H_0=1.5H=1.5\times(450+50)=750\text{cm}$，$\mu_1=1.0$，

$$\mu_2=1-0.4\times\frac{1500}{3300}=0.82，[\beta]=22，$$

$$\mu_1\mu_2[\beta]=1.0\times0.82\times22=18.04，$$

墙体高厚比 $\beta=H_0/d'=750/28.4=26.4>[\beta]=18.04$

3. 事故结论及教训

根据以上验算，说明外鼓是由于墙体高厚比过大造成的。由于砖构件多为受压构件，它的高厚比涉及受压构件的稳定和侧向刚度问题。高厚比是保证砖砌体能够充分发挥其抗压强度，使砖受压构件能够充分发挥其承载力的前提，因而在设计计算中首先应该进行验

算。有些设计人员对高厚比重视不够，在设计计算过程中，首先考虑的是砖构件的承载力，其次才验算砖构件的高厚比，甚至有时将高厚比验算忘掉。在设计砖受压构件时，首先验算高厚比，在高厚比满足要求的前提下，再对其截面承载力和构件承载力进行计算。

加固处理：鉴于高厚比不满足要求，对该仓库墙体进行加固。加固方案如下：对于山墙，增砌 240mm×370mm 砖柱；对于纵墙，考虑到使用条件允许，在房屋中间加设两道横墙，如图 5-10、图 5-11 所示。使弹性方案变成刚性方案，这样加固处理后，保证了墙体高厚比满足规定条件，可以安全使用。

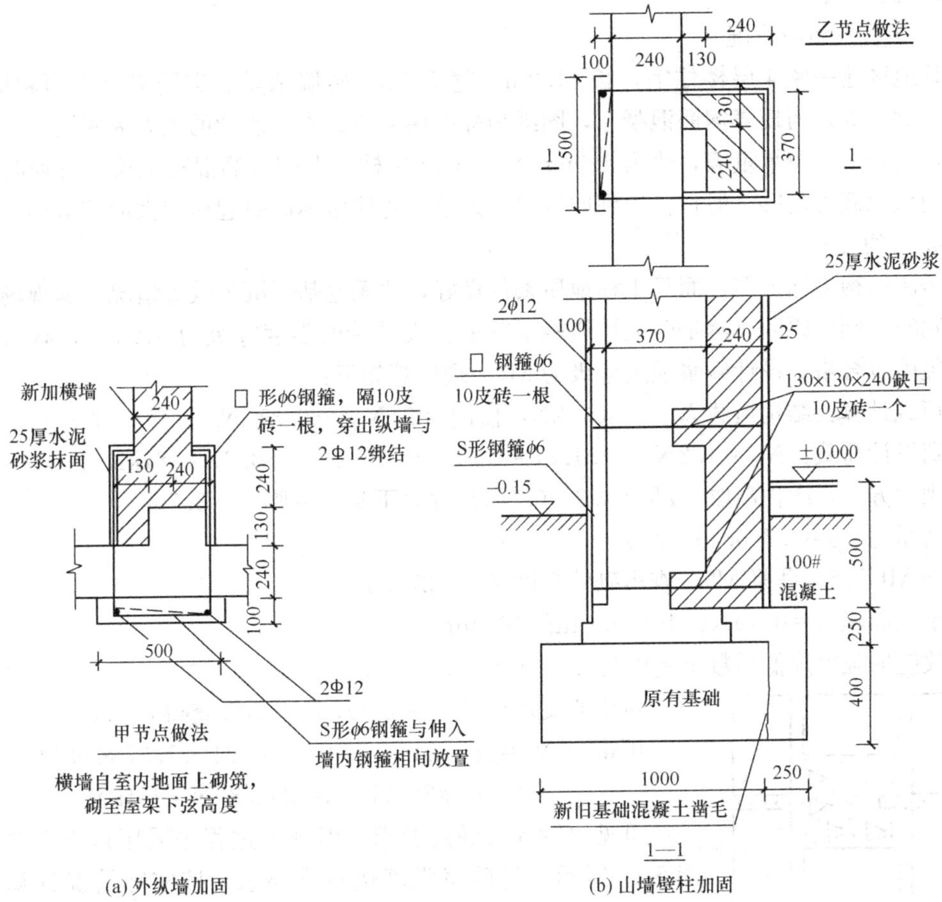

图 5-11　加固示意图

5.4　砌体结构施工违规造成的工程事故

5.4.1　砌体结构施工违规表现

（1）砌筑质量差。砌体结构为手工操作，其强度高低与砌筑质量有密切关系。施工管理不善、质量把关不严是造成砌体结构事故的重要原因，例如施工中雇佣非技术工人砌筑，砌筑墙体达不到施工验收规范的要求。其中，砌体接触不正确、砂浆不饱满、上下通缝过长、砖柱采用包心砌法等引起的事故频率很高。

（2）在墙体上任意开洞，或拆了脚手架，脚手眼未及时填好或填补不实，过多地削弱了断面承载力。

（3）有的墙体比较高，横墙间距又大，在其未封顶时，未形成整体结构，处于长悬臂状态。施工中如不注意临时支撑，则遇上大风等不利因素将造成失稳破坏。

（4）对材料质量把关不严。对砖的强度等级未经严格检查，砂浆配合比不准、含有杂质过多，因而造成砂浆强度不足，从而导致砌体承载力下降，严重的会引起倒塌。

5.4.2 工程案例

【实例 5-6】

1. 工程及事故概况

某地区建一座 4 层楼住宅，长 61.2m，宽 7.8m。砖墙承重、钢筋混凝土预制楼盖，局部（厕所等）为现浇钢筋混凝土，图纸为标准住宅图。唯一改动的地方为底层有一大活动室，去掉了一道承重墙，改为 490mm×490mm 砖柱，上搁钢筋混凝土梁。置换时，经计算确认承载力足够。但在楼盖到四层时，该独立砖柱压坏而引起房屋大面积倒塌。

2. 计算复核

房屋结构为标准图，而且工程地质条件良好，并无地基下沉失效等情况。据现场倒塌情况判断，倒塌原因显然是砖柱被压酥引起的。设计砖的强度等级为 MU7.5，有出厂证明并经验收合格。设计砂浆强度等级为 M5。现验算如下：

荷载计算：结构恒载 $N_G=140.5\text{kN}$，使用荷载 $N_Q=80.37\text{kN}$

则设计荷载：$N_{设}=1.2N_G+1.4N_Q=1.2\times140.5+1.4\times80.37=281\text{kN}$

刚性方案，砖柱高取：$H_0=3.2+0.5$（地面以下到大放脚）$=3.7\text{m}$

高厚比：$\beta=3.7/0.49=7.55$

砖 MU7.5，砂浆 M5，查得砌体强度 $f=1.37\text{N/mm}^2$

承载面积 $A=0.49\times0.49=0.24\text{m}^2<0.3\text{m}^2$

故应取强度降低系数 $\gamma_a=0.7+A=0.7+0.24=0.94$

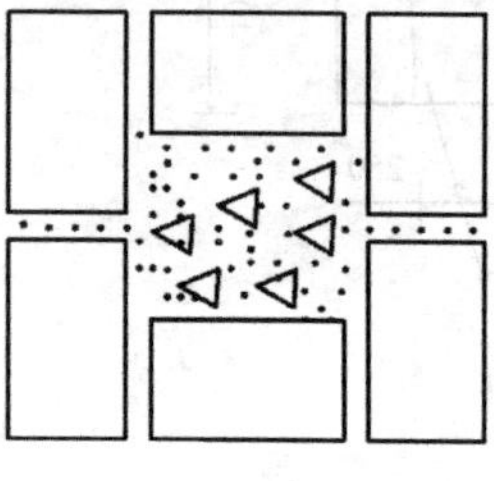

图 5-12　砖柱包心砌法

按中心受压柱计算由 $\beta=7.55$ 及 M5 查得 $\varphi=0.915$

可得 $N_u=\varphi\gamma_a fA=0.915\times0.94\times1.37\times0.24\times10^6$

$=0.2828\times10^6\text{N}=282.8\text{kN}>281\text{kN}$

可见原设计可满足要求。但施工过程中采用包心砌法。如图 5-12 所示。且砂浆强度达不到要求，按实际情况计算，按 MU7.5，M0.4（当时强度等级）查得 $f=0.79\text{N/mm}^2$，考虑到柱芯起不到作用，承重面积减为：

$$0.49\times0.49-0.24\times0.24=0.1825\text{m}^2$$

这样，砖柱承载力：

$$N_u=0.915\times0.94\times0.79\times0.1825\times10^6=0.124\times10^6\text{N}=124\text{kN}$$

$\gamma_0=124/281=0.441$

由于实际承载力与设计承载力相差太远，发生倒塌是必然的了。由以上分析可知，违反施工技术规范的包心砌法，质量不能保证，其总承载力会大大降低，因此包心砌法引起的事故屡见不鲜，必须引起重视。

5.5　环境因素影响引起的砌体结构工程事故

5.5.1　砌体结构环境的影响因素

对砌体结构来说，环境因素影响主要指砖砌体长期浸水后产生的泛霜现象和含水砌砖体经多次冻融产生的酥松脱皮现象，以及地震作用带来的震害现象等。

1. 热胀与温度收缩

热胀和冷缩对工程结构影响很大，经常导致结构裂缝的发生。

（1）热胀裂缝：

热胀裂缝产生的原因如下：

1）炎夏日照使混凝土屋面结构处于高温状态，且混凝土线膨胀系数较大，发生较大的热胀变形，而屋面下的砖墙温度较低，且其线膨胀系数较小，发生较小的热胀变形，因其热胀变形差较大而产生混凝土屋面结构对砖墙的热胀推力。

2）屋面隔热屋面结构上未做隔热层或隔热效果很差，未从温差上减小热胀推力。

3）界面隔离在屋面结构和墙体界面之间未设隔离滑动层，没有从摩阻力上减小热胀推力。

（2）温度收缩裂缝：

温度收缩裂缝产生的原因如下：

1）降温冷缩砌体成型温度高，气温下降到低于成型温度时，砌体发生冷缩。裂缝工程实例表明：建成交付使用后的裂缝，往往是由季节性温差较大，炎夏砌筑的砌体到冬季寒潮来临时发生。

2）材料收缩砌体的收缩包括两个方面：一是非烧结砌块（如混凝土砌块）在结硬过程中的干缩；另一个是砌筑砂浆在结硬过程中的干缩。因此，非烧结砌块砌体总是比烧结页岩砖砌体的材料收缩大，特别是刚出厂龄期较短的混凝土砌体收缩更大。这点，在混凝土砌块砌体结构裂缝工程中，得到充分的体现。

3）约束条件对墙体的约束条件，也有局部约束和体系约束两种。前者为发生在两种材料的界面约束或纵墙与横墙相互间的约束，这种局部约束由温度收缩引起的竖向裂缝，其宽度约为0.2～0.3mm；后者裂缝发生在墙体截面受到削弱的窗上墙或窗下墙，每层竖向墙体受到地基基础以及各层楼（屋）面的约束。当主要受各层现浇混凝土楼（屋）面约束，且具备两头楼（屋）面面积大，中间楼（屋）面面积小的条件时，不仅在中间面积较小的现浇混凝土楼（屋）面板上出现贯穿裂缝，而且其下的墙体中在相应部位也会出现竖向裂缝。这种体系裂缝宽度较宽，约为1.2～3.5mm，各种裂缝原因的叠加，常常使裂缝加剧，如一旦出现沉降引起的斜裂缝，温度收缩将使这种裂缝加宽。

2. 泛霜

由于制砖的土一般为砂质黏土，土中含有碳酸钙（$CaCO_3$）和碳酸镁（$MgCO_3$）。当焙烧至900℃以上时，它们即生成氧化钙（CaO）和氧化镁（MgO）；遇水易消解成白霜状散在砖块表面，成为泛霜。泛霜现象有损墙体外观，但只要不使砖块出现砖粉、掉角、脱皮现象，就对砖的强度和耐久性影响不大。

鉴定砖的质量应用泛霜试验。对于重要的砌体结构不得采用泛霜试验不合格的砖；对于一般砌体结构中有可能浸水的部位，不得采用严重泛霜的砖。

3. 冻融

在北方寒冷地区，许多砌体房屋使用若干年后，发生砖块酥松现象，使砖表面坑洼不平，砌体内部结构松软，它不但影响着建筑物的外形美观，也降低了砖砌体的强度和砖构件的承载力。砖砌体酥松脱皮的原因，是砖块内含有大量水分，经过多次冬季冻融，使其内部结构遭受破坏。固然，质量合格砖材的样品是经过冻融试验考验的，但冻融试验只有15次，而北方寒冷地区冬季很长，若砌体晚间遭冻，白天融化，经过一个冬季就会冻融几十次甚至上百次，连续数年，就很可能出现砖砌体酥松脱皮现象。

对出现酥松脱皮的砖砌体，首先要分析其原因，采取相应措施防止继续浸水、遭冻，然后根据不同的严重程度加以处理：①对酥松脱皮不严重且对结构强度和稳定性影响不大的部位，可采取表面修补法——将酥松部分剔除，清洗干净，浇水浸湿，用1∶3水泥砂浆修补；②对酥松脱皮严重且对结构强度和稳定性影响较大的部位，应采取局部拆除重砌法加固，即在不影响周围结构砌体的情况下，将酥松砌体拆除，再用原强度等级的砖和高一级强度等级的砂浆重新砌筑。

4. 震害

地震区村镇的住宅、教学楼和城市的一些旧居民楼、办公楼、小型厂房多采用砖混结构。这类结构在地震区数量最多，震害也比较严重，倒塌的结构具有以下典型特点：结构抗震体系单薄，未设置构造柱，有的未设置圈梁，预制楼板未拉结。

当合理设置构造柱和圈梁后，砖混结构也能有效抵御地震破坏。在震害调查中也发现基本没有受到破坏的砖混结构。因此，对于砌体结构，如何保证结构的整体性和侧向承载力是抗震设计的关键。

5.5.2 工程实例

【实例5-7】

1. 工程概况

该商贸城主体为3～4层砖混结构（见图5-13），其中局部为混凝土框架结构，混凝土柱下独立锥形基础和浆砌墙下条形基础，建筑面积共10100m²。一层用红砖砌筑，二层和以上用粉煤灰砖砌筑。1994年10月开工，1995年年底基本完工，1996年春节前，部分住户陆续迁入。1999年鉴定时该商贸城尚未正式验收。

2. 裂缝概况

商贸城的住户1996年春节前搬进后，最先在顶层（三层）西头的墙上发现裂缝。1996年11月份以前，在顶层的中间部位以及中间层的墙面尚未见裂缝，1997年3、4月在这些部位的墙上也陆续发现裂缝，有的墙面裂缝经修补后又重新开裂，且裂缝开展较为严重，引起住户和主管部门各级领导的重视。1999年5月中旬～6月中旬对该商贸城的裂缝进行了全面观测，其概况如下：

（1）一楼墙面未观察到任何肉眼可见的裂缝；

（2）二楼临街横墙裂缝：

1）与地面成45°～70°的斜裂缝及沿混凝土构造柱柱边的垂直裂缝（见图5-13～图5-15）；

2）墙面上的斜裂缝（见图5-16）；

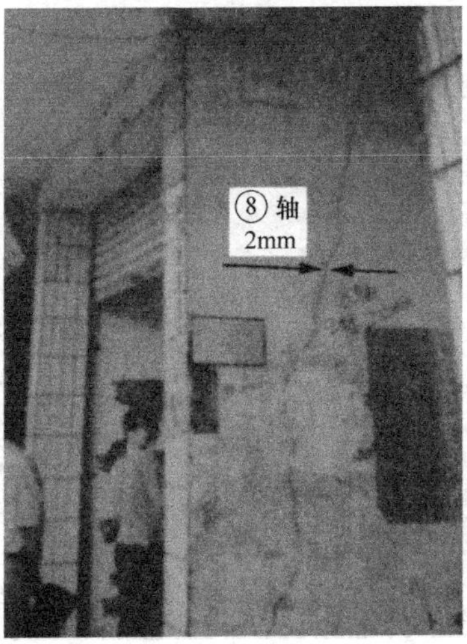

图 5-13　临街墙面⑧轴裂缝

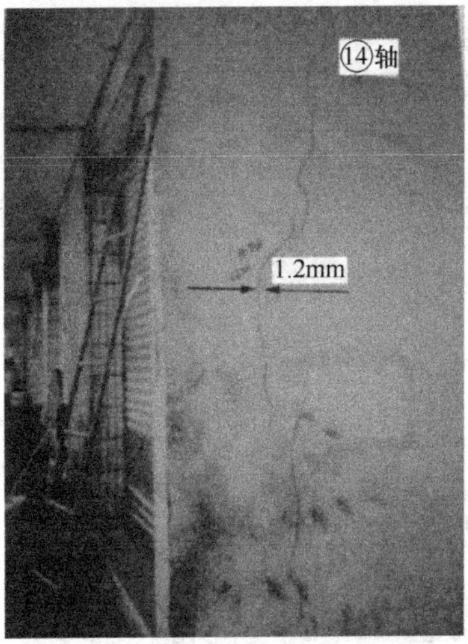

图 5-14　临街墙面⑭轴裂缝

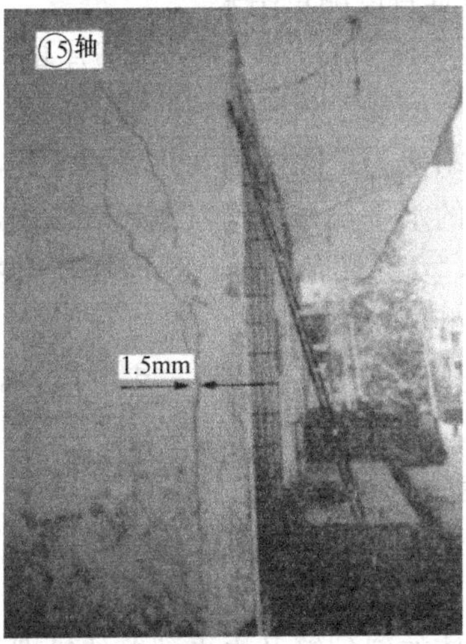

图 5-15　临街墙面⑮轴裂缝

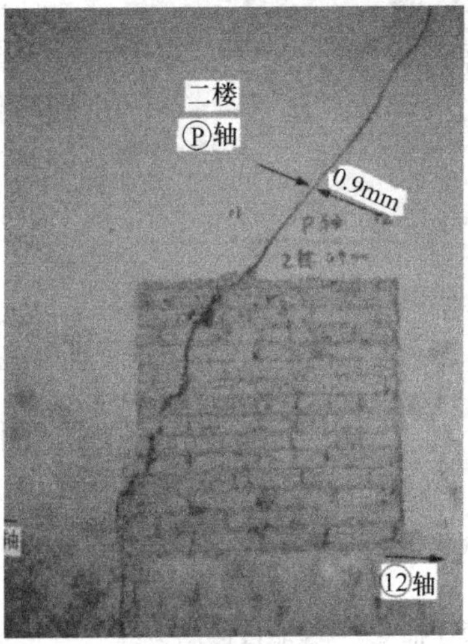

图 5-16　二楼 Ⓟ轴 ⑪ ～ ⑫ 轴墙段斜裂缝

3）混凝土梁下横墙垂直裂缝（见图 5-17）。

以上裂缝最宽为 2.0mm，大多数为 1.0～1.5mm。二楼个别非临街的横墙，也出现有程度不同的垂直裂缝和斜裂缝。

(3) 顶层（三楼或四楼）墙面裂缝：

1）阳台隔墙与屋面挑梁下边缘脱开的水平裂缝及与外纵墙脱开的垂直裂缝（见图 5-18）；

2）窗下角的墙面斜裂缝（图 5-18）；

3）屋面圈梁梁底与墙体之间的水平裂缝；

4）与水平面成 45°～60°的内倾斜裂缝（见图 5-19）。

以上裂缝最宽的为 1.2mm，一般为 1.0mm 左右。

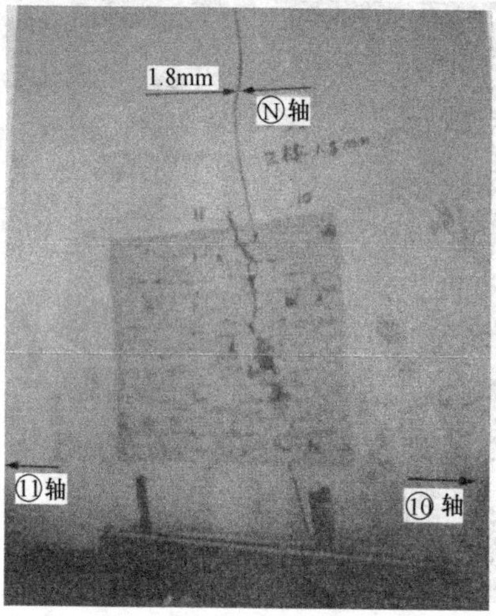

图 5-17　二楼 Ⓝ轴 ⑩ ～ ⑪ 轴墙段垂直裂缝

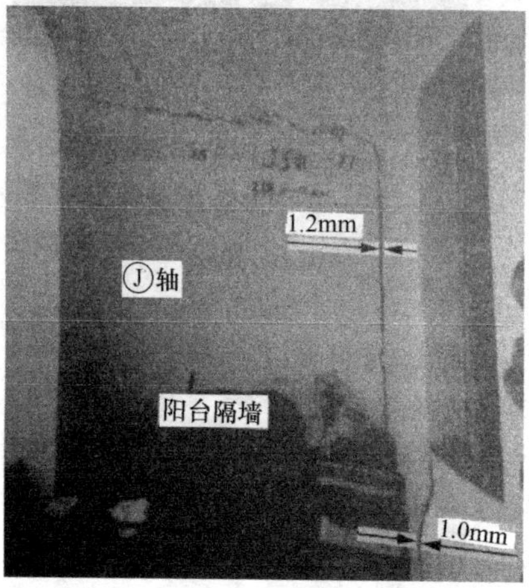

图 5-18　三楼 Ⓙ轴阳台墙裂缝

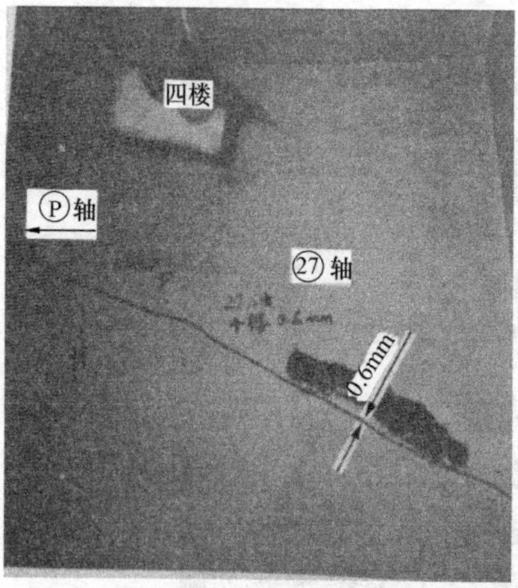

图 5-19　四楼㉗轴 Ⓟ～ Ⓠ墙段倾斜裂缝

3. 房屋垂直度测量结果

1999 年 6 月 8 日，对商贸城房屋的垂直度用经纬仪进行了测量，观测得到的柱顶、女儿墙墙角的水平偏移结果为：除个别女儿墙墙角外，有 5 个女儿墙墙角的水平偏移值均在 30mm 以内，但大都超过 20mm，女儿墙角的顶到地面或窗台的高度按 12m 计算，相对水平偏移（垂直度）在 2.5‰以内，均超过 1‰，但小于 4‰，其中包含砌筑过程中的倾斜。

4. 裂缝的原因及危害

（1）顶层墙体的斜裂缝及屋面与墙体间的水平裂缝

顶层墙体的斜裂缝及水平裂缝的机理如图 5-20 所示。由于大气在升温过程中，屋面结构与墙体之间有正温差，屋面结构热胀变形对墙体产生推力（水平剪应力）和相应的主拉应力 σ_{tp}，当后者大于砌体抗拉强度 f_{tk}，即产生图 5-19 所示斜裂缝。当水平的剪应力大于屋面结构与墙体之间的粘结强度 f_t，则会在它们之间或墙体之间发生相对滑移变形，出现水平裂缝。由此可见，凡是增大 σ_{tp} 或减小 f_{tk} 或 f_t 的因素，都与产生上述裂缝有关，具体的裂缝原因有以下几点：

1）屋面未做好隔热层，屋面结构温度愈高，它与其下墙体的温差愈大，屋面结构相对于墙体的热胀变形愈大，墙体中的剪应力和主拉应力也愈大；

2）墙体材料二层及以上为粉煤灰砖，这种材料的收缩率较大，当砖的含水率从饱和含水率到完全干燥状态时，收缩率最大。80％以上的收缩量是在平均含水率为 3.15％至完全干燥状态阶段完成的。在这一阶段如遇屋面热胀，墙体材料大量完成收缩，相当于加大温差，从而加大墙体内的剪应力和主拉应力。

3）顶层砂浆的强度用 M2.5 偏低，实际上施工的砂浆还未达到 M2.5。因此，砖砌体

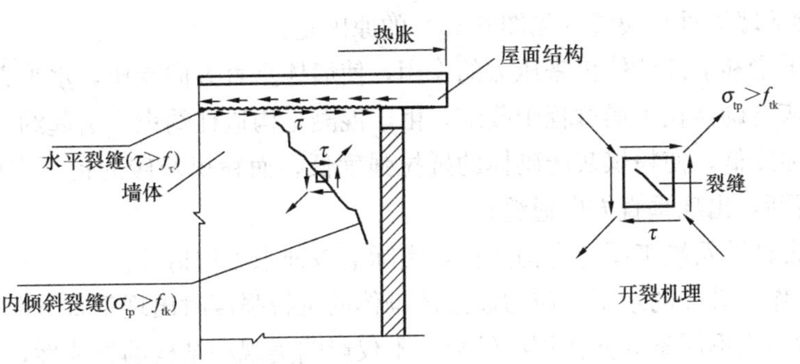

图 5-20 顶层墙体裂缝机理

的抗拉强度很低，当 $\sigma_{tp}>f_{tk}$ 或 $\tau>f_{tk}$ 时发生斜裂缝或水平裂缝。

这种由变形因素引起的裂缝，一旦出现，屋面结构热胀在墙体中引起的约束应力随即消失，力的作用不复存在，故不会危及结构安全。但是，由于这种裂缝的出现和开展，将影响建筑物的整体性、耐久性和美观，应采取有效措施进行处理。

(2) 中间层墙体的斜裂缝

中间层墙体斜裂缝的原因，除温度影响较顶层小些外，其他两点原因及危害性分析如顶层所述。

(3) 阳台隔墙的裂缝

1) 三楼阳台悬挑跨度较大 (2.4m)，除端部的天沟及一般阳台栏杆荷载之外，还有砌到屋顶 240mm 厚双面粉刷的横隔墙，阳台上又堆满了杂物 (见图 5-18)，结构复算表明，该挑梁原设计正截面抗弯承载力不足 $R/(\gamma_0 S)=0.825<1$，在重力荷载下挠度较大，使三楼阳台挑梁上的墙体与挑梁下缘的界面处裂开。

2) 三楼阳台挑梁下边处于完全悬空状态，而屋顶挑梁下面有墙，并非理想的悬挑结构，变形未全部完成，有部分屋面荷载，将通过屋面挑梁传给三楼楼面挑梁，加大该层楼阳台挑梁的负荷。

3) 阳台横墙与外纵墙拉接不好，未形成整体。

这是一种由荷载因素引起的裂缝，但这种裂缝并未发生在挑梁结构本身，而是在阳台挑梁上的墙体与屋面挑梁梁底和纵墙的界面上，但挑梁抗弯承载力不够，当出现最不利荷载情况时，将引起阳台倒塌，应采取提高挑梁的抗弯承载力或卸载的有效措施，以确保阳台的安全使用。

(4) 二楼临街墙裂缝

二楼临街墙裂缝 (见图 5-16) 的原因是：

1) 粉煤灰砖砌体在干燥过程中的收缩变形；

2) 临街雨篷使构造柱有微小外移的变形；

3) 混凝土柱与墙之间未拉接好 (如构造柱未预留拉接钢筋等)；

4) 砂浆抗压强度低，粘结性差，粉煤灰砖砌体的抗拉强度小。这种裂缝是荷载因素与变形因素共同作用引起的裂缝，不仅有碍美观，而且破坏墙与构造柱的共同工作，如遇上最不利荷载情况，这种裂缝将影响结构安全，应作加固处理。

(5) 混凝土梁下墙体垂直裂缝

混凝土梁下墙体垂直裂缝（见图 5-13）的原因是：

1）混凝土梁和上部墙体传来压力的作用，使墙体垂直方向受压，水平方向受拉；

2）粉煤灰砖砌体在干燥过程中收缩，由于混凝土构造柱约束，引起约束水平拉应力；

3）砂浆强度低，使粉煤灰砖砌体的抗拉强度低，而粉煤灰砖的抗折强度低，当灰缝饱满度差时折断，出现垂直方向通缝；

4）该处设计图及竣工图上有构造柱，实际上该处未见构造柱。

当前两项作用叠加的水平拉应力超过砖砌体的抗拉强度时出现垂直方向的裂缝。这种裂缝属于荷载与变形因素共同作用的结果，不仅影响美观和结构的整体性，也影响结构的安全。一旦遇到最不利的荷载情况，在其持续作用下将出现房屋倒塌事故。因此，对这种裂缝应采取旨在提高抗压承载力的加固处理方案。

5. 加固方案

前述裂缝的原因和危害分析可知，该商贸城由于设计、施工、材料等方面的原因，出现了较为严重的裂缝，已影响到商贸城的可靠性（包括安全性、适用性和耐久性），一旦出现最不利又可能出现的荷载情况，将导致结构（构件）发生倒塌（破坏）的安全事故。因此，应针对不同的工程质量问题，采取相应合理的整改方案，达到满足安全性、适用性和耐久性的要求。为此，建议对于已出现裂缝的墙体，视裂缝的性质、形态和位置采取不同的加固处理方案；对承载力不足的混凝土阳台挑梁进行卸载；对现有屋面做好防水隔热等。现分述如下：

(1) 顶层砖墙的斜裂缝

顶层砖墙的斜裂缝按图 5-21 所示详图进行加固处理，其施工要点是：

1）打掉开裂部分墙上两侧的粉刷层，露出砖面和灰缝，使灰缝凹进砖侧面 2～3mm，

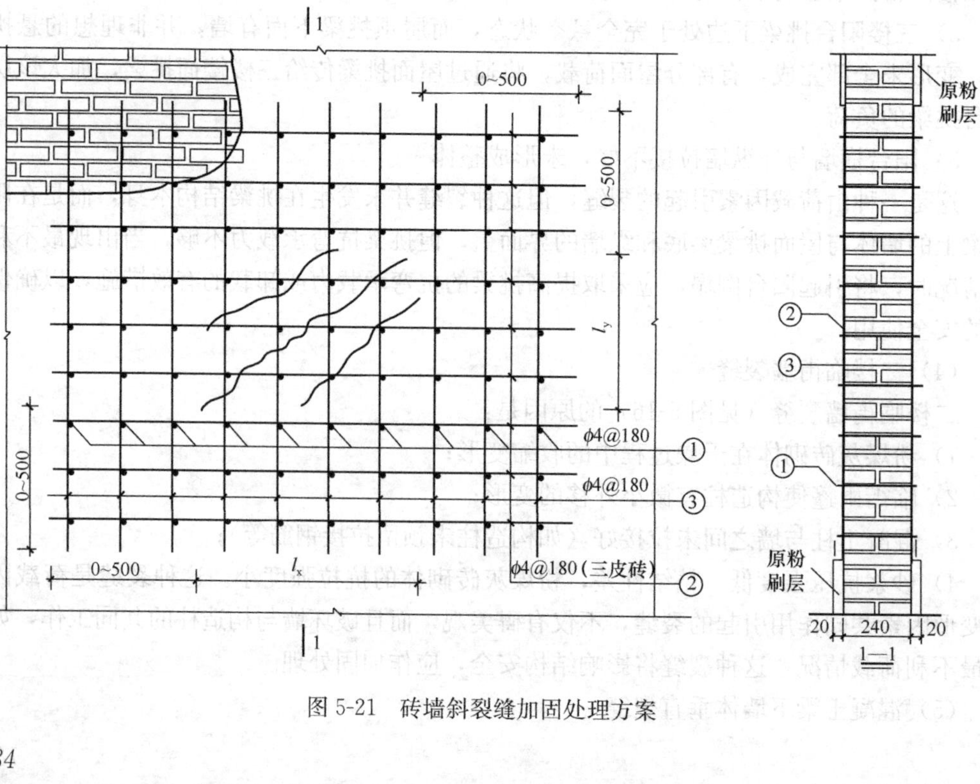

图 5-21　砖墙斜裂缝加固处理方案

并清理干净；

2）将长 280mm，直径为 4mm 的①号冷拔钢丝插入斜裂缝上、下、左、右的水平灰缝内，双向间距为 180mm（三皮砖），每侧外露 20mm；

3）铺设长为斜裂缝水平投影长度 l_x 加 1000mm、直径为 4mm 的②号冷拔钢丝，其间距为 180mm，进入水平灰缝 2～3mm；

4）铺设长为斜裂缝垂直投影长度 l_y 加 1000mm，直径为 4mm 的③号竖向的冷拔钢丝，其间距为 180mm；

5）将①、②、③号钢丝在交汇点处先扎结，后呈梅花形隔点点焊；

6）墙两侧粉厚为 25mm（平原墙面粉刷层），强度等级为 M10 的水泥砂浆，粉刷前应对砖砌体墙表面湿水；

7）初凝后，注意及时浇水养护，养护期不少于 14d。

（2）顶层砖墙的水平裂缝

顶层砖墙的水平裂缝如出现在墙的中间部位，可按图 5-22 所示的详图进行加固处理，施工要点与前述相同。如出现在屋面板或圈梁与墙顶的界面处，宜采用先清除板底至不规则水平裂缝以下 200mm 范围内的粉刷层，用水湿润砖墙后，用 M10 水泥砂浆重新粉刷，但在界面处留通长水平人工变形缝，再做与原墙面相同的面层。

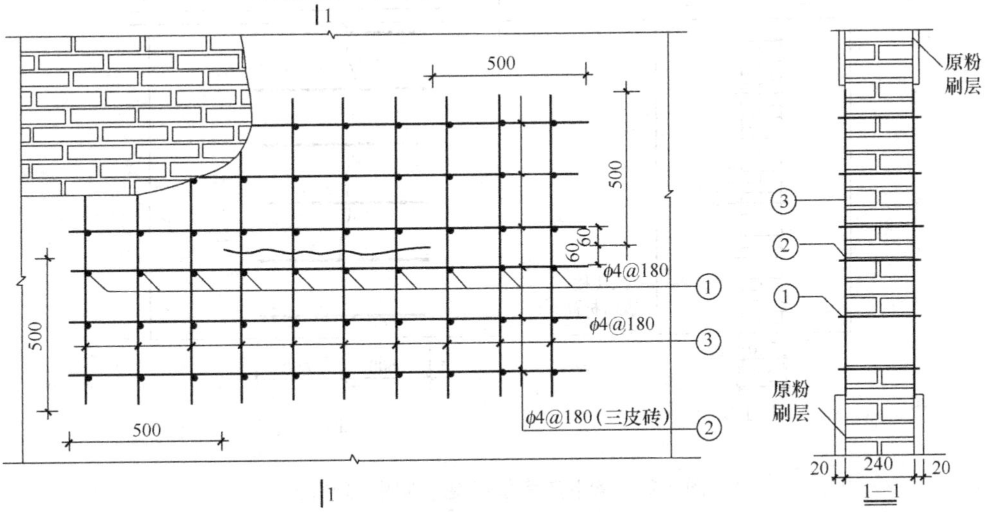

图 5-22　砖墙水平裂缝加固处理方案

（3）混凝土梁下砖墙的垂直裂缝

混凝土梁下砖墙的垂直裂缝按图 5-23 所示详图进行加固处理，施工要点为：

1）打掉墙上垂直裂缝两侧各 600mm 的粉刷层，露出砖面和灰缝，使灰缝凹进砖侧面 40mm，并清理干净；

2）将长 280mm，厚 3mm，宽 50mm 的扁钢条插入砖水平灰缝内，其水平中距为 150mm，垂直中距为 300mm（5 皮砖），扁钢条每侧外露 20mm；

3）铺设长为 1200mm 的 ② 号水平扁钢条（厚 3mm，宽 50mm），对称于垂直裂缝布置，其垂直方向中距为 300 mm（5 皮砖），扁钢条进入灰缝 40mm，外露 10mm；

4）将 ①、② 号扁钢条在 50mm 宽度范围内电焊，焊缝高度不小于 3mm，每点均需电焊；

5）墙两侧粉厚为 25mm（平原墙面粉刷层），强度等级为 M10 级水泥砂浆，粉刷前应对砖砌体墙表面湿水；

6）初凝后，注意及时浇水养护，养护期不少于 14d。为确保施工过程中的安全，在墙两侧的梁下设木柱支撑。

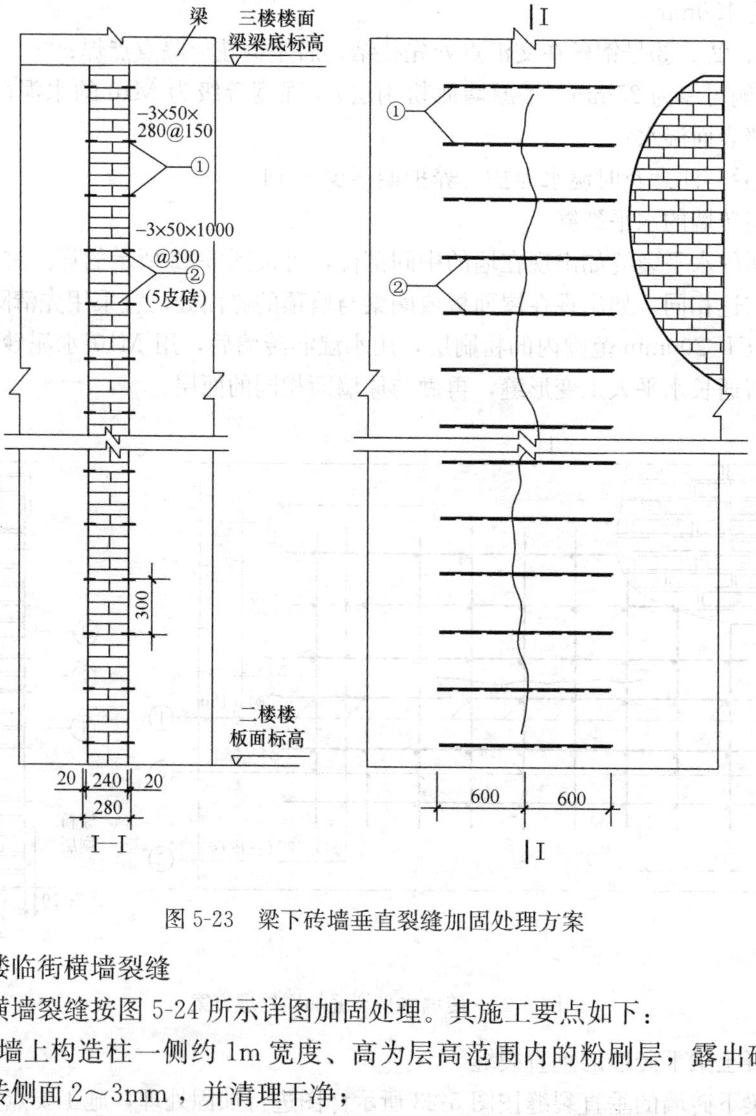

图 5-23　梁下砖墙垂直裂缝加固处理方案

（4）二楼临街横墙裂缝

楼临街横墙裂缝按图 5-24 所示详图加固处理。其施工要点如下：

1）打掉墙上构造柱一侧约 1m 宽度、高为层高范围内的粉刷层，露出砖面和灰缝，使灰缝凹进砖侧面 2～3mm，并清理干净；

2）将长 280mm，直径为 4mm 的 ① 号冷拔钢丝插入砖水平灰缝内，其水平中距为 150mm，垂直中距为 300mm（5 皮砖），钢丝每侧外露 20mm；

3）平墙面向混凝土构造柱两侧打入膨胀螺丝，其水平中距为 240mm，垂直中距为 300mm（5 皮砖）；

4）铺设长为 800～1000mm 的 ③ 号冷拔钢丝，其垂直中距为 300mm（5 皮砖），在靠构造柱一侧与膨胀螺丝杆和螺帽焊接（见图 5-24 中 A 大样）；

5）在斜裂缝范围内布置 ④ 号冷拔钢丝，将 ①、③、④ 号钢丝先扎结，后隔点焊接；

6）墙两侧粉刷厚度 25mm（平原墙面粉刷层）、强度等级为 M10 的水泥砂浆，粉刷前应对砖砌体墙表面湿水；

7）初凝后，注意及时浇水养护，养护期不少于 14d。

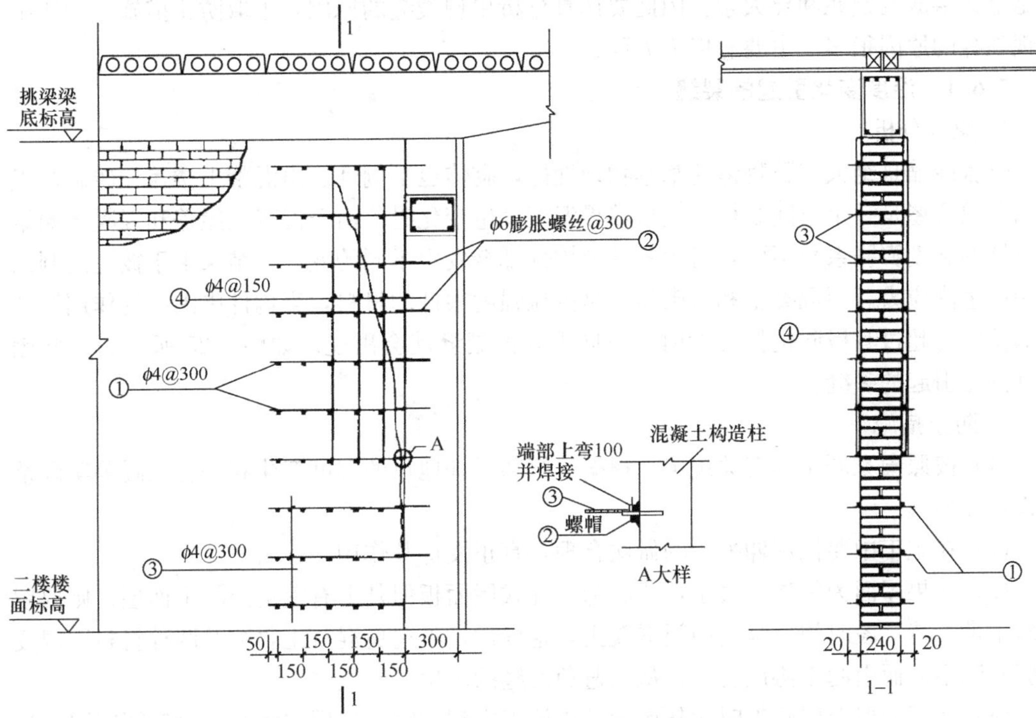

图 5-24　一、二楼临街横墙裂缝加固处理方案

（5）阳台挑梁的处理方案

三楼带天沟的阳台挑梁部位经复算表明该挑梁原设计正截面抗弯承载力不够，建议采用卸载的处理方案：①将已有的 240mm 厚的挡雨墙与横隔墙拆除，重新安装自重小于 $1kN/m^2$ 的轻质横隔墙板，砌筑 120mm 厚挡雨墙；②将天沟端壁凿掉，改为雨板；③将阳台拦板改为预制花格板，要求自重小于 $1kN/m^2$。

在安装轻质墙板时，按如下要点施工：

1）原墙拆除并清理干净后，在墙板安装前，将需粘结部分涂抹 107 胶一层，然后再涂抹 107 水泥砂浆胶粘结料。安装时用专用撬棒将板撬起，向一侧推挤，使板与板之间的缝隙被粘结料充实，检查垂直度、平整度，合格后用木楔块顶紧墙板底部，替下撬棒；

2）墙板临时固定后，用 C20 细石混凝土将板底空隙填嵌密实，一周后拆除板底楔块，再用 C20 细石混凝土填实楔块孔洞；

3）用粘结料勾各板缝，并用玻纤布将板缝粘牢；

4）安装完毕后的两周内，勿打孔钻眼，以免粘结料固化时间不足，使墙板震裂。

此外，该阳台挑梁端部天沟的端壁凿掉后，落水管口应堵死，雨板顶面用 1∶2 水泥砂浆按 3%找坡，在其端部做老鹰嘴滴水线。

5.6 砌体结构出现裂缝的原因分析和防止措施

砌体结构出现裂缝是非常普遍的质量事故之一。砌体出现裂缝，轻则影响外观，重则影响使用功能以及导致砌体的承载力降低，甚至引起倒塌。在很多情况下裂缝的发生与发展是重大事故的预兆和导火索。因此要认真分析出现裂缝的原因，采取防止措施。砌体中出现裂缝的原因很多。主要有以下方面：

5.6.1 温度变化引起的裂缝

1. 原因分析

热胀冷缩是绝大多数物体的基本物理性能，砌体也不例外。由混凝土楼盖和砖砌体组成的砖混房屋是一个空间结构。当自然界温度发生变化时，由于混凝土屋盖和混凝土圈梁与砌体的温度膨胀系数不同，房屋各部分构件都会发生不同的变形，结果由于彼此间制约作用产生内应力。而混凝土和砖砌体又是抗拉强度很低的材料，当构件中因制约作用所产生的拉应力超过其极限抗拉强度时，不同形式的裂缝就会出现。如图 5-25 所示为一些因温度变化引起的裂缝。

2. 防止措施

(1) 按照国家颁布的有关规定，根据建筑物所处地点的温度变化和是否采暖等实际情况设置伸缩缝。

(2) 在施工中要保证伸缩缝的做法合理，真正发挥其作用。

(3) 如果屋面为整浇混凝土，或者为装配式屋面板但其上有整浇混凝土面层，则要留有施工带，待一段时间再浇筑中间混凝土，这样做，可避免混凝土收缩及两种材料因温度膨胀系数不同而引起不协调变形，从而避免裂缝的产生。

(4) 在屋面保温层施工时，从屋面结构施工完到做完保温层之间有一段时间间隔，这期间如遇高温季节则易因温度急剧变化导致开裂。因此，屋面施工最好避开高温季节。

(5) 过长的现浇屋面混凝土挑檐、圈梁施工时，可分段进行，预留伸缩缝，以避免混凝土伸缩对砌筑墙体产生影响。

5.6.2 地基土冻胀引起的裂缝

1. 原因分析

自然地面以下一定深度内的土的温度，是随着大气温度而变化的。当土的温度降至0℃以下时，某些细粒土体将发生体积膨胀，称为冻胀现象。土体冻胀的原因主要是土中存在着结合水和自由水。结合水的外层在－0.5℃时冻结，内层大约在－30～－20℃时才能全部冻结。自由水的冰点为0℃。因此当大气负温传入土层时，土中的自由水首先冻结成冰晶体。随着气温下降，结合水的外层也逐渐冻结，未冻结区水膜较厚处的结合水陆续被吸引至水膜较薄的冻结区并参与冻结，使冰晶体不断扩大，土体随之发生体积膨胀，地面向上隆起。一般隆起高度可达几毫米至几十毫米，其折算冻胀力可达 2×10^6 MPa，而冻胀往往是不均匀的，建筑物的自重通常也难以抗拒，因而建筑物的某一局部就被顶了起来，造成房屋开裂。位于冻胀区内的基础（如果埋置深度小于《建筑地基基础设计规范》GB 50007—2011 规定的基础最小埋深时）以及基础以上的墙、柱体将受到冻胀力的作用。如果冻胀力大于基础底面的压力，基础就有被抬起的危险。由于基础埋置深度、土的冻胀

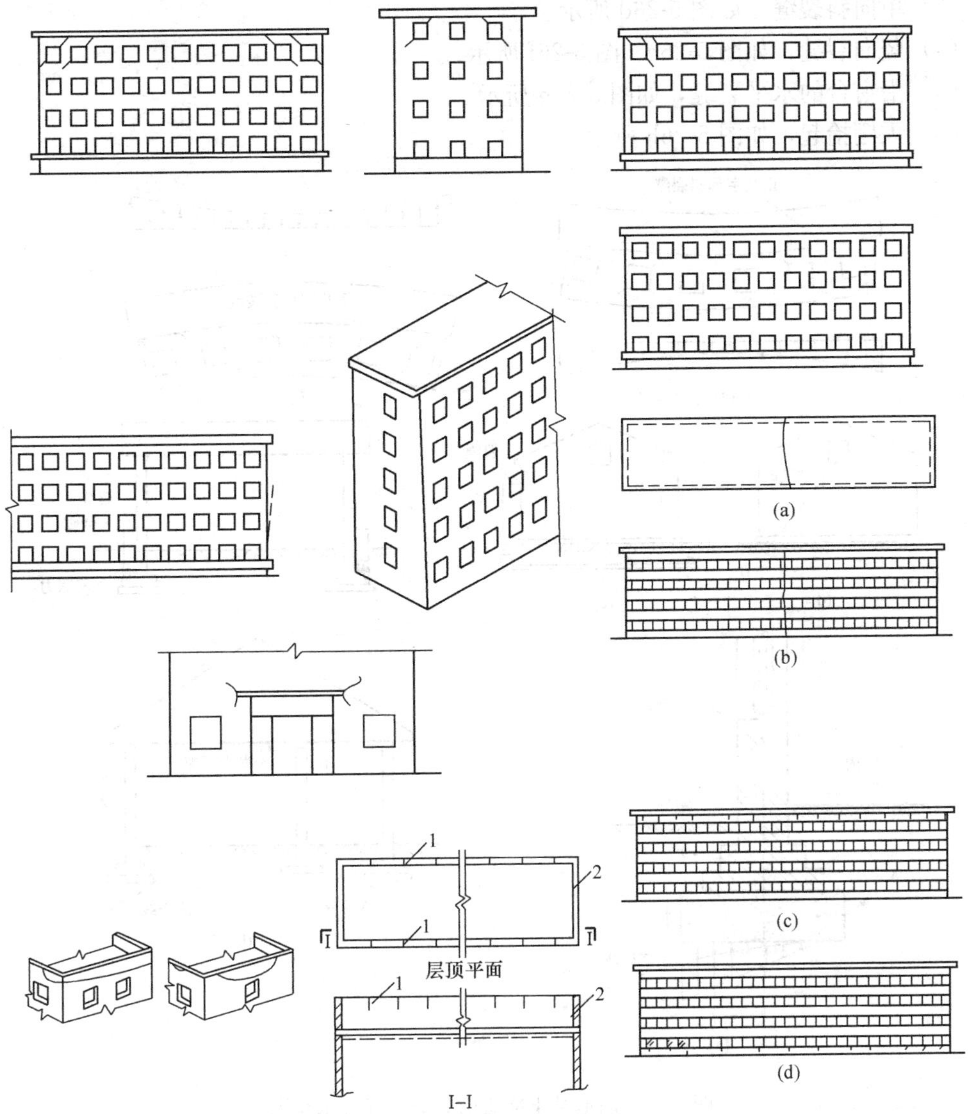

图 5-25　因温差引起裂缝示意图

性、室内温度、日照等影响，基础有的部位未受到冻胀影响，有的基础部位即使受到冻胀影响，其影响程度在各处也不尽一致，这样就使砌体结构中的墙体和柱体受到不同程度的冻胀，出现不同形式的裂缝。

这类冻胀裂缝在寒冷地区的一、二层小型建筑物中很常见。若设计员对冻胀的危害性认识不足，认为小建筑基础埋浅也可以；或者施工人员素质欠佳，遇到冻土很坚硬，难以开挖，就擅自抬高基础埋深，从而造成冻胀裂缝。此外，有些建筑物的附属结构，如门斗、台阶、花坛等往往设计或施工不够精心，埋深不够，常造成冻胀裂缝。图 5-26 为一些因冻胀引起的裂缝。

（1）正八字形斜裂缝，如图 5-26a 所示。

（2）倒八字形斜裂缝，如图 5-26b、图 5-26c 所示。

（3）单向斜裂缝，如图 5-26d 所示。

（4）竖向裂缝，如图 5-26e、图 5-26f 所示。

（5）沿窗台的水平裂缝，如图 5-26g 所示。

（6）天棚抬起，如图 5-26h 所示。

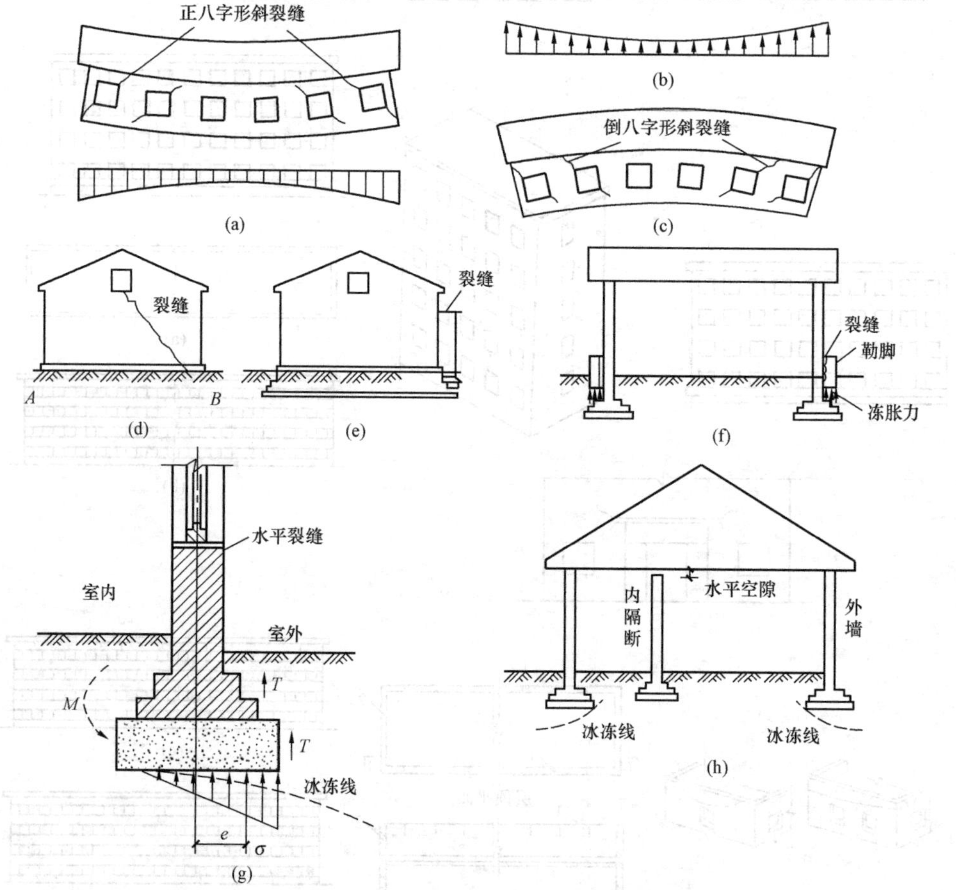

图 5-26　因地基土冻胀引起墙体开裂示意图

2. 防止措施

（1）一定要将基础的埋置深度置于冻土线以下，不要因为是中小型建筑或附属结构而把基础置于冰冻线以上。有时，设计人员因为室内隔墙基础有采暖而未将基底置于冻土线以下，进而引发事故。应注意在施工时，或交付使用前即时发现事故端倪，并采取措施。

（2）在某些情况下，当基础不能做到冻土线以下时，应采取换土（换成非冻胀土）等措施消除土的冻胀。

（3）用单独基础，采用基础梁承担墙体荷载，其两端支于单独基础上。基础梁下面留有一定孔隙，防止因土冻胀顶裂基础和砖墙。

5.6.3　地基不均匀沉降引起的裂缝

1. 原因分析

地基发生不均匀沉降后，沉降大的砌体部分与沉降小的砌体部分产生相对位移，从而使砌体中产生附加的拉力或剪力，当这种附加内力超过砌体的强度时，砌体就被拉开产生裂缝。这种裂缝可由沉降差判断出砌体中主拉应力的大致方向。裂缝走向大致与主拉应力方向垂直，裂缝一般朝向凹陷处（沉陷大的部位）。图 5-27 为一些因地基不均匀沉降引起的裂缝。

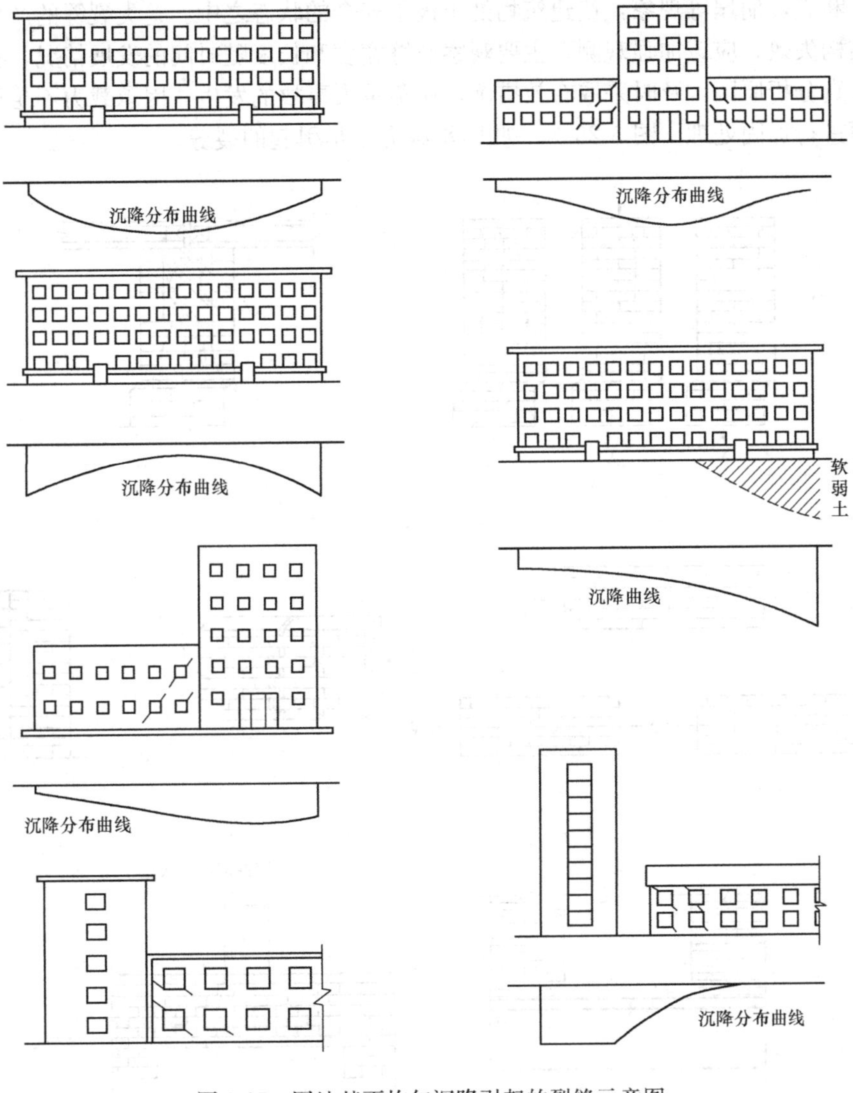

图 5-27　因地基不均匀沉降引起的裂缝示意图

2. 防止措施

（1）按要求设置沉降缝。在房屋体型复杂，特别是高度相差较大时，以及地基承载力相差较大时，应设沉降缝。沉降缝应从基础开始分开，并且要有足够的宽度，施工中应保持缝内清洁，防止碎砖、砂浆等杂物落入缝内。

（2）增强上部结构的刚度和整体性，以提高墙体的抗剪能力。减少建筑物端部的门、窗洞口，增加端部洞口到墙端的距离，加设圈梁增加结构的整体性。

（3）加强地基验槽工作，如果发现不良地基应首先采取措施进行处理方可进行基础施工。

（4）不宜将建筑物设置在不同刚度的地基上。如果必须采用不同地基时，要采取措施进行处理，并且需要验算。

5.6.4　因承载力不足引起的裂缝

如果砌体的承载力不能满足要求，那么在荷载作用下，砌体将产生各种裂缝，甚至出现压碎、断裂，崩塌等现象，使建筑物处于极不安全的状态之中。这类裂缝的产生，很可能导致结构失效，应该加强观测，主要观察裂缝宽度和长度随时间的发展情况，在观测的基础上认真分析原因，及时采取有效措施，避免重大事故的发生。因承载力不足而产生的裂缝必须进行加固处理。图 5-28 为一些因承载力不足引起的裂缝。

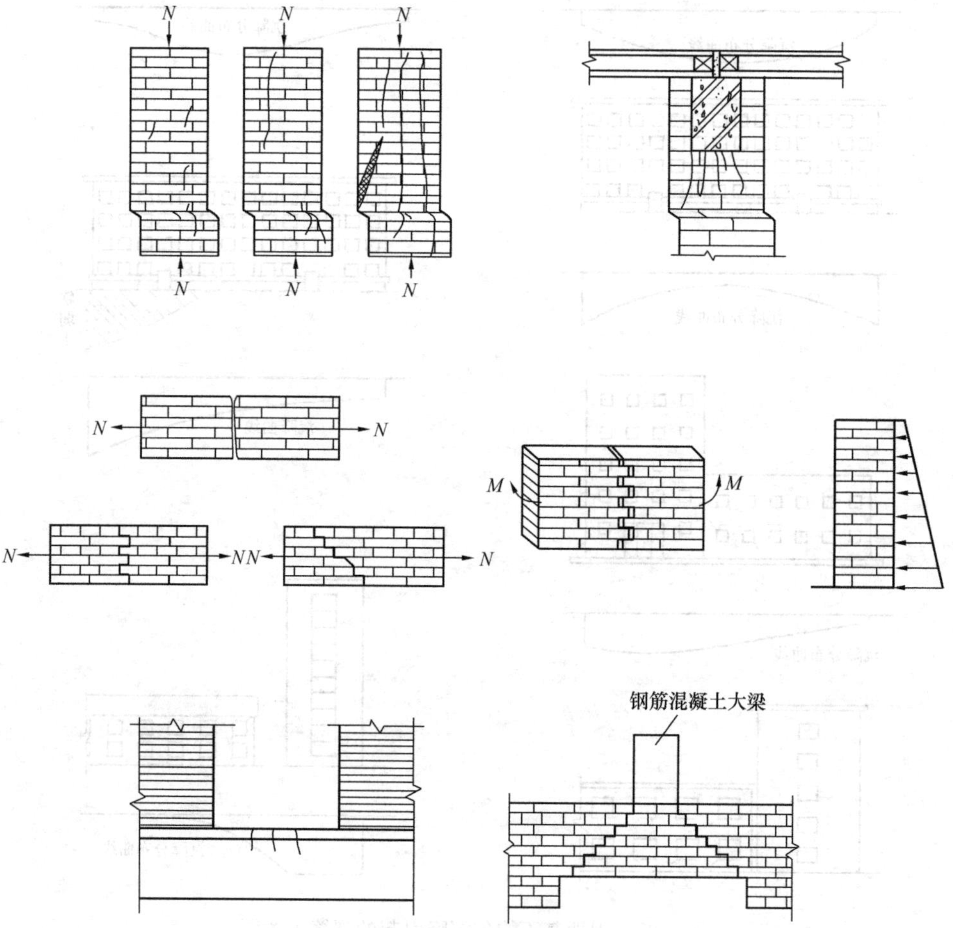

图 5-28　因承载力不足引起的裂缝示意图

5.6.5　地震作用引起的裂缝

1. 原因分析

与钢结构和混凝土结构相比，砌体结构的抗震性是较差的。地震烈度为 6 度时，砌体结构就会遭到破坏影响，对于设计不合理或施工质量差的房屋会产生裂缝。当遇到 7～8 度地震时，砌体结构的墙体大多会产生不同程度的裂缝，标准低的一些砌体房屋还会发生倒塌。如图 5-29 所示为一些因地震作用引起的裂缝，图 5-30 是砌体结构地震裂缝破坏图。地震引起的墙体裂缝一般呈“X”形，这是墙体在反复剪力作用下引起的。除“X”形裂缝外，地震作用也会引发水平裂缝和垂直裂缝。在内外墙咬槎不好的情况下，内外墙交接处很容易产生垂直裂缝，甚至整个纵墙外倾直至倒塌。

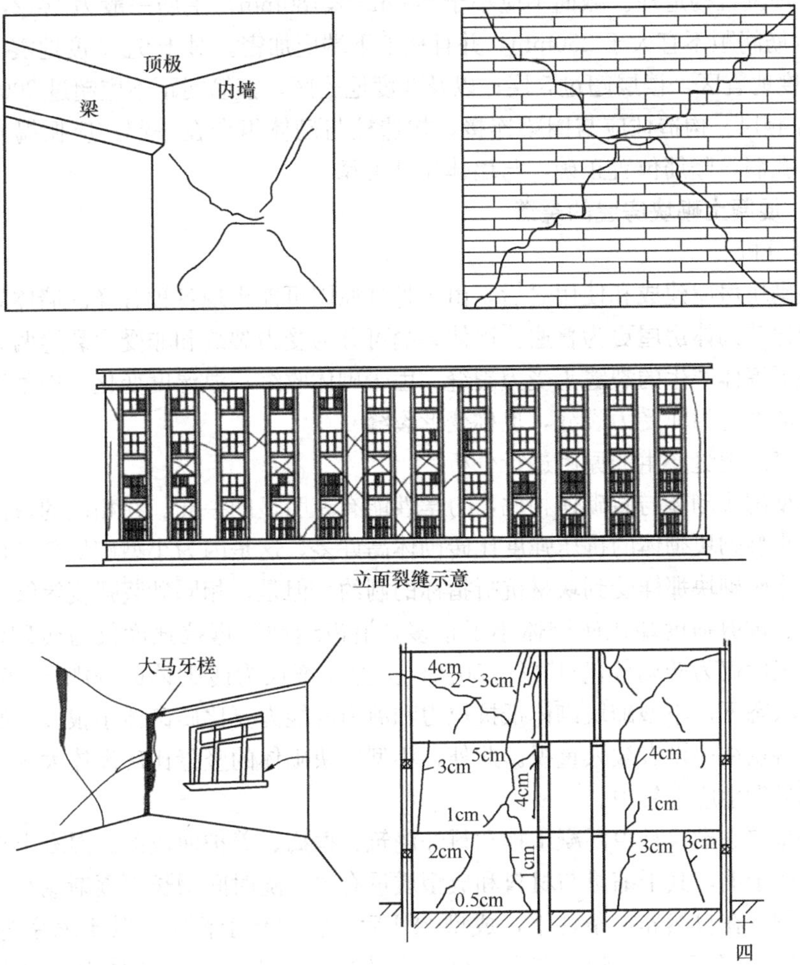

图 5-29 地震作用引起的裂缝

2. 防止措施

对于砌体结构，要求在地震作用下不产生任何裂缝一般是做不到的。但在设计和施工时采取必要的措施，能够确保在地震作用下少开裂，不出大裂缝，也可做到“大震不倒”。主要措施有：

图 5-30 砌体结构地震裂缝

(1) 按《建筑抗震设计规范》GB 50011—2010 要求设置圈梁。圈梁截面高度不应小于 120mm，6、7 度地震区纵筋至少 $4\phi10$，8 度地震区至少 $4\phi12$，9 度地震区则为 $4\phi14$，箍筋间距不宜过大，对 6 度、7 度、8 度和 9 度地区地震烈度分别不宜大于 250mm、200mm 和 150mm。如果地基不良或是空旷房屋等还应适当加强。圈梁应闭合，遇有洞口时要满足搭接要求。

（2）合理设置构造柱。截面不应小于240mm×180mm，主筋一般为4ϕ12，转角处可用8ϕ10，箍筋间距不宜大于250mm，并且柱上下端应加密。对于6、7度地震区，楼层超过6层；8度地震区，楼层超过5层；以及9度地震区，箍筋间距不应超过200mm，纵向钢筋宜采用4ϕ14。构造柱应与圈梁连接，构造柱与砌体组合在一起。应振捣充分，确保密实，没有孔洞，竖筋位置正确，与墙体拉结可靠。

5.6.6 混凝土砌块房屋的裂缝

1. 原因分析

混凝土砌块房屋建成和使用之后，由于种种原因可能出现各种各样的墙体裂缝，砌块房屋的裂缝比砖砌体房屋更为普遍。墙体裂缝可分为受力裂缝和非受力裂缝两大类。在荷载直接作用下墙体产生的裂缝为受力裂缝。由于砌体收缩、温湿度变化、地基沉降不均匀等原因引起的裂缝为非受力裂缝，也称变形裂缝。

下面就变形裂缝产生的原因进行分析。

（1）小型砌块砌体与砖砌体相比，力学性能有着明显的差异。在相同的块体和砂浆强度等级下，小型砌块砌体的抗压强度比砖砌体高许多。这是因为小型砌块高度比砖砌块大出3倍，不像砖砌块那样受到块材抗折指标的制约。但是，相同砂浆强度等级下小型砌块砌体的抗拉、抗剪强度却比砖砌体小了很多，沿齿缝截面弯拉强度仅为砖砌体的30%，沿通缝弯拉强度仅为砖砌体的45%～50%，抗剪强度仅为砖砌体的50%～55%。因此，在相同受力状态下，小型砌块砌体抵抗拉力和剪力的能力要比砖砌体小很多，所以更容易开裂。这个特点往往没有被人重视。此外，小型砌块砌体的竖缝比砖砌体大3倍，使其薄弱环节更容易发生应力集中。

（2）小型空心砌块是由混凝土拌和料经浇筑、振捣、养护而成的。混凝土在硬化过程中逐渐失水而干缩，其干缩量与材料和成型质量有关并随时间增长而逐渐减小。以普通混凝土砌块为例，在自然养护条件下，成型28d后，收缩趋于稳定，其干缩率为0.03%～0.035%，含水率在50%～60%左右。砌成砌体后，在正常使用条件中，含水率继续下降，可达10%左右，其干缩率为0.018%～0.027%左右，干缩率的大小与砌块上墙时的含水率有关，也与温度有关。对于干缩已趋稳定的普通混凝土砌块，如果再次被水浸湿后，会再次发生干缩，通常称为第二干缩。普通混凝土砌块含水饱和后的第二干缩稳定时间比成型硬化过程的第一干缩时间要短，一般约为15d左右，第二干缩的收缩率约为第一干缩的80%左右。砌块上墙后的干缩，引起砌体干缩，而在砌体内部产生一定的收缩应力，当砌体的抗拉、抗剪强度不足以抵抗收缩应力时，就会产生裂缝。

（3）因砌块干缩而引起的墙体裂缝，在小型砌块房屋是比较普遍的。在内、外墙及房屋各层都有可能出现。干缩裂缝形态一般有两种：一种是在墙体中部出现的阶梯形裂缝，另一种是环块材周边灰缝的裂缝（如图5-31所示）。由于砌筑砂浆的强度等级不高，灰缝不饱满，干缩引起的裂缝往往呈发丝状并且分散在灰缝隙中，清水墙时不易被发现，当有粉刷抹面时便显得比较明显。干缩引起的裂缝宽度不大并且较均匀。

（4）砌块的含湿量是影响干缩裂缝的主要因素，砌块上墙时如含水率较大，经过一段时间后，砌体含水率降低，便可能出现干缩裂缝。即使已砌筑完工的砌体无干缩裂缝，但当砌块因某种原因再次被水浸湿后，出现第二干缩，砌体仍可能产生裂缝。因此，国外对

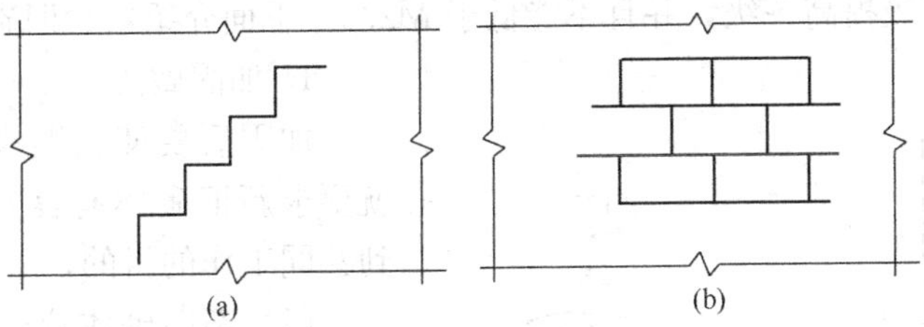

图 5-31　砌块砌体的干缩裂缝示意

(a) 干缩引起的阶梯状裂缝；(b) 干缩引起环块材四周裂缝

砌块的含水率有较严格的规定。含水率指砌块吸水量与最大总吸水量的百分比。美国规定混凝土砌块线收缩系数为 0.03%时，对于高湿环境允许的砌块含水率为 45%；中湿环境为 40%；干燥环境时要求含水率不大于 35%。日本要求各种砌块的含水率均不超过 40%。因此，建筑工程中砌筑用的混凝土砌块在上墙前必须保持干燥。

(5) 混凝土小型砌块的线膨胀系数为 10×10^{-6}，比页岩砖砌体约大一倍，因此，混凝土小型砌块砌体对温度的敏感性比砖砌体高很多，也更容易因温度变形引起裂缝。

2. 防止措施

(1) 在砌块生产环节加强质量控制。混凝土砌块成型后自然养护必须达到 28d；采用蒸气养护达到规定强度后，必须停放 14d 后方可出厂使用。

(2) 砌块房屋设计和施工方面的质量控制。因为混凝土砌块砌体的温度变形和干缩变形都比较大，而抗拉、抗剪强度又比较低，所以要严格限制伸缩缝间距。应按《砌体结构设计规范》GB 50003—2011 的要求认真设计。砌块进入施工现场后，要分类分型号堆放，并做好防雨措施，不被雨淋，不受水浸，如果砌块受湿，应再增加 15d 的停放期方可使用。做到顶层墙体砌筑与屋面板施工在天气情况大致相同的条件下施工。

(3) 增强基础圈梁刚度，增加平面上圈梁布置的密度。顶层圈梁或支承梁的梁垫均不得与层面板整浇。采取措施减弱屋面板与圈梁间的连接强度。

(4) 确保屋面保温层的隔热效果，防止屋面防水层失效、渗漏。

(5) 在屋盖上设分格缝。分格缝位置纵向在房屋两端第一开间处，横向在屋脊分水线处。

(6) 屋盖保温层上的砂浆找平层与周边女儿墙间应断开，留出沟槽，用松软防水材料填塞。以免该砂浆找平层因温度变形推挤外墙和女儿墙。

(7) 加强顶层内、外纵墙端部房间门窗洞口周边的刚度。

5.7　砌体结构的加固

砌体结构中出现裂缝，如果裂缝是因强度不足引起的，则会危及安全和影响正常使用。当此种情况出现，必须进行加固处理。常用的加固方法如下：

5.7.1　扩大砌体截面加固法

这种方法适用于砌体承载力不足但裂缝尚属轻微，要求扩大面积不是很大的情况。一般的墙体、砖柱均可采用此法。加大截面砌体中砌块的强度等级可与原砌体相同，但砂浆要比原砌体中的等级提高一级，并且不能低于M2.5。下面介绍新、旧砌体结合做法。

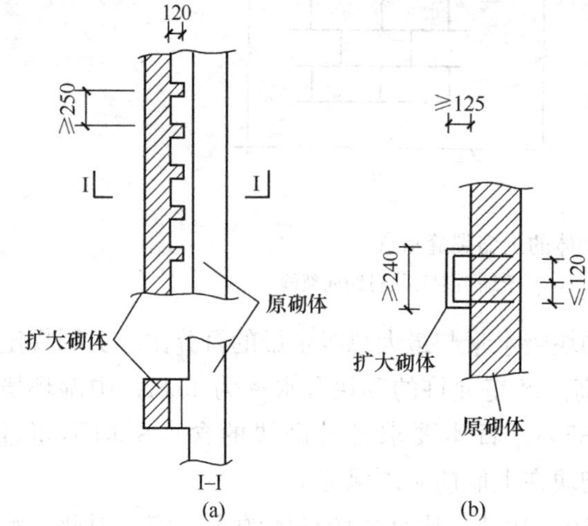

图 5-32 扩大砌体截面加固示意图

1. 加固做法

加固后要使新旧砌体共同工作，这就要求新旧砌体有良好的结合。为了达到共同工作的目的，一般采用两种方法：

（1）新旧砌体咬槎结合。如图 5-32a 所示，在旧砌上每隔 4～5 皮砖，剔去旧砖成 120mm 深的槽，砌筑扩大砌体时应将新砌体与之紧密连接，新旧砌体呈锯齿形咬槎，可以保证共同工作。

（2）插入钢筋连接。如图 5-32b 所示，在原有砌体上每隔 5～6 皮砖在灰缝内打入 $\phi6$ 钢筋，也可在砖墙上打洞，然后用 M5 砂浆裹着插入 $\phi6$ 钢筋，砌新砌体时，钢筋嵌于灰缝之中。无论是咬槎连接还是插筋连接，原砌体上的面层必须剥去，凿口后的粉尘必须冲洗干净并湿润后再砌扩大砌体。

2. 加固后的承载力计算

考虑到原砌体已处于承载状态，后加砌体存在着应力滞后。在原砌体达到极限应力状态时，后加砌体一般达不到强度设计值，为此，对后加砌体的设计抗压强度值 f 应乘以一个 0.9 的系数，于是加固后砌体承载力可按下式计算为：

$$N \leqslant \varphi(fA + 0.9 f_1 A_1) \tag{5-2}$$

式中 N——荷载产生的轴向力设计值；

φ——由高厚比及偏心距查得的承载力影响系数；

f、f_1——原砌体和扩大砌体的抗压强度设计值；

A、A_1——原砌体和扩大砌体的截面面积。

但在验算加固后的高厚比及正常使用极限状态时，不必考虑新加砌体的应力滞后影响，可按一般砌体计算公式进行计算。

5.7.2 外加钢筋混凝土加固

当砖柱承载力不足时，常用外加钢筋混凝土加固。

1. 外加钢筋混凝土的形式

外加钢筋混凝土可以是单面的，双面的和四面包围的。

加固用的混凝土，其强度等级不应低于 C20；当采用 HRB335 级钢筋或受有振动作用是，混凝土强度等级不应低于 C25。加固用的纵向受力钢筋，可采用直径为 12～25mm 的 HPB300 级或 HRB335 级钢筋；当需加设纵向构造钢筋时，可采用直径不小于 12mm 的同级钢筋。纵向钢筋的净间距不应小于 30mm。纵向钢筋的上下端均应有可靠的锚固；上端应锚入有配筋的混凝土梁垫、梁、板或牛腿内；下端应锚入基础内。纵向钢筋的接头应为焊接。

当采用围套式的钢筋混凝土外加面层加固砌体柱时，应采用封闭式箍筋；箍筋直径不应小于 6mm。箍筋的间距不应大于 150mm。柱的两端各 500mm 范围内，箍筋应加密，其间距可取为 100mm。若加固后的构件截面高度 $h\geqslant500$mm，尚应在截面两侧加设纵向构造钢筋。

当采用两对边增设钢筋混凝土外加层加固带壁柱墙或窗间墙时，应沿砌体高度每隔 250mm 交替设置不等肢 U 形箍和等肢 U 形箍。不等肢 U 形箍在穿过墙上预钻孔后，应弯折成封闭式箍筋，并在封口处焊牢。U 形筋直径为 6mm；预钻孔的直径可取 U 形筋直径的 2 倍；穿筋时应采用植筋专用的结构胶将孔洞填实。对带壁柱墙，尚应在其拐角部位增设纵向构造钢筋与 U 形箍筋焊牢。具体做法如图 5-33～图 5-35 所示。图 5-33a、图 5-33b 是单面外加混凝土，图 5-33c 为每隔 5 皮砖左右凿掉一块顺砖，使钢筋可封闭。图 5-34 为墙壁柱外加贴钢筋混凝土加固。

当采用围套式的钢筋混凝土外加面层加固砌体柱（见图 5-35c）时，应采用封闭式箍筋；箍筋直径不应小于 6mm。箍筋的间距不应大于 150mm。柱的两端各 500mm 范围内，箍筋应加密，其间距可取为 100mm。

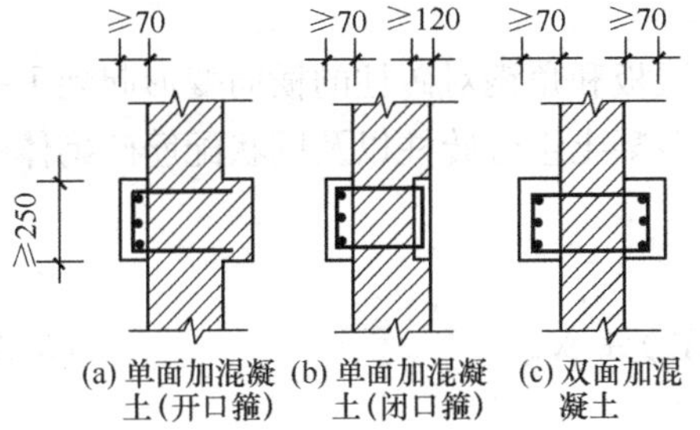

图 5-33　墙体外贴混凝土加固图

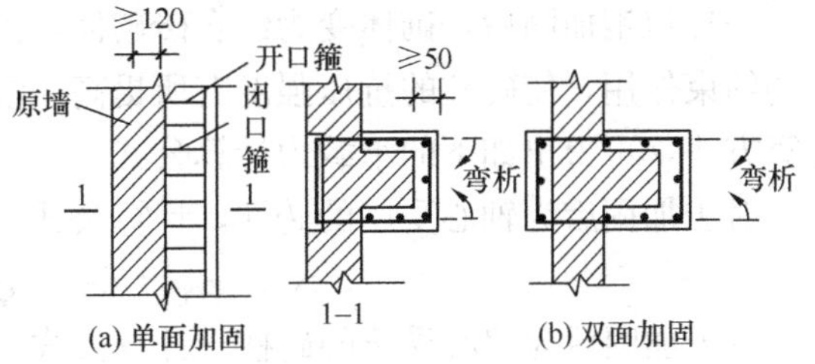

图 5-34　用钢筋混凝土加固砖壁柱

为了使混凝土与砖柱更好地结合，每隔 300mm（约 5 皮砖）打去一块砖，使后浇混凝土嵌入砖砌体内。外包层较薄时也可用砂浆。四面外包层内应设置封闭钢筋，间距不宜超过 150mm。混凝土常用 C15 或 C20。若采用加筋砂浆层，则砂浆的强度等级不宜低于 M7.5。若砌体为单向偏心受压构件时，可仅在受拉一侧加上钢筋混凝土。当砌体受力接近中心受压或双向均可能偏心受压时，可在两面或四面贴上钢筋混凝土。

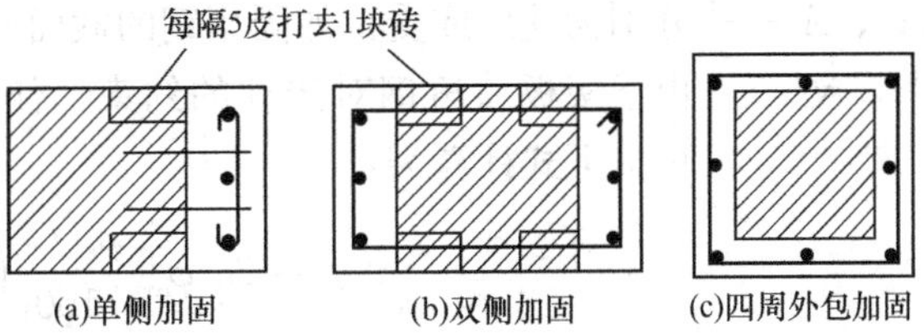

图 5-35　外包混凝土加固砖柱

2. 加固墙体的承载力计算

经混凝土加固后的砌体已成为组合砌体，可按砌体结构设计规范中的组合砌体计算。但应考虑新浇混凝土与原砌体所受应力起点不同，即混凝土存在着应力滞后，因此在计算加固后组合砌体的承载力时，应考虑混凝土部分的强度折减。另外，对于原砌体结构，一般可不折减，但若已经出现破损其承载力会有所下降，也可视破损程度不同而乘一个（0.7～0.9）的降低系数。根据加固方法不同，可分为以下几种情况：①轴心受压组合砌体；②偏心受压组合砌体；③四周外包混凝土加固砖柱。

四周外包混凝土加固砖柱的效果较好，对于轴心受压砖柱及小偏心受压砖柱，其承载力的提高效果尤为显著。由于封闭箍筋的作用，使砖柱的侧向变形受到约束，受力类似于网状配筋砖砌体。

5.7.3 外包钢加固

外包钢加固具有快捷、高强的优点。用外包钢加固施工快，且不要养护期，可立即发挥作用。外包钢加固可在基本上不增大砌体尺寸的条件下，较多地提高结构的承载力。用外包钢加固砌体，还可大幅度地提高其延性，在本质上改变砌体结构的脆性破坏的特性。

1. 外包钢加固方法

外包钢常用来加固砖柱和窗间墙。具体做法是首先用水泥砂浆把角钢粘贴于被加固砌体的四角，并用卡具临时夹紧固定，然后焊上缀板而形成整体。随后去掉卡具，外面粉刷水泥砂浆，这样既可平整表面，又可防止角钢生锈，对于宽度较大的窗间墙，如墙的高宽比大于 2.5 时，宜在中间增加一缀条，并用穿墙螺栓拉结。角钢不宜小于 L50×5，缀板（条）可用 35mm×5mm 或 60mm×12mm 的钢板。注意，加固角钢下端应可靠地锚入基础，上端应有良好的锚固措施，以保证角钢有效地发挥作用。

2. 外包钢加固后承载力的计算

经外包钢加固后，砌体变为组合砖砌体，由于缀板和角钢对砖柱的横向变形起到了一定的约束作用，使砖柱的抗压强度有所提高。参考混凝土组合砖柱以及网状配筋砖砌体的计算方法，可得出如下的承载力计算公式。

对于加固后为轴心受压的砖柱，计算公式为：

$$N \leqslant \varphi_{\mathrm{CON}}(fA + \alpha f'_{\mathrm{a}}A'_{\mathrm{a}}) + N_{\mathrm{av}} \tag{5-3}$$

对于加固后为偏心受压的砖柱，计算公式为：

$$N \leqslant fA' + \alpha f'_{\mathrm{a}}A'_{\mathrm{a}} - \sigma_{\mathrm{a}}A_{\mathrm{a}} + N_{\mathrm{av}} \tag{5-4}$$

式中 f'_{a}——加固型钢的抗压强度设计值；

A'_{a}、A_{a}——分别为受压或受拉加固型钢的截面面积；

N_{av}——由于缀板和角钢对砖柱的约束，使砖砌体强度提高而增大的砖柱承载力，可按下式计算为：

$$N_{\mathrm{av}} = 2\alpha_1\varphi_{\mathrm{con}}\frac{\rho_{\mathrm{av}}f_{\mathrm{av}}}{100}\left(1-\frac{2e}{y}\right)A \tag{5-5}$$

ρ_{av}——体积配箍率，当取单肢缀板的截面面积为 A_{av1}，间距为 s 时：

$$\rho_{\mathrm{av}} = \frac{2A_{\mathrm{av1}}(a+b)}{abs} \tag{5-6}$$

式中 f_{av}——缀板的抗拉强度设计值；

σ_{a}——受拉肢型钢 A_{s} 的应力。

5.7.4 钢筋网水泥砂浆层加固

钢筋水泥砂浆加固墙体是在墙体表面去掉粉刷层后，附设由 $\phi4$～$\phi8$ 组成的钢筋网片，然后喷射砂浆（或细石混凝土）或分层抹上密实的砂浆层。这样使墙体形成组合墙体，俗称夹板墙。夹板墙可大大提高砌体的承载力及延性。钢筋网水泥砂浆加固的具体做法可参看图 5-36。

钢筋网水泥砂浆面层厚度宜为 30～45mm，若面层厚度大于 45mm，则宜采用细石混凝土。面层砂浆的强度等级一般可用 M7.5～M15，面层混凝土的强度等级宜用 C15 或

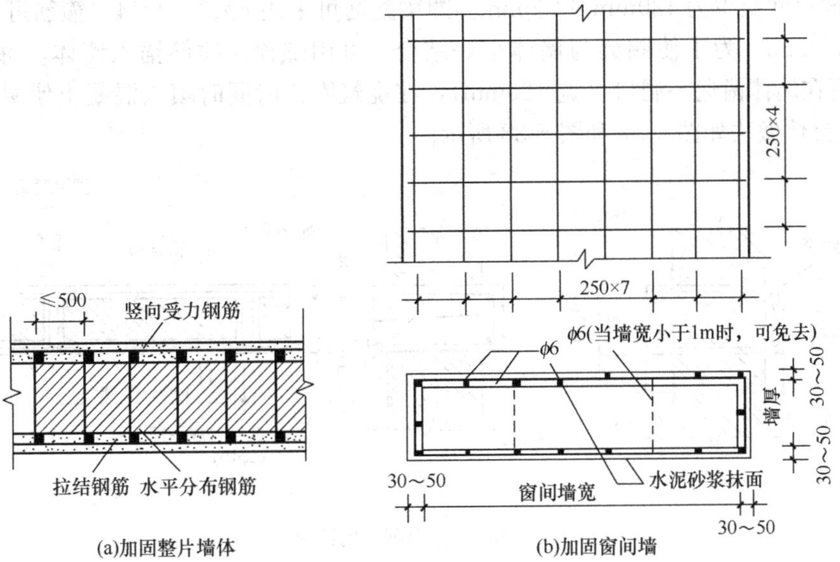

图 5-36 钢筋网砂浆加固砌体

C20。面层钢筋网需用 $\phi4 \sim \phi6$ 的穿墙拉筋与墙体固定，间距不宜大于 500mm。受力钢筋的保护层厚度不宜小于表 5-7 中的值。

保护层厚度（mm） **表 5-7**

构件类别	环境条件	
	室内正常条件	露天或室内潮湿环境
墙	15	25
柱	25	35

受力钢筋宜用 HPB300 钢筋，对于混凝土面层也可采用 HRB335 钢筋。受压钢筋的配筋率，对砂浆面层不宜小于 0.1%；对于混凝土面层，不宜小于 0.2%。受力钢筋直径可用大于 $\phi8$ 的钢筋，横向筋按构造设置，间距不宜大于 20 倍受压主筋的直径及 500mm，但也不宜过密，应大于等于 120mm。横向钢筋遇到门窗洞口，宜将其弯折 90°（直钩）并锚入墙体内。

喷抹水泥砂浆面层前，应先清理墙面并加以湿润，水泥砂浆应分层抹，每层厚度不宜大于 15mm，以便压实。原墙面如有损坏或酥松、碱化部位，应拆除后修补好。

钢筋网砂浆面层适宜于加固大面积墙面。但不宜用于下列情况：①孔径大于 15mm 的空心砖墙及 240mm 厚的空斗砖墙；②砌筑砂浆强度等级小于 M0.4 的墙体（当实际工程中出现该类情形）；③墙体严重酥松或油污、碱化层不易清除，难以保证面层的粘结质量。钢筋网面层加固后的砌体也是组合砌体，可按组合砌体计算方法进行承载力计算。

5.7.5 增加圈梁、拉杆

1. 增设圈梁

若墙体开裂比较严重，为了增加房屋的整体刚性，则可以在房屋墙体一侧或两侧增设钢筋混凝土圈梁，也可采用型钢圈梁。钢筋混凝土圈梁的混凝土强度等级一般为 C15～

C20，截面尺寸至少为120mm×180mm。圈梁配筋可采用4ϕ10～4ϕ14，箍筋可用ϕ5～ϕ6@200～250mm。为了使圈梁与墙体很好结合，可用螺栓、插筋锚入墙体，每隔1.5～2.5mm可在墙体凿通一洞口（宽120mm），在浇筑圈梁时同时填入混凝土使圈梁咬合于墙体上，具体做法如图5-37和图5-38所示。

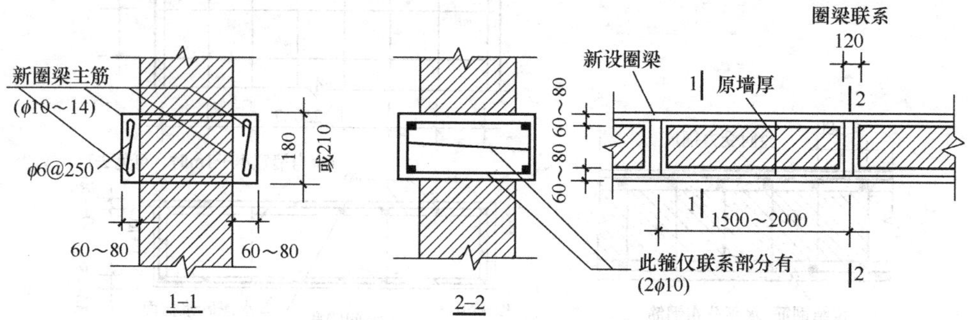

图5-37 加固砌体的圈梁

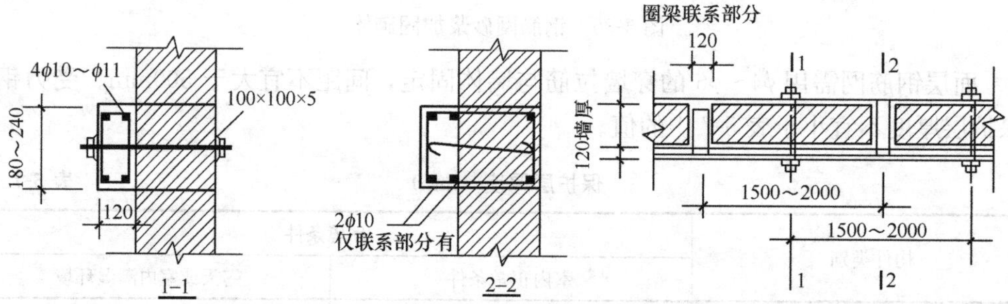

图5-38 加固砌体的圈梁

2. 增设拉杆

墙体因受水平推力、基础不均匀沉降或温度变化引起的伸缩等原因而产生外闪，或者因内外墙咬槎不良而裂开，可以增设拉杆，如图5-39a～图5-39e所示。拉杆可用圆钢或型钢。

如采用钢筋拉杆，宜通长拉结，并可沿墙的两边设置。对较长的拉杆，中间应设花篮螺丝，以便拧紧拉杆。拉杆接长时可用焊接。露在墙外的拉杆或垫板螺帽，应作防锈处理，为了美观也可适当做些建筑处理。增设拉杆的同时也可同时增设圈梁，以增强加固效果，并且可将拉杆的外部锚头埋入圈梁中。加固砖墙的拉杆直径可按表5-8选用。选定了拉杆直径后，可按表5-9选用垫板尺寸。

加固拉杆的直径选用表 **表5-8**

拉杆间距	房屋进深		
	5～7m	8～10m	11～14m
4～5m（一个开间）	2，16	2，18	2，20
10～12m（三个开间）	2，22	2，25	2，28

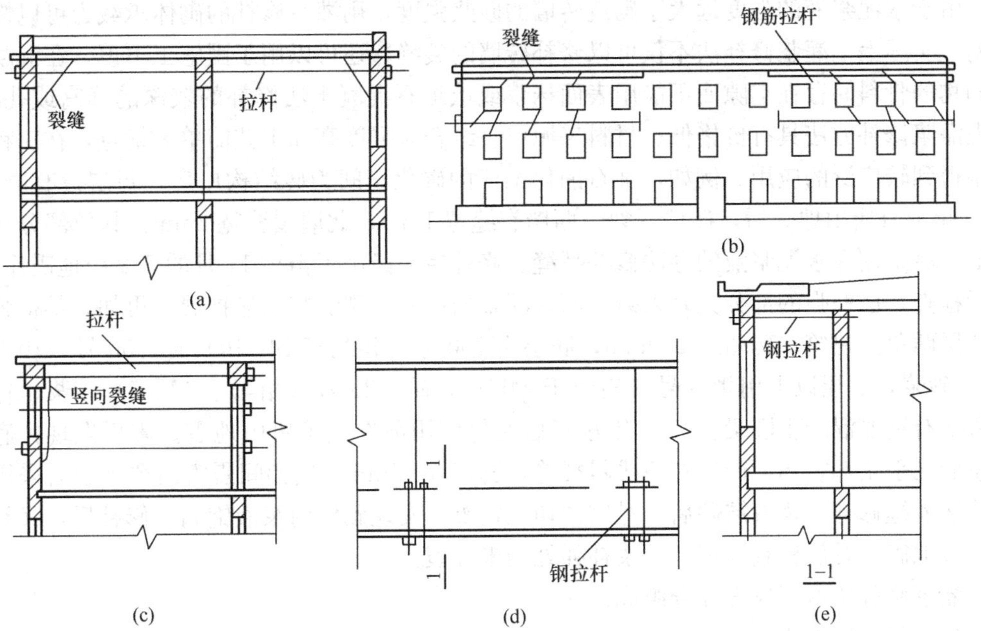

图 5-39 增设拉杆加固

垫板尺寸选用表（mm） **表 5-9**

直径	Φ16	Φ18	Φ20	Φ22	Φ25	Φ28
角钢垫板	L90×90×8	L100×100×10	L125×125×10	L125×125×10	L140×140×10	L160×160×14
槽钢垫板	[100×48	[100×48	[120×53	[140×58	[160×58	[160×58
方形垫板	80×80×8	90×90×9	100×100×10	110×110×11	130×130×13	140×140×14

5.7.6 砖砌体裂缝修补

当发现砖砌体上有裂缝时，有的应及时做出承载力或稳定性加固的措施。但有时也不一定要做加固处理，只需进行裂缝修补。

在修补砖墙裂缝前，应先搞清开裂的原因，观察裂缝是否稳定。观察的常用方法是在裂缝上涂一层石膏或石灰，经一段时间后，若石膏或石灰不开裂，说明裂缝已经稳定。对于荷载裂缝之外且已经稳定的裂缝可以选用本节所述的方法修补。

1. 填缝修补

填缝修补的方法有水泥砂浆填缝和配筋水泥砂浆填缝两种。

（1）水泥砂浆填缝的修补工序为：先将裂缝处理干净，用勾缝刀、抹子、刮刀等工具将 1∶3 的水泥砂浆（或比砌筑砂浆强度高一级的水泥砂浆，再或掺有 107 胶的聚合水泥砂浆）填入砖缝内。

（2）配筋水泥砂浆填缝的修补方法，是每隔 4～5 皮砖在砖缝中先嵌入细钢筋，然后再按水泥砂浆填缝的修补工序进行。

砖砌体填缝修补的方法，通常用于墙体外观维修和裂缝较浅的场合。

2. 灌浆修补

灌浆修补是一种用压力设备把水泥浆液压入墙体的裂缝内，使裂缝粘合起来的修补方法。由于水泥浆液的强度远大于砌筑砖墙的砂浆强度，用灌浆修补的砌体承载力可以恢复如初。实际上，灌浆修补法不仅可以修补砖墙的裂缝，还可以用于因施工不慎，在混凝土结构物的骨料间存在空隙而不能用表面抹浆或填细石混凝土法修补的较深的蜂窝或孔洞。水泥灌浆修补方法具有价格低、材料来源广、结合体强度高和工艺简单等优点，在工程实际中得到较广泛的应用。例如，某石油化工厂的碳化车间为砖结构厂房，每层设有圈梁。1976 年 7 月唐山地震后，砖墙开裂，西墙裂缝宽 1mm，北墙裂缝宽 2mm，其他部分有微裂缝。后采用灌水泥浆液的办法修补裂缝。修补后，经历了当年 11 月的 6.9 级地震作用，震后检查，已补强的部分完好未裂，而未灌浆的墙面微裂缝却明显扩展。再如，某宿舍楼为 4 层两单元建筑，砖墙厚 240mm，底层用 100 号（相当于 MU10）砖，50 号（相当于 M5）砂浆，二层以上用 100 号（相当于 MU10）砖、25 号（相当于 M2.5）砂浆。每一层板下有钢筋混凝土圈梁。1976 年竣工后交付使用前发生了唐山地震。震后发现，底层承重墙几乎全部震坏，产生对角线斜裂缝，缝宽 3～4mm，楼梯间震害最严重。后采用水泥浆液灌缝修补。浆液结硬后，对砌体切孔检查，发现砌体内浆液饱满。修补后，又经受了 7 级地震。震后检查发现，灌浆补强处均未开裂。

灌浆修补法由下述三部分组成：

（1）浆液的组成

浆液分为纯水泥浆液和混合水泥浆液两种。纯水泥浆液由水泥放入清水中搅拌而成，水胶比宜取为 0.7～1.0。纯水泥浆液容易沉淀，易造成施工机具堵塞，故常在纯水泥浆液中掺入适量的悬浮剂，以阻止水泥沉淀。人们常将掺加悬浮剂的水泥浆液称为混合浆液。悬浮剂一般采用聚乙烯醇（或水玻璃，再或 107 胶）。掺加悬浮剂后，水泥浆液的强度略有提高。

当采用聚乙烯醇作悬浮剂时，应先将聚乙烯醇溶解于水中形成水溶液，然后边搅拌边掺加水泥即可。聚乙烯醇与水的配合比（按质量计）为聚乙烯醇：水＝2：98。配制时，先将聚乙烯醇放入 98℃的热水中，然后在水浴中加热到 100℃，直至聚乙烯醇在水中溶解，最后按（质量比）水泥：水溶液＝1：0.7 的比例配制成混合浆液。当采用水玻璃作悬浮剂时，只要将 2%（按水质量计）的水玻璃溶液倒入刚搅拌好的纯水泥浆中搅拌均匀即可。

（2）灌浆设备

灌浆设备有空气压缩机、压浆罐、输浆管道及灌浆嘴。压浆罐可以自制，罐顶应有带阀门的进浆口、进气口和压力表等装置，罐底应有带阀门的出浆口。空气压缩机的容量应大于 $0.15m^3$。

（3）灌浆工艺

灌浆法修补裂缝可按下述工艺进行：

1）清理裂缝，使其成为一条通缝。

2）确定灌浆位置，布嘴间距宜为 500mm，在裂缝交叉点和裂缝端部应设灌浆嘴。厚度大于 360mm 的墙体，两面都应设灌浆嘴。在墙体布设的设灌浆嘴处，应钻出孔径稍大于灌浆嘴外径的孔，孔深 30～40mm，孔内应冲洗干净，并先用纯水泥浆涂刷，然后用 1：2水泥砂浆固定灌浆嘴。

3）用 1：2 的水泥砂浆嵌缝，以形成一个可以灌浆的空间。嵌缝时应注意将混水砖墙裂缝附近的原砂浆剔除冲洗，用新砂浆嵌缝。

4）待封闭层砂浆达到一定强度后，先向每个灌浆嘴中灌入适量的水，然后进行灌浆。灌浆顺序自上而下，当附近灌浆嘴溢出或进浆嘴不进浆时可停止灌浆。灌浆压力控制在0.2MPa左右，但不宜超过0.25MPa。发现墙体局部冒浆时，应停灌约15min或用水泥临时堵塞，然后再进行灌浆。当向靠近基础或楼板（多孔板）处灌入大量浆液仍未饱灌时，应增大浆液浓度或停止灌浆1～2h后再灌。

5）拆除或切断灌浆嘴，抹平孔眼，冲洗设备。

3. 局部更换和加强墙体

当砖墙裂缝较宽但数量不多时，可以采用局部更换墙体的办法，即将裂缝两侧的砖拆除，然后用M7.5或M5砂浆补砌（见图5-40）。当裂缝细而密时，可以采用局部钢筋网外抹水泥砂浆加固。

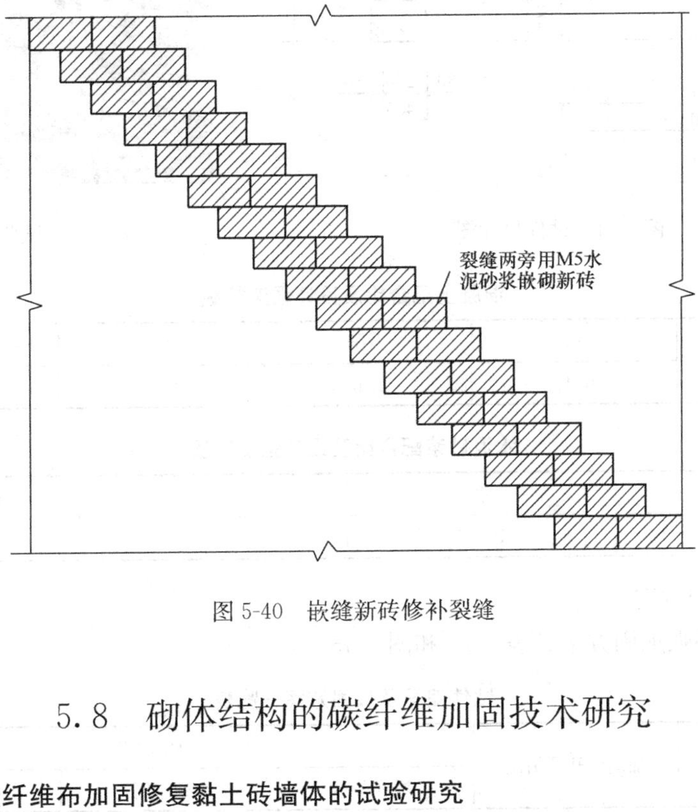

图5-40　嵌缝新砖修补裂缝

5.8　砌体结构的碳纤维加固技术研究

5.8.1　碳纤维布加固修复黏土砖墙体的试验研究

1. 试件的制作

为了研究碳纤维布加固修复黏土砖砌体（包括开裂前加固及开裂后修复）在轴向力和水平反复荷载作用下的抗剪承载力和变形性能的变化规律，为理论分析和工程应用奠定基础，本试验共设计了6片试件，拟通过与未加固墙体的比较，研究碳纤维布对砖墙破坏形态的影响，包括裂缝的形态、分布、位置、数目、宽度等各方面因素；通过与未加固墙体的比较，研究碳纤维布对砖墙的开裂荷载、抗剪承载力、刚度和变形性能的影响。

试件的高宽比为1∶1.4，墙体厚240mm、宽1400mm、高1000mm；墙体上、下均设有钢筋混凝土横梁与之相连。试件制作时，墙体采用MU10机制砖、M10水泥砂浆，上下横梁为C30级混凝土。试验时竖向压应力$\sigma_0=1.2$MPa，试件尺寸如图5-41所示，试验加载如图5-42所示。试件所需混凝土和水泥砂浆的配合比如表5-10和表5-11所示。

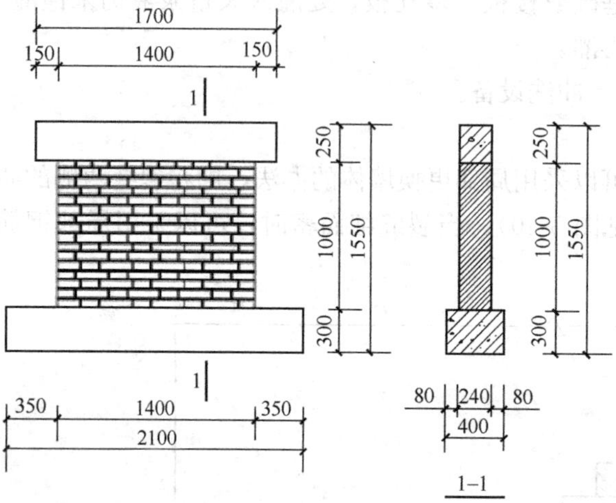

图5-41 试件尺寸图

图5-42 试验全景图

混凝土配合比及设计强度等级 **表5-10**

水泥	水	石子	砂	混凝土设计强度等级
1	0.48	3.43	1.63	C30

水泥砂浆配合比及设计强度等级 **表5-11**

水泥	水	砂	砂浆强度等级
1	10.42	8.66	M10

2. 试件加固方案

(1) 试件补强加固方案见表5-12和图5-43。

试件编号及加固方案一览表 **表5-12**

试件编号	加固前开裂情况	加固方案		
		贴布形式	纤维布用量	锚固情况
Wall-B1	—	—	—	—
Wall-B2	—	X	双面，300mm宽	未锚固
Wall-B3	—	X	双面，300mm宽	仅下端锚固
Wall-B4	—	∧	双面，300mm宽	上下端均锚固
Wall-B5	—	X	双面，200mm宽	上下端均锚固
Wall-B6	已开裂	X	双面，300mm宽	上下端均锚固

(2) 碳纤维布性能指标分别见表5-13，粘接剂性能指标见表5-14。

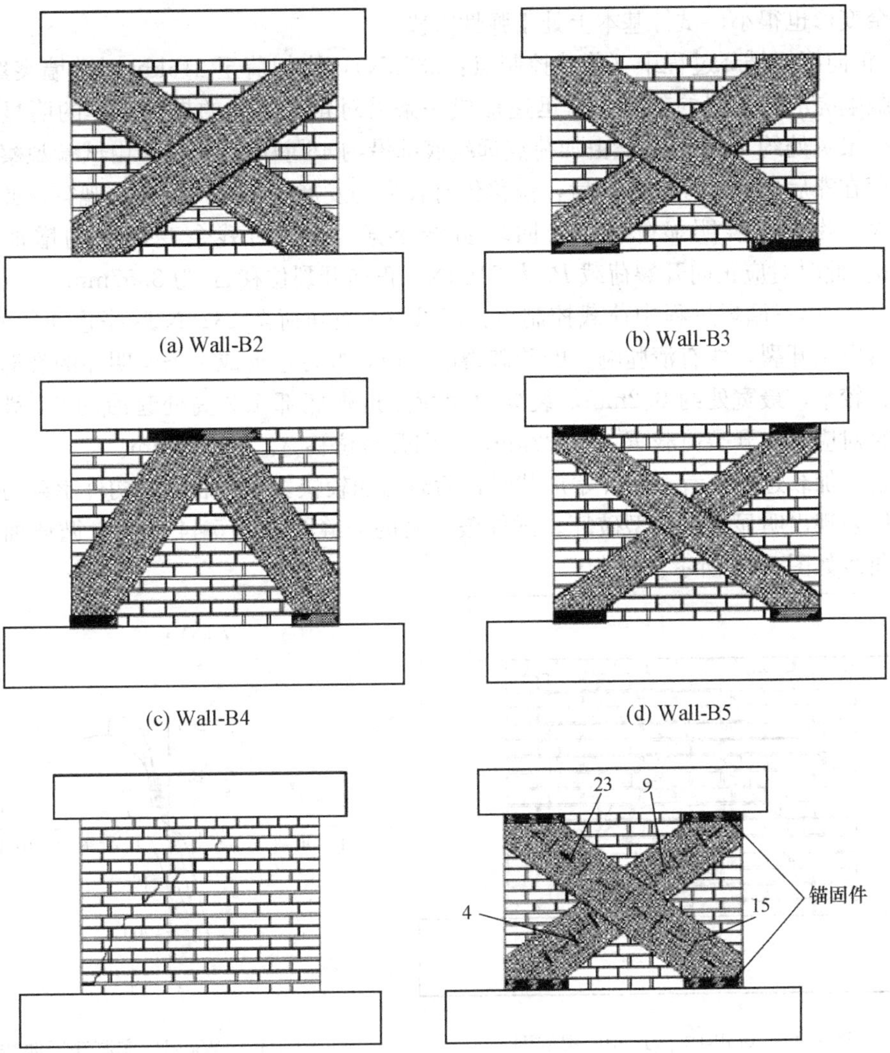

(a) Wall-B2　(b) Wall-B3

(c) Wall-B4　(d) Wall-B5

(e) Wall-B6加固前的裂缝图　(f) Wall-B6加固方案示意图

图 5-43　试件加固方案

6K 碳纤维布的性能指标　　**表 5-13**

单丝直径 (μm)	纤维束密度 (束/100mm)	计算厚度 (mm)	抗拉强度 (MPa)	弹性模量 (MPa)	断裂伸长 (%)	密度 (g/cm^3)
6.5	52	0.1035	2100	2.8×10^5	1.4～1.5	1.76

注："K"代表碳纤维布的规格，1K代表碳纤维布中一束纤维丝里包含1000根丝。

碳纤维布用粘接剂的性能指标　　**表 5-14**

抗压强度（MPa）	抗拉强度（MPa）	剪切强度（MPa）	弹性模量（MPa）
50～60	15～18	对混凝土：20（混凝土破坏）	(5～6) $\times10^3$

3. 试验现象及试验全过程

(1) 试件 Wall-B1（未加固）

1) 在前两个循环（荷载控制点：100kN、168kN）过程中，P-Δ 曲线线性很好，卸荷时残余变形也很小，试件基本上处于弹性阶段。

2）正向第三循环过程中（荷载控制点：232kN），当加荷至216kN时砖墙突然开裂，伴有清脆响亮的砖破裂的响声，并迅速形成一条沿对角线方向的贯穿墙体的明显的主裂缝。裂缝最宽处约1mm，裂缝由加荷点远端底部沿约45°斜向上发展。由试验观察，裂缝的开展存在滞后现象，停止加荷后，位移仍有较大的发展，从滞回曲线上观察，此时位移增加较大，构件刚度明显降低，滞回环明显变宽。卸荷时残余变形急剧增加，达到2.14mm。此时对应正向开裂荷载P_{cr}为216kN，正向开裂位移Δ_{cr}为3.57mm。

3）反向第三循环过程中荷载控制点：232kN，当加荷至232kN后停止加荷的同时，砖墙突然发生开裂，伴有清脆响亮的砖破裂的响声，并迅速形成一条 明显的裂缝。此裂缝较短、较窄，最宽处约0.2mm，裂缝由加荷点近端底部1/3高处起沿约65°斜向上发展。此时对应反向开裂荷载P'_{cr}为232kN，反向开裂位移Δ'_{cr}为2.57mm。

从整个加载过程来看，在开始加载时，荷载增加较快。当开裂后，构件承载力丧失较快，试件表现出明显的剪切型破坏。试件破坏时的裂缝图如图5-44所示，循环加载的实测滞回曲线如图5-45所示：

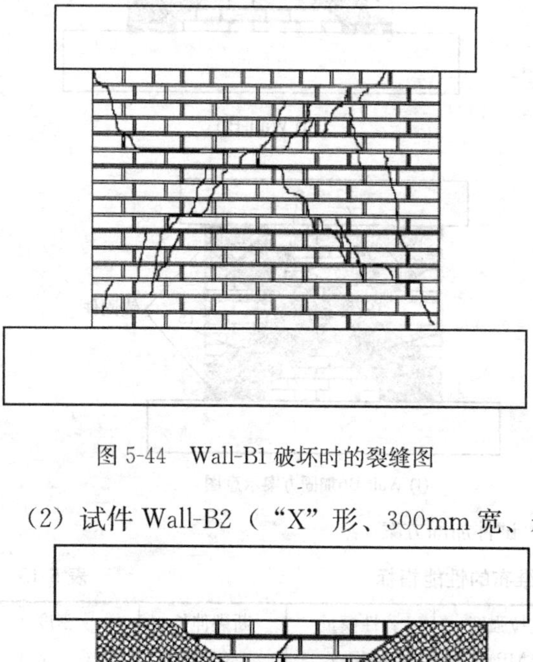

图5-44 Wall-B1破坏时的裂缝图

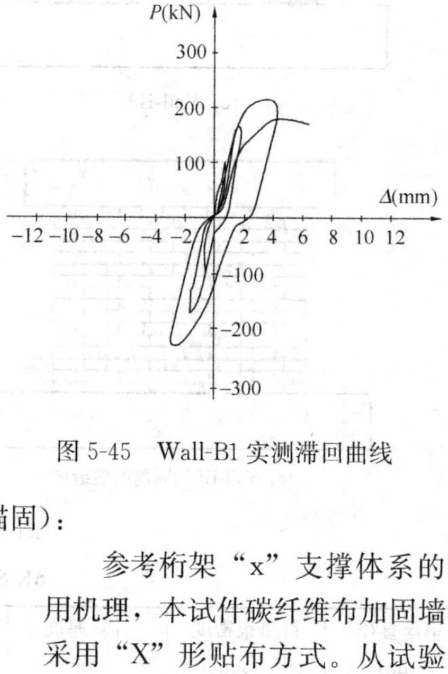

图5-45 Wall-B1实测滞回曲线

（2）试件Wall-B2（“X”形、300mm宽、未锚固）：

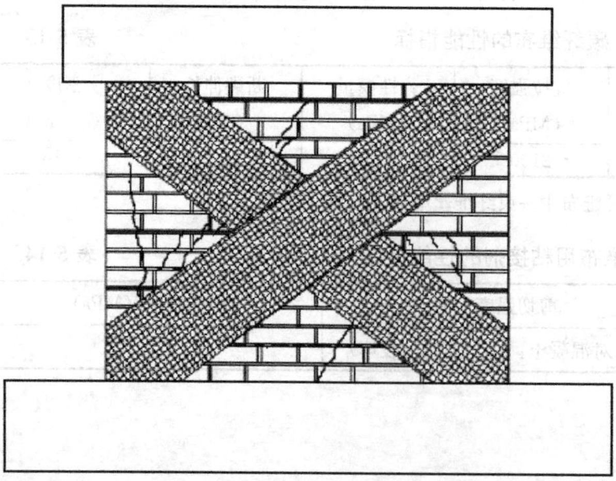

图5-46 Wall-B2破坏时的裂缝分布

参考桁架“x”支撑体系的作用机理，本试件碳纤维布加固墙体采用“X”形贴布方式。从试验中发现：

1）与未加固对比墙相比，碳纤维布加固墙体的开裂荷载、开裂位移都有显著增加，如图5-46和图5-47所示。这说明加固墙体抗剪承载力、变形能力、抗裂性能均有明显提高，加固效果显著；

2）与未加固对比墙相比，碳纤维布加固墙体的表面裂缝宽度明显较窄，数量较少，并且卸荷后部分裂缝闭合。裂缝易在邻近贴布处的未贴布区域出现，而且在裂缝所通过的贴布处附近（如图 5-46 所示），碳纤维布出现空鼓；

3）试验证明本试验所采用的粘贴碳纤维布施工方法是有效的。经过掺胶处理的水泥砂浆界面与砖粘结非常牢固，碳纤维布粘连着碎砖共同脱落，如图 5-48 所示。粘接碳纤维布与水泥砂浆界面的粘接剂效果也良好，未发生大面积的碳纤维布与水泥砂浆界面之间的剪切破坏。只是裂缝通过处附近，由于剪应力较大，部分砖表皮被碳纤维布粘下来，而导致碳纤维布出现空鼓。

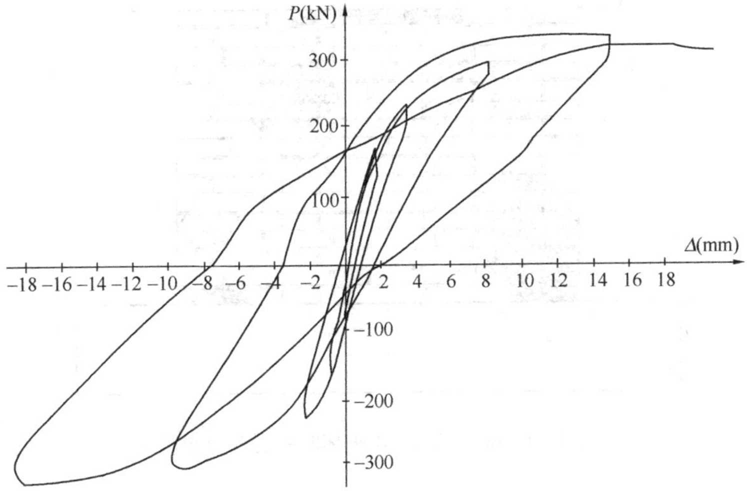

图 5-47 Wall-B2 的实测滞回曲线

图 5-48 碳纤维布脱离墙体现象

(3) 试件 Wall-B4（“A”形、300mm 宽、上下端锚固）

为了与“X”形贴布方式做比较，试件 Wall-B4 采用“A”形贴布方式，考虑到 Wall-

B3 碳纤维布脱离墙体，试件 Wall-B4 碳纤维布上下端均采取了膨胀螺栓固定钢板的锚固措施。从试验中发现：

1）与未加固对比墙相比，墙体 Wall-B4 的开裂荷载、开裂位移都有显著增加，这说明加固墙体的抗剪承载力、变形能力、抗裂性能均有明显提高，如图 5-49 和图 5-50 所示，加固效果显著；

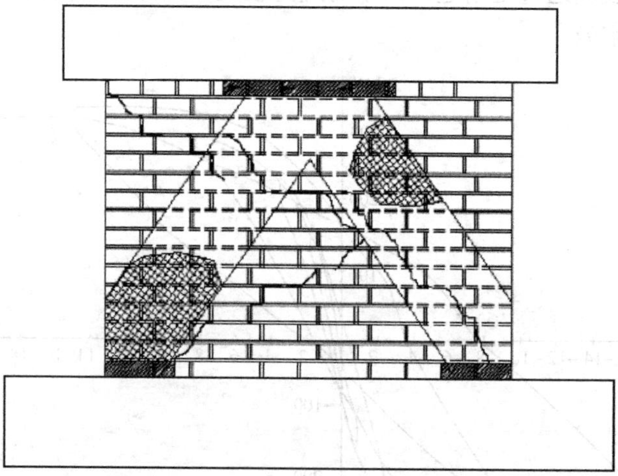

图 5-49　试件 Wall-B4 破坏时的裂缝分布图

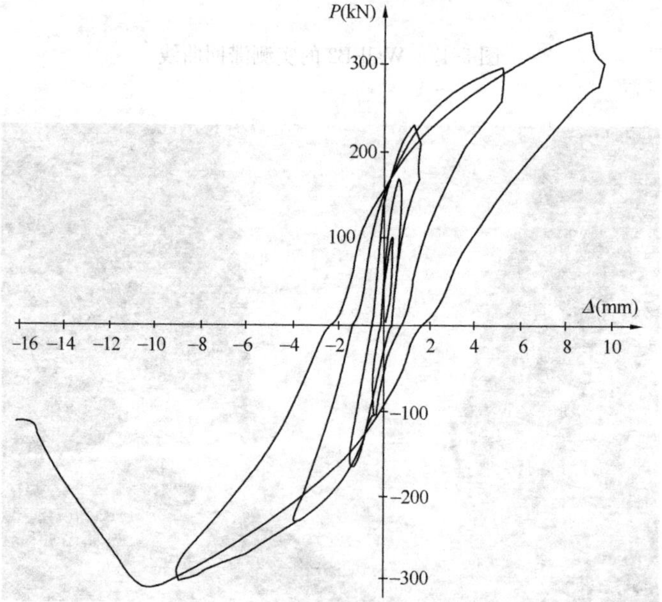

图 5-50　试件 Wall-B4 的实测滞回曲线

2）撕开碳纤维布后发现：裂缝通过处附近，水泥砂浆界面与砖表面脱开，并有局部碎砖粘在布上。无裂缝通过处，碳纤维布、水泥砂浆界面以及砖墙各面之间粘接完好。本试件未发生粘接树脂与碳纤维布脱胶现象；

3）碳纤维布加固试件的裂缝现象观察发现：不在碳纤维布下的裂缝宽度明显较窄，数量较少，一条主裂缝周围很少有次生裂缝，并且卸荷后部分裂缝闭合。而在碳纤维布下的裂缝宽度很宽，数量较多，有许多相邻很近的短裂缝，以至裂缝之间的砖严重破碎并脱落。

（4）试件 Wall-B6（开裂后修复加固，“X”形，300mm 宽，上下端锚固）

为研究碳纤维布修复开裂砖墙的受力和变形特性，研究碳纤维布对开裂砖墙的修复加固效果，分析碳纤维布对开裂砖墙的修复加固机理；也为研究墙体的初始裂缝对碳纤维布补强加固效果的影响，本试件先进行开裂处理再进行贴布加固与低周反复荷载试验。

1）将试件 Wall-B6 进行开裂处理。首先对墙体施加正向荷载，当加荷至开裂荷载（212kN）时砖墙突然开裂（对应的开裂位移为 2.0mm，并迅速形成一条斜向裂缝，裂缝分布如图 5-51 所示，裂缝最宽处约 0.25mm。至此开始卸荷，卸荷后部分裂缝闭合，裂缝最宽处约 0.1mm。

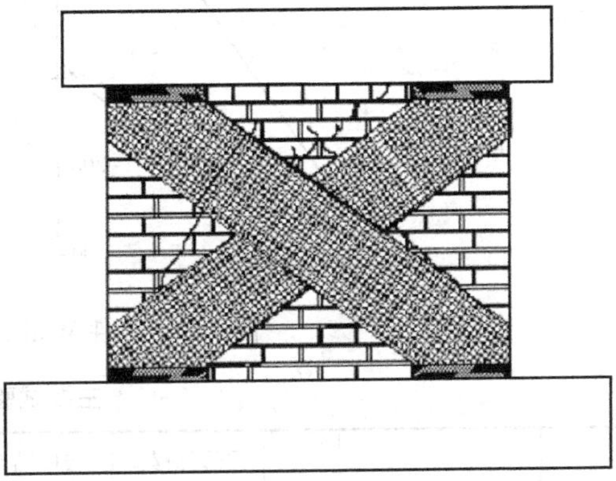
图 5-51　试件 Wall-B6 破坏时的裂缝分布图

2）对试件 Wall-B6 进行加固处理。试件加固时无须对开裂墙体裂缝进行特殊处理，具体加固步骤同上一节所述。

3）在正向加荷初期，荷载小于 100kN 以前，试件基本上处于弹性阶段。随着水平荷载的增加，P-Δ 曲线发生明显的弯曲，试件进入弹塑性阶段，原有裂缝不断发展，碳纤维布应变值持续增大，尤其裂缝附近碳纤维布应变值明显增大，此时墙体未粘贴碳纤维布的区域未观察到新裂缝产生。

4）当加荷至极限荷载（276kN）时，墙体中下部突然又产生一条新的斜裂缝。墙体开裂时，对应位移为 8.0mm。此时碳纤维布应变值急剧增大，原有裂缝进一步扩展，宽度增大到约 4mm。

5）在反向加荷初期，试件基本上处于弹性阶段。随着水平荷载的增加，P-Δ 曲线发生明显的弯曲，试件进入弹塑性阶段，此时墙体未粘贴碳纤维布的区域仍未观察到细微裂缝产生。

6）当反向加荷至开裂荷载 368kN 时砖墙突然开裂，并迅速形成一条主裂缝，但裂缝较细，主裂缝周围很少次生裂缝，卸荷后部分裂缝闭合。裂缝紧临贴布区的外侧出现，由底部斜向向上发展，裂缝所通过的贴布处附近，碳纤维布发生空鼓。墙体开裂时，碳纤维布应变值急剧增大。

7）此后以开裂荷载所对应的位移（8.0mm）为控制位移进行加荷，最终由于碳纤维布下砖砌体被破碎而导致碳纤维布与墙体脱离，试验停止。试件破坏时的裂缝图如图 5-51 所示，循环加载的滞回曲线如图 5-52 所示，图中虚线所示为试件 Wall-B6 在加固前进行开裂处理时的实测曲线。

表 5-15 列出了本试验的主要试验结果。

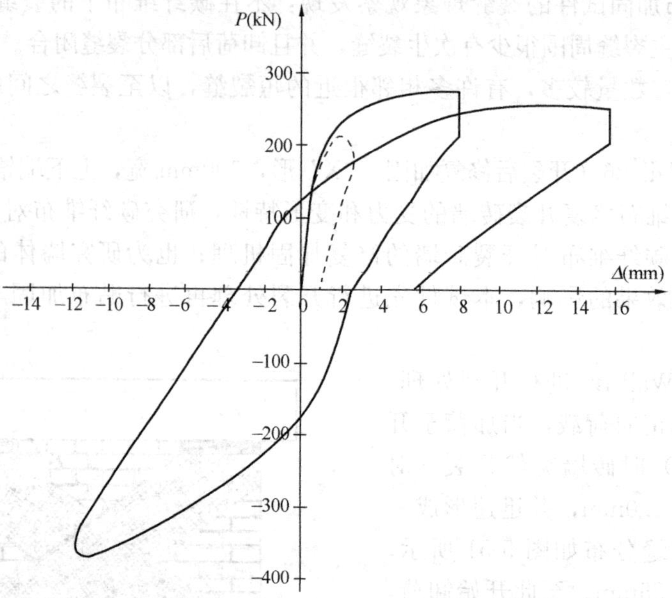

图 5-52　试件 Wall-B6 的实测滞回曲线

主要试验结果　　表 5-15

试件编号	f_1 (MPa)	f_2 (MPa)	加载方向	开裂荷载 P_{cr} (kN)		极限荷载 P_u (kN)		开裂位移 (mm)		极限位移 (mm)		位移延性比	碳纤维布最大拉应变值	
				试验值	提高程度 (%)	试验值	提高程度 (%)	试验值	提高程度 (%)	试验值	提高程度 (%)		长向性	短向性
Wall-B1	11.64	16.89	正向	216	—	216	—	3.57	—	6.62	—	1.85	—	—
			反向	232	—	232	—	2.57	—	4.47	—	1.74		
			平均	224	—	224	—	3.07	—	5.54	—	1.81		
Wall-B2	11.64	16.89	正向	336	55.6	336	55.6	15.0	320.2	15.0	126.6	1.0	3156	481
			反向	328	41.4	328	41.4	18.1	605.8	18.1	305.8	1.0		
			平均	332	48.5	332	48.5	16.6	440.7	16.6	193.6	1.0		
Wall-B4	11.64	16.89	正向	340	57.4	340	57.4	9.2	157.7	9.2	39.0	1.0	2414	595
			反向	312	34.5	312	34.5	10.4	304.7	10.4	132.7	1.0		
			平均	326	45.5	326	45.5	9.8	219.2	9.8	76.9	1.0		
Wall-B5	11.64	16.89	正向	300	38.9	300	38.9	7.0	96.01	14.2	114.5	2.03	3461	588
			反向	276	19.0	276	19.0	7.4	187.9	12.8	185.4	1.78		
			平均	288	28.6	288	28.6	7.2	134.5	13.5	143.7	1.81		
Wall-B6	11.64	16.89	正向	—	—	276	23.2	8.0	160.6	15.8	185	1.91	4323	1519
			反向	368	64.3	368	64.3	11.4	271.3	—	—	—	3392	545

注：f_1 实测砖块的平均抗压强度；f_2 实测砂浆的平均抗压强度。

由于试件在试验过程中开裂即达到极限荷载，因此试件的开裂荷载即为极限荷载。表 5-15 列出了本次试验的主要试验结果，从中可以看出，粘贴碳纤维布的加固方法可以使试验墙体的抗剪承载力得到相当程度的提高。分析其原因，认为碳纤维布一方面作为桁架模型的腹拉杆，通过改善墙体内的受力状态来提高构件的抗剪承载力；另一方面，通过限制裂缝开展，提高构件的抗裂能力，起到抗剪加固的作用。试验结果说明，碳纤维布可以提高构件的抗裂能力，对砖砌体的抗剪加固效果明显。

5.8.2 碳纤维布加固墙体的有限元分析

1. 基本假定和材料参数

(1) 基本假定

墙体的边界条件和受力情况实际上都很复杂，为对墙体进行有限元力学分析，就必须做一些假定来简化问题。在尽可能模拟实际受力状况的条件下，基本假定如下：

1) 由砂浆和块体材料（黏土砖、混凝土空心砌块）砌成的墙体等效成由均匀材料构成的墙体，采用实体单元；

2) 碳纤维布采用壳单元；

3) 碳纤维布与墙体粘结良好，加固墙开裂前二者之间没有相对滑移；

4) 不考虑墙体与底梁脱离，墙体与下横梁之间采用固定支座连接；

5) 通过上横梁施加的竖向荷载和水平荷载按照均布、总量相等和方向相同的原则等效成结点荷载，作用在墙体最上部的各结点上。应用多个均布的结点荷载来模拟均布面荷载。

(2) 材料参数

1) 砌体的弹性模量

混凝土空心砌块砌体的受压弹性模量可近似按下式计算：

$$E = 0.765\zeta f_{\mathrm{m}} \tag{5-7}$$

$$\zeta = 1164 + 34 f_2 \tag{5-8}$$

$$f_{\mathrm{m}} = k_1 f_1^{\alpha}(1 + 0.07 f_2) k_2 \tag{5-9}$$

式中 E——砌体的弹性模量；

ζ——弹性特征值；

f_{m}——砌体抗压强度平均值（MPa）；

f_1——块体的抗压强度平均值；

f_2——砂浆的抗压强度平均值；

k_1——与块体类别和砌筑方法有关的参数；

α——与块体高度有关的参数；

k_2——砂浆强度较高或较低时对砌体抗压强度的修正系数。

2) 碳纤维布的弹性模量

碳纤维布是弹性材料，取 2.8×10^5MPa。

3) 泊松比

混凝土空心砌块墙体和黏土砖墙体的泊松比均取为 0.2。

4) 材料厚度

对于砖砌体，其厚度取为 240mm。

对于砌块墙体的厚度应当为空心墙体折算成实心墙体后的折算厚度 t'，则：

$$t' = t(1-\eta)$$

式中 t'——把空心墙体折算成实心墙体后，其折算墙体厚度（mm）；

t——空心墙体的厚度，取为 190mm；

η——砌块的空心率，取为47.4%。

则折算成实心墙体后，其折算厚度为：

$$t' = t(1-\eta) = 190 \times (1-0.474) = 100\text{mm}$$

碳纤维布的厚度为粘贴在墙上的所有碳纤维布的计算厚度之和，双面单层的情况取0.2070mm。

(3) 单元破坏准则

1) 拉裂条件

当$\sigma_1 > 0$，$\sigma_2 \geqslant 0$时，开裂条件为：

$$\sigma_1 > \sigma_t$$

式中　σ_t——砌体的抗拉强度。

当$\sigma_1 > 0$，$\sigma_2 < 0$时，根据摩尔强度理论，开裂条件为：

$$\frac{\sigma_1}{\sigma_t} - \frac{\sigma_2}{\sigma_c} \geqslant 1$$

式中　σ_c——砌体的抗压强度。

2) 压碎条件

当$\sigma_1 < 0$，$\sigma_2 < 0$时，压碎条件为：

$$|\sigma_2| \geqslant |\sigma_c|$$

式中　σ_c——砌体的抗压强度。

3) 单元开裂后的处理

试件受拉边底部的砌体单元，当竖向正应力超过其抗拉强度时，认为该单元被拉裂，砌体退出工作，此时该砌体单元的弹性模量变为零。

2. 有限元分析处理过程

(1) 墙体和碳纤维布模型的建立

由于在试验中发现，对于黏土砖墙体一旦开裂就宣告墙体破坏，且试验现象显示墙体在开裂前大致处于弹性状态，因此在有限元分析中仅做弹性分析，也仅分析到墙体开裂状态。由此，墙体单元采用Solid45单元，其网格划分如图5-53所示。碳纤维布采用Shell41单元，其网格划分如图5-54所示。

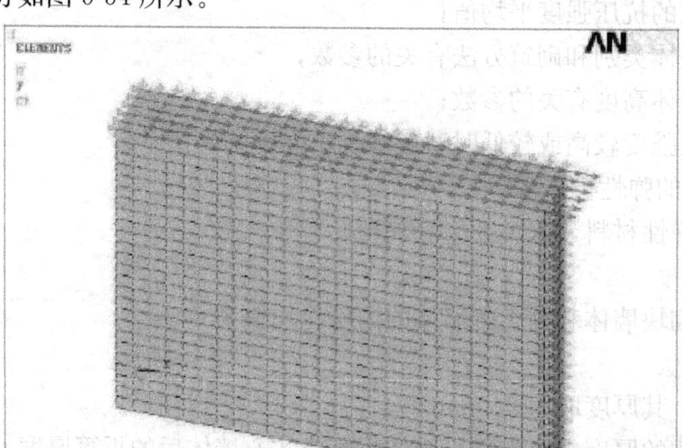

图5-53　墙体的有限元模型

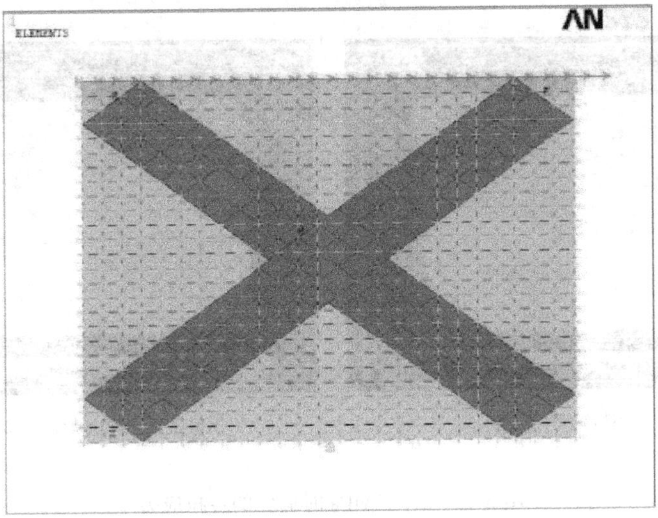

图 5-54　碳纤维布的有限元模型

（2）荷载的施加

在墙体底部增加 X 方向与 Y 方向的位移约束，以模拟实际墙体的约束情况。在墙体顶部增加耦合条件，保证顶面各节点的 X 向与 Y 向位移相同，以模拟水平直剪的受力状态。竖向正应力和水平荷载以均布荷载的形式作用在墙体顶面的各节点，且按照试验加载情况先施加竖向荷载再施加水平荷载。具体加载情况如图 5-53 所示。

（3）未加固墙体有限元分析模拟结果

1）荷载-位移曲线的模拟，如下图 5-55 所示；

2）墙体的主拉应力如图 5-56～图 5-58 所示；

3）墙体的高宽比（h/L）对主拉应力的影响，如图 5-59、图 5-60 所示；

（4）碳纤维布加固墙体的有限元分析结果

1）正应力 σ_0 对应力的影响，如图 5-61～图 5-63 所示；

2）高宽比对应力的影响，如图 5-64、图 5-65 所示。

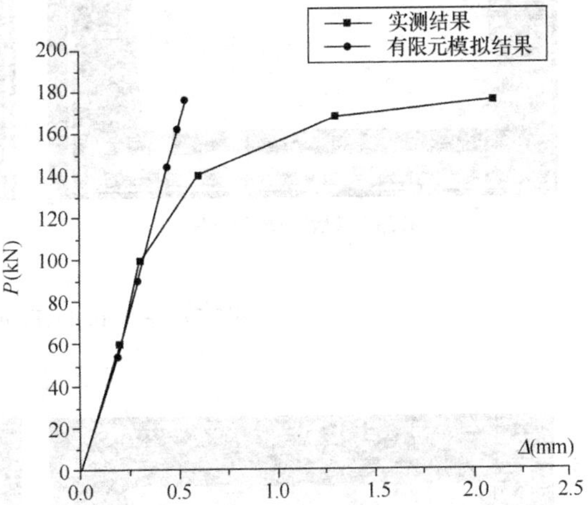

图 5-55　Wall-C1 的荷载-位移曲线

3）贴布方式对应力的影响，如图 5-66、图 5-67 所示。

（5）有限元分析的结论

1）竖向正应力对于墙体粘贴碳纤维布的形状影响不大，当正应力越大，碳纤维布的加固效果越好；

2）墙体高宽比的不同使得碳纤维布内的应力分布也不同，纤维布的加固效果也有所不同，当高宽比小于 0.5 时，不适宜再采用“X”的贴布方案，而应选用“∧”贴布方案；

3）墙体开裂前，碳纤维布的拉应变较小，碳纤维布发挥的作用较小；

4）碳纤维布的角部由于应力集中，应力相对较大，所以端部必须锚固。

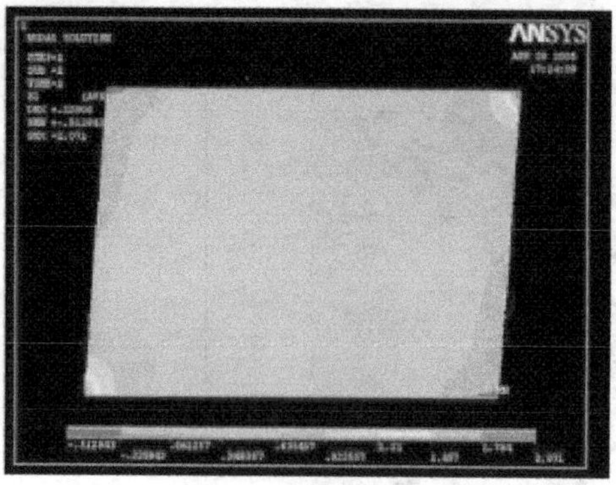

(a) 黏土砖墙体 (P=131kN)

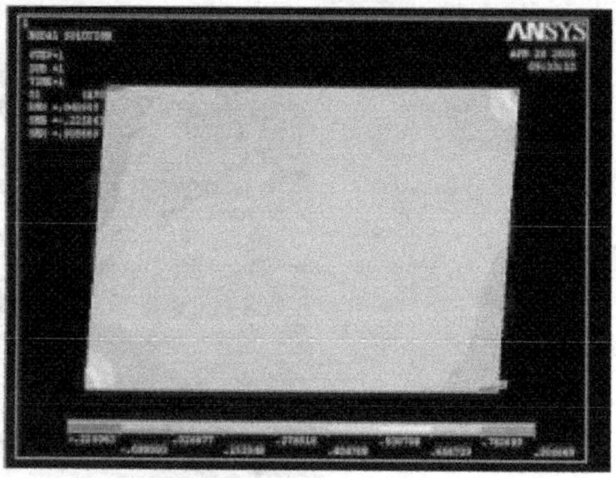

(b) 混凝土砌块墙体 (P=24kN)

图 5-56　σ_0 =0MPa 时墙体的主拉应力

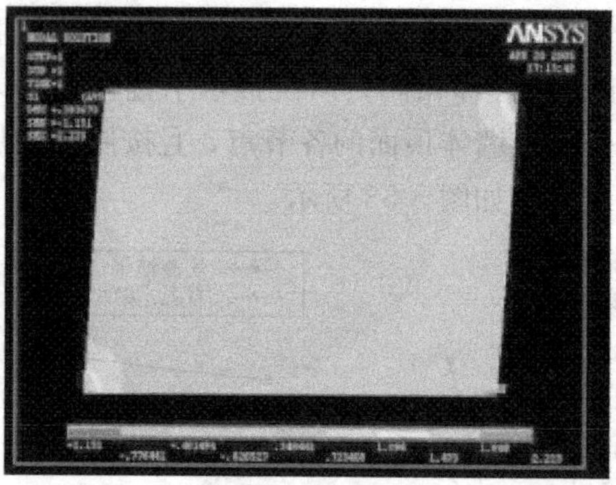

(a) 黏土砖墙体 (P=215kN)

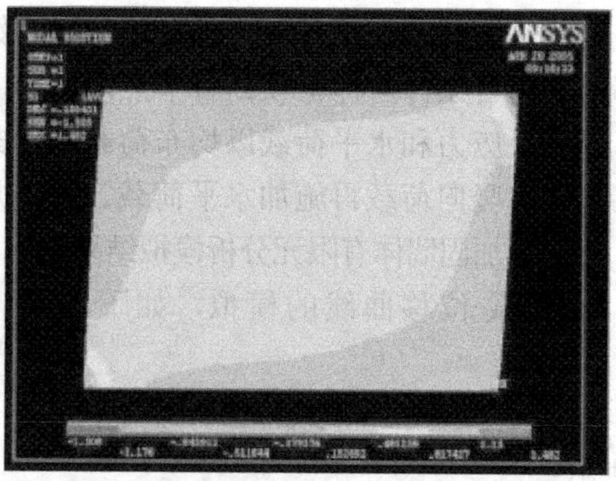

(b) 混凝土砌块墙体 (P=98kN)

图 5-57　σ_0 =0. 6MPa 时墙体的主拉应力

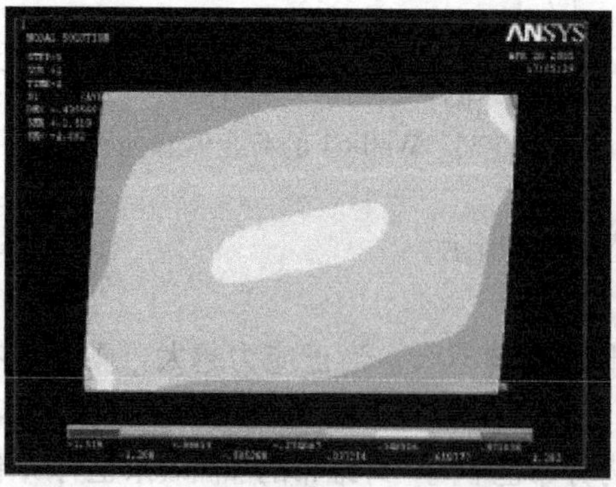

(a) 黏土砖墙体 (P=230kN)

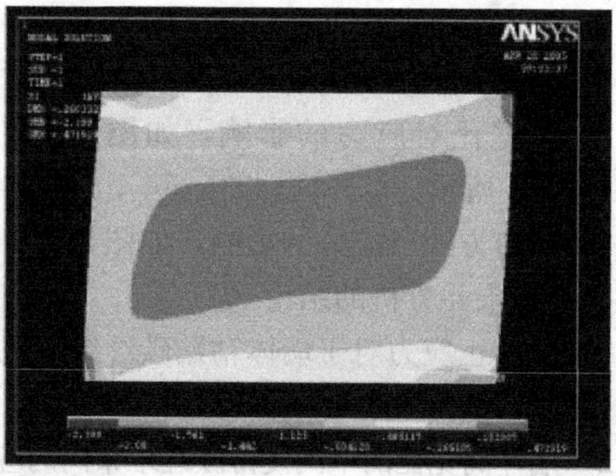

(b) 混凝土砌块墙体 (P=130kN)

图 5-58　σ_0 =1. 2MPa 时墙体的主拉应力

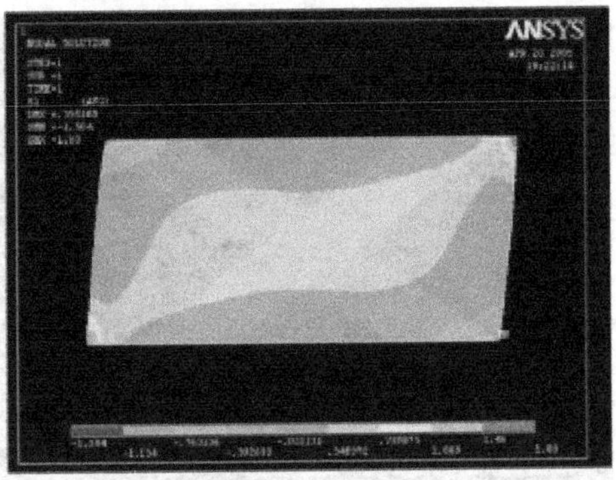

(a) 黏土砖墙体（$P=300.3$kN）

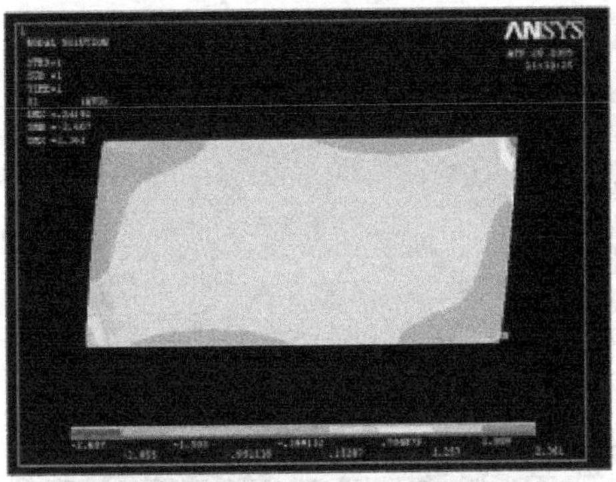

(b) 混凝土砌块墙体（$P=203.95$kN）

图 5-59　$h/L=0.5$ 时墙体的主拉应力

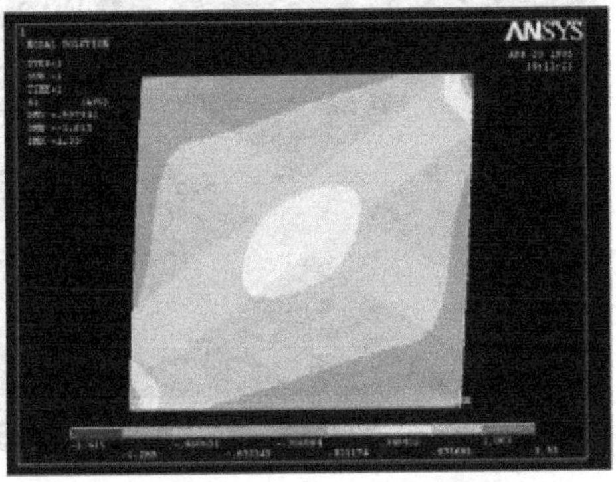

(a) 黏土砖墙体（$P=196.53$kN）

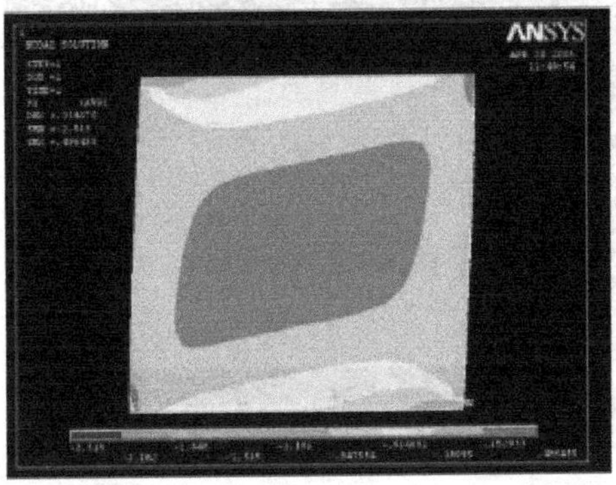

(b) 混凝土砌块墙体（$P=108.9$kN）

图 5-60　$h/L=1.0$ 时墙体的主拉应力

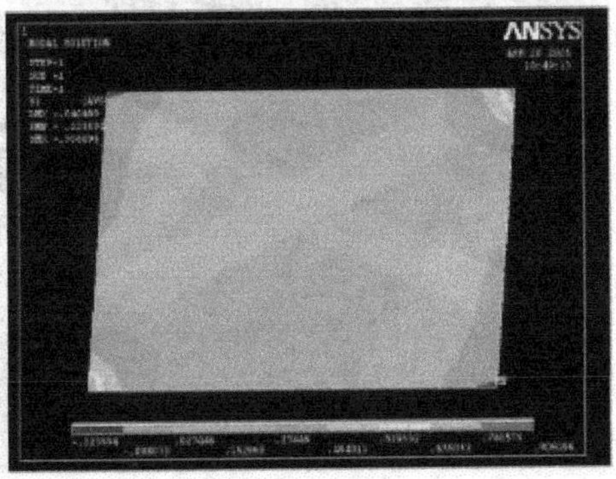

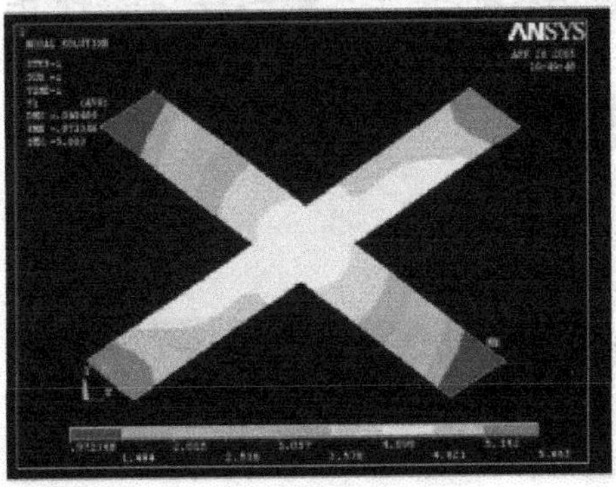

图 5-61　$\sigma_0=0.0$MPa 时加固墙体及纤维布的应力分布

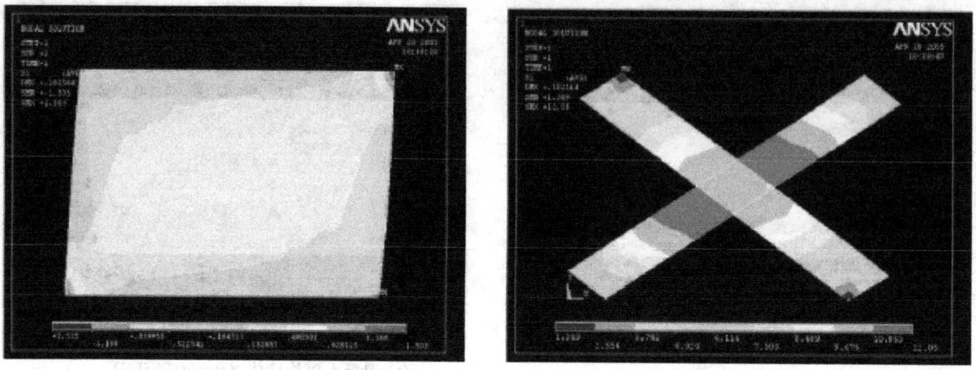

图 5-62　$\sigma_0=0.6$MPa 时加固墙体及纤维布的应力分布

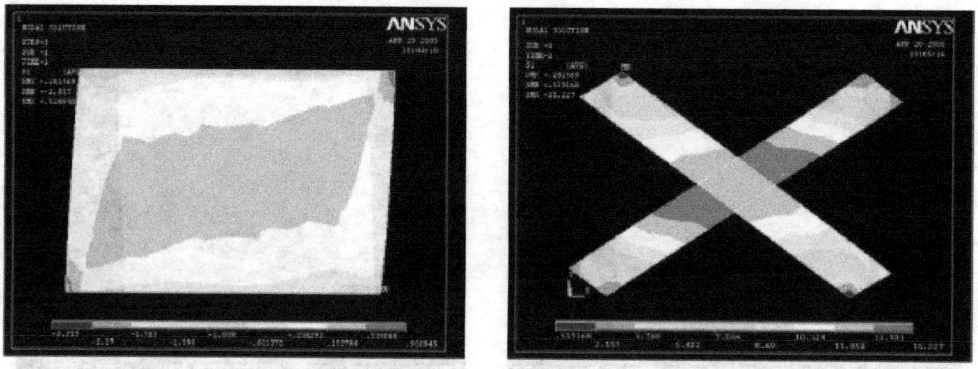

图 5-63　$\sigma_0=1.2$MPa 时加固墙体及纤维布的应力分布

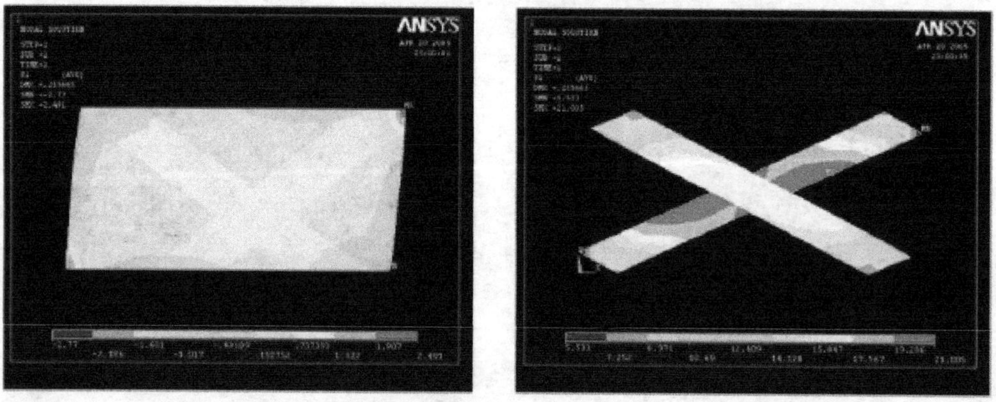

图 5-64　$h/L=0.5$ 时加固墙体及纤维布的应力分布

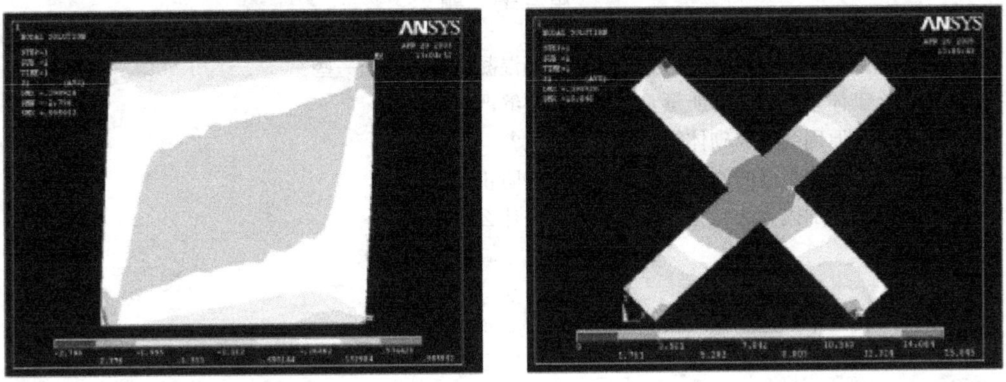

图 5-65　$h/L=1.05$ 时加固墙体及纤维布的应力分布

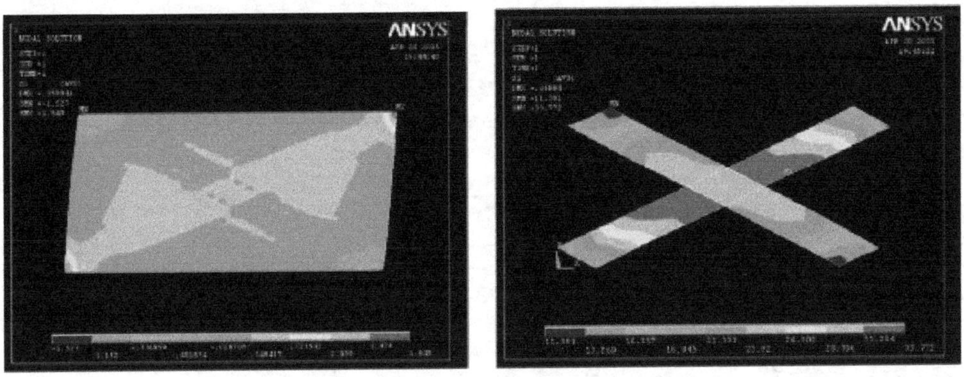

图 5-66　$h/L=0.5$，“X” 形贴布时加固墙体及纤维布的应力分布

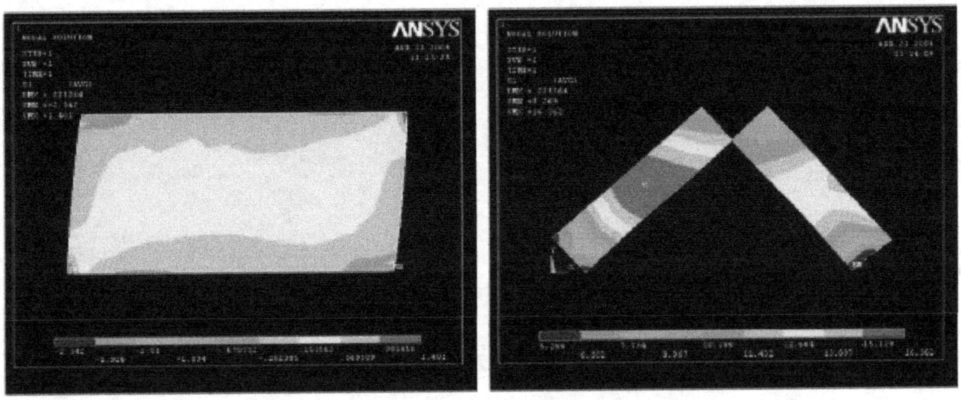

图 5-67　$h/L=0.5$，“A” 形贴布时加固墙体及纤维布的应力分布

思 考 题

(1) 为什么砌体结构裂缝宽度的控制要比钢筋混凝土结构宽松一些？

(2) 为什么砌体水平裂缝的质量要求比竖向裂缝严格？

(3) 哪些设计原因会造成砌体结构的工程事故？

(4) 砌体结构出现裂缝的原因有哪些？有哪些防止措施？

(5) 砌体结构的加固方法有哪些？具体做法是什么？

第六章　钢结构工程事故分析与处理

6.1　钢结构质量控制要点

由于钢结构以钢板和型钢为主要材料，必须使用物理、化学性能合格的钢材，并对钢板与型钢间的连接质量加以严格控制。

6.1.1　钢结构制作时的质量控制要点

（1）应保证钢材的屈服强度、抗拉强度、伸长率、截面偏差及收缩率和硫、磷等有害元素的极限含量，对焊接结构还应保证碳的极限含量。必要时还应保证冷弯试验合格。

（2）要严格控制钢材切割质量。切割前应清除切割区域内铁锈、油污；切割后断口处不得有裂纹和大于 1.0mm 的缺棱，并应清除边缘熔瘤、飞溅物和毛刺等；机械剪切时，剪切线与号料线允许偏差不得大于 2.0mm。

（3）要观察检查构件外观，以构件正面无明显凹面和损伤为合格。

（4）各种结构构件组装时，顶紧面贴紧不少于 75%，且边缘最大间隙不超过 0.8mm。

（5）构件制作允许偏差以钢屋架、屋架梁及桁架制作分项工程为例，见表 6-1。其他构件的允许偏差见《钢结构工程施工质量验收规范》GB 50205—2001。

屋架、屋架梁及其他桁架制作的允许偏差和检验方案　　　　**表 6-1**

项次	项　　目		允许偏差/mm	检验方法
1	屋（桁）架最外端两个孔或两端支撑面最外侧距离	$l \leq 24m$	+3.0 −7.0	用钢尺检查
		$l > 24m$	+5.0 −10.0	
2	桁架或天窗中点高度		±10.0	
3	桁架跨中起拱	设计要求起拱	$+l/5000$	用拉线和钢尺检查
		设计不要求起拱	10.0 −5.0	
4	相邻节间弦杆弯曲（受压除外）		$l_1/1000$	用钢尺检查
5	固定檩条的连接支座间距		±5.0	用钢尺检查
6	固定檩条或其他构件的孔中心距	孔组距	±3.0	
		组内孔距	±1.5	
7	支点处固定上下弦杆的安装距离		±2.0	
8	支撑面到第一个安装孔距离		±1.0	
9	杆件节点、杆件几何中心线交汇点		3.0	划线后用钢尺检查

注：l 为屋（桁）架长度；l_1 为弦杆的相邻节点间距离。

6.1.2 钢结构焊接时质量控制要点

（1）焊条、焊剂、焊丝和施焊用的保护气体等必须符合设计要求和钢结构焊接的专门规定。焊条型号必须与母材匹配，并注意焊条的药皮类型。严禁使用药皮脱落或焊芯生锈的焊条和受潮结块或熔烧过的焊剂。焊条、焊剂和药芯焊丝使用前必须按质量说明书的规定进行烘焙。

（2）焊工必须经考试合格，取得相应施焊条件的合格证书。

（3）承受拉力或压力且要求与母材等强度的焊缝，必须经超声波、X 射线探伤检验。超声波检验时应符合《钢结构超声波探伤及质量分级法》JG/T 203—2007 规定；X 射线检验时应符合《金属熔化焊焊接接头射线照相》GB/T 3323—2005 的规定。

（4）焊缝表面严禁有裂纹、夹渣、焊瘤、弧坑、针状气孔和熔合性飞溅物等缺陷。气孔、咬边必须符合施工规范规定，检查时按焊缝检验方法和质量要求分为三个级别：①一级焊缝（指承受动荷载或静荷载的受拉焊缝，应与母材等强度；不允许有气孔、咬边）；②二级焊缝（指承受动荷载或静荷载的受压焊缝，应与母材等强度；不允许有气孔；要求修磨的焊缝不允许咬边；不要求修磨的焊缝，允许有深度不超过 0.5mm，累计总长不超过焊缝长度 10%的咬边）；③三级焊缝（指除上述一、二级焊缝外的贴角缝，允许有直径小于等于 1.0mm 的气孔，在 lm 以内不超过 5 个；允许有深度不超过 0.5mm，累计总长不超过焊缝长度 20%的咬边）。

（5）焊缝的外观应进行质量检查，要求焊波较均匀，明显处的焊渣和飞溅物清除干净（按焊缝数抽查 5%，每条焊缝抽查 1 处，但不少于 5 处）。

（6）焊缝尺寸的允许偏差和检验方法见表 6-2（检查数量按各种不同焊缝各抽查 5%，均不少于 1 条；长度小于 500mm 的焊缝每条查 1 处，长度 500～2000mm 的焊缝每条查 2 处，长度大于 2000mm 的焊缝每条查 3 处）。

焊缝尺寸的允许偏差和检验方法 **表 6-2**

项次	项目			允许偏差/mm			检验方法
				一级	二级	三级	
1	对接焊缝	焊缝余高/mm	$b<20$	0.5～2	0.5～2.5	0.5～3.5	用焊缝量规进行检查
			$b\geq 20$	0.5～3	0.5～3.5	0.5～4	
		焊缝错缝		$<0.1\delta$ 且$\ngtr 2$	$<0.1\delta$ 且$\ngtr 2$	$<0.1\delta$ 且$\ngtr 3$	
2	贴角焊缝	焊缝余高/mm	$k\leq b$	0～+1.5			
			$k>b$	0～+3			
		焊角宽/mm	$k\leq b$	0～+1.5			
			$k>b$	0～+3			
3	T形接头要求焊透的K形焊缝/mm		$k=\frac{\delta}{2}$	0～+1.5			

注：b 为焊缝宽度；k 为焊角尺寸；δ 为母材厚度。

6.1.3 钢结构高强度螺栓连接时质量控制要点

（1）高强度螺栓的形式、规格和技术条件必须符合设计要求和有关标准规定。高强度螺栓必须经试验确定扭矩系数或复验螺栓预拉力。当结果符合钢结构用高强度螺栓的专门规定时，方准使用。

(2) 构件的高强度螺栓连接面的摩擦系数必须符合设计要求。表面严禁有氧化铁皮、毛刺、焊疤、油漆和油污。

(3) 高强度螺栓必须分两次拧紧，初拧、终拧扭矩必须符合施工规范和钢结构用高强度螺栓的专门规定。

(4) 高强度螺栓接头外观要求：正面螺栓穿入方向一致，外露长度不少于两扣（检查数量按节点数抽查 5%，但不少于 10 个）。

6.1.4 钢结构安装时质量控制要点

(1) 构件必须符合设计要求和施工规范规定。由于运输、堆放和吊装造成的构件变形必须矫正。

(2) 垫铁规格、位置要正确、与柱底面和基础接触紧贴平稳，点焊牢固。坐浆在垫铁处的砂浆强度必须符合规定。

(3) 构件中心、标高基准点等标记完备。

(4) 结构外观表面干净，结构大面无焊疤、油污和泥沙。

(5) 磨光顶紧的构件安装面要求顶紧面紧贴不少于 70%，边缘最大间隙不超过 0.8mm（按接点数抽查 10%，但不少于 3 个）。

(6) 安装的允许偏差和检验方法见表 6-3。

钢尺检查钢结构主体安装的允许偏差和检验方法 **表 6-3**

项次	项目			允许偏差/mm	检验方法
1	柱	柱中心线与定轴线偏移		5	用吊线和钢尺检查
2		柱基准点标高	有吊车梁	+3 −5	用水准仪检查
			无吊车梁	+5 −8	
3		单层柱垂直度	$H\leqslant 10$m	10	用经纬仪或吊线和钢尺检查
			$H>10$m	$H/1000$，且≯25	
4		多节柱垂直度	底层柱	10	
			顶层柱	35	
5		侧向弯曲		$H/1000$，且≯25	
6	屋架	桁架弦杆在相邻节点间平直度		$l/1000$，且≯5	用拉线和钢尺检查
7	纵梁	檩条间距		±5	用钢尺检查
8		垂直度		$h/250$，且≯15	用经纬仪或吊线和钢尺检查
9	横梁	侧向弯曲		$L/1000$，且≯10	用拉线和钢尺检查

注：H 为柱的高度；h 为屋架、纵梁、横梁的高度；L 为屋架、纵梁、横梁的长度；l 为弦杆在相邻节点间的距离。

6.1.5 钢结构油漆工程质量控制要点

钢结构投入使用前必须进行防腐处理。目前，我国钢结构的防腐措施主要是在其表面覆盖油漆类涂料，形成保护层。

（1）钢结构油漆工程的缺陷大体有：①皱皮（厚涂层表面干燥以及下层涂层未干即涂上层涂料时易发生）；②流坠（涂层厚及涂料稀释过分或使用稀释剂过多时易发生）；③剥离或称脱皮（涂层厚、涂料系列不同时易发生）；④起泡（涂层下生锈或水分侵入涂层后易发生）；⑤粉化（涂层老化现象）；⑥龟裂（涂层下层软、上层硬时易发生；也指涂层老化失去柔软性后表面收缩的现象）；⑦透色（咬色）、失光变白、变色褪色、颜色不均、光泽不良等现象。

（2）钢结构油漆工程的质量控制要求有：①油漆、稀释剂和固化剂种类及质量必须符合设计要求；②涂漆基层钢材表面严禁有锈皮，并无焊渣、焊疤、灰尘、油污和水等杂质，用铲刀检查经酸洗和喷丸（砂）工艺处理的钢材表面必须露出金属色泽；③观察检查有无误涂、漏涂、脱皮和反锈；④涂刷均匀，色泽一致，无皱皮和流坠，分色线清楚整齐；⑤干漆膜厚度要求 125μm（室内钢结构）或 150μm（室外钢结构），允许偏差为 -25μm（检查数量按各种构件件数抽查 10%，但均不少于 3 件。每件测 3 处，每处值为 3 个相距 50mm 测点漆膜厚度的平均值）。

6.2 钢结构承载力不足造成的工程事故

6.2.1 钢结构承载力失效原因

钢结构承载力失效主要指在正常使用状态下结构构件或连接因材料强度被超过而导致破坏，其主要原因为以下几方面：

（1）钢材的强度指标不合格。在钢结构的设计中，有两个重要的强度指标：屈服强度 f_y 和抗拉强度 f_t。另外当结构构件承受较大剪力或扭矩时，钢材的抗剪强度也是一个重要的强度指标。

（2）连接强度不满足要求。钢结构焊接连接的强度主要取决于焊接材料的强度及其与母材的匹配、焊接工艺、焊缝质量和缺陷及其检查和控制、焊接对母材热影响区强度的影响等；螺栓连接强度的影响因素有：螺栓及其附件材料的质量以及热处理效果、螺栓连接的施工技术工艺的控制，特别是高强度螺栓预应力控制和摩擦面的处理、螺栓孔引起被连接构件截面的削弱和应力集中等。

（3）使用荷载和条件的改变。主要包括：计算荷载的超载、部分构件退出工作引起的其他构件荷载的增加、温度荷载、基本不均匀沉降引起的附加荷载、意外的冲击荷载、结构加固过程中引起计算简图的改变等。

6.2.2 工程实例

【实例 6-1】

1. 事故概况

某国际展览中心工程由展厅、会议中心和一座 16 层的酒店组成，总建筑面积约为 42 万 m^2，其中展厅面积为 7300m^2，共由 5 个展厅组成。该展厅屋面采用螺栓球节点网架结构。1 号、3 号、5 号展厅平面尺寸为 45m×45m，每个展厅的覆盖面积为 2025m^2，2 号、4 号展厅平面尺寸为 22.5m×28.5m（见图 6-1）。其网架结构及屋面均由德国 GLAHE国际展览集团、TKT、MERO 和 WENDKER 公司联合设计，并由 MERO 公司设计、制造网架结构所有零部件，同时 MERO 公司还承担网架结构的施工监理。整个展厅于 1989 年 5 月建成，同年 6 月 1 日投入使用。

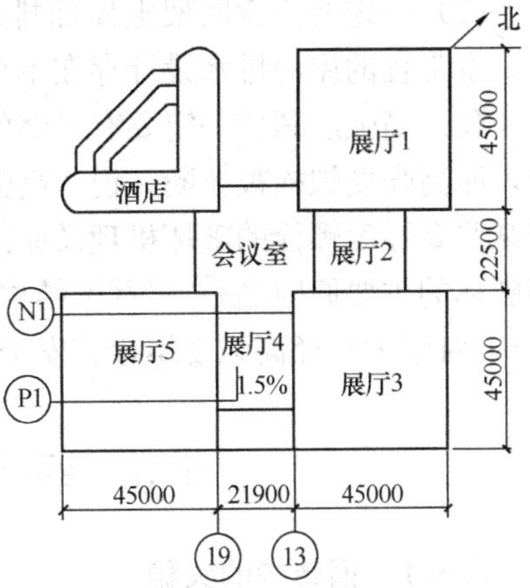

图 6-1　展示平面示意图

1992 年 9 月 6 日～7 日深圳地区受台风影响，普降大暴雨，总降雨量为 130.44mm，尤其是 7 日早晨 5 时～6 时，降雨量达 60mm/h。上午 7 时左右，4 号展厅网架倒塌，经过现场调查发现网架全部塌落，东边屋面构件大面积散落于地面，其余部分虽仍支撑于柱上，但是仍可发现纵向下弦杆及部分腹杆压屈；在倒塌现场发现大量的高强度螺栓被拉断或折断，部分杆件有明显的压屈，大量的套筒因受弯而呈屈服现象。从可观察到的杆件上没有发现杆件拉断及明显的颈缩现象，也未发现杆件与锥头焊缝拉开。轴支座附近斜腹杆被压屈，且该支座的支撑柱向东有较大倾斜。在事故调查中，根据有关人员反映，4 号展厅网架建成后，曾多次出现积水现象，事故现场两个排水口表面均有堵塞。

2. 事故原因分析

根据屋面排水系统设计计算复核，4 号展厅除承担本身雨水外，还要承担由会议室屋面溢流而来的雨水，而 4 号展厅屋面本身并未设置溢流口，且雨水斗设置不合理，不能有效地排除屋面上的雨水，导致网架积水并超载。4 号展厅网架平面尺寸为 21.9m×27.7m，网架结构形式为正放四角锥螺栓球节点网架，其中标准网格为 3.75m×3.75m，网架高度为 1.80m。网架上铺复合保温板及防水卷材。网架由 4 个柱支承。网架结构设计时考虑荷载为：屋盖系统自重 125kg/m^2（相当于 1.25kN/m^2）；均布活荷载 100kg/m^2（相当于 1.00kN/m^2）。另外考虑了风荷载及＋25℃的温度应力。屋面用小立柱以 1.5%的坡度单向找坡，排水方向由北向南。

根据原设计荷载，对该展厅网架结构进行了复算，在原设计荷载下，网架结构可以满足设计要求。

考虑到 1.5%的找坡以及排水天沟的影响，根据实际情况，用三角形分布荷载及天沟的积水荷载进行了结构分析。当屋面最深处积水达 35cm 时，轴支座节点附近受压腹杆内力接近于压杆压屈的临界荷载，该处支座拉杆的拉力已超过 M27 高强度螺栓的允许承载力。当屋面最深处积水达 45cm 时，支座处腹杆的压力已超过其压屈的临界荷载，该处的斜腹杆拉力已超过了 M27 高强度螺栓的极限承载力。所以当屋面有 35～45cm 积水时，该网架轴支座反力大于原设计荷载时的反力值。支座附近的腹杆压屈，拉杆的高强度螺栓拉断，导致网架倒塌。此时网架拉杆均处在弹性范围内，而高强度螺栓因超过其极限承载力被拉断，由此得出高强度螺栓的安全度低于杆件的安全度。计算分析的结论与现场情况是吻合的。

3. 教训

(1) 对于有积水可能的屋面，尤其是点支撑网架，活荷载（积水荷载）的分布应按实际情况考虑，简单地按均布荷载处理是欠妥的。

（2）一定要注意网架上屋面排水系统的设计与维护，这在我国南方暴雨地区尤为重要，本工程的屋面排水设计存在不合理之处。

（3）高强度螺栓一定要有足够的安全度，在倒塌事故现场尚未发现拉杆拉断及颈缩现象，而高强度螺栓被拉断，说明高强度螺栓的安全度低于杆件的安全度。在这一事故中对于某些高强度螺栓的破坏机理及原因尚未作进一步的检验和探讨，但这样低的安全度是网架破坏的主要原因之一。《网架结构设计与施工规程》中规定高强度螺栓的安全度应大于2.8，对于大直径高强度螺栓其安全度应大于等于3.0（当时所用规范为JGJ 7—91）。

6.3 钢结构失稳造成的工程事故

6.3.1 钢结构的失稳

失稳也称为屈曲，是指钢结构或构件丧失了整体稳定性或局部稳定性，属承载力极限状态的范围。它不同于强度问题。强度问题是指结构或者单个构件在稳定平衡状态下由荷载所引起的最大应力（或内力）是否超过了建筑材料的极限强度，属于应力问题。极限强度的取值取决于材料的特性，对混凝土等脆性材料，可取它的最大强度，对钢材则常取它的屈服点。而稳定问题主要是找出外荷载与结构内部抵抗力间的不稳定平衡状态，即变形开始急剧增长的状态，从而设法避免进入该状态，因此它是一个变形问题。如轴压柱，由于失稳，侧向挠度使柱中增加很大的弯矩，柱子的破坏荷载可以远远低于它的轴压强度。显然，轴压强度不是柱子破坏的主要原因。

钢结构的失稳主要发生在轴压、压弯和受弯构件，其中轴心压杆的屈曲形式可分为：①弯曲屈曲。只发生弯曲变形，杆件的截面只绕一个主轴旋转，杆的纵轴由直线变为曲线，这是双轴对称截面最常见的屈曲形式。图 6-2（a）就是两端铰支（即支撑端能自由绕截面主轴转动但不能侧移和扭转）工字形截面压杆发生绕弱轴（y 轴）的弯曲屈曲情况。②扭转屈曲。失稳时杆件除支撑端外的各截面均绕纵轴扭转，这是某些双轴对称截面压杆可能发生的屈曲形式。图 6-2（b）为长度较小的十字形截面杆件可能发生的扭转屈曲情况。③弯扭屈曲。单轴对称截面绕对称轴屈曲时，杆件在发生弯曲变形的同时必然伴随着扭转。图 6-2（c）即 T 字形截面的弯扭屈曲情况。

钢结构的失稳可分为两类：丧失整体稳定性和丧失局部稳定性。两类失稳都将影响结构构件的正常使用，也可能引发其他形式的破坏。

1. 影响结构构件整体稳定性的主要原因

（1）构件整体稳定不满足要求。影响它的主要参数是长细比（$\lambda = l/r$），其中 l 为构件的计算长度，r 为截面的回转半径。应注意截面两个主轴方向的计算长度可能有所不同，以及构件两端实际支承情况与计算支承间的区别。

（2）构件有各类初始缺陷。在构件的稳定性分析中，各类初始缺陷对其极限承载力的影响比较显著。这些初始缺陷主要包括：初弯曲，初偏心、热轧和冷加工产生的残余应力和残余变形及其分布、焊接残余应力和残余变形等。

（3）构件受力条件的改变。钢结构使用荷载和使用条件的改变，如超载、节点的破坏、温度的变化、基础的不均匀沉降、意外的冲击荷载、结构加固过程中计算简图的改变等，引起受压构件应力增加，或使受拉构件转变为受压构件，从而导致构件整体失稳。

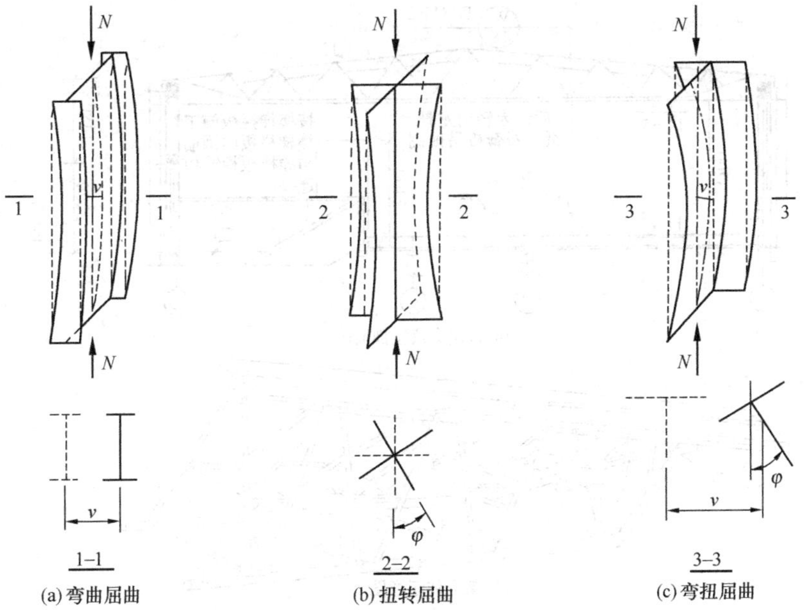

图 6-2　轴心压杆的屈曲形式

(4) 施工临时支撑体系不够。在结构的安装过程中，由于结构并未完全形成一个设计要求的受力整体或其整体刚度较弱，因而需要设置一些临时支撑体系来维持结构或构件的整体稳定。若临时支撑体系不完善，轻则会使部分构件丧失整体稳定，重则造成整个结构的倒塌或倾覆。

2. 影响结构构件局部稳定性的主要原因

(1) 构件局部稳定性不满足要求。如构件工形、槽形截面翼缘的宽厚比和腹板的高厚比大于限值时，易发生局部失稳现象，在组合截面构件设计中尤应注意。

(2) 局部受力部位加劲肋构造措施不合理。在构件的局部受力部位，如支座、较大集中荷载作用点，没有设支承加劲肋，使外力直接传给较薄的腹板而产生局部失稳。构件运输时，单元的两端以及较长构件的中间如没有设置横隔，截面的几何形状不变难以保证且易丧失局部稳定性。

(3) 吊装时吊点位置选择不当。在吊装过程中，由于吊点位置选择不当会造成构件局部较大的压应力，从而导致局部失稳。所以钢结构在设计时，图纸应详细说明正确的起吊方法和吊点位置。

6.3.2 工程实例

【实例 6-2】

1. 事故概况

1990 年 2 月 16 日下午 4 时 20 分许，某市某厂四楼接层会议室屋顶棚 5 榀梭形轻型屋架连同屋面突然倒塌。当时 305 人正在内开会，造成 42 人死亡，179 人受伤的特大事故。经济损失 430 多万元，其中直接经济损失 230 多万元。该接层会议室南北宽 14.4m，东西长 21.6m，建筑面积 324m^2。采用砖墙承重、梭形轻型钢屋架、预制空心屋面板和卷材防水屋面，图 6-3 给出该接层会议室的建筑剖面图及屋架示意图。会议室由该厂基建处设计

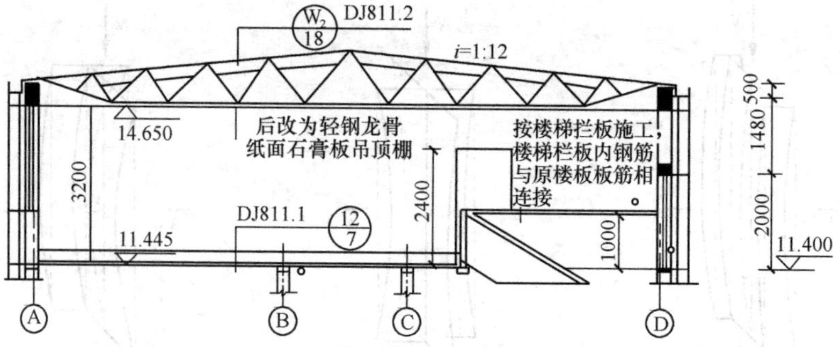

(a) 接层会议室剖面图

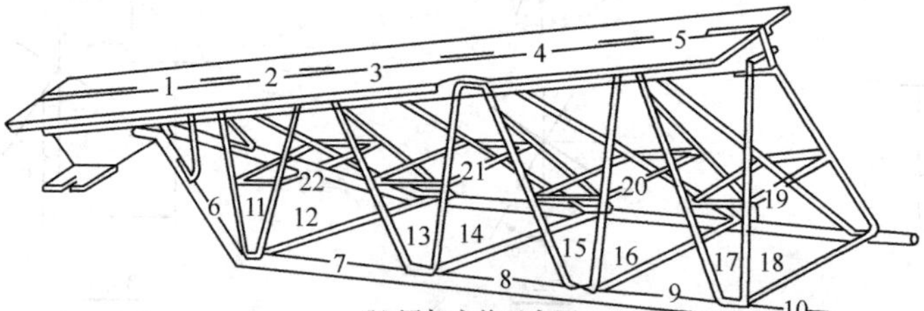

(b) 屋架立体示意图

图 6-3　某厂四楼接层会议室示意图

1—5 为上弦杆；6—10 为下弦杆；11—18 为腹杆；19—22 为矩形箍

室（丙级证书单位）自行设计，某市某建筑工程公司施工。1987 年 3 月 5 日开工，同年 5 月 22 日竣工并交付使用，经常举行两三百人的中型会议。事故发生时会议室顶棚先后发出“嘎嘎嘎、刷拉、刷拉”的响声，顶棚中部偏北方向出现锅底下凸，几秒钟后屋顶全部倒塌。会场除少数靠窗边坐的人外，其余大部分被压在预制空心板底下。事故发生后，厂方当夜成立事故分析组，该市也成立了调查组。此后的 4 个月时间里厂方经过现场观察，验算分析，屋架结构试验并根据市调查组现场勘查报告和有关原始资料，提交了事故分析报告。

2. 原因分析

根据事故分析报告，该四楼接层会议室屋顶倒塌是由第三榀屋架北端 14 号腹杆首先失稳造成的。导致这次事故的原因是多方面的，并涉及设计、施工和管理各阶段，归纳起来主要有：设计计算的差错、屋面错误施工、焊接质量低劣和施工管理混乱等方面。

（1）设计计算错误

该楼原为 3 层，接成 4 层，为了不使基础荷重增加过多，选用轻钢屋架并采用不上人不保温屋面做法。梭形屋架是广泛使用的一种轻型屋架，它节约钢材，屋面坡度较缓，便于和相邻部分的平屋顶协调，其选型是正确而合理的。梭形屋架参照中国建筑科学研究院建筑标准设计研究所编写的《轻型钢结构设计资料集》设计。该图集要求屋面做法为二毡三油，20mm 厚找平层，10mm 厚泡沫混凝土，槽形板或加气混凝土板。由于该地区材料供应问题，设计者用空心板代替槽形板，并修改了屋面做法，如取消保温层而增加了 10mm 厚的海藻草，变二毡三油为三毡四油等。经核算设计图纸的屋面恒载（简称图纸荷载）为 $3.09kN/m^2$。而按图集中原屋面做法算得屋面恒载为 $2.42kN/m^2$（简称许用荷载），故图纸荷载与许用荷载相比超出 $0.67kN/m^2$。

原设计者在用空心板代替槽形板后所作的计算书中有 3 处计算错误：

1）屋面荷载取值偏大。原设计计算书取计算荷载（简称计算书荷载）为 4.58kN/m^2，既不合实际，又不合规范，比核算出来的图纸荷载大 48%。计算书荷载虽然对结构的安全有利，但不能作为分析事故的依据。

2）屋架下弦杆应力偏大。计算中取 235.2kN/m^2，而按《轻型钢结构设计资料集》应为 144.6kN/m^2。现场观察表明，下弦杆并未屈服，此错误也与事故无关。

3）屋架腹杆 12 计算中，误将截面系数 ω 当成回转半径 r。在腹杆 12 的稳定计算式中本应取 $r=0.625$cm，却误将 $\omega=1.54$cm 代入 r。计算后并未将参考图上 ϕ25 的 12 号腹杆直径减小，故此计算错误未产生不良后果。

从以上分析可见，本事故主要不是由设计计算错误产生的，如果说设计计算有错误的话，则是以空心板代替槽形板后，在屋面超载 0.67kN/m^2 的情况下，没有对受压腹杆进行全面的稳定性验算。

根据屋架试验报告，腹杆失稳的临界荷载为 5.16kN/m^2，与施工图的屋面恒载 3.09kN/m^2 相比还有 1.67 的安全裕度，说明设计计算的差错并不是事故发生的唯一因素。

（2）屋面施工错误：

根据事故调查组现场勘察检测，发现屋面很多地方没有按照图纸和施工规范施工，主要包括以下几方面：

1）图纸中规定屋面找平层为 20mm 厚的 1∶3 水泥砂浆，重 0.4kN/m^2；而施工中错误地将找平层做成 57.3mm 厚，按勘察组报告，砂浆密度为 21.2kN/m^3，则找平层重 1.215kN/m^2；比设计值增大了 0.815kN/m^2。

2）图纸中屋面不设保温层，而施工中屋面上错误地增加了 102.7mm 厚的炉渣保温层。按炉渣重度 1050kg/m^3 计算，荷载比设计值加大 1.07kN/m^2。

3）三毡四油防水层应重 0.35kN/m^2，而计算值为 0.14kN/m^2。此项比设计值减少了 0.21kN/m^2。

4）施工时没按设计要求放置 100mm 厚海藻草，此项使屋面荷载减轻 0.045kN/m^2。

事故调查组鉴定核实时，根据规范按一般钢屋架，查出梭形钢屋架重 0.274kN/m^2，轻钢龙骨和石膏板吊顶的荷载取 0.25kN/m^2，则屋顶塌落时的荷载（简称竣工荷载）总和为 4.957kN/m^2。如按实际构件称重和计算，梭形钢屋架重 0.165kN/m^2 时，轻钢龙骨石膏板吊顶的荷载取 0.13kN/m^2，则屋顶塌落时的实际荷载为 4.73kN/m^2，这个数值作为竣工荷载比 4.957kN/m^2 更符合塌落的实际情况。它比设计的图纸荷载（3.09kN/m^2）超载 1.64kN/m^2。屋面的总超载为竣工荷载减去许用荷载，即 4.73−2.42=2.31kN/m^2。前述的设计超载为 0.67kN/m^2，占屋面总超载的 29%；而施工超载为 1.64kN/m^2，占屋面总超载 71%。可见，从荷载的角度看，事故的主要原因是施工超载，而不是设计计算差错引起的设计超载。

（3）焊接质量不合格

经市调查组现场勘测，屋架的焊接质量极差，存在大量的气孔、夹渣、未焊透、未熔合现象。从断口可看出油漆都渗到里面去了，甚至整条焊缝漏焊，如第五榀中间顶部节点板东北面长达 25mm 的焊缝整条漏焊。90%焊缝药皮没打掉，说明焊缝的质量没有经过检查。焊接质量主要体现在以下几个方面：

1）焊接质量不合规范。按照《钢结构施工验收规范》（GBJ 205—83，现已废止）中三级标准焊缝的要求检查所有焊缝，统计不合格率如下：第一榀为29.2%，第二榀为31.10%，第三榀为45.2%，第四榀为30.1%，第五榀为39.6%。特别是对腹杆稳定起关键作用的矩形箍和腹杆接头焊缝的质量更差。矩形箍焊缝不合格率第一榀为37.5%，第二榀为35.90%。第三榀为56.2%，第四榀为45.3%，第五榀为59.3%，其中焊缝脱开20处。总之，5榀屋架，榀榀不合格；32个矩形箍，个个有质量问题。梭形屋架是焊接构件，焊接质量如此低劣，必然严重影响其承载性能。

2）矩形箍脱焊导致并加速腹杆的失稳。如上所述，矩形箍和腹杆间焊缝质量最差，不合格率最高。仅焊缝脱开就有20处。其中第三榀屋架北段矩形箍共32个焊点，脱开8处，占25%。矩形箍脱焊，腹杆失去了中间支承点，理论上其长度系数产由0.5增大到1.0，而承载力则降低到1/4。在光弹仪上将矩形箍和腹杆焊接接头做成模型进行光弹试验；在计算机工作站上用软件进行模拟计算；以及梭形屋架结构试验时在接头处贴电阻片进行电测。结果都说明，矩形箍接头处存在着应力集中，并有和腹杆相同数量级的应力，其大小和焊接质量有关。而按照通常的桁架理论，矩形箍是零杆，不受力。屋架结构试验表明，当腹杆有矩形箍支撑时，腹杆失稳荷载为5.167kN/m^2，腹杆失稳后的变形类似“S”形，没有矩形箍支撑（即矩形箍与腹杆接头焊缝裂开时）腹杆失稳荷载降低到249.6kg/m^2（相当于2.496kN/m^2），腹杆失稳后的变形类似“C”形。

另外腹杆两端的成型也不符合图纸要求，图纸要求的是直的折线形，实际却弯成大圆弧形。这也明显加大了腹杆的压力偏心量，显著降低了腹杆的稳定性。同时腹杆两端与上、下弦焊缝的长度和高度不足，使端部固定作用减弱，自然也会降低腹杆的稳定性，使梭形屋架的承载力降低。

3）第三榀屋架14号腹杆的失稳是屋架塌落的事故源。屋面荷载中活载最大的情况发生在1987年施工的时候，雪载最大的情况发生在1990年1月23日积雪达30kg/m^2（相当于0.3kN/m^2）的时候。但是屋架在这两种情况下都没有失稳，而是在活载、雪载都没有的2月16日破坏。据试验，屋架失稳荷载为516.7kg/m^2（相当于5.167kN/m^2），为何实际屋架在低得多的473kg/m^2（相当于4.73kN/m^2）荷载下失稳呢？如前所述，矩形箍焊接质量低劣，应力集中严重，在因屋架两端焊死而产生的长期波动的温度应力反复作用下，有缺陷的焊缝难以承受。2月16日时，积雪全部熔化使屋面荷载骤降，屋架回弹，矩形箍接头产生又一次应力大波动，使个别焊缝因裂缝扩展而断开。该腹杆失去中间支承，稳定性能骤降，因而在屋面荷载减小后反而失稳破坏。据事故现场观察，在第三榀屋架北端两根14号腹杆间，矩形箍西侧焊缝断开，从断口可看出焊缝缺陷严重，焊肉不连续。经测定，焊缝面积只有理论值的52.7%。14号腹杆失稳后弯曲成“C”形，说明该杆大变形弯曲时，矩形箍已不起支撑作用，即失稳是由于矩形箍焊缝断裂后失去中间支撑而引起的。第三榀屋架14号腹杆失稳，引起内应力重新分配而导致连锁失稳，该榀屋架首先塌下，进而带动其他各榀屋架相继塌落。许多焊接质量低劣的矩形箍接头在失稳过程中断裂，又加速了连锁失稳的进程，导致整个屋架瞬时塌落，这是事故发展的全过程。

可见，第三榀屋架北端两个14号腹杆间矩形箍焊缝断裂导致腹杆失稳是屋架塌落的事故源。

（4）施工管理混乱

在检查该工程施工记录和验收文件时，发现施工管理相当混乱，有以下情况：

1）隐蔽工程记录失真。主要包括以下几个方面：①施工图中屋面无保温层，而施工单位错误地加上了护渣保温层。对此，施工单位从工区质检员到建设单位甲方代表都没有认真检查，就在隐蔽工程记录上签字。②施工图中屋面找平层为20mm厚水泥砂浆，事故现场勘察结果为57.3mm厚，加厚到设计值的286.5%，但隐蔽工程记录为“屋面按图施工”。③施工图说明第五条为“钢屋架在完成两榀成品后，要进行一次现场荷载试验，对整体结构制作做鉴定后再行安装使用”，施工单位在进行安全技术交底时，也明确要进行试压，但没有任何关于钢屋架的试验记录、试验报告和吊装指令，而1987年4月25日隐蔽工程记录为“钢屋架按图施工”。

2）工程竣工验收违反管理规定。《单位工程质量评定》填写于1987年5月25日，该表只有工区盖章，没有建设单位签字盖章，也没有市质检站的核验意见。《单位工程竣工报告》填写于1987年5月22日，该表只有建设单位基建处盖章，没有施工单位签字盖章。《工程竣工验收交接（报告）证书》填写日期为1987年，没有月份日期，没有建设单位和施工单位签字盖章，而建设单位予以接收并决算付款。综上所述，这次事故的直接原因是设计计算差错、屋面错误施工和焊接质量低劣，间接原因是施工管理混乱。

可见，事故的主要原因是屋面错误施工和焊接质量低劣。

6.4　钢结构脆性断裂造成的工程事故

6.4.1　钢结构脆性断裂

钢结构是由钢材组成的承重结构，虽然钢材是一种弹塑性材料，尤其是低碳钢表现出良好的塑性，但在一定的条件下，由于各种因素的复合影响，钢结构也会发生脆性断裂，而且往往在拉应力状态下发生。脆性断裂是指钢材或钢结构在低名义应力（低于钢材屈服强度或抗拉强度）情况下发生的突然断裂破坏。

钢结构的脆性断裂通常具有以下特征：

（1）破坏时的应力常小于钢材的屈服强度 f_y，有时仅为 f_y 的0.2倍。

（2）破坏之前没有显著变形，吸收能量很小，破坏突然发生，无事故先兆。

（3）断口平齐光亮。

脆性破坏是钢结构极限状态中最危险的破坏形式。由于脆性断裂的突发性，往往会导致灾难性后果。因此，作为钢结构专业技术人员，应该高度重视脆性破坏的严重性并加以防范。

造成钢结构脆性破坏的主要原因可归纳为以下几方面：

（1）材质缺陷

当钢材中碳（C）、硫（S）、磷（P）、氧（O）、氯（Cl）、氢（H）等元素的含量过高时，将会严重降低其塑性和韧性，脆性则相应增大。通常，碳（C）导致可焊性差；硫（S）、氧（O）导致“热脆”；磷（P）、氮（N）导致“冷脆”；氢（H）导致“氢脆”。另外，钢材的冶金缺陷，如偏析、非金属夹杂、裂纹以及分层等，也将大大降低钢材抗脆性断裂的能力。

（2）应力集中

钢结构由于孔洞、缺口、截面突变等缺陷不可避免，在荷载作用下，这些部位将产生局部高峰应力，而其余部位应力较低且分布不均匀，这种现象称为应力集中。我们通常把截面高峰应力与平均应力之比称为应力集中系数，以表明应力集中的严重程度。

当钢材在某一局部出现应力集中，则出现了同号的二维或三维应力场，使材料不易进入塑性状态，从而导致脆性破坏。应力集中越严重，钢材的塑性降低越多，同时脆性断裂的危险性也越大。

工程中钢结构或构件的应力集中主要与下列因素有关：

1）在钢构件的设计和制作中，孔洞、刻槽、凹角、缺口、裂纹以及截面突变等缺陷在所难免。

2）焊接作为钢结构的主要连接方法，虽然具有众多的优点，但不利的是，焊缝缺陷以及残余应力的存在往往成为应力集中源。据资料统计，焊接结构脆性破坏事故远远多于铆接结构和螺栓连接结构。主要有以下原因：①焊缝或多或少存在一些缺陷，如裂纹、夹渣、气孔、咬肉等这些缺陷将成为断裂源；②焊接后结构内部存在的残余应力又分为残余拉应力和残余压应力，前者与其他因素组合作用可能导致开裂；③焊接结构的连接往往刚性较大，当出现多焊缝汇交时，材料塑性变形很难发展，脆性增大；④焊接使结构形成连续的整体，一旦裂缝开展，就可能一裂到底，不像铆接或螺栓连接，裂缝一遇螺孔就会终止。

（3）使用环境

当钢结构受到较大的动载作用或者处于较低的环境温度下工作时，钢结构脆性破坏的可能性增大。

众所周知，温度对钢材的性能有显著影响。在0℃以上，当温度升高时，钢材的强度及弹性模量 E 均有变化，一般是强度降低，塑性增大；但温度在200℃以内时，钢材的性能没有多大变化。当温度升至250℃左右时钢材的抗拉强度反弹，有较大提高，而塑性和冲击韧性下降，出现所谓的“蓝脆现象”，此时进行热加工钢材易发生裂纹。当温度达600℃，f_y 及 E 均接近于零，我们认为钢结构几乎完全丧失承载力。

当温度在0℃以下，随温度降低，钢材强度略有提高，而塑性和韧性降低，脆性增大。尤其是当温度下降到某一温度区间时，钢材的冲击韧性值急剧下降，出现低温脆断。通常又把钢结构在低温下的脆性破坏称为“低温冷脆”现象，产生的裂纹称为“冷裂纹”。因此，在低温下工作的钢结构，特别是受动力荷载作用的钢结构，钢材应具有负温冲击韧性的合格保证，以提高抗低温脆断的能力。

（4）钢板厚度

随着钢结构向大型化发展，尤其是高层钢结构的兴起，构件钢板的厚度大有增加的趋势。钢板厚度对脆性断裂有较大影响，通常钢板越厚，脆性破坏倾向越大。“层状撕裂”问题应引起高度重视。

综上所述，材质缺陷、应力集中、使用环境以及钢板厚度是影响脆性断裂的主要因素。其中应力集中的影响尤为重要。在此值得一提的是，应力集中一般不影响钢结构的静力极限承载力，在设计时通常不考虑其影响。但在动载作用下，严重的应力集中再加上材质缺陷、残余应力、冷却硬化、低温环境等因素往往成为导致脆性断裂的根本原因。

6.4.2 工程实例

【实例 6-3】

1. 工程概况

某平炉车间结构倒塌事故——苏联某有色金属厂平炉车间的钢结构除吊车梁为铆接

外，均为焊接结构。该车间浇铸跨度：一般梁 22m，炉子跨 27.5m，配料跨 18m（见图 6-4）。事故发生前首先塌落的是 B 列第 86 架，即支撑炉子跨和原料跨上的屋盖结构，该托架于 90 行柱子的一端坠落在工作平台上，在第 86 行柱的另一端仍然是在柱子的支托架上。由于 B 列托架既支撑炉子跨和原料跨上的屋盖结构，又支撑 B 列上部的墙体，随着托架的破坏，浇铸跨、炉子跨、配料跨在第 86～90 行的屋架、钢筋混凝土屋面板以及墙、板全部倒塌。8 号炉子上跨度为 36m 的 B 列托架和跨度为 18m 的 C 列托架严重变形，但未塌落。B 列托架在发生变形的情况下支撑着炉子跨和浇铸跨第 84～86 行的屋盖结构。在上述结构坠落的时候，分布在个别柱列（第 86～90 行）的构件被破坏、变形，8 号炉子区段的氧气管道也被破坏，屋盖结构砸坏了 A～B 跨的浇铸吊车。倒塌的结构和部分损坏的厂房的面积为 $2430m^2$。平炉车间结构倒塌时，室外气温为－26℃，风速为 7m/s，倒塌地点屋面积雪层厚度为 0.15cm，原料跨屋面积雪层厚度在 35cm 以内，平炉厂房屋面实际上没有积灰（出事前数日已清扫了屋面积灰）。8 号平炉区的桥式吊车在出事时位于炉子跨，在浇铸吊车上吊着空罐。

事故原因调查最初的结论是：由于实际施工中，90 行柱没有放置技术设计图中规定的支托板，导致平炉车间主厂房 B 列第 84～90 行托架下弦支座节点螺栓剪切破坏，造成屋盖结构部分倒塌。

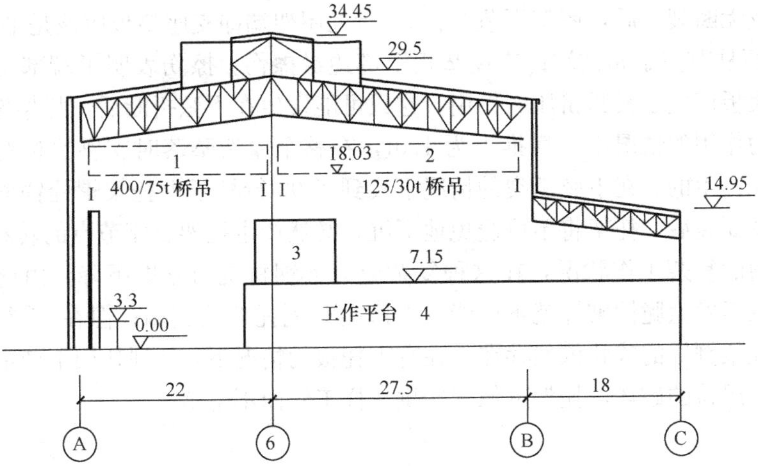

图 6-4　出事处平炉车间的剖面（单位：m）

2. 事故分析

经过进一步调查分析，发现许多足以证明屋盖倒塌是由于金属冷脆破坏所引发的证据，主要有：

（1）托架的螺栓已锚固了很长时间（超过 5 年），在此期间，托架上的荷载显然可能有多次超过事发时的荷载。正如前所述，在出事前数日刚清扫完车间屋面的灰尘，发生事故时车间屋面的雪荷载相当小，且小于设计荷载。

（2）进行了检验模拟屋架锚固连接的承载能力试验，采用 6 个直径为 20mm 的螺栓，螺栓连接在 53kN 时破坏，相当于 10 个螺栓的破坏荷载为 880kN 左右，超过出事时实际荷载的 12%。

（3）在螺栓剪断和随后屋架倒塌的情况下，当 3 个螺栓剪断之前，上弦杆（在靠近柱子的节间）应该弯曲和破坏。上弦杆用这3个螺栓锚固在柱子上，此处弯矩最大。但上弦杆破坏时，实际弯矩值较理论弯矩最大值小30%，这种破坏起源于脆性，杆件没有任何变形，或许是由塌落结构偶然的冲击造成的。

（4）事故发生时气温很低，为－26℃，并且持续时间长。这是自平炉车间施工以来任何一个冬季所未曾出现过的低温。

（5）下弦节点的工作应力相当高，平均为78MPa；节点板边缘应力为128MPa。

（6）断裂杆件和下弦节点连接件在负温下金属的冲击韧性低，低到0.064MPa。

（7）在制作屋架下弦节点时没有采取结构措施，甚至连防止脆性破坏的必要措施也没有（节点角钢之间的缝隙实际只有0～10mm，按规范要求应不小于50mm）。

同时发现证实下弦提前断裂的事实：

（1）断裂的脆性特征，垫板裂面上有清楚的人字形图案，裂缝分布在下表面及最大的边缘应力区。

（2）在剪断螺栓时螺栓孔边缘没有受挤压的痕迹，在托架两端钻有同样形状的孔，在同样的连接试件上拉断后孔边缘有明显的受挤压痕迹。

（3）两端支座垫板向下弯曲，在86行一端弯起16～18mm，在90行一端一个方向弯起62mm，弯曲角度事实上是反映了托架坠落在工作场地支座板阻挠其移动的程度。在螺栓剪断（下弦无断裂）后，屋架下坠时在90行处屋架端即支座垫板应该是平的。

（4）90行柱节点金属被端部支座垫板下部边缘擦伤。擦伤表明了端部支座垫板的移动对柱子的腹板产生了紧紧挤压的作用，这只可能发生在下弦折断后，托架像三铰拱一样产生横向推力作用的情况下。横推力为170t，在整个屋架坠落时支座垫板对柱子腹板的挤压是不可能发生的。在下弦断裂的情况下找到了90行柱子上托架螺栓锚固能力降低的原因。在下弦断裂后，托架将不可避免地下沉，必然产生托架支座节点的转动，导致螺栓既受拉又受剪的复杂工作状况，在这种复杂应力下钢材抗力立即下降。由此可以得出结论，托架下弦不发生脆性破坏就不可能发生这次B列托架的倒塌；但在90行柱没有支托板的情况下托架倒塌的威胁依然存在。在有支托板的情况下，B列托架下弦的断裂可能不至于导致车间屋盖的破坏，托架可像三铰拱一样工作而不坠落。

6.5 钢结构疲劳破坏造成的工程事故

6.5.1 钢结构疲劳破坏

钢结构的疲劳破坏是指钢材或构件在反复交变荷载作用下在应力远低于抗拉极限强度甚至屈服点的情况下发生的一种破坏。就断裂力学的观点而言，疲劳破坏是从裂纹起始、扩展到最终断裂的过程。通常钢结构的疲劳破坏属高周低应变疲劳，即总应变幅小，破坏前荷载循环次数多。设计规范规定，当循环次数$n>5\times10^4$，应进行疲劳计算。

1. 疲劳破坏的特点

疲劳破坏与静力强度破坏是截然不同的两个概念。它与塑性破坏、脆性破坏相比，具有以下特点：

（1）疲劳破坏是钢结构在反复交变动载作用下的破坏形式，而塑性破坏和脆性破坏是钢结构在静载作用下的破坏形式。

（2）疲劳破坏虽然具有脆性破坏特征，但不完全相同。疲劳破坏经历了裂缝起始、扩展和断裂的漫长过程，而脆性破坏往往是在无任何先兆的情况下瞬间发生。

（3）就疲劳破坏断口而言，一般分为疲劳区和瞬断区（见图 6-5）。疲劳区记载了裂缝扩展和闭合的过程，颜色发暗，表面有较清楚的疲劳纹理，呈沙滩状或波纹状；瞬断区真实反映了当构件截面因裂缝扩展削弱到一临界尺寸时脆性断裂的特点，瞬断区晶粒粗亮。

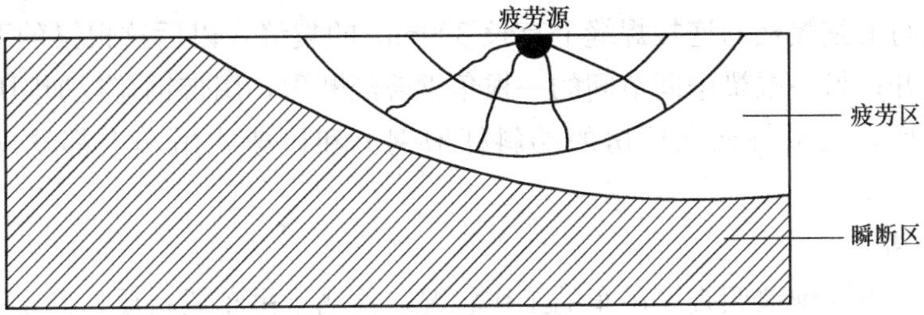

图 6-5　疲劳破坏断口分区

2. 疲劳破坏的影响因素

疲劳是一个十分复杂的过程，从微观到宏观，疲劳破坏受到众多因素的影响，尤其是对材料和构件静力强度影响很小的因素，对疲劳影响却非常显著，如构件的表面缺陷、应力集中等。

影响钢结构疲劳破坏的主要因素是应力幅、构造细节和循环次数，而与钢材的静力强度和最大应力无明显关系，该观点尤其对焊接钢结构更具有正确性。此外，影响钢结构疲劳破坏的因素还有：

（1）所用钢材的抗疲劳性能差。

（2）结构构件中有较大应力集中区域。

（3）钢结构构件加工制作时有缺陷，其中裂纹缺陷对钢材疲劳强度的影响比较大。

6.5.2　工程实例

【实例 6-4】

1. 工程概况

某轧钢厂均热炉厂房框架式吊车梁开裂——苏联某轧钢厂均热炉厂房宽 32m，侧跨 9.5m，厂房总长 187m，柱距 16.5m（如图 6-6 所示），横向温度缝从长度方向把厂房分为两个部分。厂房内设有 4 台吊车，其中有 3 台是起重量各为 1000/100kN 的钳式吊车，照管 8 组均热炉；另 1 台是起重量为 500/100kN 的检修吊车。1948 年末建成。吊车梁分两次建造，一部分是在第二次世界大战前制造的，采用刚性上弦焊接桁架，用料为降低等

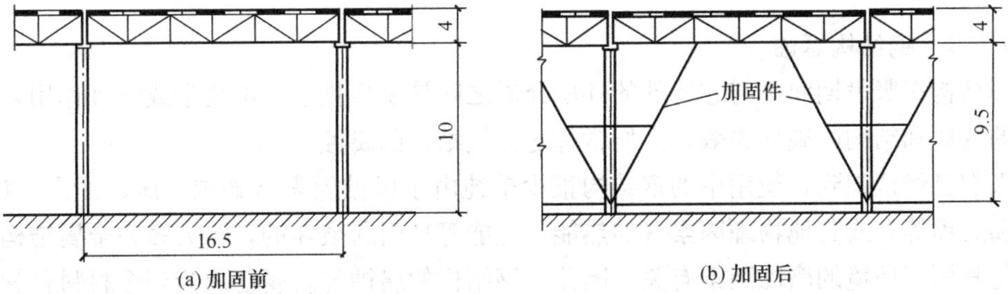

图 6-6　均热炉工段吊车梁示意图（单位：mm）

级的3号钢；大部分是在1945年制造的，采用实腹式焊接梁，采用带白垩涂料的34型电焊条手工焊接。1950年，对该厂房结构检查时，发现一根桁架吊车梁下弦节点板处中间斜杆的角钢上有一条贯通裂缝，但没有进行修复。两年以后，当钳式吊车通行时。这根梁严重下垂，还发现梁的斜杆、竖杆以及弦杆钢材的断裂都有增加。随即拆除这根梁，并换成按1945年图纸制作的新焊接吊车梁。此后，在其他桁架式梁上也发现了裂缝。一根梁在上弦翼缘板与上弦腹板的连接焊缝上有长300mm的裂缝，以后这根梁的下弦和节点板的连接焊缝裂开；另一根梁中间节间的一根角钢曾经断裂，用带钢盖板加固后，后来又沿盖板裂开。此后，几乎每天在厂房的端斜杆槽钢上和桁架式吊车上都发现类似性质的裂缝。

2. 事故分析

裂缝调查小组详细地调查了吊车的工作状况，检测了吊车梁材质，确定了裂缝的性质属于疲劳裂缝，其原因有：

(1) 均热炉车间的吊车每昼夜从初轧机上取下几百个钢锭，每年在一根梁上至少要来回运行50万次；此时，在中间斜杆上将产生交变力——拉力740kN、压力400kN。按理论计算，这种力在结构构件上产生的应力不应超过62～72MPa。经实际检测，吊车梁中间斜杆的实际应力达到111MPa，且加荷次数已超过200万次。

(2) 对开裂吊车梁的钢材做检验性试验表明：梁是由沸腾钢制作的，许多部位的钢材仅具有较低的极限强度（不到300MPa），且钢材的磷（P）含量高达0.26%，超过废品规定极限的2倍多，大大降低了钢材的塑性、韧性和可焊性。

(3) 在吊车梁上有多处应力高度集中，如：斜杆和竖杆与节点板和弦杆连接处，下弦在接头处用带钢盖板覆盖的加固处，以及中间斜杆在节点板用截断的带钢加固处。实际上是在这些部位发现母材和焊缝内部有裂缝。

(4) 多部位焊缝有咬边和气泡，也促使其较早出现裂缝。均热炉厂房框架式吊车梁日益频繁地出现裂缝，车间继续使用已很不安全，这些梁在更换前应立即加固。吊车梁的加固设计如图6-6所示。每根梁由宽翼缘工字钢组成的两根斜撑加固，吊杆由双角钢2L200×200×16组成较强的竖杆，在地坪水平处设立一根由两个槽钢组成的系杆。同时，加固时应采取必要的预防措施，以保证加固工程顺利完成。吊车梁加固后其工作应力降低了1/2～1/3，未再出现新裂缝，继续使用1年多后才用新吊车梁换下。

6.6 钢结构锈蚀造成的工程事故

6.6.1 钢结构锈蚀

钢结构在服役期间，与它所处的环境介质之间易发生化学、电化学或物理作用，引起材料的变质和结构的破坏失效，人们常称之为钢结构的腐蚀。

人们已经认识到，使用中的钢结构很少单纯由于机械因素（如拉、压、冲击、疲劳、断裂和磨损等）或其他物理因素（如热能、光能等）引起破坏的，绝大多数金属结构的破坏都与其周围环境的腐蚀因素有关。因此，钢结构的腐蚀与防腐已成为当今材料科学、化工业与工程等领域不可忽略的重大课题，受到了政府与钢结构应用相关行业的重视。

1. 钢材腐蚀的分类

研究发现，钢材腐蚀按其作用可分为以下两类：

(1) 化学腐蚀

化学腐蚀是指钢材直接与大气或工业废气中含有的氧气（O_2）、碳酸气体（CO_2）、硫酸气体（SO_2）或非电介质液体发生表面化学反应而产生的腐蚀。

(2) 电化学腐蚀

电化学腐蚀的诱因是钢材内部有其他金属杂质，它们具有不同的电极、电位，在与电介质或水、潮湿气体接触时，产生原电池作用，使钢材腐蚀。

实际工程中，绝大多数钢材锈蚀是电化学腐蚀或化学腐蚀与电化学腐蚀共同作用所致。

普通钢材的抗腐蚀能力比较差，这一直是工程上关注的重要问题。腐蚀使钢结构杆件净截面面积减损，降低结构承载力和可靠度，腐蚀形成的"锈坑"使钢结构脆性破坏的可能性增大，尤其是抗冷脆性能下降。

2. 腐蚀部位

一般来说，钢结构下列部位容易发生锈蚀：

(1) 埋入地下的地面附近部位，如柱脚等；

(2) 可能存积或遭受水蒸气侵蚀的部位；

(3) 经常干湿交替又未包混凝土的构件；

(4) 易积灰又湿度大的构件部位；

(5) 组合截面净空小于 12mm，难以涂刷油漆的部位；

(6) 屋盖结构、柱与屋架节点、吊车梁与柱节点部位等。

一般常用油漆等涂料来保护钢结构。近年来，人们寻求一种积极的提高钢材本身抗腐蚀性能的方法。通常在低碳钢冶炼时加入适量的磷（P）、铜（Cu）、铬（Cr）和镍（Ni）等合金元素，使之和钢材表面外的大气化合成致密的防锈层，起隔离大气的覆盖层作用，而且不易老化和脱落。这是目前国外金属抗腐蚀研究的发展趋势。

6.6.2 工程实例

【实例 6-5】

1. 工程概况

某炼铁厂的高炉出铁场厂房建于 1958 年。厂房为 18m 跨度，4m×6m 的现浇钢筋混凝土结构。屋面为现浇钢筋混凝土双坡屋面（其位置如图 6-7 所示的轴线①～⑤）。1959 年设计部门对高炉风口平台和出铁场改建时增加了轴线⑥、⑦柱。1967 年出铁场进一步改扩建，对原柱列接长加固，升高屋面，增设 1 台 5t 桥式吊车，檩条用 12 号槽钢。另外在轴线①～⑤增设通风屋脊。原 5200～6000mm 出铁平台保留。这次改造还从轴线①往左接长 8.57m，在此距内设两榀屋架，其中 1 榀距轴线①为 4m。此屋架坐在轴线⑩与轴线①之间柱顶的钢筋混凝土托架梁上。1971 年设计部门对该厂房进一步改建。拔除⑥列轴线⑤及轴线⑥的柱，从而形成 12.5m 大柱距。在轴线④与轴线⑦之间增设钢托架和钢吊车梁，屋面用 2mm 厚铁皮瓦。1990 年 2 月出铁场厂房附跨因积灰太厚，出现局部坍塌现象。

1990 年 5 月 14 日整天下雨，雨量为 26.4mm。15 日凌晨下大雨直到晚上，雨量为 88.4mm。15 日凌晨 4 点左右整个厂房除轴线⑩的屋架未垮外，其余 7 榀钢屋架全部垮塌。靠近高炉的轴线⑤、⑥垮塌尤为严重。垮下来的屋架把高炉的循环水管打破，进而引

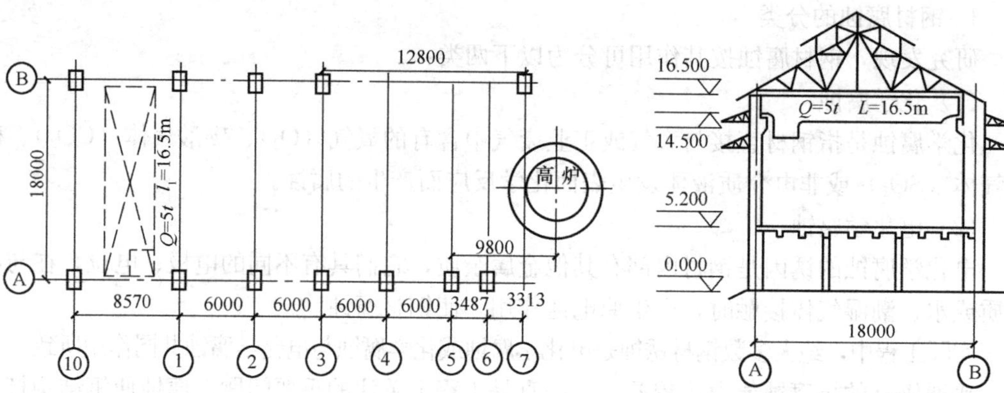

图 6-7 厂房平面及剖面图

起高炉停产。停靠在轴线⑩与轴线①之间的吊车大梁也受垮塌屋架的冲击而变形。厂房排架纵向连系梁除轴线①～⑩之间托架梁未拉下来外，其余的均随着屋架和上柱破坏而掉下来。柱顶埋设件因屋架垮塌而使锚筋被连根拔出。上柱靠厂房内侧的主筋被拉出柱外，有几根柱子的上柱完全被拉断。位于轴线④～⑦的托架随屋架一起垮下来并把下面的钢吊车梁砸变形。柱牛腿部位均有不同程度的破坏，其中轴线⑦列柱牛腿在斜面下方断裂。下柱情况较好，只有轴线④、⑤、⑥列柱和轴线④、⑦列柱有明显裂纹，其余柱均未发现异常。事故发生后对厂房轴线、轨道中线测量结果表明，厂房有较大变形。

2. 原因分析

事故发生以后，曾多次现场调查并对原设计图纸进行复查，同时收集屋面积灰和截取屋架上下弦杆样品送试验室检验，结果表明：

(1) 屋面积灰超负荷。从现场垮下来的部分屋面以及紧挨高炉的其他建筑屋面上积灰厚度来看，最厚的达 300mm，薄的也有 100 多毫米，积灰相当严重。送检灰样的重力密度为：原样重度是 $8.5kN/m^3$，烘干试样重度为 $9.5kN/m^3$，24h 饱和试样重度为 $12.9kN/m^3$，原设计强调对屋面积灰应定期清灰，积灰厚度不得超过 30mm。实际上屋面积灰最薄的也远远超过设计考虑的厚度。以积灰厚度为 100mm 的饱和试样计算，其积灰荷载达到 $1.29kN/m^2$，这个荷载已是原设计积灰荷载的 3 倍以上。即使原设计按荷载规范《工业与民用建筑结构荷载设计规范》TJ 9—1974 表 5 中的规定选用，其设计考虑的积灰荷载也远小于现场的积灰荷载。

(2) 灰尘的长期聚集加剧屋盖结构的腐蚀。出铁场厂房离尘源（高炉和烧结厂）很近，每天都有大量的降尘集落在屋面并粘附在厂房结构表面上。这些聚集和粘附的灰尘首先引起钢结构表面防腐涂层的破坏，继而对钢结构直接腐蚀。从对积灰样的化学分析来看，其主要成分为 SiO_2、Al_2O_3、MgO、CaO 固定碳等，用手捏感觉像砂一样。通常，砂粒容易使水凝结，从而造成钢结构表面潮湿、水膜增厚，同时砂状灰尘又吸附工业大气中的 SO_2 及其他有害成分并溶入钢结构表面的水膜中形成弱酸电解质。这样就在钢结构表面形成电化学腐蚀过程，加剧了钢结构腐蚀。现场调查时，发现铁皮瓦的腐蚀相当严重，有的铁皮已锈蚀成薄片，有的已完全锈穿。这些铁皮瓦还是 1987 年换上去的。从屋架上下弦杆角钢送检的显微照片发现：下弦杆件 L63×6 的外表面严重锈蚀，上弦杆件 L75×6 的内表面严重腐蚀，角钢边厚明显减薄 3mm。此外，每榀屋架支座板、柱顶埋件都腐蚀严重。

(3) 周期性热源高温对屋架结构的影响。高炉出铁厂的特点是热量集中、温度高、时间短，但它却是周期性地辐射于附近建筑结构的表面，这种热影响应引起足够的重视。一般来说，钢结构对温度影响适应性较好，钢材在 100℃时其强度和弹性模量只降低 5%左右；温度大于 250℃时，其强度显著降低 25%左右；温度在 350～400℃时钢结构将产生急剧变形。出铁场柱顶标高为 16.500m，屋架距热源（铁水）近，如果出铁时操作不当，就会产生铁水喷溅现象，使钢结构表面突然遭受高温铁水的溅射，这种现象对建筑结构较为不利。现场发现轴线⑤、⑥、⑦柱靠高炉面有遭喷溅粘附的铁屑，同时发现钢筋混凝土柱有被烧烤而产生疏松现象。虽然没有屋架下弦在出铁水时的温度实测数据来说明这一影响，但值得注意的是这次事故是在下雨和刚出完铁水后的几分钟内发生的，说明有受高温影响的可能性。

(4) 使用不当是造成事故的潜在因素

1) 生产单位没有制定严格的定期清灰制度。厂房离尘源这样近，灰尘浓度大，长期集落又不定期清扫，势必造成积灰超负荷。工程设计中又不可能把积灰荷载提得很高——这样做不仅增加屋面结构材料，拉高工程投资，而且仍难以满足长期积落灰尘的要求。所以应制定严格的清灰制度才能保证屋面正常工作。

2) 生产单位随意改变结构用途。在现场发现有一根钢丝绳穿在 3 榀屋架的下弦，同时还有一根钢丝绳套在一根柱子的上柱处。这说明生产单位平时利用屋架等构件吊重物，改变了结构设计用途。这是不安全的，而且很容易造成结构损伤。

(5) 设计时构造措施不足

对几次改扩建的图纸分析发现屋盖支撑系统有两个不足之处：①两端横向水平支撑未贯通整个跨间；②在设有托架的相邻柱间未设纵向水平支撑或设了支撑又未形成封闭的支撑系统。总之原设计屋盖系统空间刚度较弱。

综合以上 5 点分析来看，这次事故的原因较多，但最主要的原因是积灰超负所致。

3. 结论

(1) 工业建筑管理和生产部门应制定严格的清灰制度，要定期定人清扫屋面积灰。

(2) 对钢结构应定期更新防腐涂层以确保结构的正常工作。

(3) 生产单位在生产过程中不得随意改变建筑结构的用途，以及结构的受力状态，确实需要改变用途的应请设计部门变更设计。

(4) 设计部门应努力提高设计质量，在设计工作中推行全面质量管理，要加强设计人员的质量意识，要建立完整的质量保证体系，严格把好设计全过程的各道关口。

6.7 钢结构变形造成的工程事故

6.7.1 钢结构的变形

钢结构具有强度高、塑性好的特点，而冷弯薄壁型钢的应用和轻钢结构的迅速发展，使得目前钢结构的截面越来越小，板厚及壁厚也越来越薄。在这种形势下，再加上原材料以及加工、制作、安装、使用过程中的缺陷和不合理的工艺等原因，钢结构的变形问题更加突出，因此对钢结构变形事故应引起足够的重视。

钢结构的变形可分为总体变形和局部变形两类。总体变形是指整个结构的外形和尺寸发生变化，出现弯曲、畸变和扭曲等，如图 6-8 所示。

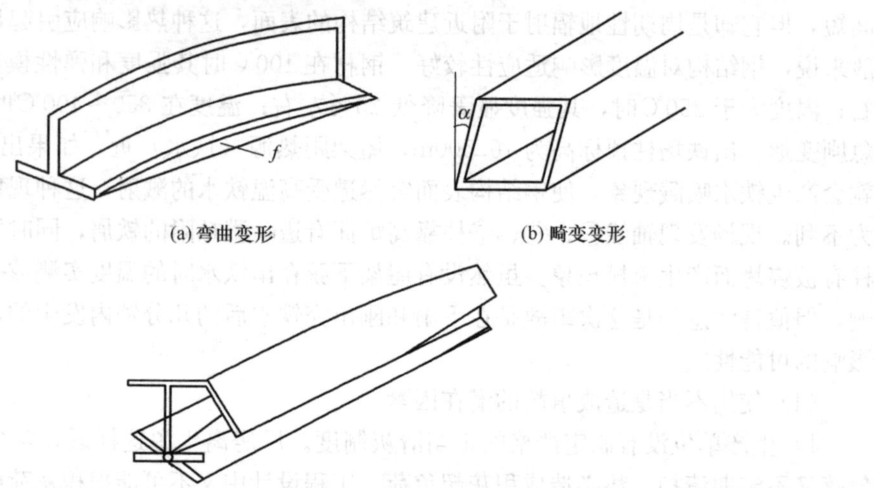

(a) 弯曲变形　(b) 畸变变形

(c) 扭曲变形

图 6-8　总体变形

局部变形是指结构构件在局部区域内出现变形，例如构件凹凸变形、端面的角变位、板边褶皱波浪形变形等，如图 6-9 所示。

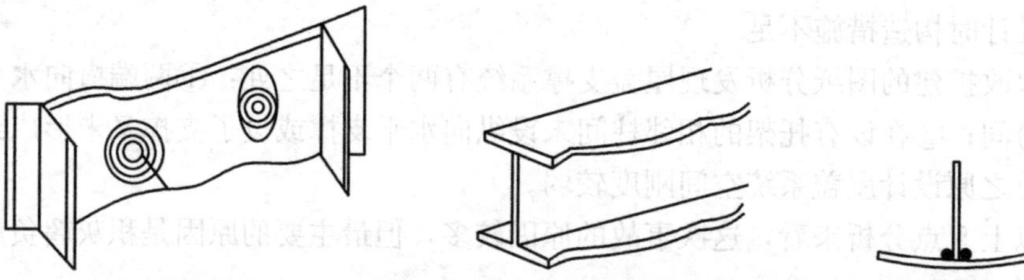

(a) 凹凸变形　(b) 褶皱波浪变形　(c)角变位

图 6-9　局部变形

总体变形与局部变形在实际的工程构件中有可能单独出现，但更多的是组合出现。无论何种变形都会影响结构的美观，降低构件的刚度和稳定性，给连接和组装带来困难，尤其是附加应力的产生，将严重降低构件的承载力，影响到整体结构的安全。钢结构的形成过程为：材料→构件→结构。在形成的过程中变形原因概述如下：

1. 钢材的初始变形

结构所用的钢材常由钢厂以热轧钢板和热轧型钢供应。热轧钢板厚度为 4.5～60mm，薄钢板厚度为 0.35～4.0mm；热轧型钢包括角钢、槽钢、工字钢、H 形钢、钢管、C 形钢、Z 形钢，其中冷弯薄壁型钢厚度在 2～6mm。

钢材由于轧制及人为因素等原因，时常存在初始变形，尤其是冷弯薄壁型钢，因此在钢结构构件制作前必须认真检查材料，矫正变形，不允许超出钢材规定的变形范围。

2. 加工制作中的变形

(1) 冷加工产生的变形

剪切钢板产生变形，一般为弯扭变形，窄板和厚板变形大一点；刨削以后产生的弯曲变形，窄板和薄板变形大一点。

(2) 制作、组装带来的变形

由于加工工艺不合理、组装场地不平整、组装方法不正确、支撑不当等原因，引起的变形有弯曲、扭曲和畸变。

(3) 焊接变形：

焊接过程中的局部加热和不均匀冷却使焊件在产生残余应力的同时还将伴生变形。焊接变形又称焊接残余变形。通常包括纵向和横向收缩变形、弯曲变形、角变形、波浪变形和扭曲变形等。焊接变形产生的主要原因是焊接工艺不合理、电焊参数选择不当和焊接遍数不当等。焊接变形应控制在制造允许误差限制以内。

(4) 运输及安装过程中产生的变形

运输中不小心、安装工序不合理、吊点位置不当、临时支撑不足、堆放场地不平，尤其是强迫安装，均会使结构构件变形明显。

(5) 使用过程中产生的变形

钢结构在使用过程中由于超载、碰撞、高温等原因会导致变形。

6.7.2 工程实例

【实例 6-6】

1. 工程概况

第一汽车制造厂第二铸造分厂造型车间，长 54m，宽 84m，宽度方向为一个 30m 跨，两个 27m 跨。30m 跨钢屋架下弦节点悬挂吊车，屋架上弦杆选用 L200×125×14，后代换为 L200×110×14，下弦杆选用 L180×110×14。当屋架及屋面板施工完毕后，现场发现个别屋架的竖腹杆有明显的倾斜现象，随即进行调查和测量。在所测的 210 个上弦节点上，上弦节点相对下弦节点有不同程度的偏移，其中大于 100mm 的点有 3 个，60～100mm 的点有 4 个，40～60mm 的点有 25 个，20～40mm 的点有 90 个，不符合规范要求的点占所测点的 80%。最大偏移 125mm，在屋架端部上弦节点，相应的该屋架另一端向另一侧偏移 59mm（见图 6-10）。整榀屋架呈扭曲状，其他屋架亦规律性地呈现扭曲状。经观察，偏移没有发展。

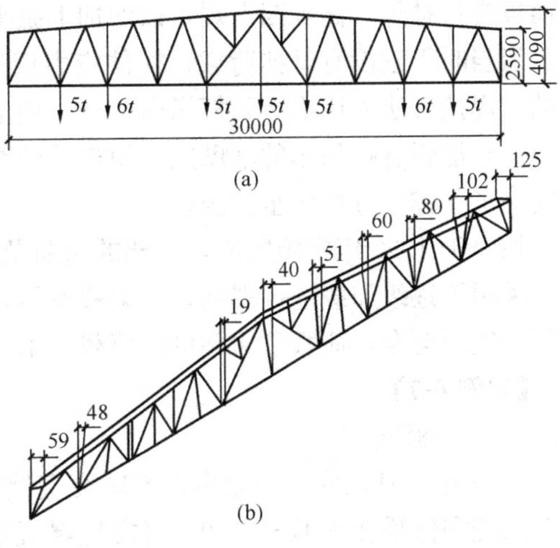

图 6-10 钢屋架及扭曲变形

2. 事故原因

对该设计计算书的复核表明：计算正确，且事故发生时屋架荷载仅达设计荷载的 40%，排除了屋架因强度不足导致发生扭曲；同时，经调查，屋架吊装时使用 T 形扁担梁，满足了吊装的要求，且加工、制作钢屋架的平台及胎具也都合格，不会引起屋架扭曲。事故的主要原因是屋架堆放不标准。按规范要求，钢屋架堆放时应直立，两个端头须用固定支架固定，相邻两个钢屋架应隔以木块，相互绑牢。据调查，该钢屋架堆放时确实采用了直立方式，但没能严格按规定执行，而是将钢屋架一端靠在一堆屋面板上，另一端没有侧向支撑，钢屋架间没有拉紧捆绑，结果使钢屋架逐个挤压，造成了屋架的扭曲变形，这种变形没有因为卸载而消失，表明钢屋架已经发生塑性变形。

如果在施工安装过程中能按有关施工规定，仍能得到及时解决。但在支撑系统安装时，由于各钢屋架扭曲程度不同，屋架间距亦各不相同，纵向系杆、水平支撑、垂直支撑非长即短，无法安装。本应对该屋架及时进行矫正，但施工人员为完成工期，没有执行有关规定，而是将纵向杆件"多截少补"的焊在屋架上，错过了避免事故的机会。同时经检查发现有80%的屋面板未按规定施行点焊。

事故处理认为：根据钢屋架的实际情况，如不加处理继续使用，可能会发生更大的事故，这是因为：①屋盖系统在屋架平面外是一个可变体系，屋架的倾斜使屋盖系统整体性更差，屋盖有可能发生整体失稳；②屋架扭曲、屋面板安装不对中使得上弦杆处于受压受扭状态，节点平面外受力使得轴心压杆变成压弯杆，有可能造成杆件失稳破坏。

3. 事故处理

由于事故发现时屋面板已施工完毕，而工期要求又很紧，无法将屋面板拆下对钢屋架一一进行矫正，为此在原有屋架上采取加固措施：

(1) 增加纵向杆件。为使屋盖系统接近空间结构，提高屋盖系统的承载力，加强屋盖系统的纵向刚度，防止屋盖整体失稳，在屋架的端部和屋脊处，沿厂房纵向增设垂直支撑，垂直支撑与每榀屋架相应位置的纵向系杆的节点板连接，采用现场放样下料、螺栓连接的办法既保证了加固安装，又不需在屋架杆上施焊，且施工难度也不大。

(2) 对屋面板采取补焊措施。由于原来的施工没有保证屋面板的三点焊，为此要求对屋面板进行补焊，做到四点焊，以增加上弦平面外的刚度，将偏心产生的弯矩分配给屋面板。因当时下弦没有悬挂荷载，构件应力仅达到设计值的40%，在上弦杆件上施焊是可以的。焊接方法采用沿上弦杆纵向施焊，使上弦杆截面的削弱减至最小。

(3) 加强悬挂吊车的辅助梁，使得下弦刚度有所提高。利用辅助梁，将水平荷载传至横向水平支撑，进而传至柱顶。

加固于1990年实施完成，屋架的扭曲及偏移在加固前后均无变化，在厂房生产运行时，采用了逐级加载进行观测，无偏移发展，经半年的运行观测，亦未发现偏移的增加。该厂房使用至今，荷载已达到设计荷载，未发生异常情况，证明加固是成功的。

【实例 6-7】

1. 工程概况

1989年1月，中国内蒙古自治区废蜜储罐爆裂——内蒙古自治区某糖厂竣工后使用不久的废蜜储罐在气温-11.9℃时发生爆裂事故。该罐直径20m，高15.76m，罐身上下共10层，由6～18mm钢板焊成，容量5600t，当时实贮4300t，应力尚低。破坏时整个罐体炸裂为5大部分，其中上部7层和盖帽甩出后将相距25.3m的储糖库的西墙及西南角墙（连续约长27m范围）砸倒，废蜜罐冲击力将相距4m处的6.5m×6.5m两层废蜜泵房夷为平地，楼板等被推出原址约21.4m。

2. 事故原因

事后调查表明，该起事故中一些焊缝严重未焊透和质量差引起裂纹扩展，致使突发低温脆断。

6.8 钢结构火灾造成的工程事故

6.8.1 钢结构耐火性能

钢结构除耐腐蚀性差外，耐火性差也是一大缺点。因此一旦发生火灾，钢结构很容易遭受破坏而倒塌。有关实验表明：温度升高，当在200℃以内时钢材性能没有很大变化；430～540℃时，强度和弹性模量都急剧下降；当达到600℃时，屈服强度、抗拉强度和弹性模量很低，其承载力几乎完全丧失。如2001年的美国世贸大厦在“9·11”事件中因遭受飞机撞击后引起火灾的倒塌事故。

当发生火灾后，热空气向构件传热的方式主要是辐射、对流，而钢构件内部传热是热传导。随着温度的不断升高，钢材的热物理特性和力学性能发生变化，钢结构的承载能力下降。火灾下钢结构的最终失效是由于构件屈服或屈曲造成的。

钢结构在火灾中失效受到各种因素的影响，如钢材的种类、规格、荷载水平、温度高低、升温速率、高温蠕变等。对于已建成的承重结构来说，火灾时钢结构的损伤程度还取决于室内温度和火灾持续时间，而火灾温度和作用时间又与此时室内可燃性材料的种类及数量、可燃性材料燃烧的特性、室内的通风情况、墙体及吊顶等的传热特性以及当时气候情况（季节、风的强度、风向等）等因素有关。火灾一般属意外性的突发事件，一旦发生，现场较为混乱，扑救时间的长短也直接影响到钢结构的破坏程度。

6.8.2 工程实例

【实例6-8】

1. 工程概况

在美国“9·11”事件中遭受飞机撞击的纽约世贸中心姊妹塔楼，地下6层，地上110层，高度411m，每幢楼建筑面积41.8万m^2，标准层平面尺寸63.5m×63.5m，内筒尺寸24m×42m，标准层层高为3.66m，吊顶下净高2.62m，一层入口大堂高度22.3m，建筑高宽比为6.5。整个世贸中心可容纳5万人工作，每天来办公和参观的人数约3万。纽约世贸中心姊妹塔楼为超高层钢结构建筑，采用“外筒结构体系”，外筒承担全部水平荷载，内筒只承担竖向荷载。外筒由密柱深梁构成，每一外墙上有59根箱形截面柱，柱距1.02m，裙梁截面高度1.32m，外筒立面的开洞率仅为36%。外筒柱在标高12m以上截面尺寸均为450mm×450mm，钢板厚度随高度逐渐变薄，由12.5mm减至7.5mm。在标高12m以下为满足使用要求需加大柱距，故将三柱合一，柱距扩为3.06m，截面尺寸为800mm×800mm。楼面结构采用格架式梁，由主次梁组成，主梁间距为2.04m。楼板为压型钢板组合楼板，上浇100mm厚轻混凝土。一幢楼的总用钢量为78000t，单位用钢量为186.6kg/m^2。大楼建成后在风荷载作用下，实测最大位移为280mm。

2. 事故简介

就大楼的倒塌过程而言，恰似多米诺骨牌效应，其连续破坏过程可划分为三个阶段：

（1）飞机撞击形成的巨大水平冲击力造成部分梁柱断裂，形成薄弱层或薄弱部位。

（2）飞机所撞击的楼层起火燃烧（见图6-11），钢材软化，该楼层丧失承载力致使上部楼层塌落。

图 6-11　世贸大厦着火

（3）上部塌落的楼层化为一个巨大的竖向冲击力，致使下面楼层结构难以承受，于是发生整体失稳或断裂，层层垂直垮塌。世贸大厦倒塌的全过程如图 6-12 所示。就大楼的倒塌原因而言，可谓是复合型的。因为单一的水平撞击或者大楼发生常规性火灾都不可能造成整个结构垮塌。

3. 事故原因

从外因和内因两个方面进行分析：

①外因——飞机撞击大楼属意外事件，就形成的水平冲击力而言，纯属不可抗力，可谓百年乃至千年不遇。纽约世贸大厦落成后历经 30 年风雨依然完好，而那次撞击大楼的波音 757 飞机起飞质量 104t，波音 767 飞机起飞质量 156t，飞行速度约 1000km/h。在如此巨大的冲击下，大楼虽然晃动近 1m 却未立即倾倒，无论内部还是外部均无严重塌落，这充分证明大楼原结构的设计和施工没有问题。

②内因——钢结构作为一种结构体系，尤其是在超高层建筑中有无以伦比的优势。但耐火性能差是自身致命的缺陷。高温下建筑材料的力学性能会发生变化，强度将随着温度

图 6-12　世贸大厦倒塌全过程

的升高而降低。从防火性能来看，建设设计首先应考虑的应是建筑结构采用混合结构还是全钢结构。全钢结构受热后很快会出现塑性变形，进而降低结构的承载能力。试验表明：低碳钢在200℃以下钢材性能变化不大；在200℃以上，随温度升高弹性模量降低，强度下降，变形增大；500℃时弹性模量为常温的50%；700℃时基本失去承载能力。本次撞击北楼的波音767飞机装载51t燃油，撞击南楼的波音757飞机装载35t燃油。尽管世贸大厦的钢结构采用了防火涂料等防护物，但在如此罕见的熊熊烈火面前还是无能为力，在爆炸、断电、消防系统失灵、火势无法及时扑灭的不利因素共同作用下，飞溅的燃油引燃了大楼中的可燃物质，并持续猛烈燃烧，由此产生的温度可能高达2000℃。由于大厦支柱和桁架是100%的钢材料，高温使上层钢架变软，桁架弯曲，周围的混凝土膨胀变形。应力的丧失和荷载的增加使上层开始塌落，从而对下层结构产生远超过结构所能抵抗的垂直冲力，致使结构失衡，又冲向下一个楼面。自上而下依次冲击，形成垂直向的多米诺效应，最终导致全楼的彻底坍塌。

另外，世贸大厦采用外筒结构体系，该体系存在剪力滞后效应，且外柱截面仅为450mm×450mm，厚度仅为7.5～12.5mm，因此，抵抗水平撞击的能力较差。若采用截面及厚度较大的巨型钢柱、钢-混凝土组合柱或采用约翰·考克大厦的巨型外交叉支撑，也许飞机在撞击时会在大楼的外部发生爆炸，不会进入楼内引发火灾，本次灾难也许能够幸免。“9·11”事件发生后，美国研究人员以世贸双塔为研究目标，广泛搜集资料，希望了解导致大楼倒塌的真正原因、并给出了研究报告。这份报告认为世贸双塔使用的建材和结构设计都没有问题，钢梁上的防火物质在高温下遭到破坏，是造成世贸双塔倒塌的主要原因。报告建议，美国各地都应该改变高楼建筑的建材要求，同时安置火灾逃生专用的电梯，以避免类似“9·11”事件的巨大灾难再度发生。

4. 结论

美国商务部、国家科技标准局花了3年时间、用超过1600万美元的经费做出这份报告，建议美国应该研发出防火性能更好的高楼建材，同时各地政府也应该通过立法，加强高楼的防火标准，要求安置结构性强的逃生专用电梯。该报告中提出，如果世贸双塔的电梯有防火保护措施，可能“9·11”事件死伤的人数就会大幅度降低。该报告还建议，各地政府应该改善救援通信系统，同时高楼内应该设置一个类似黑匣子的通信记录器，记录现场援救人员的通信内容，以便事后进行研究。

6.9 钢结构的加固

6.9.1 钢结构加固的基本要求

1. 钢结构加固的一般规定

(1) 钢结构的加固应根据可靠性鉴定所评定的可靠性等级和结论进行。经鉴定评定其承载能力，包括强度、稳定性、疲劳、变形、几何偏差等。不满足或严重不满足现行钢结构设计规范的规定时，必须进行加固方可继续使用。

(2) 加固后的钢结构安全等级应根据结构破坏后果的严重程度、结构的重要性等级和加固后建筑物功能是否改变、结构使用年限确定。

(3) 钢结构加固设计应与实际施工方法密切结合，并应采取有效措施保证新增截面、构件和部件与原结构和构件连接可靠、形成整体共同工作。

(4) 对于高温、腐蚀、冷脆、振动、地基不均匀沉降等原因造成的结构损坏，提出其相应的处理对策后再进行加固。

(5) 钢结构在加固施工过程中，如果发现原结构或相关工程隐蔽部位有未预计的损伤或严重缺陷时，应立即停止施工，采取有效措施进行处理后方能继续施工。

(6) 对于可能出现倾斜、失稳或倒塌等不安全因素的钢结构，在加固之前，应采取相应的临时安全措施，以防止事故的发生。

2. 钢结构加固的计算原则

(1) 在钢结构加固前应对其作用荷载进行实地调查，其荷载取值应符合下列规定：

1) 根据使用的实际情况，对符合现行国家规范《建筑结构荷载规范》GB 50009—2012 的荷载，应按此规定取值。

2) 对不符合《建筑结构荷载规范》GB 50009—2012 规定或未作规定的永久荷载，可根据实际情况进行抽样实测确定。抽样数不得少于 5 个，取其平均值乘以 1.2 的系数。

(2) 加固钢结构可按下列原则进行结构承载力和正常使用极限状态的验算：

1) 结构计算简图，应根据结构上的实际荷载、构件的支承情况、边界条件、受力状况和传力途径等确定，并应适当考虑结构实际工作中的有利因素，如结构的空间作用、新结构与原结构的共同工作等。

2) 结构的验算截面，应考虑结构的损伤、缺陷、裂缝和锈蚀等不利影响，按结构的实际有效截面进行验算。计算中尚应考虑加固部分与原构件协同工作的程度、加固部分可能的应变滞后的情况等，对其总的承载能力予以适当折减。

3) 在对结构承载能力进行验算时，应充分考虑结构实际工作中的荷载偏心、结构变形和局部损伤、施工偏差以及温度作用等不利因素使结构产生的附加内力等。

4) 对于焊接构件，加固时原有构件或连接的强度设计值应小于 (0.6～0.8) f；不得考虑加固构件的塑性变形发展。当现有结构的强度设计值大于 0.8 f 时，不得在负荷状态下进行加固。

5) 加固后使结构重量增加或改变原结构传力路径时，除应验算上部结构的承载能力外，尚应对建筑物的基础进行验算。

(3) 结构加固中的计算公式，可根据上述加固计算的基本原则，参照现行《钢结构设计规范》GB 50017—2003 的有关条件进行计算。

6.9.2 钢结构加固的常用方法

1. 结构的卸载方法

结构卸载要求传力明确、措施合理、确保安全。卸载方法很多，主要有以下几种：

(1) 梁式结构。如图 6-13 所示，工业厂房的屋架可用在下弦增设临时支柱或组成撑杆式结构的方法来卸载。当厂房内桥式吊车有足够强度时，也可支承在桥式吊车上。由于屋架从两个支点变为多支点，所以需进行验算，应特别注意应力符号改变的杆件。当个别杆件（如中间斜杆）由于临时支点反力的作用，其承载能力不能满足要求时，应在卸荷之前予以加固。验算时可将临时支座的反力作为外力作用在屋架上，然后对屋架进行内力分析。临时支座反力可近似地按支座的负荷面积求得，并在施工时通过千斤顶的读数加以控制，使其符合计算中采用的数值。临时支承节点处的局部受力情况也应进行核算，该处的

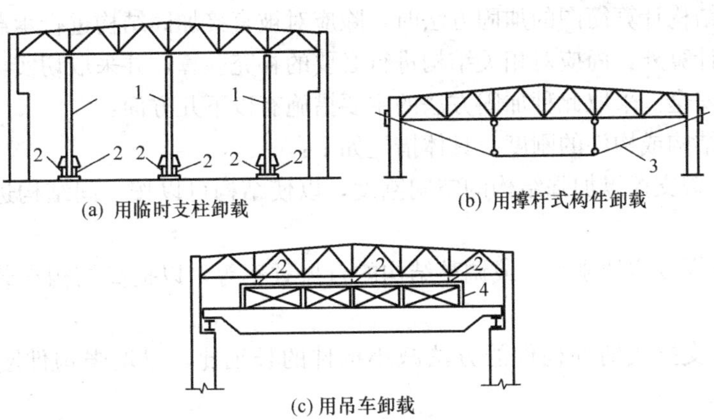

图 6-13　屋架卸载示意图

1—临时支柱；2—千斤顶；3—拉杆；4—支架

构造处理应注意不要妨碍加固施工。施工时尚应根据下弦支撑的布置情况，采取临时措施防止支承点在平面外失稳。

(2) 柱子。如图 6-14 所示，一般采用设置临时支柱卸去屋架和吊车梁的荷载。临时支柱也可立于厂房外面，这样不影响厂房内的生产，当仅需加固上段柱时，也可利用吊车桥架支托屋架使上段柱卸荷。

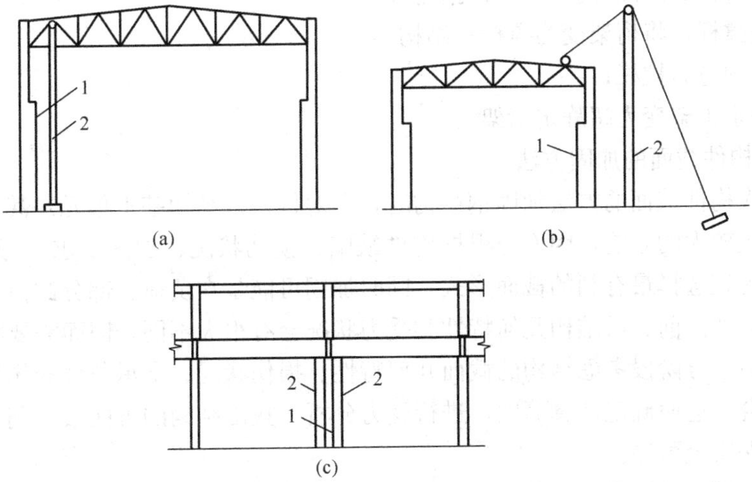

图 6-14　柱子卸载示意图

1—被加固柱；2—临时支柱

当下段柱需要加固甚至截断拆换时，一般采用“托梁换柱”的方法，“托梁换柱”的方法也可用于整柱的更换。当需要加固柱子基础时，可采用“托柱换基”的方法。

(3) 工作平台。因其高度不高，一般都采用临时支柱进行卸载。

2. 改变结构计算简图的加固方法

改变结构计算简图的加固方法是指采用荷载分布状态、传力路径、支座或节点性质，增设附加杆件和支撑，施加预应力，考虑空间协同工作等措施，对结构进行加固。

采取改变结构计算简图的加固方法时，除应对被直接加固结构进行承载能力和正常使用极限状态的计算外，尚应对相关结构进行必要的补充验算，并采取切实可行的合理构造措施，保证其安全。采取此种加固方法的主要措施有以下几方面：

(1) 增加结构或构件的刚度。具体措施如下：

1) 增加屋盖支撑以加强结构的空间刚度，以使结构可以按空间结构进行验算，挖掘结构潜力；

2) 加设支撑以增加刚度，或调整结构的自振频率等，以提高结构承载力和改善结构的动力特性；

3) 用增设支撑或辅助构件的方法减小构件的长细比，以增强构件刚度并提高其稳定性；

4) 在平面框架中集中加强某一列柱的刚度，以承受大部分水平剪力，从而减轻其他列柱的负荷。

(2) 改变构件的弯矩。具体措施如下：

1) 变更荷重的分布情况，比如将一个集中荷载拆分为几个集中荷载；

2) 变更构件端部支座的固定情况，比如将铰接变为刚接；

3) 增设中间支座或将两简支构件的端部连接起来使之成为连续结构；

4) 调整连续结构的支座位置，改变连续结构的跨度；

5) 将构件改变成撑杆式结构。

(3) 改变桁架杆件的内力。具体措施如下：

1) 增设撑杆，将桁架变为撑杆式结构；

2) 加设预应力拉杆；

3) 将静定桁架变为超静定桁架。

3. 加大构件截面的加固方法

采取加大构件截面的方法加固钢结构时，会对构件（结构基本单元）甚至结构的受力工作性能产生较大的影响，因而应根据构件缺陷、损伤状况、加固要求，考虑施工可能，经过计算、比较选择最有利的截面形式。同时加固可能是在负荷、部分卸荷或全部卸荷的状况下进行，加固前、后结构几何特性和受力状况会有很大不同，因而需要根据结构加固期间及前、后，分阶段考虑结构的截面几何特性、损伤状况、支承条件和作用其上的荷载及其不利组合，进而确定计算简图，进行受力分析，找出结构的可能最不利受力，设计截面加固，确保安全可靠。

单体构件截面的补强是钢结构加固中常用的方法，这个方法涉及面窄，施工较为简便。尤其是在满足一定的前提条件时可在负荷状态下补强，这对结构使用功能影响较小。有的构件（如吊车桁架）主要的加固方法就是加强原构件截面。

采取单体构件截面加固补强时，应考虑以下方面：

1) 注意加固时的净空限制，使补强零件不与其他杆件或者构件相碰；

2) 采用的补强方法应能适应原有构件的几何形状或已发生的变形情况，以便于施工；

3) 应尽可能使被补强构件的重心轴位置不变，以减少偏心所产生的弯矩。当偏心较大时，应按压弯或拉弯构件复核补强后的截面；

4) 补强方法应考虑补强后的构件便于油漆和维护，避免形成易于积聚灰尘的坑槽引发锈蚀；

5）焊接补强时应采取措施尽量减小焊接变形；

6）应尽量减少补强施工工作量。

（1）型钢梁的加固补强。如图 6-15 所示，具体做法如下：

1）从加固效果看，宜上下翼缘均补强，但当加固上翼缘有困难时，可仅对下翼缘补强，如图 6-15c～图 15h 所示；

2）就地加固时更要注意方便施工，有利于保证焊缝质量，尽量避免仰焊，如图6-15a～图 6-15h 所示，施焊比较方便，如图 6-15k～图 6-15m 所示，能够保证焊缝质量；

3）当不允许加大梁高或避免影响其他构件时可采取图 6-15g～图 6-15u 的方法，但图 6-15u 的加固效果较差，仅在不得已的情况下采用；

4）图 6-15n 所示用于增强梁的整体稳定，图 6-15t 所示的上翼缘易积灰、积水，不宜用于室外；

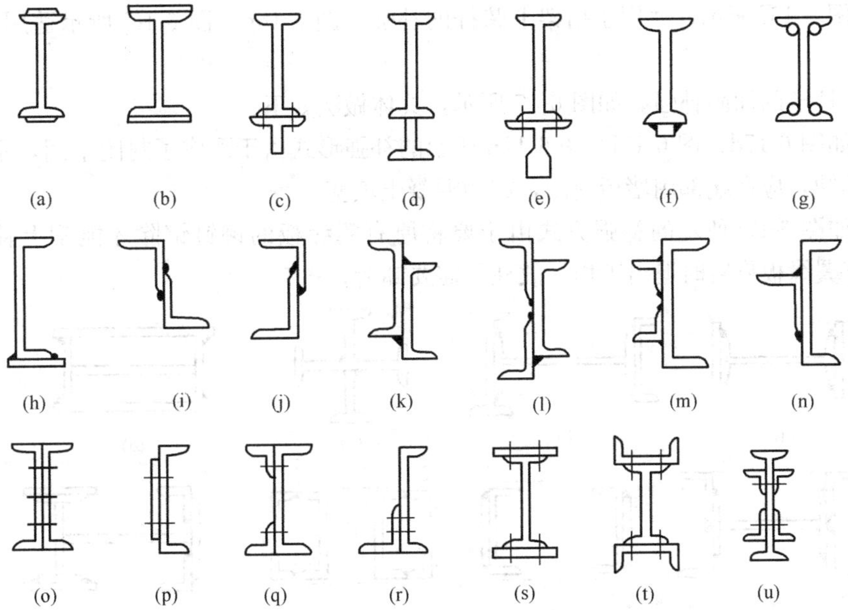

图 6-15　型钢梁加固补强示意图

5）当仅需要在弯矩较大区间补强时，补强零件可不伸到支座处。

（2）焊接桁架的加固补强。如图 6-16 所示，补强方法适用于屋架的弦杆和腹杆的补强。具体做法如下：

1）当杆件上有拼接角钢，或者原杆件在平面内、外的扭曲变形不大时，可采取如图 6-16a 所示的加固补强方法；

2）当原杆件在平面外有弯曲变形时，采用如图 6-16b 所示的加固方法，可以减少平面的长细比，还可通过调整补强角钢和原杆件的搭接长度，调整杆件因旁弯而产生的偏心；

3）当被补强杆件扭曲变形很小，而且在加固范围内厚度不变时，采用图 6-16c、图 6-16k 所示的补强方法，可以得到令人满意的加固效果。图 6-16k 所示的补强方法还易于保

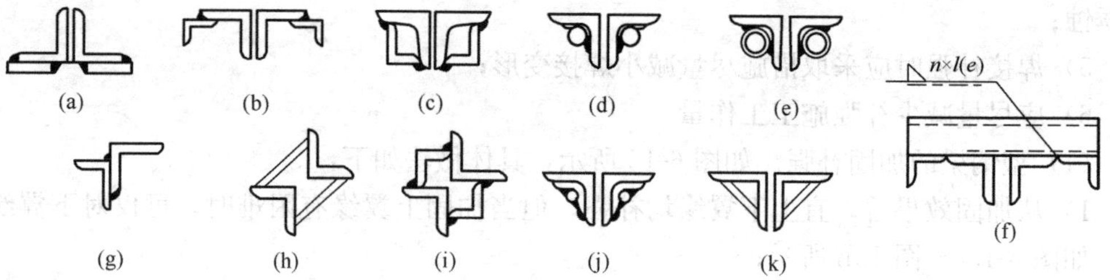

图 6-16 焊接桁架加固补强示意图

证其重心线位置不发生变化；

4）如图 6-16d、图 6-16e 所示为用钢管或圆钢来补强桁架杆件，其效果较好。其中按图 6-16d 所示补强后截面的回转半径较小，适用于受拉杆件的补强，图 6-16e 所示的截面回转较大，可用于补强受压杆件；

5）图 6-16f 所示，适用于桁架上弦杆的补强，图 6-16g～图 6-16j 所示适用于腹杆的补强。

（3）柱子的加固补强。如图 6-17 所示，具体做法如下：

1）如图 6-17d、图 6-17j、图 6-17n 所示的补强形式由于形成了封闭空间，不易维护，为防止锈蚀，应在端部用堵板封闭，或用混凝土填塞；

2）如图 6-17j 所示的补强方式由于要将原有翼缘板的铆钉铲除才能铆上补强钢板，因此原有翼缘板将暂时退出工作，故柱子需要卸荷；

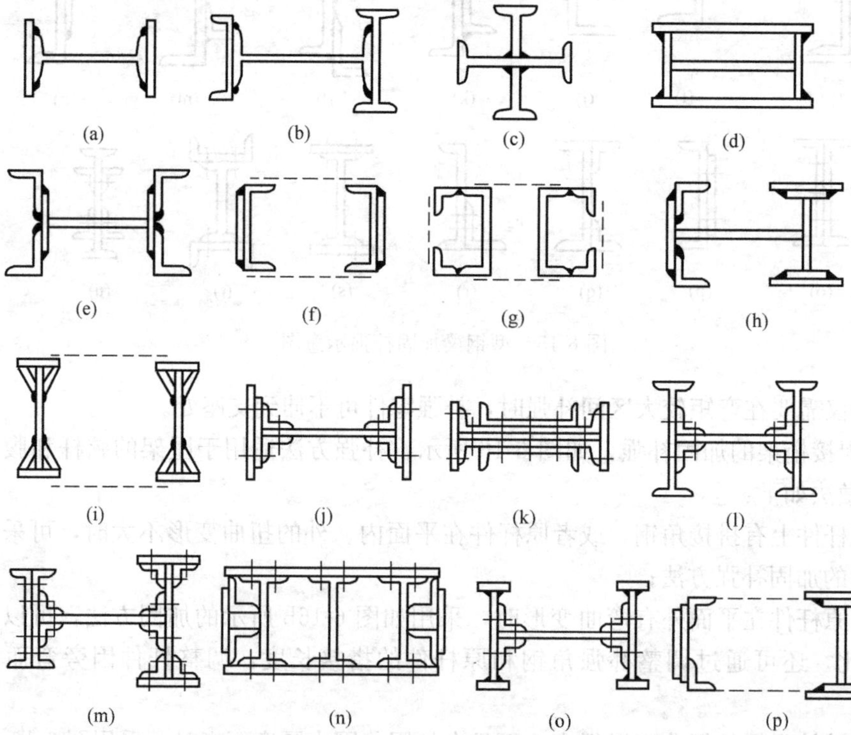

图 6-17 柱子的加固补强示意图

3）如图 6-17k 所示的补强形式对轴心受压柱效果较好；

4）柱截面补强时，补强零件在柱长度范围内与横向加劲肋或缀材相碰处，一般应将加劲肋或缀材割去，待补强后再将其恢复。

4. 构件连接和节点的加固方法

构件连接和节点的加固方法较多，选择时应综合考虑结构加固的目的、受力状态、构造及工作条件采用的连接方法等，一般可与原有结构的连接方法一致。但当原有结构为铆钉连接时，可采用高强度螺栓连接方法加固；如果原有结构为焊接，当其连接强度不足时，应该采取焊接，而不宜用螺栓连接等其他连接方法；为了防止板件疲劳裂纹的扩展，也可采取有盖板的高强度螺栓连接方法进行加固。

负荷下加固连接，当采用焊接时，会使构件全截面金属的温度升高过大而失去承载力；当采用高强度螺栓加固而需在横截面上增加栓孔，或拆除原有铆钉、螺栓等连接件过多时，常使原有构件连接承载力急剧降低。为避免加固施工中出现事故，需采取必要的施工工艺并进行施工条件下的承载力核算。

加固连接所用材料，如焊条金属等，应与原有结构及其连接材料的性质相匹配，并具有相应的强度、韧性、塑性和可焊性。

6.10 钢结构的加固研究与案例

6.10.1 钢结构加固现状

传统的钢结构加固的主要方法有：减轻荷载、改变计算图形、加大原结构构件截面和连接强度、阻止裂纹扩展等。

1. 改变结构计算图形

（1）对结构可采用增加结构或构件刚度的方法进行加固；

（2）对受弯杆件可采用改变其截面内力的方法进行加固；

（3）对桁架可采取改变其杆件内力的方法进行加固。

2. 加大构件截面的加固

采用加大截面加固钢构件时，所选截面形式应有利于加固技术要求并考虑已有缺陷和损伤的状况。

但是在上述普遍采用的钢结构加固修复方法中主要采用现场焊接，因而会带来一系列问题：

（1）焊接时高温作用使焊接部位组织及性能劣化、材质变脆、断裂韧性降低、抵抗脆性断裂的能力变差，影响结构运行的安全性；

（2）焊缝经常会或多或少存在一些缺陷，会萌生新的裂纹，引入了新的断裂源；

（3）焊接过程中易产生氢脆、焊接后结构内部存在残余应力，和其他作用结合在一起可能导致开裂；

（4）焊接使结构形成连续的整体，裂缝一旦失稳扩展，就有可能一断到底，结构内存在大量易燃易爆介质时，修补期间有时需要停止运行，将会带来很大的经济损失，否则动用明火维修则存在爆炸的风险，如对于壁厚严重减薄的结构，焊接电流会穿透管壁造成介质泄漏，甚至发生爆炸；

(5) 对焊接操作人员要求高，焊后需进行必要的现场探伤；

(6) 焊接时，由于焊缝高温熔化和冷却过程中成分和组织的变化，如果焊条选择不当，很容易造成焊缝的耐蚀性低于母材，使焊缝发生优先腐蚀。如果焊缝的电位比母材低得多，那么焊缝与母材组成电偶腐蚀电池，将大大加速焊缝的电偶腐蚀速度；

(7) 由于需要焊接盖板，使结构重量增加较多，同时对于复杂的几何形状不易成形，运输和安装也不方便，耗时、费力，质量不易保证；

(8) 焊接盖板容易锈蚀，维护费用高。

与传统的方法相比，FRP 补强钢结构技术具有明显的优势：

1) FRP 比强度和比模量较钢材高，要达到同样的加固效果，FRP 的尺寸明显小于钢板的尺寸，同时 FRP 本身密度小，而粘贴加固又省去了紧固件，加固后基本不增加原结构的自重和原构件的尺寸；

2) 由于 FRP 的可设计性，即可以根据结构缺陷的严重程度和受力情况，在单向 FRP 中，通过改变组分和组分含量以改变其纵向和横向性能及它们的比值；对于 FRP 板采用改变 FRP 铺层的取向与顺序而改变复合材料的弹性特性和刚度特性来设计复合材料的性能，从而适应特殊应用的要求，最大限度提高钢结构的加固效果；

3) 该方法不需要对原结构钻孔，对基体材料（待加固的钢结构）承载横截面基本无削弱，不破坏原结构的整体性，不会形成新的应力集中源和纤维切断，从而消除产生新的孔边裂纹的可能，改善应力集中和承载情况，提高结构的抗疲劳性能，同时也避免了可能因钻孔而导致的对液压管道的破坏，以及因钻孔产生的金属细屑进入结构内部；

4) 柔性的 FRP 对于任意封闭结构和形状复杂的被加固结构表面，基本上可以保证接近 100%的有效粘贴率，与钢结构表面有良好的界面粘结性能、密封性，减少了渗漏甚至腐蚀的隐患，很少出现二次腐蚀的破坏现象，这一点对石油化工行业的压力容器、输送管道等结构尤为重要；

5) 粘贴 FRP 加固修复钢结构是连续的面连接（即两者相邻表面结合起来），整个粘结面都承受荷载，克服了焊接仅依靠边缘结合而内部不能结合的缺陷。钢结构与 FRP 构成整体，荷载从原金属结构传递到 FRP 更加均匀有效，应力分布更为均匀，大大缓解了应力集中，这些都显著地提高了其强度和刚度，抗疲劳性能好，延长了结构的使用寿命；

6) 该方法特别适合于结构局部损伤和腐蚀等的加固，加固后能有效地阻止裂纹的继续扩展，大大延长结构的使用寿命，提高维修间隔，降低维修成本，满足可靠性和耐久性的要求；

7) 该方法简便易行，成本低，效率高，特别适合于现场加固。可节省人工与机器设备搬运，减少维护次数，避免道路因施工而造成阻塞。加固所用的时间短，大约是常规加固方法所用工时的 1/3～1/5，狭小空间亦可施工；

8) 施工过程中无明火，安全可靠，对生产过程影响小，适用于特种环境，如燃气罐、贮油箱、井下设备（具有爆炸危险的情况）、电缆密集处或化工车间、炼油厂等环境；

9) 有利于实现 FRP 自感知的智能特性，用 CFRP 作为补强材料，可以利用 CFRP 自身的导电性能，根据补强片电阻的变化规律获得加固修复部位的应变及应力信息，实现对结构的健康监视和诊断。

6.10.2 FRP加固钢结构有限元模拟的研究现状

目前国内外已经有很多学者和科研机构对纤维复合材料加固钢结构作了大量的研究，并且已发表了很多有关这方面的论文，其中绝大多数的研究成果是通过试验数据得到的。然而由于受试验条件和经费的限制，试验所能提供的数据通常是有限的。

有限元法为研究纤维复合材料增强钢结构受力性能提供了一种有效工具。采用有限元模拟要处理的关键问题在于胶层单元的选择，由于在实际中，胶层是均匀的实体，且厚度很小（往往只有0.2～1mm)，所以采用实体单元模拟的方法是行不通的，这往往会造成单元畸变，在已有的有限元模型中，对胶层单元的处理方式有以下几种：

1. 不单独建立胶层单元采用共节点或节点耦合的方式

即“三维实体-壳元模型”，在建立模型时，分别对钢构件和碳纤维片材划分单元，不建立胶层单元，被粘贴表面和粘贴片材共用同一节点，或者采用耦合的方式使被粘贴面的节点和粘贴片材的节点拥有相同的自由度。通过以上方式达到模拟粘贴的目的，但这种模拟方式假定加固片材与被加固构件粘贴完好且在受力过程中不产生粘结滑移，显然在实际中，这种假设是不存在的，所以采用此类模型分析的结果往往与实际有较大的误差。

2. 建立弹簧单元模拟胶层

即“三维实体-弹簧-壳元模型”，采用ANSYS中的弹簧单元Combin14来模拟CFRP与工字钢梁钢板之间的胶层，在CFRP与胶层界面与工字钢梁钢板表面之间相应的一对节点之间设置三个弹簧单元分别表示界面的法向（钢板的厚度方向）、纵向切向和横向切向。

弹簧单元的长度为胶层的厚度，法向弹簧单元的性能由粘结剂拉伸试验得到的应力-应变曲线确定，切向弹簧单元的性能由粘结剂剪切试验得到的应力-应变曲线确定，分析中认为纵向切向弹簧和横向切向弹簧的性能相同。在确定Combin14单元的实常数时，需要用到每个弹簧单元所对应的粘结胶层的面积。根据弹簧所对应节点的位置可以分为中间弹簧（即内部弹簧）、边界弹簧和角部弹簧。为了保证各部分的变形协调，在CFRP与胶层界面节点与FRP中面节点之间建立约束方程。

通过此有限元模型对钢梁和组合梁粘贴CFRP加固前、后的性能进行了分析，分析结果表明，损伤钢梁和组合梁粘贴CFRP布和CFRP板加固后其性能恢复非常显著，而且粘贴CFRP板的加固效果更加明显。对于完好钢梁，采用CFRP布加固后，其刚度和屈服荷载提高不太明显，极限荷载约提高了7.4%。

采用CFRP板加固后，其刚度和屈服荷载略有增加，分别为5.3%和4.7%，但极限荷载增加较多，提高了14.1%。对于损伤钢梁，下翼缘截面削弱使其刚度降低了26.8%，采用CFRP布加固后，其刚度略有增加，仅提高了2.6%；采用CFRP板加固后其刚度明显增加，提高了19.2%，损伤钢梁的屈服荷载和极限荷载分别降低了73.1%和52.9%，但加固后屈服荷载和极限荷载大幅度提高，采用CFRP布加固后，屈服荷载和极限荷载分别提高了121.6%和97.6%；采用CFRP板加固后，屈服荷载和极限荷载分别提高了226.4%和128.5%。

6.10.3 试验简介

【案例6-9】

1. 试验材料

本次试验采用设计强度为Q345的钢材，钢梁形式为焊接工字钢梁，表6-4和表6-5

为粘贴用胶和碳纤维布、碳纤维板的材料性能。

（1）TGJ 型粘结树脂（见下表）：

TGJ 型粘结树脂性能表 **表 6-4**

名称	抗拉强度（MPa）	抗压强度（MPa）	拉伸抗剪切强度（MPa）	正拉粘结强度（MPa）	弹性模量（MPa）	抗弯强度（MPa）	伸长率（%）	推荐配合比（5～10℃）
面胶	42.7	75	15.5	3.2	2577	71	1.67	10∶6
底胶			15.3	3.1				3∶1
找平胶	36.5			3.2		42.7		10∶7

（2）CFRP 片材（见下表）：

碳纤维片材料性能表 **表 6-5**

型号	厚度（mm）	拉伸强度（MPa）	弹性模量（10^5MPa）	伸长率（%）
UT70-30	0.167	3900	2.5	1.8
CFC3-14S5	1.400	2447	1.63	1.74

2. 试验钢梁的设计

试验取钢板焊接的组合梁，设计强度为 Q345，钢梁尺寸：高 175mm，宽 175mm，翼缘厚度 9mm，腹板厚度 6mm，长 2200mm。碳纤维片材宽度与梁同宽，长度为 1300mm。具体加载点和约束点位置见图 6-18，加载图如 6-19 所示。

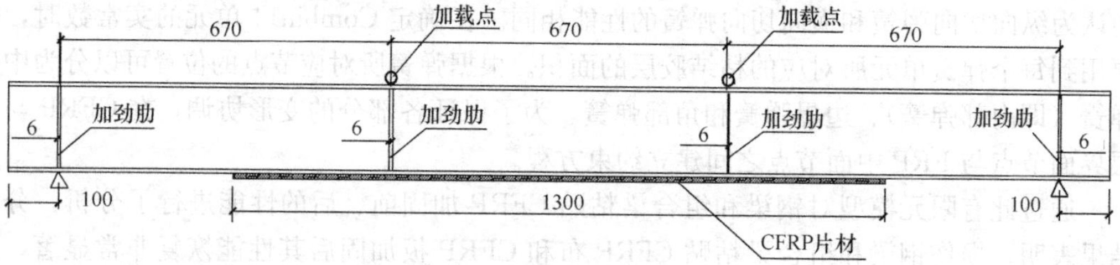

图 6-18　加载点示意图（mm）

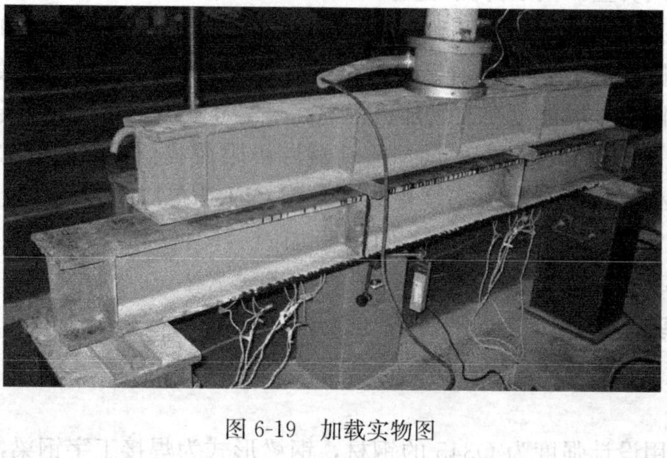

图 6-19　加载实物图

6.10.4 有限元模型

有限元模型完全采用试验钢梁的尺寸如图 6-20 所示，为防止应力集中，在梁端支座处和加载处加设刚性垫块。基本假定：①CFRP 线弹性，破坏前认为其始终工作于弹性阶段；②钢材的应力-应变曲线采用多直线（多线性随动强化模型）。

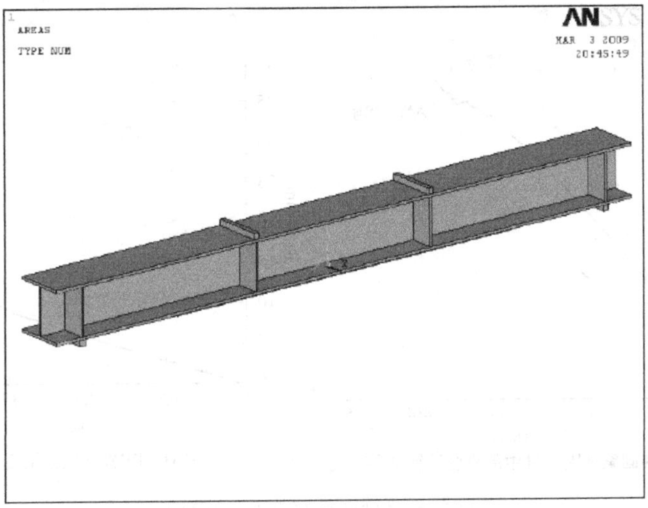

图 6-20 试件有限元模型

1. CFRP 片材单元

有限元分析中 CFRP 单元类型的选取是非常重要的。与工字钢梁相比，碳纤维片材的厚度很小，例如一层 3008 碳纤维布的厚度仅为 0.167mm，故不能用实体单元；同时，CFRP 布和 CFRP 板材料性能有所区别，即 CFRP 布几乎不具有抗弯曲能力。综合以上因素，对 CFRP 片材的模拟采用弹性壳单元，本单元既具有弯曲能力和又具有膜力（Member force)，可以承受平面内荷载和法向荷载。

2. 网格划分

在用 ANSYS 计算的过程当中，各种材料的网格划分，既要考虑到计算收敛，又要顾及计算的协调。图 6-21 为其网格划分示意图。

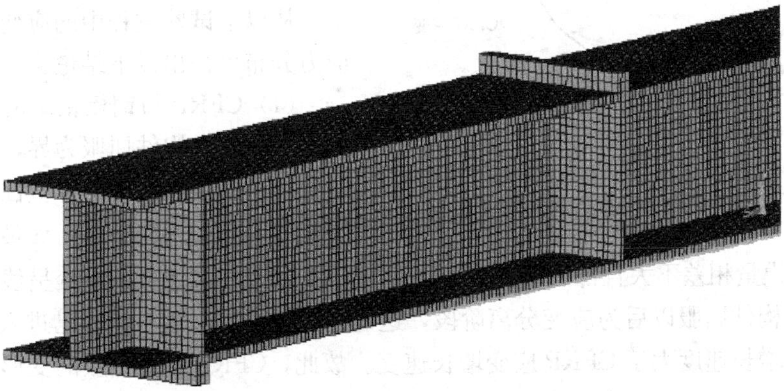

图 6-21 钢梁网格划分示意图

3. ANSYS 计算结果与实验值的对比分析

对各试件进行了计算机仿真分析，对各级荷载作用下试验梁的 CFRP 应变、钢梁的挠度与试验结果进行了对比，其结果如图 6-22 所示。屈服荷载、试验极限荷载及挠度的 ANSYS 解与试验结果见表 6-6。

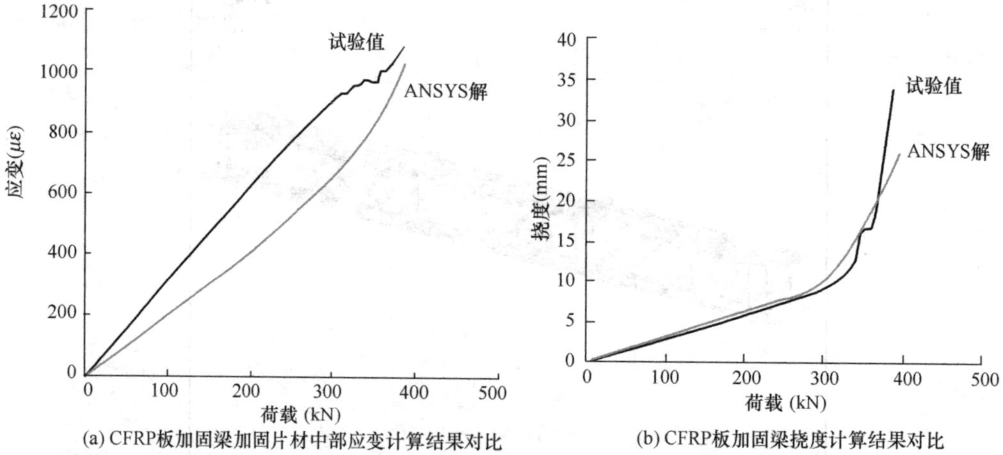

图 6-22　试件的各试验测量值与 ANSYS 解对比

屈服荷载及挠度的试验值与 ANSYS 计算值对比　　**表 6-6**

试件	屈服荷载/kN		屈服挠度/mm		极限荷载/kN		极限挠度/mm	
	试验值	ANSYS 解	试验值	ANSYS 解	试验值	ANSYS 解	试验值	ANSYS 解
B1	319.8	332.6	9.49	8.56	383.4	423.8	45.86	39.46
B2	331.65	345.2	11.69	8.73	387.9	445.9	34.18	29.52

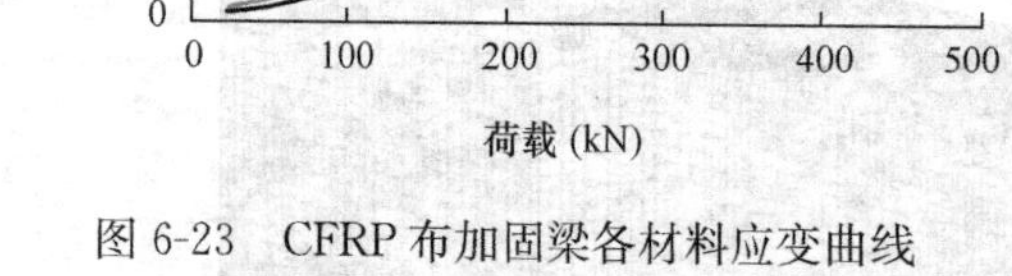

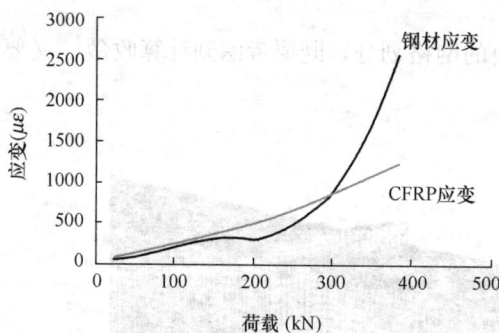

图 6-23　CFRP 布加固梁各材料应变曲线

图 6-23 为粘结面的钢材应变和 CFRP 片材应变有限元结果对比，图 6-24 为钢梁的 Von Mises 应力分布图，图 6-25 为 CFRP 布的 Z 向（拉伸）应力分布图。

从以上试验过程中的应变值及构件中应力分布可得出以下结论：

（1）CFRP 与钢板粘结的复核构件受力过程以复合构件屈服为界，明显分为两个阶段。这是由钢材的弹塑性决定的。在构件屈服前为线性阶段，这是由于钢板和 CFRP 弹性模量相差不大且都处于弹性工作阶段，故 CFRP 与钢板的应变呈线性增长，且相差不大；构件屈服以后为应变分离阶段，这是因为构件屈服后，钢板已进入塑性工作阶段，其应变增长速度大于 CFRP 应变增长速度。故此，CFRP 会对钢板的变形产生一种约束作用。

（2）CFRP 通过界面剪应力对钢梁产生约束，由钢梁 Von Mises 应力分布图和 CFRP

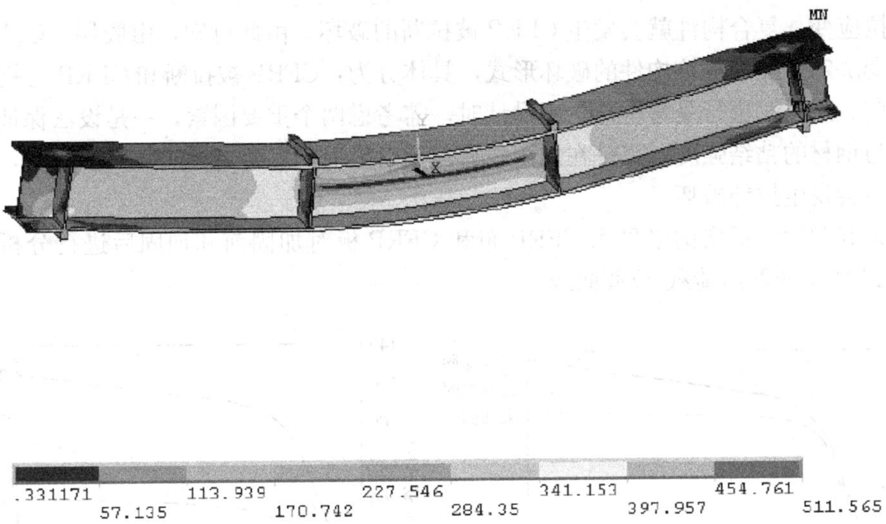

图 6-24　CFRP 布加固钢梁 Von Mises 应力分布图

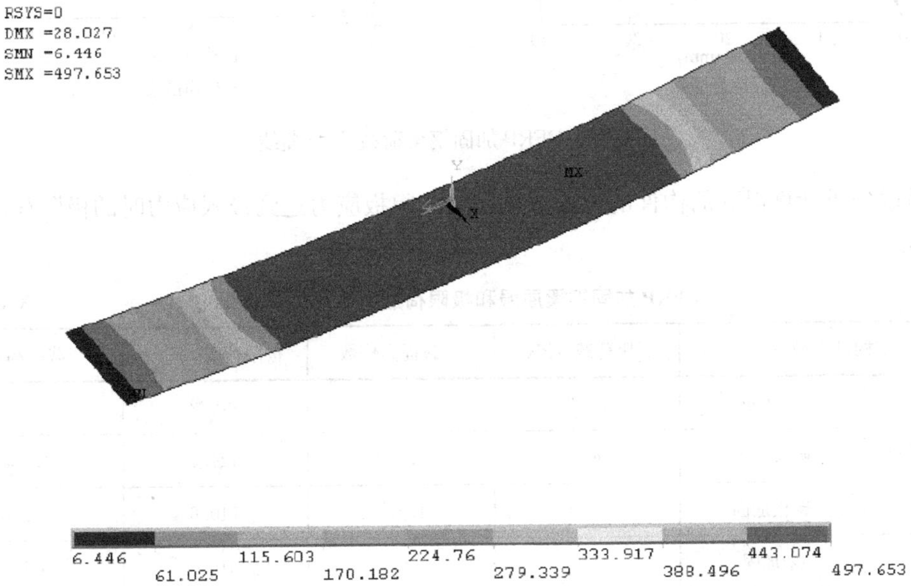

图 6-25　CFRP 布 Z 向应力分布图

片材 Z 向（受拉）应力分布图可以看出，复合构件共同工作时，加固片材粘结端部的应力随着与端部距离的增大逐渐变化，但其中部应力基本没有变化，可知粘结界面剪应力主要分布在 CFRP 端部一定长度的范围内，超过该范围后，界面剪应力基本为零；CFRP 中的拉伸应力基本相同，即不存在应力梯度。可见在粘结界面存在有效粘结长度，在这一长度范围内，CFRP 片材完成其应力传递。

可见，随荷载的增加，胶层的剪切应力增大，钢板与碳纤维片材之间出现相对滑移，若粘结强度较小，当胶层的剪切应力大于其剪切强度后，就会发生 CFRP 与钢板之间的剥离破坏，当加固片材抗拉强度较低时，对钢梁的约束较小，CFRP 和钢梁之间的相对滑移就会较小，胶层的剪切应力也较小；若在胶层剪切应力达到其剪切强度前，CFRP 达到其极限拉应变，复合构件就会发生 CFRP 被拉断的破坏。由此可知，由胶层、CFRP 的极限拉应变决定了加固复核构件的破坏形式，具体分为：CFRP 被拉断和 CFRP 与钢梁之间发生剥离。所以，进行受弯构件加固设计时，需考虑两个重要因素，一是设法保证加固片材端部与钢材的粘结强度，二是在加固片材与钢材界面不发生剥离破坏的前提下，保证加固片材不会发生拉伸破坏。

对完好钢梁、损伤钢梁采用 CFRP 布和 CFRP 板对加固前和加固后进行分析，得到如图 6-26 所示的两组荷载-位移曲线。

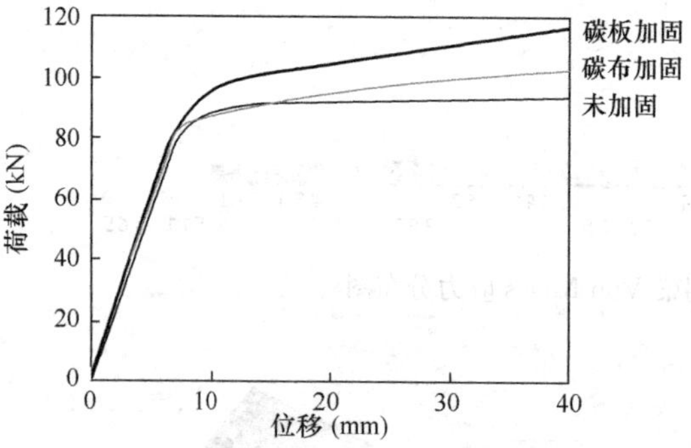

(a) 完好钢梁

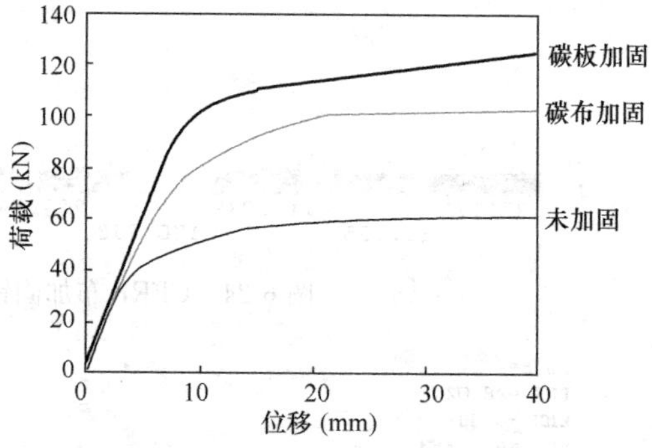

(b) 损伤钢梁

图 6-26　CFRP 加固钢梁荷载-位移曲线

通过分析计算得到的构件的屈服荷载和跨中腹板应力达到极限应力时的极限荷载如表 6-7 所示：

CFRP 加固钢梁屈服和极限荷载有限元计算结果　　**表 6-7**

构件类型		屈服荷载（kN）	荷载提高倍数	极限荷载（kN）	荷载提高倍数
完好钢梁	未加固	84.3	1	110.2	1
	碳布加固	90.5	1.073	124.3	1.128
	碳板加固	97.4	1.155	140.6	1.276
损伤钢梁	未加固	42	1	70.4	1
	碳布加固	54.2	1.293	127.8	1.815
	碳板加固	112.2	2.671	143.4	2.037

图 6-27 和图 6-28 为钢梁在屈服荷载和极限荷载时的 Von Mises 应力图：

4. 结论

根据前面的分析结果，可以得到如下结论：

（1）粘贴 CFRP 布加固完好钢梁时，屈服荷载提高不明显，极限荷载提高比较明显，加固损伤钢梁时，屈服荷载和极限荷载明显提高；

（2）粘贴 CFRP 板加固完好钢梁时，屈服荷载略有提高，极限荷载明显提高，加固损伤钢梁时，屈服荷载和极限荷载大幅度提高。

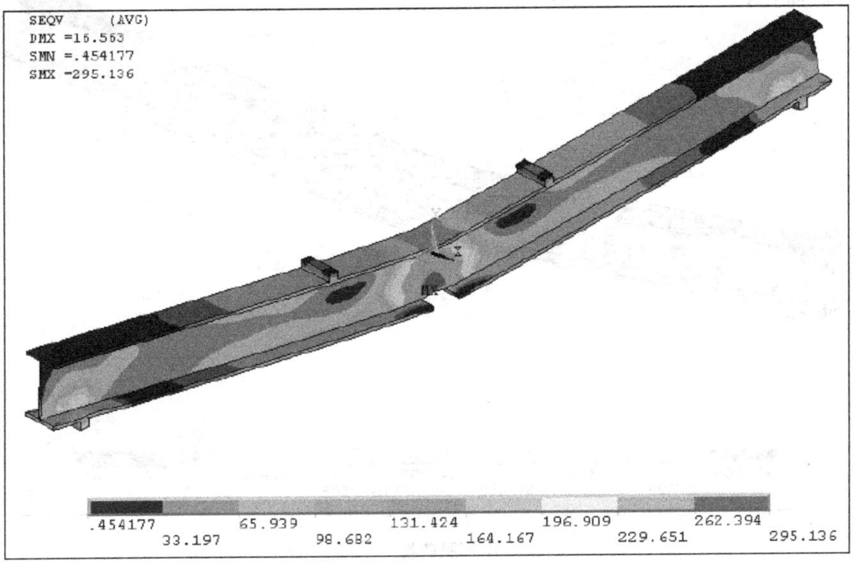

(a) 屈服荷载

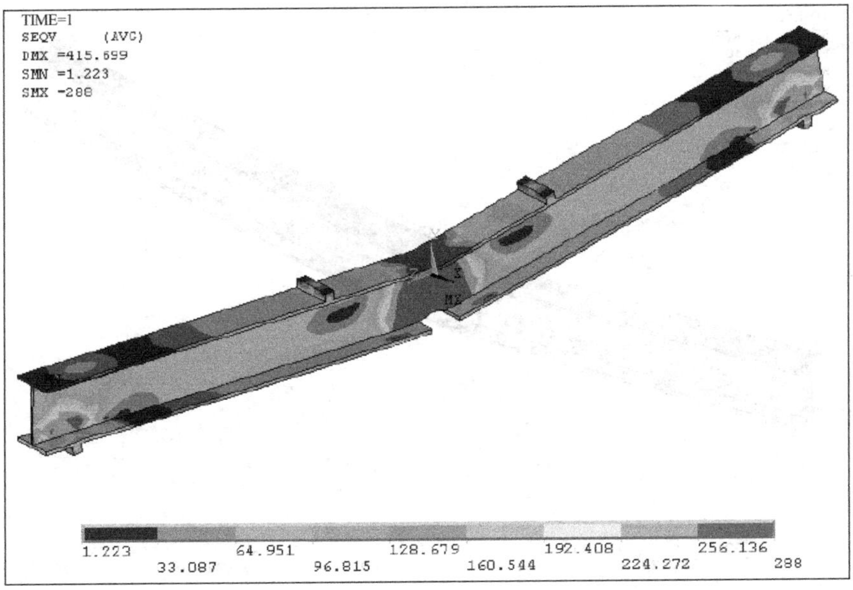

(b) 极限荷载

图 6-27 未加固损伤钢梁的 Von Mises 应力图

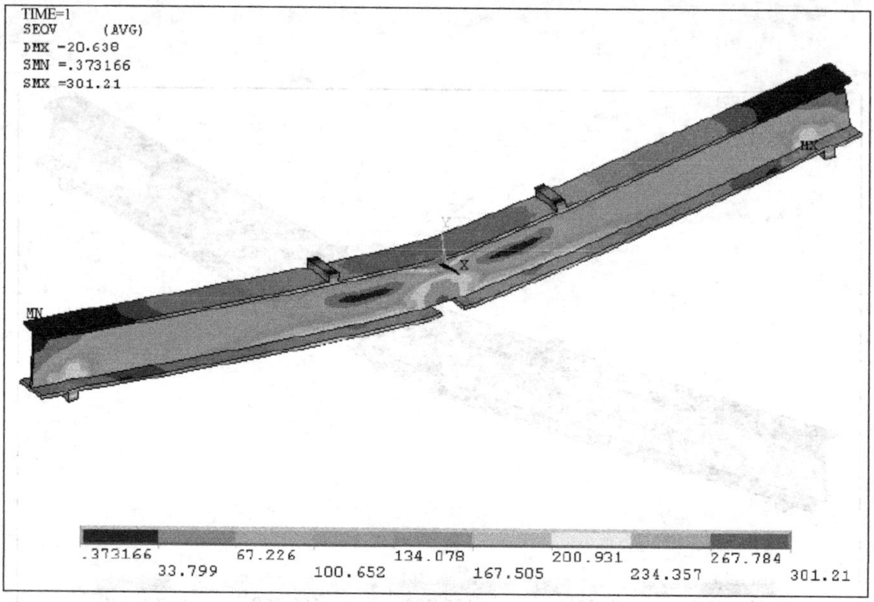

(a) 屈服荷载

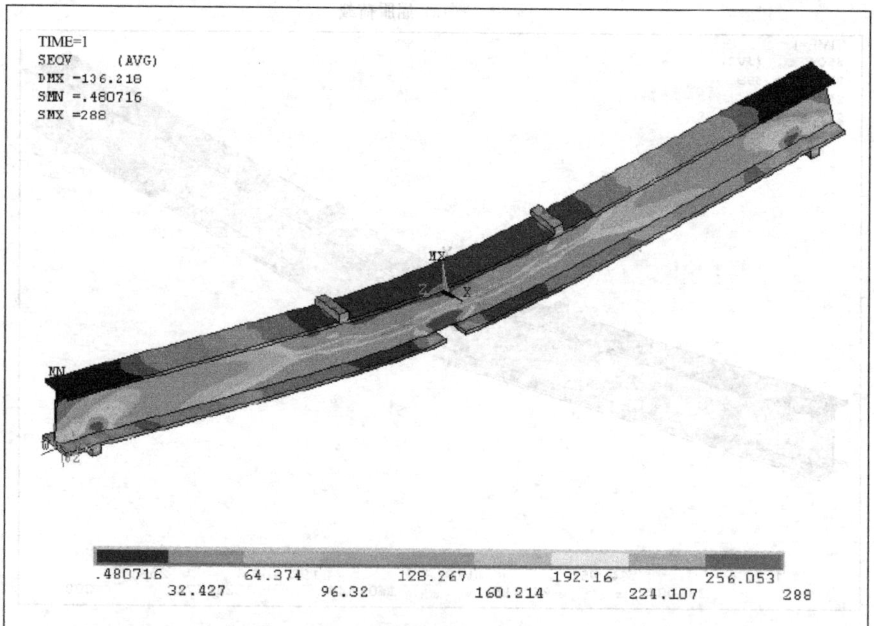

(b) 极限荷载

图 6-28 碳布加固损伤钢梁的 Von Mises 应力图

思 考 题

(1) 钢结构质量缺陷主要表现在哪些方面?

(2) 简述稳定性问题在钢结构设计和钢结构安装中的重要性?

(3) 为什么连接问题在钢结构设计和加工制作过程中占有特殊的地位?

(4) 哪些原因引起钢结构脆性断裂?

(5) 疲劳破坏和强度破坏有什么区别和联系?

(6) 为什么钢结构在使用过程中产生缺陷的可能性要比钢筋混凝土结构多?

(7) 钢结构在火灾中失效的原因是什么?

(8) 钢结构的加固方法有哪些? 具体要求是什么?

第七章　地基与基础工程事故分析与处理

7.1　地基与基础质量控制要点

7.1.1　地基工程的质量控制要点

1. 地基土（岩）的分类及工程特性指标

建筑地基的土（岩）可分为人工填土、粉土、砂土、碎石土和岩石等。

人工填土包括素填土、杂填土和冲填土。其中，素填土是指由碎石土、砂土、粉土、黏性土等组成的填土，杂填土为含有建筑垃圾、工业废料、生活垃圾等杂物的填土，而冲填土是由水力冲填泥沙形成的填土。粉土为塑性指数小于或等于10且粒径大于0.075mm的颗粒含量不超过全重50%的土，其性质介于砂土和黏性土之间；砂土为粒径大于2mm的颗粒含量不超过全重50%、粒径大于0.0075mm的颗粒超过全重50%的土，砂土的密实度根据标准贯入试验锤击数分为松散、稍密、中密和密实四级；黏性土为塑性指数大于10的各类土；碎石土为粒径大于2mm的颗粒含量超过全重50%的土；岩石为颗粒间牢固联结、呈整体或具有节理裂隙的岩体。

以载荷试验确定地基承载力标准值时，压板的面积不应小于0.25m^2，软土地基时应大于0.5m^2，基坑宽度不应小于压板宽度或直径的三倍，并在拟试压表面用不超过20mm厚的粗、中砂找平；加荷等级不少于8级，最大加载量不少于荷载设计值的两倍。

对于一级建筑物当采用室内剪切试验测定土的抗剪强度指标时，每层土取土钻孔不得少于6个。当土层均匀时每钻孔同一层土沿深度试验不得低于3组；当为多层且土层较薄时，试验不得少于1组。对于其他等级建筑物如为可塑性黏性土与饱和度不大于0.5的粉土时，可采用直接剪切试验进行土体抗剪强度指标测定。

土的压缩性指标由原状土的压缩试验进行确定，按压缩系数的大小进行土体压缩性评价。工程地质勘察报告，应按地基土（岩）的类别提供分层的土工试验总表，对于一、二级建筑物，还应根据需要提供相应的强度试验、压缩试验以及原位试验等曲线，以及其他专门要求的测试结果。

2. 基础的埋置

基础的埋置深度，应根据下列条件确定：

（1）建筑物的用途，有无地下室、设备基础和地下设施，基础的形式和构造；

（2）作用在地基上的荷载大小和性质；

（3）工程地质和水文地质条件；

（4）地基土冻胀和融陷的影响；

（5）相邻建筑物的基础埋深。

一般而言，在满足地基稳定和变形要求前提下，基础应尽量浅埋，当上层地基的承载力大于下层土时，宜利用上层土作持力层；除岩石地基外，基础埋深不宜小于0.5m。在抗震设防区，除岩石地基外，天然地基上的箱形和筏形基础其埋置深度不宜小于建筑物高度的1/15；桩箱或桩筏基础的埋置深度（不计桩长）不宜小于建筑物高度的1/18。位于岩石地基上的高层建筑，其基础埋深应满足抗滑要求；位于土质地基上的高层建筑，其基础埋深应满足稳定要求。基础宜埋置在地下水位以上，当必须埋在地下水位以下时，在施工时应采取地基土不受扰动的措施。当存在相邻建筑物时，新建建筑物的基础埋深不宜大于原有建筑物基础；当埋深大于原有建筑基础时，两基础间应保持一定净距，其数值应根据建筑荷载大小、基础形式和土质情况确定，一般取相邻两基础底面高差的1～2倍。

3. 地基的变形和稳定性控制

地基的变形特征可分为沉降量、沉降差、倾斜和局部倾斜。

由于建筑地基不均匀、荷载差异很大、体型复杂等因素引起的地基变形，对于框架结构和单层排架结构应由相邻柱基的沉降差控制；对于多层或高层建筑和高耸结构应由倾斜值控制；对于砌体承重结构应由局部倾斜值控制，必要时尚应控制平均沉降量。

一般而言，建筑物在施工期间完成的沉降量，对于砂土可认为其最终沉降量已基本完成，对于高压缩黏性土可认为已完成5%～20%，对于中压缩黏性土可认为已完成20%～50%，对于低压缩黏性土可认为已完成最终沉降量的50%～80%。

地基的稳定性用稳定安全系数来确定。所谓稳定安全系数是指最危险的滑动面上诸力对滑动中心所产生的抗滑力矩与滑动力矩的比值，其值不得小于1.2。当滑动面为平面时，其稳定安全系数应提高至1.3。

4. 山区地基的质量控制

山区地基主要包括土岩组合地基、压实填土地基、边坡及挡土墙、岩溶与土洞等。山区地基应考虑以下因素：

（1）建设场区内，在自然条件下，有无滑坡现象，有无影响场地稳定性的断层、破碎带。

（2）在建设场地周围，有无不稳定的工程边坡。

（3）施工过程中，因挖方、填方、堆载和卸载等对山坡稳定性的影响。

（4）地基内基岩面的起伏情况、厚度及空间分布情况、有无影响地基稳定性的临空面。

（5）建筑地基的不均匀性。

（6）岩溶、土洞的发育程度，有无采空区。

（7）出现崩塌、泥石流等不良地质现象的可能性。

（8）地面水、地下水对建筑地基和建设场区的影响。

5. 软弱地基的质量控制

软弱地基是指主要由淤泥、淤泥质土、冲填土、杂质土或其他高压缩性土层构成的地基。在建筑地基的局部范围内有高压缩性土层时，按局部软弱土层考虑。当利用软弱土层作持力层时，应符合下列规定：

（1）淤泥和淤泥质土，宜利用其上覆较好土层作为持力层，当上覆土层较薄，应采取避免施工时对淤泥和淤泥质土扰动的措施。

（2）冲填土、建筑垃圾和性能稳定的工业废料，当均匀性和密实度较好时，均可利用作为轻型建筑物的持力层。

(3) 对于有机质含量较多的生活垃圾和对基础有侵蚀性的工业废料等杂填土，未经处理不宜作为持力层。

垫层可用于软弱地基的浅层处理，垫层材料应采用中砂、粗砂、角（圆）砾、碎（卵）石、矿渣、灰土、黏性土以及其他性能稳定、无侵蚀性的材料。堆载预压用于处理较厚淤泥和淤泥质土地基，当采用砂井堆载预压和砂井真空预压时，应在砂井顶部作排水砂垫层，设置横向和竖向组成的有效的网状排水体系。采用砂桩、碎石桩、灰土桩、水泥土搅拌桩和素混凝土桩处理软弱地基时，桩的设计参数要通过试验确定，桩端应位于低压缩性土层中。局部软弱土层以及暗塘、暗沟等的处理，可采用桩基、换土、设置基础梁或其他方法。

为了减少软弱地基上的建筑物的沉降和不均匀沉降，可以采取以下一些设计措施和构造要求：

(1) 选用轻型结构，减轻墙体自重，采用架空地板代替室内厚填土。采用覆土少、自重轻的基础形式，合理调整各部分的荷载分布，选取适当的基础埋置深度和宽度。

(2) 对于建筑体型复杂、荷载差异较大的框架结构，可加强基础整体刚度，如采用箱基和桩基等。

(3) 对于砌体承重结构房屋，墙体内设置钢筋混凝土圈梁或钢筋砖圈梁，在墙体开洞过大部位要适当配筋或采用构造柱及圈梁加强。在多层房屋的基础和顶层处要各设一道圈梁，其他各层可隔层设置；单层工业厂房、仓库，要结合基础梁、连续梁、过梁等酌情设置；圈梁应设置在外墙、内纵墙和主要内横墙上，并在平面内连成封闭系统。

(4) 对于 3 层及以上的砌体承重结构房屋，其长高比宜控制在 2.5 以内，当房屋的长高比在 2.5～3.0 时，则纵墙不转折或少转折，其横墙间距不宜过大，并应增强基础的刚度和强度。

(5) 建在软弱地基上的建筑物，相邻建筑物间的净距要符合表 7-1 的规定：

相邻建筑物基础间的净距（m） **表 7-1**

影响建筑的预估平均沉降量 s（mm） \ 被影响建筑的长高比	$2.0 \leqslant \frac{L}{H_f} < 3.0$	$3.0 \leqslant \frac{L}{H_f} \leqslant 5.0$
70～150	2～3	3～6
160～250	3～6	6～9
260～400	6～9	9～12
＞400	9～12	≥12

注：①表中 L 为建筑物长度或沉降缝分隔的单元长度（m），H_f 为自基础底面标高算起的建筑物高度（m）。

②当被影响建筑的长高比为 $1.5 < L/H_f < 2.0$ 时，其间净距可适当缩小。

(6) 在建筑平面的转折部位、高度或荷载差异处、地基土压缩性显著差异处、建筑结构或基础类型不同处、分期建造房屋的交界处以及长高比过大（≥3.0）的砌体承重结构或钢筋混凝土框架结构的适当部位，均宜设置沉降缝，其缝宽按表 7-2 选用。

房屋沉降缝的宽度 **表 7-2**

房屋层数	沉降缝宽度（mm）	房屋层数	沉降缝宽度（mm）	房屋层数	沉降缝宽度（mm）
2～3 层	50～80	4～5 层	80～120	5 层以上	不小于 120

7.1.2 基础工程的质量控制要点

土木建筑工程中常用的基础形式有刚性基础、扩展基础、桩基础、箱形基础、柱下条形基础及墙下筏板基础等。不同的基础形式均有不同的质量控制要求，现分述如下。

1. 刚性基础

刚性基础是由素混凝土、砖、毛石等材料砌筑，高度由刚性角控制的基础。一般用于6层及以下（三合土基础不宜超过4层）的民用建筑和墙承重的工业厂房。刚性基础的构造示意图如图7-1所示。基础底面的宽度符合下式的要求，即：

$$b \leqslant b_0 + 2H_0 \tan\alpha \tag{7-1}$$

式中 b——基础底面宽度；

b_0——基础顶面的砌体宽度；

H_0——基础高度；

$\tan\alpha$——基础台阶宽高比的允许值，按表7-3选用。

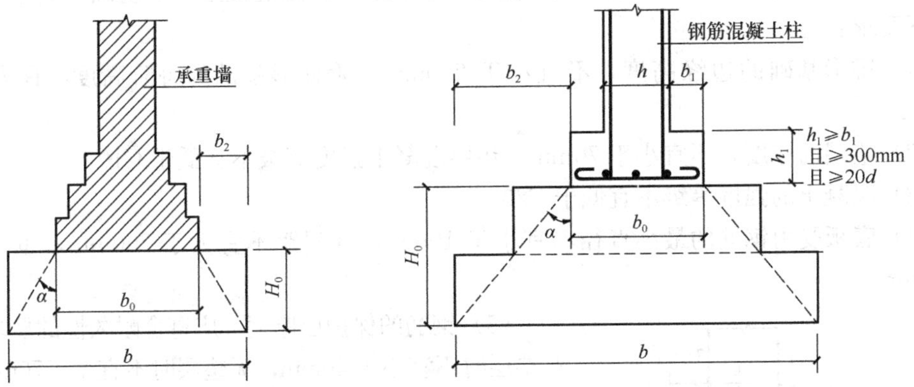

图7-1 刚性基础构造示意图（d为柱中纵向钢筋直径）

刚性基础台阶宽高比的允许值 表7-3

基础材料	质量要求	台阶宽高比允许值		
		$P_k \leqslant 100$	$100 < P_k \leqslant 200$	$200 < P_k \leqslant 300$
混凝土基础	C15混凝土	1∶1.00	1∶1.00	1∶1.25
毛石混凝土基础	C15混凝土	1∶1.00	1∶1.25	1∶1.50
砖基础	砖不低于MU10、砂浆不低于M5	1∶1.50	1∶1.50	1∶1.50
毛石基础	砂浆不低于M5	1∶1.25	1∶1.50	—
灰土基础	体积比为3∶7或2∶8的灰土，其最小干密度： 粉土：1550kg/m³ 粉质黏土：1550kg/m³ 黏土：1450kg/m³	1∶1.25	1∶1.50	—

续表

基础材料	质量要求	台阶宽高比允许值		
		$P_k \leqslant 100$	$100 < P_k \leqslant 200$	$200 < P_k \leqslant 300$
三合土基础	体积比为1∶2∶4～1∶3∶6（石灰∶砂∶骨料），每层约虚铺220mm，夯至150mm	1∶1.50	1∶2.00	—

注：① P_k 为基础底面处的平均压力（kPa）；

② 阶梯形毛石基础的每阶伸出宽度，不宜大于200mm；

③ 当基础由不同材料组成时，应对接触部分做抗压验算；

④ 对混凝土基础，当基础底面处的平均压力超过300kPa时，尚应按下式进行抗剪验算：

$$V \leqslant 0.07 f_c A$$

式中 V——剪力设计值（kN）；

f_c——混凝土轴心抗压强度设计值（MPa）；

A——台阶高度变化处的剪切断面（m^2）。

2. 扩展基础

扩展基础主要是指柱下钢筋混凝土独立基础和墙下钢筋混凝土条形基础。其基本构造有如下要求：

（1）锥形基础的边缘高度，不宜小于200mm；阶梯形基础的每阶高度，宜为300～500mm。

（2）垫层的厚度，不宜小于70mm，垫层混凝土强度等级不宜低于C10。

（3）混凝土的强度等级不宜低于C20。

（4）底板受力钢筋的最小直径不宜小于10mm，其间距不宜大于200mm，也不宜小于100mm。

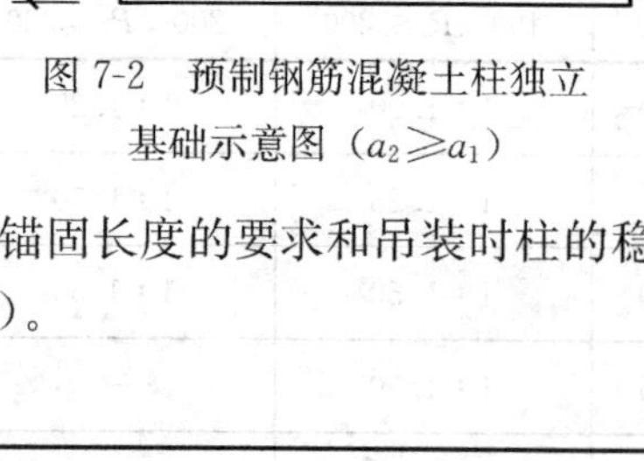

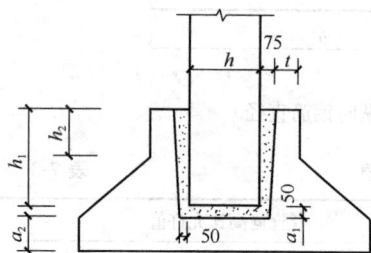

图7-2 预制钢筋混凝土柱独立基础示意图（$a_2 \geqslant a_1$）

（5）钢筋的保护层厚度，应符合耐久性的要求，当有垫层时不宜小于40mm，无垫层时不宜小于70mm。

现浇柱的基础，如与柱不同时浇灌，其插入基础内的插筋数目和直径与柱内纵向受力钢筋相同。插筋的锚固及与柱的纵向受力钢筋的搭接长度，应符合《混凝土结构设计规范》GB 50010—2010的有关规定。

预制钢筋混凝土柱与杯口基础的连接（见图7-2），应满足下列要求：

（1）柱插入杯内的深度，按表7-4确定，并要满足锚固长度的要求和吊装时柱的稳定性要求（即柱的插入深度不小于吊装时柱长的0.05倍）。

柱的插入深度 h_1（mm） **表7-4**

矩形或工字形柱				单肢管柱	双肢柱
$h<500$	$500 \leqslant h < 800$	$800 \leqslant h < 1000$	$h>1000$		
$h \sim 1.2h$	h	$0.9h$，且$\geqslant 800$	$0.8h$，且$\geqslant 1000$	$1.5d$，且$\geqslant 500$	$(1/3 \sim 2/3)h_a$ $(1.5 \sim 1.8)h_b$

注：① h 为柱截面长边尺寸，d 为管柱的外直径，h_a为双肢柱整个截面长边尺寸，h_b为双肢柱整个截面短边尺寸；

② 柱轴心受压或小偏心受压时，h_1 可适当减小；偏心距大于 $2h$（或 $2d$）时，h_1应适当加大。

（2）基础的杯底厚度和杯壁厚度，要满足表 7-5 的规定：

基础的杯底厚度和杯壁厚度　　表 7-5

柱截面长边尺寸 h（mm）	杯底厚度 a_1（mm）	杯壁厚度 t（mm）
h<500	≥150	150～200
500≤h<800	≥200	≥200
800≤h<1000	≥200	≥300
1000≤h<1500	≥250	≥350
1500≤h<2000	≥300	≥400

注：① 双肢柱的杯底厚度值，可根据实际情况适当加大；

② 当有基础梁时，基础梁下的杯壁厚度，应满足其支撑宽度的要求；

③ 柱子插入杯口部分的表面应凿毛，柱子与杯口之间的空隙，应采用比基础混凝土强度等级高一级的细石混凝土充填密实，当达到材料设计强度的 70%以上时，方能进行上部吊装。

（3）当柱为轴心或小偏心受压且 $t/h_2 \geqslant 0.65$ 时，或者柱为大偏心受压且 $t/h_2 \geqslant 0.75$ 时，基础的杯壁可不配筋；但是，若柱为轴心或小偏心受压且 $0.5 \leqslant t/h_2 < 0.65$，基础杯壁按表 7-6 的要求配置构造钢筋；其他情况则应按计算结果配筋。

杯壁构造配筋　　表 7-6

柱截面长边尺寸 h（mm）	h<1000	1000≤h<1500	1500≤h<2000
钢筋直径（mm）	8～10	10～12	12～16

注：表中钢筋置于杯口顶部，每边两根。

预制钢筋混凝土柱（包括双肢柱）与高杯口基础的连接（见图 7-3），其柱插入杯口基础内的插入深度，同样应该满足表 7-4 的规定。基础杯壁配筋，一般而言按计算配置。但若满足下列条件时，其杯壁的配筋，即可按图 7-4 的构造要求进行配置：

（1）吊车在 75t 以下，轨顶标高在 14m 以下，基本风压小于 0.5kPa 的工业厂房。

（2）基础短柱的高度不大于 5m。

（3）杯壁厚度符合表 7-7 的规定。

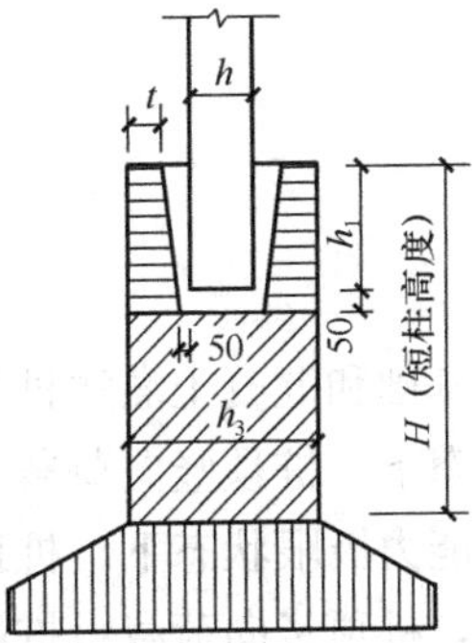

图 7-3　高杯口基础示意图

此外，扩展基础的底面积，必须满足国家标准《建筑地基基础设计规范》GB 50007—2011 中的地基承载力的要求，基础的高度和变阶处的高度必须满足国家标准《混凝土结构设计规范》GB 50010—2010 中的抗冲切、抗剪切要求。

高杯口基础的杯壁厚度 t　　表 7-7

h（mm）	t（mm）	h（mm）	t（mm）
600<h≤800	≥250	1000<h≤1400	≥350
800<h≤1000	≥300	1400<h≤1600	≥400

3. 桩基础

桩基础又称桩基，它是一种常用而古老的深基础形式。常用的桩基础包括混凝土预制

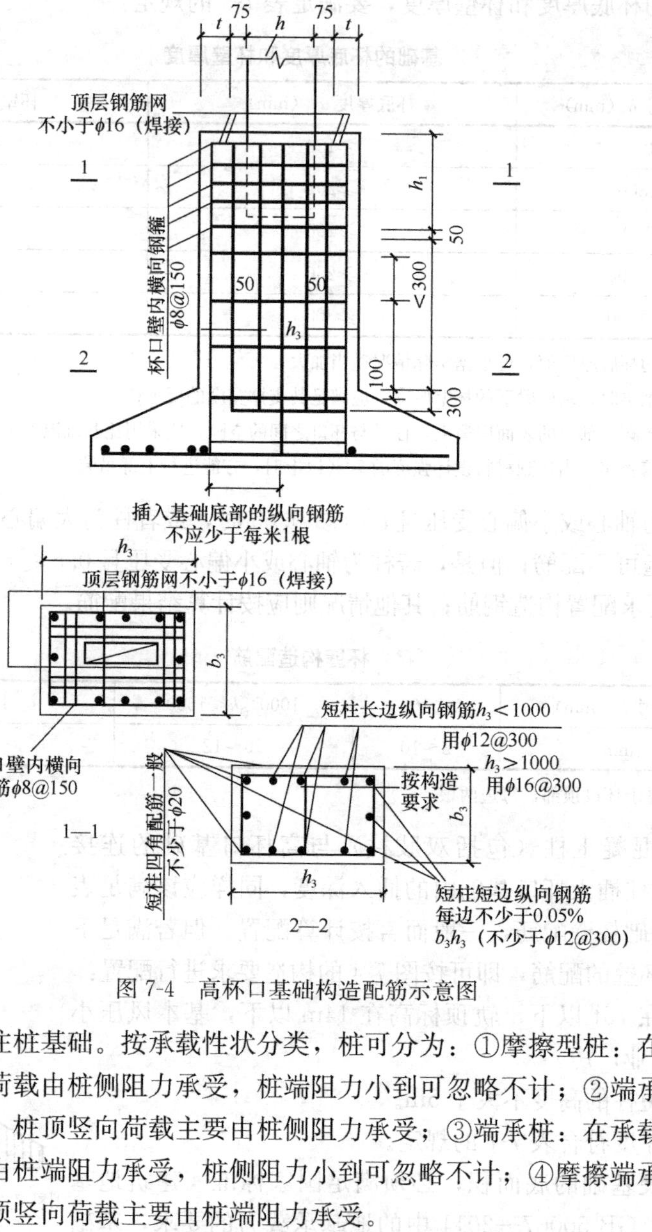

图 7-4　高杯口基础构造配筋示意图

桩基础和混凝土灌注桩基础。按承载性状分类，桩可分为：①摩擦型桩：在承载能力极限状态下，桩顶竖向荷载由桩侧阻力承受，桩端阻力小到可忽略不计；②端承摩擦桩：在承载能力极限状态下，桩顶竖向荷载主要由桩侧阻力承受；③端承桩：在承载能力极限状态下，桩顶竖向荷载由桩端阻力承受，桩侧阻力小到可忽略不计；④摩擦端承桩：在承载能力极限状态下，桩顶竖向荷载主要由桩端阻力承受。

单桩的竖向承载力特征值应通过现场静荷载试验确定。在同一条件下的试桩数量，不少于总桩数的 1%，并不得小于 3 根。开始试验的时间：预制桩在砂土中入土 7d 后，如为黏性土，则根据土的强度恢复而定，一般不得少于 15d，对于饱和软黏土不得少于 25d；灌注桩在桩身混凝土达到设计强度后，才能进行。

嵌岩灌注桩按端承桩考虑，桩底以下 3 倍桩径且不小于 5m 范围内，应无软弱夹层、断裂破碎带、洞穴分布，在桩端应力扩散范围内无岩体临空面。当桩底与岩石之间无虚土存在时，则岩石饱和单轴抗压强度经过折减后才能作为桩端岩石承载力指标。根据岩石的结构面间距、产状及其组合及水稳性，由地方经验确定，无地方经验，对较完整岩体可取 0.2～0.5，对于较破碎岩体可取 0.1～0.2。

单桩的水平承载力取决于桩的材料强度、截面刚度、入土深度、桩侧土质条件、桩顶水平位移允许值和桩顶嵌固情况等因素，并通过现场试验确定。此外，对桩身材料要进行强度和抗裂度验算，对于预制桩还应进行运输、起吊和锤击等过程中的强度验算。

对于桩的中心距小于 6 倍桩径，而桩数超过 9 根（含 9 根）的桩基，可视为一假想的实体深基础考虑。桩基上的荷载合力作用点，尽量和群桩重心相重合。当桩基的外力主要为水平力时，必须对桩基水平承载力进行验算；当桩基承受拔力或者上部结构对桩基的沉降有特殊要求时，必须分别对桩基进行抗拔力和变形验算。对于端承桩基，桩基根数少于 9 根的摩擦桩基以及条形基础下桩不超过两排的桩基，桩基的竖向抗压承载力为各单桩竖向抗压承载力的总和；当外边作用面内的桩距较大时，桩基的水平承载力为各单桩水平承载力的总和。未经扰动或者回填良好的承台侧面土体，要考虑土抗力的作用；当水平推力过大时，应设置斜桩。

桩和桩基除了满足上述条件外，尚应符合下列基本构造要求：

（1）一般来说，摩擦型桩的中心距不宜小于桩身直径的 3 倍；扩底灌注桩的中心距不宜小于扩底直径的 1.5 倍，当扩底直径大于 2m 时，桩端净距不宜小于 1m。在确定桩距时尚应考虑施工工艺中挤土等效应对邻近桩的影响。

（2）扩底灌注桩的扩底直径，不应大于桩身直径的 3 倍。

（3）桩底进入持力层的深度，根据地质条件、荷载及施工工艺确定，宜为桩身直径的 1～3 倍。在确定桩底进入持力层深度时，尚应考虑特殊土、岩溶以及震陷液化等影响。嵌岩灌注桩周边嵌入完整和较完整的未风化、微风化、中风化硬质岩体的最小深度，不宜小于 0.5m。

（4）布置桩位时宜使桩基承载力合力点与竖向永久荷载合力作用点重合。

（5）桩身混凝土强度应经计算确定。设计使用年限不少于 50 年时，非腐蚀环境中预制桩的混凝土强度等级不应低于 C30，预应力桩不应低于 C40，灌注桩的混凝土强度等级不应低于 C25；二 b 类环境及三类及四类、五类微腐蚀环境中不应低于 C30。在腐蚀环境中的桩，桩身混凝土的强度等级应符合《混凝土结构设计规范》GB 50010—2010 的有关规定。设计使用年限为 100 年的桩，桩身混凝土的强度等级宜适当提高。水下灌注混凝土的桩身混凝土强度等级不宜高于 C40。

（6）桩身混凝土的材料、最小水泥用量、水胶比、抗渗等级等应符合《混凝土结构设计规范》GB 50010—2010、《工业建筑防腐蚀设计规范》GB 50046—2008 及《混凝土结构耐久性设计规范》GB/T 50476—2008 的有关规定。

（7）桩的主筋配置应经计算确定。预制桩的最小配筋率不宜小于 0.8%（锤击沉桩）、0.6%（静压沉桩），预应力桩不宜小于 0.5%；灌注桩最小配筋率不宜小于 0.2%～0.65%（小直径桩取大值）。受弯时不宜小于 0.4%，其主筋长度当为抗拔时应通长配置。根据桩的工作性状，桩顶以下 3～5 倍桩身直径范围内，箍筋宜适当加强加密。

（8）桩身纵向钢筋配筋长度应符合下列规定：

1）受水平荷载和弯矩较大的桩，配筋长度应通过计算确定。

2）桩基承台下存在淤泥、淤泥质土或液化土层时，配筋长度应穿过淤泥、淤泥质土层或液化土层。

3）坡地岸边的桩、8度及以上地震区的桩、抗拔桩、嵌岩端承桩应通长配筋。

4）钻孔灌注桩构造钢筋的长度不宜小于桩长的2/3。

（9）桩身配筋可根据计算结果及施工工艺要求，可沿桩身纵向不均匀配筋。腐蚀环境中的灌注桩主筋直径不宜小于16mm，非腐蚀性环境中灌注桩主筋直径不应小于12mm。

（10）桩顶嵌入承台内的长度不应小于50mm。主筋伸入承台内的锚固长度不宜小于钢筋直径（HPB300）的50倍和钢筋直径（HRB335和HRB400）的35倍。对于大直径灌注桩，当采用一柱一桩时，可设置承台或将桩和柱直接连接。

（11）灌注桩主筋混凝土保护层厚度不应小于50mm；预制桩不应小于45mm，预应力管桩不应小于35mm；腐蚀环境中的灌注桩不应小于55mm。

桩基承台除满足上部结构需要外，尚应满足下列构造规定：

1）桩基承台的宽度不宜小于500mm，边桩中心至承台边缘的距离不宜小于桩的直径或边长，且桩的外边缘至承台边缘的距离不小于150mm。

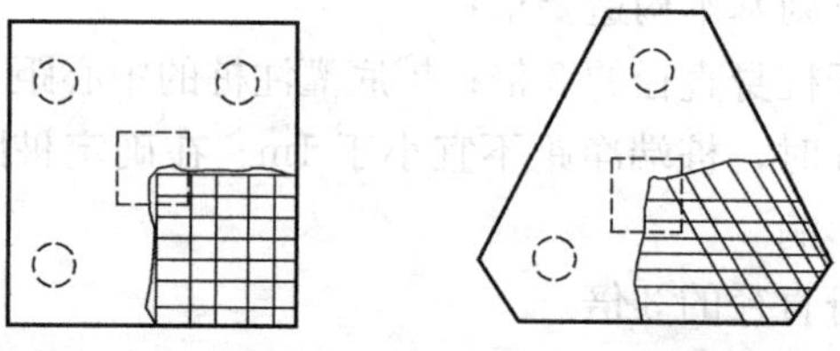

(a) 矩形承台配筋　　(b) 三桩承台配筋

图7-5　承台配筋示意图

2）桩基承台的形式有多桩矩形承台和等边三桩承台及等腰三桩承台等。承台的配筋应按计算确定。对于三桩承台，按三向板带均布配置；对于矩形承台，按双向均布配置，如图7-5所示。

3）桩基承台混凝土强度等级不宜低于C20，钢筋保护层厚度不宜小于70mm，有混凝土垫层时不小于50mm。

4）对于多桩矩形承台，柱与承台的接触处以及承台高度变化处，如杯口外侧或台阶边缘，进行承台承压、受冲切、受剪和受弯强度的控制截面计算；当短向桩距与长向桩距的比值小于0.5时，三桩承台按变截面的二桩承台设计。

4. 柱下条形基础

柱下条形基础构造，应符合下列要求：

（1）柱下条形基础基底垫层的厚度，一般以50～100mm为宜。

（2）柱下条形基础的梁高以柱距的1/4～1/8为宜；翼板厚度不宜小于200mm；当翼板的厚度为200～250mm时，应采用等厚度翼板；当翼板厚度超过250mm时，则宜采用变厚度翼板，其顶面坡度不能超过1∶3。

（3）一般情况下，条形基础的端部应向外伸出，其长度以第一跨距的0.25倍为宜。

（4）条形基础梁顶面和底面的纵向受力钢筋的最小直径不宜小于8mm，间距不宜大于200mm，且有2～4根通长配筋，其面积不得小于纵向受力钢筋总面积的1/3；钢筋保护层厚度当有垫层时不宜小于35mm，无垫层时不宜小于70mm。

（5）柱下条形基础的混凝土强度等级不得低于C20。

（6）现浇柱与条形基础梁的交接处，其平面尺寸不应小于图7-6所示的规定。

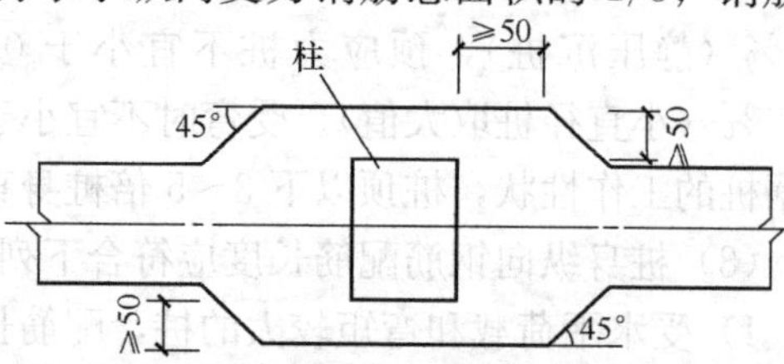

图7-6　现浇柱和条形基础梁交接处平面尺寸

在比较均匀的地基上，上部结构刚度较

好、荷载分布较均匀且条形基础梁的高度大于1/6柱距时，条形基础梁按连续梁的要求进行计算，此时边跨跨中弯矩及第一内支座的弯矩值宜乘以1.2的系数。当不满足上述条件时，条形基础梁的配筋计算和构造要求应满足弹性地基梁的有关构造要求。对交叉条形基础，交点上的柱荷载，按刚度分配或变形协调原则，沿两个方向分配。对于有扭矩的条形基础，应满足钢筋混凝土结构的抗扭规定。

5. 墙下筏板基础

墙下筏板基础的构造，应符合下列要求：

(1) 墙下筏板基础，以等厚度的钢筋混凝土平板为宜。

(2) 墙下筏板基础的垫层厚度以100mm为宜。

(3) 筏板配筋除满足计算要求外，纵横方向支座钢筋尚分别有0.15%和0.10%配筋率连通，跨中钢筋按实际配筋率全部连通。

(4) 底板受力钢筋的最小直径不宜小于8mm；当有垫层时，钢筋保护层的厚度不宜小于35mm。

(5) 墙下筏板基础混凝土强度等级宜采用C30；对于地下水位以下的地下室筏板基础，还要考虑混凝土的防渗等级。

(6) 在比较均匀地基上，若上部结构刚度较好时，可不考虑筏板的整体弯曲，但在端部第一、第二开间内应将地基反力增加10%～20%，按上下均匀配筋。

墙下浅埋筏板基础（包括不埋式筏板）适用于具有硬壳层（包括人工处理形成的）比较均匀的软弱地基、6层及以下横墙较密的民用建筑。其构造除了满足上述各项要求外，还应符合下列构造规定：

1) 浅埋筏板基础的埋置深度，除符合基础埋置深度规定外，宜做架空地板，其净空满足管道检修的要求；如为不埋式筏板，则四周必须设置边梁，底板四角布置放射状附加钢筋。

2) 筏板厚度可根据楼层层数按每层50mm确定，但不得小于200mm。

3) 筏板悬挑墙外的长度，从轴线起算横向不宜大于1500mm，纵向不宜大于1000mm。

此外，对于墙下筏板基础的砌体结构，当预估沉降量大于120mm时，必须加强上部结构的刚度和强度，在基础和顶层处各设置一道钢筋混凝土圈梁，圈梁在平面内形成封闭系统，一般设在外墙、内纵墙和主要内横墙上；而对于建筑体型复杂、荷载差异很大的框架结构，应在适当的部位设置沉降缝，并和相邻建筑物基础保持一定的间距。

7.2 地基变形过大造成的工程事故

7.2.1 建筑物不均匀沉降过大对上部结构的影响

一般来说，地基发生变形，建筑物出现沉降是必然的。但是，过量的地基变形将使建筑物损坏，特别是不均匀沉降超过允许值，影响建筑物正常使用造成工程事故，在地基与基础工程事故中占多数。

建筑物均匀沉降量过大，可能造成室内地坪低于室外地坪，引起雨水倒灌、管道断裂，以及污水不易排出等问题。不均匀沉降过大是造成建筑物倾斜和产生裂缝的主要原因。造成建筑物不均匀沉降的原因很多，如地基土层分布不均匀起伏过大、建筑物体型复杂、上部结构荷载不均匀、相邻建筑物的影响等。建筑物不均匀沉降过大对上部结构的影响主要有以下方面：

1. 墙体产生裂缝

不均匀沉降使砖砌体承受弯曲，导致砌体因受拉应力过大而产生裂缝，如图 7-7 所示，长高比较大的砖混结构，若中部沉降比两端沉降大可能产生八字裂缝，若两端沉降比中部沉降大则产生倒八字裂缝，如图 7-8 所示。

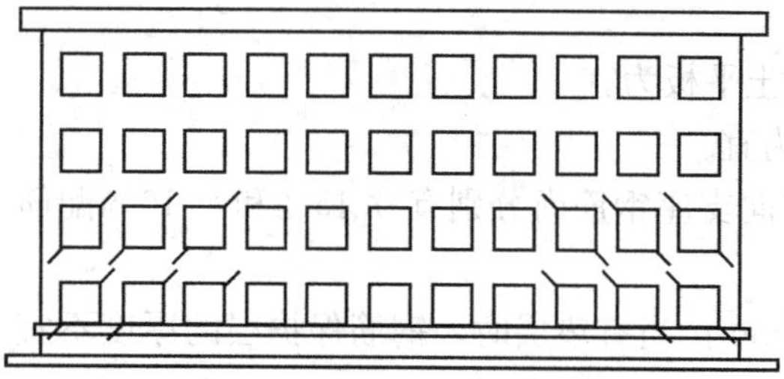

图 7-7 不均匀沉降引起八字裂缝

图 7-8 不均匀沉降引起倒八字裂缝

2. 柱体断裂或压碎

不均匀沉降将使中心受压柱体产生纵向弯曲而导致拉裂，严重的可造成压碎，如图 7-9 所示。例如，某建筑物一层为商店，二～四层为住宅，框架结构，基础为独立桩基础，整体刚度很好。由于在建筑物一侧进行市政挖沟铺设管道，导致建筑物产生不均匀沉降。不均匀沉降致使 3 根钢筋混凝土柱被压碎。

图 7-9 不均匀沉降柱子压碎

3. 建筑物产生倾斜

长高比较小的建筑物，特别是高耸建筑物，不均匀沉降将引起建筑物倾斜，如图 7-10 所示。若倾斜较大，则影响正常使用。若倾斜不断发展，重心不断偏移，严重的将引起建筑物倒塌破坏。控制建筑物沉降和不均匀沉降在允许范围内是很重要的，特别在深厚软黏土地区，按变形控制设计逐渐引起人们重视。当发现建筑物产生不均匀沉

图 7-10 建筑物倾斜图片

降导致建筑物倾斜或产生裂缝时，首先要搞清不均匀沉降的原因及发展的情况，然后再决定是否需要采取加固措施。若必须采取加固措施，再确定处理方法。若不均匀沉降尚在继续发展，首先要通过地基基础加固遏制沉降继续发展，如采用锚杆静压桩托换或采用地基加固方法。沉降基本稳定后再根据倾斜情况决定是否需要纠偏。倾斜未影响安全使用的可不进行纠偏。对需要纠偏的建筑物视具体情况可采用顶升纠偏法、迫降纠偏法或综合纠偏法。

7.2.2 工程实例

【实例 7-1】

1. 工程概况

某教学楼为 3 层砌体结构，二、三层为现浇钢筋混凝土大梁和预制楼板，屋盖为木屋架、瓦屋面，西侧辅助房间及楼梯间为 4 层钢筋混凝土现浇楼盖。此楼设计时即发现基础落在不均匀土层上：东南角下为较坚实的粉质黏土，而西北占总面积 2/3 范围内却有高压缩性有机土及泥炭层，厚 2～3m（见图 7-11、图 7-12）。当时的处理措施是：对可能位于泥炭层上的基础都采用钢筋混凝土条形基础，并将地基承载力由 $120kN/m^2$ 降至 $80kN/m^2$，同时在二、三层楼板下设置圈梁。此楼建成使用后第 2 年即产生多处开裂且房屋微倾，不得不停止使用，直至 12 年后才进行加固。

房屋开裂和倾斜情况：东、西立面墙体裂缝如图 7-11c、图 7-11d 所示，其中最宽的裂缝在西立面⑨轴线边，自墙顶起直达房屋半高，裂缝宽 30mm 左右，⑨轴线屋架下内纵墙的壁柱也被拉裂，错开 30mm 左右，这是北墙一端下沉与内纵墙相连的拉梁将壁柱拉裂的缘故。在二、三层楼面上，⑨、⑩轴线附近有贯通房屋东西向的裂缝，宽 10～20mm 不等。

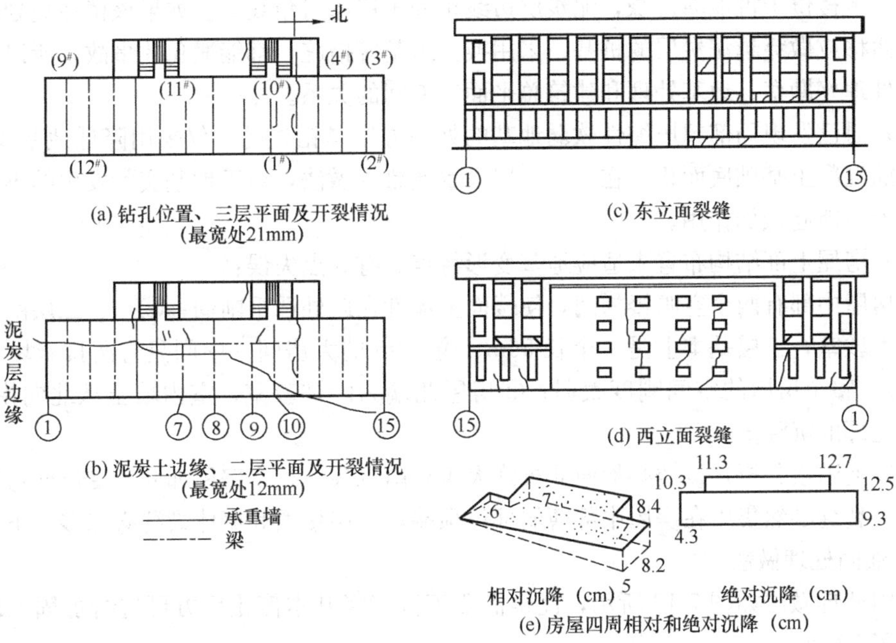

(a) 钻孔位置、三层平面及开裂情况（最宽处21mm）

(c) 东立面裂缝

(b) 泥炭土边缘、二层平面及开裂情况（最宽处12mm）

(d) 西立面裂缝

相对沉降（cm）　绝对沉降（cm）

(e) 房屋四周相对和绝对沉降（cm）

图 7-11　平面及裂缝情况

地基土层分布：

如图 7-12 和图 7-11a 中括号内数字表示钻孔的位置和编号，土层具体分布情况如下：

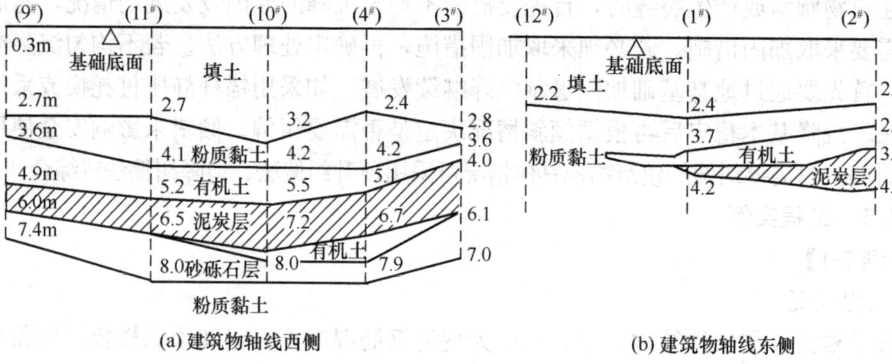

图 7-12　钻孔地质剖面

表面为填土，疏松，厚 2～3.5m；

第二层为粉质黏土，褐灰色，$a_{1\sim2}=0.45\text{MPa}^{-1}$，厚 1～1.5m；

第三层为有机土，灰黑色，较软弱，550℃烧灼失量 5%～15%，厚 0.5～1.4m；

第四层为泥炭层，黑绿色，含大量未分解植物质，烧灼失量 15%～35%，$w=155\%\sim160\%$，$e=3.54\sim3.82$，$a_{1\sim2}=3\sim3.6\text{MPa}^{-1}$，属超高压缩性，此泥炭层厚度不均匀，多数 0.5～2.3m，西端薄中部厚，东南角无此泥炭层；

第五层为砂砾石夹杂有机土，密实，厚 0.8～1.5m；

第六层为粉质黏土，黄褐色，厚 8～16.5m。

2. 事故原因分析

(1) 本楼位于古池塘边缘，泥炭层边线正处于房屋对角线上。如果该楼在规划设计时东移、西移或做穿越泥炭层的桩基、采用换土地基等措施，都能避免此事故，所以事故主因是未处理好勘察、地基处理和建筑总平面三者间的关系。

(2) 对已发现局部超压缩性软弱地基的处理方案是错误的。仅采用降低地基承载力、加大钢筋混凝土基础底面积、在二、三层设置圈梁的做法，对于地基实际发生的不均匀变形基本上不能起抵御作用。

(3) 房屋上部结构布置未适应地基变形特点。有 3 点失误：

①房屋中部有两个空旷楼梯间，使楼面整体性在此处严重削弱；②一、二层南北两端为空旷大教室，三层基本上是一个长 56m、宽 12m 的大房间（中间只有两排砖垛作为横墙相连），整个房屋的空间刚度太弱；③房屋北端为阶梯教室，室内填土从北向南坡下，加剧了北部的沉降。

从以上因素分析，该楼必然西北沉降大于东南沉降。整个房屋如同既受反向弯矩又受扭的梁，裂缝必然集中在房屋中部薄弱部位顶端，上层楼面和墙体裂缝必然多于下层。

3. 加固处理做法

加固处理做法如图 7-13 所示，此楼需要等待沉降基本停止后方可进行加固处理，为此等待了 12 年。

曾考虑现浇混凝土桩托梁法（因施工困难、费用太高而放弃）、拆除第三层改为两层的减荷法（因影响使用而放弃）等处理措施，最后决定用“增设圈梁、加固墙体”的做法：

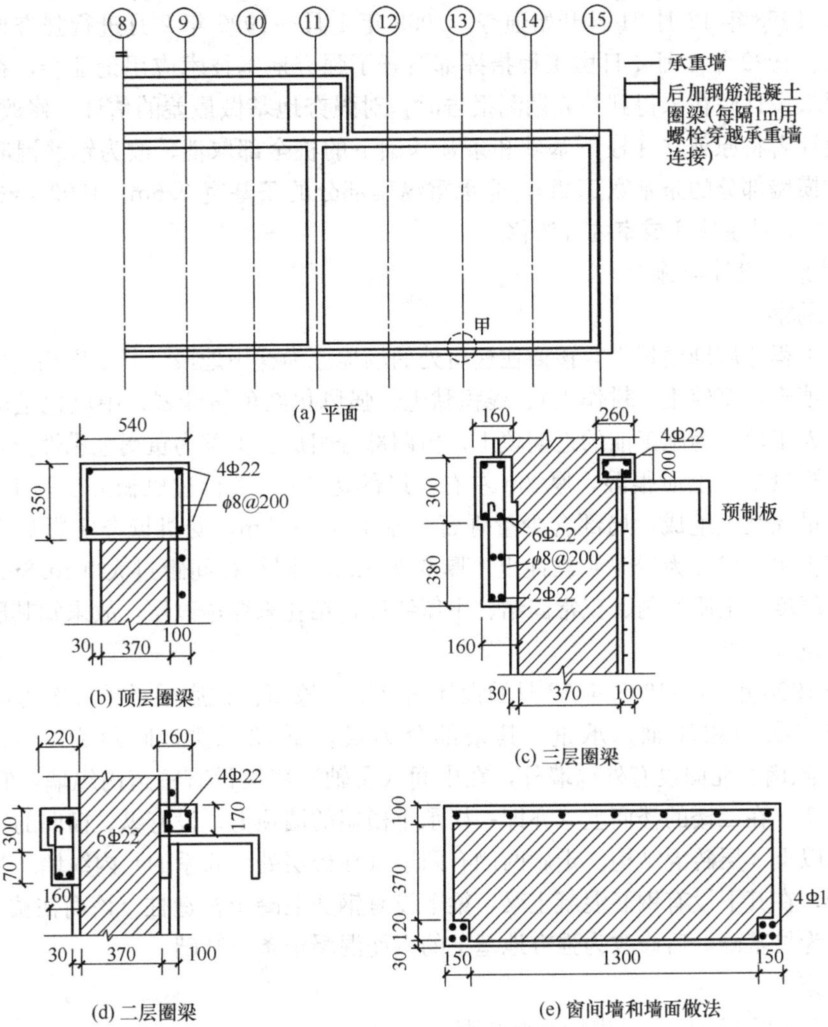

图 7-13 某教学楼加固处理示意

(1) 暂拆木屋盖，在三层顶部增设一现浇内外墙交圈的钢筋混凝土圈梁 540mm×350mm，4Φ22（见图 7-13b），做完后再将木屋盖恢复；

(2) 在三层楼板顶皮标高处设一层现浇内外墙的钢筋混凝土圈梁（室外 160mm×680mm，8Φ22；室内 260mm×200mm，4Φ22），每隔 1m 用螺栓穿过砖墙加以连接（见图 7-13c）；

(3) 在二层楼板顶皮标高处也增设类似圈梁（见图 7-13d）；

(4) 在外墙窗间墙和 4 个墙角，加设上下贯通的钢筋（4Φ16），并锚固在基础上，保证各层圈梁的共同工作（见图 7-13e）；

(5) 外墙内外两面加设 ϕ8@200 的钢筋网并喷一层 30mm 水泥砂浆。

【实例 7-2】

1. 工程概况

某商贸城 8 号商住楼为砖混结构，以杂填土为持力层的强夯地基、钢筋混凝土条形基础，建筑面积为 2800m^{2}的 4 层商住楼（底层层高为 4.2m 的门面，上面 3 层为层高 3.2m

的住宅)。1998年12月21日开始强夯，1999年1月～1999年2月进行强夯地基检测和补充检测。1999年2月4日由工程指挥部召开了强夯地基技术应用论证会，在论证会上指挥部要求设计院在未得到补充勘测报告时，对强夯地基做最差的估计，修改基础设计。随后，设计者将原独立柱柱下基础和条基基础下的桩全部取消，改为钢筋混凝土条形基础，承重横墙部分的条基宽1.2m，非承重纵墙部分的条基宽0.6m。1999年3月初按修改图施工，6月主体完成室内外装修。

2. 勘察、设计与施工

(1) 勘察

根据工程地质勘察报告，该商住楼所处的场地原为梯田地段，其土层构造由上而下依次为人工填土、腐殖土(耕作土)、残积黏土、强风化红色粉砂岩、中风化至微风化红色粉砂岩。人工填土为施工前的近期填土，由两部分组成：上部为黄褐色黏性土，土质较均匀，碎石含量少，土质很湿，厚3m左右，局部达4m，进行过机械夯实；下部由碎石、块石及少量黏性土组成，局部含少量砾石，厚1.5～2.5m，受机械夯实影响小，密实度差。腐殖土主要成分为淤泥质黏性土，厚0.6～2m，因钻孔间距过大(40.8m)，故未准确掌握其厚度。土质均匀、正常固结、中压缩性，钻孔未穿透该层，故未知其层厚。

(2) 设计

根据1998年11～1998年12月的设计图可知，该商住楼底层承重方案为部分横向混凝土框架(②轴和⑩轴)承重，其余部分为横向砖墙承重，间距为3.6m，宽度为16.76m。除南、北向设有外纵墙外，在中间(⑩轴)底层设有一道内纵墙，它们基本上为非承重墙。在二楼的楼面上(亦即一楼承重横墙的墙顶上)设有纵、横向的钢筋混凝土梁，支承以上3层砖混结构。走廊两侧有两道(在楼层处无联系的)内纵墙。为支承这两道内纵墙，在其下设有钢筋混凝土梁，梁下设有钢筋混凝土构造柱。该商住楼1998年12月原设计为桩基础，后修改为强夯地基上的钢筋混凝土条形基础。

(3) 施工

1) 1998年12月21日进场开始强夯。

2) 1999年1月20日，强夯结束后对强夯地基进行检测，经标准贯入度试验及土样试验，8号商住楼强夯地基土的承载力均达到150kN/m²以上，强夯地基合格。鉴于上述地质情况，报告建议，在作施工图之前应进行详勘，以防强夯层下卧的水塘、河道淤泥构成的软弱层影响房屋安全。

3) 1999年2月4日，由工程指挥部主持召开会议讨论强夯地基的应用问题，希望出席会议的专家以理论和实践两方面对强夯地基进行论证，如有不足之处或薄弱环节，还可在上部结构施工之前及时采取有效的处理措施，确保生命财产安全。根据与会专家的意见，工程指挥部作出如下决定：

① 请省物勘院马上开始按照原始地形地貌所提供的水塘、河道的准确位置进行深层勘测，并及时提供补充勘测报告；

② 在尚未收到报告之前，请设计院做最坏的估计，对基础进行修改，并尽快发出设计修改通知；

③ 有关城内施工用水，由工程部下文严格控制用水流失，并督促施工单位修好临时用水排水设施；

④ 已开挖的基槽必须年前完工，未开挖的基础一律停止施工；

⑤ 组织人力物力，做好春季防汛工作，确保场地不积水。

4）1999 年 3 月初按修改图施工，6 月份主体完工，11 月 30 日装修完毕并竣工验收。

3. 裂缝概况

1999 年 11 月中旬首先在 8 号楼四层Ⓕ、Ⓔ/Ⓕ轴纵向隔墙②～③轴墙面发现约成 45°的斜裂缝（见图 7-14）。到 2000 年 4 月 1 日裂缝不断有所发展，砖墙和混凝土梁上的裂缝如图 7-14～图 7-18 所示：

（1）砖墙裂缝绝大部分出现在纵向墙面上；

（2）纵向墙面从一层到四层均已发现裂缝，以四层的裂缝发现得最早，到目前为止，四层墙的裂缝宽度也最宽。此外，四层的裂缝宽度还随气温变化，阴雨天气变小，晴天中午增大；

（3）纵向墙面的裂缝绝大部分为与地面成 45°的斜裂缝（见图 7-14、图 7-15），也有窗台下的垂直裂缝；

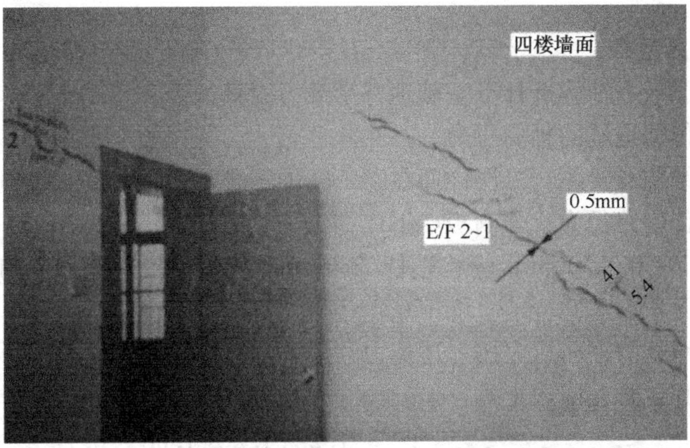

图 7-14　8 号楼四层⑧/⑦轴纵向墙面裂缝

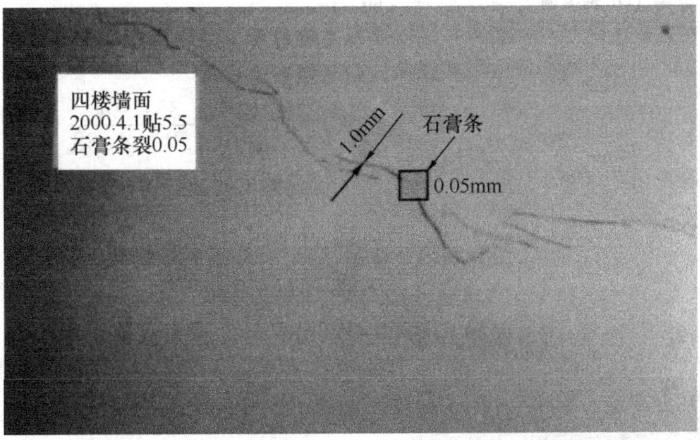

图 7-15　8 号楼四层Ⓕ轴纵向墙面裂缝

（4）裂缝宽度最小的约 0.1mm，最宽的为 2.0mm，4 月 1 日粉刷层表面有裂缝的墙，其砖砌体并未开裂，5 月 5 日砖砌体已开裂（见图 7-16）；

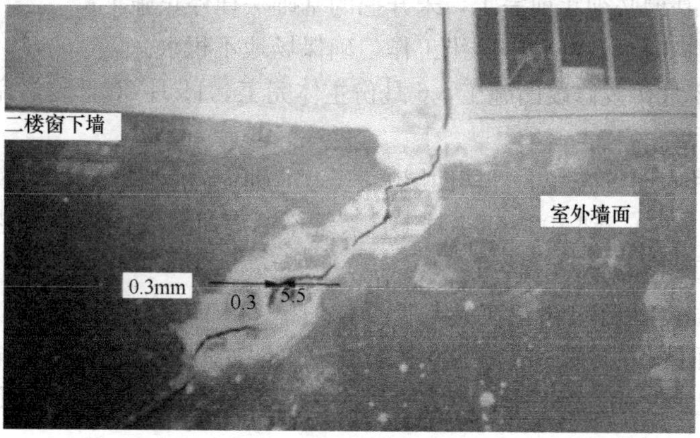

图 7-16　8 号楼二层Ⓔ轴窗下斜裂缝

（5）4 月 1 日从一层到四层的横墙尚未见裂缝，5 月 5 日～11 月 4 日观察到二层少数横墙已出现裂缝。

4. 地基承载力复核

③～⑥轴和③～⑥轴构造柱下基础地基承载力验算如下：

（1）构造柱传给地基的轴向压力

根据原设计结构布置图，二层楼面在②～③轴、③～④轴之间，预制板是沿 4m 跨度方向布置的，故传力路径为：预制板（YKB_2440）→L2（150mm×400mm）→L11（250mm×500mm）→L-6（250mm×600mm）→构造柱（240mm×240mm）→基础（按 45°传力，不考虑垫层作用，基底面积为 1200mm×680mm）→强夯地基。

构造柱传给地基的轴向压力按上述传力路径其计算结果为 322.5kN。

（2）基础及其台阶上回填土重

$$1.2 \times 1.2 \times 1.68 \times 0.72 \times 20 = 34.84\text{kN}$$

（3）构造柱下基础传给地基的轴向力和压应力：

$$N = 322.5 + 34.84 = 357.34\text{kN}$$

$$\sigma = \frac{N}{A} = \frac{357.34}{1.2 \times 1.68} = 177.25\text{kN/m}^2$$

（4）地基承载力复核结果当不考虑垫层及纵墙的作用时：

$\sigma = 177.25\text{kN/m}^2 > f = 150\text{kN/m}^2$（不满足）

5. 裂缝原因

根据裂缝特征、工程地质勘察报告、强夯地基检测报告、结构设计及变更设计图以及地基承载力验算结果，8 号商住楼纵墙体出现斜裂缝的主要原因可从下列几个方面进行分析：

（1）按裂缝特征和裂缝机理分析

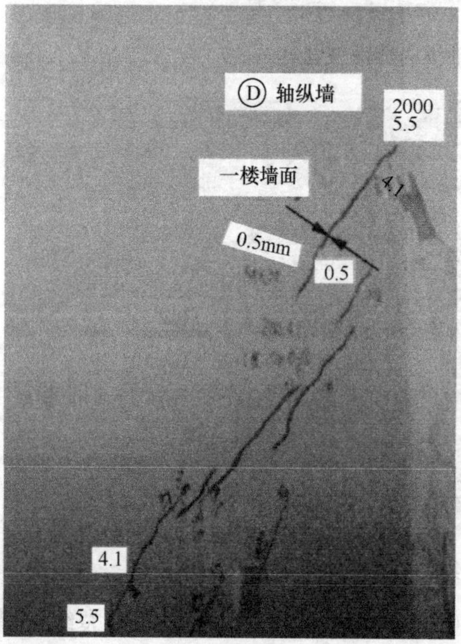

图 7-17　8 号楼一层Ⓓ轴纵墙墙面斜裂缝

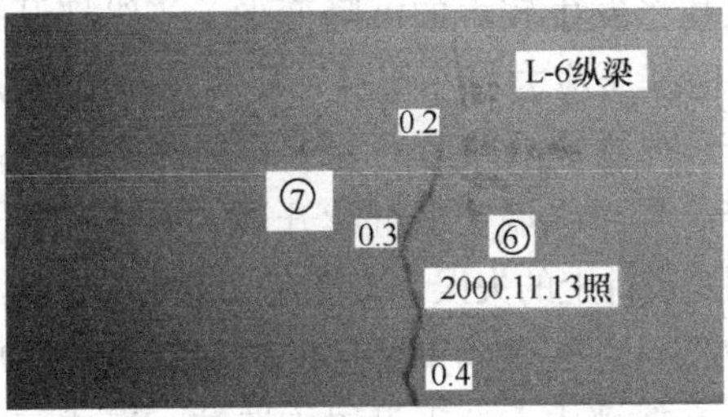

图 7-18　8 号楼一层 L-6 垂直裂缝

如前所述，一层横墙为承重墙，其上无斜裂缝，一层纵墙为非承重墙出现了与地面约成45°的斜裂缝，与另一侧纵墙上的斜裂缝（未同时照出），形成正八字形裂缝，如图7-19所示。

承重的横墙在荷载作用下发生沉降变形，由于横墙下设有钢筋混凝土条形基础，墙内又设有钢筋混凝土构造柱，具有较好的刚度和抵抗沉降变形的能力，且横墙基础自身沉降差较小，因此，在一层横墙上未出现斜裂缝。但是，一层纵墙为非承重墙，其基础只承受一层纵墙自重，沉降很小，与横墙基础有较大的沉降差，在横墙基础与纵墙基础交叉的部位，要求沉降变形一致，迫使纵墙基础发生与横墙基础相协调的沉降变形，也使纵墙基础承受部分由横墙传来的荷载。由于纵墙墙体抵抗不均匀变形的能力较差，当不均匀沉降在纵墙内引起的主拉应力超过砖砌体的抗拉强度时，在纵墙上引起如图 7-17 和图 7-19 所示的斜裂缝。横墙与横墙以及横墙与纵墙墙基之间的差异沉降变形，使支承在横墙上的二、三、四层的纵向墙体受剪，产生主拉应力，在主拉应力超过砖砌体抗拉强度的部位出现斜裂缝。因此，8 号商住楼二、三、四层墙体的斜裂缝也均出现在纵墙上（见图 7-14、图 7-15）。此外，对于第四层（顶层）墙体，由于混凝土屋面热胀变形时，将使温度较低、热胀系数比混凝土约小一倍的纵向砖墙受剪，提早和加剧了顶层砖墙斜裂缝的出现和开展，这是顶层墙体斜裂缝为什么出现得最早和开展最宽并随气温变化的缘故。

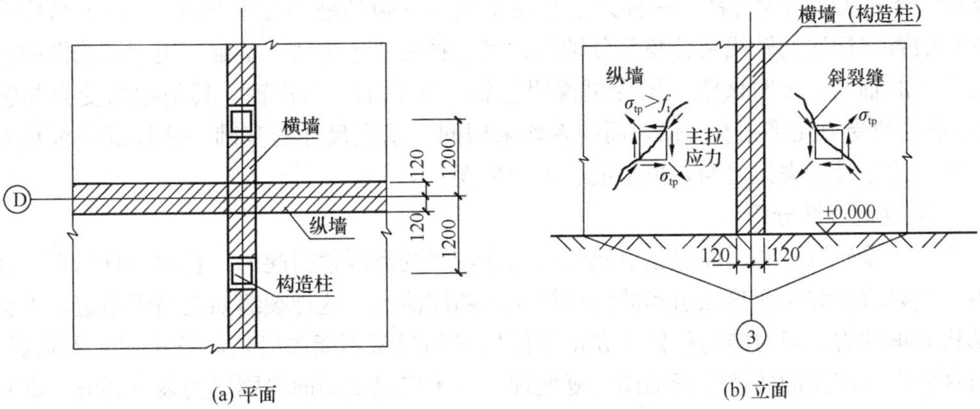

图 7-19　底层非承重纵墙出现斜裂缝的机理

（2）从强夯地基检测和工程地质勘察结果分析

从强夯地基的检测结果可知，8 号商住楼强夯地基的承载力达到和超过 150kN/m^{2}的设计要求。但是从工程地质勘察报告得知，强夯地基下卧软弱腐殖土，其压缩性高，土层0.6～2.0m 厚薄不一，当基础通过强夯地基传递的压力较大时，将导致差异沉降量过大，引起墙体出现斜裂缝。

（3）从构造柱下基础地基承载力验算结果分析

构造柱下基础地基承载力验算结果表明，当按常规不考虑垫层，且只考虑横墙承重时，地基压应力 σ＝177.25kN/m^2＞f＝150kN/m^2 不满足当时国家标准《建筑地基基础设计规范》GBJ 7—89 对地基承载力的要求，表示地基将发生较大的沉降变形。当纵墙开裂后，构造柱的力将通过纵墙墙基传给地基，此时，地基压应力将小于 $f=150\text{kN/m}^2$，满足当时国家标准《建筑地基基础设计规范》CBJ 7—89 对地基承载力的要求，但当强夯地基下卧层软弱，且厚薄不均时，将继续引起差异沉降，导致纵墙裂缝继续开展。

综上所述，引起 8 号商住楼纵墙开裂的主观原因是设计上的失误，表现在以下几个方面：

首先，从结构布置上，针对强夯地基承载力较低且存在软弱下卧层的情况，设计时应避免地基上出现较大的集中压力和相应的压应力。在横墙内 L-6 下设置构造柱，造成较大的集中力，这是设计上的失误之一，在农林城内，兴建了 48 栋类似的商住楼，L-6 下未设构造住的商住楼均未出现纵墙开裂的现象。因为二楼楼面梁（L-6）的支座反力通过梁垫按 45°压力角可均匀地传递到墙下基础和地基。

其次，即使设了构造柱，如果通过计算发现，不满足地基规范的要求，应考虑局部加大基础的底面积，使之满足规范对地基承载力和地基变形的要求。构造柱柱下基础未局部加大，这是设计上失误之二。

再次 1999 年 2 月 4 日强夯地基论证会上，建设方明确提出在未得到强夯地基下卧层的详勘报告之前，要按最坏的情况考虑。此时，设计者未对强夯地基承载力取较低的数值，未加大基底面积，以减少传给下卧层的应力和相应的沉降变形，这是设计上失误之三。

最后，基础的底面应根据上部结构传力的大小进行设计，既不能以小代大，也不能以大代小，否则，会使地基承载力无法满足规范要求，或人为地造成差异沉降，这是基础设计中必须严格遵守的原则。8 号商住楼的设计正好违背了该原则，在基础设计变更中，将 8 号商住楼的基础归为两种：一种是承重墙下基础（包括框架柱下基础），用于结构图中用阿拉伯数字标注的轴线及转角部分轴线；另一种是非承重墙下基础，用于结构图中英文字母标注的轴线。按照该施工图变更说明①轴（或⑩轴）为边轴，其基础的受力与②轴（或⑩轴）的受力几乎相差一倍，而两者均采用同一基底尺寸的基础，使其沉降也相差几乎一倍。这是设计失误之四，也是最严重的失误。

6. 裂缝危害性分析

砖墙由差异沉降和屋面热胀引起的斜裂缝，属变形因素引起的，它们一旦出现，在砖墙内由差异沉降和屋面热胀引起的约束拉应力随即消失，这种裂缝如能趋于稳定，不会影响结构的承载力，但对结构整体性和正常使用（如门窗不能关启）以及美观有不良影响，应对这些裂缝部位的砖墙进行加固修复处理。对于仅仅是墙面粉刷层的表面裂缝，则只需重新粉刷即可。由屋面热胀引起的裂缝，随气温周期性变化，属稳定裂缝。但是，当强夯地基存在非常软弱的下卧层，纵墙裂缝将不断发展，一旦裂缝转移到横墙，使承重横墙的整体性和稳定性遭到破坏时，将危及房屋结构的安全。此时，应对承重横墙的基础进行加固处理。

7. 沉降、垂直度观测及地质勘察结果

为证实上述分析的正确性，提出有针对性的安全、适用、经济的最佳处理方案，对 8 号商住楼的沉降、垂直度进行了观测，对已建商住楼的工程地质情况进行了勘察，其结果如下：

（1）沉降观测结果

由 2000 年 4 月 9 日到 2000 年 5 月 24 日观测结果（见表 7-8）可知，5 月 10 日～5 月 24 日的两次观测，各测点均未发现新的沉降。5 月 10 日前的数据表明：

8号商住楼沉降观测结果

表 7-8

观测次数	观测日期	测点编号																							
		G1			G3			G6			G12			A1			A4			A8			A11		
		高程(m)	本次下沉(mm)	累计下沉(mm)	高程(m)	本次下沉(mm)	累计下沉(mm)	高程(m)	本次下沉(mm)	累计下沉(mm)	高程(m)	本次下沉(mm)	累计下沉(mm)	高程(m)	本次下沉(mm)	累计下沉(mm)	高程(m)	本次下沉(mm)	累计下沉(mm)	高程(m)	本次下沉(mm)	累计下沉(mm)	高程(m)	本次下沉(mm)	累计下沉(mm)
1	4.09	9.594			9.468			9.499			9.455			9.520			9.546			9.403			9.241		
2	4.26	9.591	3		9.464	4		9.495	4		9.452	3		9.518	2		9.544	2		9.399	4		9.245	4	
3	5.03	9.590	1	4	9.463	1	5	9.495	0		9.450	2	5	9.515	3	5	9.542	2	4	9.395	4	8	9.244	1	5
4	5.10	9.589	1	5	9.460	3	8	9.493	2	6	9.450	0	5	9.514	1	6	9.539	3	7	9.395	0	8	9.244	0	5
5	5.17	9.589	0	5	9.460	0	8	9.493	0	6	9.450	0	5	9.514	0	6	9.539	0	7	9.395	0	8	9.244	0	5
6	5.24	9.589	0	5	9.460	0	8	9.493	0	6	9.450	0	5	9.514	0	6	9.539	0	7	9.395	0		9.244	0	5

图形

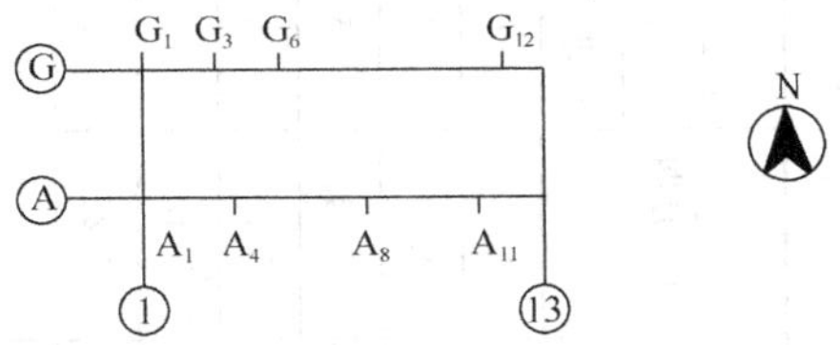

1）横向墙（东、西山墙）自身沉降比较均匀，东山墙Ⓐ×⑬与Ⓖ×⑬测点的沉降差仅1mm，而西山墙Ⓐ×①与Ⓖ×①的沉降相等。

2）横向墙之间，沿纵向从4月9日到5月10日还有沉降差，最大的为3mm，进一步证实了从4月1日到5月5日的裂缝发展与横墙之间的不均匀沉降有关。

3）沿纵向沉降的特点是西头（山墙）小，中间大，这符合纵墙上的裂缝为内倾斜裂缝的特点，从开裂机理上分析也是一致的。

（2）垂直度（倾斜）观测结果

2000年4月20日到2000年5月25日对农林城8号商住楼进行了倾斜观测，其结果见表7-9。5月25日观测到的墙顶倾斜情况如图7-20所示。墙顶到室外地面的高度按13.8m计算，最大的倾斜率为16/13800＝1.16‰略大于1‰，绝对值为16mm＜20mm。所测倾斜率并非完全为房屋建成后出现的水平位移，还包含施工过程中的倾斜及墙体垂直度控制上的误差。因此，垂直度基本符合施工验收规范的要求。地基不均匀沉降对房屋垂直度尚未造成不良影响。

8号楼垂直度（倾斜）观测结果 **表7-9**

观测次数	观测日期	测点编号							
		1	2	3	4	5	6	7	8
		北倾	西倾	西倾	北倾	西倾	西倾	南倾	北倾
1	4.20	6	2	5	13	4	5	5	5
2	4.27	5	2	5	14	4	5	5	6
3	5.04	5	2	4	15	4	5	6	7
4	5.11	5	2	4	16	5	5	7	8
5	5.18	5	2	4	16	5	5	7	8
6	5.25	5	2	4	16	5	5	7	8
图形	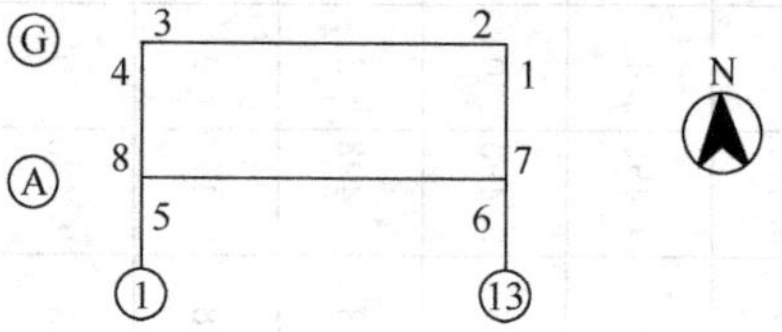								

（3）8号商住楼工程地质勘察结果

2000年5月15日某市第一建筑设计研究院根据要求，对8号商住楼工程地质进行补充勘察，钻孔10个，每孔打入强风化岩1～2.5m，其主要结论如下：

1）10个钻孔获得的地质资料表明，从地表到强风化岩共分5层：

① 填土层，该层厚4.5～7m，平均6m左右。上部为黏性素填土1～2m厚，下部为碎石素填土3.5～5m厚，碎石含量90%～95%，较为松散。根据现场鉴别土层物质成分、密实程度、经综合考虑该土层可定为稍密状，地基承载力标准值f_k＝180kN/m^2。

② 淤泥层，该层含丰富有机质，未固结或固结差，厚0.3～0.8m，①～④轴较厚，该土层承载力很低，其f_k＝50kN/m^2，高压缩性，对土层沉降有影响。

③ 含有机质的黏土层，为耕作土的底层，厚0.5～1.2m，该土层承载力标准值f_k＝

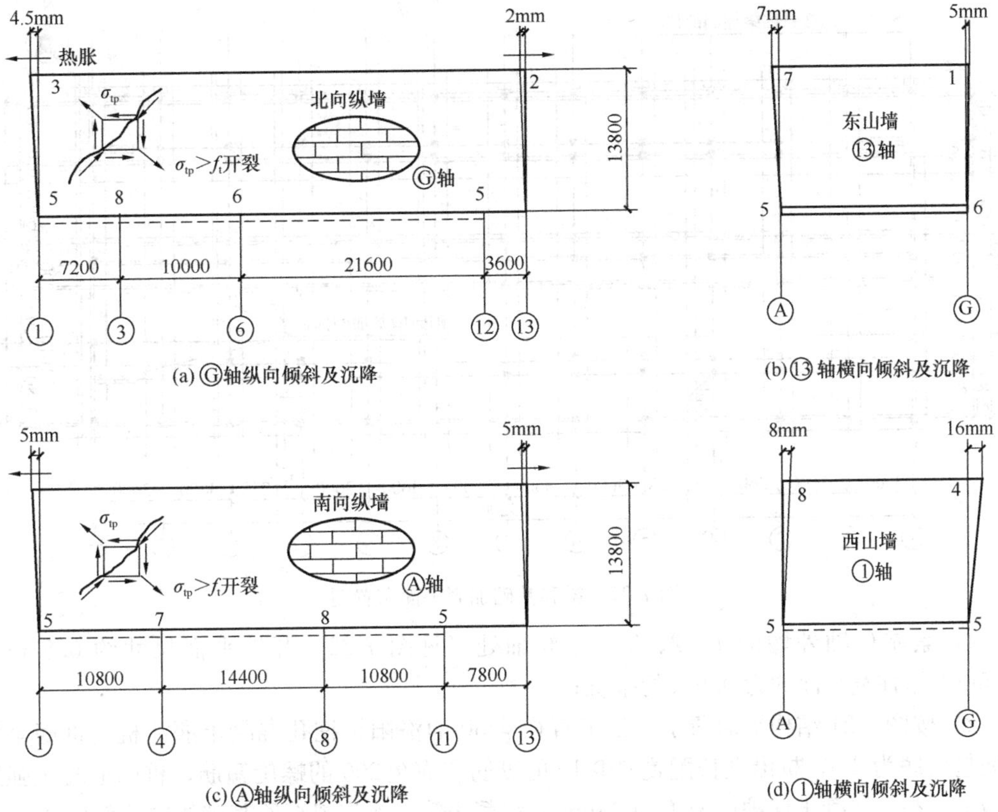

图 7-20　8 号商住楼沉降及垂直度（倾斜）观测结果

$50kN/m^2$，中压缩性。

④ 残坡积黏土层，上部以坡积为主，下部以残积为主，由强风化岩形成，厚 1.5～2.8m，$f_k=220kN/m^2$，中压缩性。

⑤ 强风化粉质砂岩，含大量黏土矿物，厚度本次钻探未穿过，估计该层厚 4～7m，其下为中等风化岩。

2）地下水较丰富，向东南方向潜流，此次钻探时地下水位在淤泥层之上，使淤泥处于软稀状态，到枯水季节地下水位下降，向东南方向潜流，淤泥层固结，将引起上复土层下降，对地基沉降也有一定影响，是引起 8 号商住楼墙体开裂的隐患之一。

8. 加固处理

上部结构的裂缝，主要是由于横向承重墙不均匀沉降引起。为避免进一步沉降，采取卸载的办法，在承重梁（L-6）下设墙和墙基，将横墙承受的一部分由梁传来的荷载，转移到横墙墙基之间的纵向墙基下的强夯地基上。因此，沿Ⓔ、Ⓒ轴各开间均在梁下设墙及墙下基础，在①～②轴和⑫～⑬轴之间的靠近Ⓑ轴和Ⓛ轴的梁下也设置墙和墙基。此外，在 G×1、G×2、G×3、G×5、G×6 五处对二楼悬挑梁进行加固。上述加固部位见图 7-21梁和基础加固平面布置图。

（1）二楼悬挑梁加固

为了使二楼悬挑梁既减小跨度又可使部分横墙墙下基础卸载，采用如图 7-22 所示加固方案。其施工要点如下：

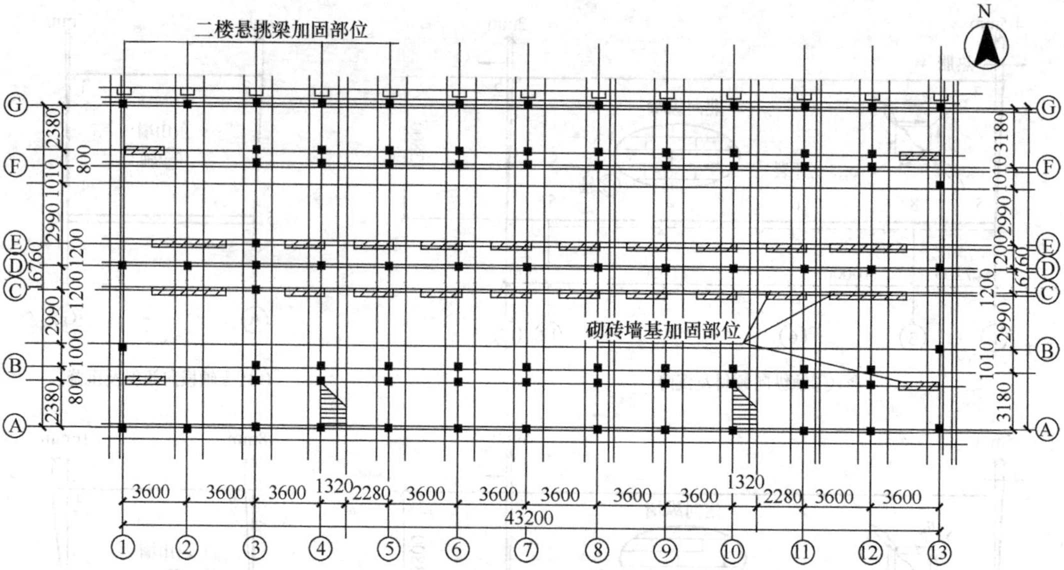

图 7-21　梁和基础加固平面布置图

1）紧靠 G 轴外墙沿 1、2、3、5、6 轴处（见图 7-22）开挖平面尺寸约 0.83m×(1.5m+原柱宽) 深约为 0.9m 的基坑；

2）按图 7-21 结构平面所示，施工直径 ϕ350 的洛阳铲挖孔混凝土灌注桩，桩底至原基底垫层底为 2m，桩沿全长配置 6 Φ 10 的纵筋和 ϕ6@200 的螺旋箍筋，桩的混凝土强度等级为 C25，混凝土保护层厚度为 35mm，混凝土第一次浇捣至原基础垫层顶面标高；

3）按截面Ⅲ-Ⅲ配置悬挑梁的纵筋（上部 3 Φ 16，下部 2 Φ 10）和箍筋（悬挑部分为 Φ 8@100），以及按截面Ⅰ-Ⅰ配置立柱的插筋 4 Φ 12，并按 A 节点大样和结构平面在混凝土垫层内配置 5 Φ 10 的受力筋和Φ 8@200 的分布筋；

4）浇捣 C25 混凝土至地面标高±0.000 处；

5）绑扎立柱纵筋并与柱顶悬挑梁底 4 Φ 12 的膨胀螺丝焊接；

6）浇 C25 混凝土至悬挑梁底下 100mm 处；

7）在梁底与柱顶之间浇筑掺加（水泥用量）12%UEA 膨胀剂的微胀混凝土；

8）待微膨胀混凝土初凝后适时浇水养护，养护期 14d。

(2) L-6 下砖砌墙加固

为将 L-6 承受的荷载通过新砌的梁下砖墙传到墙下条形基础以及相应位置的强夯地基上，使横墙地基基础卸载，采用图 7-23 所示的加固方案，其施工要点如下：

1）按图 7-23 加固平面图及Ⅱ—Ⅱ剖面所注尺寸开挖土方，至原横墙墙基垫层底部标高；

2）按Ⅱ-Ⅱ剖面浇 C10 垫层及用 MU10 砖、M5 水泥砂浆砌砖大放脚；

3）按Ⅰ-Ⅰ、Ⅱ-Ⅱ剖面制作挑梁的纵筋和箍筋，并控制挑梁梁顶标高为−0.050 立模、浇梁混凝土，并注意将新做的基础与原墙基用泡沫塑料隔断；

4）回填夯实后，在挑梁上用 MU10 砖、M5 混合砂浆砌 240mm 砖墙，至二楼楼面梁下 100mm；

5）浇捣微膨胀 C25 混凝土，内掺（水泥用量）12%UEA 膨胀剂。要求混凝土振捣密实，并注意适时养护，微膨胀混凝土养护不少于 14d；

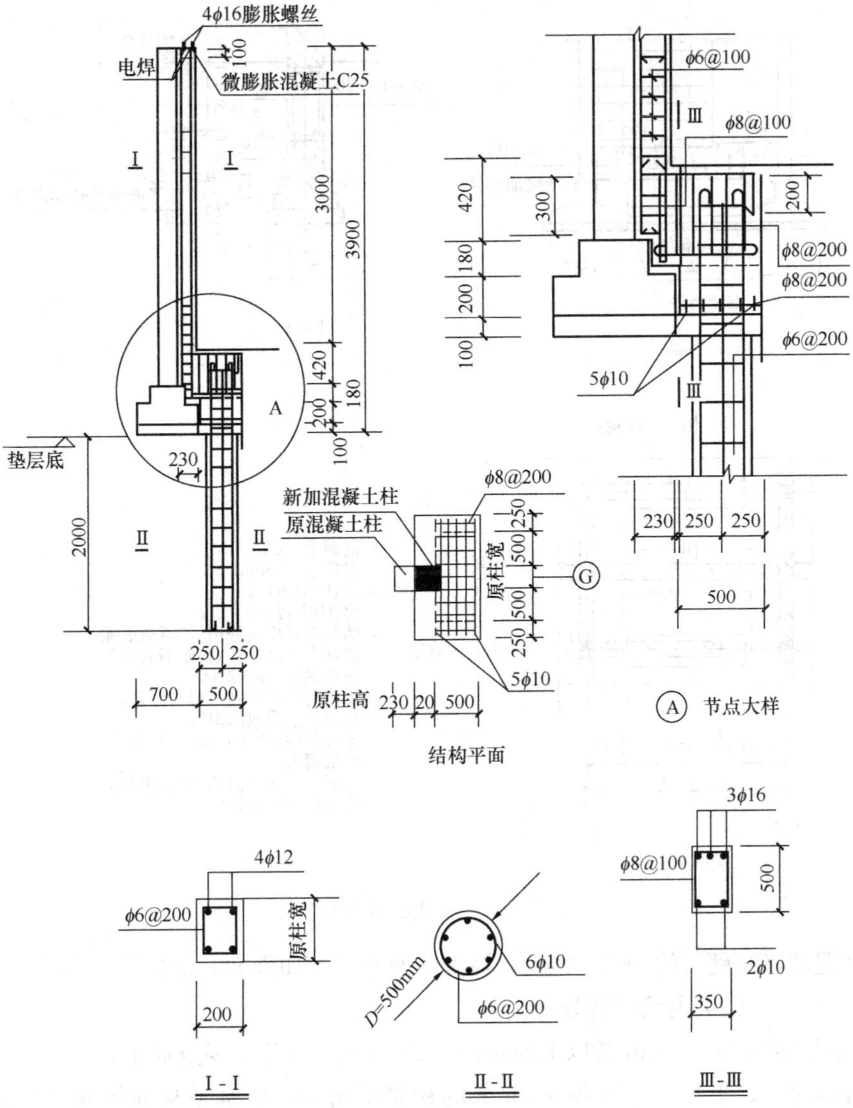

图 7-22　二层悬挑梁加固图

6）未尽事宜，应按有关国家标准规定和规程执行。

（3）墙体裂缝处理：

墙体裂缝根据裂缝宽度和裂缝的部位分以下 3 种情况进行处理：

1）0.3mm 以下内墙的裂缝处理

小于 0.3mm 内墙的裂缝处理的施工要点如下：

① 将裂缝上、下、左、右各 250mm，即(l_x+500)×(l_y+500) 范围内(l_x、l_y 为裂缝的水平和垂直投影长度）墙两面的粉刷层凿除，对每条垂直和水平灰缝进行勾缝，使灰缝凹进墙面 25mm，并将墙面和灰缝清洗干净；

② 随即抹掺有（水泥用量）10%UEA 型膨胀剂的 M10 水泥砂浆，厚度与原粉刷层相等，要求挤压密实；

③ 待水泥砂浆初凝后，及时喷水养护 14d；

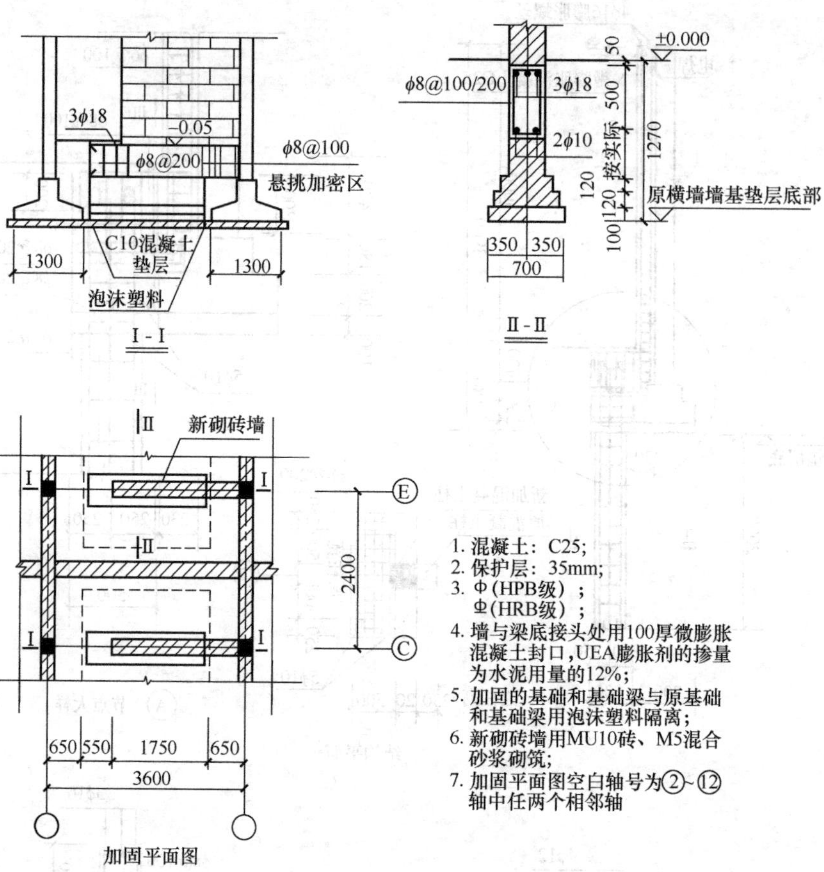

图 7-23　L-6 砌砖墙加固图

④ 水泥砂浆结硬（约 15d）之后，补做墙面面层（如刷 888 仿瓷涂料面层）。

2）0.3mm 及以上内墙裂缝处理

内墙裂缝宽度为 0.3mm 及以上时按图 7-24 处理，其施工要点如下：

① 将裂缝上、下、左、右各 500mm 的粉刷层凿除，对水平灰缝每隔三皮砖进行勾缝，使灰缝凹进墙面 10mm，并冲洗干净；

② 将长 280mm 的 $\phi4@250\times250$（四皮砖）的①号水平钢筋沿水平灰缝底钉入墙内，使其在墙面两侧外露 20mm 的钢筋头；

③ 将长为裂缝水平投影长度 l_x+1m 的 $\phi6@250$ 的②号钢筋置于①号钢筋之上，使其进墙面 3mm，并与①号钢筋隔点电焊和扎牢；

④ 将长为裂缝垂直投影长度 l_y+1m 的 $\phi6@250$ 的③号竖向钢筋与②号水平钢筋扎牢；

⑤ 墙面粉刷 25mm 厚 M10 高强水泥砂浆，粉刷前墙面要湿水，粉刷后要适时对墙面喷水养护。

3）外墙的裂缝处理

外墙的裂缝处理，原则上参照内墙处理，考虑到施工方便，如外墙已用高强水泥砂浆贴瓷砖，可仅对内墙面参照图 7-24 进行处理。不同的是①号短钢筋改为 $\phi4@180\times180$ 长 200mm 的钢钉，②号钢筋的直径仍为 $\phi6$，但间距改为 180mm（三皮砖）。

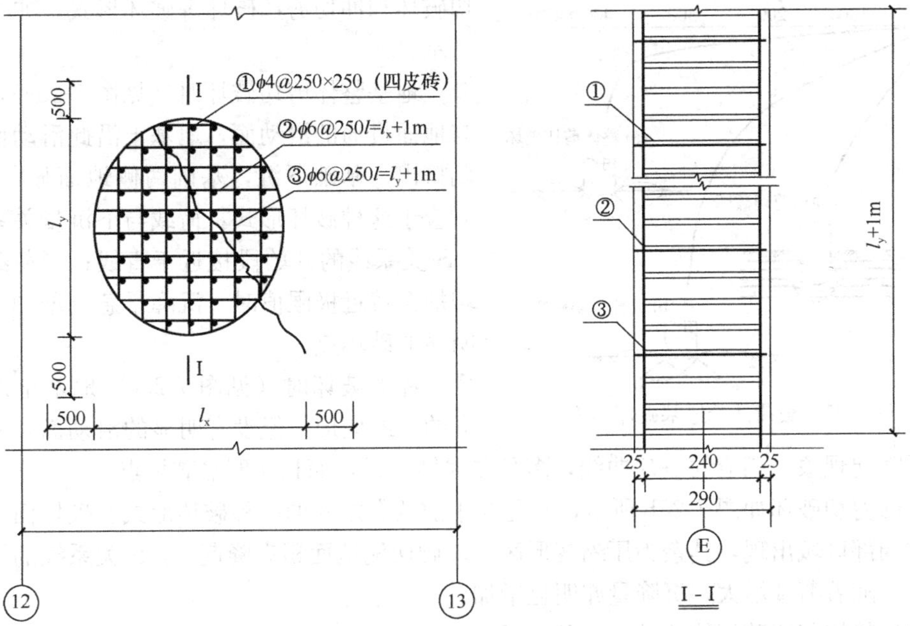

图 7-24　裂缝宽 0.3mm 及以上墙体加固

9. 经验教训

该裂缝工程 2001 年按上述方案加固处理后，至今使用情况良好。从该事故可吸取如下经验教训：

（1）强夯地基上的工程实践表明，对于软弱土层（如填土等）厚度在 6m 以内的大面积场地，兴建 3～4 层楼房采用强夯地基，在正常勘测、设计和施工的条件下是安全、经济、可行的。

（2）强夯地基上个别出现沉降裂缝的工程，其主要原因是设计失误引起的，而非采用强夯地基的缘故。

（3）从设计失误中吸取的教训是：

1）结构布置和传力上，强夯地基应避免出现较大的集中压力，以免产生过大的压应力和相应的沉降变形；

2）集中力下地基承载力应满足建筑地基基础设计规范要求。否则，应在集中力作用范围内局部加大条基基底面积；

3）不同轴线上墙下条基的轴向压力不同，应分别采用不同的基底尺寸，以使基底应力相互接近，不致产生过大的差异沉降；

4）底层墙下钢筋混凝土悬臂梁应有足够的强度和刚度，以免由于悬臂梁的变形传递，使底层悬臂梁超载引起墙体裂缝。

7.3　地基失稳造成的工程事故

7.3.1　地基失稳对上部结构的影响

在荷载作用下，当地基承载力不能满足要求时，地基可能产生整体剪切破坏、局部剪

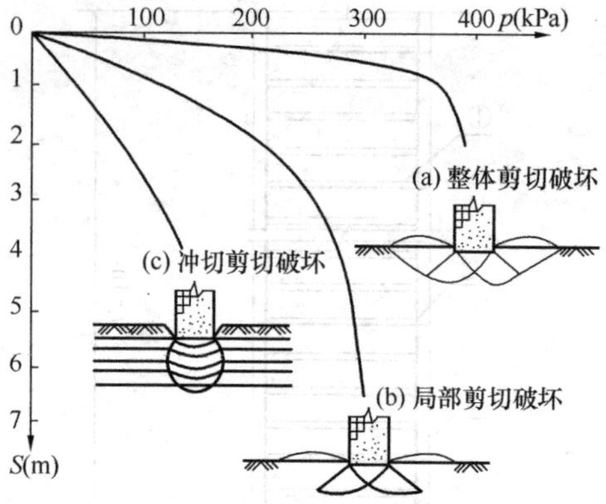

图 7-25　载荷试验地基破坏形式

切破坏和冲切剪切破坏等破坏形式，如图 7-25 所示。

地基整体剪切破坏时（见图 7-25a），出现与地面贯通的滑动面，地基土沿此滑动面向两侧挤出。基础下沉，基础两侧地面显著隆起。对应于这种破坏形式，荷载与下沉量关系线即 p-S 关系线的开始段接近于直线；当荷载强度增加至接近极限值时，沉降量急剧增加，并有明显的破坏点。

冲剪破坏时（见图 7-25c）地基土发生较大的压缩变形，但没有明显的滑动面，基础两侧亦无隆起现象。相应的 p-S 曲线，多具非线性关系，而且无明显破坏点。

局部剪切破坏如图 7-25b 所示，它是介于前两者之间的一种破坏形式。破坏面只在地基中的局部区域出现，其余为压缩变形区。基础两侧地面稍有隆起。p-S 关系线的开始段为直线，随着荷载增大，沉降量亦明显增加。

发生整体剪切破坏的地基，从开始承受荷载到破坏，经历了一个变形发展的过程。这个过程可以明显地区分为三个阶段。

（1）直线变形阶段。相应于图 7-26a 中 p-S 曲线上的 Oa 段，接近于直线关系。此阶段地基中各点的剪应力，小于地基土的抗剪强度，地基处于稳定状态。地基仅有小量的压缩变形（见图 7-26b），主要是土颗粒互相挤紧、土体压缩的结果。所以此变形阶段又称压密阶段。

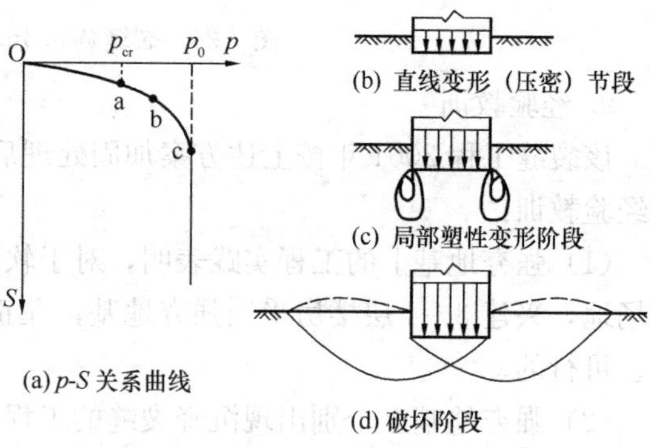

图 7-26　地基变形三阶段与 p-S 曲线

（2）局部塑性变形阶段。相应于图 7-26a 中 p-S 曲线上的 abc 段。在此阶段中，变形的速率随荷载的增加而增大，p-S 关系线是下弯的曲线。其原因是在地基的局部区域内，发生了剪切破坏（见图 7-26c）。这样的区域称塑性变形区。随着荷载的增加，地基中塑性变形区的范围逐渐向整体剪切破坏扩展。所以这一阶段是地基由稳定状态向不稳定状态发展的过渡性阶段。

（3）破坏阶段。相应于图 7-26a 中 p-S 曲线上的 cd 段。当荷载增加到某一极限值时，地基变形突然增大。说明地基中的塑性变形区，已经发展到形成与地面贯通的连续滑动面。地基土向基础的一侧或两侧挤出，地面隆起，地基整体失稳，基础也随之突然下陷（见图 7-26d）。

在地基变形过程中，作用在它上面的荷载有两个特征值：一是地基中开始出现塑性变形区的荷载，称临塑荷载 P_{cr}；另一个是使地基剪切破坏，失去整体稳定的荷载，称极限荷载 P_u。

地基的破坏形式与地基土层分布、土体性质、基础形状、埋深、加荷速率等因素有关。当土体较硬不易压缩且基础埋深较浅时，将形成整体剪切破坏，如图 7-27 所示；当土体较弱易压缩且基础埋深较深时，将形成冲切或局部剪切破坏。产生整体剪切破坏前，在基础周围地面有明显隆起现象。此外，当建筑物地基为砂土或粉土时，地下水位埋藏浅，可能产生振动液化，使地基土呈液态，丧失承载能力，导致工程失事。

图 7-27　地基失稳图片

地基失稳破坏往往引起建（构）筑物的倒塌、破坏，后果十分严重，土木工程师应予以充分重视。建筑物不均匀沉降不断发展，日趋严重，也将导致地基失稳破坏。

地基失稳缺陷造成的工程事故在建筑工程中较为少见，在交通水利工程中的道路和堤坝中较多，这与设计中安全度的控制有关。在工业与民用建筑工程中对地基变形控制较严，造成地基稳定安全储备较大，故地基失稳缺陷事故较少；在路堤工程中对地基变形要求较低，相对工业与民用建筑工程其地基稳定安全储备较小，地基失稳缺陷事故也就相对较多。

地基失稳缺陷造成的工程事故补救比较困难。地基失稳破坏导致建筑物倒塌，并容易造成人员伤亡，对周围环境产生不良影响，而且往往需要重新建造建筑物。因此，对地基失稳缺陷重在预防。除在工程勘察、设计、施工、监理各方面做好工作外，必要的监测工作也不可忽视。若发现沉降速率或不均匀沉降速率较大时，应及采取措施，进行地基基础加固或卸载，以确保安全。在进行地基基础加固时，应注意某些加固施工过程中可能产生附加沉降的不良影响。

7.3.2　工程事故实例

【实例 7-3】

事故概况：

美国某水泥筒仓地基土层如图 7-28 中所示，共分 4 层：地表第 1 层为黄色黏土，厚 5.5m 左右；第 2 层为青色黏土，标准贯入度试验 $N=8$，厚 1.70m 左右；第 3 层为碎石夹黏土，厚 1.8m 左右；第 4 层为岩石。水泥筒仓上部结构为圆筒形结构，直径 13.0m，基础为整体筏板基础，基础埋深 2.5m，位于第 1 层黄色黏土层中部。1914 年因水泥筒仓严重超载，引起地基整体剪切破坏。地基失稳破坏使一侧地基土体隆起高达 5.1m，并使净距 23m 以外的办公楼受地基土体剪切滑动影响产生倾斜。地基失稳破坏引起水泥筒仓倾倒成 45°左右。地基失稳破坏示意如图 7-28 所示。当水泥

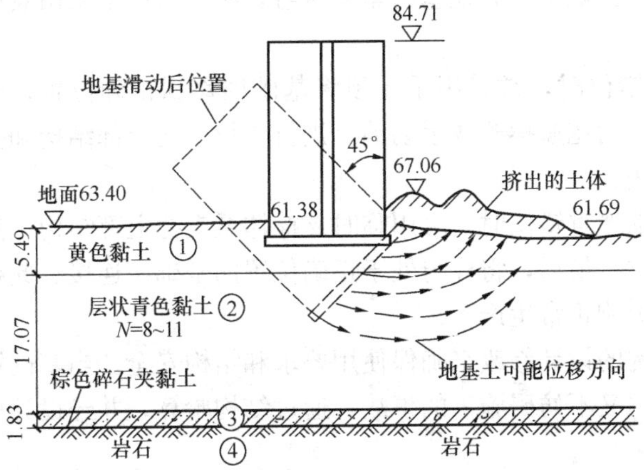

图 7-28　某水泥筒仓地基失稳破坏示意图

筒仓发生地基失稳破坏预兆（发生较大沉降速率）时，未及时采取任何措施，结果造成地基整体剪切滑动，筒仓倒塌破坏。

7.4 基础工程缺陷造成的工程事故

7.4.1 常见基础工程缺陷事故

常见基础工程缺陷事故有错位、变形、裂缝、强度不足、混凝土孔洞以及桩基础工程事故等类型。

1. 基础错位缺陷事故

基础错位缺陷事故主要包括建筑物（构筑物）朝向错误、基础平面错位（见图 7-29）以及基础标高和预留孔洞错误、预埋件的标高和位置错误。造成基础错位缺陷事故的常见原因如下：

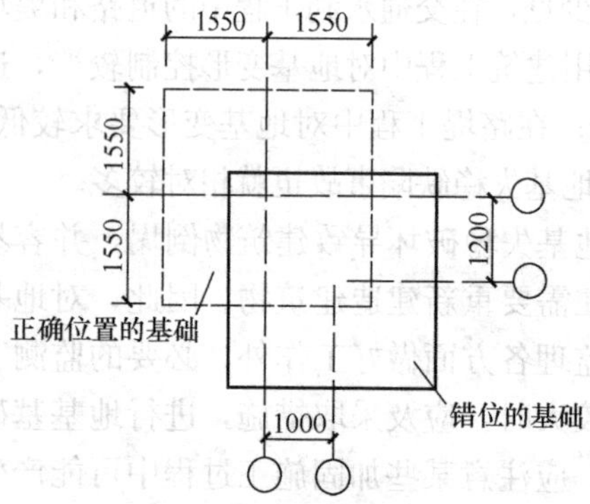

图 7-29 基础平面错位

(1) 勘测失误，常见的有滑坡造成基础错位。地基及下卧层勘探不清所造成的过量下沉和变形等。

(2) 设计问题，如制图或描图错误，审图时又未发现纠正。

(3) 施工问题，主要包括：测量放线错误，把基础中心线看作轴线；控制桩埋设浅，不牢固或位置选择不当等；轴线之间尺寸有误，造成基础位移；土方单侧回填；模板刚度不足或支撑不良；预埋螺栓等预埋件固定不牢；混凝土浇筑工艺和振捣方法不当等原因。

(4) 其他原因，如相邻建筑物的影响，或地面堆载过大的影响，以及局部不良地基未经处理或处理不当。

当基础发生错位，要根据现场情况选择合适的方法进行处理：

(1) 对于上部结构尚未施工而基础具有足够的强度和抗裂性的基础错位，可以利用起重设备或顶推设备进行错位纠正。为了保证基础和地基的紧密接触，必须采取坐浆吊装或千斤顶推移。

(2) 当基础与上部结构同时产生错位时，常采用千斤顶将基础推移到正确位置，同时，在上部结构适当位置设置钢丝绳，用花篮螺栓或手动葫芦进行牵拉，使上部结构和基础整体复位，即所谓的顶推牵拉复位法。

(3) 当上部结构完成后，发现基础严重错位时，可用临时支撑体系支托上部结构，然后分离基础与柱的连接，纠正基础错位。最后，将柱与处于正确位置的基础相连接。此种方法的施工周期较长，耗资较大，且影响正常生产。

(4) 基础错位后也可通过上部结构的设计修改来确保使用要求和结构安全。当基础错位偏差既不影响结构安全和使用要求，又不妨碍施工的事故，通过结构验算，并经设计单位同意时，可不进行处理。

(5) 当错位的基础不影响其他地下工程，或者基础允许留设施工缝时，则可将错位基础局部拆除，按正确位置扩大基础。

2. 基础变形缺陷事故

基础变形缺陷事故一般包括沉陷变形（见图 7-30）、倾斜变形和开裂变形三种。沉陷变形主要是由地基土在上部结构荷载作用下产生的压缩变形；倾斜变形与沉陷变形有关，它主要是由地基土产生较大的不均匀沉降而使基础或者建筑物产生超过规范规定值的垂直偏差；开裂变形是由于地基沉降差值较大，地基发生局部塌陷，或者是由于地基冻胀、浸水、地下水位的变化以及相邻建筑物的影响，使基础产生较宽的裂缝而造成的变形。基础变形事故多数与地基因素有关，具体地说，造成基础变形缺陷事故的常见原因有以下几类：

图 7-30　沉陷变形

（1）勘测失误。即地质勘测资料不足、不准或勘测深度不够，勘测资料错误；或者根本没有进行地质勘测就盲目进行设计和施工；或者虽进行了地质勘测，但提供的地基承载能力太高，导致地基剪切破坏形成倾斜；土坡失稳导致地基破坏，造成基础倾斜。

（2）地下水位变化。在施工过程中，为了便于基础的开挖和混凝土的浇捣养护，采用人工降低地下水位的措施，使得在水位下降范围内土的重度由有效重度增大至天然重度，这样就相当于在地基中施加了大面积的荷载，导致地基产生不均匀沉降变形。再者，地基浸水或者地表水渗漏入地基后引起的附加沉降，以及基坑长期泡水后承载能力下降，均会产生不均匀下沉而形成倾斜。当建筑物投入使用后，因大量抽取地下水而造成局部漏斗状缺水区，使得建筑物向漏斗中心倾斜，造成建筑物发生倾斜变形。

（3）设计问题。由于地基土质不均匀，其物理力学性能相差较大，或者地基土层厚薄不均匀，压缩变形差大，而建筑物基础又没有采取必要的构造措施，从而使得基础因过大沉降或不均匀沉降而发生挠曲变形。在软土、膨胀土、冻土或湿陷性黄土地区，由于建筑或结构措施设计不力，造成基础产生过大的沉降而变形。建筑体型复杂、上部结构荷载差异较大的建筑物没有按照有关的规范设置构造措施，将会导致基础不均匀下沉。对于整板基础的建筑物，当地面标高差很大时，基础室外两侧回填土厚度相差过大，则会增加底板的附加偏心荷载；或者建筑物上部结构荷载重心与基础底板形心的偏心距过大，加剧了偏心荷载影响。此外，建筑物整体刚度差，对地基不均匀沉降敏感，或者在对同一建筑物下的地基加固时采用了长度相差较大的挤密桩等，也会导致基础发生过大的变形而造成事故。

（4）施工问题。施工方面的问题主要有：

一是施工顺序及方法不当，如建筑物各部分施工先后顺序发生紊乱，或者在已有建筑物或基础底板基坑附近，大量堆放被置换的土方或建筑材料，造成建筑物下沉或倾斜；

二是施工时扰动和破坏了地基持力层土体的原有结构，使其抗剪强度降低，达不到原设计要求，导致地基承载力不足，基础下沉；

三是在桩基础施工过程中，没有按照正确的打桩顺序进行施工，相邻桩施工间歇时间过短以及打桩质量控制不严等原因，会造成桩基础倾斜或产生过大的沉降。此外，室内地面的不均匀堆载，以及施工期间各种施工荷载或各种外力（尤其是水平力）的作用，均很容易导致基础倾斜。

引起基础变形缺陷事故发生的因素很多，必须有针对性地采取适当处理措施。目前，基础变形缺陷事故处理方法常用的有：

(1) 用沉井法、降水法、振动局部液化法、地基应力解除法、水平挤密桩法以及注入外加剂使地基土膨胀法等方法进行地基处理及基础变形矫正。

(2) 可使用千斤顶或其他机械顶推设备、吊装设备进行变形纠正。但在纠正过程中，要注意顶推力矩既要大于自重稳定力矩，使基础发生纠偏转动，又要保证顶推力不大于最大摩擦力，使基础不至于产生滑动。

(3) 基础变形纠正还可以采用卸荷法或反压法。所谓卸荷法就是在基础变形倾斜一侧卸去一定荷载，通过局部卸荷来调整地基的不均匀下沉，达到矫正变形的目的。反压法是在沉降速率较慢的基础一侧施加外部荷载，加速其沉降速率和加大其沉降量，通过这种局部加荷来调整地基的不均匀沉降而实现纠偏。

此外，在条件许可的情况下，还可采用锚桩静压桩法、预留纠偏法、抬墙梁法及沉井等方法进行基础变形矫正处理。

在选择纠正基础变形方法时，应认真查阅原设计图纸、地质报告和施工记录等有关资料，必要时补做勘测工作，查明地基土质及基础状况，找出基础变形的准确原因，确定最优纠偏方案。另外，在纠偏施工前，要根据方案做现场试验，以用来验证方案的可行性和确定各项施工参数。

3. 基础强度缺陷事故

基础强度缺陷事故是指基础尺寸偏小，不能满足承载能力要求，或者基础本身所选用的材料不能满足设计强度要求而造成的事故。造成基础强度缺陷事故的原因有如下几个方面：

(1) 砌体基础的强度不够。这主要是由于施工时砂浆配合比不准确，砂浆强度低于规定的砂浆强度等级所造成；或是由于使用了低于设计规定强度等级的砖砌体，降低了基础的强度。块石基础强度不够，除了上述原因外，还可能是由于施工操作时砌筑质量差（如块石咬槎不好，未按规定砌拉接石，缝隙中砂浆不饱满等），也会降低块石砌体强度。

(2) 钢筋混凝土基础的强度不够。由于对地基未进行详细的地质勘测，提供的承载能力选用偏高，或者由于设计或施工的错误，基础配筋过小，混凝土强度未达到设计值，以及未按设计要求放置钢筋，偷工减料，都会造成基础底面积偏小，不能满足承载能力的要求。

(3) 由于需要将上部房屋再加高一层，或者建筑物的用途改变，上部荷载也有较大的增加，此时应重新对地基进行强度和变形验算。如果地基承载能力或计算的下沉值超过规定的允许值时，也可以认为基础底面积偏小，不能满足承载力要求。建筑物由于施工质量不好，致使混凝土或砂浆强度过低，不能满足设计的强度要求；或者由于设计或施工的错误，使基础的尺寸偏小；或者上部结构要增加超过设计规定的荷载等，就必须对原有建筑物的基础进行处理。

当基础出现强度不足的缺陷事故时，可选用如下方法进行加固处理：

（1）对于钢筋混凝土基础，一般是在原基础的外围，绑扎钢筋套箍，采用高于原基础混凝土强度一个等级的混凝土做成钢筋混凝土围套来增大基础底面积，提高其承载能力。当新加基础底盘面积小于或等于原基础底面积时，可把原基础台阶和顶部一段柱面打毛，做成一个钢筋混凝土围套，新加混凝土的厚度在基础上部不得小于100mm，底部不得小于200mm。当新加基础底盘面积大于原基础的底面积时，可把原基础台阶和基础顶部一段柱面打毛，在原基础上做新的台阶。此时，原基础的保留部分在加固设计时不参加工作。为了加强新旧混凝土的结合，在旧混凝土的表面每隔200～300mm，凿出直径为50mm、深200～300mm的孔，冲洗干净后，在孔内插入Φ16mm、长400～600mm的钢筋，并用专用灌浆料或用1∶2水泥砂浆填洞，同时，新旧两部分的钢筋应通过焊接进行牢固搭接。

（2）对于砖、块石砌体修建的条形基础或柱基，常因砂浆强度不够，砌体强度达不到设计要求，也需要进行加固处理。加固方法一般采用加钢筋混凝土套，使二者形成一个整体，以提高砖、石砌体的整体工作能力。

4. 基础孔洞缺陷事故

基础孔洞缺陷事故一般是指钢筋混凝土基础工程的表面出现严重的蜂窝、露筋或孔洞。其中，蜂窝是指混凝土表面无水泥浆，露出石子深度大于5mm，但小于保护层厚度的缺陷；露筋是指主筋没有被混凝土包裹住而外露的缺陷；孔洞是指深度超过保护层厚度，但不超过截面尺寸1/3的缺陷。

造成混凝土基础孔洞缺陷事故的原因大致有如下几种：

（1）不按规定的施工顺序和施工工艺操作，混凝土浇筑时自由下落高度过大以及运输灌注的方法不当等因素会造成混凝土离析，石子成堆，形成蜂窝、孔洞等缺陷。

（2）混凝土配合比不准确，或者砂、石、水泥材料计量有误，混凝土中含有泥块和杂物没有清除，或将大件料具、木块打入混凝土中，浇筑后在基础表面形成蜂窝和孔洞。

（3）不按规定要求下料，而是用吊料斗直接注入模板中浇筑混凝土，或一次下料过多，下部振捣器振动作用半径达不到，形成松散状态，以至出现特大蜂窝和孔洞。

（4）在钢筋密集处，由于混凝土中石子太大而被密集的钢筋挡住，或在预留孔洞和预埋件处混凝土浇筑不畅通，使得浇筑混凝土不能充满模板而形成孔洞。

（5）模板孔隙未堵好使模板严重跑浆，或支设不牢固，振捣混凝土时模板移位，造成蜂窝和孔洞缺陷。

确定为混凝土基础孔洞事故后，需根据缺陷事故的严重程度采取不同的处理措施：

（1）当基础内部质量无问题，仅在表面出现孔洞时，须进行局部修复，将孔洞附近疏松不密实的混凝土及突出的石子或杂物剔除干净，缺陷部分上端凿成斜形，避免出现小于90°的死角，再用清水并配以钢丝刷清洗剔凿面，并充分湿润72h以后，用比原混凝土强度等级高一级的细石混凝土，内掺适量的膨胀剂，进行填实修补，所用细石混凝土的水胶比不得大于0.5，修补后要剔除多余的混凝土。

（2）当基础内部出现孔洞时，常用压力灌浆法处理，最常用的灌浆材料是水泥或水泥砂浆，其灌浆方法有一次灌浆和两次灌浆等。

(3) 露筋事故一般是先清理外露钢筋上的混凝土和铁锈，用水冲洗湿润后，压抹1∶2或1∶2.5水泥砂浆层进行处理。

(4) 对剔凿后混凝土孔洞深度不大的孔洞，可用喷射细石混凝土修复，也可用环氧树脂混凝土进行修补。对孔洞、露筋严重的构件，修复工作量大且不易保证质量时，宜拆除重建。

(5) 对于已施工基础质量不可靠时，往往采用加大或加高基础的方法处理。此时，除了有可靠的结构验算为依据外，还应有足够的施工作业空间，同时要考虑到基础扩大后对使用的影响，以及与其他基础或设备是否有冲突等。

5. 桩基础工程缺陷事故

(1) 预应力管桩质量缺陷事故原因分析及处理：

预应力管桩的质量包括产品质量（严格来说应为商品质量）和工程质量两大方面。工程质量又有勘察设计质量和施工质量之分。就施工质量来说，也不单指打桩质量，还包括吊装、运输、堆放及打桩后的开挖土方、修筑承台时的质量问题。

衡量管桩产品质量最终、最直观的尺度是它的耐打性。评价管桩工程质量最主要的指标是桩的承载力，检查桩体的完整性、桩的偏位值和斜倾率就是为了保证桩的承载力。常见的预应力管桩质量缺陷事故如下：

1) 桩顶破碎事故。这主要是由于混凝土强度不足或设计强度偏低，桩顶构造不妥、混凝土配合比不符合设计要求，以及桩身外形质量不符合规范要求（如顶面不平、桩顶垫层不良等原因）造成的。此外，桩顶不放垫层或未及时更换损坏的垫层，桩顶会因直接承受冲击荷载而破坏。

2) 桩身断裂事故。常见的原因有：桩身弯曲超过规定，桩尖偏离桩轴线过大，或者沉桩时桩身发生倾斜与弯曲，以及一节桩的长细比过大，沉桩时遇到较硬的土层或大块坚硬障碍物，使桩尖挤向一侧，造成桩身断裂；另外，桩的接头错位、焊接接头焊缝饱满度等不足，以及接桩平面不平、垫层局部有空隙，也会使桩断裂；再者，当采用硫磺胶泥接头时，由于胶泥材料不符合要求、配合比不合适、熬制温度控制不当等原因，造成硫磺胶泥粘结强度低，以及锚孔过大、锚筋弯曲，承受不住锤击，使接头处断裂。

3) 打入桩侧移、倾斜及断桩事故。打入式桩会产生挤土效应，引起桩身侧移、倾斜，甚至断桩。尤其在软土地基中打入预制桩会对周围土体挤压，使桩周围土体结构遭受破坏。在饱和软黏土中打入桩，会因产生超孔隙水压力，使扰动的软土抗剪强度降低，产生土体的触变与蠕变。沉桩入土且排挤的与桩体积相应的土体体积占沉桩范围土体体积5%以上时，就会产生明显的挤土效应，造成地面土体隆起和侧移。同时使已完成的邻桩产生向上抬起和侧移、弯曲，严重时会使桩身断裂、桩接头松脱。

4) 锤击沉桩，桩端持力层选择不合理，对于埋深较大（15m以上），且遇坚硬土层（层厚在6m以上）或中密以上的砂层（层厚在3m以上），穿透有一定困难时，就会导致桩尖未达持力层，造成单桩承载力不足的事故。究其原因主要是勘探点不够或勘探资料粗略，对工程地质情况不明，尤其是持力层起伏标高不明，致使设计考虑持力层或选择桩尖标高有误，也有时因为设计要求过严，超过施工机械能力或桩身混凝土强度。

针对预应力管桩各类质量缺陷事故引发的原因不同，其处理或加固的对策也不相同：

1）对于桩顶破碎的预制桩，应重新凿去破碎层，浇捣高强度等级混凝土桩头，养护后再锤击沉桩。

2）当桩身侧移或倾斜过大造成断桩事故，则应采取复打、补桩和加大承台宽度等办法加以处理。

3）对于打入桩因挤土效应发生，引起桩身侧移、倾斜的情况，应立即采取有效措施加以纠正。常见的措施有：在桩间设置深度为桩长1/3左右的排水通道以减少超孔隙水压力，或者在场地四周挖深度为2m、宽1～1.5m的防挤沟以解决表层的挤土效应，也可以根据地面变形情况确定每天沉桩数量，采取停停打打、隔日沉桩的方式，确保桩基质量。

4）当预制桩下沉未达到设计持力层造成承载力不足的质量事故时，常用补桩复打、压密注浆以及静压锚杆桩进行加固处理。

（2）沉管灌注桩质量缺陷事故原因分析与处理

所谓沉管灌注桩是指用机械作用力把下端封闭的钢管挤入土层内，接着在钢管内灌注混凝土，然后再用机械力将钢管从土中拔出后而形成的桩体，它是以挤压并排开四周土体的方式而成桩的。

沉管灌注桩常见的缺陷事故及其原因有：

1）桩身在地表面下1～5m处产生水平环状裂缝，甚至断桩；这主要是因为：机械运动引起振动挤压而形成的水平力对邻桩产生剪应力，使桩产生水平或倾斜断裂；或者在饱和黏土中密集打桩，使土体产生超孔隙水压力，拔管后因水压力而切断桩身；或者桩管顶部混凝土不多，自重压力低，拔管速度快，混凝土受桩模管的阻力下落速度慢而造成断桩。此外，桩间距过小或者桩头承受集中冲击力以及桩体内混凝土嵌入土体等原因，都会使桩体产生环向裂缝，甚至断裂。

2）桩身缩颈、夹泥沙和形成吊脚桩。这主要是因为混凝土配合比不良、和易性和流动性不好、骨料粒径过大及提管速度过快等因素造成的。尤其在饱和、高压缩性软土地区，桩体周围的泥土，因受土层中沉管的挤压而积蓄的能量和增加的超孔隙水压力，压缩塑性状态的桩身，使桩缩颈。另外，混凝土浇筑时间过快，管内混凝土部分与模管粘结，当拔管后，混凝土桩身变细，也会产生桩身缩颈和夹泥。再者桩尖不密实或沉管后停滞时间过长，使模管内进水、进泥，则会造成桩端夹泥。此外，桩尖采用钢活瓣头时，由于拔管期间，活瓣没有打开或未完全打开，混凝土无法流出管内，使桩端混凝土悬空，没有牢固地支承在持力层中而形成吊脚桩。

3）桩身出现蜂窝、空洞等质量问题。桩身有蜂窝的主要原因是混凝土太干，拔管后又没有振捣。产生空洞的原因是桩身范围内黏性土层夹有一层或几层较薄的砂层；混凝土砂石级配不良，粗骨料粒径过大，和易性差；或在地下动水压力的渗透压力作用下，将混凝土中水泥浆冲刷，形成仅有骨料的砂石段桩体。在有钢筋笼的部位由于振捣不实也易造成混凝土空洞。在桩身上段由于管内混凝土没有压力，扩散性小，如果被扰动的泥水挤入混凝土中则会造成事故。此外，振动沉管灌注桩还会因桩管没有打到持力层而造成桩长不够；钢筋笼固定不当而造成桩身弯曲、倾斜，桩位纵横轴线偏位超过规范要求等。

针对产生缺陷事故的原因，可采用如下措施：

1）沉管灌注桩混凝土骨料粒径不宜大于 40mm，有钢筋笼时粗骨料粒径不宜大于 30mm，并不宜大于钢筋间距最小净距的 1/3。混凝土坍落度宜控制在 6～8cm，若用泵送混凝土，坍落度宜为 14～18cm。

2）成桩孔和拔管工艺要正确。从管外随时检查混凝土下落的数量，核对是否达到要求的充盈系数。灌注桩的混凝土灌注系数是实际灌注混凝土体积与按设计桩身直径计算的体积之比。充盈系数一般为 1.1～1.2，在软土地区为 1.2～1.3。如每段下落的混凝土充盈系数达不到以上数值，该段桩身可能存在缩颈、空洞、断桩等事故。此时可采取反插或复打措施。

3）根据孔的土层情况控制拔管速度。对于饱和淤泥质黏土或淤泥层，要密振慢拔（拔管速度不得超过 0.5m/min），或密振不拔加大管内混凝土的压力。模管内的混凝土应保持高度在 2m 以上。接近地面时，应加振加压，使混凝土有较大的扩散性。

4）在饱和黏土中打桩时，为了降低超孔隙水压力和土体的横向挤压与隆起，可采取砂井排水、塑料板排水、井点降水以及控制打桩速率等措施以减轻横向变形对桩身的影响。对桩距较小的采取间隔成桩的办法，在邻近混凝土强度达到 70%时才能进行新桩沉管打桩。从单打沉管灌注桩混凝土至复打浇灌混凝土成桩完毕的时间，应严格控制在 2h 以内，不允许超过混凝土的初凝时间。

（3）钻孔灌注桩质量缺陷事故原因分析与处理

钻孔灌注桩的成桩形式有回旋钻进成孔、挖孔取土成孔以及冲击成孔。回旋成孔一般适宜于黏性土、砂土及人工填土地基；挖孔取土主要是用螺旋取土钻机，适宜于地下水埋藏较深的黏性土或地下水埋藏较浅的饱和软黏土；冲击成孔技术适宜于碎石、块石和杂填土以及风化岩地基等。一般说来，钻孔灌注桩的质量缺陷事故有如下几类：

1）孔壁坍塌，其主要原因是没有根据土质条件，采用合适的成孔工艺和相应的泥浆质量。尤其在砂性土中更要采用优质护壁泥浆，如果密度太小或护筒埋置太浅、护筒的回填土和接缝不严密、漏水漏浆，以致孔内液面高度不够或孔内出现承压水，降低了对孔壁的静水压力等都是造成坍孔的原因。

2）桩身倾斜事故，即在钻孔的过程中遇到障碍物或孤石，以及在软硬土层交界处和岩石倾斜处，钻头受阻力不均而偏移，造成桩孔倾斜事故。另外，由于钻杆弯曲或连接不当，使钻头、钻杆中心线在不同轴线，也会导致桩孔偏斜。此外，场地不平整或钻架就位后没有调整，或因地面不均匀沉降使钻机、转盘、底座不平而倾斜，也会使桩身倾斜造成事故。

3）桩身混凝土质量低，出现蜂窝、孔洞及断桩事故，其常见的原因有：混凝土原材料不符合规定，配合比不当，如：水泥过期结块、强度偏低、加水量与外掺剂控制不严、骨料含泥量过大等。由于混凝土的和易性、坍落度不符合要求，在灌注混凝土过程中，会发生卡管事故，在饱和淤泥质黏性土中，成孔后由于黏性土的回淤力和超孔隙水压力压缩孔壁和塑性混凝土而造成缩颈，或者由于塑性土膨胀而造成缩孔。新浇筑混凝土在承压水的水流作用下，使浇筑在孔内的混凝土水泥浆被水冲刷无法硬化而形成松散层，混凝土的外加剂过量或地下水中含有侵蚀介质使混凝土无法结硬成为松散层和稀释状态。

4）钢筋笼不符合设计要求的事故，其常见的原因有：钢筋笼在制作、堆放、起吊、运输等过程中由外部因素发生了变形、扭曲；钢筋笼配制过长或过短，或者钢筋笼成形时，未按 2～2.5m 间距设加强箍和撑筋；或者吊放钢筋笼入桩孔中，不是垂直缓慢放入，而是倾斜式插入。此外，孔底沉渣过厚使钢筋笼放不到底部，以及钢筋笼因孔深较大需分段焊接时，其焊接长度不符合要求，也会使钢筋笼不符合设计要求而引发事故。

根据不同缺陷事故产生的原因，应有针对性地采取相应的处理措施。

对于孔壁坍塌，沉渣过多事故，首先要明确坍孔的位置，然后将黏土和砂土回填到坍孔以上 1～2m。如坍孔严重，应全部回填，等回填物沉积密实后方可重新钻孔。沉渣过多时，应再次清孔，至沉渣符合要求为止，对于端承桩不得大于 10cm，对于摩擦桩不得大于 30cm。对于桩身混凝土强度达不到设计的要求而造成蜂窝、孔洞和断桩事故，可采取桩身混凝土中钻孔，用压力灌浆加固，或者采用换桩芯及补桩等方案处理。至于桩身倾斜事故的处理，除了针对其原因采取针对性措施外，还应根据受荷情况进行加固处理。钢筋笼不符合设计要求的，要在灌注桩的上段增加局部钢筋，并设固定装置以防钢筋笼上浮或下沉，或者采取其他有效措施进行处理。

7.4.2 工程事故实例

【实例 7-4】

1. 工程概况

2009 年 6 月 27 日凌晨 5 时 30 分左右，当大部分上海市民还在睡梦中的时候，家住上海闵行区莲花南路、罗阳路附近的居民却被“轰”的一声巨响吵醒，伴随的还有一些振动，没多久，他们知道不是发生地震，而是附近的小区“莲花河畔景苑”中一栋 13 层的在建的住宅楼倒塌了（见图 7-31）。事故发生在淀浦河南岸的“莲花河畔景苑”，发生倒塌的一栋 13 层在建住宅楼由上海众欣建设有限公司承建，开发商为上海梅都房地产开发有限公司。现场看到，该栋楼整体朝南侧倒下，13 层的楼房在倒塌中并未完全粉碎，但是，楼房底部原本应深入地下的数十根混凝土管桩被“整齐”地折断后裸露在外（见图 7-32），触目惊心。

图 7-31　上海莲花河畔景苑倒塌楼

图 7-32　管桩破坏图

2. 倒塌原因分析

上海莲花河畔景苑“6·27”事故专家调查组组长、中国工程院院士、上海现代建筑设计集团有限公司结构设计专家江欢成先生在事故处理会上称：“这个建筑整体倒塌，在我从业 46 年来，从来没有听说过，也没有见到过。”事故调查显示：原勘察报告，经现场补充勘察和复核，符合规范要求；原结构设计，经复核符合规范要求；大楼所用 PHC 管桩，经检测质量符合规范要求。据分析，楼房倒塌事故的直接原因是：紧贴 7 号楼北侧，在短期内堆土过高，最高处达 10m 左右；与此同时，紧邻大楼南侧的地下车库基坑正在开挖，开挖深度 4.6m，大楼两侧的压力差使土体产生水平位移，过大的水平力超过了桩基的抗侧能力，导致房屋倾倒。

房屋倒塌的间接原因，如图 7-33～图 7-35 所示：

图 7-33　楼房倒塌三维示意图

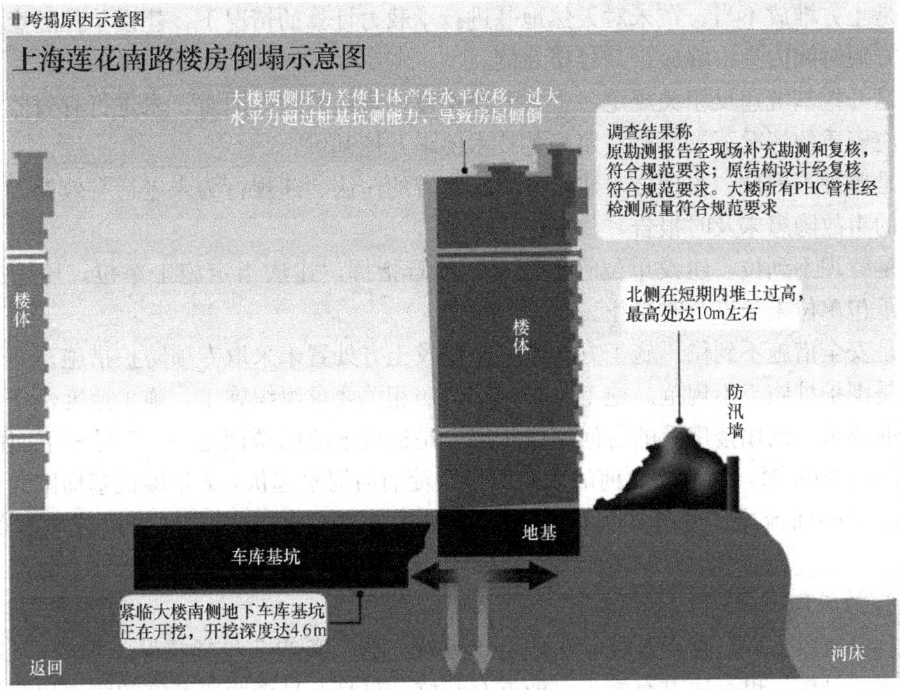
垮塌原因示意图
上海莲花南路楼房倒塌示意图
大楼两侧压力差使土体产生水平位移，过大水平力超过桩基抗侧能力，导致房屋倾倒
调查结果称
原勘测报告经现场补充勘测和复核，符合规范要求；原结构设计经复核符合规范要求。大楼所有PHC管柱经检测质量符合规范要求
北侧在短期内堆土过高，最高处达10m左右
楼体
楼体
防汛墙
车库基坑
地基
紧临大楼南侧地下车库基坑正在开挖，开挖深度达4.6m
返回
河床

图 7-34 倒塌剖面示意图

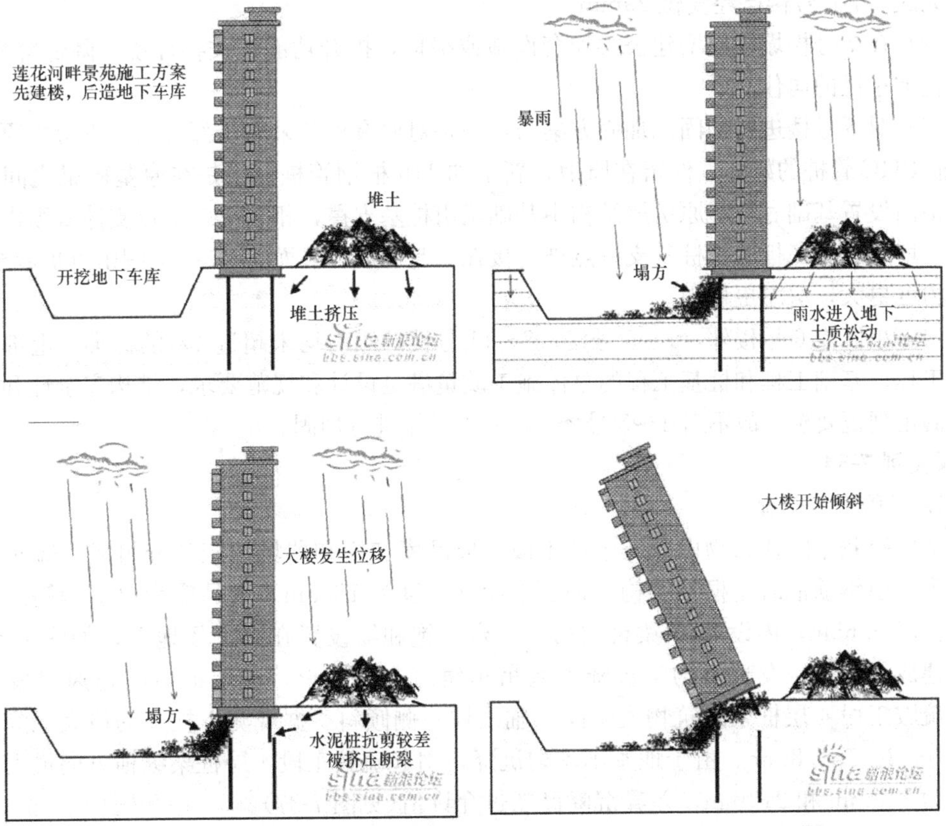
莲花河畔景苑施工方案
先建楼，后造地下车库
堆土
开挖地下车库
堆土挤压
暴雨
塌方
雨水进入地下
土质松动
大楼发生位移
塌方
水泥桩抗剪较差
被挤压断裂
大楼开始倾斜

图 7-35 倒塌过程示意图

一是土方堆放不当。在未对天然地基进行承载力计算的情况下，建设单位随意指定将开挖土方短时间内集中堆放于7号楼北侧。

二是开挖基坑违反相关规定。土方开挖单位在未经监理方同意、未进行有效监测、不具备相应资质的情况下，没有按照相关技术要求开挖基坑。

三是监理不到位。监理方对建设方、施工方的违法、违规行为未进行有效处置，对施工现场的事故隐患未及时报告。

四是管理不到位。建设单位管理混乱，违章指挥，违法指定施工单位，压缩施工工期；总承包单位未予以及时制止。

五是安全措施不到位。施工方对基坑开挖及土方处置未采取专项防护措施。

六是围护桩施工不规范。施工方未严格按照相关要求组织施工，施工速度快于规定的技术标准要求。倒塌楼房下的古河道淤积层也是造成事故的诱因之一。7号楼下面的古河道淤积层有30m深，事故发生前的大雨，导致淀浦河河水起伏，7号楼桩基周围的土有可能受河水影响而流失。另外，先建主体后挖地下室的违规施工，也是造成事故的原因之一。

3. 事故处理措施

(1) 事故发生后，首当其冲的工作是“抢救”与倒覆的7号楼情况类似的6号楼。6号楼紧邻7号楼，也是后方有堆土、前方有基坑，只是6号楼距离基坑的距离比7号楼远些。经过清除堆土、回填基坑的抢险施工，6号楼第二天即向北复位约8mm。清除堆土工作完成后，6号楼已经复位29mm。

(2) 在7号楼塌楼处增建公共配套设施或绿地，提升功能，改善环境，降低容积率，提升住宅小区的居住品质。

(3) 对6号楼进行加固。加固方案为：一是对原有桩基采取全部替换，不考虑原有的112根PHC管桩的好坏，保留在原地，新增加116根钢管桩；二是在原基础梁之间的房间区格内设置基础底板。原房屋结构中基础梁由桩基支撑，相当于多个点支撑着纵横的基础梁。增加基础底板后，桩基支撑点被连接在一起形成“墙面”，支撑范围由点扩展至面，支撑力度更大，房屋更稳固。

(4) 小区除6号楼外，1～5号楼、8～11号楼的倾斜均未超过4‰的标准，上部主体结构工程、基础工程和桩基工程的总体施工质量满足设计和规范要求，结构安全性和抗震性能满足规范要求，故不对1～5号楼、8～11号楼进行加固。

【实例 7-5】

1. 工程事故概况

某厂硫胺车间建筑物由硫胺生产工段、成品库和饱和器场地三部分组成。硫胺生产工段为4层钢筋混凝土框架结构，地面至屋顶高度为18.5m。成品库为单层钢筋混凝土厂房，高9.65m，内设3t单梁桥式吊车1台。饱和器设置在露天场地上，如图7-36所示。建成投产后，发现不均匀沉降引起吊车轨道严重变形，底层的硫胺送风机发生倾斜，硫胺工段4层框架建筑物发生向Ⓐ轴线柱一侧倾斜。据观测，柱基的最大沉降量分别为98.8～151.8mm。由于地基不均匀沉降，引起硫胺工段4层框架纵横方向最大倾斜分别为140mm和217mm，差异沉降已超过允许值(见图7-37)。

2. 事故原因分析

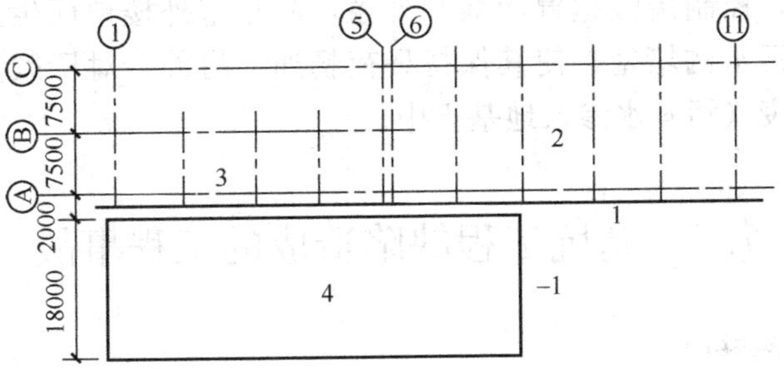

图 7-36 硫胺车间平面布置

1—污水沟；2—成品库；3—硫胺工段；4—饱和器场地

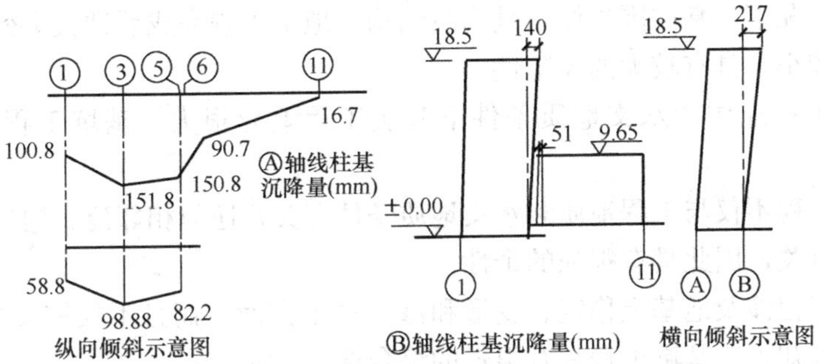

图 7-37 桩基沉降与框架示意图

Ⓐ轴线的室外防腐地坪和污水沟敷设在柱基坑的回填土上，由于回填土质量差，同时排水沟被堵塞，致使大量的生产废水和地表水渗入地下，并使裂缝扩大。天长日久，地基土处于硫胺酸污水浸泡中，将红黏土软化和侵蚀，从而导致Ⓐ轴线柱基不断沉降。同时③～⑤线柱基正处在饱和土场地中部，渗入的硫酸污水最多，所以沉降量也最大。由于酸性污水对红黏土的侵蚀作用，导致红黏土中所含的 Fe_2O_3、Al_2O_3 等游离氧化物溶解，红黏土的密度减小，孔隙比增大，桩基的沉降幅度也越发增大。

3. 原因分析

针对地面水和生产中的硫酸污水渗入地基土中，使地基土被软化和侵蚀，并使承载力和压缩模量大幅度下降，从而造成建筑物产生不均匀沉降，4 层框架梁柱出现裂缝，墙体开裂等后果。采取补救措施：为制止厂房继续下沉，采用人工挖孔灌注桩和加托梁将原柱基托起的处理方案（见图 7-38）——人工挖孔桩置于基岩上，并嵌入基岩 500mm 深。托梁和灌注桩采用耐酸混凝土，并在原柱基础中埋设锚固筋增加与托梁的结合力，在托梁表面和桩上端无护壁部分刷沥青防腐。施工完灌注桩和托梁后，在其周围对固填土分层夯实至达

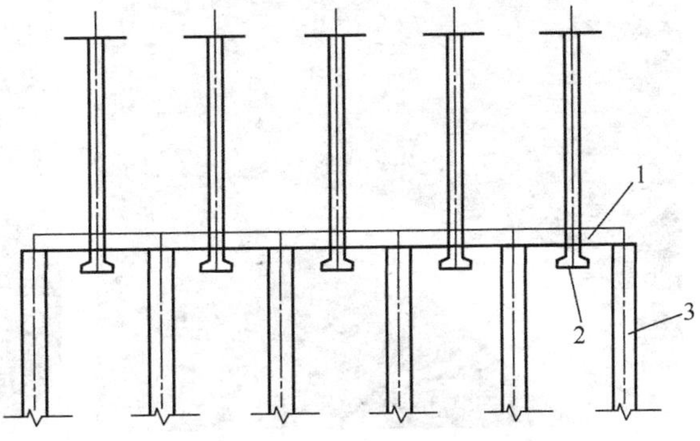

图 7-38 加固方案示意图

1—托梁；2—原柱基；3—人工挖孔灌注桩

到质量要求。同时，控制硫酸跑冒滴漏和外溢，防止室外楼地面生产（污）水到处漫流，防止排水沟和污水沟堵塞，使其保持昼夜畅通。另外，对厂区室内地坪进行防腐处理，以阻止大量废（污）水渗入地基土中。

7.5 基坑工程缺陷造成的工程事故

7.5.1 基坑工程缺陷

1. 基坑工程事故分析

随着大量高层、超高层建筑以及地下工程的不断涌现，对基坑工程要求越来越高。基坑工程的特点如下：

(1) 一般情况下，基坑围护体系是临时结构。地下工程完成后即失去效用。基坑围护体系安全储备较小，具有较大的风险性。

(2) 不同工程地质和水文地质条件下基坑工程差异很大，基坑工程具有很强的区域性。

(3) 基坑工程不仅与工程地质和水文地质条件有关，还与相邻建（构）筑物、地下管线等环境条件有关，因此具有很强的个性。

(4) 基坑工程涉及地基土稳定、变形和渗流三个方面，而且不仅需要岩土工程知识，还需要结构工程知识。基坑工程具有很强的综合性。

(5) 作用在围护体系上的土压力大小与围护体系变形有关。土体具有蠕变性，土压力还与作用时间有关。目前尚无成熟理论精确计算土压力。

(6) 基坑工程包括围护体系设计与施工和土方开挖两部分。土方开挖顺序和速度直接影响围护体系安全，基坑工程是系统工程。

(7) 基坑工程具有重要的环境效益。围护体系的变形、地下水位的下降可能影响周围建筑物和地下管线的安全。

基坑工程事故形式与围护结构形式有关。主要的围护结构形式如下：

(1) 放坡开挖及简易围护（见图 7-39）。

(2) 悬臂式围护结构（见图 7-40）。

图 7-39 放坡开挖及简易围护

图 7-40 悬臂式围护结构

（3）重力式围护结构（见图 7-41）。

（4）内撑式围护结构（见图 7-42）。

（5）拉锚式围护结构（见图 7-43）。

（6）土钉墙围护结构（见图 7-44）。

图 7-41　重力式围护结构

图 7-42　内撑式围护结构

图 7-43　拉锚式围护结构

图 7-44　土钉墙围护结构

围护结构形式繁多，各地工程地质和水文地质条件差异也很大，产生基坑工程事故的原因很复杂，一般包括围护体系变形过大和围护体系破坏两方面。围护体系破坏又包括墙体折断、整体失稳、基坑隆起、踢脚破坏、管涌破坏和锚撑失稳等。

围护体系变形较大，引起周围地面沉降和水平位移较大。若对周围建筑物及市政设施不造成危害，也不影响地下结构施工，围护体系变形大一点是允许的。造成工程事故是指变形过大影响到相邻建筑物或市政设施的安全使用。除围护体系变形过大外，地下水位下降，以及渗流带走地基土体中细颗粒过多也会造成周围地面沉降过大。

围护体系破坏形式很多，破坏原因往往是几方面因素综合造成的。

当围护墙不足以抵抗土压力形成的弯矩时，墙体折断造成基坑边坡倒塌，如图 7-45a 所示。对撑锚围护结构，支撑或锚拉系统失稳，围护墙体承受弯矩变大，也要产生墙体折断破坏。

当围护结构插入深度不够，或撑锚系统失效造成基坑边坡整体滑动破坏，称为整体失稳破坏，如图 7-45b 所示。

在软土地基中，当基坑内土体不断挖去，坑内外土体的高差使围护结构外侧土体向坑内方向挤压。造成基坑土体隆起，导致基坑外地面沉降，坑内侧被动土压力减小，引起围护体系失稳破坏，称为基坑隆起破坏，如图 7-45c 所示。

对内撑式和拉锚式围护结构，插入深度不够或坑底土质差，被动土压力很小，造成围护结构踢脚失稳破坏，如图 7-45d 所示。

当基坑渗流发生管涌，使被动土压力减小或丧失，造成围护体系破坏，称为管涌破坏，如图 7-45e 所示。

对支撑式围护结构，支撑体系强度或稳定性不够，对拉锚式围护结构，拉锚力不够，均将造成围护体系破坏，称为锚撑失稳破坏。支撑体系失稳破坏如图 7-45f 所示。

诱发围护体系破坏的主要原因可能是一种，也可能同时有几种，但破坏形式往往是综合的。整体失稳造成破坏也产生基坑隆起、墙体折断和撑锚系统失稳；撑锚系统失稳造成破坏也产生墙体折断，有时也产生基坑隆起、踢脚破坏形式；踢脚破坏也产生基坑隆起、撑锚系统失稳现象。

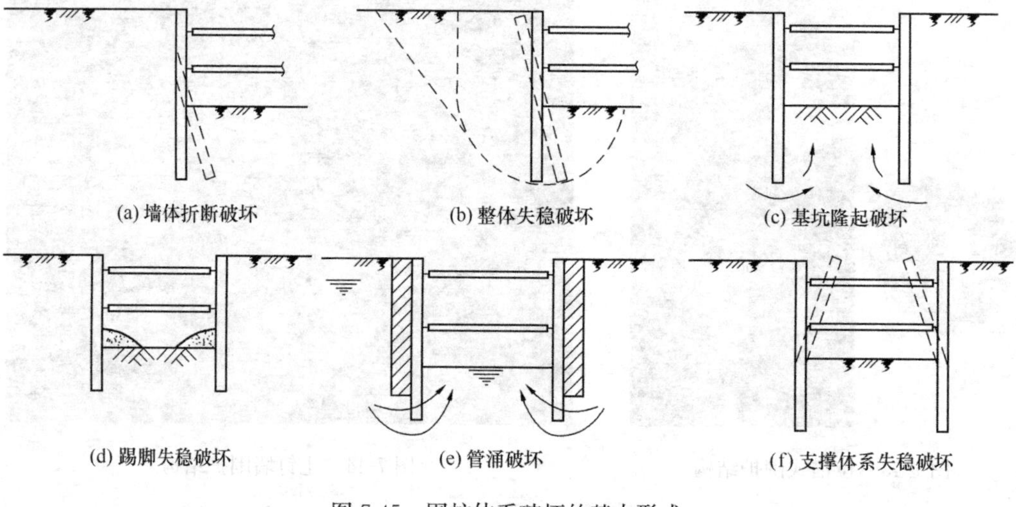

图 7-45　围护体系破坏的基本形式

2. 基坑工程缺陷事故预防与处理

基坑工程缺陷事故影响较大，往往造成较大的经济损失，并可能破坏市政设施，造成较大的社会影响。要成功地完成一个基坑工程，至少需具备三个条件：正确的支护方案、先进的支护设计和一支训练有素的施工队伍。这三点也正是基坑工程事故预防与处理的主要内容。所谓支护方案正确，是指基坑支护结构的选择要在因地制宜的基础上，综合技术经济、安全和环境等各方面的因素，做到措施得当，安全合理，并且对环境无害。所谓设计先进，是要求基坑支护设计运用先进的技术手段恰当地解决好安全和经济这一矛盾。一支优秀的施工队伍，不仅能正确领会设计意图，严格按照设计图纸和施工规范进行施工，并具有信息化施工的手段和能力，为检验和发展设计理论、正确指导施工反馈大量的宝贵数据，并能及时地采取得力措施，将基坑工程隐患消灭在萌芽状态之中。

基坑工程发生缺陷事故后，首先要查明导致缺陷事故的确切原因，判断事故的发展动态，正确制定处理方案，并迅速组织力量抢救，避免造成严重后果。以下为基坑常见事故的处理措施：

(1) 悬臂式支护结构发生过大内倾变位。可采取坡顶卸载，桩后适当挖土或人工降水，坑内桩前堆筑砂石袋或增设撑、锚结构等方法处理。

(2) 有内撑或锚杆支护的桩墙发生较大的内凸变位。首先要在坡顶或桩墙后卸载，坑内停止挖土作业，适当增加内撑或锚杆，桩前堆筑砂石袋，严防锚杆失效或拔出。

(3) 基坑发生整体或局部土体滑塌失稳。首先应在可能条件下降低土中水位和进行坡顶卸载，加强未滑塌区段的监测和保护，严防事故继续扩大。

(4) 未设止水幕墙或止水墙漏水、流土，坑内降水开挖，造成坑周地面或路面下陷和周边建筑物倾斜、地下管线断裂等。事故发生后，首先应立即停止坑内降水和施工开挖，迅速用堵漏材料处理止水墙的渗漏，坑外新设置若干口回灌井，高水位回灌，抢救断裂或渗漏管线，或重新设置止水墙，对已倾斜建筑物进行纠偏扶正和加固，防止其继续恶化，同时要加强对坑周围地面和建筑物的观测，以便继续采取针对性的处理措施。

(5) 施工单位偷工减料，弄虚作假，支护结构质量低劣，如桩径过小、断桩、缩径、桩长不到位等。首先要停止挖土、降水，再根据基坑深度、土质和水位等条件采取补桩、注浆或其他加固手段。

(6) 基坑间加挡土板，利用桩后土体已形成的拱状断面，用水泥砂浆抹面，有条件时配合桩顶卸载、降水等措施。

7.5.2 工程实例

【实例 7-6】

1. 工程事故概况

威海某大厦主楼 12 层，地下 1 层，采用桩基础，建筑面积约 30000m^2。该建筑物基坑深度：南侧、北侧和西侧均为 6.2m，东侧为 6.0m。基坑东西长 81.5m，南北宽 47.7m。基坑东侧 6.2m 为城市主干道，南侧距建筑物 11m，西侧 6m 处有一栋 6 层建筑物，基坑支护平面如图 7-46 所示。

挖孔桩施工完成后，基坑边坡顶部观测点位移值如下：西侧最大为 106mm，南侧最大为 157mm，东侧最大为 2mm，北侧最大为 62mm。基坑南部、西部和北侧地面出现开裂和下沉，西侧建筑物部分墙体出现裂缝。待施工完成挖孔桩后，基坑边坡水平位移逐渐趋于稳定。于是施工单位决定在南侧边坡处进行试开挖，开挖深度为 1.5m，宽度约为 2.5m。试开挖后南侧边坡顶部水平位移一夜之间激增 42mm，开挖被迫停止。

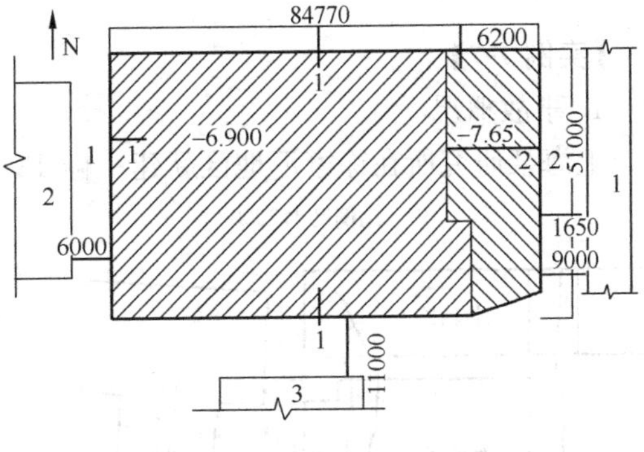

图 7-46　基坑支护平面

1—主干道；2—6 层建筑物；3—建筑物

2. 事故原因分析

(1) 设计原因。本基坑边坡支护工程，由于施工单位缺乏理论知识和工程经验，采用了悬臂桩支护方案，其支护边坡剖面如图 7-47 所示。其中南侧、北侧和西侧基坑深度为

6.2m，东侧深度为 6.0m，支护桩的嵌固深度均为 7.4m。悬臂桩支护是以基坑底面土的被动土压力来平衡边坡的主动土压力和水压力作用，而被动土压力的提供则需要较大的位移，因此边坡的位移将会很大，从而导致基坑周围地面、建筑物、道路和管线的开裂和破坏。因此，设计失误是导致基坑事故的主要原因。

（2）施工原因。施工方法和施工顺序不当。对本项工程，由于地下水位高，有较厚的粉细砂层，支护桩和工程桩均应采用钻孔灌注桩，并应采用泥浆或套筒护壁以防流沙现象出现，且应在支护桩和工程桩施工完成，支护桩混凝土达到设计强度后，再进行基坑的开挖，但施工单位却从经济利益和工期考虑，而且缺乏必要的工程经验。在施工中，先将支护桩和帷幕施工完成后，将基坑挖深 3.5m，再采用人工挖孔桩进行工程桩的施工，从而造成挖孔桩内出现流沙现象，进一步加剧了事故的发展。

3. 加固措施

边坡加固方案因设计方面原因，该基坑深度比原来均有所增加。其中，南、北、西侧加深 0.6m，东侧加深 0.8m，根据工程现状，经过反复研究决定采用处理方案是：

坑外降水与预应力锚杆加固（见图 7-48）。

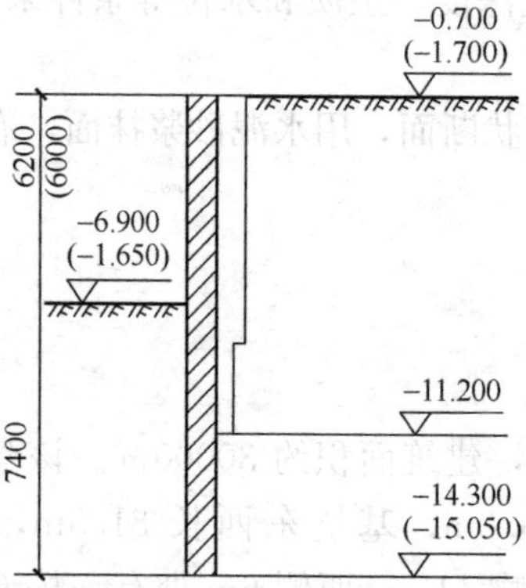

图 7-47　悬臂桩支护剖面

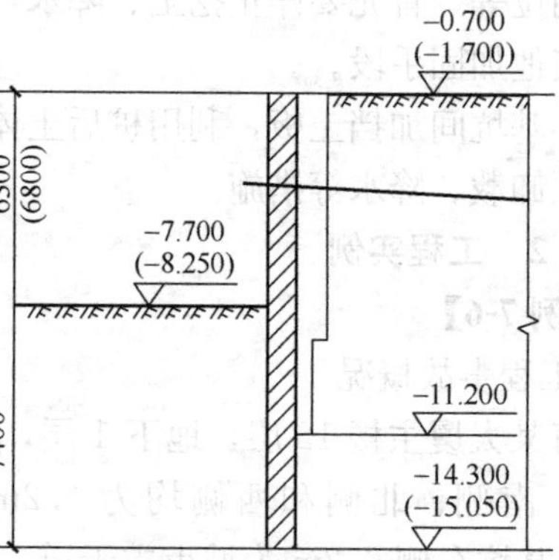

图 7-48　基坑加固剖面

【实例 7-7】

1. 事故概况

上海某研究所在徐家汇地区新建一幢 18 层科研楼。该楼采用箱基加桩基方案，设置 1 层地下室。基槽开挖的南北向长 37m，东西向宽 26m，深度 5.4m。用灌注桩护坡，在槽底进行承重桩基的施工。因场地狭窄，在基槽西侧拆除了部分 4 层旧楼；尚存 3 幢辅楼（见图 7-49），其中北辅楼离基槽边仅为 2.5m，南辅楼净距约 5m。基槽东侧相距 6～7m 处为一多层办公楼正在施工，已完成底层。基槽南侧约 10m 处，为一个大型车间。

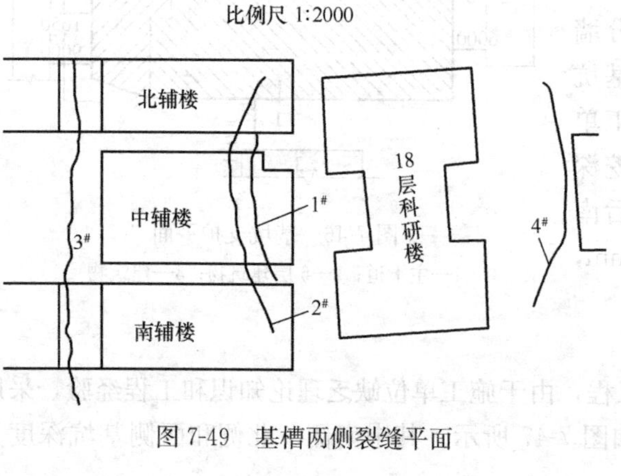

图 7-49　基槽两侧裂缝平面

护坡灌注桩采用三种规格：

(1) 竖向灌注桩，直径 650mm，长 10m，配筋 10 Φ 14，箍筋Φ 8，桩中心距 950mm；整个基槽共 148 根桩，相邻桩间隙 30mm。

(2) 树根桩，直径 200mm，长 10m，位于竖向灌注桩间隙中。

(3) 斜拉锚桩，长 15m，坡度 1.5∶1，直径 ϕ180，配筋 1 Φ 32，采用二次压浆工艺以形成锚固体，间距 1.5m，位于竖向灌注桩后。桩顶设一道截面为 600mm×400mm 的钢筋混凝土圈梁。护坡桩构造如图 7-50 所示。

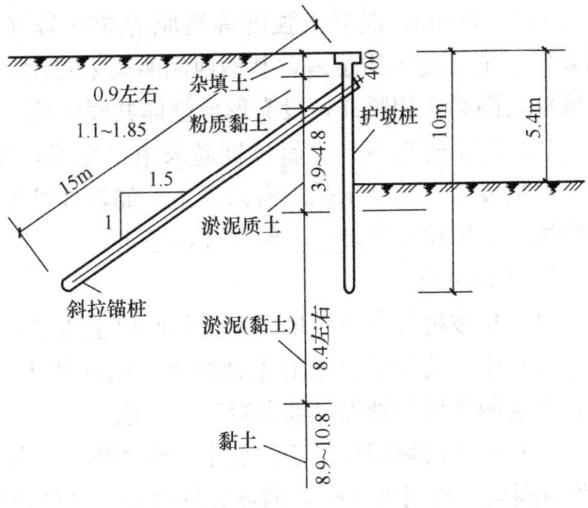

图 7-50 护坡桩构造做法示意图

1988 年 10 月，科研楼基槽开挖后不久，发现护坡桩向基槽内倾斜，随着西侧三幢辅楼内地坪产生三道裂缝（见图 7-49），其中 1＃裂缝距基槽约 11m；2＃裂缝距基槽 13m，这两道裂缝宽 30～50mm，下错 50～100mm。3＃裂缝距基槽约 40m，裂缝宽 5～10mm，长约 50m。4＃裂缝在基槽东侧，距槽边 6～7m，沿正在施工的办公楼墙基外侧，呈弧形，长约 15m，下错 30～50mm。

基槽西侧三幢辅楼墙体严重开裂。南北两辅楼门洞以上沿楼梯间隔墙，有一条竖直裂缝，裂缝上部宽达 70～80mm，往下变窄。门洞上方有一条斜裂缝，贯穿上、下层窗间墙体。中辅楼东端单层厂房与 4 层楼房拉开，严重向基槽倾斜，裂缝宽达 100～150mm。此外，3 幢辅楼屋面开裂，严重漏雨，影响正常工作。楼房内 d＝152.4mm 的上水管也被拉断。

2. 原因分析

科研楼基槽失稳，造成地面滑动与三幢楼房严重开裂的事故原因有以下几方面：

(1) 地基土质软弱。总的说来浅层地基中软弱的淤泥质土层太厚（＞12m），且呈高压缩性流塑状态，是发生事故的重要因素。具体土层分布如下：

表层为杂填土，主要为建筑垃圾，厚 0.9m 左右；

第二层粉质黏土，接近淤泥质土，软塑，e＝1.02，I_L＝0.99，厚 1.10～1.85m；

第三层淤泥质土，e＝1.18，I_L＞1.0，流塑，厚 3.9～4.8m；

第四层淤泥（黏土），e＝1.52，I_L＞1.0，流塑，$a_{1\text{-}2}$＝1.38MPa^{-1}，高压缩性，厚 8.40m 左右；第五层黏土，e＝1.16，I_L＝0.83，软塑，厚 8.9～10.8m。

(2) 护坡桩深度太浅。原设计竖直灌注桩长 15m，斜拉锚桩长 20m。为节约资金，这两种桩都缩短了 5m。实际施工竖直灌注桩长 11.5m，桩端位于第四层淤泥中间。滑动圆弧从护坡桩底下通过，使护坡桩失去护坡作用。

(3) 基槽边缘距楼房仅 2.5～5.0m，这个距离太近。楼房荷载促使基槽土坡滑动。经圆弧法计算，边坡稳定安全系数 K＝（0.32～0.50）＜1，必然发生土坡滑动。

(4) 护坡桩顶部圈梁尺寸小、质量差。原设计圈梁为 1000mm×800mm，后改小为

600mm×400mm；混凝土强度等级原为 300 号（相当于 C29.6）。改为 150 号（相当于 C14.2）。而且施工质量差，基槽西侧圈梁未封闭。在护坡桩发生倾斜与位移时，斜拉桩、护坡桩与圈梁互相脱开，没有形成整体共同作用。

（5）施工管理不严。斜拉桩尚未施工完毕，即动工挖基槽。施工时间长，质量监测差。事故发生后，又未采取有效措施。如护坡桩发生倾斜后，只在滑坡体上打了长 2m 的钢管桩，企图拉住护坡桩，结果无济于事。

3. 事故处理

（1）护坡桩与科研楼地下室之间回填土压实，对滑坡起支挡作用。

（2）中辅楼位于滑坡的主轴线上，破坏严重。把滑坡体东端一跨全部拆除，新砌山墙，山墙两端房角处做钢筋混凝土柱加强。

（3）南北两幢辅楼位于滑坡主轴线两侧，破坏不严重，进行结构加强处理。靠东端的 4 跨做圈梁，柱间加支撑，墙体裂缝修补。经处理后，未出现新的问题。

7.6 边坡滑动造成的工程事故

7.6.1 边坡滑动原因

据有关资料介绍，近 20 年来，仅意、日、美、俄、印度、中、捷及奥地利、瑞士等国，各国每年因滑坡灾害所造成的经济损失，平均达 15～20 亿美元，总和起来每年可达 120～160 亿美元。

边坡失稳产生滑动破坏不仅危及边坡上的建筑物，而且危及坡上和坡下方附近建筑物的安全。滑坡在形成过程中，内部岩、土体应力状态会发生改变，滑坡滑动后，在各种自然和人为因素的影响下，岩、土体内部应力状态也会发生变化，如图 7-51 所示。当变化达到一定程度时，将影响边坡的稳定，造成边坡的滑动破坏，这对滑坡影响范围内的工程危害往往非常严重。在山坡地基和江边、湖边地基上进行建设一定要重视土坡稳定问题。

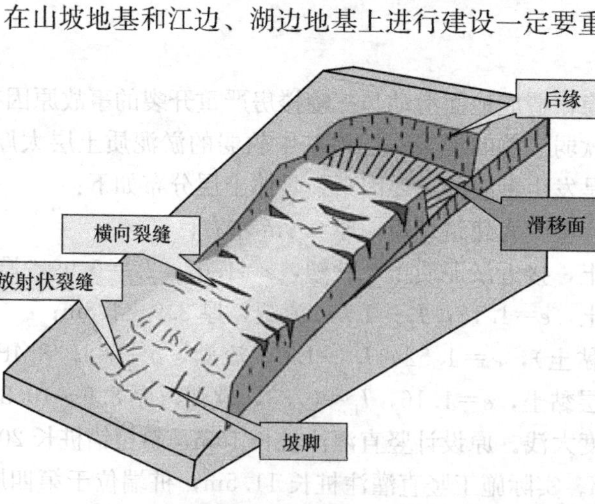

图 7-51　滑坡示意图

在边坡上或土坡上方建造建筑物或堆放重物，往往要增加土坡上的作用荷载；土坡排水不畅，或地下水位上升，往往会减小土坡土体的抗剪强度并增加渗流力作用；疏浚河道，在坡脚挖土等，要减小土坡稳定性，以及土体蠕变造成土体强度降低等，上述各种情况均可能诱发土坡滑动。在土木工程建设中遇到上述情况，需要进行土坡稳定分析，安全度不够时应进行土坡治理。土坡治理可采用减小荷载、放缓坡度、支挡、护坡、排水、土质改良、加固等措施综合处理。

7.6.2 工程案例

【实例 7-8】

某市在运河边建造新客运站，并在客运站河边建码头和疏浚河道。客运站大楼坐落在软土地基上，采用天然地基，建成后半年内未产生不均匀沉降。之后为建码头疏浚河道，随后发现客运大楼产生不均匀沉降，靠近河边一侧沉降大，另一侧沉降小，不均匀沉降使墙体产生裂缝。如图 7-52 所示。原因分析：经分析，岸坡产生微小滑动可能是客运大楼产生不均匀沉降的原因，而造成岸坡产生微小滑动可能与疏浚河道在坡脚取土有关。处理措施：清除岸坡上不必要的堆积物；在岸坡上打设抗滑桩；设立观测点，监测岸坡滑动趋势。设置钢筋混凝土抗滑桩后，岸坡滑动趋势得到阻止，几年来岸坡稳定，客运大楼不均匀沉降未再发展。客运大楼和码头正常使用。

【实例 7-9】

2010 年 6 月 28 日 14 时左右，受持续强降雨天气影响，贵州省关岭县岗乌镇某地发生严重山体滑坡，造成 42 人死亡，57 人失踪。经专家现场勘查后认为这次滑坡是一起罕见的特大滑坡灾害，呈现远程高速滑动特征，下滑的山体前行约 500m 后，与前面的小山坡剧烈碰撞，偏转 90°后转化为直角形高速下滑，并带动附近的表层堆积体，最终形成了罕见的特大滑坡震害，如图 7-53～图 7-56 所示。

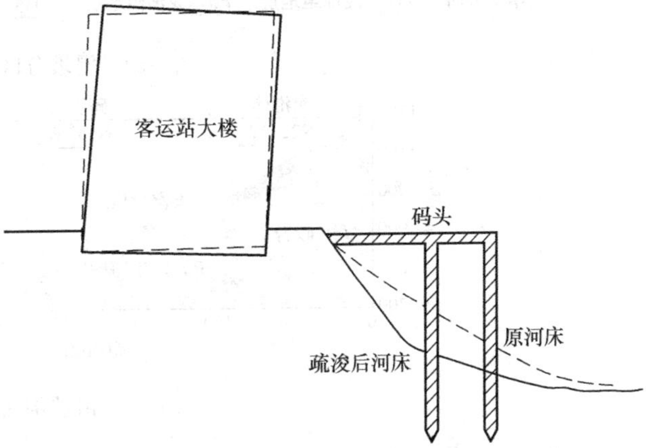

图 7-52 河道疏浚引起岸坡滑动示意

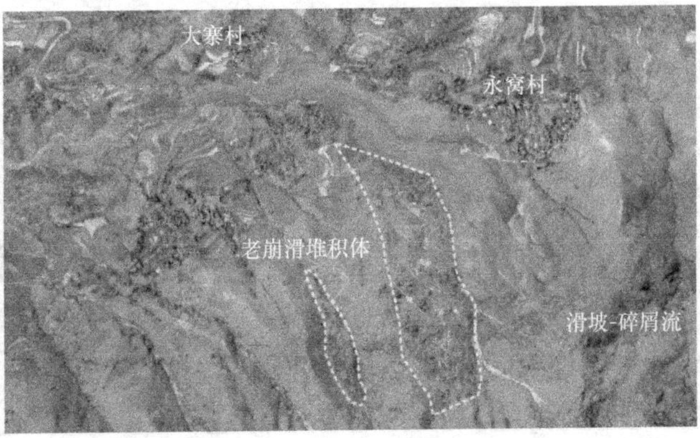

图 7-53 滑坡遥感影像

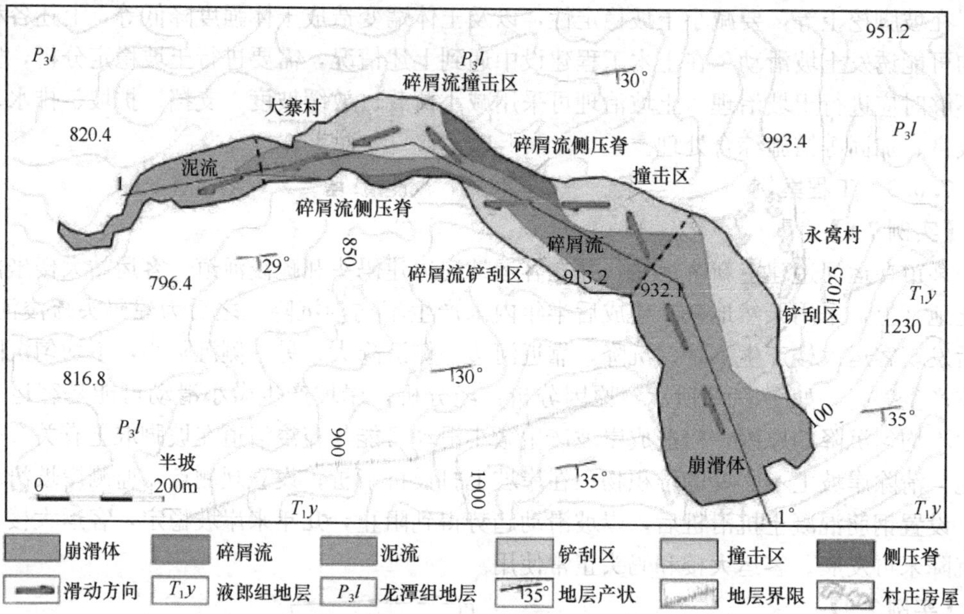

图 7-54　滑坡分区图

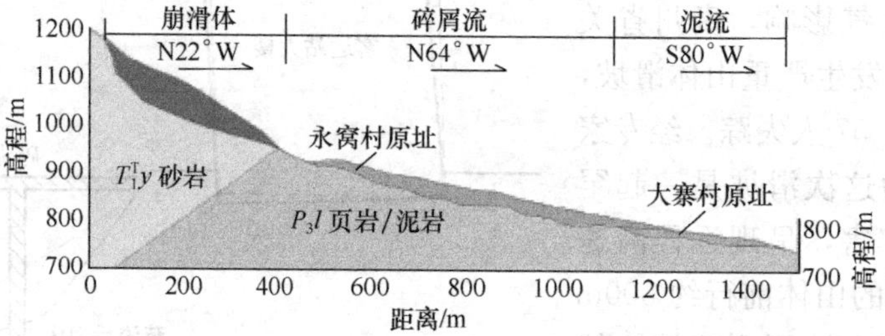

图 7-55　滑坡剖面图

图 7-56　滑坡右侧壁爬升摧毁村庄

1. 滑坡原因分析

滑坡的原因很复杂，如图 7-57 所示，本事故主要原因如下：

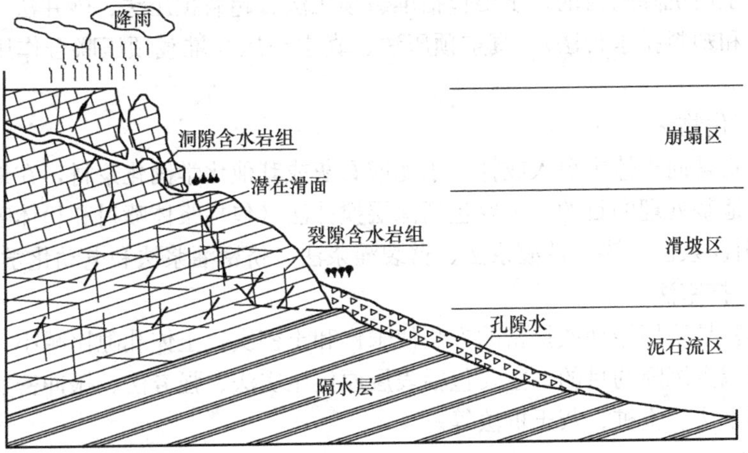

图 7-57　滑坡的山体结构及灾后模式

（1）当地地质结构比较特殊，山顶是比较坚硬的灰岩、白云岩，灰岩和白云岩虽然比较坚硬，但透水性好，容易形成溶洞；山体下部地势比较平缓，地层岩性为易形成富水带的泥岩和砂岩，这种“上硬下软”的地质结构，不仅容易形成滑坡，也容易形成崩塌等地质灾害。

（2）这次灾害发生前，当地经受了罕见的强降雨，仅 27 日和 28 日，降雨量就达 310mm，其中 27 日晚 8 时～28 日 11 时 15 分，降雨量就高达 237mm，超过此前当地的所有气象记录。

（3）当地地形特殊，发生滑坡的山体为上陡下缓的“靴状地形”，地形相对高差达 400m 至 500m。

（4）2009 贵州遭遇历史上罕见的夏秋冬春四季连旱，强降雨更容易快速渗入山体下部的泥岩和砂岩中。

7.7　地基与基础的加固方法

当天然地基不能满足建筑物对它的要求时，需要进行地基处理，形成人工地基以满足建筑物对它的要求。若已有建筑物地基与基础发生工程事故，需要对已有建筑物地基与基础进行加固，以保证其正常使用和安全。地基与基础加固方法很多，按加固原理可分为以下几种：

1. 置换法

置换是用物理力学性质较好的岩土材料置换天然地基中的部分或全部软弱土体或不良土体，形成双层地基或复合地基，以达到提高地基承载力、减少沉降的目的。主要包括换土垫层法、挤淤置换法、褥垫法、振冲置换法（或称振冲碎石桩法）、沉管碎石桩法、强夯置换法、砂桩（置换）法、石灰桩法，以及 EPS 超轻质料填土法等。

2. 排水固结法

排水固结是指土体在一定荷载作用下固结，孔隙比减小，强度提高，以达到提高地基承载力，减少工后沉降的目的。主要包括堆载预压法、超载预压法、砂井法（包括普通砂井、袋装砂井和塑料排水带法）、真空预压法、真空预压与堆载预压联合作用，以及降低地下水位等。

3. 灌入固化物法

灌入固化物是向土体中灌入或拌入水泥或石灰或其他化学固化浆材，在地基中形成增强体，以达到地基处理的目的。主要包括深层搅拌法（包括浆体喷射和粉体喷射深层搅拌法）、高压喷射注浆法、渗入性灌浆法、劈裂灌浆法、挤密灌浆法和电动化学灌浆法等。

4. 振密、挤密法

振密、挤密是采用振动或挤密的方法使未饱和土密实，土体孔隙比减小，以达到提高地基承载力和减少沉降的目的。主要包括表层原位压实法、强夯法、振冲密实法、挤密砂桩法、爆破挤密法、土桩、灰土桩法等。

5. 加筋法

加筋是在地基中设置强度高、模量大的筋材，以达到提高地基承载力、减少沉降的目的。强度高、模量大的筋材，可以是钢筋混凝土也可以是土工格栅、土工织物等。主要包括加筋土法、土钉墙法、锚固法、树根桩法、低强度混凝土桩复合地基和钢筋混凝土桩复合地基法等。

6. 冷热处理法

冷热处理是通过冻结土体，或焙烧、加热地基土体改变物理力学性质以达到地基处理的目的。它主要包括冻结法和烧结法两种。

7. 托换法

托换是指对原有建筑物地基和基础进行处理和加固或改建。主要包括基础加宽法、墩式托换法、桩式托换法以及综合托换法等。

对地基处理方法进行严格的统一分类是很困难的。不少地基处理方法具有多种效用，例如，土桩和灰土桩法既有挤密作用又有置换作用。另外，还有一些地基处理方法的加固机理以及计算方法目前还不是十分明确，尚需进一步研究。

各种地基处理方法的原理和适用范围见表 7-10：

地基处理方法及其适用范围 **表 7-10**

类别	方法	简要原理	适用范围
置换法	换土垫层法	将软弱土或不良土开挖至一定深度，回填抗剪强度较大、压缩性较小的土，如砂、砾、石渣等，并分层夯实，形成双层地基。垫层能有效扩散基底压力，可提高地基承载力、减少沉降	各种软弱土地基
	挤淤置换法	通过抛石或夯击回填碎石置换淤泥达到加固地基的目的	厚度较小的淤泥地基
	褥垫法	建筑物的地基一部分压缩性很小，而另一部分压缩性较大时，为了避免不均匀沉降，在压缩性很小的区域，通过换填法铺设一定厚度可压缩性的土料形成褥垫，以减少沉降差	建（构）筑物部分坐落在基岩上，部分坐落在土上，以及类似情况

续表

类别	方法	简要原理	适用范围
置换法	振冲置换法	利用振冲器在高压水流作用下边振边冲在地基中成孔，在孔内填入碎石、卵石等粗粒料且振密成碎石桩。碎石材与桩间土形成复合地基，以提高承载力，减小沉降	不排水抗剪强度不小于20kPa的黏性土、粉土、饱和黄土和人工填土等地基
	沉管碎石桩法	采用沉管法在地基中成孔，在孔内填入碎石、卵石等粗粒料形成碎石桩，碎石桩与桩间土形成复合地基，以提高承载力，减小沉降	同上
	强夯置换法	采用边填碎石边强挤的强夯置换法在地基中形成碎石墩体，由碎石墩、墩间土以及碎石垫层形成复合地基，以提高承载力，减小沉降	人工填土、砂土、黏性土和黄土、淤泥和淤泥质土地基
	砂桩（置换）法	在软黏土地基中设置密实的砂桩，以置换同体积的黏性土形成砂桩复合地基，以提高地基承载力，同时砂桩还可以同砂井一起起排水作用，以加速地基土固结	软黏土地基
	石灰桩法	通过机械或人工成孔，在软弱地基中填入生石灰块或生石灰块加其他掺和料，通过石灰的吸水膨胀、放热以及离子交换作用改善桩周土的物理力学性质，并形成石灰桩复合地基，可提高地基承载力，减少沉降	杂填土、软黏土地基
	EPS超轻质料填土法	发泡聚苯乙烯（EPS）重度只有土重度的1/50～1/100，并具有较好的强度和压缩性能，用于填土料，可有效减少作用在地基上的荷载，需要时也可置换部分地基土，以达到更好的效果	软弱地基上的填方工程
排水固结法	堆载预压法	在建造建（构）筑物以前，天然地基在预压荷载作用下，压密、固结，地基产生变形，地基土强度提高，卸去预压荷载后再建造建（构）筑物，工后沉降小，地基承载力也得到提高。堆载预压有时也利用建筑物自重进行	软黏土、粉土、杂填土、泥炭土地基等
	超载预压法	原理基本上与堆载预压法相同，不同之处是其预压荷载大于建（构）筑物的实际荷载；超载预压不仅可减少建（构）筑物工后固结沉降，还可以消除部分工后次固结沉降	同上
	砂井法（含普通砂井、袋装砂井、塑料排水带法）	在软黏土地基中设置竖向排水通道——砂井，以缩短土体固结排水距离，加速地基土固结，在预压荷载作用下，地基土排水固结，抗剪强度提高，可提高地基承载力，减少工后沉降	淤泥、淤泥质土、黏性土、冲填黏性土地基等
	真空预压法	在饱和软黏土地基中设置砂井和砂垫层，在其上覆盖不透气密封膜，通过埋设于砂垫层的抽气管进行长时间不间断抽气，在砂垫层和砂井中造成负气压，而使软黏土层排水固结，负气压形成的当量预压荷载可达85kPa	同上
	真空预压与堆载预压联合作用	当真空预压达不到要求的预压荷载时，可与堆载预压联合使用，其预压荷载可叠加计算	同上
	降低地下水位法	通过降低地下水位，改变地基土受力状态，其效果如堆载预压，使地基土固结，在基坑开挖支护建（构）筑物设计中，可减小建（构）筑物上的作用力	砂性土或透水性较好的软黏土层
	电渗法	在地基中设置阴极、阳极，通以直流电，形成电场，土中水流向阴极，采用抽水设备抽走，达到地基土体排水固结效果	软黏土地基

续表

类别	方法	简要原理	适用范围
灌入固化物法	深层搅拌法	利用深层搅拌机将水泥或石灰和地基土原位搅拌形成圆柱状、格栅状或连续墙水泥土增强体，形成复合地基以提高地基承载力，减小沉降，深层搅拌法分喷浆搅拌法和喷粉搅拌法两种，也常用它形成防渗帷幕	淤泥、淤泥质土和含水量较高，地基承载力标准值不大于120kPa的黏性土、粉土等软土地基，用于处理泥炭土，地下水具有侵蚀性时宜通过试验确定其适用性
	高压喷射注浆法	利用钻机将带有喷嘴的注浆管钻进预定位置，然后用20MPa左右的浆液或水的高压流冲切土体，用浆液置换部分土体，形成水泥土增强体，高压喷射注浆法有单管法、二重管法、三重管法。在喷射浆液的同时通过选装、提升可形成定喷，摆喷和旋喷。高压喷射注浆法可形成复合地基以提高承载力，减少沉降，也常用它形成防渗帷幕	淤泥、淤泥质土、黏性土、粉土、黄土、砂土、人工填土地基和碎石土等地基，当土中含有较多的大石块，或有机质含量较高时应通过试验确定其适用性
	渗入性灌浆法	在灌浆压力作用下，将浆液灌入土中填充天然孔隙，改善土体的物理力学性质	砂、粗砂、砾石地基
	劈裂灌浆法	在灌浆压力作用下，浆液克服地基土中初始应力和抗拉强度，使地基中原有的孔隙或裂隙扩张，或形成新的裂缝和孔隙，用浆液填充、改善土体的物理力学性质。与渗入性灌浆相比，其所需要灌浆压力较高	岩基或砂、砂砾石，黏性土地基
	挤密灌浆法	通过钻孔向土层中压入浓浆液，随着土体压密将在压浆点周围形成浆泡。通过压密和置换改善地基性质。在灌浆过程中因浆液的挤压作用可产生辐射状上抬力，可引起地面局部隆起。利用这一原理可以纠正建筑物不均匀沉降	常用于中砂地基，排水条件好的黏性土地基
	电动化学灌浆法	当在黏性土中插入金属电极并通以直流电后，在土中引起电渗、电泳和离子交换等作用。在通电区含水量降低，从而在土中形成浆液“通道”，若在通电同时向土中灌注化学浆液，就能达到改善土体物理力学性质的目的	黏性土地基
振密、挤密法	表层原位压实法	采用人工或机械夯实、碾压或振动，使土密实。密实范围较浅	杂填土、疏松无黏性土、非饱和黏性土、湿陷性黄土等地基的浅层处理
	强夯法	利用重量为10～40t的夯锤从高处自由落下，地基土在强夯的冲击力和振动作用下密实，可提高承载力，减少沉降	碎石土、砂土、低饱和度的粉土与黏性土，湿陷性黄土、杂填土和素填土等地基

续表

类别	方法	简要原理	适用范围
振密、挤密法	振冲密实法	一方面依靠振冲器的强力振动使饱和砂层发生液化，砂颗粒重新排列孔隙减小，另一方面依靠振冲器的水平振动力，加回填料使砂层挤密，从而达到提高地基承载力，减小沉降，并提高地基主体抗液化能力的目的	黏粒含量小于10%的疏松性土地基
	挤密砂桩法	在采用锤击法或振动法制桩过程中，对周围砂层产生挤密作用，被挤密桩间土和密实的砂柱形成砂桩复合地基	疏松砂性土、杂填土、非饱黏性土地基
	爆破挤密法	在地基中爆破产生挤压力和振动力使地基土密实以提高土体的抗剪强度，提高承载力和减小沉降	饱和净砂、非饱和但经灌水的砂、粉土、湿陷性黄土地基
	土桩、灰土桩法	采用沉管法、爆扩法和冲击法在地基中设置土桩或灰土桩，在成桩过程中挤密桩间土，由挤密的桩间土和密实的土桩或灰土桩形成复合地基	地下水位以上的湿陷性黄土、杂填土、素填土等地基
加筋法	加筋土法	在土体中置土工合成材料（土工织物、土工格栅）、金属板条等形成加筋土垫层，增大压力扩散角，提高地基承载力，减少沉降	筋条间用无黏土，加筋土法可适用于各种软弱地基
	锚固法	锚杆一端锚固于地基土、岩石或其他构筑物中，另一端与构筑物连接，以减少或承受构筑物受到的水平向作用力	有可以锚固的土层、岩层或构筑物的地基
	树根桩法	在地基中设置如树根状的微型灌注桩（直径70～250mm），提高地基或土坡的稳定性	各类地基
	低强度混凝土桩复合地基	在地基中设置低强度混凝土桩，与桩间土形成复合地基	各类深厚软弱地基
	钢筋混凝土桩复合地基	在地基中设置钢筋混凝土桩，与桩间土形成复合地基	各类深厚软弱地基
冷热处理法	冻结法	冻结土体，改善地基土截水性能，提高土体抗剪强度	饱和砂土或软黏土，作施工临时措施
	烧结法	钻孔加热或熔烧，减少土体含水量，减少压缩性，提高土体强度	软黏土，湿陷性黄土，适用于有富余热源的地区
托换法	基础加宽法	通过加宽原建筑物基础，减小基底接触压力，使原地基满足要求，达到加固目的	原状土地基承载力较高
	墩式托换法	通过置换，在原基础下设置混凝土墩，使荷载传至较好土层，达到加固目的	基底不深处有较好的持力层
	桩式托换法	在原建筑物基础下设置钢筋混凝土桩以提高承载力，减小沉降达到加固目的，按设置桩的方法分静压桩法、树根桩法和其他桩式托换法。静压桩法又可分为锚杆静压桩法和其他静压桩法	原地基承载力较低
	综合托换法	将两种或两种以上托换方法综合应用达到加固目的	

7.8 地基的加固技术研究

7.8.1 注浆技术概述

注浆（Injection Grout or Grouting），是将具有特定性质的材料或用其配制成的浆液，以一定的压力注入地基岩土体内使其渗透、充填或置换，经胶凝或固化后改善地基的物理力学性质，达到加固、防渗、堵漏等目的。

注浆技术来源于岩土工程施工实践，因其施工简便、成本低、见效快、适用范围广等优势，目前已成为岩土工程学的一个重要分支，甚至有人提出了“岩土注浆工程学”的概念来加强其研究。注浆技术涉及物理、化学、流体力学、工程地质学、水文地质学、土力学、岩石力学、材料力学、工程机械学、勘探地球物理学等学科，与液压技术、泵技术、射流技术、电子技术息息相关。注浆技术理论研究仍欠成熟，注浆工程设计目前主要以工程试验及经验参数为依据，尚处于半理论、半经验状态。注浆技术现已广泛应用于土建、市政工程、水利电力、交通能源、隧道、地下铁路、矿井、地下建筑等领域，产生了良好的经济效益和社会效益。

7.8.2 高压喷射注浆法的适用范围

高压喷射注浆法主要适用于处理淤泥、淤泥质土、黏性土、粉土、黄土、砂土、人工填土和碎石土等地基。高压喷射加固软弱土层效果较好，但对土中含有较多的大粒径块石、坚硬黏性土、卵砾石、大量植物根茎或有较多的有机质地层，喷射质量稍差，应根据现场试验结果确定其适用程度。

对地下水流速过大，浆液无法在注浆管周围凝固的情况，对无填充物的岩溶地段、永冻土以及对水泥有严重腐蚀的地基，则不宜采用高压喷射注浆。

高压喷射注浆法可进行地基加固和基础防渗。高压喷浆主要应用于如图 7-58～图7-65所示工程中。

7.8.3 高压喷射注浆法加固机理

高压喷射注浆法利用钻机把带有喷嘴的注浆管钻进至土层的预定位置后，以高压设备将浆液或水以 20～40MPa 的高压从喷嘴中喷射出来，冲击破坏土体。当能量大、速度快和脉动状的喷射流的动压超过土体结构强度时，土颗粒便从土体剥落下来，一部分细小的土粒随着浆液冒出水面，其余土粒在喷射流的冲击力、离心力和重力等作用下，与浆液搅

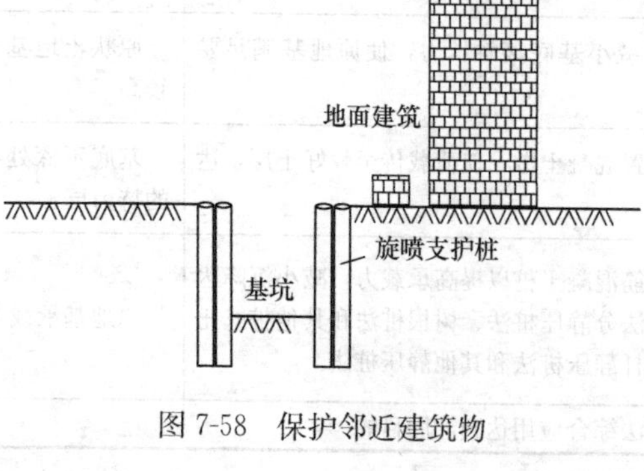

图 7-58　保护邻近建筑物

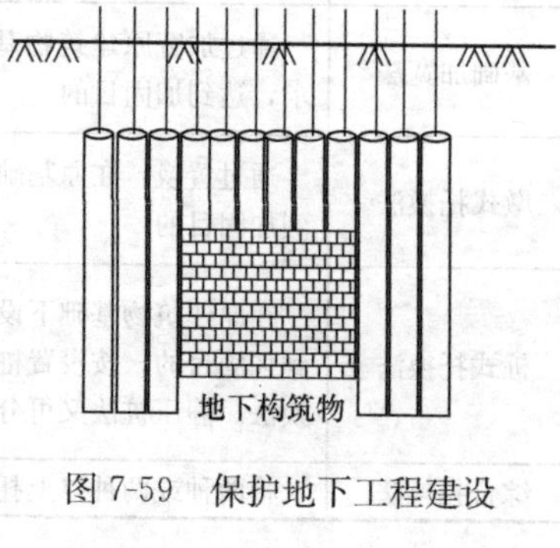

图 7-59　保护地下工程建设

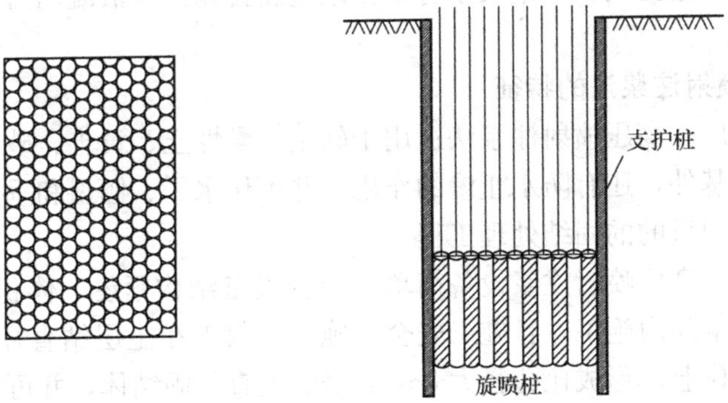

图 7-60　防止基坑底部隆起

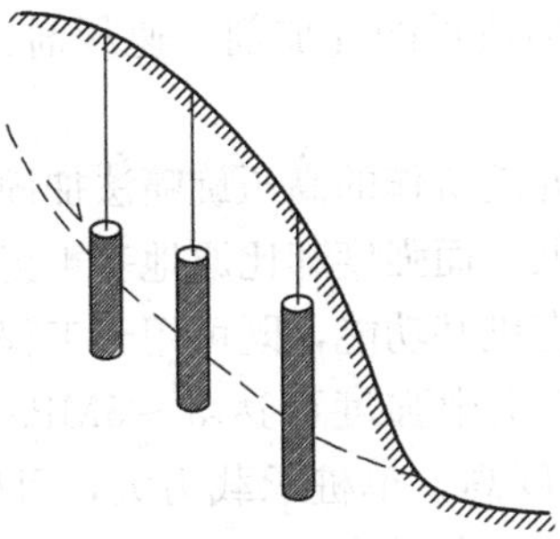

图 7-61　防止小型塌方滑坡

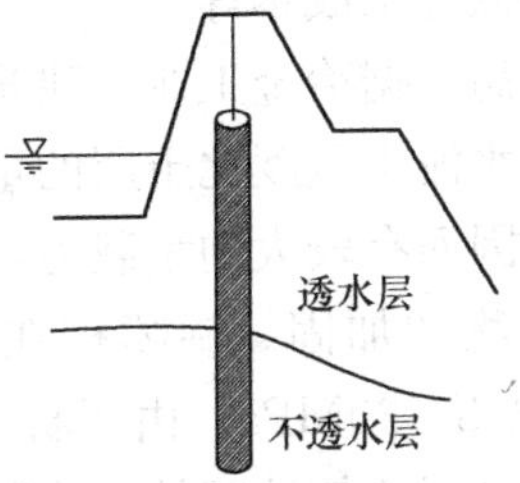

图 7-62　坝基防渗

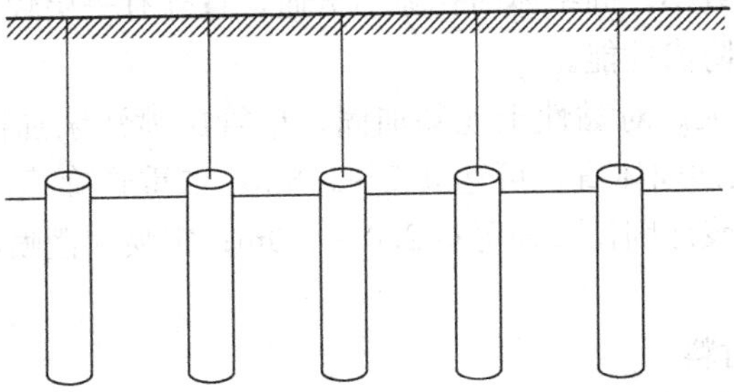

图 7-63　公路路基加固

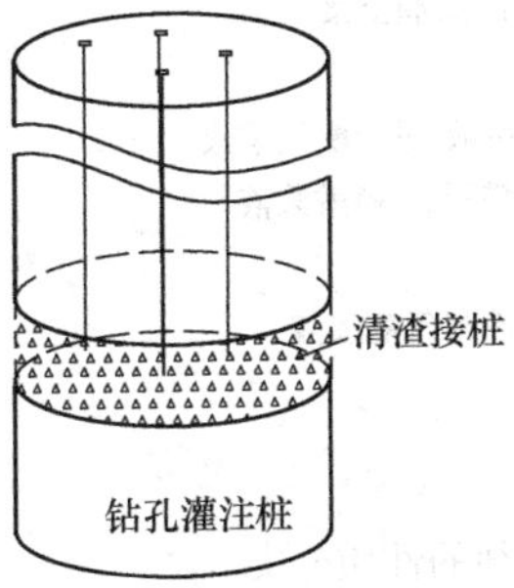

图 7-64　钢筋混凝土桩断桩连接

图 7-65　基坑止水防涌砂

拌混合，按一定的浆土比例和质量大小有规律地重新排列。浆液凝固后，便在土中形成固结体。

7.8.4 高压喷射注浆法的特征

（1）适用范围广。高压喷射注浆法适用于软土、黏性土、黄土、砂类土、砂砾卵石等地层，除能强化地基外，还有防水止渗的作用，并可作水平、倾斜和垂直喷射，能适用于各种土质条件下不同目的的固结处理工程。

（2）施工简便。高压喷射注浆设备简单，全套设备结构紧凑、体积较小、操作简单，可在狭窄和低矮的空间内施工，且施工安全。施工时仅需在土层钻直径 50～300mm 的小孔，便可进行注浆作业，形成比孔径大 8～10 倍的大直径固结体，并可根据工程需要，控制加固范围。

（3）浆材来源广、性能好。喷射浆材以价格低廉、无公害、耐久性好的水泥为主，可根据工程需要和应用环境，在水泥浆液中掺加适量的外加剂（速凝剂、早强剂、膨胀剂）改善施工缺陷、降低施工成本等。

（4）桩身强度高。据冶金工业部建筑研究院所作的高压旋喷法加固土强度的本构关系研究报告，旋喷桩水泥土重度比土层的重度低，而强度却比原地基土提高很多。高压旋喷桩有较高的强度，因而有较大的承载力，具有桩基功能，既可用于工程新建之前，也可进行已建建（构）筑物的加固。旋喷桩在黏性土中强度可达 3～5MPa，粉土中可达 5～8MPa，砂土中可达 8～20MPa。由于桩身强度高，单桩承载力大，可较大幅度地提高地基承载力，用于中高层建筑地基处理或荷载较大的柱下基础的地基处理，具有质量可靠、施工速度快等优点。

（5）固结体渗透系数小。固结体内孔隙不贯通，且外有一层较致密的硬壳，其渗透系数更小，故具有一定的防渗性能。

（6）固结体直径较大。对黏性土地基加固，单管旋喷注浆加固体直径一般为 0.3～0.8m；三重管旋喷注浆加固体直径可达 0.7～1.8m；二重管旋喷注浆加固体直径介于两者之间；多重管旋喷注浆加固体直径可达 2.0～4.0m；定喷和摆喷的有效长度约为旋喷桩直径的 1.0～1.5 倍。

7.8.5 喷射注浆材料

（1）注浆材料的分类

- 注浆材料
  - 无机系列
    - 单液水泥类，如水泥-氯化钙浆液，超细水泥等
    - 水泥黏土类，如黏土-膨润土浆
    - 水泥-水玻璃类
  - 有机系列
    - 木质素类，如纸浆废液-过硫酸铵浆液
    - 脲醛树脂类，如脲醛树脂-硫酸浆液
    - 丙烯酰胺类
    - 聚氨酯类，如水溶性聚氨酯浆液
    - 聚乙烯醇类
    - 其他有机类

图 7-66 注浆材料浆液主剂的性质分类

（2）水泥浆的特性

单液水泥浆液以水泥为主剂，添加一定量的附加剂，用水配制成浆液，根据室内有关

试验，随着水胶比的增大，纯水泥浆的黏度、密度、结石率、抗压强度等都有很明显的降低，初凝、终凝时间逐渐延长（如表 7-11 所示）。

纯水泥浆的基本性能 **表 7-11**

水胶比（质量比）	黏度（10^{-3}Pa·s）	密度（g/cm^3）	胶凝时间		结石率（%）	抗压强度（0.1MPa）			
			初凝	终凝		3d	7d	14d	28d
0.5∶1	139	1.86	7h41min	12h36min	99	41.4	64.6	153.0	220.0
0.75∶1	33	1.62	10h47min	20h33min	97	24.3	26.0	55.4	112.7
1∶1	18	1.49	14h56min	24h27min	85	20.0	24.0	24.2	89.0
1.5∶1	17	1.37	16h52min	34h47min	67	20.4	23.3	17.8	22.2
2∶1	16	1.30	17h7min	48h15min	56	16.6	25.6	21.0	28.0

视实际工程特点，可采用加入适量附加剂的方法来调节水泥浆的性能，以满足工程的特殊要求，纯水泥浆液与单液水泥浆液的基本性能对比如表 7-12 所示，常用水泥浆改性的附加剂及用量如表 7-13 所示。

单液水泥浆基本性能 **表 7-12**

水胶比	附加剂		胶凝时间 h—min		抗压强度 MPa				备　注
	名　称	用量%	初凝	终凝	1d	2d	7d	28d	
1∶1	—	0	14-56	24-27	0.8	2.0	5.9	8.9	① 水泥为 42.5 级普通硅酸盐水泥；② 附加剂用量为占水泥重量的百分数；③ 氯化钙用量一般占水泥用量 5% 以下；④ 水玻璃用量一般占水泥用量 3% 以下。
1∶1	水玻璃	3	7-20	14-30	1.0	1.8	5.5		
1∶1	氯化钙	2	7-10	15-04	1.0	1.9	6.1	9.5	
1∶1	氯化钙	3	6-50	13-08	1.1	2.0	6.5	9.8	
0.4∶1	711 型速凝剂	3	0-1	0-2	15.1	—	30.9	47.8	
0.4∶1	711 型速凝剂	5	0-4	0-5	19.8	—	35.9	47.1	
0.4∶1	阳泉一型速凝剂	2	0-3	0-6	0.6	—	—	34.1	
1∶1	三乙醇胺/氯化铵	0.05～0.5	6-45	12-35	2.4	3.9	7.2	14.3	
1∶1	三乙醇胺/氯化铵	0.1～1.0	7-23	12-58	2.3	4.6	9.8	15.2	
1∶1	三异丙醇胺/氯化钠	0.05～0.5	11-03	18-22	1.4	2.7	7.4	12.0	
1∶1	三异丙醇胺/氯化钠	0.～1.0	9-36	14-12	1.8	3.5	8.2	13.1	

浆液的附加剂及掺量 **表 7-13**

名称	试　剂	掺量占水泥重量%	说　明
缓凝剂	木质磺酸钙	0.2～0.5	也可增加流动性
	酒石酸	0.1～0.5	
	糖	0.1～0.5	
流动剂	木质磺酸钙	0.2～0.3	
	去垢剂	0.05	产生空气
加气剂	松香树脂	0.1～0.2	产生约 10%的空气

续表

名称	试 剂	掺量占水泥重量%	说 明
膨胀剂	铝粉	0.005～0.02	约膨胀15%
	饱和盐水	30～60	约膨胀1%
防泌水剂	纤维素	0.2～0.3	
	硫酸铝	约20	产生空气

7.8.6 高压旋喷施工

高压喷射流按喷射流距喷嘴的距离大致划分为初期区、迁移区、主要区以及终了区（见图7-67）。

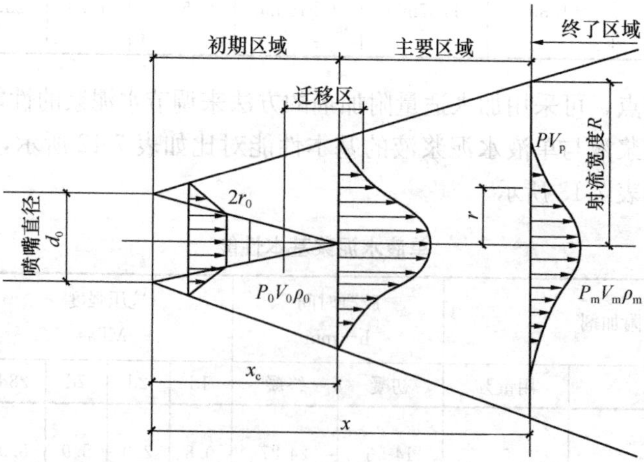

图7-67 高压喷射流构造

旋喷时，高压射流边旋转边缓慢提升，对周围土体进行切削破坏，被切削下来的一部分细小的土颗粒被喷射浆液置换，被液流携带到地表（冒浆），其余的土颗粒在喷射动压、离心力和重力的共同作用下，在横断面按质量大小重新分布，经过凝固后，形成一种新的强度较高、渗透性较小的水泥-土网络结构，如图7-68所示。

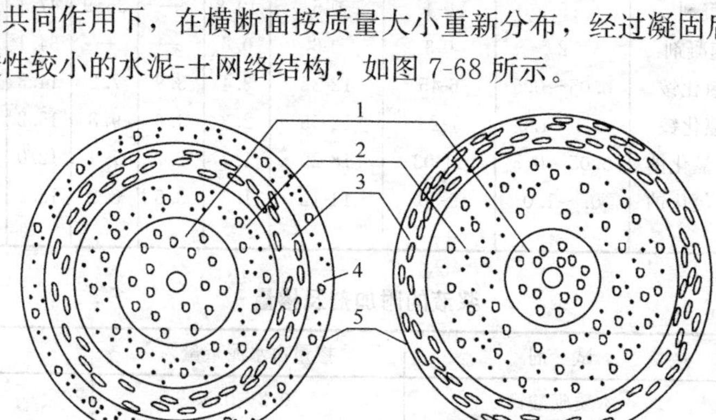

图7-68 旋喷固结体横截面结构示意图

1—浆液主体部分；2—搅拌混合部分；3—压缩部分；4—渗透部分；5—硬壳

定喷时，浆液只作固定方向喷射，并逐渐向上提升，将岩土体切削成一条沟槽，被冲下的土粒一部分被携带流出地面，其余土粒与浆液搅拌混合，最后形成一个板（墙）状固结体，如图7-69所示。

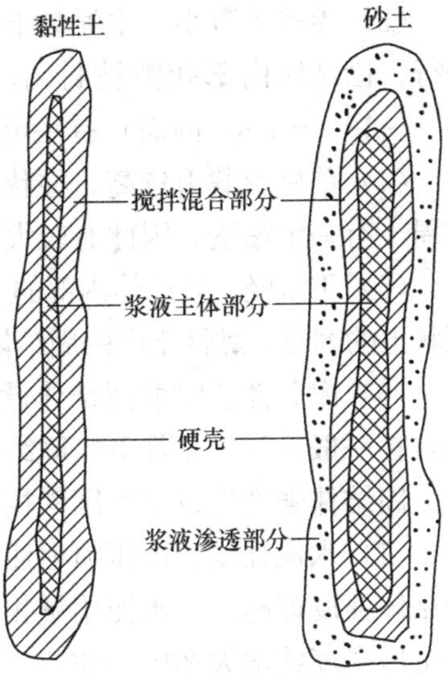

图7-69　定喷固结体横截面结构示意图

高压喷射注浆的成桩（墙）作用包括：

（1）切削破坏。喷射流的动压以脉冲形式连续冲击土体造成土体破坏，射流边界紊流对土体的卷吸作用，增加土体破坏范围。

（2）混合搅拌。喷嘴的旋转提升，在射流后部形成空隙，形成的压力差，促使切削破坏的土粒与浆液移动混合组成新的混合体结构。

（3）升扬置换。喷射注浆时，一部分细小的土粒随孔口冒浆排出地面，其原位空间被水泥浆液置换充填。

（4）充填压密。高压喷射流破坏的空间及土粒间隙被水泥浆充填，喷射流终了区的挤压力对周边土产生挤压密实。

（5）渗透固结。在渗透性较好的地层中喷射注浆时，浆液可渗入未破坏土体一定的厚度，提高周围土体的强度。

7.8.7　水泥固结体的基本性状

在土层中喷射注浆时，一部分比较细小的土粒以“半置换”的方式带出地面，其余土粒在高压射流的冲击力、离心力和重力的共同作用下，经过重新排列，组成具有特殊结构的固结土（多重管喷射注浆可将切削土体全部置换），固结体具有体积大、强度高、重量轻、渗透系数小及坚固耐久等特点。

（1）强度高。喷射注浆的固结体有较高的强度（如表7-14所示）。不同土质、喷射材料和施工工艺参数，所形成的固结体强度不同。土体经过喷射后，土粒重新排列，土粒周围被水泥浆充盈，一般而言，土体受切削破坏范围内自外向内有土粒直径、土粒数量和浆液含量减小（少）的趋势，因此在固结体横断面上，中心强度较低，外侧强度较高，且在浆土界面上（浆液与土体交换的边缘处）形成一圈坚硬的外壳。固结体的抗拉强度较低（一般为抗压强度的1/5～1/10）。

各种土质的高喷固结体强度　　**表7-14**

土类	浆液配方	龄期(d)	抗压强度(MPa)	抗压强度(MPa)
砂卵石	32.5水泥，水胶比1.5/1，加2%水玻璃	28	14.0	
细砂	32.5水泥，水胶比1.5/1，加2%水玻璃	170	10.12	1.71
黏砂土	32.5水泥，水胶比1.5/1，加2%水玻璃	160	4.24	1.73
淤泥	32.5水泥，水胶比0.7/1	360	7.20	1.56
淤泥	32.5水泥，水胶比1∶1，粉煤灰与水泥比0.3∶0.7，凝结时间2h，龄期14d，抗压强度0.90MPa			

（2）直径大。现有的喷射工法，高压喷射注浆可形成最大直径达2m，固结体的直径大小与土的种类和密实程度有密切关系，不同的处理工法可产生多种直径或宽度的加固体。

(3) 渗透系数小。水泥与土混合后产生一系列的物理化学反应，随着水泥水化作用的进行，固结体内部孔隙被封闭，固结体外侧形成一层较致密的硬壳，其渗透系数可达 $10^{-5}\sim10^{-8}$cm/s，因而具有一定的防渗性能，且水泥掺量越大，渗透系数越小。

(4) 单桩承载力较高。柱状旋喷固结体有较高的强度，桩体外形凹凸不平，且浆液对桩周土有一定渗透，因此有较大的承载力。一般固结体直径越大，承载力越高。

(5) 重量轻。固结体内部的土粒少并有一定数量的气泡，因此重量较轻，接近甚至低于原状土的容重，黏性土中的固结体比原状土轻 10%左右，砂类土中比原状土重 10%左右。

(6) 耐久性。喷射固结体就其化学性质而言是稳定的，冻融、干湿循环试验结果表明，在一般－20℃条件下，固结体是有抗冻和抗干湿循环作用的。

固结体强度受以下等因素控制：

(1) 水泥强度。高压喷射注浆的主要材料为水泥，使用的水泥原材料强度等级越高，固结体强度即越高。水泥用量相同时，水泥原材料的强度等级每增加一级，固结体的无侧限抗压强度约增大 20%～30%。对无特殊要求的工程，宜采用强度等级 42.5 级以上的普通硅酸盐水泥，根据需要，可在水泥浆中分别加入适量的外加剂和掺和料，以改善水泥浆液的性能，如早强剂、悬浮剂等。

(2) 水泥用量。固结体强度随水泥用量的增加而增大，当水泥对原状土的置换比（重量比）小于 5%时，形成的固结体强度无明显增加，工程设计时一般均不小于 7%。

(3) 水胶比。水泥浆液的水胶比越小，高压喷射注浆处理地基的强度越高。生产中因注浆设备的原因，水胶比太小时，喷射有困难，故水胶比通常取 0.8～1.5，生产实践中常用 1.0。

(4) 重复喷射。对同一标高的土层作重复喷射，能加大有效加固长度和提高固结体强度。重复喷射是一种局部获得较大旋喷直径或喷射范围的简易有效方法。实际工作中，旋喷桩通常在底部和顶部进行复喷，以增大承载力和确保处理质量。

(5) 凝固时间。固结体强度随龄期而增长，龄期超过 3 个月后，其强度增长的幅度才有所减弱。

(6) 有机质含量。固结体内的有机质会阻碍水泥的水化反应，降低水泥土强度。有机质含量越高，对水泥的水化作用阻碍越强，固结体的强度也降低越多。

(7) 侧压力。水泥土桩是在桩周土的围压作用下受荷的，从桩顶到桩端的周围土压力是不同的，侧压力的大小，对纵向变形也有较大影响。

不同水胶比、不同围压下水泥土的破坏应力 **表 7-15**

围压 (MPa)	破坏应力（MPa）					
	水胶比 (3∶1)	水胶比 (2∶1)	水胶比 (1.5∶1)	水胶比 (1∶1)	水胶比 (0.75∶1)	水胶比 (0.5∶1)
0	2.20	3.90	8.70	12.60	21.80	35.60
0.05	2.73	5.165	10.04	14.03	21.50	38.24
0.15	3.82	5.67	10.93	15.73	23.33	38.46
0.30	4.94	6.72	11.15	16.39	21.90	41.34
0.50	5.89	7.60	12.85	17.98	22.59	36.77

7.8.8 高压喷射注浆设计

1. 设计参数的确定

(1) 压力参数的确定

喷射流的破坏力与射流速度的平方成正比，喷射注浆的压力愈大，射流量及流速就愈大，喷射流的破坏力也就愈大，处理地基的效果就愈好。根据国内实际工程的应用实例，高压水泥浆液流或高压水射流的压力宜大于20MPa，气流的压力以空气压缩机的最大压力为限，通常在0.7MPa左右，低压水泥浆的灌注压力通常在1.0～2.0MPa左右。

(2) 固结体直径的确定

喷射固结体直径的确定是一个复杂的问题，一般只能用半经验的方法来判断、确定。根据国内外的施工经验，旋喷桩设计直径可参考表7-16选用。

旋喷桩的设计直径（m） 表7-16

土质	方法	单管法	二重管法	三重管法
黏性土	$0<N<5$	0.5～0.8	0.8～1.2	1.2～1.8
	$6<N<10$	0.4～0.7	0.7～1.1	1.0～1.6
砂土	$0<N<10$	0.6～1.0	1.0～1.4	1.5～2.0
	$11<N<20$	0.5～0.9	0.9～1.3	1.2～1.8
	$21<N<30$	0.4～0.8	0.8～1.2	0.9～1.5

注：N为标准贯入击数

(3) 固结体强度的估计

固结体的强度取决于土的性质、喷射的材料、水胶比等。对于大型或重要工程可通过室内试验确定；对于一般工程，若无试验资料可结合当地工程经验设定。

一般28d强度，黏性土中3～5MPa，粉土中5～8MPa，砂土中8～20MPa，28d后强度仍会继续增长，这种强度的增长可作为安全储备。选用桩身强度时，可根据土层的均匀性等因素综合考虑，一般土层较均匀时选高值，不均匀土层、杂填土、有机质含量高的土层选低值。

(4) 桩长的确定

桩端一般应按相对硬层埋深以及建筑物地基变形允许值确定。桩长与桩强度、桩承载力的综合因素，决定了高压喷射注浆法在实际工程设计中方案的选择。

7.8.9 地基承载力计算

进行初步设计时，可按下式估算竖向承载旋喷桩复合地基承载力：

$$f_{spk}=m\frac{R_a}{A_p}+\beta(1-m)f_{sk} \tag{7-2}$$

式中 f_{spk}——复合地基承载力特征值（kPa）；

m——面积置换率；

R_a——单桩竖向承载力特征值（kN）；

A_p——桩的截面积（m^2）；

β——桩间土承载力折减系数，可根据试验或类似土质条件工程经验确定，当无试验资料或经验时，可取 0～0.5，承载力较低时取低值；

f_{sk}——处理后桩间土承载力特征值（kPa），宜按当地经验取值，如无经验时，可取天然地基承载力特征值。

单桩竖向承载力特征值可通过现场单桩载荷试验确定。也可按下式估算，取其中较小值：

$$R_a = \eta f_{cu} A_p \tag{7-3}$$

$$R_a = u_p \sum_{i=1}^{n} q_{si} l_i + q_p A_p \tag{7-4}$$

式中 f_{cu}——与旋喷桩身水泥土配合比相同的室内加固土试块（边长 70.7mm 的立方体）在标准养护条件下 28d 龄期的立方体抗压强度平均值（kPa）；

η——桩身强度折减系数，可取 0.33；

n——桩长范围内所划分的土层数；

l_i——桩周第 i 层土的厚度（m）；

q_{si}——桩周第 i 层土的侧阻力特征值（kPa），可按《建筑地基基础设计规范》GB 50007—2011 的有关规定或地区经验确定；

q_p——桩端地基土未经修正的承载力特征值（kPa），可按《建筑地基基础设计规范》GB 50007—2011 的有关规定或地区经验确定。

7.8.10 注浆量计算

目前注浆量计算有体积法和喷量法两种，实际计算时取其计算结果的较大值作为设计喷射注浆量。

（1）体积法。体积法按下式计算注浆量：

$$Q = \frac{\pi}{4} D_e^2 K h \alpha (1+\beta) \tag{7-5}$$

式中 Q——浆液用量（m^3）；

D_e——设计固结体直径（m）；

K——填充率（0.75～0.9）；

h——旋喷长度（m）；

α——折减系数，取 0.6～1.0；

β——损失系数，取 0.1～0.2。

（2）喷量法。喷量法适合于旋喷桩及喷射板墙注浆量的计算，以单位时间喷射的浆量及持续时间计算浆量，计算公式为：

$$Q = \frac{H}{v} q (1+\beta) \tag{7-6}$$

式中 Q——浆液用量（m^3）；

H——旋喷长度（m）；

v——提升速度（m/min）；

q——单位时间喷浆量（m^3/min）；

β——损失系数，取 0.1～0.2。

根据计算所需的喷浆量和设计的水胶比，可确定水泥的使用数量。

7.8.11 防渗设计

在普通硅酸盐水泥浆中掺入2%～4%的水玻璃，可显著提高固结体的抗渗性。工程以防渗为目的时，最好使用“柔性材料”，可在水泥浆液中掺入10%～50%（质量比）的膨润土。截水帷幕的渗透系数宜小于1.0×10^{-6}cm/s。

1. 施工工艺参数

单管法及双管法的高压水泥浆和三管法高压水的压力原则上应大于20MPa。高压喷射注浆的主要材料为水泥，宜采用强度等级为42.5级及以上的普通硅酸盐水泥。根据需要可加入适量的外加剂及掺合料。外加剂和掺合料的用量，通过试验确定。

水泥浆液的水胶比视工程地质特点或实际工程要求确定，可取0.8～1.5，常用1.0。高压喷射注浆的施工工序为机具就位、贯入喷射管、喷射注浆、拔管和冲洗等。

喷射孔与高压注浆泵的距离不宜大于50m，钻孔的位置与设计位置的偏差不得大于50mm。实际孔位、孔深和每个钻孔内的地下障碍物、洞穴、涌水、漏水及与岩土工程勘察报告不符等情况均应详细记录。

当喷射注浆管贯入土中，喷嘴达到设计标高时，即可喷射注浆。在喷射注浆参数达到规定值后，随即分别按旋喷、定喷或摆喷的工艺要求提升喷射管，由下而上喷射注浆。喷射管分段提升的搭接长度不得小于100mm。根据国内实际工程的应用实例，高压水泥浆液流或高压水射流的压力宜大于20MPa，气流的压力以空气压缩机的最大压力为限，通常在0.7MPa左右，低压水泥浆的灌注压力通常在1.0～2.0MPa左右。采用旋转提升喷射方式时，一般提升速度为0.05～0.25m/min，旋转速度可取10r/min～20r/min。

对需要局部扩大加固范围或提高强度的部位，可采用复喷措施。

2. 施工程序及要点

尽管各种高压喷射注浆法所注入的介质种类和数量不同，但其施工程序却基本一致，均按照自下而上的工序进行施工。

(1) 钻（引）孔。钻孔的目的是为将喷射注浆管插入预定的地层中，钻孔方法视地层地质情况、加固深度、机具设备等条件而定。钻进深度可达30m以上，当遇到较坚硬的土层时宜采用地质钻机钻孔，一般在二重管和三重管旋喷法施工中，采用地质钻机钻孔。

(2) 插管。钻孔完成后，应及时将喷射注浆管插入地层预定深度，插管与钻孔两道工序一般合二为一，但使用地质钻机钻孔完成后，必须拔出岩芯管，插入喷射管。在插管过程中，为防止泥沙堵塞喷嘴，可边射水、边插管，水压力一般不超过1MPa，压力过高易将孔壁射塌。

(3) 喷浆。根据土质、土类、地下水等环境调整喷浆压力、流量、旋转提升速度等，自下而上喷射注浆。根据工程需要进行原位第二次喷射（复喷），复喷时喷射流冲击的对象为第一次喷射的浆土混合体，喷射流所遇阻力小于第一次喷射，有增加固结体直径的效果。

(4) 补浆。喷射的浆液与土搅拌混合后的凝固过程中，由于浆液的泌水作用，一般均有不同程度的收缩，造成在固结体顶部的凹陷，并对地基的加固和防渗堵水极为不利。目前一般采用直接从喷射孔口注入浆液填满收缩空洞，或采用二次注浆的方法对固结体顶部进行第二次注浆。

3. 注浆常见问题及其处理对策

（1）冒浆。在喷射注浆过程中，喷射冲击破坏土层所产生的部分细小土粒随一部分浆液沿着注浆管管壁冒出地面。通过对冒浆的观察，可以及时了解土层状况、喷射的大致效果和喷射参数的合理性等。根据经验，冒浆（内有土粒、水及浆液）量小于注浆量 20％者为正常现象，超过 20％或完全不冒浆时，应查明原因并采取相应措施。减小冒浆的措施有：①提高喷射压力；②适当减小喷嘴直径；③加快提升和旋转速度等。出现不冒浆或断续冒浆时，若系土质松软则视为正常现象，可适当进行复喷；若系附近有空洞、通道。则应不提升注浆管继续注浆直至冒浆为止或拔出注浆管待浆液凝固后重新注浆。

（2）固结体不完整。高压喷射注浆完毕后，或在喷射注浆过程中因故中断，均可能产生加固地基与建筑物基础不密贴或脱空、桩体不连续现象。防止因浆液凝固收缩，可采用超高喷射（喷射处理地基的顶面超过建筑物基础底面，其超高量大于收缩高度）、回灌冒浆或第二次注浆等措施。防止因喷射注浆中断导致断桩，可在每次卸管及重新下注浆管时，保证停顿部位的搭接长度不小于 100mm，以保证固结体的整体性。

（3）固结体不垂直。固结体不垂直会导致其承载力降低，更为严重的是使防渗堵水失败。固结体不垂直主要由钻孔不垂直引起，实际施工时，钻机就位应准确、稳固、垂直，引孔前采用水平尺校正钻机垂直度，确保钻机就位偏差不大于 50mm，垂直度偏差不大于 1/1000。

（4）建筑物的附加沉降。高压喷射注浆处理地基时，在浆液未硬化前，有效范围内的地基因受到扰动而降低强度，容易产生附加变形。通常采用控制施工速度、顺序和加快浆液凝固等方法防止或减小附加变形。

（5）固结体强度不均。不同的土层特性对喷射注浆固结体的直径、强度影响较大，如较坚硬土层桩径偏小、含有机质阻碍固结体硬化造成强度偏低、砂类土中固结体强度较高等，实际工程施工中，宜根据不同土层深度和厚度及时调整喷射参数或进行复喷。

（6）喷射流压力偏低。高压泵压力偏低会造成喷射流破坏力较低而达不到处理效果，可能的原因有高压泵性能不足、高压泵摆放距离过远、浆液管路泄漏等。若因高压泵性能不足，不能产生设计要求的压力，应立即更换高压泵；高压泵摆放距离过远，增加了高压胶管的长度，使高压喷射流的沿程损失增大，导致实际喷射压力降低，实际施工中，钻机与高压泵的距离不宜大于 50m；流量较大而压力偏低时，应检查各部位的泄漏情况，必要时拔出注浆管，检查密封性能。

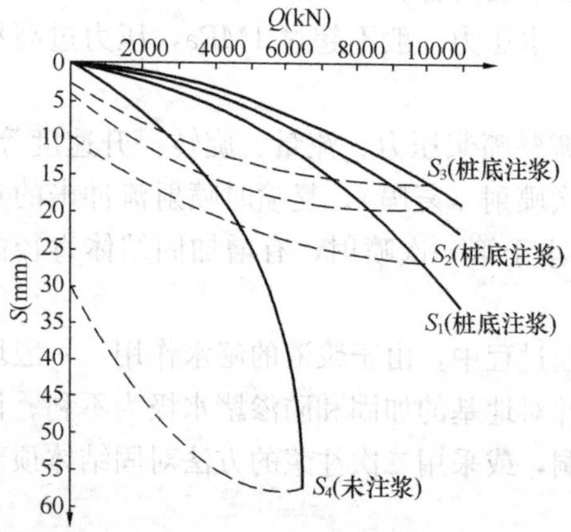

图 7-70　福建某工程桩端注浆试验 $Q \sim S$ 曲线

7.8.12　桩端后压浆灌注桩工作性状分析

1. 桩端后压浆灌注桩承载性状

桩端后压浆灌注桩技术是在桩体形成后，由桩端的预埋管压入水泥浆，通过浆液的渗扩、挤密和劈裂等方式，改善桩－土界面的结合效果，加固桩周一定范围内的土体和桩端土层。实践证明，桩端后压浆在提高桩基承载力、减少桩基沉降、改善桩基承载性状方面有显著作用。

图 7-70 是福建某工程桩端注浆试验 $Q \sim S$ 曲线。可以看出桩端注浆桩与未注浆桩曲线相比要平缓，在相同荷载作用下注浆桩沉降很小，且卸荷后的残余变形也小，说明其承载力比未

注浆桩高，工作性状得到显著改善。

表 7-17 是国内部分城市关于桩端后压浆前后承载力的比较结果。从表 7-17 可以看出，注浆之后单桩承载力的提高幅度与桩径、桩长、桩端土层条件有关，整体上均有明显提高，提高幅度在 50%～267%之间。

桩端压力注浆前后单桩承载力的比较 **表 7-17**

序号	桩型	桩径 (m)	桩长 (m)	桩端土层	极限承载力 (kN)	注浆后承载力提高幅度 (%)
1	未注浆 注浆	0.4	10.7	中密中砂	441 1618 1215	— 267 176
2	未注浆 注浆 注浆	0.7	14.5	可塑黏土	875 1800 1800	— 106 116
3	未注浆 注浆	0.8	23.0	硬塑粉质黏土	1600 2200	— 80
4	未注浆 注浆	1.0	68.0 66.0	密实卵石	9200 16400	— 78
5	未注浆 注浆	0.75	49.6	可塑粉质黏土	4160 7800	— 88
6	未注浆 注浆	0.9	30.0	卵砾石	6000 9000	— 50

2. 桩端后压浆作用机理

(1) 桩端固化效应

灌注桩成孔完成后，孔底一般存在一定厚度的沉渣或虚土，压入水泥浆后发生物理化学反应得到加固，使沉渣厚度减小、虚土得到固化，单位端阻力显著提高、沉降减小。另外，在一定压力作用下，浆液将向桩端四周渗透充填并固结，使桩端持力层土体强度和刚度大幅度提高，桩端阻力因扩底效应而提高。桩端后压浆对土体的加固作用一般通过化学胶凝作用、充填固结作用、离子交换作用、加筋作用及固化作用等完成。

1999 年易梁等人对四川绵阳某工程桩端注浆后桩端土体强度进行了检测，结果表明，注浆后桩端卵石胶结体的 $N120$ 由 4～8 击提高到 20～30 击，最高达到 50 击以上。加固土体的有效半径为 1.5～2.0m，影响半径到 6.0m。

(2) 改善桩一土界面特性

在桩端注浆过程中，在一定注浆压力和注浆量前提下，部分浆液沿桩侧薄弱部位上窜，改善桩土界面接触条件。当被加固体位于桩底时，桩端阻力因扩底效应而提高；当被加固体位于桩侧时，桩侧阻力因桩径扩大效应而增大。图 7-71 是

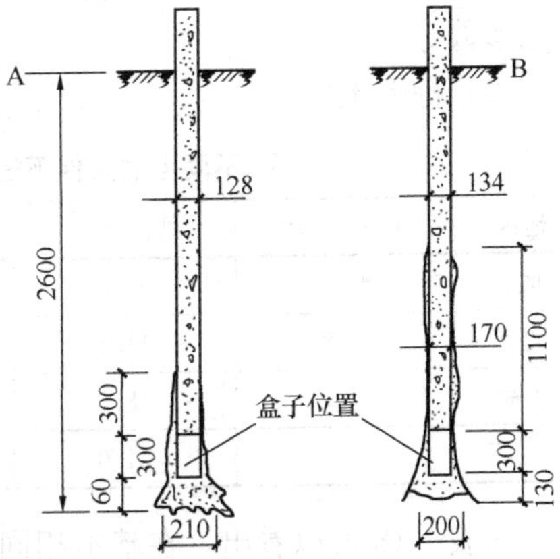

图 7-71 是某工程的两根试桩在桩端注浆后的形状

某工程的两根试桩在桩端注浆后的形状。

（3）增加桩周法向应力

由于桩端压力注浆形成扩大头，挤压桩端土层使其密实，增加了桩端及周围土层的侧向压力，法向应力的提高引起桩的侧摩阻力提高。试验结果表明，在桩端以上 2.5D 范围内桩的侧摩阻力可以提高 2.5 倍。

（4）对桩端施加应力

桩端压力注浆时，在压密桩端虚土的同时向上传递反力，桩顶有轻微的向上位移，相当于在桩端施加预应力，桩侧阻力提高。桩端注浆所形成的扩大头使桩端的虚土密实，同时使桩身上抬，在荷载的作用下桩端阻力一开始就发挥作用。

图 7-72 是注浆桩与非注浆桩的桩端阻力变化。可以看出，注浆桩的端阻力在较小的位移下就可发挥，且在总荷载中所占比例较大。图 7-73 是注浆压力与桩端位移的关系曲线。可以看出，在注浆压力作用下，桩端发生的位移包括竖向位移和径向位移，不过竖向位移大于径向位移。竖向位移的发生相当于桩身受到一个预应力的作用，桩的承载力得到提高；径向位移必然导致桩周土体受到一个法向压应力，法向压应力转化为切向应力，同样使桩的承载力得到提高。

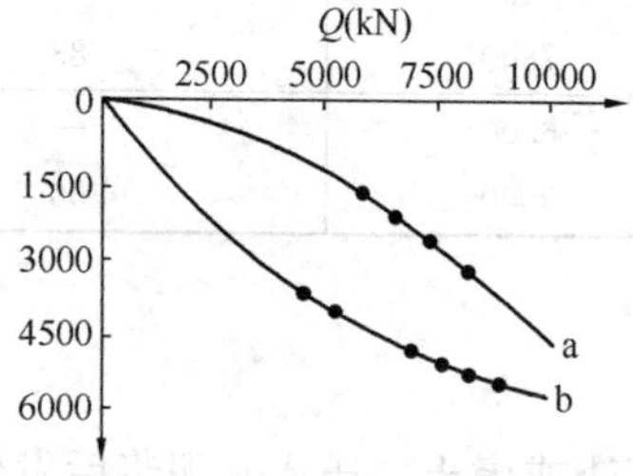

图 7-72　是注浆桩与非注浆桩桩端阻力变化

a—注浆桩；b—非注浆桩

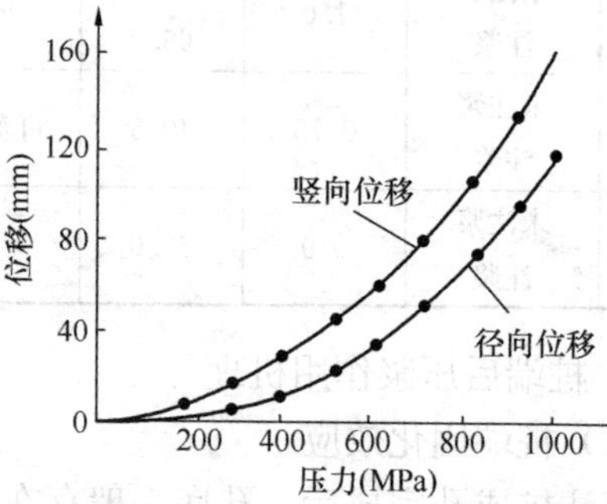

图 7-73　注浆压力与桩端位移的关系曲线

3. 桩端后压浆桩承载力的影响因素

影响桩端后注浆灌注桩承载力的因素复杂，主要包括：桩端土层、桩径、桩长和注浆工艺参数等。

（1）桩端土层

不同土层条件下桩端压力注浆后单桩承载力提高比例　　**表 7-18**

地区	桩径（m）	桩长（m）	桩端土层	注浆后承载力提高比例（%）
北京	0.4	6.4	卵石含砂、砾砂	135～213
北京	0.4	11.1	中砂	167
安徽	0.4	18.6	粉细砂	70
上海	0.6	21.0	黏土	54

从表 7-18 可以看出，在基本相同条件下，桩端为碎石土、粗粒土时桩端注浆后承载力提高幅度较大，而细粒土提高幅度不大。国内大量实测资料表明，桩端为碎石土、粗粒土时桩端注浆后承载力提高幅度达到 50%～260%，而细粒土提高幅度通常在 14%～

138%。因此选择合适的桩端持力层是十分必要的。

（2）桩长

试验结果表明，在其他条件相同的前提下，短桩进行桩端注浆后承载力提高比例比长桩高。一般认为，当桩长较短时，桩侧阻力分担荷载比例小，端阻力分担更多的荷载，而桩端注浆可大幅度强化端阻效应。表 7-19 是不同桩长条件下注浆前后承载力数值分析计算结果。

不同桩长条件下桩端压力注浆后单桩承载力提高比例 **表 7-19**

序号	桩长（m）	普通桩承载力（kN）	注浆桩承载力（kN）	注浆后承载力提高比例（%）
1	5	400	690	72.5
2	10	700	1120	61.4
3	20	1050	1610	53.3
4	30	1600	2250	40.6

（3）桩径

桩径对桩端注浆桩承载力有一定的影响。表 7-20 是不同桩径条件下注浆前后承载力数值分析计算结果。当桩径较小时，承载力提高幅度大，随着桩径增大承载力提高幅度降低。

不同桩径条件下桩端压力注浆后单桩承载力提高比例 **表 7-20**

序号	桩径（m）	普通桩承载力（kN）	注浆桩承载力（kN）	注浆后承载力提高比例（%）
1	0.5	1500	2590	72.7
2	0.6	2800	4450	58.9
3	0.8	3500	5120	46.3
4	1.0	4500	5950	32.2
5	1.2	6000	7480	24.7

（4）注浆参数

注浆参数包括注浆压力、注浆量和注浆材料等。一般应根据地层条件选择可注性好的注浆材料。如超细水泥等。当灌浆材料的颗粒尺寸 d 小于土的有效孔隙尺寸 D_p，即 $D=D_p/d>1$ 时，表明土体具有容纳浆粒的空间，浆液才是可灌的。

在注浆过程中，如果浆液浓度较大，材料往往以群粒形式进入孔隙，出现“挤粒”现象，导致渗透通道的堵塞。对普通水泥浆而言，其颗粒粒径小于 0.1mm，这时土的渗透系数要求大于 5×10^{-2}cm/s。中砂、粗砂、砾石等粗粒土水泥浆能够以渗透方式进入的土层，较均匀地生成结石体，增加灌注桩的桩径、桩长及桩端截面积等，因此较大幅度地提高桩的承载力。

在其他条件相同情况下，增加注浆量和提高注浆压力对提高承载力是有好处的（如图 7-74）所示。

4. 后压浆 CFG 桩承载力计算

后压浆灌注桩单桩极限承载力的计算公式与普通灌注桩类同，区别在于引入了后压浆引起的桩侧阻力和端阻力的增强系数 β_{si}、β_p，具体计算公式如下：

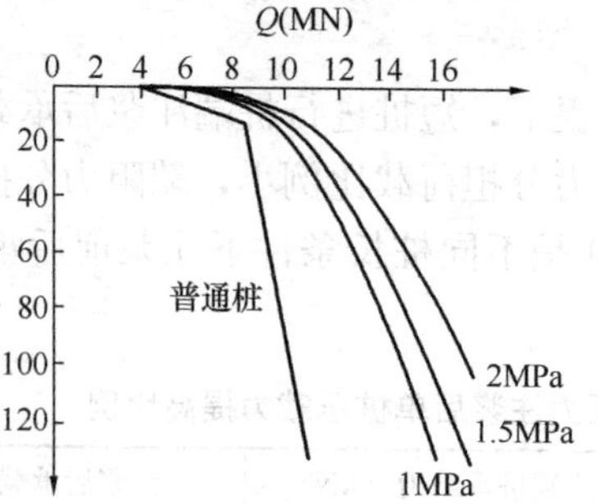

(a) 不同注浆压力

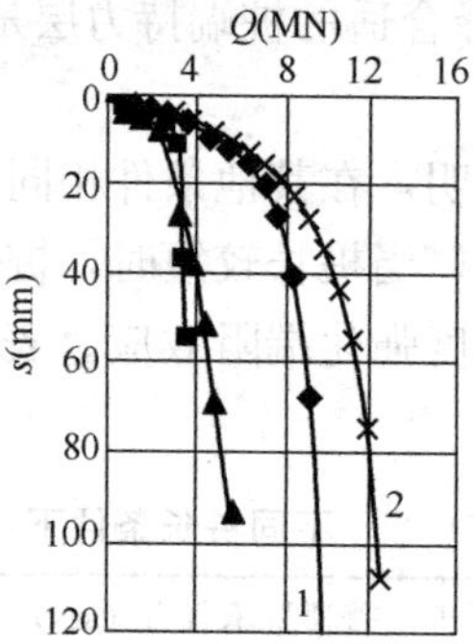

(b) 不同注浆量

图 7-74　注浆量、注浆压力对承载力的影响

$$Q_{uk}=Q_{sk}+Q_{gsk}+Q_{gpk}=u\sum q_{sjk}l_i+u\sum\beta_{si}q_{sik}l_{gi}+\beta_p q_{pk}A_p \tag{7-7}$$

式中　Q_{uk}——单桩竖向极限承载力标准值，kN；

Q_{sk}——后注浆非增强段总极限侧阻力标准值，kN；

Q_{gsk}——后注浆增强段总极限侧阻力标准值，kN；

Q_{gpk}——后压浆总极限端阻力标准值，kN；

u——桩身周长，m；

q_{sjk}——桩侧后注浆非增强段第 j 层土的极限侧阻力标准值，kPa；

q_{sik}——桩侧后注浆增强段第 i 层土的极限侧阻力标准值；

q_{pk}——极限端阻力标准值，kPa；

β_{si}、β_p——分别后注浆侧阻力增强系数、端阻力增强系数；

l_i——后注浆非增强段第 j 层土的厚度，m；

l_{gi}——后注浆增强段第 i 层土的厚度，m；

A_p——桩端面积，m^2。

从公式（7-7）可以看出，β_{si}、β_p 涵盖了后压浆提高承载力所用的作用机理，但后压浆提高桩承载力的机理与桩端土质条件和注浆参数有关，因而，β_{si}、β_p 不是定值，且变化幅度很大。新版桩基规范根据国内数十根桩不同土层的后压浆试验数据，总结了 β_{si}、β_p 的变化规律，在此基础上给出了 β_{si}、β_p 参考值（见表 7-21）。

后注浆侧阻力增强系数 β_{si}、端阻力增强系数 β_p　　表 7-21

土层名称	淤泥 淤泥质黏土	黏性土 粉土	粉砂 细砂	中砂	粗砂 砾砂	砾石 卵石	全风化岩 强风化岩
β_{si}	1.2～1.3	1.4～1.8	1.6～2.0	1.7～2.1	2.0～2.5	2.4～3.0	1.4～1.8
β_p	—	2.2～2.5	2.4～2.8	2.6～3.0	3.0～3.5	3.2～4.0	2.0～2.4

注：干作业钻、挖空桩，β_p 按表列值乘以小于 1.0 的折减系数。当桩端持力层为黏性土或粉土时，折减系数取 0.6；为碎石土或砂土时，取 0.8。

7.8.13　后压浆施工工艺

1. 注浆系统简介

CFG 桩成桩后，通过压力作用，将水泥浆注入预先插入桩桩端的注浆装置，对桩端地层产生渗入、劈裂作用而使水泥浆注入地层中，从而在桩-土界面处形成一道水泥浆与土的胶结层，提高灌注桩侧摩阻，以及对桩端虚土及桩端附近的桩周土层起到充填、劈裂、压密及固化作用，进而提高 CFG 桩的单桩承载力以及减少复合地基的沉降量。图 7-75 是后压浆系统原理示意图。

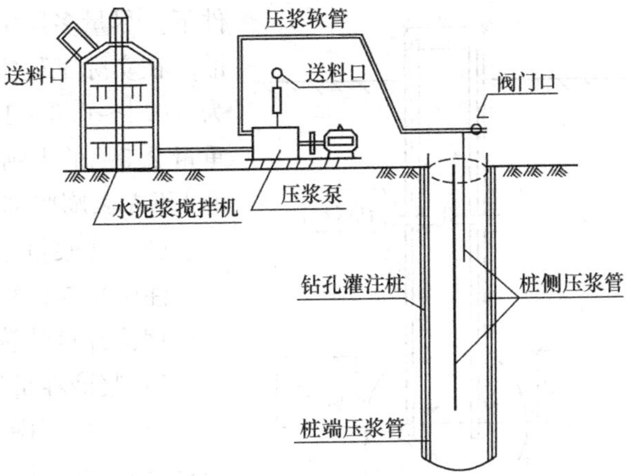

图 7-75　后压浆系统原理示意图

2. 压浆参数的确定

压浆参数主要包括压浆水胶比、压浆量以及闭盘压力，由于地质条件的不同，不同工程应采用不同的参数。在 CFG 桩施工前，应该根据以往工程的实践情况，先设定参数，然后根据设定的参数，进行试桩的施工，试桩完成后达到设计的强度，进行桩的静载试验，最终确定试验参数。

（1）注浆压力

浆液的扩散半径与灌浆压力的大小密切相关，工程施工中往往倾向于采用较高的注浆压力，但注浆涉及容许灌浆压力的问题。一定条件下选择较高的注浆压力，能使地层微细孔隙张开，有助于提高可灌性，改善加固效果。当灌浆压力超过 CFG 桩的自重和摩阻力时，就有可能使桩上抬导致桩悬空（灌浆压力过高也会使注浆管爆破）。容许灌浆压力与地层的密度、渗透性、初始应力、钻孔深度和位置以及灌浆次序等都有密切的关系，难以准确预知，故通常只能根据现场试验确定。

在注浆过程中，桩底可灌性的变化直接表现为注浆压力的变化。可灌性好，注浆压力则较低，一般在 4MPa 以下；反之，若可灌性较差，注浆压力势必较高，可达 4～8MPa，有的用 8MPa 仍不可注。一般第 1、2 根桩注浆压力低，以后随注浆桩数增加注浆压力增大。

闭盘压力是指结束压浆的控制压力，一般来说什么时候结束一根灌注桩的压浆，应该根据事先设定的压浆量来控制，但同时也要控制压浆的压力值。在达不到预先设定的压浆量，但达到一定的压力时就要停止压浆，压浆的压力过大，一方面会造成水泥浆的离析，堵塞管道，另一方面，压力过大可能扰动碎石层，也有可能使得桩体上浮。一般闭盘的最大压力应该控制在 0.18MPa。

（2）浆液浓度

不同浓度的浆体其行为特性有所不同：稀浆（水胶比约为 0.8∶1）便于输送，渗透能力强，用于加固预定范围的周边地带；中等浓度浆体（水胶比约为 0.6∶1）主要加固预定范围的核心部分，在这里中等浓度浆体起充填、压实、挤密作用；而浓浆（水胶比约为 0.4∶1）的灌注则对已注入的浆体起脱水作用。在桩底可灌性的不同阶段，调配不同浓度的注浆浆液，并采用相应的注浆压力，才能做到将有限浆量送达并驻留在桩底有效空间范围内。浆液浓度的控制原则一般为：先用稀浆、随后渐浓，最后注浓浆。在可灌的条

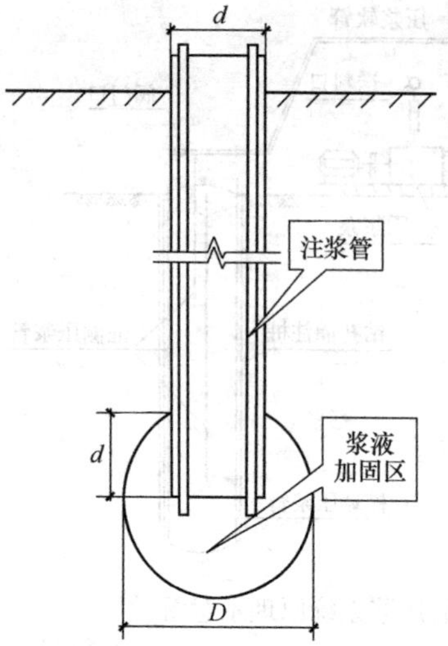

图 7-76 浆液桩端球形扩张模型图

件下，尽量多用中等浓度以上浆液，以防浆液作无效扩散。在实际工程应用中，施工单位往往多只使用水胶比为（0.4～0.6：1）的浓浆。通常在浆液中可加入水泥重量2.5‰的木钙作减水剂，并加入1%～2%水泥重量的 UEA 微膨胀剂。

（3）注浆量

注浆量应该根据现场试验情况确定，初步设计时可以按理论计算估算。假设：

1）浆液在桩端比较均匀的按球形进行扩散；

2）在桩端嵌入的浆液加固土体长度为 d（d 为桩体的直径），详见图 7-76。

根据体积的平衡：浆液加固土体的体积＋桩嵌入加固土的体积＝加固球体的体积，得出下式：

$$\frac{V}{n}+\frac{\pi d^3}{4}=\frac{\pi D^3}{6} \tag{7-8}$$

注浆量 V 为：

$$V=n\left(\frac{\pi D^3}{6}-\frac{\pi d^3}{4}\right) \tag{7-9}$$

式中 V——桩端注浆量（m^3）；

D——桩端固结体直径（m）；

n——桩端土的孔隙率，对于稍密土 $n=0.4$，中密 $n=0.35$，密实 $n=0.3$。

因为在注浆的过程中不可避免的要有浆液的损耗，且浆液不可能填充整个球形地层。故对体积公式（7-8）进行修正。

$$V=\eta\cdot\beta\cdot n\cdot\left(\frac{\pi D^3}{6}-\frac{\pi d^3}{4}\right) \tag{7-10}$$

式中 η——浆液的损耗系数，一般取 1.1～1.3；

β——浆液的填充系数，一般取 0.4～0.9。

思 考 题

（1）地基工程的质量控制要点有哪些？

（2）为什么说建筑物总会有不均匀沉降，但又不允许有过大的不均匀沉降？建筑物若有过大不均匀沉降会有哪些不利的影响？

（3）基础工程缺陷有哪些？

（4）基坑工程缺陷有哪些？

（5）边坡失稳的机理及原因有哪些？

（6）地基与基础的加固方法有哪些？具体要求是什么？

参 考 文 献

[1] 王铁梦．工程结构裂缝控制[M]. 北京：中国建筑工业出版社，2002.

[2] 罗国强，罗刚，罗成．混凝土与砌体结构裂缝控制技术[M]. 北京：中国建材工业出版社，2006.

[3] 张彬．混凝土结构裂缝控制手册[M]. 天津：天津大学出版社，2012.

[4] 韩素芳等．钢筋混凝土结构裂缝控制指南[M]. 第 2 版．北京：化学工业出版社，2006.

[5] 刘国彬，王卫东．基坑工程手册[M]. 第 2 版．北京：中国建筑工业出版社，2009.

[6] 陈肇元．土建结构工程的安全性与耐久性[M]. 北京：中国建筑工业出版社，2003.

[7] 江见鲸等．建筑工程事故分析与处理[M]. 北京：中国建筑工业出版社，2006.

[8] 雷宏刚．钢结构事故分析与处理[M]. 北京：中国建材工业出版社，2003.

[9] 滕延京等．地基基础技术发展与应用[M]. 北京：知识产权出版社，2004.

[10] 王铁宏．新编全国重大工程项目地基处理工程实录[M]. 北京：中国建筑工业出版社，2005.

[11] 谢征勋，罗章．工程事故分析与工程安全[M]. 北京：北京大学出版社，2006.

[12] 潘明远，宋坤，李慧兰．建筑工程质量事故分析与处理[M]. 北京：中国电力出版社，2007.

[13] 张季超，雷宏刚．土木工程事故处理[M]. 北京：科学出版社，2010.

[14] 陈宗平等．建筑结构检测鉴定与加固[M]. 北京：中国电力出版社，2011.

[15] 谢剑．碳纤维布加固修复砌体结构新技术研究[D]. 天津大学，2005.

[16] 王伟佳．CFRP 加固工字钢梁非线性有限元数值模拟分析[D]. 合肥工业大学，2009.

[17] 周希茂．增大截面法加固钢筋混凝土框支架的非线性有限元分析[D]. 西安科技大学，2009.

[18] 李亚琴．桩土约束下筏板的温度应力及裂缝控制[D]. 武汉理工大学，2010.

[19] 朱正涛．大体积高强混凝土施工质量控制[J]. 河南科技，2013，(24).

[20] 罗诚，郦世平．钢筋混凝土框架结构梁柱混凝土强度等级差值问题探讨[J]. 工程建设与设计，2003，(12)：15-16.

[21] 胡成．钢筋混凝土双向板单向加固技术的试验研究[D]. 东南大学，2005.

[22] 肖四喜，罗刚．砖混结构房屋顶层墙体裂缝控制[J]. 湖南大学学报：自然科学版，2000，27(02)：84-89.

[23] 周晓勇．快速升温火灾特性及试验方法研究[D]. 西南交通大学，2011.

[24] 王元清，王喆，石永久，袁英战．门式刚架轻型房屋钢结构厂房的加固设计[J]. 工业建筑，2001，31(08)：60-62.

[25] 王元清，胡宗文，石永久，张勇，刘明．门式刚架轻型房屋钢结构雪灾事故分析与反思[J]. 土木工程学报，2009，(03)：65-70.

[26] 王元清．某厂四层楼接层钢结构屋架倒塌事故分析[J]. 工程力学，1999，(a03)：193-196.

[27] 尹德钰，赵红华．网架质量事故实例及原因分析[J]. 建筑结构学报，1998，(01)：15-23.

[28] 周庆荣，付小超，熊进刚．拱形钢棚在冰雪荷载作用下倒塌事故分析[J]. 建筑科学，2009，25(05)：81-84.

[29] 倪世元．沉管灌注桩常见的工程质量事故及预防措施[J]. 安徽建筑，2002，(02)：63.

[30] 陈春生．高压喷射注浆技术及其应用研究[D]. 河海大学，2007.

[31] 孙剑平，陈启辉，张鑫，徐向东．基坑悬臂支护事故原因分析与加固措施[J]. 工业建筑，2001，31(04)：69-70.

［32］ 唐业清，李启民，崔江余．基坑工程事故分析与处理[M]. 北京：中国建筑工业出版社，1999.
［33］ 中国建筑工业出版社．建筑工程检测鉴定加固规范汇编[M]. 北京：中国建筑工业出版社，2008.
［34］ 中国建筑科学研究院．JGJ 116—2009 建筑抗震加固技术规程[S]. 北京：中国建筑工业出版社，2009.
［35］ 四川省建筑科学研究院．GB 50367—2013 混凝土结构加固设计规范[S]. 北京：中国建筑工业出版社，2014.
［36］ GB 50702—2011 砌体结构加固设计规范[S]. 北京：中国建筑工业出版社，2011.
［37］ 清华大学土木工程系．CECS77：96 钢结构加固技术规范[S]. 北京：中国建筑工业出版社．2005.
［38］ 中国建筑科学研究院等．JGJ 123—2012 既有建筑地基基础加固技术规范[S]. 北京：中国建筑工业出版社，2013.
［39］ 中国建筑科学研究院等．GB 50009—2012 建筑结构荷载规范[S]. 北京：中国建筑工业出版社，2012.
［40］ 中国建筑科学研究院等．GB 50010—2010 混凝土结构设计规范[S]. 北京：中国建筑工业出版社，2011.
［41］ 中国建筑科学研究院等．JGJ 79—2012 建筑地基处理技术规范[S]. 北京：中国建筑工业出版社，2013.
［42］ 中国建筑科学研究院等．GB 50007—2011 建筑地基基础设计规范[S]. 北京：中国建筑工业出版社，2012.